Wittenberg

Controlling in jungen Unternehmen

Betriebswirtschaftliche Forschung zur Unternehmensführung

Herausgegeben von Prof. Dr. Dr. h.c. Herbert Jacob (†),
Prof. Dr. Karl-Werner Hansmann, Prof. Dr. Manfred Layer,
Prof. Dr. Dieter Preßmar, Universität Hamburg
Prof. Dr. Kai-Ingo Voigt, Universität Erlangen-Nürnberg

Zuletzt erschienen:

Band 34 **Umweltorientierte Investitionsplanung**
Von Dr. Christian Friedemann

Band 35 **Strategien im Zeitwettbewerb**
Von Prof. Dr. Kai-Ingo Voigt

Band 36 **Ablaufplanung in der chemischen Industrie**
Von Dr. Martin Kießwetter

Band 37 **Fuzzy-PPS-Systeme**
Von Dr. Frank Keuper

Band 38 **Erfolgswirkungen strategischer Umweltmanagementmaßnahmen**
Von Dr. Nils Bickhoff

Band 39 **Ablaufplanung bei Chargenproduktion**
Von Dr. Stefan Anschütz

Band 40 **Produktion und Controlling**
Von Dr. Frank Keuper (Hrsg.)

Band 41 **Planungsverfahren für die Produktkonzeption**
Von Dr. Miriam O'Shea

Band 42 **Strategische Erfolgsfaktoren in der Telekommunikation**
Von Dr. Michael Kehl

Band 43 **Evolutionäre Algorithmen zur simultanen Losgrößen- und Ablaufplanung**
Von Dr. Kai Brüssau

Band 44 **Strategisches Marketing von Online-Medienprodukten**
Von Dr. Claudia Kröger

Band 45 **Integration in unternehmensinternen sozialen Beziehungen**
Von Dr. Stefan Thode

Band 46 **Kooperation in Virtuellen Unternehmungen**
Von Dr. Christian Marc Ringle

Band 47 **Beschaffung deutscher Maschinenbauunternehmen in der VR China**
Von Dr. Li Song

Band 48 **Wissensmanagement und Unternehmenskooperationen**
Von Dr. Christian Niemojewski

Band 49 **Variantenfließfertigung**
Von Dr. Nils Boysen

Band 50 **Know-how-Management bei der Gründung innovativer Unternehmen**
Von Dr. Stefan Landwehr

Band 51 **Dienstleistungsmanagement aus produktionswirtschaftlicher Sicht**
Von Dr. Michael Höck

Band 52 **Call-Center-Management und Mitarbeiterzufriedenheit**
Von Dr. Yvonne Scupin

Band 53 **Controlling in jungen Unternehmen**
Von Dr. Verena Wittenberg

Verena Wittenberg

Controlling in jungen Unternehmen

Phasenspezifische Controllingkonzeptionen für Unternehmen in der Gründungs- und Wachstumsphase

Mit einem Geleitwort von Prof. Dr. Kai-Ingo Voigt

Deutscher Universitäts-Verlag

Bibliografische Information Der Deutschen Bibliothek
Die Deutsche Bibliothek verzeichnet diese Publikation in der Deutschen Nationalbibliografie; detaillierte bibliografische Daten sind im Internet über <http://dnb.ddb.de> abrufbar.

Dissertation Universität Erlangen-Nürnberg, 2005

1. Auflage Mai 2006

Lektorat: Brigitte Siegel / Dr. Tatjana Rollnik-Manke

Der Deutsche Universitäts-Verlag ist ein Unternehmen von Springer Science+Business Media.
www.duv.de

Gedruckt auf säurefreiem und chlorfrei gebleichtem Papier.

Druck und Buchbinder: Rosch-Buch, Scheßlitz
Printed in Germany

ISBN-10 3-8350-0312-7
ISBN-13 978-3-8350-0312-5

Geleitwort

„Controlling" gehört ohne Zweifel zu den am intensivsten erforschten Gebieten der Betriebswirtschaftslehre. Dabei wird jedoch zumeist von bestehenden Unternehmen ausgegangen bzw. auf die „Lebenszyklusphase" des Unternehmens nicht explizit Bezug genommen. Erst in jüngster Zeit sind Arbeiten entstanden, die sich mit den Besonderheiten des Controllings für „junge" Unternehmen auseinandersetzen, aber häufig nur Teilaspekte thematisieren oder eng begrenzte Zeitabschnitte im Lebenszyklus des Unternehmens - zumeist die Gründungsphase - betrachten.

Die vorliegende Arbeit von Verena Wittenberg geht in zweifacher Hinsicht über diesen „Stand der Dinge" hinaus: Ihr Ziel ist es, eine umfassende Controlling-Konzeption für junge Unternehmen - bestehend aus Zielen, Aufgaben, Instrumenten und organisatorischen Ausgestaltungsmöglichkeiten - zu entwerfen, und zwar differenziert danach, ob das Unternehmen sich in der Gründungs- oder in der Wachstumsphase befindet. Dabei wird von einer modernen Sichtweise des Controllings als „Mittel zur Sicherstellung der Rationalität der Unternehmensführung" (Weber/Schäffer) ausgegangen.

Aufbauend auf einer gründlichen Aufarbeitung des Controllingbedarfs junger Unternehmen wird im 4. Kapitel des Buches zunächst ein Controlling-Konzept vorgestellt, das den spezifischen Anforderungen der Gründungsphase gerecht wird. So wird gezeigt, dass hier die Liquiditätssicherung auf der Zielebene Priorität hat, auf der Ebene der Aufgaben die Planung und auf der Ebene der Instrumente der Businessplan, wobei auch auf die phasenbezogene Ausgestaltung des Rechnungswesens sowie auf organisatorische Konsequenzen eingegangen wird.

Die anschließende Betrachtung der Wachstumsphase lässt Veränderungen im Controlling-Konzept sinnvoll erscheinen, z.B. dergestalt, dass auf der Zielebene nun die Liquiditäts- durch die Rentabilitätsorientierung ergänzt wird, das Aufgabenspektrum im Bereich „Information und Kontrolle" wächst, die Budgetierung als ergänzendes Planungsinstrument neben den Businessplan treten sollte usw.

Die insgesamt sehr detaillierten Gestaltungsvorschläge beruhen jedoch nicht allein auf Plausibilitätsüberlegungen, sondern auch auf den Ergebnissen einer eigens angestellten empirischen Untersuchung, die schon wegen der vergleichsweise hohen Zahl an untersuchten (Jung-)Unternehmen - insgesamt 205 - zu beeindrucken weiß.

Die Resultate der vorliegenden Arbeit füllen nicht nur eine zwischen den Teilbereichen „Controlling" und „Entrepreneurship" bestehende wissenschaftliche Lücke, sondern sind darüber hinaus von hohem praktischen Nutzen. Das Buch von Verena Wittenberg kann deshalb von Wissenschaftlern und Praktikern gleichermaßen mit hohem Gewinn gelesen werden.

Prof. Dr. Kai-Ingo Voigt

Vorwort

Die vorliegende Dissertation entstand während meiner Tätigkeit als wissenschaftliche Mitarbeiterin am Lehrstuhl für Industriebetriebslehre der Wirtschafts- und Sozialwissenschaftlichen Fakultät der Friedrich-Alexander-Universität Erlangen-Nürnberg. Ich möchte mich bei meinem Doktorvater, Herrn Prof. Dr. Kai-Ingo Voigt, dafür bedanken, dass er es mir ermöglicht hat, Familie und Lehrstuhltätigkeit in Übereinstimmung zu bringen. Weiterhin gilt mein Dank Herrn Dr. Carsten Rudolph und der f.u.n. netzwerk | nordbayern GmbH für die Unterstützung bei der Erhebung des empirischen Datenmaterials sowie allen Gründern und Unternehmern, die freundlicherweise ihre Zeit für die Beantwortung der Fragen zur Verfügung gestellt haben.

Danke Roland. Danke Ernesto. Und vor allem danke Jan und Arved.

Die Arbeit sei meinen Eltern Anni und Wolfgang gewidmet aus Dankbarkeit für alles.

Verena Wittenberg

Inhaltsübersicht

Inhaltsübersicht IX

Inhaltsverzeichnis XI

Abbildungsverzeichnis XVII

Tabellenverzeichnis XXI

1. Einführung 1

2. Grundlagen 15

3. Situative Bestimmungsgrößen des Controllings in jungen Unternehmen 75

4. Phasenspezifische Controllingkonzeptionen für Unternehmen in der Gründungs- und Wachstumsphase 129

5. Ausgewählte empirische Aspekte zum Controlling von Unternehmen in der Gründungs- und Wachstumsphase und daraus resultierende Implikationen für die Controllingkonzeptionen 273

6. Schlussbetrachtung 319

Anhang 327

Literaturverzeichnis 333

Inhaltsverzeichnis

1. Einführung 1

1.1 Problemstellung 1

1.1.1 Ausgangssituation 1

1.1.2 Praktische Relevanz 2

1.1.3 Wissenschaftliche Relevanz 5

1.2 Zielsetzung und Forschungsfragen 7

1.3 Vorgehensweise 8

1.3.1 Forschungsstrategischer Ansatz 8

1.3.2 Aufbau der Arbeit 13

2. Grundlagen 15

2.1 Junge Unternehmen 15

2.1.1 Die Unternehmensgründung als Ansatzpunkt 15

2.1.1.1 Terminologie der Unternehmensgründung 15

2.1.1.2 Typologie der Unternehmensgründung und Abgrenzung des Untersuchungsgegenstandes 16

2.1.2 Die Phasen der Unternehmensentwicklung 23

2.1.2.1 Modelle des Unternehmenslebenszyklus im Vergleich 24

2.1.2.2 Das Modell der frühen Unternehmensentwicklung: Die Gründungs- und Wachstumsphase 27

2.1.2.3 Das junge Unternehmen 31

2.1.3 Theoretisches Perspektivenspektrum des jungen Unternehmens 33

2.1.3.1 Theoretische Grundlegung und wissenschaftliche Einordnung der Unternehmensgründung und -entwicklung 33

2.1.3.2 Relevanz des theoretischen Perspektivenspektrums des jungen Unternehmens für die phasenspezifischen Controllingkonzeptionen 36

2.1.4 Zusammenfassung 37

2.2 Controlling 38

2.2.1 Terminologie des Controllings 38

2.2.2 Controllingkonzeption 44

2.2.2.1 Genereller Aufbau einer Controllingkonzeption 45

2.2.2.2 Weitergehende Systematisierung der Controllingkonzeption 51

2.2.2.3 Typisierung vorhandener Controllingkonzeptionen 54

2.2.2.4 Die für den weiteren Verlauf der Arbeit zugrunde gelegte Controllingkonzeption ... 60

2.2.3 Theoretisches Perspektivenspektrum des Controllings ... 63

2.2.3.1 Theoretische Grundlegung und wissenschaftliche Einordnung des Controllings ... 64

2.2.3.2 Relevanz der theoretischen Controllingansätze für die Entwicklung der phasenspezifischen Controllingkonzeptionen ... 71

2.2.4 Zusammenfassung ... 74

3. Situative Bestimmungsgrößen des Controllings in jungen Unternehmen ... 75

3.1 Ausgangsüberlegungen und einleitender Überblick ... 75

3.2 Phasenspezifische Merkmale junger Unternehmen und daraus abgeleitete Anforderungen an das Controlling ... 77

3.2.1 Merkmale junger Unternehmen - Literaturüberblick ... 78

3.2.2 Spezifizierte Merkmale für die Gründungs- und für die Wachstumsphase eines Unternehmens ... 93

3.2.3 Aus den Merkmalen resultierende Anforderungen an das Controlling in der Gründungs- und in der Wachstumsphase ... 100

3.3 Phasenspezifische Unternehmensziele ... 108

3.4 Phasenspezifische unternehmerische Kernaufgaben und kritische Führungsprobleme ... 113

3.4.1 Phasenspezifische unternehmerische Kernaufgaben ... 114

3.4.2 Aus den unternehmerischen Kernaufgaben abgeleitete kritische Führungsprobleme ... 120

3.5 Spezifischer Controllingbedarf in der Gründungs- und in der Wachstumsphase ... 123

4. Phasenspezifische Controllingkonzeptionen für Unternehmen in der Gründungs- und Wachstumsphase ... 129

4.1 Ausgangsüberlegungen und einleitender Überblick ... 129

4.2 Konzeption eines Controllings für die Gründungsphase ... 131

4.2.1 Ziele des Controllings in der Gründungsphase ... 132

4.2.2 Aufgaben und Instrumente des Controllings in der Gründungsphase ... 135

4.2.2.1 Planung - die primäre Controllingaufgabe in der Gründungsphase ... 137

4.2.2.1.1 Inhaltliche Konkretisierung der Planungsaufgabe: Konzeptplanung sowie Finanzbedarfs- und Liquiditätsplanung ... 137

4.2.2.1.2 Planung als Controllingaufgabe in Abgrenzung zur Führungsaufgabe ... 141

4.2.2.2 Information und Kontrolle - essentielle planungsergänzende Aufgaben in der Gründungsphase ... 143
4.2.2.2.1 Inhaltliche Konkretisierung der Informationsaufgabe: Informationsgewinnung und -aufbereitung ... 144
4.2.2.2.2 Inhaltliche Konkretisierung der Kontrollaufgabe: Prämissen-, Planfortschritts- und Ergebniskontrolle sowie Liquiditätskontrolle ... 146
4.2.2.2.3 Information und Kontrolle als Controllingaufgaben in Abgrenzung zu Führungsaufgaben ... 149
4.2.2.3 Der Businessplan als Planungsinstrument ... 152
4.2.2.3.1 Grundsätzliches zum Businessplan ... 152
4.2.2.3.2 Leistungsfähigkeit des Businessplans als Instrument zur Erfüllung der Planungsaufgabe in der Gründungsphase ... 158
4.2.2.3.3 Der Businessplan als Ausgangsbasis für den Einsatz der planungsergänzenden Informations- und Kontrollinstrumente ... 162
4.2.2.3.4 Aus den Anforderungen an Controllinginstrumente abgeleitete Implikationen für den Einsatz des Businessplans als Planungsinstrument ... 163
4.2.2.4 Das Rechnungswesen als Informationsinstrument ... 169
4.2.2.4.1 Grundsätzliches zum Rechnungswesen ... 170
4.2.2.4.2 Leistungsfähigkeit des Rechnungswesens als Instrument zur Erfüllung der Informationsaufgabe in der Gründungsphase ... 173
4.2.2.4.3 Aus den Anforderungen an Controllinginstrumente abgeleitete Implikationen für den Einsatz des Rechnungswesens als Informationsinstrument ... 177
4.2.2.5 Überprüfung strategischer Schlüsselannahmen, Meilensteinanalyse, Soll-Ist-Vergleich und Finanzkontrollrechnung als Kontrollinstrumente ... 181
4.2.2.5.1 Grundsätzliches zur Überprüfung strategischer Schlüsselannahmen, Meilensteinanalyse, Soll-Ist-Vergleich und Finanzkontrollrechnung ... 181
4.2.2.5.2 Leistungsfähigkeit der Überprüfung strategischer Schlüsselannahmen, der Meilensteinanalyse, des Soll-Ist-Vergleichs und der Finanzkontrollrechnung als Instrumente zur Erfüllung der Kontrollaufgabe in der Gründungsphase ... 184
4.2.2.5.3 Aus den Anforderungen an Controllinginstrumente abgeleitete Implikationen für den Einsatz der Überprüfung strategischer Schlüsselannahmen, der Meilensteinanalyse, des Soll-Ist-Vergleichs und der Finanzkontrollrechnung als Kontrollinstrumente ... 187
4.2.3 Organisation des Controllings in der Gründungsphase ... 190
4.2.3.1 Grundsätzliche Möglichkeiten der organisatorischen Ausgestaltung des Controllings ... 190
4.2.3.2 Aus den situativen Bestimmungsgrößen abgeleitete Implikationen für die organisatorische Ausgestaltung des Controllings in der Gründungsphase ... 192
4.2.4 Differenzierungen des Controllings in der Gründungsphase ... 195
4.2.4.1 Zielbezogene Differenzierung des Controllings: Priorität der Liquiditätsorientierung ... 196

4.2.4.2 Objektbezogene Differenzierung des Controllings: Projektcontrolling und ergänzendes Bereichscontrolling 196

4.2.4.3 Planungsphasenbezogene Differenzierung des Controllings: Strategisches und operatives Controlling 198

4.2.4.4 Funktionsbezogene Differenzierung des Controllings: Funktionsunabhängiges Zentralcontrolling 200

4.2.5 Zusammenfassende Darstellung der Controllingkonzeption für die Gründungsphase 200

4.3 Konzeption eines Controllings für die Wachstumsphase 203

4.3.1 Ziele des Controllings in der Wachstumsphase 204

4.3.2 Aufgaben und Instrumente des Controllings in der Wachstumsphase 205

4.3.2.1 Planung - die zunehmende Bedeutung der operativen Planung in der Wachstumsphase 207

4.3.2.1.1 Die Erfolgsplanung als Ergänzung zur Finanzbedarfs- und Liquiditätsplanung 207

4.3.2.1.2 Die Bedeutung der differenzierten operativen Planung und der Umsetzung der Strategie als Ergänzung zur Konzeptplanung 208

4.3.2.2 Information und Kontrolle - erweitertes Aufgabenspektrum in der Wachstumsphase 211

4.3.2.2.1 Die Informationsverteilung als Ergänzung zur Informationsgewinnung und -aufbereitung 211

4.3.2.2.2 Die besondere Bedeutung der Durchführungs- und Ergebniskontrolle in der Wachstumsphase 212

4.3.2.3 Koordination - eine Controllingaufgabe von zunehmender Bedeutung in der Wachstumsphase 214

4.3.2.4 Die Budgetierung als den Businessplan ergänzendes Planungsinstrument 216

4.3.2.4.1 Grundsätzliches zur Budgetierung 216

4.3.2.4.2 Leistungsfähigkeit der Budgetierung als den Businessplan ergänzendes Instrument zur Erfüllung der Planungsaufgabe in der Wachstumsphase 218

4.3.2.4.3 Aus den Anforderungen an Controllinginstrumente abgeleitete Implikationen für den Einsatz der Budgetierung als Planungsinstrument 220

4.3.2.5 Die Weiterentwicklung des Rechnungswesens und das Reporting als Informationsinstrumente 223

4.3.2.5.1 Anpassungserfordernisse des Rechnungswesens als Informationsinstrument in der Wachstumsphase 224

4.3.2.5.2 Internes und externes Reporting als zusätzliche Informationsinstrumente in der Wachstumsphase 228

4.3.2.5.3 Aus den Anforderungen an Controllinginstrumente abgeleitete Implikationen für den Einsatz des Rechnungswesens und des Reportings als Informationsinstrumente 232

4.3.2.6 Die Budgetkontrolle als besondere Form des Soll-Ist-Vergleichs und ergänzendes Kontrollinstrument 236
4.3.2.6.1 Leistungsfähigkeit der Budgetkontrolle als Instrument zur Erfüllung der Kontrollaufgabe in der Wachstumsphase 236
4.3.2.6.2 Aus den Anforderungen an Controllinginstrumente abgeleitete Implikationen für den Einsatz der Budgetkontrolle als Kontrollinstrument 237
4.3.2.7 Die Balanced Scorecard als universelles Planungs-, Informations- und Kontrollinstrument 239
4.3.2.7.1 Grundsätzliches zur Balanced Scorecard 240
4.3.2.7.2 Leistungsfähigkeit der Balanced Scorecard als Planungs-, Informations- und Kontrollinstrument in der Wachstumsphase 246
4.3.2.7.3 Grundgedanken zu einer lebenszyklusspezifischen Balanced Scorecard für die Wachstumsphase 248
4.3.2.7.4 Aus den Anforderungen an Controllinginstrumente abgeleitete Implikationen für den Einsatz der Balanced Scorecard 255
4.3.3 Organisation des Controllings in der Wachstumsphase 259
4.3.3.1 Aus den situativen Bestimmungsgrößen abgeleitete Implikationen für die organisatorische Ausgestaltung des Controllings in der Wachstumsphase 260
4.3.3.2 Anpassung der organisatorischen Ausgestaltung des Controllings im Übergang von der Gründungs- zur Wachstumsphase 262
4.3.4 Differenzierungen des Controllings in der Wachstumsphase 263
4.3.4.1 Zielbezogene Differenzierung des Controllings: Liquiditäts- und Rentabilitätsorientierung 263
4.3.4.2 Objektbezogene Differenzierung des Controllings: Bereichscontrolling und ergänzendes Projektcontrolling 264
4.3.4.3 Planungsphasenbezogene Differenzierung des Controllings: Operatives und strategisches Controlling 265
4.3.4.4 Funktionsbezogene Differenzierung des Controllings: Funktionsunabhängiges Zentralcontrolling 266
4.3.5 Zusammenfassende Darstellung der Controllingkonzeption für die Wachstumsphase 266
4.4 Modulares Gesamtkonzept eines Controllings für Unternehmen in der Gründungs- und Wachstumsphase 268
4.4.1 Die Controllingevolution – Übergang vom Controlling in der Gründungsphase zum Controlling in der Wachstumsphase 269
4.4.2 Gesamtkonzeption eines Controllings für die Gründungs- und Wachstumsphase 270

5. Ausgewählte empirische Aspekte zum Controlling und resultierende Implikationen für die Controllingkonzeptionen 273

5.1 Zielsetzung der Untersuchung 273

5.2 Untersuchungsdesign 275
5.2.1 Generelle Rahmenbedingungen der Untersuchung 275
5.2.2 Untersuchungsmethode und Untersuchungsobjekt 276
5.2.3 Vorgehensweise der Untersuchung 279
5.2.4 Auswertungsdesign 282
5.3 Darstellung der Untersuchungsergebnisse 283
5.3.1 Struktur der Stichprobe 283
5.3.1.1 Regionale Verteilung 283
5.3.1.2 Branchenzugehörigkeit 284
5.3.1.3 Gründungsjahr 285
5.3.1.4 Phasenzugehörigkeit 286
5.3.2 Entwicklungsstand des Controllings 286
5.3.2.1 Genereller Einsatz von Controlling 287
5.3.2.2 Gründe für nicht-zufriedenstellendes Controlling 288
5.3.2.3 Gründe für kein Controlling 290
5.3.2.4 Eingesetzte Controllinginstrumente 291
5.3.2.5 Institutionelle Ausgestaltung des Controllings 293
5.3.3 Empirische Einschätzungen zu den kritischen unternehmerischen Aufgaben in der Gründungs- und Wachstumsphase 294
5.3.3.1 Einschätzungen zu den kritischen Aufgaben in der Gründungsphase 294
5.3.3.2 Einschätzungen zu den kritischen Aufgaben in der Wachstumsphase 301
5.4 Implikationen der empirischen Untersuchungsergebnisse für die phasenspezifischen Controllingkonzeptionen 312
5.4.1 Implikationen der empirischen Ergebnisse für die Controlling-konzeption der Gründungsphase 312
5.4.2 Implikationen der empirischen Ergebnisse für die Controlling-konzeption der Wachstumsphase 314

6. Schlussbetrachtung **319**

6.1 Zusammenfassung der Ergebnisse 319
6.2 Fazit und Ausblick 324

Anhang **327**

Literaturverzeichnis **333**

Abbildungsverzeichnis

Abbildung 1-1: Schematischer Aufbau des theoretischen Ausgangsbezugsrahmens 10

Abbildung 1-2: Der forschungsstrategische Ansatz 12

Abbildung 1-3: Aufbau der Arbeit 14

Abbildung 2-1: Gründungsformen 17

Abbildung 2-2: Modelle des Unternehmenslebenszyklus 26

Abbildung 2-3: Ausgewählte Modelle der frühen Unternehmensentwicklung im Überblick 28

Abbildung 2-4: Das Modell der frühen Unternehmensentwicklung 29

Abbildung 2-5: Elemente einer Controllingkonzeption 45

Abbildung 2-6: Kernbereich und Differenzierungen der Controllingkonzeption 54

Abbildung 2-7: Zusammenfassende Gegenüberstellung ausgewählter Controllingkonzeptionen 55

Abbildung 2-8: Gruppen von Controllingkonzeptionen 57

Abbildung 2-9: Rationalitätssichernde Controllingkonzeption 63

Abbildung 3-1: Überblick zu den situativen Bestimmungsgrößen der phasenspezifischen Controllingkonzeptionen 77

Abbildung 3-2: In der Literatur genannte Merkmale junger Unternehmen nach Merkmalsgruppen 83

Abbildung 3-3: Controllingrelevante Merkmale junger Unternehmen 92

Abbildung 3-4: Phasenspezifische Ausprägungen der Merkmale junger Unternehmen 94

Abbildung 3-5: Anforderungen an die organisatorische und instrumentelle Ausgestaltung des Controllings in jungen Unternehmen 100

Abbildung 3-6: Phasenspezifische Ausprägungen der Anforderungen an das Controlling in jungen Unternehmen 105

Abbildung 3-7: Phasenspezifische Unternehmensziele 112

Abbildung 3-8: Phasenspezifische unternehmerische Kernaufgaben und kritische Führungsprobleme - Überblick 114

Abbildung 3-9: Bestimmungsfaktoren des Controllingbedarfes in jungen Unternehmen 127

Abbildung 4-1: Überblick über die aus den situativen Bestimmungsgrößen abgeleiteten Elemente der phasenspezifischen Controllingkonzeptionen 131

Abbildung 4-2: Aufgaben und Instrumente des Controllings in der Gründungsphase - Überblick 137

Abbildung 4-3: Grobstruktur eines Businessplans 155

Abbildung 4-4: Überblick über die Eignung des Businessplans zur Erfüllung der Anforderungen an Controllinginstrumente in der Gründungsphase 164

Abbildung 4-5: Überblick über die Eignung des Rechnungswesens zur Erfüllung der Anforderungen an Controllinginstrumente in der Gründungsphase 178

Abbildung 4-6: Überblick über die Eignung von Überprüfung strategischer Schlüsselannahmen, Meilensteinanalyse, Soll-Ist-Vergleich und Finanzkontrollrechnung zur Erfüllung der Anforderungen an Controllinginstrumente in der Gründungsphase 188

Abbildung 4-7: Zusammenfassende Darstellung der Controllingkonzeption für Unternehmen in der Gründungsphase 203

Abbildung 4-8: Aufgaben und Instrumente des Controllings in der Wachstumsphase - Überblick 206

Abbildung 4-9: Überblick über die Eignung der Budgetierung zur Erfüllung der veränderten Anforderungen an Controllinginstrumente in der Wachstumsphase 221

Abbildung 4-10: Überblick über die Eignung des erweiterten Rechnungswesens und des Reportings zur Erfüllung der veränderten Anforderungen an Controllinginstrumente in der Wachstumsphase 233

Abbildung 4-11: Überblick über die Eignung der Budgetkontrolle zur Erfüllung der veränderten Anforderungen an Controllinginstrumente in der Wachstumsphase 238

Abbildung 4-12: Grundkonzept der Balanced Scorecard 242

Abbildung 4-13: Ursache-Wirkungs-Kette im Grundmodell der Balanced Scorecard 245

Abbildung 4-14: Grundkonzept einer Balanced Scorecard für Unternehmen in der Wachstumsphase 251

Abbildung 4-15: Überblick über die Eignung der Balanced Scorecard zur Erfüllung der veränderten Anforderungen an Controllinginstrumente in der Wachstumsphase 256

Abbildung 4-16: Zusammenfassende Darstellung der Controllingkonzeption für Unternehmen in der Wachstumsphase 268

Abbildung 4-17: Modulare Gesamtkonzeption eines Controllings für Unternehmen in der Gründungs- und Wachstumsphase 271

Abbildung 5-1: Regionale Verteilung der Untersuchungseinheiten 283

Abbildung 5-2: Branchenzugehörigkeit der Untersuchungseinheiten 284

Abbildung 5-3: Altersstruktur der Untersuchungseinheiten 285

Abbildung 5-4: Phasenzugehörigkeit der Untersuchungseinheiten 286

Abbildung 5-5: Genereller Einsatz von Controlling 288

Abbildung 5-6: Gründe für ein nicht-zufriedenstellendes Controlling 289

Abbildung 5-7: Gründe für kein Controlling 290

Abbildung 5-8: Eingesetzte Controllinginstrumente 292

Abbildung 5-9: Institutionelle Ausgestaltung des Controllings 293

Abbildung 5-10: Einschätzungen aller Befragten zu den kritischen unternehmerischen Aufgaben in der Gründungsphase 295

Abbildung 5-11: Detaillierte Einschätzungen zum kritischen Führungsproblem der Liquidität in der Gründungsphase ... 297

Abbildung 5-12: Detaillierte Einschätzungen zum kritischen Führungsproblem der Beurteilung von Geschäftsidee und Markt in der Gründungsphase ... 298

Abbildung 5-13: Angaben zu den Funktionen des Businessplans in den befragten Unternehmen ... 299

Abbildung 5-14: Einschätzungen zu den kritischen unternehmerischen Aufgaben in der Gründungsphase, aufgeschlüsselt nach Phasenzugehörigkeit der Befragten ... 300

Abbildung 5-15: Einschätzungen aller Befragten zu den kritischen unternehmerischen Aufgaben in der Wachstumsphase ... 302

Abbildung 5-16: Detaillierte Einschätzungen zum kritischen Führungsproblem der Liquidität sowie zur Bedeutung der Ertragsorientierung in der Wachstumsphase ... 304

Abbildung 5-17: Detaillierte Einschätzungen zum kritischen Führungsproblem der Komplexitätsbewältigung in der Wachstumsphase ... 305

Abbildung 5-18: Detaillierte Einschätzungen zum kritischen Führungsproblem der Beschaffung und Bindung personeller Ressourcen in der Wachstumsphase ... 306

Abbildung 5-19: Detaillierte Einschätzungen zum kritischen Führungsproblem der Marktetablierung und Kundenbindung in der Wachstumsphase ... 307

Abbildung 5-20: Detaillierte Einschätzungen zur Bedeutung der Anpassung der Unternehmensplanung in der Wachstumsphase ... 308

Abbildung 5-21: Einschätzungen zu den kritischen unternehmerischen Aufgaben in der Wachstumsphase, aufgeschlüsselt nach Phasenzugehörigkeit der Befragten ... 310

Tabellenverzeichnis

Tabelle 3-1: Literaturüberblick zu den Merkmalen junger Unternehmen 79
Tabelle 4-1: Typen von Kostenrechnungssystemen 173
Tabelle 5-1: Spezifizierung des Untersuchungsobjekts 279

1. Einführung

1.1 Problemstellung

Controlling hat sich mittlerweile zu einer bedeutsamen betriebswirtschaftlichen Teildisziplin entwickelt.[1] Dabei beschränkt sich die Auseinandersetzung mit Controlling in Theorie und Praxis auch heute noch meist auf etablierte Großunternehmen.[2] Dass Controlling aber auch in jungen Unternehmen von besonderer Relevanz ist, soll im Folgenden aufgezeigt werden. Dabei ist zunächst die Ausgangssituation junger Unternehmen in Bezug auf das Controlling vorzustellen, um hierauf die praktische und wissenschaftliche Relevanz des Themas herauszuarbeiten.

1.1.1 Ausgangssituation

Das Scheitern vieler neu gegründeter Unternehmen ist nicht zuletzt seit der wirtschaftlichen Krise der New Economy-Unternehmen[3] empirisch beobachtbar.[4] Ebenso deuten empirische Studien darauf hin, dass häufig fehlende Planungs- und Kontrollsysteme und damit ein Mangel an Controlling ein Grund für den Misserfolg der neuen Unternehmen sind. So identifizieren ACHLEITNER ET AL. in ihrer empirischen Befragung von jungen New Economy-Unternehmen das Controlling als einen kritischen Erfolgsfaktor junger Unternehmen vor der

---

1 So bezeichnen KÜPPER ET AL. Controlling bereits zu Beginn der Neunziger Jahre als ein Phänomen, das „zu den schillerndsten und umstrittendsten, zugleich aber auch zu den in der Praxis bedeutsamsten betriebswirtschaftlichen Teildisziplinen" zählt. Küpper et al. (Controlling 1990), S. 282.

2 WEBER betont Mitte der neunziger Jahre die Diskrepanz zwischen der Bedeutung des Controllings in Großunternehmen und der in Praxis beobachtbaren Unterentwicklung des Controllings in kleinen und mittleren Unternehmen: „Controlling scheint eine reine Domäne von Großunternehmen zu sein." Weber (Wachstumsschwellen 1995), S. 4. Ähnlich argumentieren auch Lück/Jahns (Controlling 1997), S. 126. Wenngleich mittlerweile bekräftigt wird, dass - nicht zuletzt aufgrund der Krise in der New Economy - ein Umdenkprozess bezüglich der Bedeutung des Controllings in jungen Unternehmen stattgefunden hat, ist der Controllingaspekt in jungen Wachstumsunternehmen jedoch nach wie vor als unterrepräsentiert zu bezeichnen. Vgl. hierzu auch Achleitner/Bassen (Controllingsysteme 2002), S. 1192; Arnaout/Gleich (Kostenrechnung 2003), S. 176; Bischoff (Gründungscontrolling 2002), S. 128; Nietzer (Controlling 2003), S. 438.

3 Von einem Unternehmen der New Economy spricht man, „wenn dessen Geschäftsmodell auf dem Internet basiert". Stoi (New Economy 2002), S. 152.

4 So wird die Ausfallquote bei Gründungen in Deutschland innerhalb der ersten drei bis fünf Jahre auf 20% bis 50% geschätzt. Vgl. hierzu die ausführliche Analyse zu gründungsrelevanten statistischen Quellen von Struck (Gründungsstatistik 1999), S. 52. ZIEGLER ermittelt eine durchschnittliche Ausfallquote von 42% für oberbayerische Unternehmensgründungen innerhalb der ersten vier Jahre. Vgl. Ziegler (Erfolgschancen 2000), S. 38. WARSCHAT/SPINDLER sprechen von etwa einem Drittel aller Neugründungen, die innerhalb der ersten fünf Jahre scheitern. Vgl. Warschat/Spindler (Erfolgsfaktoren 1999), S. 56. LEIBBRAND erörtert ausführlich die Abgrenzungsproblematik im Rahmen der statistischen Erfassung gründungsbezogener Daten. Vgl. Leibbrand (Unternehmensgründungen 2001), S. 61 ff.

Börsenreife, der eine hohe Bedeutung, aber einen geringen Erfüllungsgrad im Untersuchungssample aufweist.[5] WEBER ET AL. ermittelten in ihrer Studie zum Controlling in jungen E-Business-Unternehmen,[6] dass fehlende Controllingsysteme - konkret aufgeführt wurde dabei das Fehlen von Planungs-, Kontroll- und Informationssystemen - nach mangelnden Erfahrungen in der Unternehmens- und Mitarbeiterführung zu den häufigst genannten Führungsproblemen der befragten Unternehmen zählen.[7] Darüber hinaus wurden fehlende Planungssysteme in jungen Wachstumsunternehmen als Investitionshemmnis für die Wachstumsfinanzierung identifiziert.[8] In einer Studie zu den Erfolgschancen neu gegründeter Unternehmen wurde ermittelt, dass systematische Planungsaktivitäten die Abmeldequote der befragten Unternehmen senken und damit die Bestands- und Überlebenschancen der Neugründungen verbessern.[9]

Die Ausgangssituation der vorliegenden Arbeit kann also wie folgt umrissen werden: Neu gegründete Unternehmen sind durch hohe Misserfolgsquoten gekennzeichnet. Empirische Studien belegen, dass ein wesentlicher Faktor für das Scheitern junger Unternehmen in mangelnden Controllingsystemen begründet liegt. Diese Ausgangssituation deutet bereits darauf hin, dass Controlling in jungen Unternehmen ein Untersuchungsproblem von besonderer Relevanz ist. Dies soll allerdings in den folgenden Abschnitten noch genauer herausgearbeitet und begründet werden.

1.1.2 Praktische Relevanz

Die praktische Relevanz der vorliegenden Problemstellung kann aus einzel- und gesamtwirtschaftlicher Sichtweise heraus begründet werden.

Auf übergeordneter **volkswirtschaftlicher Ebene** wird die Bedeutung von wachstumsorientierten Unternehmengründungen für Wettbewerb, Strukturwandel, technologische Entwicklung und Beschäftigung vielfach hervorgehoben.[10] In diesem Zusammenhang werden Un-

---

5 Vgl. Achleitner et al. (Kritische Erfolgsfaktoren 2001), S. 37.

6 Unter E-Business versteht man dabei „den konsequenten Einsatz digitaler Technologien und des Internets zur systematischen Optimierung der gesamten Wertschöpfungskette eines Unternehmens". Schwab/Weich (E-Business-Controlling 2001), S. 154.

7 Vgl. Weber et al. (E-Business 2001), S. 11.

8 Vgl. Heil (Erfolgsfaktoren 1999), S. 35.

9 Vgl. Jungbauer-Gans/Preisendörfer (Planung 1991), S. 991 f.

10 Vgl. hierzu beispielsweise die Ausführungen von Egeln (Volkswirtschaftliche Bedeutung 2000), S. 5 ff., Schefczyk/Pankotsch (Wachstumsstarke Start-ups 2002), S. 35 f., Koch (Unternehmensgründung 2001),

ternehmensgründungen auch als „Vitalisierungsspritze für Volkswirtschaften"[11] bezeichnet. Empirische Untersuchungen belegen einen positiven Zusammenhang zwischen der Gründungsaktivität eines Landes und dessen Wirtschaftswachstum.[12] Dabei kommt jedoch nicht nur den konkreten Gründungsaktivitäten, sondern insbesondere auch dem nachhaltigen Gründungserfolg und damit dem Überleben der neuen Wirtschaftseinheiten als Minimalkriterium betrieblichen Erfolgs ein hoher Stellenwert zu.[13] Controlling in seiner Funktion als Führungsunterstützung bei der Bewältigung von Rationalitätsengpässen - auf diese Begriffsbestimmung ist im Grundlagenkapitel dieser Arbeit noch näher einzugehen - kann, wie empirische Studien belegen,[14] einen wesentlichen Beitrag dazu leisten, dass neu gegründete Unternehmen mit den kritischen Führungsproblemen, die den Gründungserfolg gefährden, besser umzugehen vermögen, wodurch die Überlebenswahrscheinlichkeit erhöht werden kann.[15]

Aus **einzelwirtschaftlicher Sicht** ist das Thema Controlling in jungen Unternehmen in mehrfacher Hinsicht relevant.

S. 29 ff. sowie Szyperski (Technologietransfer 1990), S. 3 ff. Einen Überblick über die unterschiedlichen Konzepte der volkswirtschaftlichen Forschung im Bereich kleiner und mittlerer Unternehmen gibt Schmidt (Volkswirtschaftliche Forschung 1994), S. 150 ff.

11 Schaller (Entrepreneurship 2001), S. 3.

12 So ermittelten STERNBERG/BERGMANN in ihrer Studie zum Gründungsgeschehen in Deutschland im internationalen Vergleich einen positiven statistischen Zusammenhang zwischen der Gründungsrate eines Landes und dem Wirtschaftswachstum dieses Landes zwei Jahre danach, wobei anzumerken ist, dass dieser Zusammenhang interdependent ist, d.h. Gründungen haben einen positiven Einfluß auf das Wirtschaftswachstum, aber umgekehrt gilt auch, dass in Regionen, die ein hohes Wirtschaftswachstum aufweisen, später ein höheres Niveau an Gründungsaktivitäten feststellbar ist als in Regionen mit einem schwächeren Wirtschaftswachstum. Vgl. hierzu Sternberg/Bergmann (GEM 2003), S. 42.

13 Dabei wird in erster Linie auf die Beschäftigungswirkung abgestellt, welche von erfolgreichen, dynamisch wachsenden Unternehmensgründungen ausgeht. Daneben wird diskutiert, welche Rolle dem Kreislauf von Gründungen und korrespondierenden Insolvenzen als Beschleunigungsfaktor für den Strukturwandel beikommt. Damit wird letztlich die Bedeutung der nicht-erfolgreichen Unternehmensgründungen kritisch beleuchtet. Nichtsdestoweniger besteht jedoch weitgehende Einigkeit darüber, dass ein vitales, erfolgreiches Unternehmertum für eine intakte Volkswirtschaft unabdingbar ist. Vgl. hierzu Schaller (Entrepreneurship 2001), S. 4 f.

14 In einer Studie der DEUTSCHEN AUSGLEICHBANK wurden ein fehlendes Controlling und eine fehlende Liquiditätsplanung als wesentliche Ursachen junger Unternehmen ausgemacht. Vgl. Deutsche Ausgleichsbank (Krisenursachen 2003), S. 1. In einer weiteren Studie wurden Informationsdefizite, Qualifikationsmängel bei der Führung von Mitarbeitern, bei Planung, Management und Controlling sowie unzureichende Planung des Gründungsvorhabens als Hauptgründe (nach Finanzierungsmängeln) für das Scheitern von Neugründungen identifiziert. Vgl. Warschat/Spindler (Erfolgsfaktoren 1999), S. 56. MAISBERGER stellt ebenfalls Planungs- und Konzeptmängel neben Finanzierungsproblemen als Hauptfaktor für das Scheitern der Unternehmensgründung fest. Vgl. Maisberger (Unternehmensgründung 1998), S. 88.

15 Vgl. hierzu auch Ihring (Controlling für Mittelstandsunternehmen 1986), S. 1.

Eines der Hauptprobleme, denen sich junge Unternehmen ausgesetzt sehen, sind Finanzierungsengpässe in den frühen Phasen der Unternehmensentwicklung.[16] Daher spielt die Gewinnung von Investoren eine entscheidende Rolle in der Gründungs- und Wachstumsphase junger Unternehmen. Externe Kapitalgeber sind allerdings mit einem besonderen Risiko im Zuge der Kapitalbeteiligung an einem noch im Aufbau befindlichen Unternehmen konfrontiert, da junge Wirtschaftseinheiten aufgrund ihrer wesensgemäß kurzen Existenz mit vielen Unwägbarkeiten behaftet sind.[17] Das Vorhandensein eines Controllingsystems erhöht die Urteilsfähigkeit der Investoren über das junge Unternehmen erheblich, da mit Hilfe von schlüssigen Planungs-, Kontroll- und Informationsinstrumenten ein objektives Bild der Lage und Entwicklungsmöglichkeiten des Unternehmens gezeichnet werden kann.[18] Die Relevanz des Controllings ist daher allein schon aufgrund der Finanzierungsnotwendigkeit junger Unternehmen gegeben.

Darüber hinaus ist Controlling aber auch aus unternehmensinterner Sicht ein relevantes Thema für junge Unternehmen. Innovative Unternehmensgründungen zeichnen sich meist durch Gründer mit überdurchschnittlichem technischen Sachverstand aus, denen es jedoch häufig an kaufmännischen Qualifikationen mangelt. So nannten in einer empirischen Befragung von Akademikern 75% der Befragten einen Mangel an kaufmännischen Kenntnissen als Risikofaktor für eine Unternehmensgründung.[19] Durch ein einfaches, dem spezifischen Kenntnisstand der Gründer angepasstes Controllingsystem kann jungen Unternehmen ein Hilfsmittel an die Hand gegeben werden, das als strukturiertes Unterstützungsinstrument für die Lösung kaufmännischer Führungsprobleme fungiert. In einer Befragung von jungen Unternehmen im Raum Nordbayern,[20] deren Auswertung ein Gegenstand dieser Arbeit ist, konnte ermittelt werden, dass 26% der Befragten aussagegemäß einen akuten Unterstützungsbedarf durch unternehmensexterne Experten im Bereich Controlling haben. Dabei ist jedoch zu berücksichtigen, dass vielen Gründern nicht bewußt ist, welche Inhalte und kon-

---

16 Siehe hierzu die bereits erwähnten empirischen Studien von Warschat/Spindler (Erfolgsfaktoren 1999), S. 56, Maisberger (Unternehmensgründung 1998), S. 88 sowie Heil (Erfolgsfaktoren 1999), S. 35.

17 Vgl. Everling (Controlling 2003), S. 330.

18 Vgl. Beyer/Heberer (Erfolgsplanung 2000), S. 436.

19 Vgl. Dowling (Erfolgsfaktoren 2002), S. 19.

20 Für detaillierte Angaben zum Untersuchungsgegenstand und -design sei auf Kapitel 5 dieser Arbeit verwiesen.

kreten Ausgestaltungsmöglichkeiten sich hinter dem Begriff des Controllings verbergen.[21] Dies bekräftigt die Relevanz einer eingehenden Beschäftigung mit dem Thema Controlling in jungen Unternehmen, um letztlich Controllingkonzepte zu entwickeln, die an die besonderen Bedürfnisse junger Unternehmen angepasst sind und daher von der Praxis angenommen werden.

1.1.3 Wissenschaftliche Relevanz

Die geschilderte Ausgangssituation sowie die aufgezeigte praktische Relevanz der Problemstellung machen bereits deutlich, dass Controlling in jungen Unternehmen durchaus ein bedeutsamer Aspekt ist, der verstärkte Beachtung verdient. Umso mehr erstaunt es, dass in wissenschaftlicher Hinsicht diesem Thema bisher nur wenig Aufmerksamkeit entgegengebracht wurde.[22]

Es existiert eine Vielzahl von Untersuchungen, die sich mit Controlling in reifen Unternehmen auseinander setzen.[23] Controlling in den Frühphasen des Unternehmenslebenszyklus jedoch wird nur selten und erst seit kurzem - insbesondere seit der Konsolidierung in der New Economy - thematisiert.[24] Die meisten Beiträge beschäftigen sich dabei entweder mit Controlling im Zusammenhang mit Venture Capital-Finanzierungen und gehen so eher auf

---

21 Auch dies wird im Rahmen der Darstellung der Untersuchungsergebnisse der Befragung noch dargestellt. Siehe hierzu Abschnitt 5.3.3 und im Speziellen 5.3.3.1.

22 ACHLEITNER/BASSEN sprechen davon, dass sich die Forschung im Bereich des Frühphasen-Controllings noch in einem „frühen Stadium" befindet. Vgl. Achleitner/Bassen (Controllingsysteme 2002), S. 1192.

23 Einen Überblick über Controlling in der betriebswirtschaftlichen Literatur geben Hahn (Controlling in Deutschland 1997), S. 16 ff. sowie Eschenbach/Niedermayr (Controlling 1996), S. 49 ff. Den aktuellen Stand sowie die Perspektiven der Controllingforschung beschreiben Möller/Stoi (Controlling 2002), S. 561 ff. sowie Steinle (Entwicklung 2003), S. 6 ff. Eine bemerkenswerte Aufmerksamkeit fanden in diesem Zusammenhang auch mittelständische Unternehmen. Zu nennen sind hier beispielsweise die Beiträge zum Controlling in mittelständischen Unternehmen von Legenhausen (Controllinginstrumente 1998), Gaulhofer (Controlling im Mittelbetrieb 1986), Lanz (Controlling 1990) sowie Dintner (Controlling 1999) und Dintner/Schorcht (Controlling 1999), wobei hier nicht explizit auf eine phasenbezogene Betrachtung des Untersuchungsobjekts abgestellt wird, sondern rein das Größenmerkmal im Vordergrund steht.

24 So bemerken auch LÜCK/HENKE, dass Controlling in jungen Unternehmen bisher kaum thematisiert wurde. Vgl. Lück/Henke (Risiko-Controlling 2003), S. 286. Ähnlich argumentiert HARHOFF: „Systematische wissenschaftliche Ansätze, die den Bedürfnissen des Controlling in jungen, schnell wachsenden Unternehmensgründungen Rechnung tragen, stehen bisher nur in Ansätzen zur Verfügung." Harhoff (Gründungsplanung 2002), Sp. 655. Bemerkenswert ist, dass insbesondere in der englischsprachigen Literatur ein Defizit an Beiträgen zum Controlling in jungen Unternehmen festzustellen ist. Meist beschränken sich relevante Beiträge auf den Teilaspekt des Businessplans und zeichnen sich hier eher durch ihren Checklistencharakter mit stark praxisrelevanter Ausrichtung aus. Vgl. beispielsweise Lloyd et al. (Business Planning 1997) sowie Sahlman (Business Plan 1997). Auszunehmen und hervorzuheben sind die Beiträge von Castrogiovanni (Pre-Startup Planning 1996) sowie Bracker et al. (Planning 1988).

die externe Controlling-Sichtweise sowie Schnittstellenproblematik ein[25] oder betrachten Controllingaspekte ausschließlich im spezifischen Fall von Unternehmen der New Economy mit auf dem Internet basierenden Geschäftsmodellen.[26] Dies überrascht umso mehr, als die Gründungsforschung mittlerweile als ein zwar junges,[27] jedoch eigenständiges Forschungsgebiet anerkannt ist und die wissenschaftlichen Auseinandersetzungen mit Fragestellungen im Zusammenhang mit Unternehmensgründungen zunehmend differenzierter und intensiver werden.[28] Allerdings beschränkt sich die wissenschaftliche Diskussion im Gründungsbereich häufig auf allgemeine Themenfelder wie die Gründerperson oder die Erfolgsfaktoren von Gründungen.[29] Forschungsarbeiten zu den Spezifika von Einzelfunktionen junger Unternehmen, wie Marketing oder Controlling, sind hingegen deutlich unterrepräsentiert.[30]

Man könnte aufgrund dieser geringen wissenschaftlichen Beachtung des Themas Controlling in jungen Unternehmen vermuten, dass in wissenschaftlicher Hinsicht kein Bedarf an einer Untersuchung dieser Problemstellung besteht, entweder weil diese Thematik keine praktische Relevanz aufweist, also kein Handlungsbedarf aus der Praxis heraus gegeben ist, oder weil keine Besonderheiten des Controllings in jungen Unternehmen im Vergleich zum bereits wissenschaftlich erschöpfend behandelten Controlling in etablierten Unternehmen bestehen.

---

25 So zum Beispiel Nietzer (Controlling 2003), Achleitner/Bassen (Grundüberlegungen zum Controlling 2003) und Achleitner/Bassen (Controllingsysteme 2002), Bassen/Gröne (Controlling 2003) sowie Kollmann/Kuckertz (Shareholder-Value-Ansatz 2003).

26 Zu nennen sind hier Horváth et al. (E-Controlling 2001), Kusterer (E-Controlling 2000), Brettel/Heinemann (Controlling von eBusiness 2001), Witt (Controlling in New-Economy-Unternehmen 2001), Stoi (New Economy 2002), Fröhling (Controlling 2000) und Fröhling (Geschäftsmodellcontrolling 2002), Fröhling/Oehler (E-Controlling 2002), Eggers (Strategieorientiertes Controlling 2001), Schwab/Weich (E-Business-Controlling 2001), Eisenhut/Neukirchen (E-Business 2001), insbesondere S. 92 f., Sinn (Web-basierte Unternehmenssteuerung 2003), Palme (Strategisches und operatives Controlling 2003), Hoffmann (Balanced Scorecard-basiertes Controlling 2000) sowie Schubert/Kämker (Controlling auf dem Wachstumspfad 2001).

27 Man spricht erst seit Beginn der 70er Jahre im deutschsprachigen Raum von der Gründungsforschung als einer speziellen Forschungsrichtung. Vgl. hierzu Müller-Böling/Klandt (Unternehmensgründung 1993), S. 137.

28 Die Unternehmensgründung kann in diesem Zusammenhang als eine Sondersituation der Unternehmung bezeichnet werden. Da Sondersituationen „in jedem Fall schwierig zu meistern" sind, ist eine intensive Auseinandersetzung mit dieser Sondersituation angezeigt. Hess (Controlling 1985), S. 167.

29 Vgl beispielsweise Klandt/Tröger (Unternehmer 2001); Frese/Rauch (Entrepreneurship 2002); Frese (Unternehmerischer Erfolg 2000); Frank/Korunka (Unternehmensgründer 1996); Hartenstein (Erfolgsdeterminanten 2001); Sandberg/Hofer (New Venture Performance 1987). Einen komprimierten Überblick über die Schwerpunkte der Gründungsforschung gibt Leibbrand (Gründungsforschung 2001), S. 112 ff.

30 SCHEFCZYK/PANKOTSCH geben hierzu einen Überblick über den Stand der Gründungsforschung und betonen, dass gerade in der relativ vernachlässigten Erforschung von Einzelfunktionen wie Controlling ein „erhebliches Potenzial" liegen dürfte. Vgl. Schefczyk/Pankotsch (Betriebswirtschaftslehre 2003), S. 315 ff. sowie Schefczyk/Pankotsch (Wachstumsstarke Start-ups 2002), S. 34.

Dass die praktische Relevanz des Themas gegeben ist, wurde im vorigen Abschnitt bereits gezeigt. Dass zudem auch maßgebliche Unterschiede zwischen der Ausgestaltung des Controllings in etablierten und jungen Unternehmen bestehen, wurde zum einen in vereinzelten wissenschaftlichen Beiträgen bereits ansatzweise diskutiert[31] und soll zum anderen im weiteren Verlauf dieser Arbeit anhand der Eruierung der besonderen situativen Bestimmungsgrößen des Controllings in jungen Unternehmen - welche sich aus einer Unterscheidung zum situativen Kontext von etablierten Unternehmen heraus ergeben - aufgezeigt werden.[32]

1.2 Zielsetzung und Forschungsfragen

Die in der Problemstellung dargestellten Defizite und offenen Fragen der Gründungsforschung in Bezug auf das Controlling bilden den Ansatzpunkt der vorliegenden Arbeit. Dementsprechend besteht die Zielsetzung dieser Arbeit darin, aus den situativen Bestimmungsgrößen junger Unternehmen ein Controllingkonzept abzuleiten, das als Basiskonzept auf die spezifische Situation eines Unternehmens in der Gründungsphase ausgerichtet ist und im Wachstumsprozess des Unternehmens modular an sich verändernde Rahmenbedingungen angepasst werden kann.

Dabei sollen folgende Forschungsfragen beantwortet werden:

Generelle Forschungsfrage:

Wie muss eine Controllingkonzeption ausgestaltet sein, um den spezifischen Rahmenbedingungen von Unternehmen in der Gründungs- und Wachstumsphase gerecht zu werden?

Konkretisierte Forschungsfrage 1:

Welches sind die situativen Bestimmungsgrößen, die sich aus den Spezifika junger Unternehmen ergeben und die auf die Konzipierung des Controllings für Unternehmen in der Gründungs- und Wachstumsphase einwirken?

31 So stellen LÜCK/HENKE heraus, dass von einer einfachen Übertragung klassischer, auf etablierte Unternehmen ausgerichteter Controllinginstrumente auf junge Wachstumsunternehmen falsche Steuerungsimpulse ausgehen können und sprechen von einer „conditia sine qua non" eines speziellen Controllings für junge Unternehmen. Vgl. Lück/Henke (Risiko-Controlling 2003), S. 287. UNTERKOFLER betont ebenfalls die Notwendigkeit eines speziell auf die frühen Entwicklungsphasen eines Unternehmens ausgelegten Controllingsystems für junge Unternehmen. Vgl. Unterkofler (Erfolgsfaktoren 1989), S. 171 ff.

32 Die Relevanz des Themas und demnach die Begründung eines spezifischen Controllingbedarfs für junge Unternehmen wird in Abschnitt 3.5 der vorliegenden Arbeit noch einmal detailliert abgeleitet.

Konkretisierte Forschungsfrage 2:

Welche Ziele, Aufgaben, Instrumente und organisatorischen Ausgestaltungsmöglichkeiten des Controllings und damit welche Controllingkonzeptionen lassen sich aus den situativen Bestimmungsgrößen für Unternehmen in der Gründungs- und Wachstumsphase ableiten?

Konkretisierte Forschungsfrage 3:

Können wesentliche Aspekte der theoretisch abgeleiteten Controllingkonzeptionen mittels theoriegeleiteter Fragen an die Praxis präzisiert werden?

Die vorgestellten konkretisierten Forschungsfragen bestimmen maßgeblich die Wahl des forschungsstrategischen Ansatzes sowie den strukturellen Aufbau der vorliegenden Arbeit. Dies soll in den folgenden Abschnitten gezeigt werden.

1.3 Vorgehensweise

1.3.1 Forschungsstrategischer Ansatz

In der vorliegenden Arbeit wird der Forschungsprozess im Sinne von KUBICEK als „Forschungsstrategie zur erfahrungsgestützten Theoriebildung"[33] verstanden. Es wird damit dem explorativen Forschungsparadigma[34] gefolgt, indem darauf abgezielt wird, den zu untersuchenden - bislang wenig erforschten - Objektbereich durch gezielte Erfahrungsgewinnung zu strukturieren[35] und durch dieses „Mehr an Verständnis"[36] einen theoretischen und technologischen Erkenntnisfortschritt zu gewinnen.[37]

---

33 In KUBICEK'S „Forschungsstrategie zur erfahrungsgestützten Theorienbildung" - auch als „Konstruktionsstrategie empirischer Forschung" oder „Explorationsstrategie" bezeichnet - wird der „Umweg" des wissenschaftlichen Fortschritts in der betriebswirtschaftlichen Forschung über die Prüfung meist beliebiger Hypothesen (Begründungszusammenhang) zu Gunsten einer als Lernprozess konzipierten Forschung mit theoriegeleiteten Fragen an die Realität aufgegeben. KUBICEK plädiert damit auf eine „Methodologie des Entdeckungszusammenhangs". Der Prozess der Bildung und Modifikation der Hypothesen (Entdeckungszusammenhang) rückt in den Mittelpunkt des Interesses. Vgl. Kubicek (Bezugsrahmen 1977), S. 12 ff.

34 Unter Exploration versteht man die „erfahrungsvermittelte Spekulation auf der Grundlage theoriegeleiteter Erfahrung. Sie entwickelt, gestützt auf flexible theoretische Interpretationsrahmen, Hypothesen und gegebenenfalls auch Merkmale und Begriffe aus den jeweils vorliegenden Daten, statt aus übergeordneten theoretischen Aussagenzusammenhängen abgeleitete Hypothesen mit den Daten zu konfrontieren. In der explorativen empirischen Forschung werden bestehende Hypothesen mit aus der Erfahrung heraus neuentwickelten Hypothesen verglichen statt mit der Erfahrung unmittelbar." Wollnik (Erfahrungswissen 1977), S. 43.

35 Vgl. Kubicek (Bezugsrahmen 1977), S. 11.

Basis dieses Forschungsansatzes ist ein heuristischer Bezugsrahmen,[38] der als Steuerungsinstrument für den weiteren Forschungsprozess dient. Der heuristische Bezugsrahmen ist ein provisorisches Erklärungsmodell,[39] das im Forschungsprozess durch systematisch gewonnenes Erfahrungswissen präzisiert wird.[40]

Das methodische Vorgehen beginnt demzufolge mit der Konstruktion eines theoretischen Bezugsrahmens. Die aus dem Bezugsrahmen resultierenden provisorischen Aussagen können im Rahmen der empirischen Forschung dann unmittelbar zur Generierung des Prüfinstruments (Fragebögen) herangezogen werden.[41] Die im Verlauf der empirischen Untersuchung gewonnenen Erfahrungen, welche über die ursprünglichen Annahmen im Bezugsrahmen hinausgehen können, bilden daraufhin die Grundlage für eine Präzisierung und Modifizierung der im theoretischen Bezugsrahmen provisorisch verankerten Aussagen.[42]

Konkretisiert auf die vorliegende Arbeit entspricht der theoretische Ausgangsbezugsrahmen - wie in Abbildung 1-1 veranschaulicht - den Aussagen zu den situativen Bestimmungsgrö-

---

36 Tomczak (Forschungsmethoden 1992), S. 83.

37 Mit der Gewinnung theoretischer Aussagen wird dabei auf das erstmalige Erkennen von Zusammenhängen abgezielt, während die Gewinnung technologischer Aussagen auf das zielerreichende Gestalten der Wirklichkeit gerichtet ist. Vgl. Müller-Böling/Klandt (Gründungsforschung 1990), S. 164 f.; Szyperski/Müller-Böling (Empirische Forschung 1981), S. 162 f. Zum Zusammenhang zwischen Theorie und Technologie siehe Chmielewicz (Forschungskonzeptionen 1994), S. 182 ff. sowie Brockhoff (Entscheidungsforschung 1981), S. 62 f.

38 Bei der Konstruktion eines Bezugsrahmens geht es schwerpunktmäßig darum, die Abgrenzung des Objektbereiches vorzunehmen, die Grundbegriffe, mit denen der Objektbereich erfasst werden soll, zu präzisieren, die konkrete Problemstellung zu formulieren, sowie Beziehungszusammenhänge zu präzisieren und Arbeitshypothesen im Sinne von Vermutungen über die Realitätszusammenhänge aufzustellen und zu systematisieren. Vgl. Ulrich/Hill (Wissenschaftstheoretische Aspekte 1979), S. 166. Unter Heuristiken versteht man „nicht nomologische Problemlösungshilfen ohne Lösungsgarantie". Raffée (Betriebswirtschaftslehre 1974), S. 43. Als „heuristisch" bezeichnet man ein Denkmodell, das „nicht wie ein analytisches Verfahren mit zwingender Sicherheit zur besten Lösung führt, sondern nur mit einiger Erfolgswahrscheinlichkeit den Suchprozeß zur Lösung neuer Probleme abkürzt". Ulrich/Hill (Wissenschaftstheoretische Aspekte 1979), S. 166. Ein heuristischer Bezugsrahmen schließlich ist eine prästrukturierende, provisorische Erklärungsskizze mit heuristischem Potential, welches mit Hilfe der Konstruktionsstrategie zu erschließen ist. Vgl. Amshoff (Controlling 1993), S. 24.

39 Vgl. Welge (Management 1980), S. 61 sowie Kubicek (Bezugsrahmen 1977), S. 18. KIRSCH bezeichnet den theoretischen Bezugsrahmen als „eine Vorform einer ausgereiften wohl-formulierten Theorie". Kirsch (Empirische Forschung 1981), S. 193.

40 Vgl. Kubicek (Bezugsrahmen 1977), S. 14.

41 „Erst im Zusammenspiel von heuristischen konzeptionellen Bezugsrahmen und Erhebungsaktivitäten konstituiert sich die für systematische explorative Forschungsbemühungen erforderliche empirische Basis. Als Ergebnis der Erhebung liegen „Roh"-Informationen über bestimmte Realitätsausschnitte vor, die natürlich stets vom theoretischen Vorverständnis geprägt sind. Exploration setzt auf der Grundlage eines solchen qualitativen oder quantitativen, nicht voll transparenten Informationsbestandes ein und versucht, das Informationspotential beschreibend und erklärend auszuschöpfen." Wollnik (Erfahrungswissen 1977), S. 45.

42 Vgl. hierzu auch Müller-Böling (Gründungsforschung 1984), S. 22 ff.

ßen des Controllings in jungen Unternehmen sowie den daraus abgeleiteten phasenspezifischen Controllingkonzeptionen.

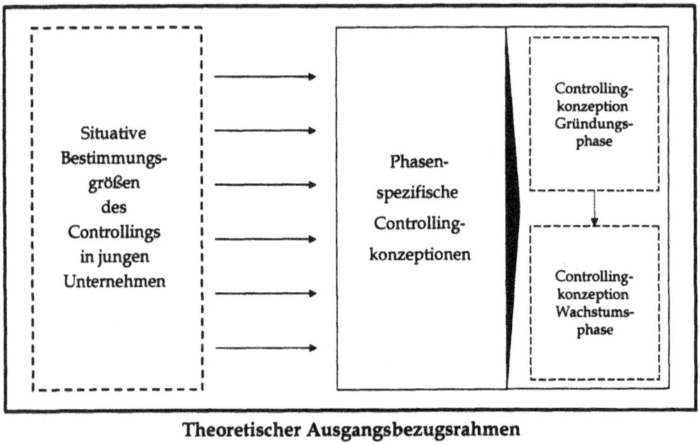

Abbildung 1-1: Schematischer Aufbau des theoretischen Ausgangsbezugsrahmens

Im Bezugsrahmen werden also aus theoretischen Überlegungen und Befunden hervorgegangene Controllingkonzeptionen abgebildet, welche die spezifischen Rahmenbedingungen von Unternehmen in den frühen Entwicklungsphasen berücksichtigen. Aus diesen vorläufigen theoretischen Annahmen werden dann theoriegeleitete Fragen an die Praxis in Form von empirischen Fragebögen deduziert, um hierdurch eine Präzisierung der ursprünglichen Aussagen zu erreichen. Ergebnis dieses Prozesses sind schließlich modifizierte bzw. präzisierte phasenspezifische Controllingkonzeptionen für Unternehmen in der Gründungs- und in der Wachstumsphase, welche wiederum einen Ansatzpunkt für weitergehende Forschungsaktivitäten bilden. Betriebswirtschaftliche Theorie und empirische Forschung werden hierbei verbunden, indem der Forschungsprozess als ein konsequenter Lernprozess verstanden wird, der - von einer theoretischen Basis ausgehend - die Umsetzung von empirisch gewonnenem Erfahrungswissen in theoretische Aussagen problematisiert.[43]

Die Vorgehensweise gemäß diesem Ansatz empfiehlt sich aus folgenden Gründen:

In den Ausführungen zur wissenschaftlichen und praktischen Relevanz des Themas wurde einerseits gezeigt, dass die Problematik eines frühphasengerechten Controllings in wissen-

43 Vgl. Kubicek (Bezugsrahmen 1977), S. 13.

schaftlicher Hinsicht bislang nur in geringem Umfang aufgegriffen wurde. Andererseits wurde festgestellt, dass die Konstruktion eines spezifischen Controllingsystems für Unternehmen in der Gründungs- und Wachstumsphase auch aus Praxissicht relevant ist. Ein Forschungsprozess auf Basis einer iterativen Heuristik wird diesen beiden Aspekten simultan gerecht, indem aus der Praxis gewonnenes Erfahrungswissen in die Entwicklung von theoretischen Aussagen einfließt.[44] Es kann sichergestellt werden, dass sich theoretische Entwürfe und Wissenschaftspraxis gegenseitig befruchten.[45]

In theoretischer Hinsicht gibt es zudem bislang keine in sich geschlossene Theorie zum Thema Controlling in jungen Unternehmen.[46] Das zu untersuchende Phänomen zeichnet sich daher dadurch aus, dass es eine schlechte Strukturiertheit aufweist und zunächst nur unzureichend beherrscht wird.[47] Da somit der Anknüpfungspunkt für eine hypothesengeleitete empirische Forschung im Sinne einer Falsifikationsstrategie fehlt, ist ein Forschungsansatz zu wählen, welcher nicht auf einer wohl-formulierten Theorie als einem System von Hypothesen aufbaut, sondern sich als exploratives Instrument auf dem Wege hin zu einer geschlossenen Theorie versteht.[48] Der für die vorliegende Problemstellung ausgewählte explorative Forschungsansatz beruht auf der Basis des heuristischen Bezugsrahmens, welcher durch seine Reduktions- und Selektionsfunktion[49] die Realität überschaubar macht und das theoretische Vorverständnis zum Ausdruck bringt.[50] In der Literatur wird der Bezugsrahmen daher auch als „Theorieersatz" bezeichnet.[51] Beim gegenwärtigen Erkenntnisstand der Con-

---

44 Vgl. Raffée (Betriebswirtschaftslehre 1974), S. 42 f.

45 Vgl. Schanz (Methodologie 1988), S. 39; Kubicek/Wollnik (Empirische Grundlagenforschung 1975), S. 304.

46 In der Literatur wird zum einen dem Controlling der Charakter einer geschlossenen Theorie abgesprochen. Laut KÜPPER lassen sich in den wissenschaftlichen Arbeiten zum Controlling bislang lediglich erste Ansätze einer theoretischen Fundierung finden. Vgl. Küpper (Controlling 2001), S. 30. KAPPLER bezeichnet die bislang erarbeiteten theoretischen Erklärungsversuche des Controllings als Puzzlesteine einer Theorie „in einem Puzzle, das nie fertig wird". Kappler (Controlling 2002), S. 177. Zum anderen wird von einem Theoriedefizit der Gründungsforschung gesprochen. So bemängelt SCHALLER, „daß [!] bis heute keine explizite, einheitliche oder gar umfassende ‚Theorie des Unternehmers' bzw. eine ‚Theory of Entrepreneurship' existiert. Deshalb bleibt nur noch nach existierenden Theoriefragmenten und Erklärungsansätzen und deren Einordnung zu fragen." Schaller (Entrepreneurship 2001), S. 16. Den geringen Forschungsstand zum Controlling in jungen Unternehmen bemängeln ACHLEITNER/BASSEN. Vgl. Achleitner/Bassen (Grundüberlegungen zum Controlling 2003), S. 5.

47 Vgl. Wimmer (Gründungs- und Frühentwicklungsphase 1996), S. 48; Tomczak (Forschungsmethoden 1992), S. 84.

48 Vgl. Kirsch (Empirische Forschung 1981), S. 193; Müller-Böling/Klandt (Gründungsforschung 1990), S. 145.

49 Vgl. Szyperski/Winand (Unternehmensplanung 1980), S. 167.

50 Vgl. Amshoff (Controlling 1993), S. 7.

51 Vgl. Exner (Controlling 2003), S. 17.

trolling- sowie Gründungsforschung ist die empirisch begründete Entwicklung eines theoretischen Bezugsrahmens und eine Konzentration auf den Entdeckungszusammenhang[52] somit als problemadäquate Forschungsstrategie für die vorliegende Problemstellung zu bezeichnen.[53]

Abbildung 1-2 fasst den der vorliegenden Arbeit zugrunde gelegten forschungsstrategischen Ansatz zusammen.

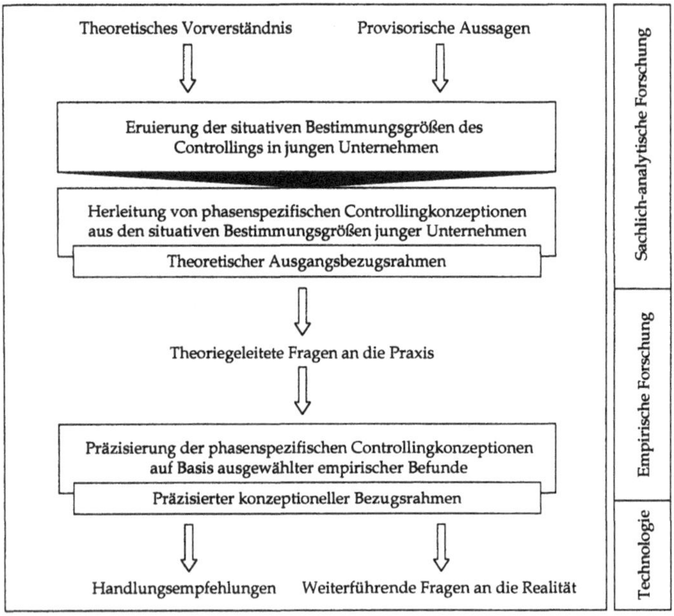

Abbildung 1-2: Der forschungsstrategische Ansatz

52 Der Entdeckungszusammenhang beschreibt den Prozess der Entstehung - die Genetik - wissenschaftlicher Aussagen (beispielsweise von Hypothesen), nicht jedoch die Überprüfung der empirischen Gültigkeit dieser Aussagen. Letzteres wird im Begründungszusammenhang problematisiert. Vgl. Szyperski/Winand (Unternehmensplanung 1980), S. 166-168.

53 In der Controllingforschung wird aufgrund des Mangels einer geschlossenen Theorie häufig auf explorative Forschungsansätze mittels theoretischer Bezugsrahmen zurückgegriffen. Vgl. beispielsweise Niedermayr (Controlling 1994), S. 34 ff. sowie Richter (Controlling 1987), S. 62 ff. Auch im Rahmen der Gründungsforschung wird aufgrund des Theoriedefizits in der Gründungsforschung für den Ansatz des heuristischen Bezugsrahmens plädiert. Vgl. beispielsweise Klandt/Münch (Gründungsforschung 1990), S. 177 ff. und Mugler/Plaschka (Gründungsforschung 1987), S. 175 f. sowie Müller-Böling/Klandt (Gründungsforschung 1990), S. 145 und Müller-Böling (Gründungsforschung 1984), S. 22.

1.3.2 Aufbau der Arbeit

Aus der aufgezeigten Problemstellung, der Zielsetzung, den Forschungsfragen sowie dem forschungsstrategischen Ansatz der Arbeit leitet sich ihr Aufbau ab.

Die Arbeit gliedert sich in sechs Kapitel, wobei dem Einführungs- und einem Grundlagenkapitel zwei konzeptionelle und ein empirischer Hauptteil sowie das Schlußkapitel folgen.

An die Einführung (**Kapitel 1**) schließt sich ein Grundlagenteil an (**Kapitel 2**), in dem der Untersuchungsgegenstand des jungen Unternehmens sowie das Untersuchungsproblem des Controllings näher spezifiziert werden. Hier finden eine erste Präzisierung und Abgrenzung der Begrifflichkeiten statt, die zum weiteren Verständnis der Arbeit erforderlich sind, sowie eine wissenschaftliche Einordnung von Untersuchungsgegenstand und -problem.

Gegenstand des darauf folgenden ersten konzeptionellen Hauptteils (**Kapitel 3**) ist die Untersuchung der ersten konkretisierten Forschungsfrage. Die Frage nach den situativen Bestimmungsgrößen, die sich aus den Spezifika junger Unternehmen ergeben und die auf die Konzipierung des Controllings für Unternehmen in der Gründungs- und Wachstumsphase einwirken, steht damit im Mittelpunkt der Betrachtung. Daher soll in den einzelnen Abschnitten dieses Kapitels herausgearbeitet werden, durch welche charakteristischen Merkmale, Unternehmensziele und unternehmerische Kernaufgaben junge Unternehmen in der Gründungs- und Wachstumsphase spezifiziert werden können, um aus diesen phasenspezifischen Parametern Bestimmungsgrößen für die Gestaltung der frühphasenadäquaten Controllingkonzeptionen ableiten zu können.

Die Ergebnisse des Kapitels 3 werden im zweiten konzeptionellen Hauptteil (**Kapitel 4**) unmittelbar dazu herangezogen, phasenspezifische Controllingkonzeptionen für Unternehmen in der Gründungs- und Wachstumsphase zu erarbeiten. Dabei wird gezeigt, welchen Einfluß die vorgestellten situativen Bestimmungsgrößen der jeweiligen Unternehmensentwicklungsphase auf die Ausgestaltung der Controllingkonzeption in der Gründungs- und Wachstumsphase haben. Damit wird in diesem Kapitel darauf abgezielt, mit Hilfe der situativen Bestimmungsgrößen junger Unternehmen die konstitutiven Elemente einer Controllingkonzeption für die Gründungs- und Wachstumsphase eines Unternehmens inhaltlich auszugestalten. Die Ausführungen des Kapitels 4 sollen somit eine Beantwortung der konkretisierten Forschungsfrage 2 ermöglichen.

Der hieran anschließende empirische Hauptteil (**Kapitel 5**) stellt auf die konkretisierte Forschungsfrage 3 und damit darauf ab, ob wesentliche Aspekte der theoretisch abgeleiteten

Controllingkonzeption mittels theoriegeleiteten Fragen an die Praxis präzisiert werden können. Im Rahmen einer empirischen Untersuchung wurden hierfür Einschätzungen zu ausgewählten Aspekten der situativen Bestimmungsgrößen des Controllings in jungen Unternehmen eingeholt. Damit soll im Verlauf des Kapitels 5 eine praxisbasierte Verfeinerung der Relevanz wesentlicher controllingrelevanter Bestimmungsgrößen und damit auch wesentlicher Elemente der phasenspezifischen Controllingkonzeptionen ermöglicht werden.

Im abschließenden Teil dieser Arbeit (**Kapitel 6**) werden die Ergebnisse der Untersuchung zum Controlling in jungen Unternehmen zusammengefasst, wobei insbesondere auf eine komprimierte Beantwortung der Forschungsfragen abgezielt wird. Darüber hinaus erfolgt eine abschließende Bewertung der erzielten Ergebnisse in inhaltlicher sowie methodischer Hinsicht sowie eine kurze Einschätzung zukünftigen Forschungsbedarfs zum Thema Controlling in jungen Unternehmen.

Abbildung 1-3 fasst den gesamten Aufbau der Arbeit überblicksweise zusammen.

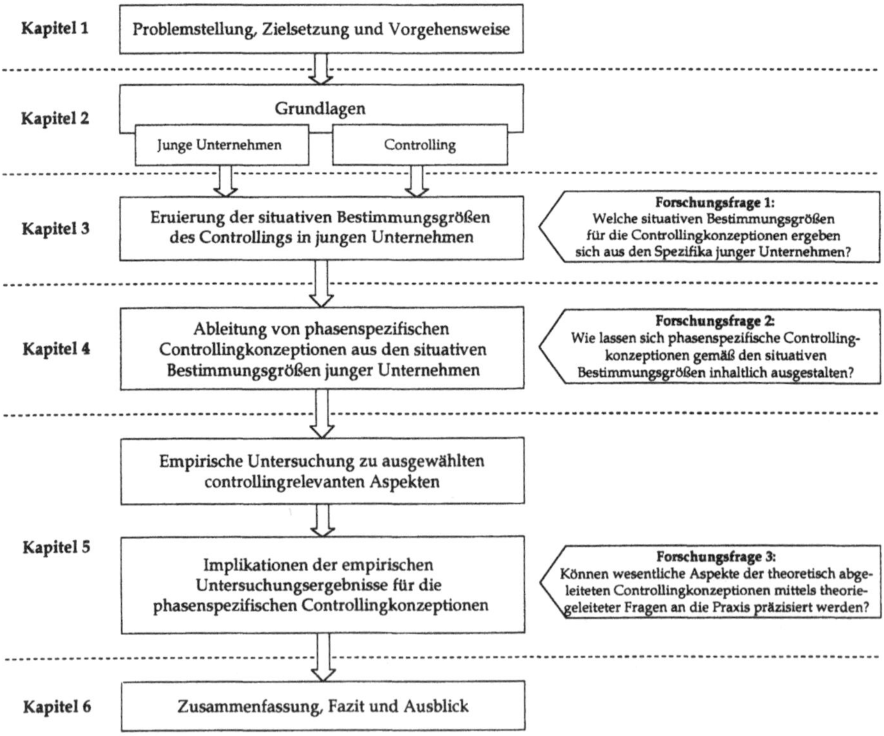

Abbildung 1-3: Aufbau der Arbeit

2. Grundlagen

Bevor dazu übergegangen werden kann, mit der Eruierung der situativen Bestimmungsgrößen des Controllings in jungen Unternehmen und der Ableitung phasenspezifischer Controllingkonzeptionen einen Bezugsrahmen für die Problemstellung des Controllings in jungen Unternehmen zu entwickeln, sollen zunächst der Untersuchungsgegenstand des jungen Unternehmens sowie das Untersuchungsproblem des Controllings definiert und abgegrenzt werden, damit von einem einheitlichen Begriffsverständnis ausgegangen werden kann.[54] Diese Schaffung einer grundlegenden Verständigungsbasis ist Ziel der folgenden Abschnitte.

2.1 Junge Unternehmen

Im Folgenden sollen die terminologischen und theoretischen Grundlagen zum Untersuchungsgegenstand des jungen Unternehmens gelegt werden. Dabei ist zunächst die Unternehmensgründung näher zu betrachten, da mit ihr der Ansatzpunkt der weiteren Unternehmensentwicklung definiert wird. Die darauf folgenden Ausführungen beschäftigen sich mit dem Lebenszyklus eines Unternehmens und zielen darauf ab, ein Modell der frühen Unternehmensentwicklung abzuleiten, welches das junge Unternehmen und seine einzelnen Entwicklungsstufen näher spezifiziert. Abschließend erfolgt eine kurze Betrachtung zur wissenschaftlichen Einordnung der Unternehmensgründung und -entwicklung.

2.1.1 Die Unternehmensgründung als Ansatzpunkt

2.1.1.1 Terminologie der Unternehmensgründung

SZYPERSKI/NATHUSIUS verstehen unter dem Begriff der Gründung den Prozess der Schaffung eines „gegenüber seiner Umwelt qualitativ abgegrenzten und vorher in gleicher Struktur nicht existenten Systems"[55]. Ist dieses geschaffene System eine Unternehmung im Sinne

---

54 Zur Bedeutung der Definitorik als grundlegende Erläuterung der Bedeutung eines Ausdrucks vgl. Stegmüller (Begründung 1969), S. 73 sowie Pawlowski (Begriffsbildung 1980), S. 9.

55 Szyperski/Nathusius (Unternehmensgründung 1999), S. 25. Die Definition von SZYPERSKI/NATHUSIUS wird in der Literatur als richtungsweisend für die deutschsprachige Gründungsforschung bezeichnet. Vgl. Wippler (Unternehmensgründungen 1998), S. 10 f. Sie wird zahlreichen gründungsbezogenen Abhandlungen explizit zugrundegelegt. Vgl. beispielsweise Unterkofler (Erfolgsfaktoren 1989), S. 41; Pörner (Strategisches Management 1989), S. 70; Klandt (Aktivität und Erfolg 1984), S. 25; Hunsdiek (Unternehmensgründung 1987), S. 15; Baaken (Bewertung 1989), S. 15; Engel (Seed-Finanzierung 2003), S. 16; Hommel/Knecht (Marktwertorientierte Entwicklung 2002), S. 3 f. Eine Reihe anderer Definitionen betonen ebenso den prozessualen Charakter der Gründung und entsprechen somit sinngemäß der Definition von SZYPERSKI/

einer äußerlich selbständigen, autonomen, grundsätzlich auf sich selbst gestellten und unmittelbar am eigenen Lebensinteresse orientierten Einheit, welche der Fremdbedarfsdeckung dient und dabei die besondere Art des wirtschaftlichen Risikos zu tragen hat,[56] so handelt es sich um eine Unternehmensgründung.[57] Dieser Definition liegt eine genetische Sichtweise zugrunde, wonach die Unternehmensgründung als ein eine Vielzahl von Entwicklungsschritten durchlaufender Prozess verstanden wird,[58] der zu einem bestimmten Zeitpunkt eine neue Einheit hervorbringt.[59] Dabei ist der formal-juristische Akt der Gewerbeanmeldung bzw. der Eintragung ins Handelsregister als zeitpunktbezogene Komponente[60] lediglich ein Bestandteil dieses Gründungsprozesses.[61]

2.1.1.2 Typologie der Unternehmensgründung und Abgrenzung des Untersuchungsgegenstandes

In Theorie und Praxis existieren unterschiedliche Gründungsformen, die anhand verschiedener Merkmale beschrieben und systematisiert werden können.[62] Zwei wesentliche Syste-

---

NATHUSIUS. Vgl. beispielsweise Frank (Das Gründen von Unternehmen 2003), S. 95: „Gründen ist in diesem Sinne als Entwicklungsprozess zu begreifen." und Eisele (Gründung 1993), Sp. 1550: „Als ein zeitbeanspruchender Prozeß [!] umfaßt die Gründung einer Unternehmung die Gesamtheit aller Entscheidungen und Handlungen, welche die konstitutionellen Voraussetzungen für das Entstehen der Unternehmung schaffen." Davon abzugrenzen sind Definitionen, die lediglich den formal-juristischen Gründungszeitpunkt thematisieren. Dieser zeitpunktbezogene rechtliche Gründungsakt wird auch als Unternehmensgründung im engeren Sinne bezeichnet. Vgl. Brandkamp (Unternehmensgründungen 2000), S. 23.

56 Vgl. Schumpeter (Unternehmer 1928), S. 476; Kosiol (Unternehmung 1972), S. 28.

57 Vgl. Klandt (Aktivität und Erfolg 1984), S. 25 f.

58 Nähere Erläuterungen zu diesem Prozess finden sich in Abschnitt 2.1.2., insbesondere in 2.1.2.2.

59 NATHUSIUS vergleicht die Unternehmensgründung mit einem Prozess, der der Genese natürlicher Systeme entspricht. Er bezeichnet die Gründung dabei als einen Geburtsakt, der durch eine Vielzahl von vorgeburtlichen, in ihrer Vollständigkeit notwendigen Entwicklungsschritten gekennzeichnet ist und mit der erfolgreichen Geburt abschließt. Vgl. Nathusius (Existenzgründung 1998), S. 17. Die in der deutschen Gründungsforschung vorherrschende prozessuale Begriffsauffassung entspricht weitgehend der anglo-amerikanischen Auffassung. Auch dort wird im Rahmen der Entrepreneurship-Forschung, die als Äquivalent der deutschen Gründungforschung bezeichnet werden kann, der Prozesscharakter des Gründungsbegriffes betont: „Venture creation is the process that roughly begins with the idea for a business and culminates when the products or services based upon it are sold to customers in the market." Bhave (Process Model 1994), S. 224, sowie: „Entrepreneurship is the process of creating value by pulling together a unique package of resources to exploit an opportunity." Stevenson et al. (Ventures 1985), S. 16. Vgl. zur Betonung des Prozesscharakters auch Stevenson et al. (New Business Ventures 1999), S. 3 und Timmons/Spinelli (New Venture 2004), S. 47.

60 Dieser Zeitpunkt entspricht dem rechtlichen Beginn der Unternehmung. Vgl. Klandt (Aktivität und Erfolg 1984), S. 26.

61 Vgl. Kulicke (Technologieorientierte Unternehmen 1987), S. 13; Dietz (Gründung 1989), S. 24; Frank et al. (Konfigurationsanalyse 1999), S. 257.

62 Einen Überblick über wesentliche Systematisierungsversuche gibt Wimmer (Gründungs- und Frühentwicklungsphase 1996), S. 43 ff.

matisierungsmerkmale[63] sind hierbei die Strukturexistenz[64] (derivative versus originäre Gründungen) und der Selbständigkeitsgrad[65] (unselbständige versus selbständige Gründungen), aus deren Kombination sich folgende Gründungsformen ableiten lassen:

	Derivative Gründungen	Originäre Gründungen
Unselbständige Gründungen	(1) Fusion/ Umgründung	(2) Betriebsgründung
Selbständige Gründungen	(3) Existenzgründung durch Betriebsübernahme	(4) Unternehmens-gründung

Abbildung 2-1: Gründungsformen[66]

Bei derivativen unselbständigen Gründungen (**Feld 1**) werden bestehende Wirtschaftseinheiten in eine existierende Wirtschaftseinheit eingegliedert bzw. mit dieser verbunden. Diese Gründungen werden als „unechte Gründungen" bezeichnet, da sich die mit dieser Grün-

63 Die Bedeutung dieser Systematisierungsmerkmale ist in der Literatur unumstritten. SAßMANNSHAUSEN bezeichnet die Systematisierung von Gründungsformen gemäß dieser beiden Kriterien als „anerkannte Methode der Systematisierung". Vgl. Saßmannshausen (Selbstständigkeit 2001), S. 128. SCHEFCZYK/PANKOTSCH sprechen davon, dass sich diese beiden Merkmale als verbreitetste Merkmale im Rahmen der Typisierung von Gründungsformen herauskristallisiert haben. Vgl. Schefczyk/Pankotsch (Betriebswirtschaftslehre 2003), S. 53. PÖRNER zählt die beiden Merkmale zu den „wesentlichen" Strukturmerkmalen, mit deren Hilfe sich verschiedene Ausprägungen von Gründungsformen darstellen lassen. Vgl. Pörner (Strategisches Management 1989), S. 79.

64 Hinsichtlich der Strukturexistenz lassen sich originäre Gründungen, welche dadurch gekennzeichnet sind, dass es sich hierbei um eine völlig neu geschaffene Wirtschaftseinheit handelt, und derivative Gründungen, bei denen das Gründungsunternehmen vor dem Gründungsakt schon in einer anderen Form existent war und lediglich in eine neue Unternehmenseinheit mit veränderter Struktur transformiert wurde, unterscheiden. Vgl. Szyperski/Nathusius (Unternehmensgründung 1999), S. 27.

65 Das Merkmal Selbständigkeitsgrad bezieht sich auf den angestrebten Selbständigkeitsstatus der Gründerperson. Unter selbständigen Gründungen versteht man dabei jene Gründungen, die zum Aufbau einer selbständigen unternehmerischen Existenz durch eine in einem selbständigen Arbeitsverhältnis stehende Gründerperson erfolgen. Unselbständige Gründungen hingegen erfolgen durch Gründerpersonen, die die Gründung im Rahmen ihrer abhängigen Beschäftigung bzw. Tätigkeit für existierende Organisationen als Teil ihres Aufgabenbereiches durchführen. Vgl. Nathusius (Finanzierungsinstrumente 2001), S. 60.

66 In Anlehnung an Szyperski/Nathusius (Unternehmensgründung 1999), S. 27. Die Kategorisierung von SZYPERSKI/NATHUSIUS wird in der gründungsbezogenen Literatur zur Abgrenzung der verschiedenen Gründungsausprägungsformen häufig zugrunde gelegt. Man spricht hierbei auch davon, dass diese Einteilung der Gründungsformen in der deutschsprachigen Betriebswirtschaftslehre nahezu als Standard gelten kann. Vgl. Dietz (Gründung 1989), S. 31; Schefczyk/Pankotsch (Betriebswirtschaftslehre 2003), S. 53; Pörner (Strategisches Management 1989), S. 79 ff.; Hartl (Kosten- und Erfolgscontrolling 2001), S. 4; Wippler (Unternehmensgründungen 1998), S. 11 f. Eine Erweiterung dieser Kategorisierung haben SCHEFCZYK/PANKOTSCH vorgenommen. Vgl. hierzu Schefczyk/Pankotsch (Betriebswirtschaftslehre 2003), S. 53 f. Zu anderen Einteilungsmöglichkeiten vgl. die Übersicht bei Dietz (Gründung 1989), S. 26 ff.

dungsform verbundenen Fusions- bzw. Umwandlungsprobleme erheblich von den spezifischen Gründungsproblemen unterscheiden.[67]

Im Falle originärer unselbständiger Gründungen (**Feld 2**) wird eine neue Wirtschaftseinheit (Zweigbetrieb bzw. Betriebsstätte) von einem bestehenden Unternehmen geschaffen. Man spricht hierbei auch von „Betriebs- oder Betriebsstättengründung", da die neue Wirtschaftseinheit keine selbständige Unternehmung, sondern Bestandteil eines bereits bestehenden Unternehmens wird.[68]

Bei derivativen selbständigen Gründungen (**Feld 3**) wird eine selbständige unternehmerische Existenz durch Übernahme einer bestehenden Wirtschaftseinheit geschaffen. Man bezeichnet diese Gründungen als „Existenzgründung durch Betriebsübernahme", da die berufliche Veränderung des Gründers von der abhängigen zur selbständigen Tätigkeit und nicht der Aufbau einer neuen Unternehmung im Vordergrund steht.[69]

Originäre selbständige Gründungen (**Feld 4**) zeichnen sich dadurch aus, dass eine autonome neu geschaffene Wirtschaftseinheit von einem selbständig tätigen oder dadurch selbständig tätig werdenden Gründer aufgebaut wird. Diese Gründungen werden als „Unternehmensgründung" bezeichnet, da das Ergebnis des Gründungsprozesses eine vorher nicht existierende selbständige Organisation ist.[70]

Die **originären selbständigen Gründungen**, die nachfolgend als „Unternehmensgründungen" bzw. „Gründungen im engeren Sinne"[71] bezeichnet werden, sind Gegenstand der vorliegenden Arbeit, da sie aufgrund der extremen Breite des Entscheidungsfeldes - verbunden mit einem eingeschränkten Erfahrungspotenzial des Entscheidungsträgers - die spezifische Situation des Gründungsvorhabens deutlicher widerspiegeln als die übrigen Gründungsformen.[72]

---

67 Vgl. Szyperski/Nathusius (Unternehmensgründung 1999), S. 28.

68 Vgl. Kirschbaum (Entstehung 1982), S.35.

69 Vgl. Szyperski/Nathusius (Unternehmensgründung 1999), S. 28; Hartl (Kosten- und Erfolgscontrolling 2001), S. 5.

70 Vgl. Szyperski/Nathusius (Unternehmensgründung 1999), S. 29; Dietz (Gründung 1989), S. 32.

71 Vgl. Szyperski/Nathusius (Unternehmensgründung 1999), S. 30.

72 Anzumerken ist hierbei, dass in der Gründungspraxis die verschiedenen Gründungsformen in sehr unterschiedlichen Ausprägungsgraden auftreten können und sich daher mehr oder weniger stark angleichen können. Das gewählte Einteilungsschema gibt die Extrempunkte der jeweiligen Ausprägungsmöglichkeiten wieder und hilft dadurch, die Komplexität der in der Praxis vorzufindenden Vielzahl von Merkmalsausprägungen zu reduzieren. Vgl. Szyperski/Nathusius (Unternehmensgründung 1999), S. 29 f.; Nathusius (Finanzierungsinstrumente 2001), S. 59.

Gründungen im engeren Sinne lassen sich weiter systematisieren, indem das Merkmal des **Innovationsgrads** herangezogen wird. Als Folge der dichotomen Ausprägungen dieses Merkmales lassen sich innovative und imitatorische Unternehmensgründungen unterscheiden.[73] Der im Falle der **innovativen Unternehmensgründungen** im Mittelpunkt stehende Innovationsbegriff ist durch eine heterogene Vielzahl an inhaltlichen Belegungen gekennzeichnet.[74] Im Rahmen dieser Arbeit wird einem weiten Innovationsverständnis gefolgt, wonach unter Innovationen markttragfähige bzw. wirtschaftlich angewandte[75] Neuerungen[76] verstanden werden, die subjektiven Neuheitscharakter für den Abnehmer bzw. Nutzer[77]

---

73 Diese Unterteilung lässt sich aus SCHUMPETERS dynamischer Wirtschaftstheorie herleiten, wonach innovative Gründer mittels der erfolgreichen Durchsetzung neuer Faktorkombinationen am Markt Vorsprungsgewinne erzielen und dadurch Imitatoren anlocken, die an den Vorsprungsgewinnen partizipieren möchten. Vgl. Schumpeter (Theorie 1964), S. 339 f. Vgl. zur Unterscheidung innovativer und imitatorischer Unternehmensgründungen auch Baumol (Entrepreneurship 1986), S. 141 ff.

74 Ein Überblick über ausgewählte Definitionsansätze zum Innovationsbegriff ist bei Hauschildt (Innovationsmanagement 1997), S. 4 ff. zu finden. Aus einem technikorientierten Innovationsverständnis heraus versteht man unter Innovationen neue Produkte oder Verfahren, bei dem die Forschung und Entwicklung über den aktuellen Stand der Technik hinausgeht. Vgl. Brandkamp (Unternehmensgründungen 2000), S. 21. Aus ökonomisch-theoretischer Sicht lassen sich Innovationen als Neukombinationen verschiedener Bezugsobjekte verstehen, durch welche Tauschmöglichkeiten von Wirtschaftssubjekten erstmalig ermöglicht oder günstiger abgewickelt werden können und somit suboptimal alloziierte Güter in günstigere Verwendungen gelenkt werden können. Vgl. Picot et al. (Unternehmensgründungen 1989), S. 46.

75 Mit den Attributen markttragfähig bzw. wirtschaftlich angewandt soll betont werden, dass eine Neuerung im Sinne einer Invention erst dann zur Innovation wird, wenn die gedankliche Neukonzeption bzw. Invention am Markt erfolgreich eingeführt wird (Produktinnovation) oder im Unternehmen tatsächlich eingesetzt wird (Prozessinnovation). Vgl. Voigt (Innovationscontrolling 2002), S. 3; Voigt (Strategien 1998), S. 90 f.; Gerpott (Innovationsmanagement 1999), S. 39 f.; Rohrer (Innovation 1998), S. 14; Hofmeister (Innovationsbarrieren 1981), S. 83. KNIGHT verdeutlicht dies durch die Verwendung des Begriffes „adoption" in seiner Definition von Innovation. Erst durch die „adoption", also die Annahme bzw. Anwendung der Neuerung entsteht die Innovation. Vgl. Knight (Innovation Process 1967), S. 478 f.

76 Die inhaltliche Präzisierung des Begriffes „Neuerung" ist dabei nicht unproblematisch. HAUSCHILDT schlägt die Kriterien „inhaltliche Dimension" (Was ist neu?), „subjektive Dimension" (Neu für wen?), „prozessuale Dimension" (Wo beginnt, wo endet die Neuerung?) und „normative Dimension" (Ist neu gleich erfolgreich?) vor, anhand deren Ausprägungen der Innovationsbegriff inhaltlich bestimmt werden kann. Vgl. Hauschildt (Innovationsmanagement 1997), S. 7 ff. Vgl. zur Problematik des Neuigkeitsgrades auch Brockhoff (Forschung 1999) S. 236 ff. sowie Brockhoff/Zanger (Neuheitsgrad 1993).

77 Ein subjektiver Neuheitscharakter liegt bei Innovationsgegenständen vor, die eine Neuheit für das nutzende bzw. erzeugende System darstellen, wobei die jeweilige Perspektive des Betrachters als Bezugsrahmen für die präzise Abgrenzung dient: Subjektive Neuheit aus Sicht der Unternehmung bedeutet, dass der subjektive Informationsstand des Unternehmens bezüglich des Neuheitscharakters des Innovationsgegenstandes ausschlaggebend für dessen Beurteilung ist, während subjektive Neuheit aus Sicht der relevanten Umwelt die subjektive Einschätzung der Problemlösungsnachfrager thematisiert. Vgl. Witte (Innovationsentscheidungen 1973), S. 3; Söndgerath (Innovationsprojekte 2002), S. 10 f.; Wicke (Innovationsprojekte 1995), S. 6 f.; Schröder (Innovations-Controlling 1996), S. 490. Für die vorliegende Arbeit ist letztere Abgrenzung und damit die Einbeziehung des marktorientierten Aspektes bedeutsam, da im Rahmen der Unternehmensgründung auf einen subjektiven Wissensstand aus Vergangenheitsdaten auf Unternehmensebene nicht zurückgegriffen werden kann. Im Unterschied zum subjektiven Neuheitscharakter weisen Innovationsgegenstände einen objektiven Neuheitscharakter auf, wenn es sich um eine Weltmarktneuheit handelt, d.h. um etwas, das bis dato generell noch nicht existent war. Dieses Verständnis spiegelt die engste Begriffsauffassung von Innovationen wider. Vgl. Dietz (Gründung 1989), S. 43; Wupperfeld (Seed-Capital Markt 1996), S. 11.

aufweisen.[78] Unternehmensgründungen werden dann als innovativ bezeichnet, wenn ihre Geschäftsidee auf einer Invention beruht, deren Entwicklung zur Innovation als wesentliche Zielsetzung des neuen Unternehmens im Vordergrund steht.[79] Dabei kann es sich bei der Invention um eine Produktneuerung handeln, aber auch um die Einführung neuer Produktionsmethoden, neuer Organisationsformen oder die Erschließung neuer Absatz- oder Bezugsmärkte.[80] Während man also unter innovativen Unternehmensgründungen die Schaffung unabhängiger, neuer Wirtschaftseinheiten zum Zwecke der erfolgreichen Umsetzung einer innovativen Geschäftsidee versteht,[81] sind **imitatorische Unternehmensgründungen** hingegen dadurch gekennzeichnet, dass sie in ihren Unternehmenskonzepten existierende Unternehmen oder Konzepte nachahmen und so deren Faktoreinsatzkombinationen vervielfachen.[82] Im Zuge imitatorischer Unternehmensgründungen werden zwar auch unabhängige, neue Wirtschaftseinheiten geschaffen, diese basieren jedoch nicht auf einer Invention, sondern zielen auf das möglichst abbildungsgenaue Imitieren von Vorbildern ab.[83]

Die Abgrenzung zwischen innovativen und imitatorischen Unternehmensgründungen kann im Einzelfall problematisch sein, da es für das Merkmal Innovationsgrad eine Vielzahl von Ausprägungen gibt, die zwischen den dichotomen Extrempunkten liegen.[84] In einer sehr weiten Auslegung wird sogar jede Unternehmensgründung als eine „Innovation per se" ge-

---

78 Vgl. Gerpott (Innovationsmanagement 1999), S. 39; Picot et al. (Unternehmensgründungen 1989), S. 46; Göpfert (Innovationscontrolling 1996), Sp. 736.

79 Vgl. Voigt et al. (Innovationen 2003), S. 94.

80 SCHUMPETER bezeichnet diese Inventionsarten als neue Faktorkombinationen. Vgl. Schumpeter (Unternehmer 1928), S. 483. Vgl. hierzu auch Voigt (Innovationscontrolling 2002), S. 3 sowie Unterkofler (Erfolgsfaktoren 1989), S. 61.

81 Vgl. Laub (Unternehmensgründungen 1989), S. 11; Wippler (Unternehmensgründungen 1998), S. 16. In der Literatur werden innovative Unternehmensgründungen häufig mit dem Begriff „neu gegründete" bzw. „junge Wachstumsunternehmen" gleichgesetzt. Vgl. Seidenschwarz et al. (Kundenorientierung 2003), S. 53; Just (Technologieorientierte Unternehmensgründungen 2000), S. 9. Neu gegründete Wachstumsunternehmen werden dabei definiert als Unternehmen, die aus eigener Kraft erwirtschaftete, steigende Ausschüttungen an die Unternehmenseigner erwarten lassen und deren konstituierendes Merkmal eine innovative Geschäftsidee ist. Vgl. Ballwieser (Externes Rechnungswesen 2003), S. 161. MAYER hebt als eines der wesentlichen Merkmale innovativer junger Unternehmen das hohe Wachstumspotenzial hervor. Vgl. Mayer (Finanzierung 2003), S. 1508 f.

82 Vgl. Nathusius (Finanzierungsinstrumente 2001), S. 59.

83 Vgl. Rentrop (Innovative Imitation 1990), S. 119.

84 Vgl. Marr (Innovationsmanagement 1993), Sp. 1797; Nathusius (Finanzierungsinstrumente 2001), S. 60. So können Unternehmensgründungen beispielsweise auf einem bewährten Unternehmenskonzept beruhen - wodurch sie zunächst als imitativ zu bezeichnen wären -, dieses jedoch in einen neuen Markt übertragen, in dem es durchaus eine Neuerung darstellt. In letzter Konsequenz ergäbe sich somit eine innovative Gründung. LEVITT und auch RENTROP bezeichnen derartige Fälle als „innovative Imitation". Vgl. Levitt (Innovative Imitation 1966), S. 63 ff.; Rentrop (Innovative Imitation 1990), S. 119 ff.; Rentrop (Gründungsstrategie 1984), S. 189 ff. Siehe hierzu auch Isfan (Gründungsideen 2000), S. 14.

sehen,[85] indem allein die Schaffung einer neuen Wirtschaftseinheit als Neuerung interpretiert wird. Solange diese neue Wirtschaftseinheit jedoch lediglich marginale Anpassungen im Vergleich zu existierenden Vorbildern aufweist, ist es durchaus gerechtfertigt, diese als imitative Unternehmensgründung zu bezeichnen und von den im engeren Sinne innovativen Unternehmensgründungen abzugrenzen.[86]

Imitatorische Unternehmensgründungen werden auch häufig als **Existenzgründungen**[87] bezeichnet.[88] Dabei ist diese Gleichsetzung nur bedingt zutreffend. Gemeinsames Merkmal der beiden Gründungsformen ist der imitative Charakter der Geschäftsidee.[89] Imitatorische Unternehmensgründungen sowie Existenzgründungen basieren auf Unternehmenskonzepten, die bekannt und in nahezu identischer Form bereits realisiert sind.[90] Allerdings sind bezüglich eines weiteren Merkmales, des Wachstumspotenzials, entscheidende Unterschiede zwischen diesen beiden Formen festzumachen. Bei Existenzgründungen steht die subjektbezogene Gründungsaktivität, also der Wechsel in die Selbständigkeit aus persönlicher Sicht, im Vordergrund,[91] und die gesamte Unternehmung ist auf die Expertenleistung der Gründerperson und dessen Auskommen und weniger auf Wachstum ausgerichtet.[92] Bei Unternehmensgründungen hingegen ist eine differenziertere Betrachtung vorzunehmen. Im Vordergrund jeder Unternehmensgründung steht der objektbezogene institutionelle Akt des Aufbaus der neuen, individuenübergreifenden Unternehmensstruktur.[93] Die neugeschaffene Struktur ist von der Gründerperson grundsätzlich unabhängig, das Wachstums- und Be-

---

85 Vgl. Freier (Etablierungsmanagement 2000), S. 19; Unterkofler (Erfolgsfaktoren 1989), S. 56; Sabisch (Unternehmensgründung 1999), S. 19.

86 Vgl. Müller-Böling/Klandt (Gründungsforschung 1990), S. 153. ZACHARIAS bezeichnet diese marginalen Anpassungen als „leichte Variationen", so dass ihm zufolge imitative Gründungen als grundsätzlich bekannte Konzepte mit leichten Variationen von innovativen Gründungen abzugrenzen sind. Vgl. Zacharias (Gründungsmanagement 2001), S. 41.

87 Dabei ist hier die originäre selbständige Schaffung eines eigenen Auskommens gemeint, im Gegensatz zur oben erläuterten derivativen Existenzgründung im Sinne einer Betriebsübernahme.

88 Vgl. beispielsweise Laub (Unternehmensgründung 1989), S. 10; Tödt (Existenzgründung 2001), S. 15.

89 NATHUSIUS analysiert neben der klassischen (imitativen) Existenzgründung das Gründungsmodell der innovativen Existenzgründung, kommt jedoch zu dem Schluss, dass diese Gründungsfälle in der Regel zum Scheitern verurteilt sind, da sie zum einen kaum finanzierbar sind und zudem die im Vordergrund stehende Gründerperson durch die einschränkenden persönlichen Zielsetzungen zum größten Erfolgshemmnis des Gründungsprojektes werden kann. Vgl. Nathusius (Finanzierungsinstrumente 2003), S. 172 ff.

90 Zu den Merkmalen von Existenzgründungen vgl. Laub (Innovationsbewertung 1991), S. 27 sowie Fallgatter (Entrepreneurship 2004), S. 26.

91 Vgl. Klandt (Gründungsmanagement 1999), S. 1; Baaken (Bewertung 1989), S. 17.

92 Vgl. Fallgatter (Entrepreneurship 2004), S. 26; Szyperski (Unternehmer 1998), S. 278.

93 Vgl. Klandt (Aktivität und Erfolg 1984), S. 31; Saßmannshausen (Selbstständigkeit 2001), S. 127; Hommel/Knecht (Marktwertorientierte Entwicklung 2002), S. 5.

schäftigungspotenzial unterliegt keiner prinzipiellen Beschränkung.[94] Allerdings wird die Ausschöpfung dieses Wachstumspotenzials durch imitatorische Unternehmensgründungen nicht in demselben Maße erreicht werden können wie durch innovative Unternehmensgründungen.[95] Ist die Geschäftsidee im Rahmen der imitatorischen Gründung auf das abbildgenaue Kopieren vorhandener Konzepte beschränkt, wird eine Etablierung des Unternehmens im Markt bei zunehmender Marktsättigung schwierig; Wachstumschancen werden kaum bestehen.[96] In diesen Fällen existieren faktisch kaum Unterschiede zwischen imitatorischen Unternehmensgründungen und Existenzgründungen. Sobald jedoch imitatorische Unternehmensgründungen die bewährten Konzepte, auf denen sie beruhen, um einen Zusatznutzen, eine innovative Komponente erweitern, und dadurch aus dem replizierten Geschäftskonzept ein neuer Wert für die Abnehmer bzw. Nutzer geschaffen wird, bestehen auch für diese Gründungsform Wachstumspotenziale.[97]

Gegenstand der vorliegenden Arbeit sind innovative Unternehmensgründungen sowie imitatorische Unternehmensgründungen, sofern letztere aufgrund einer innovativen Komponente Wachstumspotenzial aufweisen.[98] Existenzgründungen sowie imitatorische Unternehmensgründungen ohne innovatives Potenzial sind für die vorliegende Problemstellung von untergeordnetem Interesse, da bei ihnen viele handlungsbestimmende Variablen bekannt und dadurch die Aktionsräume wesentlich eingeschränkter sind als bei der Gruppe

94 Vgl. Fallgatter (Entrepreneurship 2004), S. 26.

95 Vgl. Achleitner/Bassen (Grundüberlegungen zum Controlling 2003), S. 4.

96 Vgl. Ripsas (Entrepreneurship 1997), S. 77; Unterkofler (Erfolgsfaktoren 1989), S. 62; Nathusius (Existenzgründung 1998), S. 13; Becker/Dietz (Innovationsengagement 2001), S. 253 f. FRANKE/LÜTHJE bezeichnen die Wirkungen, welche von imitatorischen Gründungen ausgehen, als „Nullsummenspiel", da jeder Zuwachs durch imitative Gründungen in gesättigten Märkten zu Lasten von anderen Marktakteuern gehen muss. Vgl. Franke/Lüthje (Innovation 2004), S. 38. Siehe hierzu auch die empirische Untersuchung von Hunsdiek/May-Strobl (Entwicklungslinien 1986), S. 50 ff.

97 STEVENSON/GUMPERT betonen, dass sich Entrepreneure nicht unbedingt auf Neuland wagen müssen, sondern auch mit der Verbindung bekannter Ideen zu neuen Anwendungen Wacshtumspotenziale generieren können. Vgl. Stevenson/Gumpert (Unternehmerisches Handeln 1998), S. 96. Zu Beispielen wachstumsstarker Imitatoren aus der Praxis vgl. Rentrop (Innovative Imitation 1990), S. 120.

98 Dabei sollen die zuletzt genannten Gründungen im weiteren Verlauf der Arbeit unter den Begriff „innovative Unternehmensgründungen" subsumiert werden. Eine weitere Differenzierung innerhalb der innovativen Unternehmensgründungen in einzelne Branchen oder Gruppen (wie beispielsweise die Gruppe der technologieorientierten innovativen Unternehmensgründungen) ist für die vorliegende Themenstellung nicht angebracht, da die Ausgangssituation und die controllingrelevanten spezifischen Merkmale der Unternehmen in den frühen Phasen der Unternehmensentwicklung für alle innovativen Unternehmensgründungen im weitesten Sinne vergleichbar sind. Vgl. hierzu auch Nietzer (Controlling 2003), S. 441.

der innovativen Unternehmensgründungen.[99] Zudem eignen sie sich aufgrund des fehlenden Wachstumspotenzials nicht dazu, die Anpassungserfordernisse des Controllings im Rahmen des Übergangs von der Gründungs- zur Wachstumsphase aufzuzeigen.

2.1.2 Die Phasen der Unternehmensentwicklung

Mit dem Begriff Unternehmensentwicklung werden Veränderungsprozesse quantitativer sowie qualitativer Natur bezeichnet, die ein Unternehmen im Zeitablauf durchläuft.[100] Dieser Lebensweg des Unternehmens, der in der Literatur häufig als Unternehmens-Lebenszyklus bezeichnet wird,[101] folgt im Gegensatz zu biologischen Lebenszyklen,[102] die naturgesetzlich bestimmten Entwicklungsverläufen unterworfen sind, keinen unveränderlichen Gesetzen.[103] Vielmehr ist das Unternehmen als komplexes sozio-ökonomisches System internen und externen Einflüssen ausgesetzt, die auf die Entwicklungslinien des Unternehmens in fallweise unterschiedlichem Ausmaß einwirken.[104] Jeder Unternehmens-Lebenszyklus stellt somit mit Blick auf Details einen unterscheidbaren Einzelfall dar.[105] Mittels Abstraktion lassen sich je-

---

99 LAUB zeigt, dass bei imitatorischen bzw. Existenzgründungen sowohl beschaffungs- als auch absatzseitig wesentlich mehr bekannte Variablen vorhanden sind als bei innovativen Unternehmensgründungen. Vgl. Laub (Innovationsbewertung 1991), S. 27.

100 Vgl. Hahn (Wachstumspolitik 1970), S. 609. Mit dieser Definition soll zum Ausdruck gebracht werden, dass der Ausdruck Unternehmensentwicklung nicht nur quantitative Veränderungen, wie z.B. die Zu- oder Abnahme der Beschäftigtenzahl, umfasst, sondern auch qualitative Entwicklungen, wie z.B. Reorganisationen oder Eigentümerwechsel. Vgl. Pümpin/Prange (Unternehmensentwicklung 1991), S. 15. In diesem Sinne lässt sich der Begriff Unternehmensentwicklung auch klar vom Ausdruck Unternehmenswachstum abgrenzen. Unternehmensentwicklung schließt in einer übergeordneten Funktion Unternehmenswachstum, welches lediglich quantitative Veränderungen umfasst, mit ein. Vgl. Manstedten (Organisationsstrukturen 1997), S. 38 ff. Zu einer detaillierten Abgrenzung der beiden Begriffe vgl. Bleicher (Unternehmungsentwicklung 1979), S. 41 ff.; KÜRPICK vertritt die Meinung, dass der Wachstumsbegriff neben quantitativen Veränderungen auch solche qualitativer Art mit einschließen sollte. Er folgt somit der gängigen Abgrenzung zwischen Wachstum und Entwicklung nicht. Vgl. Kürpick (Unternehmenswachstum 1981), S. 22.

101 Vgl. beispielsweise Klandt (Frühphasenfinanzierung 2001), S. 160; Betsch et al. (Gründungsfinanzierung 2000), S. 19; Risak (Gestaltung 1992), S. 9. In der englischsprachigen Literatur finden sich die äquivalenten Begriffe Corporate Lifecycles und Organizational Lifecycles. Vgl. Adizes (Corporate Lifecycles 1988), S. 11; Quinn/Cameron (Life Cycles 1983), S. 33.

102 Vgl. zu unterschiedlichen Arten von Lebenszykluskonzeptionen die umfassende Darstellung bei Höft (Lebenszykluskonzepte 1992), S. 15 ff. Zu Lebenszykluskonzeptionen, die biologische Analogien in den Vordergrund stellen und zur Kritik daran vgl. Fuchs (Unternehmenswachstum 1969), S. 255 f.

103 Vgl. Glesti (Wertmanagement 1995), S. 22.

104 Vgl. Nathusius (Venture Management 1979), S. 103. HAUSCHILDT diagnostiziert fünf existenzielle Schlüsselereignisse im Lebenszyklus eines Unternehmens, die die weitere Existenz des Unternehmens entscheidend beeinflussen. Vgl. Hauschildt (Schlüsselereignisse 2004), S. 36 ff.

105 Vgl. Frank (Das Gründen von Unternehmen 2003), S. 95. HAYEK verdeutlicht dies mit dem Beispiel des menschlichen Lebenszykluses, in dem jedes individuelle Ereignis eine Wirkung auf zukünftige Handlungen haben kann und es somit unmöglich ist, theoretisches Wissen in Voraussagen über individuelle Ereignisse umzuformen. Vgl. Hayek (Theorie 1972), S. 25.

doch Ähnlichkeiten in den Entwicklungspfaden von Unternehmen identifizieren, die als typische Phasen im Unternehmenslebenszyklus gekennzeichnet werden können.[106]

2.1.2.1 Modelle des Unternehmenslebenszyklus im Vergleich

In der wirtschaftswissenschaftlichen Forschung wurde eine Reihe von Modellen entwickelt, die die prozessuale Analyse von Unternehmens-Entwicklungspfaden[107] thematisieren.[108] Die Kategorisierung dieser Modelle wird meist nach fünf Grundtypen vorgenommen.[109]

Metamorphosemodelle

Metamorphosemodelle[110] sind dadurch gekennzeichnet, dass sie von einer zwingenden Abfolge bestimmter Entwicklungsstufen der Unternehmung ausgehen.[111] Im Zuge des Unternehmenswachstums verändert sich der Kontext des Unternehmens im Zeitablauf derart, dass sprunghafte Veränderungen im Führungskonzept erforderlich werden, welche den Eintritt des Unternehmens in die neue Phase hervorrufen.[112]

Krisenmodelle

Krisenmodelle[113] beschreiben die Unternehmensentwicklung als einen Prozess, dessen Kontinuität durch Krisensituationen unterbrochen wird. Entwicklungskrisen treten dabei ideal-

---

106 Vgl. Bleicher (Integriertes Management 1999), S. 516; Nathusius (Venture Management 1979), S. 103.

107 Vgl. Brüderl et al. (Erfolg 1996), S. 44.

108 Zu einem komprimierten Überblick über wesentliche Modelle siehe Korallus (Lebenszyklustheorie 1988), S. 28 ff.; Pümpin/Prange (Unternehmensentwicklung 1991), S. 45 ff.; Roberts (Entrepreneurs 1991), S. 163 ff. Eine ausführliche Darstellung der unterschiedlichen Modelle findet sich bei Jäger (Unternehmensentwicklungsmodelle 1998), S. 41 ff.

109 Diese Einteilung findet sich u.a. bei Nathusius (Venture Management 1979), S. 103 ff.; Pümpin/Prange (Unternehmensentwicklung 1991), S. 45 ff. Andere Kategorisierungen unterscheiden lediglich drei Grundtypen von Unternehmensentwicklungsmodellen. Dabei werden in der Regel mehrere Grundtypen zu Obergruppen zusammengefasst. Vgl. beispielsweise Kaiser/Gläser (Entwicklungsphasen 2003), S. 9 ff.; Gruber et al. (Finanzielle Entwicklung 2003), S. 29 f.

110 Zu den wichtigsten Vertretern der Metamorphosemodelle zählen Clifford (Growth Pains 1973), S. 143 ff., Boswell (Small Firms 1972), S. 57 ff. sowie Albach (Wachstumsschwellen 1976), S. 686 ff. Die Modelle von CLIFFORD und ALBACH werden in der Literatur gelegentlich auch den Krisenmodellen zugeordnet, wodurch die Zuordnungsproblematik einzelner Modelle zu den fünf Grundtypen deutlich wird. Vgl. Nathusius (Venture Management 1979), S. 106; Pümpin/Prange (Unternehmensentwicklung 1991), S. 47.

111 Damit kommen die Metamorphosemodelle den biologischen Lebenszyklusmodellen am nächsten. Vgl. Kaiser/Gläser (Entwicklungsphasen 2003), S. 10.

112 BUDDE/KIESER stellen die wesentlichen Merkmale der Metamorphosemodelle übersichtsartig vor. Vgl. Budde/Kieser (Unternehmenswachstum 1977), S. 148 f.

113 Zu den wichtigsten Vertretern der Krisenmodelle werden BLEICHER mit den Abhandlungen Bleicher (Management 1983), S. 403 ff. und Bleicher (Integriertes Management 1999), S. 516 ff. sowie Lippitt/Schmidt (Crises 1967), S. 102 ff. gerechnet.

typisch an bestimmten Alters- oder Größenschwellen im Lebenszyklus des Unternehmens auf und bewirken einen gravierenden Einschnitt in die Unternehmensentwicklung.[114]

Marktentwicklungsmodelle

Marktentwicklungsmodelle[115] basieren auf dem Konzept des Produktlebenszyklus.[116] Die Entwicklung des Unternehmens wird hierbei in Analogie zur Absatzmarktentwicklung erklärt, wobei sich der jeweilige Entwicklungsstand des Unternehmens aus der Aggregation der einzelnen Lebenszyklen ihrer Produkte ergibt.[117]

Strukturänderungsmodelle

Strukturänderungsmodelle[118] beschreiben die Entwicklungsverläufe von Unternehmen in erster Linie durch die im Zeitablauf eingetretenen Änderungen in der Organisationsstruktur, wobei postuliert wird, dass die jeweilige Organisationsstruktur als Antwort auf in der Vorstufe aufgetretene Probleme zu verstehen ist, welche im Zuge der Weiterentwicklung des Unternehmens selbst wieder zum Problem und durch eine neue Struktur abgelöst wird.[119]

Verhaltensänderungsmodelle

Verhaltensänderungsmodelle[120] charakterisieren den Entwicklungsstand des Unternehmens über phasenspezifische Verhaltensweisen und Einstellungen innerhalb des Unternehmens. Hierbei stehen insbesondere das Innovationsverhalten, aber auch die Grundausrichtung und der Führungsstil des Managements im Vordergrund.[121]

---

114 In vielen Modellen markieren die Krisen zugleich den Übergang in eine neue Lebenszyklusphase. Vgl. beispielsweise Bleicher (Integriertes Management 1999), S. 516 ff. Andere Modelle ordnen die identifizierten Krisen hingegen in die verschiedenen Lebenszyklusphasen ein. Vgl. beispielsweise Lippitt/Schmidt (Crises 1967), S. 104 ff. sowie insbesondere Exhibit I., S. 103.

115 Wichtige Vertreter der Marktentwicklungsmodelle sind Levitt (Product Life Cycle 1965), S. 81 ff. und James (Corporate Life Cycle 1973), S. 69 ff.

116 Vgl. zum Konzept des Produktlebenszyklus beispielsweise Levitt (Product Life Cycle 1965), S. 81 ff.

117 Vgl. Schierenbeck (Beteiligungsentscheidungen 1973), S. 55.

118 Zu den wichtigsten Vertretern der Strukturänderungsmodelle zählen GREINER mit den Abhandlungen Greiner (Evolution 1972), S. 40 ff. und Greiner (Evolution and Revolution 1998), S. 58 ff. sowie Churchill/ Lewis (Small Business Growth 1983), S. 30 ff. Das Modell von GREINER wird mitunter auch den Krisenmodellen zugerechnet. Vgl. Glesti (Wertmanagement 1995), S. 24.

119 Vgl. Nathusius (Venture Management 1979), S. 113.

120 Insbesondere Adizes (Corporate Lifecycles 1988), S. 1 ff. und Swayne/Tucker (Entrepreneur 1973), S. 11 ff. werden in der Literatur als wichtige Vertreter der Verhaltensänderungsmodelle genannt.

121 Vgl. Pümpin/Prange (Unternehmensentwicklung 1991), S. 46.

Die Zuordnung einzelner Modelle zu einem dieser fünf Grundtypen gelingt nicht immer eindeutig. In vielen Modellen erfolgt eine Kombination verschiedener Elemente dieser Grundtypen.[122] In Abbildung 2-2 werden beispielhaft einzelne Modelle der jeweiligen Grundtypen einander gegenübergestellt.[123]

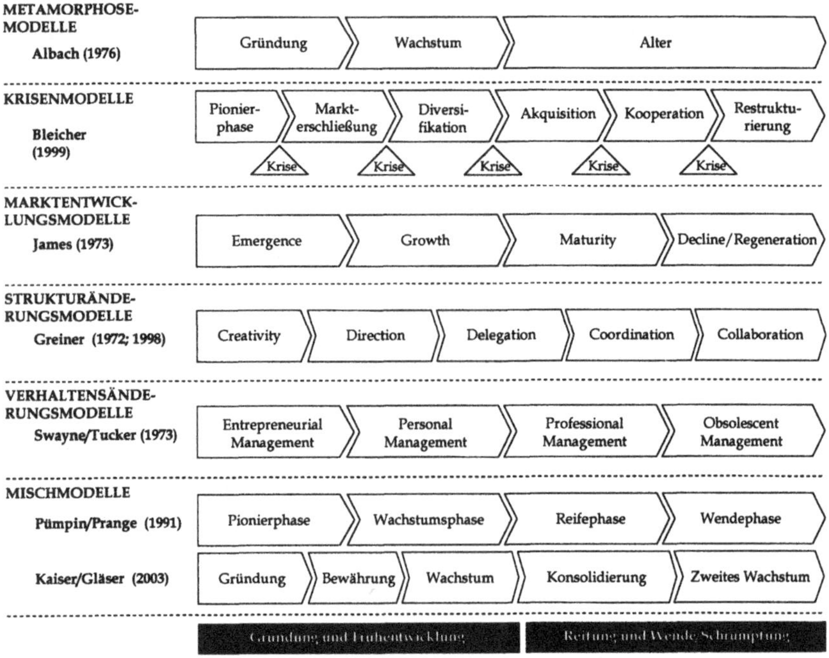

Abbildung 2-2: Modelle des Unternehmenslebenszyklus

---

122 Da jede der fünf Grundtypen in der Literatur nicht frei von Kritik geblieben ist, sind Kombinationen der Grundtypen nicht zuletzt auch als Reaktion auf die Kritikpunkte entstanden. So wird den Metamorphose-, Krisen-, Strukturänderungs- und Verhaltensänderungsmodellen in erster Linie vorgeworfen, dass sie durch die strikte Unterstellung eines chronologischen Durchlaufs der einzelnen Stadien rekursive Entwicklungsverläufe häufig ausklammern, während Marktentwicklungsmodelle hauptsächlich dahingehend kritisiert werden, dass sie das einzelne Produkt und nicht die Unternehmung im Mittelpunkt der Betrachtung haben. Vgl. Nathusius (Venture Management 1979), S. 104 ff; Kaiser/Gläser (Entwicklungsphasen 2003), S. 10 f.

123 Wobei noch einmal betont werden soll, dass die Darstellung keinerlei Anspruch auf Vollständigkeit erhebt und die Zuordnung der ausgewählten Modelle zu den Grundtypen sicherlich nicht unstrittig ist. Ferner gibt diese Abbildung lediglich die „Quintessenz" der jeweiligen Modelle in stark verkürzter Form wieder. Zu detaillierten Ausführungen siehe die grundlegenden Beiträge zu den jeweiligen Modellen: Vgl. Albach (Wachstumsschwellen 1976), S. 686 ff.; Bleicher (Integriertes Management 1999), S. 516 ff.; James (Corporate Life Cycle 1973), S. 69 ff.; Greiner (Evolution 1972), S. 40 ff.; Greiner (Evolution and Revolution 1998), S. 58 ff.; Swayne/Tucker (Entrepreneur 1973), S. 11 ff.; Pümpin/Prange (Unternehmensentwicklung 1991), S. 83 ff.; Kaiser/Gläser (Entwicklungsphasen 2003), S. 15. Die Modelle von PÜMPIN/PRANGE und KAISER/GLÄSER wurden als „Mischmodelle" bezeichnet, da sie als Synthese der unterschiedlichen Modellarten entstanden sind.

Betrachtet man diese grafische Darstellung der unterschiedlichen Modelle, so wird eine abstrakte „Mustererkennung"[124] augenscheinlich. Über die einzelnen Modelle hinweg[125] folgt dem Beginn des Unternehmenslebenszyklus, welcher als Gründungsphase bezeichnet werden kann, eine in der Regel durch Wachstum gekennzeichnete Frühentwicklungsphase, die in das Stadium der reifen, konsolidierenden Unternehmung mündet, von welchem aus die weitere Entwicklung entweder rekursiv mit dem Einleiten einer neuen Wachstumsphase verläuft oder mit der Schrumpfung bzw. dem Niedergang des Unternehmens endet.[126] Im Folgenden werden die für die vorliegende Themenstellung entscheidenden ersten beiden Entwicklungsphasen des Unternehmens, die Gründungs- und Frühentwicklungsphase,[127] näher betrachtet.

2.1.2.2 Das Modell der frühen Unternehmensentwicklung: Die Gründungs- und Wachstumsphase

Die frühen Entwicklungsphasen des Unternehmens werden in der gründungsspezifischen Literatur eingehend thematisiert.[128] Es existieren eine Reihe verschiedener Ansichten zum idealtypischen Verlauf der frühen Unternehmensentwicklung. Dabei wird der frühe Entwicklungsverlauf in eine jeweils mehr oder weniger große Zahl an Unterphasen gegliedert.

In Abbildung 2-3 sind ausgewählte Frühentwicklungsmodelle zusammengestellt.[129]

124 Frank (Das Gründen von Unternehmen 2003), S. 95.

125 Es soll noch einmal betont werden, dass diese Beschreibung eine abstrakte vereinfachende Form der Zusammenfassung der einzelnen Modelle ist. Im Detail betrachtet weisen die jeweiligen Modelle teils durchaus unterscheidbare Entwicklungsverläufe auf.

126 Dabei verläuft diese idealtypische Entwicklung in der Regel diskontinuierlich, d.h. stabilen Phasen folgen turbulente, oftmals mit Krisen verbundene Phasen. Interessanterweise wird in der Mehrzahl der Modelle eine chronologische Abfolge der unterstellten Phasen vorausgesetzt. Die Möglichkeit eines Rücksprungs auf vorhergehende Entwicklungsstufen wird explizit nur in wenigen Modellen erwähnt. Vgl. Pümpin/Prange (Unternehmensentwicklung 1991), S. 79 ff.

127 Im Folgenden werden die Begriffe Frühentwicklungs- und Wachstumsphase synonym verwendet, indem unterstellt wird, dass die Frühentwicklungsphase einen mit Wachstum verbundenen positiven Verlauf nimmt und somit von einer rückläufigen Entwicklung oder gar einem Niedergang des Unternehmens in der frühen Entwicklung abstrahiert wird.

128 Eine kurze Zusammenstellung einiger dieser Beiträge liefert Schmidt (Indikatoren 2002), S. 36.

129 Zu den einzelnen Modellen vgl. Szyperski/Nathusius (Unternehmensgründung 1999), S. 30 ff.; Nathusius (Eigenkapitalfinanzierung 2001), S. 180 f. und Nathusius (Existenzgründung 1998), S. 17 ff.; Klandt (Gründungsmanagement 1999), S. 58 ff.; Zacharias (Gründungsmanagement 2001), S. 37 ff.; Kulicke (Entwicklungsmuster 1991), S. 350 f.; Sabisch (Unternehmensgründung 1999), S. 21 ff.

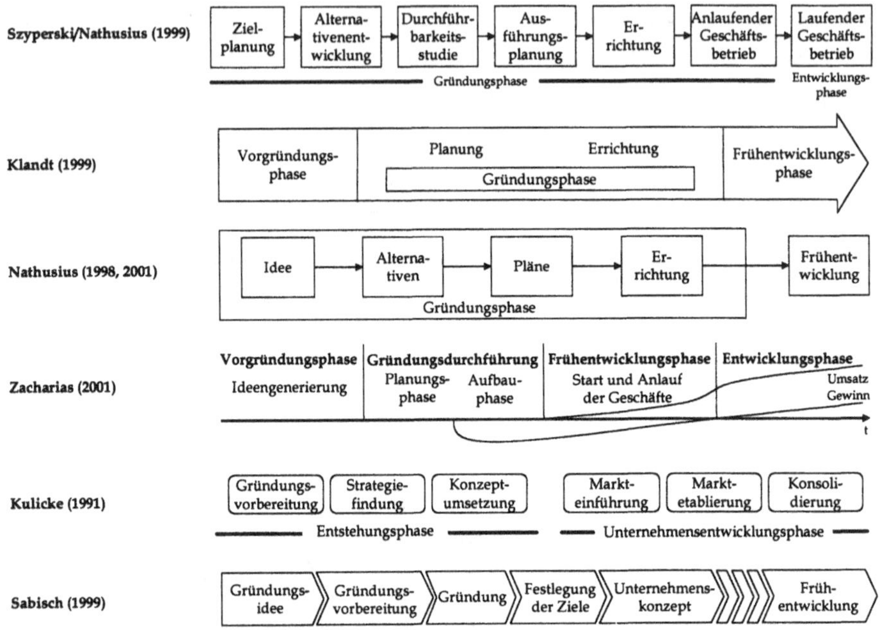

Abbildung 2-3: Ausgewählte Modelle der frühen Unternehmensentwicklung im Überblick

Die aufgeführten, aus Unternehmensperspektive entwickelten Modelle[130] verdeutlichen, dass es keine einheitliche Benennung und Abgrenzung der einzelnen Frühentwicklungsphasen gibt. In der Literatur wird sogar postuliert, dass es angesichts der in der Praxis vorzufindenden vielfältigen Entwicklungsformen von neu gegründeten Unternehmen wohl nicht möglich sei, ein detailliertes, allgemein gültiges Lebenszyklusmodell zu entwickeln,[131] dass viel-

130 Neben den Modellen aus Unternehmensperspektive gibt es eine Reihe von Modellen, die aus einer Finanzierungsperspektive heraus entwickelt wurden. So geht beispielsweise ACHLEITNER von einem dreiphasigen Unternehmenslebenszyklus aus und unterscheidet Unternehmensgründungsphase, Unternehmenswachstumsphase und die Phase als junges börsennotiertes Unternehmen. Vgl. Achleitner (Entrepreneurial Finance 2001), S. 11. In einer häufig zugrunde gelegten Einteilung der frühen Unternehmensentwicklungsphasen aus Finanzierungsperspektive wird unterschieden in Early Stage, welche sich wiederum in Seed- und Start-up-Phase untergliedern lässt, Expansion Stage und Late Stage. Vgl. beispielsweise Achleitner/ Engel (Inkubatoren 2001), S. 14; Betsch et al. (Gründungsfinanzierung 2000), S. 20; Weclawski (Venture-Capital-Finanzierung 2002), S. 544 ff. Ähnlich, aber etwas detaillierter unterteilen LEITINGER ET AL. in Seed-, Start-up-, First-, Second-, Third- und Bridge-Stage. Vgl. Leitinger et al. (Venture Capital 2000), S. 103. Siehe auch Schmeisser/Jahn (Unternehmensgründungen 1999), S. 49 f. Für die vorliegende Problemstellung wird das Augenmerk jedoch auf die Modelle aus Unternehmensperspektive gelegt, da die Phaseneinteilung aus „interner" Perspektive besser geeignet ist, die phasenspezifischen Anforderungen an das unternehmensinterne Controlling zu definieren, als dies aus „externer" Finanzierungssichtweise möglich wäre.

131 Vgl. Freier (Etablierungsmanagement 2000), S. 44.

mehr die bislang entwickelten Modelle rein hypothetischen Charakter hätten und einer empirischen Überprüfung nicht standhielten.[132]

Da mit zunehmendem Detaillierungsgrad der Phasen des Unternehmenslebenszyklus zwar der Erklärungsgehalt des Modells steigt, der Allgemeinheitsanspruch jedoch sinkt,[133] soll im weiteren Verlauf der Arbeit ein generelles Modell der frühen Unternehmensentwicklung von geringem Detaillierungsgrad zugrunde gelegt werden, das - der Problemstellung angemessen - den frühen Entwicklungsverlauf einer möglichst großen Anzahl neu gegründeter Unternehmen idealtypisch widerspiegelt.[134] Abbildung 2-4 zeigt dieses, aus den unterschiedlichen Modellen als Synthese hervorgegangene idealtypische Modell der frühen Unternehmensentwicklung.

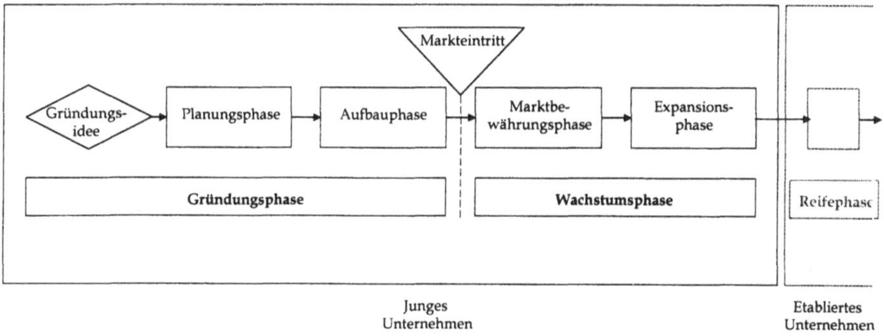

Abbildung 2-4: Das Modell der frühen Unternehmensentwicklung

Dieses zweiphasige Modell unterteilt die frühe Unternehmensentwicklung in eine Gründungsphase, welche mit dem Markteintritt endet und die darauf folgende Wachstumsphase.

Die Gründungsphase[135] umfasst dabei zum einen die auf einer Gründungsidee[136] basierende Planungsphase, in der eine Gesamtkonzeption[137] für die Geschäftsidee ausgearbeitet wird,[138]

---

132 Vgl. Klandt (Unternehmenslebensphasen 2003), S. 101.

133 Vgl. Kaiser/Gläser (Entwicklungsphasen 2003), S. 13.

134 So wählt auch KLANDT insbesondere aufgrund der bislang vorzufindenden schwachen empirischen Basis ein generelles, sehr reduziertes Modell der frühen Unternehmensentwicklung, indem er die Phasen der Gründung und Frühentwicklung den Phasen der Reifung und Schrumpfung gegenüberstellt. Vgl. Klandt (Unternehmenslebensphasen 2003), S. 102.

135 Anzumerken ist, dass die nachfolgend erläuterten Phasenbestandteile nicht zwingend in der hier genannten Reihenfolge einander folgen müssen, sondern dass sie auch parallel oder in modifizierter Abfolge ablaufen können. Ferner sei angemerkt, dass eine ausführliche Betrachtung der unternehmerischen Schwerpunktak-

die Produkt- bzw. Verfahrensentwicklung erfolgt[139] und die benötigten Finanzierungsmittel generiert werden,[140] sowie zum anderen die Aufbauphase, in welcher der formal-rechtliche Gründungsakt vollzogen wird,[141] die Konzeptumsetzung hinsichtlich der erforderlichen Ressourcen erfolgt[142] und der Aufbau erster Organisationsstrukturen initiiert wird.[143] Letztlich stellt die Gründungsphase einen Prozess dar, der noch kein Unternehmenswachstum beinhaltet,[144] aber den Grundstein und die Voraussetzung für die weitere Entwicklung des Unternehmens determiniert.[145] Der Markteintritt[146] markiert schließlich das Ende der Gründungsphase und den Übergang zur Wachstumsphase.[147]

---

tivitäten, der besonderen Merkmale, sowie der Sach- und Formalziele in den einzelnen Phasen in Kapitel 3 erfolgt.

136 Die Gründungsidee kann hierbei entweder die Unternehmensgründung initiieren - man spricht hierbei von ideengetriebenen Gründungen - oder dem generellen Gründungswunsch folgt der Prozess der Ideenfindung. Vgl. hierzu die detaillierten Ausführungen in Klandt (Gründungsmanagement 1999), S. 61 ff. Zum allgemeinen Verständnis unternehmerischer Ideen siehe Schneider (Transaktionsbeziehungen 1991), S. 344 ff. Zur Ideengenerierung siehe Lüthje (Geschäftsideen 2002), S. 39 ff. DOWLING propagiert analog zum amerikanischen Verständnis eine Wende weg von der Bezeichnung „Idee" zur Bezeichnung „Opportunity", da dieser Begriff die marktliche Umsetzbarkeit der Idee als Voraussetzung für einen längerfristigen Geschäftserfolg betont. Vgl. Dowling (Gründung 2002), S. 14.

137 RENTROP bezeichnet die Unternehmenskonzeption als „Konkretisierung der Gründungsidee". Rentrop (Strategien 1985), S. 11. Diese Gesamtkonzeption - in der neueren Literatur auch Businessplan genannt - fasst als detaillierte, einen mehrperiodigen Zeitraum umspannende schriftliche Planung die Annahmen, Ziele und Maßnahmen des Gründungsvorhabens in einem Dokument zusammen, gibt Auskunft darüber, welche Ziele in welchen Zeiträumen mit welchen Mitteln erreicht werden sollen und beinhaltet letztlich auch die Überprüfung der Geschäftsidee hinsichtlich finanzieller und marktbezogener Potenzialträchtigkeit. Vgl. Dowling (Businesspläne 2002), S. 220; Elsenmüller/Grampp (Business Plan 2002), S. 86; Finke-Schürmann (Gründungsplan 2001), S. 108; Hundt/Neitz (Businesspläne 2001), S. 24; Nathusius (Gründungsplanung 1980), S. 339; Leining (Unternehmenskonzept 1999), S. 41; Klandt (Unternehmensplan 1996), S. 101.

138 Vgl. Pörner (Strategisches Management 1989), S. 89 f.; Witt/Rosenkranz (Netzwerkbildung 2002), S. 90.

139 Diese Aufgabe hat für technologiebasierte Geschäftsideen besondere Relevanz. Vgl. Kazanjian (Stages of Growth 1988), S. 262 f.

140 Vgl. Sabisch (Unternehmensgründung 1999), S. 23 f. Anzumerken ist, dass auch in den folgenden Phasen der Bedarf an weiteren Finanzierungsmitteln entstehen kann.

141 Vgl. Bischoff (Operatives Controlling 1993), S. 94; Heinen (Betriebswirtschaftslehre 1992), S. 144.

142 Vgl. Häußermann (Junge Unternehmen 1997), S. 12.

143 Vgl. Engel (Seed-Finanzierung 2003), S. 28.

144 Unter Unternehmenswachstum ist hierbei die positive Veränderung der Unternehmensgröße zu verstehen, wobei als Maßgröße meist die Anzahl der Beschäftigten oder der Umsatz des Unternehmens gewählt werden. Vgl. Manstedten (Organisationsstrukturen 1997), S. 38 f. Gemessen an der Größe Umsatz kann in der Gründungsphase in diesem Sinne noch kein Unternehmenswachstum verzeichnet werden, da der Markteintritt noch nicht erfolgt ist.

145 Vgl. Kaiser/Gläser (Entwicklungsphasen 2003), S. 14.

146 Unter Markteintritt versteht man das Phänomen, „wenn ein Unternehmen zum ersten Mal eine Leistung (bzw. ein Leistungsbündel) für eine bestimmte Nutzenerwartung einer nach zweckmäßigen Kriterien abgegrenzten (...) Menge von Nachfragern anbietet". Töpfer/Duchmann (Markteintritt 2001), S. 1042. Zu Markt-

Die Wachstumsphase umfasst zunächst die Marktbewährungsphase, die erfolgreich abgeschlossen ist, sobald die Markteinführung nachweislich gelungen ist.[148] Die sich anschließende Expansionsphase ist in erster Linie durch eine umfassende Ausschöpfung des entdeckten Marktpotenzials,[149] die Erschließung weiterer Kundengruppen[150] und eine damit einhergehende kontinuierliche Umsatzsteigerung[151] gekennzeichnet. Die Wachstumsphase endet mit der Etablierung des Unternehmens am Markt.[152]

Das Modell der frühen Unternehmensentwicklung hat einen stark idealtypischen Charakter, d.h. Dauer sowie Abfolge der einzelnen Phasen und Phasenbestandteile sind in jedem Unternehmen individuell unterschiedlich ausgeprägt.[153] Nichtsdestoweniger soll die abstrakte modellhafte Unterteilung des Frühentwicklungsprozesses des Unternehmens in eine Gründungs- und eine Wachstumsphase dabei helfen, die controllingrelevanten Besonderheiten und die daraus resultierenden unterschiedlichen Anforderungen an das Controlling von Unternehmen in der jeweils spezifischen Phase aufzuzeigen.

2.1.2.3 Das junge Unternehmen

In der gründungsspezifischen Literatur wird häufig nicht explizit zwischen der Gründungs- und Wachstumsphase differenziert. Vielmehr werden Unternehmen in der Gründungsphase

---

eintrittsstrategien für Unternehmensgründungen siehe Ehrmann/Biedermann (Unternehmensgründung 2002), S. 499 ff.

147 Dies wird in der Literatur in einer Vielzahl von Beiträgen so bestätigt. Vgl. beispielsweise Manstedten (Organisationsstrukturen 1997), S. 37; Kaiser/Gläser (Entwicklungsphasen 2003), S. 14. Eine andere Ansicht vertritt FRANK, der betont, dass die Gründungsphase nicht mit dem Markteintritt beendet sei, sondern sich Unternehmen auch nach erfolgtem Markteintritt noch im Gründungsstadium befinden könnten. Er begründet dies damit, dass auch nach dem Markteintritt noch Entscheidungen mit Gründungscharakter zu treffen sind. Vgl. Frank (Das Gründen von Unternehmen 2003), S. 97.

148 BAIER/PLESCHAK sprechen hierbei von „technischer und wirtschaftlicher Bewährung der neuen Produkte und Verfahren auf dem Markt". Erst wenn diese gegeben ist, könne das Unternehmen in die eigentliche Wachstums- bzw. Expansionsphase eintreten. Vgl. Baier/Pleschak (Technologieunternehmen 1996), S. 12. Eine ähnliche Argumentation führen Steinle/Schumann (Kooperation 2003), S. 18. KAISER/GLÄSER weisen auf die Problematik der Bestimmung des Endpunktes dieser Phase hin, da es hier kein gleichermaßen markantes Ereignis wie den Markteintritt beim Übergang von der Gründungs- zur Wachstumsphase gibt. Vgl. Kaiser/Gläser (Entwicklungsphasen 2003), S. 35.

149 Vgl. Pümpin/Prange (Unternehmensentwicklung 1991), S. 98.

150 Vgl. Wippler (Unternehmensgründungen 1998), S. 13.

151 UNTERKOFLER bezeichnet die Phase, welche mit den ersten Umsätzen beginnt und bis zum Erreichen der Gewinnzone dauert, als „Umsatzphase". Damit folgt er einer formalzielorientierten Betrachtung. Vgl. Unterkofler (Erfolgsfaktoren 1989), S. 38.

152 Vgl. Bischoff (Operatives Controlling 1993), S. 94.

153 ROEMER gibt einen Überblick über typische Wachstumsverläufe von Unternehmen. Vgl. Roemer (Wachstumsschwellen 1988), S. 32 ff.

und Unternehmen in der Wachstumsphase zur Gruppe der „jungen Unternehmen"[154] zusammengefasst[155] und in ihrer Gesamtheit dann anhand der Unterschiede zu etablierten Unternehmen beschrieben.[156] Eine differenzierte Betrachtung der jeweils phasenspezifischen Besonderheiten von Unternehmen in der Gründungs- und Wachstumsphase findet in der Literatur meist nicht statt.

Diese Zusammenfassung zur Gruppe der jungen Unternehmen erlangt ihre Berechtigung darin, dass es durchaus Merkmale gibt, die sowohl Unternehmen in der Gründungsphase als auch Unternehmen in der Wachstumsphase, beide in ihrer Eigenschaft als junge Unternehmen mit geringer Dauer der bisherigen wirtschaftlichen Existenz, von etablierten Unternehmen unterscheidet.[157] Diese allgemeinen Unterscheidungsmerkmale lassen sich auf Unternehmen in der Gründungsphase gleichermaßen anwenden wie auf Unternehmen in der Wachstumsphase, da sie in einem ersten Schritt lediglich generelle Unterschiede zwischen „jung" und „etabliert" widerspiegeln. Allerdings lässt sich anhand der Ausprägungsform

---

154 Statt des Begriffs „junge Unternehmen" wird auch die Bezeichnung „Wachstumsunternehmen" oder „junge Wachstumsunternehmen" verwendet, womit ebenfalls Unternehmen in der Gründungs- und Wachstumsphase gemeint sind. Allerdings soll durch den Ausdruck „Wachstumsunternehmen" der überdurchschnittlich positive Entwicklungsverlauf - häufig gemessen am Umsatzwachstum - betont werden. Siehe hierzu beispielsweise Achleitner/Bassen (Grundüberlegungen zum Controlling 2003), S. 9: „Als Ausgangsdefinition werden Wachstumsunternehmen dadurch charakterisiert, dass ihr Unternehmenswert ein überproportionales Wachstumspotenzial aufweist. Dabei werden originäre, strukturschaffende Unternehmensgründungen in der Unternehmensentwicklung untersucht." Ferner Lück/Henke (Risiko-Controlling 2003), S. 290 f.: „Wachstumsunternehmen sind vor allem neu gegründete Unternehmen, für die ein überdurchschnittliches Umsatzwachstum und damit Wertwachstum erwartet wird."

155 So nimmt beispielsweise BISCHOFF eine explizite Zusammenfassung von Unternehmen in der Gründungs- und Wachstumsphase zur Gruppe der jungen Unternehmen vor: "Betrachtungsobjekt sind junge Unternehmungen, die als Unternehmungen in der Gründungs- und Wachstumsphase definiert werden." Bischoff (Operatives Controlling 1993), S. 94. Ebenso deutlich subsumiert HAYN Gründungs- und Wachstumsunternehmen unter die Gruppe der jungen Unternehmen: „Junge Unternehmen zeichnen sich dadurch aus, dass sie zwar bereits gegründet wurden, sich jedoch entweder noch in der Ingangsetzungs- und Aufbauphase des Geschäftsbetriebes oder am Anfang der Wachstumsphase befinden." Vgl. Hayn (Bewertung 1998), S. 16. KLANDT nimmt eine implizite Zusammenfassung von Unternehmen in der Gründungs- und Wachstumsphase zur Gruppe der jungen Unternehmen vor. Vgl. Klandt (Unternehmensplan 1996), S. 47. Eine andere Vorgehensweise findet sich bei FALLGATTER. Er unterscheidet zwischen Unternehmungsgründungen und jungen Unternehmen. Bei ihm umfasst die Unternehmensgründung das Entstehen und Bewerten unternehmerischer Handlungsfelder. Das junge Unternehmen beginnt mit der Ausschöpfung dieser Handlungsfelder und endet mit der „Maturation", wobei er betont, dass der genaue Zeitpunkt, ab dem die Unternehmung das Stadium des jungen Unternehmens verlässt und als etabliertes Unternehmen gelten kann, nicht genau abgegrenzt werden könne, da die Zeitdauer bis zur Erreichung dieses Stadiums von Variablen wie der Branche, den Ressourcen oder der Strategie abhinge, die höchst unterschiedliche Ausprägungen annehmen können. Vgl. Fallgatter (Entrepreneurship 2004), S. 27 f.

156 Vgl. beispielsweise Klandt (Gründungs- und Frühentwicklungsphase 1991), S. 485 f.; Bischoff (Operatives Controlling 1993), S. 94 f.; Gruber (Marketing in New Ventures 2004), S. 166 f.

157 HAYN bemerkt, dass sich die Gruppe der jungen Unternehmen dadurch auszeichne, dass sie bestimmte Merkmale aufweise, mittels derer das Untersuchungsobjekt „junges Unternehmen" eingegrenzt und charakterisiert werden könne. Vgl. Hayn (Bewertung 1998), S. 16.

des jeweiligen Merkmales in einem nächsten Schritt eine weitergehende Differenzierung vornehmen. Je nachdem, in welcher konkreten Phase sich ein junges Unternehmen befindet, werden die zuvor für die Gesamtgruppe „junge Unternehmen" diagnostizierten Merkmale unterschiedliche Ausprägungen aufweisen. Letztlich können die Merkmale auf einer Ausprägungsskala phasenspezifisch gewichtet werden. Diese phasengenaue Betrachtung der spezifischen Merkmale von jungen Unternehmen ist für die Herleitung von controllingrelevanten Besonderheiten und den daraus resultierenden Anforderungen an das Controlling in der Gründungs- und Wachstumsphase bedeutsam. Insbesondere stellt sie eine Voraussetzung für die Untersuchung des Anpassungsbedarfs des Controllings im Rahmen des Übergangs von der Gründungs- zur Wachstumsphase dar. Daher soll - im Unterschied zur gängigen Vorgehensweise in der gründungsrelevanten Literatur - im Hauptteil dieser Arbeit die generelle Merkmalsbildung in Bezug auf die Gruppe der jungen Unternehmen um eine phasenspezifische Betrachtung der Gründungs- und Wachstumsphase erweitert werden.[158]

2.1.3 Theoretisches Perspektivenspektrum des jungen Unternehmens

Im Folgenden sollen die grundlegenden Abgrenzungen und Ausführungen zum Untersuchungsgegenstand des jungen Unternehmens mit einer kurzen Betrachtung zur wissenschaftlichen Einordnung des Phänomens der Unternehmensgründungs und -entwicklung abgeschlossen werden. Dabei zielen diese Erwägungen letztlich darauf ab, die Relevanz des theoretischen Perspektivenspektrums für die phasenspezifischen Controllingkonzeptionen aufzuzeigen.

2.1.3.1 Theoretische Grundlegung und wissenschaftliche Einordnung der Unternehmensgründung und -entwicklung

Unternehmensgründung

Versteht man unter einer Theorie ein allgemeingültiges, rationales, wertfreies und nachprüfbares Aussagensystem über einen Realitätsbereich,[159] so stellt die Theorie der Unternehmensgründung ein Aussagensystem dar, welches erklärt, warum es zu Unternehmensgründungen kommt und welche Ereignisse im Gründungsprozess zu welchen Konsequenzen

158 Siehe hierzu Kapitel 3.2.2.

159 Vgl. Tschamler (Wissenschaftstheorie 1983), S. 42 f. sowie Albert (Theorie 1980), S. 126 ff. und Albert (Wertfreiheit 1980), S. 196 ff.

führen.[160] Letztlich muss sie empirisch gehaltvoll aufzeigen können, „unter welchen Bedingungen und mit welchen Maßnahmen die Gründung einer Unternehmung zu deren Überleben und langfristigem wirtschaftlichem Erfolg führt"[161].

Obwohl das Phänomen der Unternehmensgründung in Forschung und Lehre zunehmend an Beachtung gewinnt[162] und im Mittelpunkt zahlreicher wissenschaftlicher Abhandlungen steht,[163] hat sich eine einheitliche Theorie der Unternehmensgründung in diesem Sinne bislang noch nicht herausgebildet.[164] Dabei bemühen die diversen Untersuchungen neben den ökonomischen Teildisziplinen[165] auch andere Wissenschaften, wie Psychologie oder Soziologie,[166] um der Komplexität der Unternehmensgründung zu begegnen.[167] Die Vielfalt von Problemfacetten, die mit der Gründung von Unternehmen verbunden ist,[168] sowie das frühe

---

160 Vgl. Mugler/Plaschka (Gründungsforschung 1987), S. 165. Ähnlich argumentiert UNTERKOFLER: „Eine gehaltvolle Gründungstheorie beinhaltet mehr als nur klassifikatorische Einteilungsschemata und terminologische Abgrenzungen. Sie muß Ursachen und Wirkungen von Unternehmensgründungen erklären (...)." Unterkofler (Erfolgsfaktoren 1989), S. 69.

161 Drumm/Dowling (Grundprobleme 2002), S. 2.

162 KLANDT ET AL. ermittelten in einer empirischen Studie, dass in Deutschland im Jahr 2004 bereits 45 Gründungsprofessuren besetzt waren und sich 11 Professuren im Aufbau befanden. In den USA stieg die Anzahl der Professuren im Gründungsbereich und benachbarten Feldern (wie Small Business und Family Business) im Jahr 2004 auf 325. Vgl. Klandt et al. (Entrepreneurship-Professuren 2005), S. 4 ff. VESPER spricht von rund 200 reinen „chairs in entrepreneurship" in den USA. Vgl. Vesper (Entrepreneurship 2004), S. 15.

163 BRONNER ET AL. geben im Rahmen einer Sammelrezension einen Überblick über Inhalte und Ausrichtung deutscher sowie amerikanischer Lehrbücher zur Unternehmensgründung. Vgl. Bronner et al. (Gründungsmanagement 2001), S. 581 ff. WYNDHAM WINGHAM konstatiert, dass jährlich mehr als 12.000 Publikationen zum Thema Unternehmensgründung erscheinen. Vgl. Wyndham Wingham (Entrepreneurship 2004), S. 39. WELSCH/MALTARICH diagnostizierten 44 „academic journals" zum Thema Entrepreneurship in den USA. Vgl. Welsch/Maltarich (Entrepreneurship 2004), S. 55.

164 In der Literatur scheint Einigkeit über dieses Theoriedefizit in der Gründungsforschung zu herrschen. So bemerkt beispielsweise CORSTEN, dass „eine Theorie der Unternehmungsgründung noch nicht existiert". Vgl. Corsten (Gründungsentscheidung 2002), S. 4. DRUMM/DOWLING sprechen explizit von einem „Theoriemangel" in der Gründungsforschung. Vgl. Drumm/Dowling (Grundprobleme 2002), S. 2. Veciana stellt heraus: „There seems to be consensus in academia that we lack a theory of entrepeneurship." Veciana (Entrepreneurship 2000), S. 716.

165 Unternehmensgründung bzw. Entrepreneurship wird als „Querschnittsfach" aus der Sicht der traditionellen betriebswirtschaftlichen Gliederungsansätze bezeichnet. Vgl. Klandt (Entrepreneurship 1999), S. 242. HOMMEL/KNECHT bezeichnen die konzeptionellen Ansätze der monopolistischen Konkurrenz, der neoklassischen Gleichgewichtstheorie und der Institutionenökonomie als die wesentlichen ökonomischen Einflüsse auf eine Theorie der Unternehmensgründung. Vgl. Hommel/Knecht (Marktwertorientierte Entwicklung 2002), S. 10 f.

166 BUTLER zählt darüber hinaus die Anthropologie, Ingenieurwissenschaften und Geschichte zu den Disziplinen, die zur Beschreibung des Phänomens Unternehmensgründung hinzugezogen wurden. Vgl. Butler (New Business Ventures 2004), S. 43.

167 SCHALLER bezeichnet die Tatsache, dass das Phänomen des Unternehmers nur interdisziplinär zu erfassen ist, als die Problematik der Wirtschaftswissenschaften. Vgl. Schaller (Entrepreneurship 2001), S. 15 f.

168 BRÜDERL ET AL. betonen, dass es angesichts der Vielzahl möglicher Problemstellungen im Rahmen der Unternehmensgründung nicht das Ziel einer Untersuchung sein kann, eine geschlossene Theorie der Unternehmensgründung zu konzipieren. Vgl. Brüderl et al. (Erfolg 1996), S. 20 f.

Stadium der Gründungsforschung[169] führen jedoch dazu, dass bislang lediglich Theoriefragmente existieren[170] bzw. nur erste Schritte auf dem Weg zu einer Theorie der Unternehmensgründung gegangen wurden.[171] Eine dieser Bemühungen zur Beschreibung der Entstehung und Entwicklung von Unternehmen stellt die mittlerweile als eigenständige Forschungsrichtung deklarierte[172] Erfolgsfaktorenforschung junger Unternehmen dar. Grundlegendes Ziel dieser Erfolgsfaktorenforschung ist es, Determinanten[173] zu ermitteln, die einen günstigen Einfluss auf das Überleben und den Erfolg von jungen Unternehmen haben.[174] Im Rahmen der Erfolgsfaktorenforschung junger Unternehmen gibt es eine Reihe von empirischen Einzeluntersuchungen, die allerdings mehr oder weniger lose nebeneinander stehen.[175] Neben der generellen Kritik, dass viele Erfolgsfaktorenstudien kaum über die Katalogisierung von Erfolgsfaktoren hinauskommen, nicht auf bereits vorliegende Ergebnisse zurückgreifen, um Hypothesen zu entwickeln, die zugrunde liegenden Wirkungsbeziehungen nicht explizit analysieren und damit nur unzureichend theoretisch fundiert sind,[176] wird der Erfolgsfaktorenforschung junger Unternehmen insbesondere vorgeworfen, dass der Tatsache, dass Unternehmensgründungen als stochastische Prozesse nur bedingt durch bestimmte Erfolgsfaktoren determiniert sein können, nicht genügend Rechnung getragen werde.[177]

---

169 FALLGATTER spricht von der „jungen Disziplin Entrepreneurship", wobei er unter Entrepreneurship Unternehmensgründungen und junge Unternehmen subsumiert. Vgl. Fallgatter (Entrepreneurship 2004), S. 39 und S. 28.

170 Einen Überblick über die Historie des Unternehmers in der ökonomischen Theorie bzw. über vorhandene Theoriefragmente zur Unternehmensgründung gibt Schaller (Entrepreneurship 2001), S. 9 ff. und insbesondere S. 16 ff.

171 FALLGATTER bemerkt in diesem Zusammenhang, dass es angesichts dieser Sachlage vermessen sei, eine „Grand Theory" zur Entstehung und Entwicklung von jungen Unternehmen zu erwarten. Er fokussiert sich daher in seiner Arbeit auf das Herausarbeiten der Potenziale einer Typenbildung von Unternehmern, Unternehmensgründungen und jungen Unternehmen als erste Schritte auf dem Weg zu einer Einzeltheorie des Entrepreneurship. Vgl. hierzu Fallgatter (Entrepreneurship 2002), S. 3 ff.

172 Vgl. Fallgatter (Entrepreneurship 2002), S. 150.

173 Dabei werden die internen und externen Variablen, die den Erfolg bestimmen, als Erfolgsfaktoren bezeichnet. Vgl. Haenecke (Erfolgsfaktorenforschung 2002), S. 166.

174 Vgl. Drumm/Dowling (Grundprobleme 2002), S. 2.

175 Vgl. beispielsweise die Abhandlungen zu den Erfolgsfaktoren junger Unternehmen von Kulicke (Junge Technologieunternehmen 1993), Brüderl et al. (Erfolg 1996), Werner (Technologieunternehmen 2000) sowie die Meta-Studie von Müller-Böling/Klandt (Unternehmensgründung 1993). Einen Überblick über Beiträge zur Erfolgsfaktorenforschung gibt Fallgatter (Entrepreneurship 2002), S. 151 ff. Eine überblicksartige Zusammenfassung wesentlicher Ergebnisse der empirischen Erfolgsfaktorenforschung ist zu finden bei Preisendörfer (Erfolgsfaktoren 2002), S. 55 ff.

176 Eine Systematisierung der Kritik an der Erfolgsfaktorenforschung nimmt HAENECKE vor. Vgl. Haenecke (Erfolgsfaktorenforschung 2002), S. 166 ff.

177 Vgl. Cooper (New Firm Performance 1993), S. 247; Hoffmann (Kritische Erfolgsfaktoren 1986), S. 833.

Unternehmensentwicklung

Es wurde bereits dargestellt, dass zur Beschreibung der Unternehmensentwicklung eine Reihe unterschiedlicher, in Komplexität und Aussagekraft variierender Modelle[178] entwickelt wurden.[179] Diese unterscheiden sich nicht nur durch ihre jeweils charakteristische Terminologie, sondern vor allem auch durch die starke Varianz in der Anzahl an diagnostizierten Lebenszyklusphasen und die unterschiedlichen Abgrenzungen der einzelnen Phasen.[180] Als gemeinsames Merkmal wird den existierenden Modellen jedoch zugeschrieben, dass es ihnen an empirischer Absicherung fehle.[181] Insgesamt kann man daher von einer generellen, die Unternehmensentwicklung erklärenden Theorie bislang noch nicht sprechen.[182] Dennoch leisten die verschiedenen Ansätze durch das Aufzeigen der Vielfalt an potenziellen Problembereichen im Laufe der Unternehmensentwicklung einen Beitrag zur Strukturierung des gesamten Problemfeldes und ermöglichen es, tendenzielle Aussagen über die Unternehmensentwicklung und die einzelnen Phasen zu treffen.

2.1.3.2 Relevanz des theoretischen Perspektivenspektrums des jungen Unternehmens für die phasenspezifischen Controllingkonzeptionen

Unternehmensgründung

Wenngleich die Erfolgsfaktorenforschung junger Unternehmen nur einen Baustein auf dem Weg zu einer geschlossenen Theorie der Unternehmensgründung darstellt, können die Ergebnisse dieser empirischen Untersuchungen einen wesentlichen Beitrag zum Erkenntnisgewinn bei der Erarbeitung der phasenspezifischen Controllingkonzeptionen leisten. Mit

178 Dabei versteht man unter einem Modell zusammengesetzte Gedankengebilde, „die aus der Totalinterdependenz der Wirklichkeit abgegrenzte und übersehbare Teilzusammenhänge ausgliedern, um die bestehenden Abhängigkeitsbeziehungen auf ihre Gesetzmäßigkeit zu untersuchen." Kosiol (Modellanalyse 1961), S. 319. Die Unterschiede zwischen einem Modell und einer Theorie bestehen darin, dass ein Modell nur bestimmte, ein spezifisches Realphänomen betreffende und durch die Problemformulierung determinierte Aussagen zulässt, während eine Theorie allgemeingültige Erklärungen für alle spezifischen Problemfälle einer Klasse liefert und dass ferner über die Brauchbarkeit eines Modells lediglich der betreffende Anwender entscheidet, während über die Zulänglichkeit einer Theorie die relevante „scientific community" an Hand empirischer Überprüfungen befindet. Vgl. Zahn (Strategische Planung 1979), S. 140 f.

179 Eine ausführliche Darstellung unterschiedlicher Modelle ist zu finden bei Jäger (Unternehmensentwicklungsmodelle 1998), S. 41 ff. und Ernst (Lebenszyklen 1997), S. 71 ff.

180 Zudem variiert die Perspektive, aus der die Betrachtung des Lebenszyklus vorgenommen wird. Während in der Regel von der Perspektive der Unternehmung als wirtschaftlicher Einheit ausgegangen wird, entwickeln ALBACH/ALBACH beispielsweise ein Phasenmodell aus der Perspektive der Unternehmung als rechtlicher Einheit. Vgl. Albach/Albach (Unternehmen 1989), S. 85 ff.

181 Vgl. Kock (Wachstumsmanagement 2002), S. 681; Freier (Etablierungsmanagement 2000), S. 44.

182 Vgl. Freier (Etablierungsmanagement 2000), S. 13.

Hilfe der kritischen Erfolgsfaktoren lassen sich Anhaltspunkte über diejenigen Faktoren ermitteln, die wesentlichen Einfluss auf den Erfolg einer Unternehmensgründung haben. Im Rahmen des strategischen Controllings in der Gründungsphase können diese Informationen dazu herangezogen werden, die strategische Gründungsplanung auf die Erfolg versprechenden Faktoren auszurichten.[183] Die Ergebnisse der Erfolgsfaktorenforschung fließen somit in den phasenspezifischen Controllingkonzeptionen als instrumentelle Komponente - präzise gesagt als ein den Businessplan unterstützendes Hilfsmittel[184] - ein.

Unternehmensentwicklung

In den grundlegenden Ausführungen zu den frühen Phasen der Unternehmensentwicklung wurde aus einer Reihe von ausgewählten Frühentwicklungsmodellen ein idealtypisches Modell der frühen Unternehmensentwicklung abgeleitet, welches im Rahmen der Ableitung von phasenspezifischen Controllingkonzeptionen von Bedeutung ist. Der frühe Entwicklungsverlauf eines Unternehmens wird mit Hilfe dieses Modells vorstrukturiert und dadurch einer differenzierten Betrachtung zugänglich gemacht. Die Sezierung des Frühentwicklungsprozesses in die beiden idealtypischen Bestandteile Gründungsphase und Wachstumsphase ermöglicht es, die phasentypischen controllingrelevanten Merkmale und Besonderheiten detailliert und differenziert herauszuarbeiten und die daraus resultierenden Anforderungen an das Controlling in den einzelnen Phasen aufzuzeigen. Die Unterteilung des frühen Lebenszyklus erlaubt es ferner, der Gründungs- und Wachstumsphase jeweils phasenspezifische Unternehmensziele sowie phasenspezifische unternehmerische Schwerpunktaktivitäten zuzuordnen, woraus sich die eine Controllingkonzeption konstituierenden Merkmale Controllingziele und -aufgaben ableiten lassen. Die Phasenmodelle sind demnach sowohl für die differenzierte Ausarbeitung von phasenspezifischen Controllingkonzeptionen relevant als auch für die Analyse der situativen Bestimmungsgrößen der Konzeptionen.

2.1.4 Zusammenfassung

Unternehmensgründung wird in der vorliegenden Arbeit als ein Prozess definiert, in dem eine selbständige, vorher in gleicher Struktur noch nicht existente Wirtschaftseinheit geschaffen wird.

---

183 Vgl. Hoffmann (Kritische Erfolgsfaktoren 1986), S. 832 f.; Unterkofler (Erfolgsfaktoren 1989), S. 172; Kunesch (Controlling in Klein- und Mittelbetrieben 1996), S. 632.

184 Vgl. hierzu Abschnitt 4.2.2.3.2.

Im Fokus der Betrachtung stehen dabei innovative Unternehmensgründungen sowie imitatorische Unternehmensgründungen, sofern sie durch eine innovative Komponente Wachstumspotenzial aufweisen. Diese Gruppe zeichnet sich durch einen hohen Freiheitsgrad der Aktionsräume in Bezug auf die Ausgestaltung des Controllings aus und bietet ferner aufgrund des ihr inhärenten Wachstumspotenzials die Möglichkeit, die Anpassungserfordernisse des Controllings im Rahmen des Übergangs von der Gründungs- zur Wachstumsphase aufzuzeigen. Der vorliegenden Problemstellung trägt diese Gruppe von Unternehmensgründungen somit in adäquater Weise Rechnung.

Der Entwicklungspfad, den ein neu gegründetes Unternehmen durchläuft, wird in dieser Arbeit in einem idealtypischen zweiphasigen Modell abgebildet, in welchem der Gründungsphase eine mit dem Markteintritt eingeleitete und durch Wachstum gekennzeichnete Frühentwicklungsphase folgt. Dieses abstrakte, reduzierte Modell soll einerseits aufgrund seines geringen Detaillierungsgrades der Problemstellung entsprechend den frühen Entwicklungsverlauf einer möglichst großen Anzahl an neu gegründeten Unternehmen nachzeichnen und andererseits dabei helfen, die controllingrelevanten Besonderheiten und die hieraus resultierenden unterschiedlichen Anforderungen an das Controlling von Unternehmen in der Gründungs- und Wachstumsphase aufzuzeigen.

2.2 Controlling

Im Folgenden soll sich dem Untersuchungsgegenstand Controlling genähert werden. Dafür ist es zunächst erforderlich, ein grundlegendes Begriffsverständnis zu schaffen. Darauf aufbauend soll der Gegenstand des Controllings beleuchtet werden, indem der Frage nach den das Controlling charakterisierenden Merkmalen nachgegangen wird und somit das Phänomen der Controllingkonzeption vorgestellt werden kann. Nach der Ableitung der für den weiteren Verlauf der Untersuchung zugrunde gelegten Controllingkonzeption erfolgt abschließend eine kurze Betrachtung zur wissenschaftlichen Einordnung des Controllings.

2.2.1 Terminologie des Controllings

Für den Begriff Controlling hat sich in der betriebswirtschaftlichen Literatur noch keine abschließend eindeutige inhaltliche Abgrenzung herausgebildet.[185] Die anhaltend intensive

185 Vgl. Achleitner/Bassen (Controllingsysteme 2002), S. 1192; Bischoff (Operatives Controlling 1993), S. 95; Zenz (Qualitätscontrolling 1999), S. 7; Czenskowsky et al. (Controlling 2002), S. 24; Sußbauer/Westphal-Westenacher (Überwachungssystem 2003), S. 361. Die in der Literatur vorzufindende Variationsbreite an

wissenschaftliche Begriffsdiskussion blieb im Hinblick auf eine konsensfähige Definition[186] des Ausdrucks Controlling bislang ergebnislos.[187] Dies verwundert umso mehr, als Controlling eine „reale Gegebenheit“[188] ist,[189] die sich in der Praxis in der kontinuierlich zunehmenden Zahl von sogenannten Controllerstellen ausdrückt.[190] Die Verbreitung des Controllings in der Praxis darf jedoch nicht darüber hinwegtäuschen, dass auch dort - wie im wissenschaftlichen Bereich - der Ausdruck Controlling mit unterschiedlichen Inhalten belegt wird.[191] In diesem Zusammenhang kommt dem Controlling als anwendungsorientierten Bereich der Betriebswirtschaftslehre[192] im Aufzeigen von theoriegeleiteten Handlungs- und Entwicklungsperspektiven eine besondere Bedeutung zu.[193] Voraussetzung ist jedoch, dass sich in Theorie und Praxis ein einheitliches Grundverständnis über den Gegenstand des Controllings herausbildet.[194] Hierbei befindet sich die Wissenschaft jedoch noch in einer Phase der Erkenntnisgewinnung.[195]

Die in der Literatur vorzufindenden Strategien, sich dem Begriff Controlling anzunähern, sind höchst unterschiedlich ausgeprägt.[196] Eine Reihe von Beiträgen bemüht die Etymolo-

---

Definitionen ist beträchtlich. Eine Auswahl an Definitionen aus diesem Definitionsspektrum findet sich bei Preißler (Controlling 1992), S. 12, Vahs (Controlling-Konzeptionen 1990), S. 9 ff. sowie Peemöller (Controlling 2002), S. 34 f. Eine Systematisierung bestehender Controllingdefinitionen hat auch MÜHLEN vorgenommen. Vgl. Mühlen (Controllingsysteme 1998), S. 40 ff.

186 Konsensfähige Definitionen sind laut PAWLOWSKI ein wichtiges Hilfsmittel zur Behebung sprachlicher Mängel, die eine wissenschaftlich eindeutige und präzise Faktenbeschreibung erschweren. Vgl. Pawlowski (Begriffsbildung 1980), S. 52.

187 WEBER/SCHÄFFER stellen angesichts dieser anhaltenden Begriffsdiskussion die Frage, ob dabei nicht vergessen wird, die Probleme der Praxis zu lösen. Vgl. Weber/Schäffer (Rationalität 1998), S. 2.

188 Lehmann (Controlling-Paradigma 1992), S. 45.

189 KOCH betont, dass gerade die praxeologische Prägung des Begriffes Controlling dafür verantwortlich ist, dass eine Präzisierung dieses Begriffes zum wissenschaftlichen Gebrauch nicht möglich ist. Vgl. Koch (Controlling 1980), S. 6. WEBER bezeichnet Controlling als „eine Entwicklung der Unternehmenspraxis“. Weber (Koordinationssicht 1992), S. 169.

190 So wurde beispielsweise in einer stichprobenweisen Analyse von Stellenanzeigen der Frankfurter Allgemeinen Zeitung für den Zeitraum 1949 bis 1994 eine stark progressive Entwicklung der Zahl der Controllerstellen diagnostiziert. Vgl. hierzu Weber (Controlling 2002), S. 10 f. sowie Weber/Kosmider (Controlling-Entwicklung 1991), S. 17 ff.

191 PEEMÖLLER bemerkt in diesem Zusammenhang, dass Controlling mehr und mehr zu einem Modebegriff degeneriere, der in der Öffentlichkeit zum Teil negativ besetzt sei. Vgl. Peemöller (Controlling 2002), S. 36.

192 Vgl. Weber (Entwicklungstendenzen 2001), S. 233.

193 Vgl. Weber et al. (Controlleraufgaben 2001), S. 131; Schildbach (Grundproblem des Controlling 1992), S. 22.

194 Vgl. Küpper (Controlling 2001), S. 3.

195 Vgl. Weber (Entwicklungstendenzen 2001), S. 233.

196 AMSHOFF spricht in diesem Zusammenhang von „Approximationsstrategien“ und schlägt folgende Klassifikation vor: Strategie der „Definition und Abgrenzung“, Strategie der „Bestandsaufnahme“, Strategie der

gie[197] und versucht, eine Definition des Ausdrucks „Controlling" aus dessen sprachlichen Wurzeln herzuleiten.[198] Demnach ist der sprachliche Kern des Controllings das englische Verbum „to control".[199] So wenig eindeutig die Bedeutung dieses Begriffes im Englischen ist,[200] so vielfältig sind auch die Übersetzungs- und Interpretationsmöglichkeiten dieses Ausdrucks im Deutschen.[201] Im betriebswirtschaftlichen Sprachgebrauch lässt sich allerdings eine Dominanz der kybernetisch[202] orientierten Interpretation des Begriffes „to control" feststellen,[203] wonach unter dem Ausdruck „to control" die Lenkung, Steuerung und Regelung von Prozessen verstanden wird.[204] In diesem Zusammenhang wird der Controller oft auch metaphorisch als Lotse, Navigator oder Co-Pilot bezeichnet.[205] Betrachtet man die kybernetische Interpretation des Begriffes „control" genauer, so lässt sich feststellen, dass Controlling in diesem Sinne als zentrale Funktion zur Unternehmenssteuerung verstanden werden

---

„Literaturklassifikation", Strategie der „historischen Genesis", Strategie der „etymologischen Genesis", Strategie der „kausalen Begründung". Vgl. Amshoff (Controlling 1993), S. 50 f.

197 Als Etymologie wird eine Richtung der vergleichenden Sprachwissenschaft bezeichnet, welche die Herkunft, Grundbedeutung und historische Entwicklung der Wörter sowie ihre Verwandtschaft mit Wörtern gleichen Ursprungs in unterschiedlichen Sprachen untersucht. Vgl. o.V. (Etymologie 1997), S. 639.

198 Diese Vorgehensweise ist beispielsweise zu finden bei Steinle (Entwicklung 2003), S. 6, Czenskowsky et al. (Controlling 2002), S. 23 sowie Hoffmann (Controller 1968), S. 2181.

199 Das englische Verb „control" stammt ursprünglich von den lateinischen Begriffen „contra" (gegen) und „rotulus" (Schriftrolle) ab. Aus diesen lateinischen Begriffen entwickelte sich zunächst das französische Wort „contre-rôle" sowie der angelsächsische Ausdruck „countreroullour" als Berufsbezeichnung für jemanden, der das „Gegenregister" zur Richtigkeitsprüfung des Originalregisters führt. Das Verb „to control" verkörpert die weitere Sprachentwicklung. Vgl. Bramsemann (Controlling 1990), S. 44.

200 So stellte RATHE insgesamt 57 verschiedene umgangssprachliche Ausprägungen dieses Begriffes im Englischen fest. Vgl. Rathe (Management Controls 1962), S. 32.

201 DINTNER bezeichnet diesen Sachverhalt als „babylonische Interpretationsvielfalt des Controllingbegriffes". Vgl. Dintner (Controlling 1999), S. 1.

202 Im weitesten Sinne kann Kybernetik als „Wissenschaft von Kommunikation und Regelung" aufgefasst werden, wobei das aus dem Griechischen stammende Wort „Kybernetik" mit dem deutschen Ausdruck „Steuermannskunst" gleichgesetzt werden kann. Vgl. Scheld (Controlling 2002), S. 27. Gemäß LEHMANN bedeutet Kybernetik „die auf den Prinzipien der Steuerung und Regelung basierende Wissenschaft von der Struktur und dem Verhalten dynamischer Systeme". Lehmann (Organisationskybernetik 1980), Sp. 1570. BEER definiert Kybernetik als die Wissenschaft von Kommunikation und Regelung, die auf die verschiedensten Forschungsbereiche anwendbar ist. Vgl. Beer (Kybernetik 1967), S. 21. Zur Übertragung kybernetischer Erkenntnisse in die Wirtschaftswissenschaften vgl. den einführenden Artikel von Behme/Schimmelpfeng (Unternehmensführung 1993).

203 Vgl. Weber (Ursprünge des Controlling 1990), S. 11; Eschenbach/Niedermayr (Controlling 1996), S. 50.

204 Ausführliche Erläuterungen zur Lenkung, Steuerung und Regelung sind zu finden bei Beer (Kybernetik 1967), S. 35 ff.

205 Vgl. beispielsweise Welge (Controlling 1988), S. 3; Horváth (Controlling im Klein- und Mittelbetrieb 1981), S. 6. Anzumerken ist jedoch, dass der Wert derartiger metaphorischer Bezeichnungen für die wissenschaftliche Erkenntnisgewinnung als begrenzt bezeichnet werden kann, da durch den hohen Assoziationsspielraum, der durch eine Metapher gegeben ist, eine breite Auslegung des Controllings gefördert wird. Vgl. Harbert (Controlling-Begriffe 1982), S. 33.

kann.[206] Da durch diese Interpretation Abgrenzungsprobleme zum Begriff der Führung hervorgerufen werden,[207] wird in der Literatur der Aspekt der Unterstützungsfunktion des Controllings betont.[208] Controlling wird demnach definiert als Führungsunterstützung, Unterstützung der Steuerung des Unternehmens oder als Unterstützung der Führung bei ihrer Lenkungsaufgabe.[209] Die Präzisierungs- und Ausgestaltungsmöglichkeiten dieser Definitionen sind allerdings beträchtlich. Sowohl über den Grad der Unterstützung als auch über deren Felder bestehen teils erhebliche Meinungsunterschiede.[210]

Eine eindeutige Begriffsbestimmung vermag die Wortetymologie für den Ausdruck Controlling also nicht zu liefern.[211] Allerdings wird durch das Aufzeigen von sprachlichen Beziehungen ein erster Zugang zum Verständnis des Controllingbegriffes geschaffen.[212] Die sprachlichen Wurzeln des Controllings bilden eine Verständigungsbasis und können somit das „Feld markieren, in dem sich alle Definitionsvarianten bewegen müssen"[213].

Eine Definitionsvariante, in der das erste Verständnis des Controllings als Führungsunterstützung präzisiert wird,[214] geht auf WEBER/SCHÄFFER zurück. Sie definieren Controlling als **„Sicherstellung der Rationalität der Unternehmensführung"**[215].

Bezugspunkt dieser Auffassung ist der Rationalitätsbegriff.[216] Rationalität wird dabei als Zweckrationalität verstanden, d.h. Rationalität bedeutet effiziente Mittelverwendung bei ge-

---

206 Vgl. Nietzer (Controlling 2003), S. 438; Weber (Ursprünge des Controlling 1990), S. 11.

207 Vgl. Ulrich (Controlling 1985), S. 23.

208 ESCHENBACH hebt sogar hervor, dass Unternehmensführung ohne Ergänzung und Unterstützung durch das Controlling inkomplett ist. Das Management kann demnach seinen Führungsaufgaben, nämlich das System Unternehmen zu gestalten und zu Zielen zu lenken, erst durch die managementergänzende und -unterstützende Funktion des Controllings voll gerecht werden. Vgl. Eschenbach (Controlling 1997), S. 16 f. sowie Eschenbach (Strategisches Controlling 1997), S. 101 f.

209 Vgl. Bausch/Walter (Controlling 2002), S. 429; Schweitzer/Friedl (Controlling-Konzeption 1992), S. 141; Preißler (Controlling 1989), S. 6 sowie Preißler (Controlling 1992), S. 13; Weber (Ursprünge des Controlling 1990), S. 11; Schildbach (Grundproblem des Controlling 1992), S. 22; Horváth (Aufgaben 1978), S. 133 sowie Horváth/Gentner (Integrative Controllingsysteme 1992), S. 170; Küpper et al. (Controlling 1990), S. 282; Reichmann (Erfolgs-Controlling 1997), S. 118; Denk/Kunesch (Einsatzvoraussetzungen 1996), S. 526.

210 Vgl. Weber (Ursprünge des Controlling 1990), S. 11 f.

211 Vgl. Bramsemann (Controlling 1990), S. 44.

212 Vgl. Harbert (Controlling-Begriffe 1982), S. 6.

213 Weber (Ursprünge des Controlling 1990), S. 12.

214 WEBER/SCHÄFFER leiten ihre Interpretation des Controllings auch aus dem weiten etymologischen Vorverständnis des Controllings als Unterstützung der Unternehmensführung ab, in dem sie Controlling als „eine spezielle Form der Führungsunterstützung" bezeichnen. Vgl. Weber/Schäffer (Reflexion 2001), S. 77.

215 Weber/Schäffer (Controlling 1999), S. 731.

gebenen Zwecken.[217] Rationalitätssicherung ist notwendig, weil die mit der Führung eines Unternehmens betrauten Akteure nur beschränktes Wissen und divergierende Interessen haben.[218] Defizite der Führungskräfte in ihren Fähigkeiten („Können") und ihrer Bereitschaft („Wollen")[219] führen daher zu einer ineffizienten Mittelverwendung, also zu Rationalitätsverlusten, was wiederum im ökonomischen Kontext bei einem gegebenen übergeordneten (formalen) Zweck der Gewinnmaximierung[220] zu Ergebniseinbußen führen kann.[221] Controlling setzt an diesem Punkt im Führungsprozess ein, indem es die Unternehmensführung durch spezifische Handlungen ergänzt und so die Rationalität des Führungshandelns sicherstellt.[222] Sicherstellung bedeutet hierbei Subsidiarität, d.h. der Umfang und die spezifische Ausgestaltung des Controllings werden vom Umfang und der Ausprägung der Rationalitätsdefizite der Führung bestimmt.[223] Dies bedeutet, dass Controlling kontextabhängig ist und auf die jeweiligen, spezifischen Führungsumstände ausgerichtet werden muss.[224]

Controlling im Sinne der Rationalitätssicherung bedeutet also, für spezifische Führungsprobleme effektive[225] und effiziente und damit kontextabhängige Lösungsansätze zu entwickeln und deren Realisierung voranzutreiben.[226]

---

216 Vgl. zum Rationalitätsbegriff die ausführlichen Erläuterungen in Weber et al. (Rationalitätskonzeption 2001), S. 46 ff. sowie Weber (Rationalitätssicherung 2004), S. 471 ff.

217 Vgl. Weber/Schäffer (Balanced Scorecard 1999), S. 126; Schäffer (Rationalitätssicherung 2002), S. 100. Darüber hinaus lässt sich der Rationalitätsbegriff in vielerlei Hinsicht weiter spezifizieren. Umfassende Ausführungen hierzu sind zu finden bei Otto (Controlling 2002), S. 45 ff.; Bauer (Controllership 2002), S. 34 f.; Matthes (Gründungs- und Entwicklungscontrolling 2003), S. 168. Siehe auch die Anmerkungen bei Voigt (Unternehmensplanung 1993), S. 7 f. Als zentrale Dimensionen des diesen Ausführungen zugrunde liegenden Rationalitätsbegriffes lassen sich neben der genannten Zweckrationalität die subjektive, organisationale und relative Rationalität unter den Rationalitätsbegriff subsumieren. Vgl. hierzu Weber et al. (Rationalitätskonzeption 2001), S. 47 ff.; Schäffer/Weber (Rationalitätssicherung 2001), S. 2.

218 Vgl. Weber et al. (Rationalitätskonzeption 2001), S. 76.

219 Vgl. Schäffer/Weber (Controlling von eBusiness 2001), S. 5.

220 SCHÄFFER/WEBER betonen dabei, dass der Zweck lediglich ein Mittel zur Erreichung eines übergeordneten Zweckes ist. Der einzige Zweck, der im ökonomischen Kontext nicht zugleich auch Mittel ist, ist der übergeordnete Zweck der Nutzenmaximierung in Form der Gewinnmaximierung. Vgl. Schäffer/Weber (Rationalitätssicherung 2001), S. 2; Weber et al. (Rationalitätskonzeption 2001), S. 58. Siehe auch Weber (Neue Perspektiven 2000), S. 6. KIRCHGÄSSNER postuliert sogar, dass selbst die Gewinnmaximierung lediglich ein Mittel zur Erreichung des übergeordneten Zieles der Nutzenmaximierung ist. Er verdeutlicht dies an dem Beispiel, dass ein Unternehmer aus zwei verschiedenen Alternativen mit der gleichen Gewinnerwartung diejenige wählen wird, die ihm den höheren Nutzen stiftet. Vgl. Kirchgässner (Homo oeconomicus 1991), S. 15.

221 Vgl. Weber (Neue Perspektiven 2000), S. 6.

222 Vgl. Schäffer/Weber (Controlling von eBusiness 2001), S. 5.

223 Vgl. Weber (Neue Perspektiven 2000), S. 8.

224 Vgl. Weber et al. (E-Business 2001), S. 7.

225 Laut SCHÄFFER/WEBER ist nicht nur die Sicherstellung der Effizienz Aufgabe des Controllings, sondern auch die Sicherstellung der Effektivität der Unternehmensführung, da die Rationalitätssicherung das Abwägen

Diese Interpretation des Controllings, die in der Literatur auch als „vermutlich bisher trennschärfste Definition"[227] bezeichnet wird, soll dem weiteren Verlauf der Arbeit zugrunde gelegt werden.

Die **Zugrundelegung dieser Definition** kann folgendermaßen begründet werden:[228]

Zum einen bildet die Sicht des Controllings als Rationalitätssicherung der Führung eine Klammer um die bisherige Begriffsvielfalt.[229] Unterschiedliche Auffassungen von Controlling können als Antwort auf die jeweiligen Kontexte bzw. Rationalitätsengpässe interpretiert werden.[230] Die von WEBER/SCHÄFFER entwickelte Controllingdefinition bietet eine integrative Sichtweise, unter welche die bisherigen Auffassungen von Controlling subsumiert werden können.[231] Diese Interpretation des Controllings hat somit das Potenzial, die wissenschaftliche Diskussion um die Controllingdefinition zu beenden und neue Impulse für die Weiterentwicklung der Controllingforschung zu setzen.[232]

Der andere, für die vorliegende Problemstellung weit bedeutendere Grund für die Zugrundelegung der Rationalitätssicherungs-Definition liegt darin, dass die Kontextabhängigkeit in dieser Definition auf die spezifische Situation von Unternehmen in frühen Lebenszyklusphasen anwendbar ist.[233] Die Gründungs- bzw. Wachstumsphase eines Unternehmens bedingt spezifische Führungskontexte bzw. Rationalitätsengpässe. Versteht man Controlling als Ra-

---

von verschiedenen Zwecken (welche wiederum nur Mittel zur Erreichung eines übergeordneten Zweckes sind) einschließt. Vgl. Schäffer/Weber (Rationalitätssicherung 2001), S. 2.

226 Vgl. Schäffer/Weber (Controlling von eBusiness 2001), S. 5.

227 Achleitner/Bassen (Grundüberlegungen zum Controlling 2003), S. 5; Achleitner/Bassen (Controllingsysteme 2002), S. 1192.

228 Es sei an dieser Stelle noch einmal betont, dass es nicht das Ziel dieser Arbeit ist, eine allein richtige Controlling-Definition zu präsentieren. Vielmehr soll in diesem Abschnitt der Begriff Controlling soweit präzisiert werden, dass ein für den weiteren Verlauf der Arbeit solides, zweckmäßiges Basisverständnis des Untersuchungsgegenstandes vorausgesetzt werden kann. „Begriffsbestimmungen sollten unter Zweckmäßigkeitsgesichtspunkten und vor dem Hintergrund wissenschaftlicher Freiheit erfolgen." Schmidt (Grundfunktionen 1993), S. 5.

229 Vgl. Weber/Schäffer (Balanced Scorecard 1999), S. 127.

230 Vgl. Weber/Schäffer (Koordinationsfunktion 1999), S. 13.

231 Vgl. Lange/Schaefer (Perspektiven 2003), S. 401.

232 Vgl. Pietsch/Scherm (Controlling-Konzeptionen 2001), S. 212; Möller/Stoi (Controlling 2002), S. 563; Lange/Schaefer (Perspektiven 2003), S. 401.

233 Aus diesem Grunde legen auch ACHLEITNER/BASSEN ihren Beiträgen zum Controlling von jungen Unternehmen diese Definition zugrunde. Vgl. Achleitner/Bassen (Grundüberlegungen zum Controlling 2003), S. 5; Achleitner/Bassen (Controllingsysteme 2002), S. 1192.

tionalitätssicherung, muss in diesem Zusammenhang der Schwerpunkt des Controllings kontextspezifisch auf die Beseitigung dieser Rationalitätsengpässe ausgerichtet werden.[234]

Zusammenfassend kann festgehalten werden:

Eine eindeutige Definition für Controlling ist bislang nicht existent.

Die etymologische Analyse des Begriffes Controlling führt zu einer ersten Verständnisbasis: Controlling bedeutet Führungsunterstützung. Eine Präzisierung dieses Vorverständnisses stellt die Controlling-Definition von WEBER/SCHÄFFER dar: Controlling steht für die Sicherstellung der Rationalität der Unternehmensführung und umfasst in diesem Sinne die Entwicklung von effektiven und effizienten und damit kontextabhängigen Lösungsansätzen für spezifische Führungsprobleme. Diese Definition wird dem weiteren Verlauf der Arbeit zugrunde gelegt, da sie eine Klammer um die bisherige Begriffsvielfalt bildet und aufgrund ihrer Kontextabhängigkeit auf die spezifische Situation von Unternehmen in der Gründungs- und Wachstumsphase anwendbar ist.

2.2.2 Controllingkonzeption

Versteht man unter einem Konzept eine klar umrissene Grundvorstellung,[235] einen inhaltlich bestimmten Plan,[236] so kann man eine Controllingkonzeption als eine Gesamtheit von Aussagen bezeichnen, welche die Parameter der Gestaltung des Controllings umfasst.[237] Als konzeptionsdeterminierend werden dabei allgemein die Parameter Controllingziele, zielorientierte Controllingaufgaben, die hierfür erforderlichen Instrumente sowie die organisatorische Einbettung des Controllings angesehen.[238] Controllingkonzeptionen beinhalten also eine zielbezogene, eine funktionale, eine instrumentale sowie eine institutionale Komponente.[239] Sie stellen Denkmodelle dar, die aus diesen einzelnen Elementen zusammengesetzt sind.[240]

---

234 Weber/Schäffer reißen diesen Aspekt in mehreren Beiträgen an: Vgl. Weber et al. (E-Business 2001), S. 7; Schäffer/Weber (Controlling von eBusiness 2001), S. 6; Weber (Neue Perspektiven 2000), S. 8.

235 Vgl. Hahn (Planung und Kontrolle 1994), S. 168.

236 Vgl. Steinle (Entwicklung 2003), S. 6.

237 SCHERM/PIETSCH bezeichnen Konzeptionen als „Orientierungsrahmen", die es in der Unternehmenspraxis unter Berücksichtigung des jeweiligen Einzelfalles zu konkretisieren gilt und die eine Mittlerfunktion zwischen Theorie und Praxis einnehmen. Vgl. Scherm/Pietsch (Controllingforschung 2004), S. 8.

238 Dieser Parameterkatalog zur Kennzeichnung der Controllingkonzeption hat sich in der Literatur mittlerweile weitgehend etabliert. Vgl. beispielsweise Hahn (Planung und Kontrolle 1994), S. 168; Hahn (Controlling in Deutschland 1997), S. 16; Steinle (Entwicklung 2003), S. 6; Mosiek (Controlling 2002), S. 9; Bausch/Walter (Controlling 2002), S. 434; Küpper et al. (Controlling 1990), S. 282.

239 Vgl. Schweitzer/Friedl (Controlling-Konzeption 1992), S. 142.

2.2.2.1 Genereller Aufbau einer Controllingkonzeption

Die Elemente einer idealtypischen Controllingkonzeption sind in Abbildung 2-5 aufgeführt.

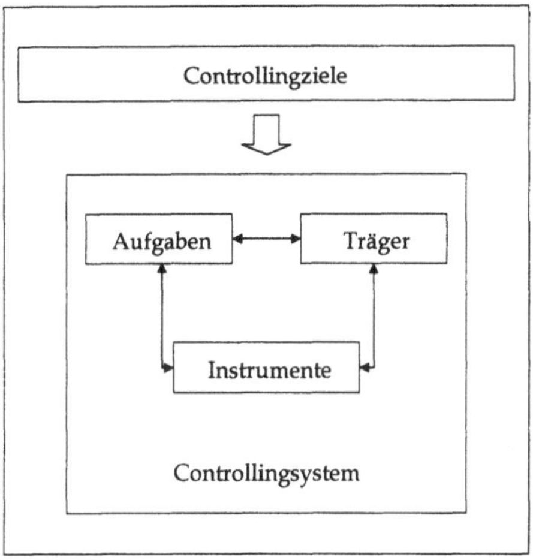

Abbildung 2-5: Elemente einer Controllingkonzeption[241]

Controllingziele

Die Controllingziele werden in der Literatur als das zentrale Merkmal einer Controllingkonzeption hervorgehoben.[242] Unter Controllingzielen versteht man dabei jene Ziele, die den Aufbau von Controllingsystemen ursächlich begründen.[243] Bezugspunkt der Controllingziele sind die übergeordneten Unternehmensziele.[244] In der Literatur herrscht weitgehend Einigkeit darüber, dass das oberste Unternehmensziel in der langfristigen Existenzsicherung des

240 Amshoff bezeichnet Controllingkonzeptionen dementsprechend als „Konstruktionsmodelle", im Gegensatz zu „Reduktionsmodellen", die einen in der Realität beobachtbaren Gesamtzusammenhang auf einzelne Teilzusammenhänge reduzieren. Vgl. Amshoff (Controlling 1993), S. 77.

241 In Anlehnung an Becker (Funktionsprinzipien 1990), S. 300 und Becker (Begriff und Funktionen 1999), S. 11.

242 Vgl. Schweitzer/Friedl (Controlling-Konzeption 1992), S. 142; Preißler (Controlling 1989), S. 8; Mosiek (Controlling 2002), S. 9.

243 Vgl. Reichmann (Controlling mit Kennzahlen 2001), S. 3.

244 Dies lässt sich aus der - in der Definitorik herausgearbeiteten - Unterstützungsfunktion des Controllings gegenüber der Unternehmensführung begründen: Die Unternehmensführung, welche das Unternehmen als Ganzes vertritt, leitet seine Führungsziele direkt aus den Unternehmenszielen ab (Zielbildungsverantwortung). Da das Controlling die Unternehmensführung bei der Lenkung des Unternehmens unterstützt, müssen sich die Ziele dieser Unterstützung aus den Unternehmenszielen ableiten. Vgl. Eschenbach/ Niedermayr (Konzeption 1996), S. 65; Horváth (Controlling 2001), S. 151; Bleicher (Verantwortung 1980), Sp. 2286.

Unternehmens begründet ist.[245] Die Operrationalisierung dieses strategischen Existenzsicherungsziels erfolgt durch weitere Unternehmensziele,[246] die zum Oberziel in einem Zweck-Mittel-Verhältnis stehen.[247] Auf Unternehmensebene ergibt sich somit ein Zielbündel,[248] auf das die Unternehmung hin gesteuert wird.[249]

Die Controllingziele sind in dieses Zielsystem des Unternehmens eingebettet. Man unterscheidet zwischen mittelbaren und unmittelbaren Controllingzielen.[250] Das mittelbare Controllingziel, welches auch als generelles Controllingziel bezeichnet wird,[251] liegt darin, Unterstützungsleistungen für das gesamte Zielsystem des Unternehmens zu erbringen.[252] Generell zielt das Controlling demnach darauf ab, dazu beizutragen bzw. sicherzustellen, dass die gesamte Zielsetzung des Unternehmens durch die Unternehmensführung erreicht werden kann.[253] Die Umsetzung dieses wenig aussagestarken mittelbaren Controllingziels erfolgt durch die unmittelbaren Controllingziele.[254] In der Literatur ist ein breites Spektrum an Auffassungen zu den Inhalten unmittelbarer Controllingziele zu finden.[255] Weitgehende Einigkeit besteht lediglich darin, dass eines dieser Ziele, welches direkt aus dem übergeordneten Unternehmensziel der langfristigen Existenzsicherung abgeleitet werden kann, darin

245 Vgl. beispielsweise Schröder (Controlling 2003), S. 23; Seitz (Controllingsystem für mittelständische Unternehmen 2002), S. 12; Günther (Controlling 1997), S. 68. HAHN bezeichnet als den obersten Zweck der Unternehmung deren Erhaltung und erfolgreiche Weiterentwicklung. Vgl. Hahn (Unternehmungsziele 1995), S. 328.

246 Man unterscheidet hierbei Formal- und Sachziele. Die Formalziele werden bei erwerbswirtschaftlichen Unternehmungen in der Regel das Gewinn- bzw. Rentabilitätsziel, das Produktivitätsziel sowie das Wirtschaftlichkeitsziel beinhalten. Vgl. hierzu Thommen/Achleitner (Betriebswirtschaftslehre 2003), S. 104; Schröder (Unternehmens-Controlling 1985), S. 16; Seitz (Controllingsystem für mittelständische Unternehmen 2002), S. 10. HEINEN betont hierbei, dass der erwerbswirtschaftliche Grundsatz seinen Ausdruck im Gewinn- oder Rentabilitätsstreben findet. Vgl. Heinen (Betriebswirtschaftslehre 1992), S. 106. Die Sachziele sind den Formalzielen untergeordnet. Man unterscheidet hierbei neben sozialen und ökologischen Zielen Organisations- und Führungsziele sowie Leistungs- und Finanzziele als wirtschaftliche Sachziele. Vgl. hierzu Schierenbeck (Betriebswirtschaftslehre 2003), S. 62.

247 Vgl. Schmidt (Grundfunktionen 1993), S. 15.

248 Hierbei wird auch von „multipler Zielsetzung" gesprochen. Vgl. Welge (Controlling 1988), S. 20.

249 Vgl. Schröder (Controlling 2003), S. 24.

250 In der Literatur wird in diesem Zusammenhang anstelle von mittelbaren und unmittelbaren auch von direkten und indirekten Controllingzielen gesprochen. Vgl. z.B. Schweitzer/Friedl (Controlling-Konzeption 1992), S. 142.

251 Vgl. Eschenbach/Niedermayr (Konzeption 1996), S. 65.

252 Vgl. Welge (Controlling 1988), S. 24.

253 Vgl. Ziener (Controlling 1985), S. 36.

254 Vgl. Kosmider (Controlling im Mittelstand 1993), S. 64.

255 Vgl. hierzu den Überblick bei Welge (Controlling 1988), S. 25 ff.

liegt, einen Beitrag zur Sicherung der Lebensfähigkeit des Unternehmens zu leisten.[256] In Bezug auf weniger globale, operationalisierbarere Controllingziele herrschen jedoch keine einheitlichen Vorstellungen.[257] Dies ist aus zweierlei Gründen nicht weiter verwunderlich. Zum einen sind die unterschiedlichen Auffassungen zu den Controllingzielen eine Folge aus der real beobachtbaren Heterogenität der Unternehmensziele. So wie die Zusammensetzung und Gewichtung der einzelnen Ziele im Zielbündel auf Unternehmensebene je nach Art und Ausrichtung des jeweiligen Unternehmens unterschiedlich sind, werden auch die unmittelbaren Controllingziele, die auf diese Unternehmensziele abgestimmt sind, in den Unternehmen unterschiedliche Inhalte aufweisen.[258] Andererseits spiegeln die Controllingziele als konstituierendes Merkmal der Controllingkonzeption das jeweilige grundlegende Verständnis von Controlling wider. Der Vielzahl an unterschiedlichen Controllinginterpretationen bzw. -definitionen entspricht demnach auch das breite Spektrum an Vorstellungen über die unmittelbaren Controllingziele.

Es bleibt somit festzuhalten, dass, ausgehend vom generellen Controllingziel, einen Beitrag zur Gesamtzielerreichung der Unternehmung zu leisten, die unmittelbaren Controllingziele situativ aus den jeweiligen Unternehmenszielen abzuleiten sind,[259] wobei ein mittelbarer Beziehungszusammenhang zwischen Unternehmens- und Controllingzielen zugrunde gelegt werden soll. Dementsprechend bestehen die unmittelbaren Ziele des Controllings darin, zielgerichtete Aufgaben und Instrumente zu formulieren und umzusetzen, mit denen die

---

256 Vgl. z.B. Eschenbach/Niedermayr (Konzeption 1996), S. 65; Schmidt (Grundfunktionen 1993), S. 15.

257 In mehreren Beiträgen wurde versucht, eine Systematisierung der verschiedenen Auffassungen vorzunehmen. SCHMIDT beispielsweise hat die in der betriebswirtschaftlichen Literatur diskutierten Ziele auf zwei Zielrichtungen - Sicherung einer rationalen Entscheidungsfindung und Entlastung und Unterstützung der Unternehmensführung - verdichtet. Vgl. Schmidt (Grundfunktionen 1993), S. 15 ff. WELGE gibt einen Überblick über die in der Literatur vertretenen Controllingziele und filtert die am häufigsten genannten Ziele (Beitrag zur Sicherung der Planung und Integration von Planung und Kontrolle, zur Sicherung der Informationsversorgung, zur Sicherung der Koordinationsfähigkeit sowie zur Sicherung und Erhöhung der Flexibilität) heraus. Vgl. Welge (Controlling 1988), S. 25 ff.

258 Vgl. Seitz (Controllingsystem für mittelständische Unternehmen 2002), S. 10; Preißler (Controlling 1989), S. 8.

259 DELLMANN spricht sogar davon, dass „eine nicht unbedeutende Aufgabe des Controlling darin besteht, aus der Vielzahl möglicher Ziele zunächst die „richtigen" Ziele zu bestimmen und sie nach Zielinhalt, Ausmaß und Zeitbezug zu operationalisieren". Dellmann (Systematisierung 1992), S. 121. BECKMANN/HUCH betonen, dass die operationalisierten Unterziele des Controllings jeweils kontextspezifisch zu präzisieren sind. Vgl. Beckmann/Huch (Controllingverständnis 2002), S. 150.

Unternehmensführung überall dort unterstützt werden kann, wo Rationalitätsengpässe bei der Erreichung der situationsspezifischen unmittelbaren Unternehmensziele auftreten.[260]

Controllingsystem

Aus den Controllingzielen ergeben sich Anforderungen an die Gestaltung des Controllingsystems.[261] Unter einem Controllingsystem versteht man ein Subsystem des Führungssystems, das Controllingaufgaben, Controllinginstrumente und die Controllingorganisation umfasst.[262]

Controllingaufgaben

Unter Controllingaufgaben versteht man eine Sollleistung, die der Erfüllung der Controllingziele dient.[263] Die Controllingaufgaben umfassen dementsprechend alle einzelnen Aktivitäten, die im Hinblick auf die festgelegten Ziele als wesentlich erachtet werden.[264] Die gedankliche Zusammenfassung der einzelnen Aufgaben ergibt die Controllingfunktion.[265] Die Funktion des Controllings ist entsprechend den jeweiligen Unternehmenszielen sowie den daraus abgeleiteten Controllingzielen für jedes Unternehmen situativ unterschiedlich zu beurteilen.[266] Generell lässt sich jedoch aus dem mittelbaren Controllingziel, einen Beitrag zur Gesamtzielerreichung des Unternehmens zu leisten, eine „führungsunterstützende und funktionsübergreifende Querschnittsfunktion"[267] ableiten. Die Interpretation dieser allge-

---

260 Vgl. hierzu auch Schweitzer/Friedl (Controlling-Konzeption 1992), S. 142 sowie Beckmann/Huch (Controllingverständnis 2002), S. 150.

261 Vgl. Schweitzer/Friedl (Controlling-Konzeption 1992), S. 142.

262 Vgl. Scheld (Controlling 2002), S. 26. An dieser Stelle soll betont werden, dass dieser systemtheoretisch geprägte Ansatz lediglich als ein ordnender Rahmen zu verstehen ist, welcher inhaltlich ausgefüllt und präzisiert werden muss. Damit kann die kritische Anmerkung von WEBER/SCHÄFFER aufgegriffen werden, welche den systemtheoretischen Ansätzen ebenfalls (nur) die Funktion eines integrativen Ordnungs- und Bezugsrahmens zuweisen. Vgl. Weber/Schäffer (Koordinationsfunktion 1999), S. 8.

263 Vgl. Richter (Controlling 1987), S. 126; Hill et al. (Organisationslehre 1989), S. 122 f.; Reichmann (Controlling-Konzeptionen 1991), S. 50.

264 Vgl. Horváth (Controlling 2001), S. 152.

265 Vgl. Scheld (Controlling 2002), S. 30; Reichmann (Controlling mit Kennzahlen 2001), S. 4. Es wird in diesem Zusammenhang auch von der funktionalen Komponente einer Controllingkonzeption gesprochen. Vgl. Schweitzer/Friedl (Controlling-Konzeption 1992), S. 143. BRAMSEMANN betont, dass die Controllingfunktion unabhängig von einer speziell dafür eingerichteten Stelle oder Abteilung sei. Vgl. Bramsemann (Controlling 1990), S. 48. KOSIOL hingegen bezeichnet als Funktion „die auf bestimmte einzelne Personen oder Personengruppen verteilten synthetischen Einzel- oder Teilaufgaben", wobei er jedoch darauf hinweist, dass die geringe Differenzierung es durchaus erlaube, beide Ausdrücke nebeneinander zu verwenden. Vgl. Kosiol (Organisation 1962), S. 45; Kosiol (Betriebswirtschaftslehre 1968), S. 82.

266 Vgl. Seitz (Controllingsystem für mittelständische Unternehmen 2002), S. 12.

267 Bramsemann (Controlling 1990), S. 48.

meinen Controllingfunktion liefert aufgrund ihrer Kontextabhängigkeit keine eindeutigen Hinweise auf die konkrete Ausgestaltung der Controllingaufgaben.[268] Dementsprechend vielfältig sind die Vorschläge und Ansichten zu den Controllingaufgaben in den relevanten Literaturbeiträgen. Mehrere Untersuchungen haben sich um eine Systematisierung der Beiträge zur Controllingfunktion bemüht.[269] Dabei hat sich eine Verdichtung der genannten Controllingaufgaben auf folgende Schwerpunkte herauskristallisiert: Informationsfunktion, Planungsfunktion, Kontrollfunktion, Steuerungsfunktion und Koordinationsfunktion.[270] Die Steuerungsfunktion nimmt eine Sonderrolle in diesem Aufgabenkanon ein. In der Literatur wird die Steuerung meist als aus den übrigen Controllingaufgaben resultierendes Element beschrieben.[271] Dabei wird betont, dass die Unternehmenssteuerung im eigentlichen Sinne nicht originär durch das Controlling erfolgt, sondern das Controlling vielmehr durch Planung, Kontrolle und Information die Voraussetzungen für eine durchgängige Unternehmenssteuerung zu schaffen hat.[272] Durch die Wahrnehmung der Controllingaufgaben wird letztlich erst der Weg für die Unternehmensführung bereitet, das Unternehmen durch Planung und Kontrolle zielorientiert zu steuern.[273] Demnach lässt sich die Steuerungsfunktion

---

268 Vgl. Bramsemann (Controlling 1990), S. 48.

269 Vgl. beispielsweise Schmidt (Grundfunktionen 1993), S. 18 ff; Welge (Controlling 1988), S. 96 ff.; Scheld (Controlling 2002), S. 34).

270 So bezeichnet SCHELD diese Aufgaben als „kleinsten gemeinsamen Nenner aus vielfältigen Diskussionen und Literaturbeiträgen". Scheld (Controlling 2002), S. 34. BOTTA stellt fest, dass grundsätzlich Einvernehmen darüber herrsche, dass Controlling Aufgaben der Planung, Steuerung, Koordination, Überwachung und Informationsversorgung wahrzunehmen hat, um eine ausgewogene positive Entwicklung des Unternehmens zu gewährleisten. Vgl. Botta (Ganzheitliche Steuerung 2002), S. 79. SCHMIDT verdichtet die einzelnen Controllingaufgaben in den untersuchten Beiträgen auf die Schwerpunkte Steuerungs- und Regelungsfunktion, Koordinationsfunktion und Informationsfunktion, wobei er Planung und Kontrolle unter die Steuerungs- und Regelungsfunktion subsumiert. Vgl. Schmidt (Grundfunktionen 1993), S. 20 ff. Einzelne dieser Schwerpunkte werden in verschiedenen Beiträgen auch differenzierter betrachtet. So unterscheidet beispielsweise HORVÁTH im Rahmen der Koordinationsaufgabe noch in systemkoppelnde und systembildende Koordination. Vgl. Horváth (Controlling 2001), S. 126 ff. Während HAHN zusätzlich zu den genannten Schwerpunkten noch eine Einteilung in Nutzungs- und Gestaltungsaufgaben vornimmt. Vgl. Hahn (Planung und Kontrolle 1994), S. 180 ff. Die inhaltliche Präzisierung der genannten Aufgaben im Sinne der vorliegenden Problemstellung erfolgt in den Ausführungen zu den phasenspezifischen Controllingkonzeptionen. Siehe hierzu die Abschnitte 4.2.2 sowie 4.3.2.

271 Vgl. beispielsweise Lanz (Controlling 1990), S. 288; Kraus (Operatives Controlling 1990), S. 167; Horváth (Controlling im Klein- und Mittelbetrieb 1981), S. 6.

272 Vgl. Kraus (Operatives Controlling 1990), S. 167. SCHUSTER hebt hervor, dass die eigentliche Unternehmenssteuerung durch die Führungskräfte des Unternehmens wahrgenommen wird, welche durch die Planungs-, Kontroll- und Informationsaktivitäten des Controllings hierbei unterstützt und beraten werden. Vgl. Schuster (Erfolgsorientierte Steuerung 1991), S. 47.

273 Vgl. Horváth (Controlling im Klein- und Mittelbetrieb 1981), S. 6.

im Zusammenwirken der Controllingaufgaben, insbesondere der Planungs- und Kontrollaufgabe, verstehen.[274]

Der beschriebene Aufgabenkatalog markiert lediglich den generellen Möglichkeitsraum. Die konkrete Zusammensetzung und Gewichtung der einzelnen Controllingaufgaben hängt von der Zielsetzung des Unternehmens und den spezifischen Situationsbedingungen ab.[275]

Controllinginstrumente

Die Controllinginstrumente umfassen alle ideellen und realen Hilfsmittel, Methoden und Modelle, die das Controlling zur Erreichung der Controllingziele beziehungsweise zur Aufgabenerfüllung einsetzen kann.[276] In Theorie und Praxis ist eine weite Spanne an vorgeschlagenen bzw. eingesetzten Instrumenten vorzufinden.[277] Die Festlegung des prinzipiellen Instrumentenbereiches im Sinne eines definierten Möglichkeitsraumes sowie die Auswahl und Anwendung von konkret zum Einsatz kommenden Instrumenten aus diesem Bereich ist abhängig von der grundlegend verfolgten Controllingauffassung.[278] Ausgehend von den Controllingzielen sind dementsprechend den einzelnen Controllingaufgaben die jeweiligen problemlösungsadäquaten Instrumente zuzuordnen.[279]

Controllingorganisation

Analog zu den bereits genannten Komponenten einer Controllingkonzeption sind auch die in der Literatur vorzufindenden Vorstellungen über die Organisation bzw. die organisatorische Anbindung des Controllings in der Unternehmensorganisation vielfältig.[280] Dabei versteht man unter Controllingorganisation alle Struktur- und Prozessaspekte des Con-

---

274 Die Steuerungsfunktion wird mitunter sogar als Teilaufgabe der Planungs- und Kontrollfunktion bezeichnet. Vgl. hierzu Delfmann (Planungs- und Kontrollprozesse 1993), Sp. 3233. Für IHRING besteht die Steuerungsaufgabe im Zusammenwirken von Kontrolle und Gegensteuerungsmaßnahmen. Vgl. Ihring (Controlling 1985), S. 35.

275 Vgl. Küpper et al. (Controlling 1990), S. 283; Preißler (Controlling 1989), S. 9; Weber (Ursprünge des Controlling 1990), S. 32.

276 Vgl. Schweitzer/Friedl (Controlling-Konzeption 1992), S. 158; Scheld (Controlling 2002), S. 26.

277 Vgl. Schildbach (Grundproblem des Controlling 1992), S. 25. STEINLE spricht hierbei sogar davon, dass „letztlich der gesamte Kosmos betriebswirtschaftlicher Managementmethoden zum handwerklichen Instrumentarium des Controlling gehören könnte". Steinle (Ziele 2003), S. 29. Einen ausführlichen Überblick über das weite Spektrum an Controllinginstrumenten geben Vollmuth (Controlling 1998), S. 13 ff. sowie Eggers/Eickhoff (Instrumente 1996), S. 19 ff.

278 Vgl. Steinle (Ziele 2003), S. 29.

279 Eine beispielhafte Gliederung von Instrumenten nach Controllingaufgaben findet sich bei Schweitzer/Friedl (Controlling-Konzeption 1992), S. 158.

280 Vgl. Schildbach (Grundproblem des Controlling 1992), S. 25.

trollings.[281] Entscheidend ist hierbei der Zusammenhang von Controllingfunktion und Controllinginstitution. Werden die Aufgabenfelder des Controllings (Controllingfunktion) derart organisiert, dass sie in eigenen Stellen oder Abteilungen gebündelt werden, so spricht man von einer Controlling-Institution.[282] Ob die Organisation des Controllings im Rahmen einer Institution erfolgt und wie gegebenenfalls die Ausgestaltung und Einbettung dieser Institution im Unternehmen vollzogen wird, ist konzeptabhängig.[283]

Zusammenfassend lässt sich Folgendes festhalten:

Eine Controllingkonzeption beinhaltet Aussagen über die Controllingziele, die zielorientierten Aufgaben, die hierfür erforderlichen Instrumente sowie die Controllingorganisation.

Die Controllingziele als das zentrale Merkmal der Controllingkonzeption leiten sich aus den individuellen Unternehmenszielen ab und bestimmen die Ausgestaltung der Aufgaben, Instrumente sowie der Controllingorganisation.

Controllingkonzeptionen sind Denkmodelle, die einer situationsspezifischen Ausgestaltung bedürfen.

2.2.2.2 Weitergehende Systematisierung der Controllingkonzeption

Der oben vorgestellte generelle Aufbau einer Controllingkonzeption lässt sich in einen umfassenden Rahmen einbetten, mittels dessen die generelle Controllingkonzeption weiter differenziert und konkretisiert werden kann.[284] Dabei kommen mehrere Gliederungskriterien zum Einsatz, durch deren kombinierte Verwendung der Überblick über die vielfältigen Differenzierungsmöglichkeiten erleichtert werden kann:[285]

---

281 Vgl. Scheld (Controlling 2002), S. 26.

282 Vgl. Steinle (Ziele 2003), S. 26. Dies bedeutet jedoch nicht, dass die Wahrnehmung der Controllingaufgaben zwangsläufig in eigenen Controllinginstitutionen erfolgen muss. Die organisatorische Einbettung der Controllingfunktion kann auch in vorhandenen Stellen bzw. als Bestandteil der Unternehmensführung vollzogen werden. Vgl. Küpper (Controlling 2001), S. 486; Steinle (Ziele 2003), S. 26.

283 Vgl. Küpper et al. (Controlling 1990), S. 285; Steinle (Ziele 2003), S. 26.

284 PEEMÖLLER nennt die eigentliche Controllingkonzeption „Kernbereich“, welchen verschiedene „Spezialisierungen“ umgeben. Vgl. Peemöller (Controlling 2002), S. 114. SCHELD spricht in diesem Zusammenhang von „Erscheinungsformen des Controllings“. Vgl. Scheld (Controlling 2002), S. 84 ff. RICHTER spricht von "Konkretisierung von Controlling-Konzeptionen". Vgl. Richter (Controlling 1987), S. 208 f.

285 Die umfassendste Differenzierung des Controllings nimmt DINTNER vor. Er untergliedert Controlling gemäß zehn Differenzierungskriterien: 1. Differenzierung aus funktionaler und institutionaler Sicht, 2. nach Controllingzielen und -kernaufgaben, 3. nach Planungs- und Kontrolldimensionen, 4. nach Funktions- und Faktorbezug, 5. nach Formalzielkategorien, 6. nach dem Organisationsbezug, 7. nach hierarchischer Einordnung, 8. nach Wirtschaftszweigen und Branchen, 9. nach Unternehmensentwicklungsperioden sowie

Zielbezogene Differenzierung des Controllings

Dieses Gliederungskriterium leitet sich aus den Controllingzielen bzw. den übergeordneten Unternehmenszielen ab. Als wesentliche Differenzierungskriterien dienen überfunktionale betriebswirtschaftliche Kategorien, meist finanzieller Art.[286] Man unterscheidet hierbei in rentabilitätsorientiertes und liquiditätsorientiertes Controlling.

Funktionsbezogene Differenzierung des Controllings

Unter Betonung des Funktionalaspekts wird das Controlling gemäß den betrieblichen Funktionsbereichen differenziert.[287] In Abgrenzung dazu spricht man von Zentralcontrolling, wenn in einer zentralen Institution ohne organisatorischen Unterbau alle im Unternehmen anfallenden Controllingaktivitäten ganzheitlich gebündelt werden.

Objektbezogene Differenzierung des Controllings

Hierbei unterscheidet man in Bereichs- und Projektcontrolling. Unter Bereichscontrolling ist ein örtlich und zeitlich begrenztes Controlling eines organisatorisch bedingten Entscheidungsfeldes zu verstehen, wobei als unterste Grenze eines Bereichscontrollings die Kostenstelle, als oberste Grenze das gesamte Unternehmen fungiert.[288] Projektcontrolling bezieht sich hingegen auf die Planung, Steuerung und Kontrolle von konkreten Projekten, die nicht zwingend in örtliche und zeitliche Begrenzungen eingeordnet werden können.[289]

---

10. nach der Unternehmensgröße. In dieser umfangreichen Systematisierung wird jedoch keine Trennung in Controllingkonzeption und weitergehende Differenzierung vorgenommen. Die eigentliche Controllingkonzeption ist bei Dintner unter die Differenzierung nach Controllingzielen und -kernaufgaben subsumiert. Vgl. Dintner (Controlling 1999), S. 1 ff. Daher wird im Folgenden nicht diese Differenzierung zugrunde gelegt, sondern eine Systematisierung, die den Kernbereich des Controllings, die eigentliche Konzeption, und die weiteren Erscheinungsformen des Controllings trennt. Diese Art der Systematisierung findet sich in ähnlicher Form in mehreren Beiträgen. Vgl. beispielsweise Bramsemann (Controlling 1990), S. 54 ff.; Witt (Controlling 2000), S. 53.

286 Neben finanziellen Kategorien können auch andere Kriterien, die wichtige Zielgrößen für die Unternehmensführung darstellen, in Betracht kommen. Zu denken ist hierbei beispielsweise an Qualität oder Zeit. Vgl. Dintner (Controlling 1999), S. 22.

287 So unterscheidet man beispielsweise Beschaffungs-, Produktions-, Absatz-, Logistik- und Personalcontrolling. Vgl. Bramsemann (Controlling 1990), S. 55.

288 Demnach soll hier unter Bereichscontrolling nicht nur dezentrales Controlling, wie Funktions- oder Spartencontrolling verstanden werden, sondern in Abgrenzung zum Projektcontrolling ein erweitertes Verständnis zugrunde gelegt werden, nach dem auf ein organisatorisch bedingtes Entscheidungsfeld in bestimmten Planungs- und Rechnungsperioden abgestellt wird. Vgl. Dintner (Controlling 1999), S. 29.

289 Vgl. Haas (Controlling 1996), S. 19 ff.

Planungsphasenbezogene Differenzierung des Controllings

Dieses Gliederungskriterium zielt auf die zeitliche Komponente ab.[290] Man unterscheidet demgemäß strategisches und operatives Controlling.[291] Beim strategischen Controlling steht das übergeordnete langfristige Ziel der dauerhaften Existenzsicherung des Unternehmens und damit die Sicherung der Erfolgspotenziale im Vordergrund,[292] während das operative Controlling auf das Ausschöpfen der vorhandenen Ergebnispotenziale durch periodisierte Ergebnisorientierung und Liquiditätssicherung abzielt.[293]

Lebensphasenbezogene Differenzierung des Controllings

Gemäß den Unternehmensentwicklungsperioden lässt sich Controlling beispielsweise differenzieren in Gründungs-, Wachstums- und Krisencontrolling.[294]

In nachfolgender Abbildung 2-6 wird der generelle Aufbau einer Controllingkonzeption um die vorgestellten Differenzierungskriterien des Controllings erweitert.[295] Insgesamt ergibt sich dadurch eine „Rohkonzeption", die im weiteren Verlauf der Untersuchung zunächst durch die Berücksichtigung einer konzeptionellen Controlling-Grundhaltung inhaltlich spezifiziert und hierauf der Problemstellung der Arbeit zufolge situativ ausgestaltet werden soll.

---

290 Vgl. Reichmann (Controlling-Konzeptionen 1991), S. 53.

291 Zusätzlich zu strategischem und operativem Controlling wird in der Literatur auch das taktische Controlling genannt. Vgl. beispielsweise Bramsemann (Controlling 1990), S. 56. Üblicherweise wird die planungsphasenbezogene Differenzierung jedoch auf die beiden ersten Kategorien beschränkt. Vgl. Dintner (Controlling 1999), S. 7.

292 Vgl. Bischoff (Operatives Controlling 1993), S. 95.

293 Vgl. Bausch/Walter (Controlling 2002), S. 433.

294 Das Krisencontrolling kommt hierbei in allen Phasen, vorrangig aber in der Reife- und Niedergangsphase eines Unternehmens zum Tragen. Vgl. Dintner (Controlling 1999), S. 42 ff. BRAMSEMANN führt zusätzlich zu den genannten Phasen das Konsolidierungscontrolling auf. Vgl. Bramsemann (Controlling 1990), S. 56.

295 Die Darstellung des Kernbreichs mit ergänzenden Differenzierungen findet sich in ähnlicher Form in Peemöller (Controlling 2002), S. 114.

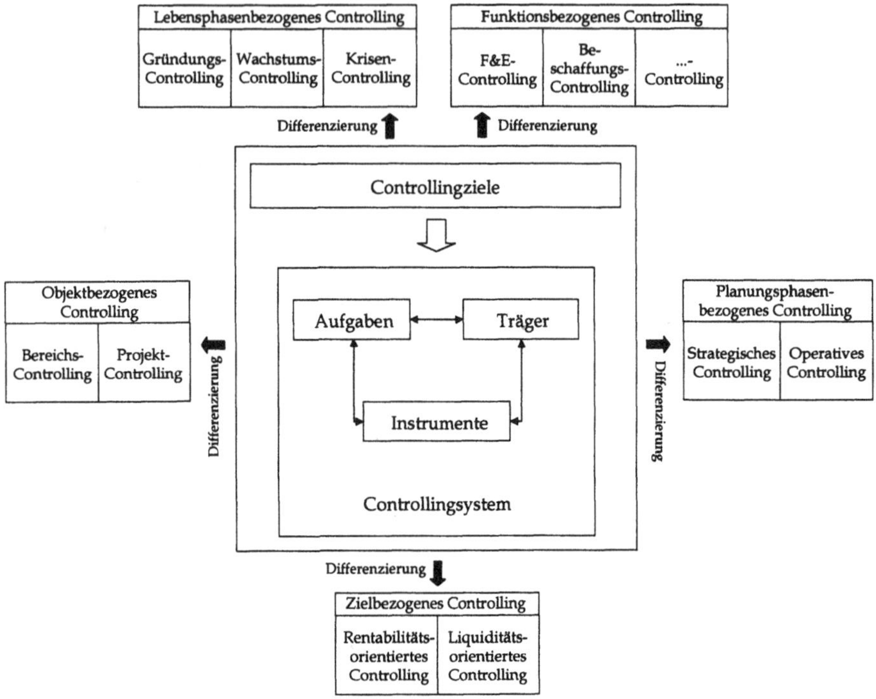

Abbildung 2-6: Kernbereich und Differenzierungen der Controllingkonzeption[296]

2.2.2.3 Typisierung vorhandener Controllingkonzeptionen

So wie es eine Vielzahl von Definitionsversuchen des Begriffes Controlling gibt, existiert eine ebenso große Zahl an Beiträgen, die sich um die Entwicklung von Controllingkonzeptionen bemühen.[297] Die Controllingkonzeptionen unterscheiden sich dabei hinsichtlich ihrer inhaltlichen Ausgestaltung und ihres Abstraktionsgrades teils erheblich.

Abbildung 2-7 gibt einen aggregierten Überblick über ausgewählte Controllingkonzepte bedeutender akademischer Vertreter des Controllingfaches.

296 In Anlehnung an Peemöller (Controlling 2002), S. 114.

297 Eine ausführliche Darstellung der wichtigsten Controllingkonzeptionen ist enthalten in Hahn (Controlling in Deutschland 1997), S. 16 ff.

	Hahn	Horváth	Reichmann	Küpper	Weber
Primäre Ausrichtung des Controllings auf: alle Unternehmungsziele	——	——	——	Gesamtes Zielsystem der Unternehmung	Gesamtes Zielsystem der Unternehmung
Primäre Ausrichtung des Controllings auf: ausgewählte Unternehmungsziele	Ergebnisziel	Ergebnisziel	Ergebnisziel	——	——
Ziel des Controllings	Ergebnisoptimierung	Ergebnisoptimierung	Ergebnisoptimierung	Koordinationsoptimierung	Führungsoptimierung
Generelle Aufgabe des Controllings	Informationelle Sicherung bzw. Sicherstellung ergebnisorientierter Planung, Steuerung und Kontrolle - vielfach verbunden mit einer Integrations- bzw. Systemgestaltungsfunktion, grundsätzlich verbunden mit einer Koordinationsfunktion	Ergebnisorientierte systembildende und systemkoppelnde Koordination von Planung und Kontrolle sowie Informationsversorgung	Informationsbeschaffung und -verarbeitung zur Planerstellung, Koordination und Kontrolle	Koordination des Führungssystems (Bestandteile des Führungssystems: Organisation, Planungs- und Kontrollsystem, Informationssystem, Personalführungssystem, Zielsystem, Führungsgrundsätze)	Sicherstellung der Rationalität der Führung
	koordinationsorientiert				rationalitätssichernd

Abbildung 2-7: Zusammenfassende Gegenüberstellung ausgewählter Controllingkonzeptionen[298]

Sowohl in den Zielen und Aufgaben als auch in den Instrumenten und der organisatorischen Ausgestaltung des Controllings sind in den Konzeptionen unterschiedliche Schwerpunktsetzungen auszumachen.[299] Dies hat zur Folge, dass eine eindeutige Systematisierung dieser Konzepte alles andere als trivial ist.[300] Daher verwundert es nicht, dass auch die in der Literatur vorgenommenen Systematisierungsversuche der Controllingkonzeptionen ein nahezu unüberschaubares Ausmaß annehmen[301] und weit davon entfernt sind, homogen zu sein.[302]

298 In Anlehnung an Hahn/Hungenberg (Controllingkonzepte 2001), S. 276.

299 Unstrittig scheint allein zu sein, dass, wie schon in der etymologischen Herleitung des Grundverständnisses zum Controlling herausgestellt, die Führungsunterstützung als Ausgangspunkt bei der Ausgestaltung der Controllingkonzeption zugrunde gelegt wird. Vgl. Reichmann (Management und Controlling 1996), S. 561; Becker (Controlling 2003), S. 8.

300 AMSHOFF spricht in diesem Zusammenhang von einem "Konzeptionalisierungsproblem". Vgl. Amshoff (Controlling 1993), S. 78.

301 Systematisierungsversuche sind z.B. zu finden bei: Eschenbach/Niedermayr (Controlling 1996), S. 51 ff.; Schweitzer/Friedl (Controlling-Konzeption 1992), S. 144 ff; Zenz (Qualitätscontrolling 1999), S. 16 ff.

302 Vgl. Weber (Controlling 2002), S. 21. EXNER gibt zu bedenken, dass oftmals Beiträge zur Systematisierung von Controllingkonzeptionen vom jeweiligen Verfasser lediglich instrumentalisiert werden, um den eigenen Konzeptionsvorschlag zu platzieren. Vgl. Exner (Controlling 2003), S. 49.

Dabei lassen sich die Vorgehensweisen nach den Systematisierungsgrundlagen unterscheiden. Eine Reihe von Systematisierungen wird nach dem **Umfang** und der **Schwerpunktsetzung** der Controllingaufgaben vorgenommen.[303] Dabei wird das Ordnungskriterium „Controllingaufgaben" allerdings nur selten explizit genannt.[304] Es kommt vielmehr oft implizit in den rein deskriptiven Systematisierungen zur Anwendung.[305] Häufig wird die Systematisierung nach Controllingaufgaben in Verbindung mit den zeitlichen Entwicklungsphasen der Controllingkonzeptionen vorgenommen.[306] In diesen Fällen werden die Controllingkonzeptionen nach Aufgaben klassifiziert und darüber hinaus gemäß ihrer empirisch beobachtbaren Entwicklung in einen zeitlichen bzw. historischen Zusammenhang gebracht.

Eine andere Systematisierungsgrundlage bilden die **Controllingziele**.[307] Die Controllingkonzeptionen werden dementsprechend nach den definierten Zielen geordnet.[308] Dieses Vorgehen begründet sich aus der Tatsache, dass die Ziele das konstituierende Merkmal einer Konzeption bilden und sich die Aufgabenschwerpunkte, die zugehörigen Instrumente sowie die organisatorische Einordnung des Controllings aus den Zielen ableiten lassen.[309]

Neuere Beiträge systematisieren Controllingkonzeptionen mittels eines Ordnungsrahmens nach den Ordnungsmerkmalen **Unternehmenszielbezug, Funktionsbreite und Funktionstiefe** des Controllings,[310] müssen sich jedoch der Schwierigkeit stellen, aufgrund der Ausdifferenziertheit dieses Rasters nicht alle Konzeptionen abbilden zu können.[311]

---

303 LANGE/SCHAEFER sprechen in diesem Zusammenhang sogar von „aufgabenbezogener Controllingforschung". Vgl. Lange/Schaefer (Perspektiven 2003), S. 400.

304 Eine explizite Benennung der Systematisierungsgrundlage „Controllingaufgaben" findet sich bei Dintner/Schorcht (Controlling 1999), S. 151. Sie unterscheiden in rechnungswesen- und kontrollorientierte, planungsorientierte, planungs- und kontrollorientierte, informationsorientierte und führungskoordinationsorientierte Controllingkonzepte.

305 Vgl. Exner (Controlling 2003), S. 50.

306 Vgl. Lehmann (Controlling-Paradigma 1992), S. 47; Weber (Entwicklungstendenzen 2001), S. 236; Wiebe (Controlling 1991), S. 26.

307 Wobei hier anzumerken ist, dass die Systematisierungsversuche teils durch unterschiedliche Begriffsauffassungen gekennzeichnet sind. So subsumieren manche Autoren unter Controllingziele dieselben Inhalte wie andere Autoren unter Controllingaufgaben. Daher beinhalten diese beiden unterschiedlichen Wege der Systematisierung oftmals identische Grundgedanken und führen zum selben Ergebnis. Vgl. z.B. Schweitzer/Friedl (Controlling-Konzeption 1992), S. 144: Hier werden Controllingkonzeptionen nach den Zielen „Koordinationsziel" und Informationsziel" geordnet. Koordination und Informationsversorgung werden u.a. bei Dintner/Schorcht (Controlling 1999), S. 151 als von den Zielen abgeleitete Controllingaufgaben bezeichnet und im Rahmen einer Typisierung nach Controllingaufgaben eingesetzt.

308 Vgl. Hahn (Controlling in Deutschland 1997), S. 16 ff.; Schweitzer/Friedl (Controlling-Konzeption 1992), S. 144 ff.

309 Vgl. Niedermayr (Controlling 1994), S. 12.

310 Vgl. Zenz (Qualitätscontrolling 1999), S. 17 ff.; Exner (Controlling 2003), S. 49 ff.

Aus der Vielzahl der Systematisierungen schält sich trotz der unterschiedlichen Vorgehensweisen ein gewisses Muster heraus. In den jüngeren Beiträgen wird meist zunächst eine grundlegende Einteilung gemäß einem zeitlichen bzw. historischen Kriterium vorgenommen und zwischen „Traditionelle Konzeptionen" und „Moderne Konzeptionen" unterschieden.[312] Die weitergehende Systematisierung innerhalb dieser beiden Gruppen führt in der Regel - unabhängig davon, ob der Weg über die Ziele als Ordnungskriterium oder über andere Ordnungskriterien gegangen wurde - zu einer Unterscheidung nach Funktionsschwerpunkten.[313]

In Abbildung 2-8 ist eine Systematisierung nach diesem diagnostizierten Muster vorgenommen worden. In ähnlicher Form findet sich eine derartige Systematisierung in zahlreichen jüngeren Beiträgen.[314]

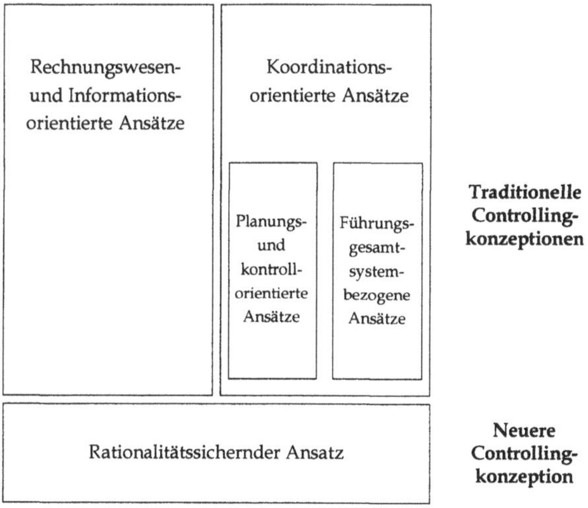

Abbildung 2-8: Gruppen von Controllingkonzeptionen

311 Vgl. Exner (Controlling 2003), S. 53.

312 Vgl. beispielsweise Exner (Controlling 2003), S. 53 ff.; Pietsch/Scherm (Controlling-Konzeptionen 2001), S. 206 ff.

313 GAULHOFER unterscheidet beispielsweise rechnungswesen-, koordinations- und informations- sowie führungsorientierte Ansätze. Vgl. Gaulhofer (Controlling im Mittelbetrieb 1986), S. 86 ff. Die Systematisierung von KÜPPER umfasst gewinnziel-, informations-, planungs- und kontroll- sowie koordinationsorientierte Konzeptionen. Vgl. Küpper (Controlling 2001), S. 7 ff. STEINLE unterscheidet kostenrechnungszentrierte, informationszentrierte und führungssystembezogene Ansätze. Vgl. Steinle (Entwicklung 2003), S. 7 ff.

314 Vgl. beispielsweise Pietsch/Scherm (Controlling-Konzeptionen 2001), S. 206 ff.; Exner (Controlling 2003), S. 53 ff.; Lange/Schaefer (Perspektiven 2003), S. 400; Weber/Schäffer (Balanced Scorecard 1999), S. 124 ff.

Die **rechnungswesen- und informationsorientierten Ansätze** stellen im Wesentlichen auf die gezielte Bereitstellung entscheidungsrelevanter Informationen ab.[315] Dabei heben die rechnungswesenorientierten Konzeptionen die monetäre Quantifizierbarkeit relevanter Sachverhalte hervor und reduzieren die Informationsaufgabe auf das Bereitstellen quantitativer, aus dem Rechnungswesen deduzierbarer Informationen.[316] Informationsorientierte Ansätze erweitern die Informationsbasis und den Umfang der Informationsziele, indem Controlling die gesamte Aufgabe der betrieblichen Informationswirtschaft übernimmt und die bestehende Informationsnachfrage durch ein entsprechendes Informationsangebot ergänzt.[317] Kritik an diesen Ansätzen wird insbesondere dahingehend geäußert, dass sie nicht imstande seien, eine eigene Controllingkonzeption zu begründen, sondern lediglich als notwendige Weiterentwicklung des Rechnungswesens anzusehen seien.[318]

Die **koordinationsorientierten Ansätze** sehen das Controlling als ein Teilsystem des Führungssystems, welches mit der Aufgabe betraut ist, die anderen Führungsteilsysteme zu koordinieren. Nach dem Ausmaß der Koordinationsaufgabe lassen sich diese Konzeptionen in planungs- und kontrollorientierte und führungsgesamtsystembezogene Ansätze unterscheiden.[319] In der planungs- und kontrollorientierten Konzeption beschränkt sich die Koordinationsaufgabe auf die Führungsteilsysteme Planung, Kontrolle und Informationsversorgung, während die führungsgesamtsystembezogenen Ansätze die Koordinationsaufgabe auf alle Subsysteme, also auch auf Personalführung und Organisation beziehen.[320] Die koordinationsorientierten Ansätze werden häufig dahingehend kritisiert, dass sie keine klare Abgrenzung von übergeordneten Führungsaufgaben zuliesen, da Koordination als ein Aspekt angesehen werden könne, der allen Führungshandlungen inhärent sei; Koordination alleine könne daher nicht die Implementierung eines Controlling rechtfertigen.[321]

---

315 Vgl. Lange/Schaefer (Perspektiven 2003), S. 400; Reichmann (Management und Controlling 1996), S. 562.

316 Vgl. Weber (Neue Perspektiven 2000), S. 9 f.; Pietsch/Scherm (Controlling-Konzeptionen 2001), S. 207.

317 Vgl. Pietsch/Scherm (Controlling-Konzeptionen 2001), S. 207.

318 Die rechnungswesen- und informationsorientierten Ansätze werden daher häufig auch lediglich als Ergänzung anderer Ansätze verstanden. Vgl. Möller/Stoi (Controlling 2002), S. 564; Lange/Schaefer (Perspektiven 2003), S. 400; Becker (Controlling 2003), S. 8 f.

319 Vgl. Steinle (Entwicklung 2003), S. 9 ff.

320 Vgl. Hahn (Controlling in Deutschland 1997), S. 17 ff.

321 Vgl. Lange/Schaefer (Perspektiven 2003), S. 400 f.; Pietsch/Scherm (Controlling-Konzeptionen 2001), S. 207.

Der **rationalitätssichernde Ansatz** von WEBER/SCHÄFFER[322] wird in der Literatur als einer der bedeutendsten neueren Controllingansätze angesehen.[323] Grundlage dieser Controllingkonzeption ist die - auch dieser Arbeit zugrundegelegte - Definition des Controllings als „Sicherstellung der Rationalität der Unternehmensführung".[324] Dabei legen Weber/Schäffer einen spezifischen Führungszyklus zugrunde, der aus den Phasen Willensbildung, Willensdurchsetzung und Kontrolle besteht.[325] Das Handeln der Führungskräfte wird in diesem Prozess bestimmt von den speziellen Fähigkeiten und den individuellen Nutzenfunktionen der Akteure.[326] Defizite in diesem handlungsbestimmenden „Können" (begrenzte kognitive Fähigkeiten) und „Wollen" (Opportunismus) führen zu Rationalitätsverlusten,[327] so dass eine effiziente Mittelverwendung im Rahmen der festgelegten Zwecke nicht gewährleistet ist,[328] was im ökonomischen Kontext zu Ergebniseinbußen führt.[329] Durch führungsergänzende, führungsentlastende und führungsbegrenzende Handlungen des Controllings können diese Rationalitätsverluste reduziert werden.[330] Dabei bestimmen sich Umfang und Ausprägung der Controllingaufgaben aus dem jeweils vorliegenden Stand der Rationalität der Führung.[331] Controlling ist demzufolge kontextabhängig.[332] In unterschiedlichen Füh-

---

322 Vgl. die grundlegenden Artikel Weber/Schäffer (Controlling 1999); Weber/Schäffer (Rationalität 2001).

323 Vgl. Becker (Controlling 2003), S. 9; Lange/Schaefer (Perspektiven 2003), S. 401.

324 Weber/Schäffer (Controlling 1999), S. 731.

325 Ausführliche Erläuterungen zu diesem Führungszyklus finden sich bei Weber/Schäffer (Reflexion 2001), S. 79 ff.

326 Vgl. Weber (Entwicklungstendenzen 2001), S. 234.

327 Vgl. Weber/Schäffer (Reflexion 2001), S. 77.

328 Ausführliche Erläuterungen zum Rationalitätsbegriff und zur Zweckrationalität finden sich bei Weber et al. (Rationalitätskonzeption 2001), S. 46 ff.

329 Vgl. Weber (Neue Perspektiven 2000), S. 6.

330 Controlling wirkt dann führungsergänzend, wenn aufgrund von unterschiedlichem Fach- oder Methodenwissen oder einer anderen Perspektive des Controllers ein Beitrag zur Problemlösungsfähigkeit im Führungsprozess geleistet werden kann. Führungsentlastung liegt vor, wenn der Controller durch eine rationale Versorgung des Managements mit Inputdaten dafür sorgt, dass die Unternehmensführung ihre knappen Kapazitäten auf Rationalitätsengpässe fokussieren kann. Von Führungsbegrenzung spricht man, wenn der Controller potenziell opportunistische Handlungen des Managements in Frage stellt und so zu einer Eindämmung von Opportunismus beiträgt. Vgl. Schäffer/Weber (Thesen zum Controlling 2001), S. 3. Ausführliche Erläuterungen zur Ergänzungs-, Entlastungs- und Begrenzungsfunktion des Controllings sind ferner zu finden bei Weber (Neue Perspektiven 2000), S. 7 f.

331 Vgl. Weber (Entwicklungstendenzen 2001), S. 234.

332 Vgl. Weber/Schäffer (Balanced Scorecard 1999), S. 126.

rungskontexten liegt der Controllingschwerpunkt auf unterschiedlichen Feldern, die den jeweiligen Rationalitätsengpässen entsprechen.[333]

Der Rationalitätssicherungsansatz wird daher auch häufig als Integrationsansatz bezeichnet,[334] weil er aufgrund seiner Kontextabhängigkeit eine Klammer um die bisherigen Controllingkonzeptionen zieht.[335] WEBER/SCHÄFFER argumentieren, dass die unterschiedlichen Controllingansätze als Antwort auf die jeweiligen spezifischen Kontexte bzw. Rationalitätsengpässe entstanden seien.[336] Da der Rationalitätssicherungsansatz diese Kontextabhängigkeit berücksichtigt, können die unterschiedlichen Controllingansätze als jeweils „kontextspezifische Ausprägungen der Sicherstellungsfunktion"[337] gedeutet werden. Liegt der Rationalitätsengpass der Führung im zur Entscheidungsfindung benötigten Methoden- und Faktenwissen, so kommt der in den informationsorientierten Ansätzen im Mittelpunkt stehenden Informationsversorgung entscheidende Bedeutung bei der Sicherstellung der Rationalität der Unternehmensführung zu. Ist der Rationalitätsengpass in der Verbindung von Planung, Kontrolle und Informationsversorgung begründet, spielt das Gedankengut der koordinationsorientierten Ansätze eine wichtige Rolle im Rahmen der Rationalitätssicherung.[338]

2.2.2.4 Die für den weiteren Verlauf der Arbeit zugrunde gelegte Controllingkonzeption

Für den weiteren Verlauf der Arbeit soll die Konzeption der Sicherstellung von Führungsrationalität zugrunde gelegt werden. Dies kann folgendermaßen begründet werden:

Zum einen ist die Auswahl der Controllingkonzeption untrennbar mit der zugrunde gelegten Definition verbunden.[339] Dieser Zusammenhang drückt sich in der Regel dahingehend aus, dass die Controllingdefinition als Grundlage für die Controllingkonzeption betrachtet wird.[340] Die Definition markiert den konkreten Gegenstand des Controllings, welcher in der Konzeption im Hinblick auf seine Mitteleigenschaften für spezifische Ziele untersucht

333 Vgl. Weber (Neue Perspektiven 2000), S. 8.

334 Vgl. Pietsch/Scherm (Controlling-Konzeptionen 2001), S. 209; Becker (Controlling 2003), S. 38.

335 Vgl. Weber/Schäffer (Controlling 1999), S. 740.

336 Vgl. Weber/Schäffer (Koordinationsfunktion 1999), S. 13.

337 Weber/Schäffer (Controlling 1999), S. 740.

338 Vgl. Lange/Schaefer (Perspektiven 2003), S. 401.

339 Vgl. Harbert (Controlling-Begriffe 1982), S. 141.

340 Vgl. Welge (Controlling 1988), S. 1; Niedermayr (Controlling 1994), S. 12; Kosmider (Controlling im Mittelstand 1993), S. 61.

wird.[341] REICHMANN sieht den Zusammenhang zwischen Controllingkonzeption und Controllingdefinition aus einer anderen Perspektive. Für ihn ist die Entwicklung einer in sich geschlossenen Controllingkonzeption die Voraussetzung für eine leistungsfähige Controllingdefinition.[342] Insgesamt lässt sich daraus schließen, dass sich die inhaltliche Belegung des Begriffes Controlling und seine konzeptionelle Ausgestaltung entsprechen müssen. Mit der Begriffsbestimmung von Controlling als Rationalitätssicherung der Führung wurde demnach bereits eine konzeptionelle Grundhaltung vorbestimmt.

Andererseits wird in der Literatur hervorgehoben, dass es dem Rationalitätssicherungsansatz gelingt, eine konzeptionelle Begründung des Controllings als eigenständige Disziplin innerhalb der Betriebswirtschaftslehre zu erbringen.[343] Wenngleich dieser Ansatz nicht frei von Kritik ist,[344] so kann er sich doch des klassischen Vorwurfs, der den meisten Controllingansätzen entgegengebracht wird, durch die bloße Subsumierung traditioneller Aufgaben unter das Controlling noch keinen neuen Sachverhalt zu schaffen,[345] erwehren.[346]

Ein weiterer und für die vorliegende Problemstellung entscheidender Grund für die Zugrundelegung des Rationalitätssicherungsansatzes ist in der Kontextabhängigkeit dieses Ansatzes zu sehen. Sowohl der informations- als auch der koordinationsorientierte Ansatz greifen durch ihre jeweilige Fokussierung auf einen eingeschränkten Aspekt bzw. Rationalitätsengpass für die besondere Problematik neu gegründeter Unternehmen zu kurz.[347] Con-

341 Vgl. Niedermayr (Controlling 1994), S. 12.

342 Vgl. Reichmann (Controlling mit Kennzahlen 2001), S. 3.

343 Vgl. Becker (Controlling 2003), S. 9.

344 So wird dem rationalitätssichernden Ansatz in erster Linie sein hohes Abstraktionsniveau vorgeworfen, aber auch die noch nicht ausgereifte Verbindung mit Aussagen über die instrumentale und institutionale Komponente. Vgl. Exner (Controlling 2003), S. 65.

345 Vgl. Amshoff (Controlling 1993), S. 2.

346 SCHÄFFER/WEBER betonen selbst, dass die Rationalitätssicherstellung eine Funktion ist, mit der sich noch keine andere betriebswirtschaftliche Disziplin schwerpunktmäßig befasst habe. Vgl. Schäffer/Weber (Thesen zum Controlling 2001), S. 5 und Schäffer (Rationalitätssicherung 2001), S. 121.

347 So wird beispielsweise mit der Koordination der Führungsteilsysteme im koordinationsorientierten Ansatz eine Problematik betont, die bei neugegründeten Unternehmen erst im Laufe der Unternehmensentwicklung mit zunehmendem Wachstum an Bedeutung gewinnt, wohingegen sie in der frühen Gründungsphase weniger relevant ist. Den Rationalitätsengpass in der Gründungsphase kann der koordinationsorientierte Ansatz somit nicht adäquat abbilden. LEGENHAUSEN beispielsweise legt seiner Arbeit zum Controlling in mittelständischen Unternehmen zwar eine koordinationsorientierte Controllingkonzeption zugrunde, weist jedoch gleichzeitig darauf hin, dass diese Konzeption die Besonderheiten kleiner und mittlerer Unternehmen nicht adäquat berücksichtigt, da die Voraussetzung für diese Konzeption, nämlich die Aufteilung des Führungsgesamtsystems in einzelne sekundäre Subsysteme, in mittelständischen Unternehmen aufgrund der geringeren Komplexität nicht zwangsläufig gegeben ist. Vgl. Legenhausen (Controllinginstrumente 1998), S. 9. Ebenso wählt KOSMIDER für seine Arbeit zum Controlling im Mittelstand die koordinationsorientierte Konzeption, weist allerdings auch darauf hin, dass die spezifische Führungskultur mittelständischer

trolling im Sinne der Rationalitätssicherung betont nicht einseitig einen Rationalitätsengpass, sondern bedeutet, für die jeweils existierenden Führungsprobleme kontextabhängige Lösungsansätze zu entwickeln.[348] Liegt der Rationalitätsengpass in der Bereitstellung führungsrelevanter Informationen, wird die Informationsversorgungsfunktion zur dominanten Controllingaufgabe. Bestehen Defizite in der systematischen Verbindung von Informationsversorgung, Planung und Kontrolle oder ist das Unternehmen stärkeren Veränderungen ausgesetzt, die einen Modifizierungsdruck auf das gesamte Führungssystem, also auch Organisation und Personalführung, bewirken, werden Koordinationsaspekte eine bedeutende Rolle im Rahmen der Rationalitätssicherung einnehmen.[349] Durch diese Kontextabhängigkeit der konkreten Ausprägung des Controllings wird den spezifischen controllingrelevanten Merkmalen junger Wachstumsunternehmen und den unterschiedlichen Rationalitätsengpässen in den einzelnen Frühentwicklungsphasen Rechnung getragen, so dass auf Basis des Rationalitätssicherungsansatzes ein situativ angepasstes, phasenadäquates Controllingkonzept entwickelt werden kann.

Abbildung 2-9 integriert die Ideen des rationalitätssichernden Ansatzes in den generellen Aufbau einer Controllingkonzeption. Dabei werden die vielfältigen Beiträge von WEBER/SCHÄFFER zur Rationalitätssicherungskonzeption[350] in das in Abschnitt 2.2.2.1 vorgestellte Grundgerüst einer Controllingkonzeption eingeordnet.[351]

Unternehmen einer formalen Koordination nicht zwangsläufig bedarf, sondern erst mit zunehmender Veränderung und Dynamik der Umwelt der Koordinationsaspekt an Bedeutung gewinnt. Vgl. Kosmider (Controlling im Mittelstand 1993), S. 66.

348 Vgl. Schäffer/Weber (Thesen 2004), S. 461.

349 Vgl. Weber (Neue Perspektiven 2000), S. 9 ff.; Weber/Schäffer (Balanced Scorecard 1999), S. 126 f.

350 Vgl. in erster Linie Weber/Schäffer (Controlling 1999); Weber/Schäffer (Rationalität 2001); Weber (Neue Perspektiven 2000); Weber (Entwicklungstendenzen 2001); Weber (Controlling 2002); Schäffer/Weber (Thesen zum Controlling 2001); Schäffer (Rationalitätssicherung 2001); Weber/Schäffer (Koordinationsfunktion 1999); Weber et al. (Rationalitätskonzeption 2001); Schäffer/Weber (Rationalitätssicherung 2001); Weber/Schäffer (Rationalität 1998).

351 Dem Rationalitätssicherungsansatz wird unter anderem vorgeworfen, dass Aussagen zu einzelnen Elementen der Controllingkonzeption - insbesondere die instrumentale und institutionale Komponente - bislang noch nicht systematisch verbunden wurden. Vgl. Exner (Controlling 2003), S. 65. Zu den einzelnen Elementen der Konzeption wurden folgende Beiträge im Speziellen herangezogen: In Bezug auf die Ziele: Weber/Schäffer (Reflexion 2001), S. 77; in Bezug auf die Aufgaben: Weber (Neue Perspektiven 2000), S. 9 ff.; Weber/Schäffer (Controlling 1999), S. 740; Weber/Schäffer (Balanced Scorecard 1999), S. 127; in Bezug auf die Funktion: Weber/Schäffer (Rationalität 2001), S. 38; Weber (Controlling 2002), S. 50; Weber (Entwicklungstendenzen 2001), S. 234; in Bezug auf die Instrumente: Schäffer/Weber (Thesen zum Controlling 2001), S. 4 f.; in Bezug auf die Organisation: Weber (Neue Perspektiven 2000), S. 9; Schäffer/Weber (Thesen zum Controlling 2001), S. 4.

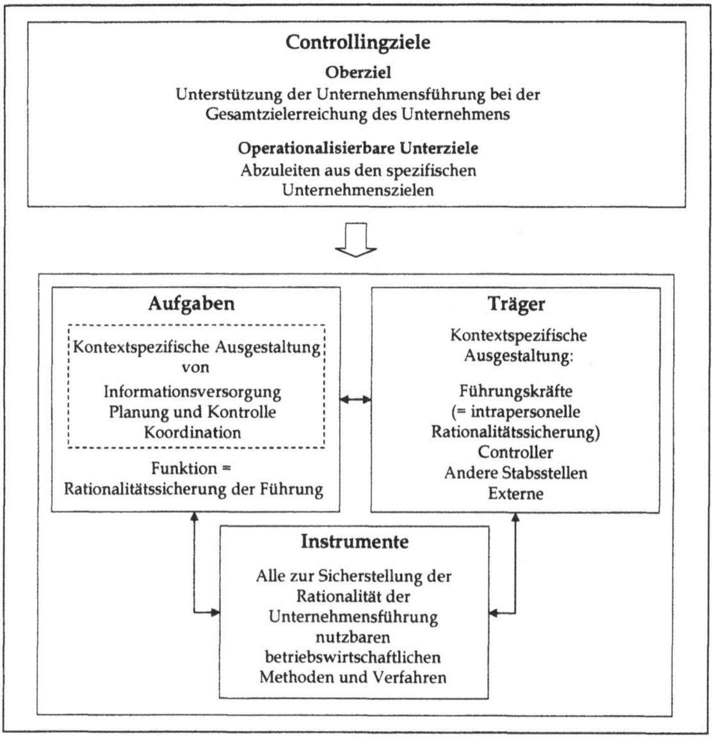

Abbildung 2-9: Rationalitätssichernde Controllingkonzeption

Diese „Rohkonzeption" im Sinne des Rationalitätssicherungsansatzes steckt als methodischer Ansatz Bereiche ab, die eine inhaltliche kontextabhängige Spezifikation erfordern.[352] Sie bildet die Basis für die weiteren Überlegungen und soll im Folgenden - genauer gesagt im Anschluss an die Ausführungen zum theoretischen Perspektivenspektrum des Controllings - gemäß den situativen Rahmenbedingungen eines Unternehmens in den frühen Entwicklungsphasen ausgestaltet werden.

2.2.3 Theoretisches Perspektivenspektrum des Controllings

Ziel dieses Abschnitts ist es, die in den bisherigen Ausführungen begonnene Durchdringung des Forschungsgegenstandes Controlling zu vervollständigen, indem dem theoretischen Perspektivenspektrum des Controllings - wenn auch in aller Kürze - Aufmerksamkeit ge-

352 Vgl. Weber et al. (Rationalitätskonzeption 2001), S. 73; Reichmann (Controlling-Konzeptionen 1991), S. 52.

schenkt wird. Dabei soll zunächst ein Überblick über die wissenschaftliche Einordnung des Controllings geschaffen werden, bevor die Relevanz der theoretischen Controllingansätze für die Entwicklung der phasenspezifischen Controllingkonzeptionen analysiert wird.

2.2.3.1 Theoretische Grundlegung und wissenschaftliche Einordnung des Controllings

Bislang wurde eine Reihe von Versuchen unternommen, dem Controlling ein geeignetes wissenschaftliches Fundament zu verleihen. Dabei erfolgte eine Einbindung des Controllings in unterschiedliche Theorien, Ansätze, Paradigmen und Disziplinen.[353] Letztlich wurde versucht, der Vielschichtigkeit und Komplexität des Controllings mit der Zusammenführung verschiedener bekannter Wissenschaftsprogramme zu begegnen.[354] Eine eigenständige Theorie[355] des Controllings hat sich hierbei jedoch bislang nicht herausgebildet.[356]

In der Literatur werden die vielfältigen Versuche, die inhaltliche Lücke der Controllingtheorie mittels eines Rückgriffs auf vorhandene Wissenschaftsprogramme zu schließen, kritisch betrachtet.[357] Insbesondere wird bemängelt, dass die Vorgehensweise, eine bekannte betriebs- oder sozialwissenschaftliche Theorie als Fundament für eine Controllingtheorie heranzuziehen, nicht dazu geeignet sei, Controlling als eigenständige wissenschaftliche Disziplin zu begründen.[358]

---

353 Vgl. Amshoff (Controlling 1993), S. 52. Ein Überblick über die unterschiedlichen Möglichkeiten einer theoretischen Fundierung bzw. wissenschaftlichen Einbettung des Controllings ist zu finden bei Küpper (Controlling 1993), S. 655 sowie Küpper (Controlling 2004), S. 28 ff.

354 Vgl. Niedermayr (Controlling 1994), S. 31.

355 In einer grundlegenden Bedeutung versteht man unter Theorie eine durch Denken gewonnene Erkenntnis. Vgl. Seiffert (Theorie 1992), S. 368. Im wissenschaftlichen Sinne sind Theorien allgemeingültige rationale Aussagensysteme über einen Realitätsbereich, die nachprüfbar und wertfrei sein müssen. Vgl. Tschamler (Wissenschaftstheorie 1983), S. 42 f. Siehe hierzu auch Albert (Theorie 1980), S. 126 ff. sowie Albert (Wertfreiheit 1980), S. 196 ff. Zur Mehrdeutigkeit des Begriffs Theorie vgl. Schneider (Betriebswirtschaftslehre 1987), S. 53 ff. sowie Scherm/Pietsch (Controllingforschung 2004), S. 6 ff.

356 Dies wird in der Literatur auch dadurch untermauert, dass sich die wissenschaftlichen Analysen im Controlling oft noch mit Problemen der Begriffsbildung als die conditia sine qua non für die Bildung einer Controlling-Theorie beschäftigen und somit das Erreichen des Theoriestadiums noch nicht absehbar ist. Vgl. Amshoff (Controlling 1993), S. 12 f.; Niedermayr (Controlling 1994), S. 25 f. KÜPPER spricht davon, dass sich in den wissenschaftlichen Arbeiten zum Controlling bislang lediglich erste Ansätze einer theoretischen Fundierung finden lassen. Vgl. Küpper (Controlling 2001), S. 30. KAPPLER bezeichnet die vorliegenden theoretischen Erklärungsversuche des Controllings als Puzzlesteine einer Theorie „in einem Puzzle, das nie fertig wird". Kappler (Controlling 2002), S. 177.

357 SCHNEIDER bemängelt, dass vorliegende Erkenntnisse aus anderen Teildisziplinen in der vorliegenden Controllingliteratur nicht adäquat genutzt werden, um daraus Lösungsansätze für das Controlling zu entwickeln. Controlling als eigenständige Disziplin könne erst entstehen, wenn eigenständige wissenschaftliche Ergebnisse vorliegen, die den Umfang der bisherigen Teildisziplinen sprengen. Vgl. Schneider (Versagen des Controlling 1991), S. 771.

358 Vgl. Weber/Schäffer (Koordinationsfunktion 1999), S. 8; Küpper et al. (Controlling 1990), S. 290.

Angesichts dieses in theoretischer Hinsicht defizitären Forschungsstandes und der daraus resultierenden Tatsache, dass eine geschlossene Controllingtheorie bislang noch nicht besteht, rechtfertigt sich jedoch der Rückgriff auf bereits existente theoretische Ansätze,[359] die für das Controlling nutzbar gemacht werden können und dazu beitragen, zu einer ansatzweisen theoretischen Grundlegung sowie einer wissenschaftlichen Einordnung des Phänomens Controlling zu gelangen.[360]

In erster Linie wird das Gedankengut der Systemtheorie und Kybernetik, der Entscheidungstheorie, der Neuen Institutionenökonomik sowie des Kontingenzansatzes als theoretische Untermauerung des Controllings herangezogen. Diese Ansätze[361] sollen im Folgenden kurz vorgestellt und danach charakterisiert werden, inwieweit das Controlling in diese Ansätze eingebunden werden kann.[362]

Systemtheorie und Kybernetik

In einer Vielzahl von controllingrelevanten Beiträgen wird explizit oder implizit auf die grundlegenden Ideen der Systemtheorie zurückgegriffen.[363] Die Systemtheorie beschäftigt sich mit der Analyse und Erklärung der Struktur von Unternehmen als Systeme, wobei das System als eine geordnete Gesamtheit von Elementen definiert wird, zwischen denen Beziehungen bestehen bzw. aufgebaut werden können.[364] Controlling wird im Rahmen der Systemtheorie zu einem eigenständigen Führungsteilsystem, welches seinerseits wiederum aus

---

359 EWERT plädiert dafür, die Diskussion um die wissenschaftliche Eigenständigkeit des Controllings nicht überzubetonen, da dadurch der Blick für bereits bekannte Erkenntnisse getrübt werde, die für das Controlling eine ausbaufähige Basis darstellen. Vgl. Ewert (Controlling 1992), S. 279.

360 Vgl. Amshoff (Controlling 1993), S. 53.

361 Aus Vereinfachungsgründen wird im Folgenden von „Ansätzen" gesprochen, da mit diesem Begriff auch Aussagensysteme ohne Allgemeingültigkeitscharakter, die streng genommen nicht dem Theoriebegriff unterzuordnen sind, erfasst werden.

362 Dabei ist es nicht Ziel der hier vorgenommenen Erörterungen, diese Ansätze in einer umfassenden Weise darzulegen und zu diskutieren. Es wird lediglich überblicksartig auf die Controllingrelevanz abgestellt. Zu detaillierten Ausführungen zu den einzelnen Ansätzen vgl. beispielsweise: Zur Systemtheorie und Kybernetik: Luhmann (Systemrationalität 1968), S. 55 ff.; Bleicher (Systemorientiertes Führungsmodell 1970), S. 3 ff.; Meffert (Systemtheorie 1971), S. 174 ff.; Grochla/Lehmann (Systemtheorie 1980), Sp. 2204 ff.; Baetge (Systemtheorie 1974), S. 11 ff; Koreimann (Kybernetische Grundlagen 1965), S. 617 ff. Zur Entscheidungstheorie: Laux (Entscheidungstheorie 2003), S. 1 ff.; Reichmann (Controlling 1990), S. 5 ff.; Bea (Entscheidungen 1982), S. 91 ff.; Heinen (Industriebetriebslehre 1991), S. 12 ff.; Witte (Entscheidungsprozesse 1980), Sp. 633 ff. Zur Neuen Institutionenökonomik: Gümbel (Ökonomik 1985), S. 145 ff.; Richter (Institutionen 1994), S. 5 ff.; Hart (Contracts 1995), S. 1 ff.; Macho-Stadler/Pérez-Castrillo (Information 1997), S. 3 ff.; Schneider (Betriebswirtschaftslehre 1987), S. 459 ff. Zum Kontingenzansatz: Kieser/Kubicek (Organisation 1992), S. 45 ff.; Staehle (Situative Ansätze 1979), S. 218 ff.; Staehle (Management 1994), S. 47 ff.

363 Als Beispiele für derartige Beiträge seien Mühlen (Controllingsysteme 1998), S. 8 ff., Schmidt (Grundfunktionen 1993), S. 46 ff. sowie Horváth (Controlling 2001), S. 98 ff. genannt.

364 Vgl. Ulrich (System 1968), S. 105.

einer Reihe von Subsystemen und Elementen besteht.[365] Der systemtheoretische Ansatz wird zur Einordnung des Controllings in das Gesamtsystem sowie zur Analyse der internen und externen Systembeziehungen, also des wechselseitigen Zusammenwirkens der einzelnen Subsysteme und Elemente untereinander eingesetzt.[366] Während bei der systemtheoretischen Perspektive strukturelle Aspekte im Vordergrund stehen, betont die Kybernetik als eine Variante der Systemtheorie dynamisch-funktionale Aspekte.[367] Kybernetische Systemanalysen zielen darauf ab, Systemprobleme bzw. -störungen in der Systemstruktur zu diagnostizieren und mit den Konzepten der Steuerung und Regelung die Handlungs- und Anpassungsfähigkeit des Systems zu erklären.[368] Controlling nimmt demnach die Funktion eines Reglers ein, der dafür verantwortlich ist, dass die in Führungsgrößen bzw. Soll-Informationen ausgedrückten Zielvorstellungen des Systems erreicht werden.[369]

Entscheidungstheorie

Die Ansätze der Entscheidungstheorie[370] werden häufig als inhaltliche Ergänzung der Systemtheorie zur theoretischen Unterlegung von controllingrelevanten Sachverhalten herangezogen.[371] Im Mittelpunkt des Interesses der Entscheidungstheorie stehen betriebliche Entscheidungssituationen, welche identifiziert, systematisiert und modellhaft analysiert werden.[372] Während die deskriptive Entscheidungstheorie darauf abzielt, das tatsächliche Entscheidungsverhalten betrieblicher Akteure und insbesondere die prozessualen Aspekte der Entscheidung abzubilden, sieht die präskriptive Entscheidungstheorie das Entscheidungsproblem selbst als gegeben an und fokussiert in erster Linie das Ergebnis von Entscheidungen, indem mit verschiedenen Modellen analysiert wird, wie sich Entscheidungsträger gemäß dem Postulat der Rationalität verhalten sollen.[373] Bei der Behandlung von Controlling-

365 Vgl. Niedermayr (Controlling 1994), S. 70.

366 Vgl. Reichmann (Controlling-Konzeptionen 1991), S. 53.

367 Vgl. Amshoff (Controlling 1993), S. 59.

368 Vgl. Becker (Funktionsprinzipien 1990), S. 301 sowie die ausführlichen Erläuterungen bei Fischer (Controlling-Diskussion 2001), S. 141 ff.

369 Vgl. Scheld (Controlling 2002), S. 28.

370 Vgl. zur Entscheidungstheorie die umfassenden Ausführungen in Laux (Entscheidungstheorie 2003), S. 1 ff.

371 So interpretiert beispielsweise REICHMANN die Gesamtunternehmung als entscheidungsorientiertes System. Die Systemtheorie dient dabei der Grobanalyse der Determinanten des Systems, während im Anschluss daran mit Hilfe der Entscheidungstheorie konkrete Problemstellungen für einzelne Entscheidungsbereiche diskutiert werden. Vgl. Reichmann (Controlling-Konzeptionen 1991), S. 53.

372 Vgl. Möller (Institutionenökonomik 2002), S. 101.

373 Vgl. Heinen (Industriebetriebslehre 1991), S. 26.

sachverhalten werden die Ansätze der Entscheidungstheorie mit dem Ziel angewandt, Antworten auf pragmatische Controllingfragen zu finden, indem mit Hilfe von Konzepten zur Problemlösungs- und Entscheidungslogik die möglichen Handlungsweisen des Controllings analysiert werden.[374]

Neue Institutionenökonomik

In neueren Beiträgen zum Controlling wird versucht, aus der Neuen Institutionenökonomik eine theoretische Grundlegung für das Controlling abzuleiten.[375] Die Neue Institutionenökonomik gilt als eine Weiterentwicklung der neoklassischen Theorie[376] und vereint unterschiedliche theoretische Ansätze, deren übergeordnetes Erkenntnisinteresse darin besteht, das Entstehen, die Entwicklung und die Bedeutung von Institutionen sowie die Wechselwirkungen zwischen verschiedenen Institutionen untereinander und zwischen Institutionen auf der einen Seite und Wirtschaftssubjekten als Erschaffer der Institutionen auf der anderen Seite zu erklären.[377] Die Neue Institutionenökonomik wird auch als ein Haus bezeichnet, das

---

374 Vgl. Amshoff (Controlling 1993), S. 63.

375 Ein früher Vertreter dieser Gruppe ist FRANZ, der versucht, mit Hilfe des Transaktionskostenansatzes - als einem bedeutenden Ansatz der Neuen Institutionenökonomik - zu untersuchen, ob aus einer Institutionalisierung von Controlling Effizienzvorteile für die Unternehmung resultieren. Vgl. Franz (Controlling 1989), S. 70 ff. MÖLLER analysiert in seiner aktuellen Abhandlung, inwieweit das theoretische Grundgerüst dreier Ansätze der Neuen Institutionenökonomik - Transaktionskostenansatz, Principal-Agent-Ansatz und Property-Rights-Ansatz - eine Basis für die Übertragung der theoretischen Aussagen auf konkrete controllingrelevante Sachverhalte, wie das Problem der Budgetierung, bildet. Vgl. Möller (Institutionenökonomik 2002), S. 109 ff. SCHILLER wie auch HEIDE betrachten ebenfalls das Budgetierungsproblem aus der theoretischen Perspektive des Principal-Agent-Ansatzes. Vgl. Schiller (Controlling 2001), S. 3 ff.; Heide (Theoretische Fundierung des Controlling 2001), S. 12 ff. EWERT wendet die Erkenntnisse des Principal-Agent-Ansatzes auf ein spezielles Problem aus dem Bereich des Investitionscontrollings an. Vgl. Ewert (Controlling 1992), S. 277 ff.

376 Die Neue Institutionenökonomik kann als Antwort auf das „institutionelle Vakuum der Neoklassik" bezeichnet werden. In der neoklassischen Modellwelt spielen Institutionen keine Rolle, da von vollständiger Markttransparenz, vollständigen Informationen und Verträgen und kostenlosen Transaktionen ausgegangen wird. Im Rahmen der Neuen Institutionenökonomik wird versucht, institutionelle Faktoren in den neoklassischen Modellen explizit zu berücksichtigen, um den Realitätsgehalt der Modelle zu erhöhen. Der institutionelle Rahmen wird im Gegensatz zur Neoklassik nicht als gegeben betrachtet, sondern avanciert selbst zum Forschungsgegenstand. Die wesentlichen Modifikationen gegenüber den neoklassischen Modellen manifestieren sich in zwei wirtschaftstheoretischen Grundannahmen: anstelle von vollständiger Rationalität der Wirtschaftssubjekte wird von eingeschränkt rationalem Verhalten aufgrund begrenzter Informationsbeschaffungs- und -verarbeitungsmöglichkeiten ausgegangen. Ferner wird anstelle eines kostenlos funktionierenden Marktes die Existenz von positiven Transaktionskosten im Sinne von Marktnutzungskosten unterstellt. Vgl. Möller (Institutionenökonomik 2002), S. 100; Göbel (Institutionenökonomik 2002), S. 28 f.; Reuter (Institutionalismus 1994), S. 5; Richter (Institutionenökonomik 1998), S. 323; Voigt (Institutionenökonomik 2002), S. 28 f.

377 Zu ausführlichen Abhandlungen und Erläuterungen zur Neuen Institutionenökonomik vgl. beispielsweise Erlei et al. (Institutionenökonomik 1999), S. 65 ff.; Martiensen (Institutionenökonomik 2000); Richter (Neue Institutionenökonomik 2004), S. 9 ff.; Voigt (Institutionenökonomik 2002), S. 25 ff.; Reuter (Institutionalismus 1994), S. 5 ff.; Hart (Contracts 1995), S. 1 ff.; Bannier (Vertragstheorie 2005), S. 3 ff.

mehreren verwandten Ansätzen Raum bietet.[378] Als wesentliche theoretische Ansätze werden hierbei der Transaktionskostenansatz, der Principal-Agent-Ansatz sowie der Property-Rights-Ansatz hervorgehoben.

Im analytischen Zentrum des **Transaktionskostenansatzes** stehen Transaktionen[379] zwischen den wirtschaftlichen Akteuren.[380] Die erkenntnisleitende Idee des Transaktionskostenansatzes ist es, den jeweils unterschiedlichen Transaktionsarten die passenden institutionellen Arrangements zuzuordnen mit dem übergeordneten Ziel, Verschwendung zu vermeiden.[381] Er zielt darauf ab zu analysieren, welche Transaktionsarten in welchen institutionellen Strukturen relativ am kostengünstigsten abgewickelt werden können.[382] Dabei verbindet der Transaktionskostenansatz die Annahme begrenzter Rationalität der Wirtschaftssubjekte mit der Annahme der Verfolgung von Eigeninteresse.[383] Die aus diesen Annahmen resultierenden Informations[384]- bzw. Opportunismusprobleme können dazu führen, dass der Nettonutzen der Transaktion geschmälert wird.[385] Durch die Nutzung bzw. Schaffung von geeigneten institutionellen Mechanismen kann dieser Entwicklung entgegengewirkt werden.[386]

Im **Principal-Agent-Ansatz** werden Beziehungen zwischen einem Auftraggeber, dem Prinzipal, und seinem Auftragnehmer, dem Agenten, behandelt. Als zentrale Prämissen werden Informationsasymmetrien zwischen den Vertragspartnern sowie inkongruente Nutzenfunk-

378 Vgl. Opper (Neue Institutionenökonomik 2001), S. 602.

379 Was unter einer Transaktion zu verstehen ist, wird in der Literatur nicht einheitlich abgegrenzt. Einen Überblick über verschiedene Definitionen von Transaktion gibt Göbel (Institutionenökonomik 2002), S. 129 ff. Eine gebräuchliche Definition, auf die sich viele Beiträge stützen (vgl. beispielsweise Voigt (Institutionenökonomik 2002), S. 105; Ebers/Gotsch (Institutionenökonomische Theorien 2002), S. 225), ist diejenige von WILLIAMSON: „Eine Transaktion findet statt, wenn ein Gut oder eine Leistung über eine technisch trennbare Schnittstelle hinweg übertragen wird." Williamson (Institutionen 1990), S. 1.

380 Vgl. Möller (Institutionenökonomik 2002), S. 107.

381 Vgl. Göbel (Institutionenökonomik 2002), S. 64.

382 Vgl. Ebers/Gotsch (Institutionenökonomische Theorien 2002), S. 225.

383 Die Annahme begrenzter Rationalität fußt auf der Überlegung, dass Individuen zwar beabsichtigen, sich rational zu verhalten, ihnen dies jedoch aufgrund der begrenzten Verfügbarkeit von Informationen lediglich unvollkommen gelingt. Die Annahme der Verfolgung von Eigeninteresse zielt auf opportunistisches Verhalten der Individuen ab. Es wird unterstellt, dass die Wirtschaftssubjekte bei der Gestaltung von Transaktionsbeziehungen bestehende Transaktionskosten sowie Informationsvorsprünge gegenüber dem Transaktionspartner bewusst ausnutzen und vorsätzlich mit List oder Täuschung agieren, um ihr Eigeninteresse durchzusetzen. Vgl. Williamson (Transaktionskostenökonomik 1996), S. 6 f.

384 PICOT bezeichnet die Opfer, die zur Überwindung von Informationsproblemen erbracht werden müssen, als Informationskosten, was gleichzusetzen ist mit Transaktionskosten. Vgl. Picot (Transaktionskostenansatz 1982), S. 268.

385 Vgl. Ebers/Gotsch (Institutionenökonomische Theorien 2002), S. 226.

386 Vgl. Voigt (Institutionenökonomik 2002), S. 105.

tionen der beiden Wirtschaftssubjekte unterstellt.[387] Werden keine diese Prämissen berücksichtigenden vertraglichen Vorkehrungen getroffen, können die durch die Principal-Agent-Beziehung potenziell erreichbaren Tauschgewinne nur unvollkommen realisiert werden.[388] Der Principal-Agent-Ansatz[389] zielt daher darauf ab, zu analysieren, wie die Kosten, die durch eine Verringerung bzw. einen Abbau der Informationsasymmetrien und durch die Dezimierung der Gefahr des Ausnutzens des Informationsvorsprungs durch den Agenten entstehen, mit Hilfe geeigneter Institutionen minimiert werden können.[390]

Im Mittelpunkt des **Property-Rights-Ansatzes** steht die Institution des Verfügungsrechts.[391] Der Property-Rights-Ansatz zielt darauf ab zu analysieren, welche Auswirkungen unterschiedliche Ausgestaltungen und Verteilungen von Verfügungsrechten auf das Verhalten von Individuen und auf die Faktorallokation haben und wie sich die Entstehung sowie die Verteilung von Verfügungsrechten erklären lassen.[392] Als grundlegende Prämissen werden neben dem Konzept der Verfügungsrechte nutzenmaximierendes Verhalten der Akteure und die Existenz von Transaktionskosten unterstellt.[393] Unter Berücksichtigung der mit der Zuordnung, Durchsetzung und Übertragung der Verfügungsrechte verbundenen Transaktionskosten und der durch bestimmte Verteilungen von Verfügungsrechten hervorgerufenen

---

387 Die Annahme von Informationsasymmetrien zwischen den Vertragspartnern begründet sich aus der Tatsache heraus, dass der Prinzipal das Handeln des von ihm beauftragten Agenten nur unvollständig beobachten kann bzw. eine Bewertung der Handlungen des Agenten aufgrund der Komplexität der übertragenen Aufgabe nicht eindeutig möglich ist. Der Agent verfügt somit aufgrund seiner Spezialisierungsvorteile über Informationsvorsprünge, die ihm Handlungsspielräume verschaffen. Vgl. Möller (Institutionenökonomik 2002), S. 107; Voigt (Institutionenökonomik 2002), S. 102. Mit der Annahme von inkongruenten Nutzenfunktionen soll unterstellt werden, dass sich das Verhalten des Prinzipals darauf richtet, den Gewinn zu maximieren, während der Agent danach trachtet, seinen individuellen Nutzen zu maximieren. Vgl. Opper (Neue Institutionenökonomik 2001), S. 606; Fama/Jensen (Agency Problems 1983), S. 327.

388 Vgl. Martiensen (Institutionenökonomik 2000), S. 120.

389 Man unterscheidet dabei zwei Richtungen des Principal-Agent-Ansatzes. Die deskriptiven Ansätze versuchen in erster Linie, das Überleben bestimmter Organisationsformen zu erklären und weisen hierbei einen starken empirischen Bezug auf. Die normativen Ansätze versuchen herzuleiten, wie die Verträge zwischen Prinzipal und Agenten optimal zu gestalten sind. Vgl. Küpper (Controlling 2001), S. 46.

390 Vgl. Langerfeldt (Neue Institutionenökonomik 2003), S. 57.

391 Unter einem Verfügungsrecht versteht man dabei jegliche Art von Berechtigung, über materielle oder immaterielle Ressourcen zu verfügen. Vgl. Göbel (Institutionenökonomik 2002), S. 67.

392 Vgl. Ebers/Gotsch (Institutionenökonomische Theorien 2002), S. 200.

393 Mit der Prämisse des nutzenmaximierenden Verhaltens soll unterstellt werden, dass jedes Individuum darauf bedacht ist, bei gegebenen Verfügungsrechten seinen Nutzen aus diesen Rechten zu maximieren bzw. eine in individueller Hinsicht günstige Verteilung von Verfügungsrechten zu erreichen. Die Prämisse der Existenz von Transaktionskosten besagt, dass die Spezifizierung, Durchsetzung und Übertragung von Verfügungsrechten mit Kosten verbunden ist. Diese Kosten werden als Transaktionskosten bezeichnet. Vgl. Göbel (Institutionenökonomik 2002), S. 69; Richter (Institutionen 1994), S. 10.

externen Effekte sollen im Rahmen des Property-Rights-Ansatzes effiziente Verfügungsrechte-Verteilungen ermittelt werden.[394]

Kontingenzansatz

Der kontingenztheoretische Ansatz, der auch als situativer Ansatz bezeichnet wird,[395] entstammt einer Forschungsrichtung der betriebswirtschaftlichen Organisationslehre, welche sich aus der kritischen Reflektion älterer organisationstheoretischer Ansätze heraus entwickelt hat.[396] Grundanliegen dieser Forschungsrichtung ist es, die generellen und für alle Arten von Organisationen gültigen Aussagen der Systemtheorie situationsbezogen zu relativieren[397] und somit das Allgemeingültigkeitspostulat zugunsten einer situationsadäquaten Betrachtungsweise aufzugeben.[398] Betont wird in dieser Sichtweise die Offenheit von Systemen, wodurch sie einer Vielzahl von Einflüssen ausgesetzt sind.[399] Die Systemstruktur steht demzufolge in einer permanenten Wechselbeziehung zu einwirkenden - so genannten kontextuellen - Variablen.[400] Innerhalb des Kontingenzansatzes[401] lassen sich zwei Hauptvarianten unterscheiden, die analytische und die pragmatische Grundrichtung.[402] Beiden Richtungen liegt die Annahme zugrunde, dass in der Realität beobachtbare Unterschiede zwischen Organisationsstrukturen auf die unterschiedlichen spezifischen Situationen, in welchen sich die jeweiligen Organisationen befinden, zurückzuführen sind.[403] Das Grundmodell der analytischen Variante des Kontingenzansatzes versucht, darauf aufbauend, diejenigen situativen

394 Vgl. Langerfeldt (Neue Institutionenökonomik 2003), S. 58.

395 Die Bezeichnung „Kontingenzansatz" leitet sich aus dem im englischsprachigen Raum gebräuchlichen Begriff „contingency approach" her. Die Bezeichnung „situativer Ansatz" wird in der deutschen Literatur als synonyme Entsprechung verwendet. Vgl. Kieser (Situativer Ansatz 2002), S. 171.

396 Zu detaillierten Ausführungen zur Entwicklungsgeschichte des Kontingenzansatzes vgl. Kieser/Kubicek (Organisation 1992), S. 47 ff. sowie Beyes (Kontingenz 2002), S. 50 ff.

397 ROBBINS versucht anhand anschaulicher Beispiele des alltäglichen Lebens zu zeigen, dass es verwunderlich wäre, universell einsetzbare Prinzipien zu entdecken, die in jeglichen Situationen gültig wären. Vgl. Robbins (Organisation 2001), S. 685.

398 Vgl. Staehle (Situative Ansätze 1979), S. 218.

399 Vgl. Shepard/Hougland (Contingency Theory 1978), S. 413.

400 Vgl. Hill et al. (Organisationslehre 1981), S. 435. BÜHNER bezeichnet den Kontingenzansatz als „inhaltliches Komplement" zum formalen Denkschema der Systemtheorie. Vgl. Bühner (Situationsansatz 1977), S. 70.

401 Zur kritischen Würdigung des Kontingenzansatzes sowie zu Weiterentwicklungsmöglichkeiten dieses Ansatzes vgl. Windsperger (Kontingenzansatz 1997) sowie Kieser (Organisationsstruktur 1993), S. 74 f.

402 Über diese Einteilung hinaus lässt sich eine weitere Unterteilung in klassisch-situative und verhaltenswissenschaftlich-situative Ansätze vornehmen. Vgl. hierzu Schildwach (Marketingstrategien 2000), S. 112 ff.

403 Vgl. Welge (Organisation 1987), S. 76.

Faktoren[404] zu identifizieren, die mit bestimmten Ausprägungen der Organisationsstruktur korrelieren.[405] Letztlich wird darauf abgezielt, die empirisch vorfindbaren organisationalen Strukturunterschiede durch spezifische Kontextvariablen statistisch zu erklären.[406] Während die analytische Richtung des Kontingenzansatzes von Gestaltungsempfehlungen Abstand nimmt, wird im Grundmodell der pragmatischen Richtung von einem Organisationsgestalter ausgegangen, der eine Strukturalternative auswählen möchte, die im Verhältnis zu den verfolgten Gestaltungszielen die höchste Entsprechung mit der Situation, in der sich die Organisation befindet, aufweist.[407]

Die Methodik des Kontingenzansatzes der betriebswirtschaftlichen Organisationslehre wird auch im Rahmen der Controllingforschung angewendet.[408] Mit Hilfe des Kontingenzansatzes wird die Kontextabhängigkeit von Controllingsystemen dargestellt und analysiert.[409] Dabei wird angenommen, dass unterschiedlich ausgeprägte Kontextfaktoren unterschiedliche Gestaltungsmuster für Controllingsysteme bedingen.[410]

2.2.3.2 Relevanz der theoretischen Controllingansätze für die Entwicklung der phasenspezifischen Controllingkonzeptionen

Die im Überblick dargestellten Ansätze zur theoretischen Untermauerung des Controllings fließen an verschiedenen Punkten mit unterschiedlicher Relevanz in die phasenspezifischen Controllingkonzeptionen ein.

---

404 Man bezeichnet die situativen Faktoren in der Regel auch als Kontextfaktoren. In einer engen Begriffsauslegung bestehen allerdings Unterschiede zwischen den beiden Bezeichnungen: Als situative Faktoren werden diejenigen Faktoren bezeichnet, die sich auf die intrasystemische Umwelt beziehen, als Kontextfaktoren diejenigen, die auf die extrasystemische Umwelt abzielen. Vgl. Staehle (Situative Ansätze 1979), S. 220. In der vorliegenden Arbeit werden die beiden Begriffe synonym verwendet.

405 Dabei werden die Strukturdimensionen als zu erklärende abhängige Größen, die Situationsvariablen als unabhängige Größen interpretiert. Detaillierte Ausführungen hierzu finden sich bei Kieser/Kubicek (Organisation 1992), S. 57 ff.

406 Vgl. Welge (Organisation 1987), S. 82.

407 Zu ausführlichen Erläuterungen hierzu vgl. Kieser/Kubicek (Organisation 1992), S. 59 ff.

408 In der Literatur wird die Bedeutung des Kontingenzansatzes als theoretische Basis für die Controllingforschung hervorgehoben. WELGE spricht davon, dass der Kontingenzansatz eine fruchtbare Perspektive für die Controllingforschung biete. Vgl. Welge (Controlling 1988), S. 57. BUCHNER betont, dass sich der Kontingenzansatz „geradezu als ideale theoretische Basis für eine praxisbezogene Controlling-Konzeption" anbietet. Buchner (Controlling 1981), S. 129. Zu Anwendungsmöglichkeiten des Kontingenzansatzes in weiteren Funktionsbereichen des Unternehmens vgl. Staehle (Situativer Ansatz 1976), S. 43 ff.

409 Vgl. Niedermayr (Controlling 1994), S. 33.

410 Vgl. Amshoff (Controlling 1993), S. 57.

Die Methodik der **Systemtheorie** ermöglicht eine erste systematische Erfassung des Phänomens Controlling. Durch die Interpretation des Controllings als System mit mehreren Subsystemen, welches in das Gesamtsystem Unternehmung eingebettet ist, wird das Problemfeld strukturiert[411] und einer visuellen Darstellung zugänglich gemacht. Controllingaufgaben, -instrumente und -organisation als die Subsysteme des Controllingsystems können in den Gesamtzusammenhang eingeordnet und in ihren Interdependenzen abgebildet werden. Die Systemtheorie übernimmt die Funktion eines ordnenden Rahmens für das Untersuchungsobjekt Controlling.[412] Dieser ersten systematischen Ordnung des Controllings kommt im Folgenden eine zentrale Bedeutung zu, da sich die Controllingkonzeption, welche gemäß den spezifischen Erfordernissen von Unternehmen in den frühen Lebensphasen entwickelt werden soll, in ihrem systematischen Grundaufbau der Methodik der Systemtheorie bedient.[413]

Auch die Erkenntnisse der **Entscheidungstheorie** fließen an einem zentralen Punkt in die phasenspezifischen Controllingkonzeptionen ein. Im Rahmen der deskriptiven Entscheidungstheorie steht die prozessuale Analyse des Problemlösungsverhaltens von betrieblichen Entscheidungsträgern im Vordergrund.[414] Ergebnis dieser Analyse sind in der Regel Modelle, die den Entscheidungsprozess in unterschiedliche Phasen zerlegen.[415] Mit Hilfe dieser Phasenschemata lassen sich Ansatzpunkte für das Controlling im analysierten Entscheidungsprozess identifizieren. Ferner können Querverbindungen des Controllings zu den anderen Teilen des Entscheidungsprozesses untersucht werden.[416] In den zu entwickelnden Controllingkonzeptionen spiegeln sich die Erkenntnisse der Entscheidungstheorie in erster Linie in der Controllingfunktion wider. Die Controllingfunktion als die gedankliche Zusammenfassung der einzelnen Controllingaufgaben lässt sich im Sinne der Entscheidungs-

---

411 Vgl. Niedermayr (Controlling 1994), S. 32.

412 Vgl. Möller (Institutionenökonomik 2002), S. 102.

413 Dabei soll betont werden, dass mit Hilfe der Systemtheorie lediglich der ordnende Rahmen abgesteckt wird, welcher inhaltlich auszufüllen ist. Damit kann die kritische Anmerkung von WEBER/SCHÄFFER aufgegriffen werden, welche dem Systemansatz ebenfalls (nur) die Funktion eines integrativen Ordnungs- und Bezugsrahmens zuweist. Vgl. Weber/Schäffer (Koordinationsfunktion 1999), S. 8.

414 Vgl. Amshoff (Controlling 1993), S. 64.

415 Als ein Beispiel für ein solches Modell sei das Phasenschema von HEINEN genannt, in welchem der Entscheidungsprozess in die Phasen Anregungsphase, Suchphase, Optimierungsphase und Durchsetzungsphase unterteilt wird. Vgl. Heinen (Entscheidungen 1971), S. 19 ff.

416 Vgl. Krüger (Controlling 1979), S. 163.

theorie als Summe der dem Controlling zugeordneten phasenabhängigen Teilaufgaben des unternehmerischen Entscheidungsprozesses interpretieren.

Im Rahmen der **Neuen Institutionenökonomik** liefert insbesondere der Principal-Agent-Ansatz bedeutsame Erkenntnisse, die in die phasenspezifischen Controllingkonzeptionen einfließen. Controlling kann im Sinne des Principal-Agent-Ansatzes als eine Institution interpretiert werden, die zur Verringerung von Informationsasymmetrien zwischen dem Prinzipal, als Unternehmenseigner, und den von ihm beauftragten Agenten, als die das Unternehmen leitenden Führungskräfte, eingesetzt wird. In dieser Sichtweise wird in erster Linie auf die funktionale Komponente des Controllings abgestellt und die Bedeutung der Informationsfunktion des Controllings begründet.[417] Für die Entwicklung der Controllingkonzeptionen spielen die Erkenntnisse des Principal-Agent-Ansatzes daher eine bedeutende Rolle und zwar hauptsächlich dann, wenn durch eine wachstumsbedingte institutionelle Aufteilung der Führungsfunktion oder durch das Eintreten von Eigenkapitalinvestoren die Errichtung von Principal-Agent-Beziehungen erfolgt.

Der **Kontingenzansatz** ist für die Erarbeitung phasenspezifischer Controllingkonzeptionen von entscheidender Bedeutung. Er liefert das theoretische Fundament für eine differenzierte lebenszyklusphasenbezogene Betrachtung des Controllings. In der Methodik des Kontingenzansatzes werden gleiche Situationen zu Situationstypen zusammengefasst, wodurch ermöglicht wird, verallgemeinernde Aussagen für all diejenigen Unternehmen zu treffen, die dem gleichen Situationstyp gegenüberstehen.[418] In Bezug auf die vorliegende Problemstellung bedeutet dies folgendes: Die Situation ist durch die jeweilige Lebenszyklusphase, in der sich das Unternehmen befindet, gekennzeichnet. Aussagen zum Controlling werden nun nicht mit dem Anspruch auf raum-zeitliche Universalität entwickelt, sondern situativ relativiert auf diejenigen Unternehmen bezogen, die sich in der gleichen Lebenszyklusphase befinden. Letztlich kann mit Hilfe des Kontingenzansatzes analysiert werden, welchen Einfluss der spezifische Kontext der Gründungs- bzw. Wachstumsphase auf die Anforderungen an

---

417 Siehe hierzu auch die Ausführungen von Schaefer/Lange (Controllingkonzeptionen 2004), S. 115 ff. sowie Pietsch (Informationsökonomik 2004), S. 143 ff.

418 Vgl. Schildwach (Marketingstrategien 2000), S.111.

das Controlling hat und welche Ausgestaltungsvarianten des Controllings geeignet sind, dieser spezifischen Situation Rechnung zu tragen.[419]

2.2.4 Zusammenfassung

In der vorliegenden Arbeit wird Controlling definiert als die Sicherstellung der Rationalität der Unternehmensführung und umfasst in diesem Sinne die Entwicklung von effektiven und effizienten und damit kontextabhängigen Lösungsansätzen für spezifische Führungsprobleme. Diese Definition, die eine Klammer um die bisherige Begriffsvielfalt zieht, trägt aufgrund ihrer Kontextabhängigkeit der spezifischen Situation von Unternehmen in der Gründungs- und Wachstumsphase und damit der vorliegenden Problemstellung Rechnung.

Eine Controllingkonzeption ist ein Denkmodell, das Aussagen über die Controllingziele, die zielorientierten Aufgaben, die hierfür erforderlichen Instrumente sowie die Controllingorganisation beinhaltet.

Dieser Arbeit wird die rationalitätssichernde Controllingkonzeption als einer der bedeutendsten neueren Controllingansätze zugrunde gelegt. Dieser Controllingansatz betont nicht einseitig einen schwerpunktmäßigen Rationalitätsengpass, sondern zielt auf die dem jeweiligen Führungskontext entsprechende Ausgestaltung des Controllings ab. Dadurch kann den spezifischen controllingrelevanten Merkmalen neu gegründeter Unternehmen und den unterschiedlichen Rationalitätsengpässen in den einzelnen Frühentwicklungsphasen Rechnung getragen werden. Der Rationalitätssicherungsansatz stellt daher eine adäquate Basis für die Entwicklung eines situativ angepassten, phasengerechten Controllingkonzeptes dar.

419 Da es folglich um die Frage geht, welche konzeptionelle und inhaltliche Ausgestaltung das Controlling in der spezifischen Situation der Gründungs- bzw. Wachstumsphase optimal aufweisen sollte, kommt hier der pragmatisch-normativen Richtung des Kontingenzansatzes entscheidende Bedeutung zu.

3. Situative Bestimmungsgrößen des Controllings in jungen Unternehmen

Nachdem die wesentlichen Begriffsbestimmungen und Abgrenzungen sowie eine theoretische Einordnung der Untersuchungsobjekte junges Unternehmen und Controlling vorgenommen wurden und damit die grundlegende Basis für das weitere Vorgehen gelegt wurde, kann im Folgenden dem Hauptziel der vorliegenden Untersuchung, nämlich der Beantwortung der Frage, wie eine Controllingkonzeption beschaffen sein muss, um den spezifischen Rahmenbedingungen junger Unternehmen gerecht zu werden, nachgegangen werden. Hierzu ist es zunächst erforderlich, die Bestimmungsgrößen des Controllings in jungen Unternehmen, welche aus der jeweils spezifischen Situation der frühen Entwicklungsphasen eines jungen Unternehmens resultieren, herauszuarbeiten, um daraus die Inhalte der einzelnen Elemente der phasenspezifischen Controllingkonzeptionen ableiten zu können. Ziel der folgenden Abschnitte ist es daher, die situativen Bestimmungsgrößen vorzustellen, die auf die Konzipierung eines Controllings für Unternehmen in der Gründungs- und Wachstumsphase einwirken. Letztlich soll im Verlauf der folgenden Ausführungen die Beantwortung der konkretisierten Forschungsfrage 1 ermöglicht werden:

Konkretisierte Forschungsfrage 1:

Welches sind die situativen Bestimmungsgrößen, die sich aus den Spezifika junger Unternehmen ergeben und die auf die Konzipierung des Controllings für Unternehmen in der Gründungs- und Wachstumsphase einwirken?

3.1 Ausgangsüberlegungen und einleitender Überblick

Das Untersuchungsobjekt junges Unternehmen lässt sich in verschiedenen Dimensionen beschreiben.

Die erste Dimension resultiert aus der Tatsache, dass es Unterscheidungsmerkmale gibt, anhand derer ein junges Unternehmen von einem etablierten Unternehmen abgegrenzt werden kann. Das junge Unternehmen kann also durch **Merkmale** gekennzeichnet werden, die auf die Unterscheidung zwischen „jung" und „etabliert" abzielen. Diese Merkmale variieren in ihrer jeweiligen Ausprägung jedoch entsprechend der Lebenszyklusphase, in der sich das junge Unternehmen befindet. Die allgemeinen Merkmale junger Unternehmen lassen sich daher in einem nächsten Schritt mit Hilfe einer Ausprägungsskala differenziert für die Gründungs- und für die Wachstumsphase darstellen. Ergebnis dieses Schrittes sind spezifizierte Merkmale, die ein Unternehmen in der Gründungsphase und in der Wachstumsphase charakterisieren. Diese spezifizierten Merkmale bilden die erste Bestimmungsgröße der phasenspezifischen Controllingkonzeptionen, da sie **Anforderungen** an die organisatorische und instrumentelle Ausgestaltung des Controllings begründen, welche den generellen Möglichkeitsbereich der Gestaltung des Controllings in institutioneller und instrumenteller Hinsicht abstecken.

Darüber hinaus sind junge Unternehmen durch spezielle phasentypische **Unternehmensziele** gekennzeichnet, nach denen die neu gegründete bzw. wachsende Unternehmung gesteuert wird. Da sich Controllingziele unmittelbar an den jeweiligen übergeordneten Unternehmenszielen orientieren, bilden die Unternehmensziele der Gründungs- und Wachstumsphase eine weitere elementare Bestimmungsgröße der phasenspezifischen Controllingkonzeptionen.

Aus den jeweiligen Unternehmenszielen lassen sich phasenspezifische unternehmerische Kernaufgaben ableiten, die zur Erreichung der Ziele in der Gründungs- und Wachstumsphase angestoßen werden müssen. Innerhalb dieser unternehmerischen Kernaktivitäten existieren wiederum bestimmte Problemfelder, die sich in der jeweiligen Phase als besonders kritisch für die Zielerreichung erweisen können. Die **unternehmerischen Kernaufgaben** und die **kritischen Führungsprobleme** in der Gründungs- und Wachstumsphase bilden den dritten Anknüpfungspunkt für die Erstellung der phasenspezifischen Controllingkonzeptionen. Da Controlling als Rationalitätssicherung der Führung gerade an denjenigen Punkten unterstützend tätig werden soll, an denen Rationalitätsengpässe auftreten können, kann aus den unternehmerischen Schwerpunktaktivitäten in Verbindung mit den kritischen Führungsproblemen der rationalitätssichernde Schwerpunkt der Controllingaufgaben abgeleitet werden.

Schließlich lässt sich aus den phasentypischen Merkmalen junger Unternehmen ein spezifischer **Controllingbedarf** ableiten. Dieser Controllingbedarf bildet die letzte Bestimmungsgröße des Controllings und nimmt hierbei eine übergeordnete Stellung ein, da er als theoretisch abgeleitete Rechtfertigungsgrundlage für die Ausarbeitung der phasenspezifischen Controllingkonzeptionen fungiert.

In Abbildung 3-1 sind die situativen Bestimmungsgrößen der phasenspezifischen Controllingkonzeptionen mit ihren jeweiligen Wirkungsbeziehungen zu den einzelnen Elementen der Controllingkonzeption im Überblick dargestellt.

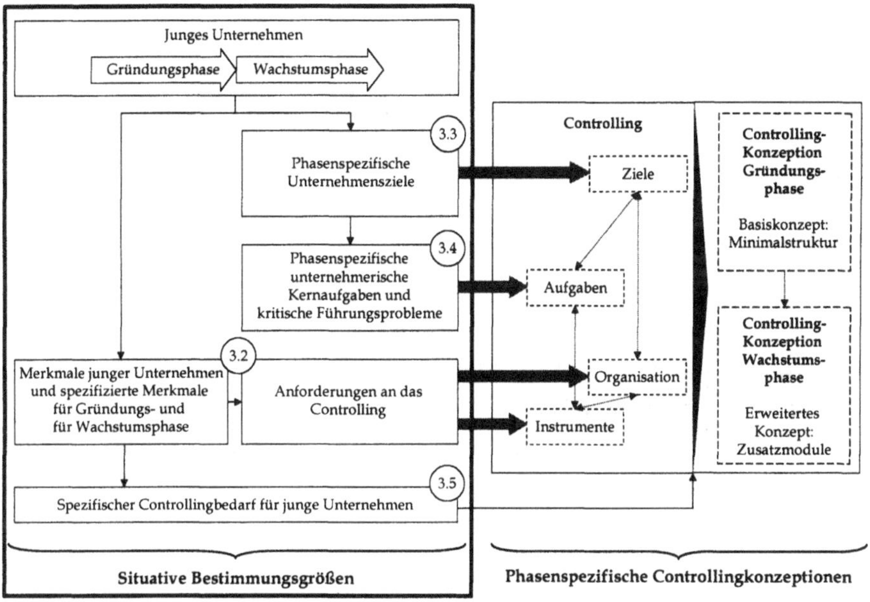

Abbildung 3-1: Überblick zu den situativen Bestimmungsgrößen der phasenspezifischen Controllingkonzeptionen

Im Folgenden werden die einzelnen situativen Bestimmungsgrößen - entsprechend der in Abbildung 3-1 angegebenen Abschnitte - im Detail vorgestellt und damit der hervorgehobene Teil der Abbildung thematisiert.[420]

3.2 Phasenspezifische Merkmale junger Unternehmen und daraus abgeleitete Anforderungen an das Controlling

Zur Ableitung der phasenspezifischen Merkmale junger Unternehmen soll zunächst anhand eines Literaturüberblicks die Bandbreite möglicher Abgrenzungsmerkmale junger Unternehmen im Vergleich zu etablierten Unternehmen aufgezeigt werden, bevor hierauf die Ausprägungen der controllingrelevanten Merkmale für die Gründungs- und Wachstumsphase diskutiert werden. Abschließend können dann aus den spezifizierten Merkmalen Anforderungen an die Ausgestaltung des Controllings abgeleitet werden.

420 Die unmarkierten Bestandteile der Abbildung, die phasenspezifischen Controllingkonzeptionen, werden in Abschnitt 4 dieser Arbeit behandelt.

3.2.1 Merkmale junger Unternehmen - Literaturüberblick

In der Literatur werden häufig so genannte Merkmale bzw. Besonderheiten festgestellt, anhand derer junge Unternehmen von etablierten Unternehmen abgegrenzt werden können.[421] Tabelle 3-1 spiegelt das Meinungsbild der Literatur in Bezug auf die Merkmale junger Unternehmen wider.[422]

In **methodischer Hinsicht** weisen die aufgeführten Merkmalskataloge mehrere Gemeinsamkeiten auf. Zunächst ist anzumerken, dass sie empirisch nicht gesichert sind und lediglich idealtypischen Charakter besitzen.[423] Begründet wird dieses Defizit mit dem frühen Stadium, in dem sich die Gründungsforschung insgesamt und insbesondere im Hinblick auf die Abgrenzung junger Unternehmen befindet.[424] Zudem wurde in den jeweiligen Beiträgen der bisherige Erkenntnisstand der Forschung zu den Merkmalen junger Unternehmen nicht bzw. nicht explizit berücksichtigt oder aber es wurde lediglich ein bestimmter Merkmalskatalog weitgehend unreflektiert und unbegründet in Gänze aus einem anderen Beitrag übernommen.[425]

---

421 Diese Abgrenzungen werden nicht nur in controllingrelevanten Beiträgen mit besonderer Berücksichtigung junger Unternehmen vorgenommen, sondern auch in anderen funktionsbezogenen Abhandlungen, wie z.B. zum Marketing in jungen Unternehmen. Vgl. hierzu Gruber (Marketing in New Ventures 2004), S. 166 ff. oder Baier/Pleschak (Technologieunternehmen 1996), S. 11 ff.

422 Vgl. im Einzelnen: Achleitner/Bassen (Grundüberlegungen zum Controlling 2003), S. 9 f.; Achleitner/Bassen (Controllingsysteme 2002), S. 1193 f.; Arnaout/Gleich (Kostenrechnung 2003), S. 176 f.; Baier/Pleschak (Technologieunternehmen 1996), S. 11 f.; Ballwieser (Externes Rechnungswesen 2003), S. 161 f.; Bausch/Walter (Controlling 2002), S. 435 ff.; Friedl (Realoptionen 2003), S. 240 f.; Gonschior/Roth (Unternehmensgründungen 1990), S. 61 f.; Gruber (Marketing in New Ventures 2004), S. 166 f.; Hayn (Bewertung 1998), S. 15 ff.; Hommel/Knecht (Marktwertorientierte Entwicklung 2002), S. 8 ff.; Klandt (Unternehmenslebensphasen 2003), S. 102 ff.; Klandt (Gründungs- und Frühentwicklungsphase 1991), S. 485 f.; Lück/Henke (Risiko-Controlling 2003), S. 291; Schefczyk/Pankotsch (Wachstumsstarke Start-ups 2002), S. 23 f.; Scholich/Wulff (Wachstumsunternehmen 2002), S. 563; Seidenschwarz et al. (Kundenorientierung 2003), S. 54; Sußbauer/Westphal-Westenacher (Überwachungssystem 2003), S. 362 ff.; Wippler (Unternehmensgründungen 1998), S. 16 f. Anzumerken ist, dass die Auflistung keinen Anspruch auf Vollständigkeit erhebt.

423 So merkt beispielsweise KLANDT an, dass die von ihm angeführten Aussagen zu den Merkmalen junger Unternehmen lediglich eine Vorstellung der grundsätzlichen Unterschiede zwischen jungen und etablierten Unternehmen vermitteln, diese empirisch aber durchaus nicht gesichert sind, wenngleich sie in der Literatur vielfach so transportiert werden. Vgl. Klandt (Unternehmenslebensphasen 2003), S. 106. Dabei stellte er in einem weitaus früheren Beitrag bereits fest, dass die empirisch nicht abgesicherten Merkmale lediglich als eine Anregung zur Diskussion und zu einer vertiefenden empirischen Forschung zu verstehen sind. Vgl. Klandt (Gründungs- und Frühentwicklungsphase 1991), S. 485. Auch ACHLEITNER/BASSEN betonen den idealtypischen Charakter der von ihnen aufgeführten Merkmale junger Unternehmen. Vgl. Achleitner/Bassen (Controllingsysteme 2002), S. 1193.

424 ACHLEITNER/BASSEN betonen, dass die Literatur zur Abgrenzung junger Unternehmen bislang noch nicht sehr umfassend ist. Vgl. Achleitner/Bassen (Grundüberlegungen zum Controlling 2003), S. 8 f. KLANDT spricht von einer bislang „dünnen empirischen Basis". Klandt (Unternehmenslebensphasen 2003), S. 102.

425 LÜCK/HENKE sowie ARNAOUT/GLEICH legen ihren Arbeiten jeweils den Merkmalskatalog von ACHLEITNER/BASSEN zugrunde. Vgl. Lück/Henke (Risiko-Controlling 2003), S. 291 sowie Arnaout/Gleich (Kostenrechnung 2003), S. 176 f.

	1 Achleitner/Bassen 2003 sowie 2002	2 Arnaout/Gleich 2003	3 Baier/Pleschak 1996	4 Ballwieser 2003	5 Bausch/Walter 2002	6 Friedl 2003	7 Gonschior/Roth 1990	8 Gruber 2004	9 Hayn 1998	10 Hommel/Knecht 2002	11 Klandt 2003 sowie 1991	12 Lück/Henke 2003	13 Schefczyk/Pankotsch 2002	14 Scholich/Wulff 2002	15 Seidenschwarz et al 2003	16 Sußbauer/Westphal-Westenacher 2003	17 Wippler 1998
Unternehmergeprägt	X	X		X					X		X	X	X			X	
Kurze Existenz/ Fehlende Historie	X	X			X	X			X	X	X	X			X		
Dynamische Umwelt	X	X						X	X	X		X			X	X	
Ressourcenknappheit	X	X					X	X			X	X				X	
Hohe Aufbauinvestitionen (v.a. in immaterielle Vermögensgegenstände)	X	X	X	X	X					X		X	X			X	X
Negative Cashflows/ keine Gewinne	X	X	X	X	X		X					X		X		X	
Hoher Kapitalbedarf/ Finanzierung über Venture Capital	X	X	X	X		X	X	X	X			X	X		X	X	X
Innovative Geschäftsideen/ hohes Innovationsniveau			X	X					X	X	X			X			
Hohes Risiko/ Unsicherheit			X	X	X	X		X	X				X	X			X
Hoher Spezialisierungsgrad						X											
Überschaubarkeit											X						
Integration der Führung											X						
Marktnähe der Entscheidungsträger								X			X						
Flexibilität								X	X		X		X				
Hohe Wachstums-/Entwicklungspotenziale					X				X	X	X						X
Geringere Entwicklungskosten											X						
Schwieriger Marktzutritt							X				X						
Geringe Robustheit des Systems											X						
Geringer Risikomix/-ausgleich											X						
Geringer Erfahrungsschatz								X			X						
Höhere Kosten der Leistungserstellung											X						
Hoher Gestaltungsbedarf								X			X		X				
Geringere Einflussnahme auf Umwelt											X						
Größere Beeinflussung durch Umwelt											X						
Keine Vergangenheitsdaten für Planung									X	X	X			X			
Langfristigeres Denken											X						
Identifikation der Mitarbeiter mit Unternehmen											X		X				
Unternehmerische Mitarbeiter											X				X		
Veränderte Kostenstrukturen und Erlösmodelle					X												
Keine börsennotierten Vergleichsunternehmen														X			
Defizite im kaufmännischen Bereich/ Hoher kaufmännischer Betreuungsbedarf							X										X

Tabelle 3-1: Literaturüberblick zu den Merkmalen junger Unternehmen

Dies bedeutet, dass eine kritische Analyse der bereits vorliegenden Aussagen zu den Merkmalen junger Unternehmen bislang unterblieben ist und nicht als zielführendes Instrument zur Generierung der Merkmalskataloge eingesetzt worden ist. Die in den Merkmalskatalogen enthaltenen Merkmale sind ferner in den hier vorgestellten Beiträgen weitgehend lose aufgelistet.[426] Eine ordnende Systematik in der Gliederung der Merkmale ist nicht erkennbar.[427] Daneben werden die Merkmale junger Unternehmen nicht differenziert nach den Lebenszyklusphasen Gründungs- und Wachstumsphase betrachtet.[428] Junge Unternehmen werden lediglich in ihrer Gesamtheit beschrieben und von etablierten Unternehmen abgegrenzt. Schließlich wird vereinzelt ein methodisches Hilfskonstrukt zur Charakterisierung junger Unternehmen generiert, indem junge Unternehmen unter die Gruppe der „Kleinen und Mittleren Unternehmen" subsumiert werden[429] und dann die besser erforschten Besonderheiten von kleinen und mittleren Unternehmen[430] zur Beschreibung der jungen Unternehmen herangezogen werden.[431]

In **inhaltlicher Hinsicht** unterscheiden sich die Merkmalskataloge allerdings teils erheblich. Zum einen ist eine mehr oder minder starke Varianz in der Anzahl der zusammengestellten Merkmale über die einzelnen Merkmalskataloge hinweg ersichtlich.[432] Eine größere Band-

---

426 Neben den hier aufgeführten Merkmalskatalogen sind in diesem Zusammenhang drei weitere zu nennen, die sich dadurch auszeichnen, dass die Merkmale in einer systematischen Form präsentiert werden. Allerdings wird die Untergliederung hierbei nach funktionalen Gesichtspunkten vorgenommen, was für die vorliegende Problemstellung wenig hilfreich ist. Vgl. Bischoff (Gründungscontrolling 2002), S. 129; Bischoff (Operatives Controlling 1993), S. 94 f.; Schefczyk/Pankotsch (Betriebswirtschaftslehre 2003), S. 17 ff.

427 KLANDT bezeichnet seinen Merkmalskatalog als reflektierend zusammengestellte „Ideen-Sammlung", die in keiner Weise systematisch ist. Vgl. Klandt (Gründungs- und Frühentwicklungsphase 1991), S. 485.

428 Lediglich ACHLEITNER/BASSEN weisen darauf hin, dass die Merkmalsausprägungen über die Lebenszyklusphasen hinweg Veränderungen ausgesetzt sind. Eine Modellierung dieser Unterschiede unterbleibt jedoch. Vgl. Achleitner/Bassen (Grundüberlegungen zum Controlling 2003), S. 10 f.

429 Begründet wird dies damit, dass Neugründungen eine zunächst begrenzte Ressourcenausstattung implizieren und sich daher eine Analogie zu kleinen und mittleren Unternehmen rechtfertigt. Vgl. Schefczyk/Pankotsch (Wachstumsstarke Start-ups 2002), S. 23.

430 Zu controllingrelevanten Beiträge, welche die Besonderheiten von kleinen und mittleren Unternehmen thematisieren, vgl. Kunesch (Controlling in Klein- und Mittelbetrieben 1996), S. 630 f. sowie Horváth (Controlling im Klein- und Mittelbetrieb 1981), S. 7 f.

431 Diese Vorgehensweise ist zu finden bei Sußbauer/Westphal-Westenacher (Überwachungssystem 2003), S. 362 ff. sowie Schefczyk/Pankotsch (Wachstumsstarke Start-ups 2002), S. 23 ff.

432 Dies ist nur zu einem geringen Teil dadurch erklärbar, dass einzelne Beiträge die Beschreibung junger Unternehmen aus einem bestimmten Blickwinkel heraus vornehmen, während andere eine generelle Charakterisierung bezwecken. So deuten die Merkmale, die SCHOLICH/WULFF zur Charakterisierung junger Unternehmen anführen, darauf hin, dass sie unter dem Blickwinkel der Bewertungsrelevanz entstanden sind, wenngleich dies so nicht explizit zum Ausdruck gebracht wird. Der Umfang dieses Merkmalskataloges könnte aus diesem Grunde eingeschränkter sein als beispielsweise der Merkmalskatalog von KLANDT, welcher in seinem Beitrag keinen speziellen Blickwinkel wählt. Allerdings ist der Merkmalskatalog von HOMMEL/KNECHT beispielsweise ähnlich einschränkend wie derjenige von SCHOLICH/WULFF, ohne dass

breite an Einzelmerkmalen erhöht zwar die Möglichkeit einer vollständigeren Abdeckung möglicher relevanter Unterschiede zwischen jungen und etablierten Unternehmen und steigert so den Informationsgehalt der Charakterisierung junger Unternehmen, allerdings wird der Allgemeinheitsanspruch hierdurch gemindert, da in einer Einzelfallbetrachtung die gesamte Fülle an Merkmalen in ihrer Gesamtheit kaum zutreffend sein wird. Eine kleinere ausgewählte Anzahl von Einzelmerkmalen impliziert zwar immer auch einen in gewissem Maße subjektiven, selektiven Auswahlprozess, erlaubt aber eine akzentuierte Beschreibung von jungen Unternehmen, die einem größeren Realitätsausschnitt entspricht. Neben den quantitativen Differenzen weisen die Kataloge zudem teils große Unterschiede in der Zusammensetzung der einzelnen Merkmale auf. Darin kommt zum einen die jeweils unterschiedliche Betrachtungsperspektive der Verfasser zum Ausdruck, d.h. die Zusammenstellung der Einzelmerkmale spiegelt bereits den Untersuchungsblickwinkel bzw. die Problemstellung des jeweiligen Beitrages wider. Andererseits wird hierdurch deutlich, dass in der Literatur durchaus unterschiedliche Vorstellungen über die typischen Merkmale junger Unternehmen herrschen und bislang noch kein Konsens zur Charakterisierung junger Unternehmen zu bestehen scheint.[433]

Im Folgenden soll ein Merkmalskatalog generiert werden, der die oben diskutierten methodischen und inhaltlichen Aspekte berücksichtigt und dem weiteren Verlauf der Untersuchung zugrunde gelegt werden soll.

In methodischer Hinsicht muss dabei der idealtypische Charakter der Aussagen beibehalten werden und angemerkt werden, dass die herausgearbeiteten Charakteristika empirisch nicht gesichert sind.[434] Allerdings basieren die Überlegungen auf der kritischen Analyse von bislang verfügbaren Arbeiten zur Abgrenzung junger Unternehmen und bauen dadurch auf den Erkenntnisstand der relevanten Beiträge auf. Ferner sollen die idealtypischen Merkmale junger Unternehmen in systematischer Form dargestellt und in einem weiteren Analyseschritt (Abschnitt 3.2.2) differenziert nach der jeweiligen spezifischen Lebenszyklusphase Gründung und Wachstum betrachtet werden.

---

hier ein bestimmter Blickwinkel vorgegeben ist. Vgl. Scholich/Wulff (Wachstumsunternehmen 2002), S. 563; Klandt (Unternehmenslebensphasen 2003), S. 106 f.; Hommel/Knecht (Marktwertorientierte Entwicklung 2002), S. 8 ff.

433 FRIEDL hebt in diesem Zusammenhang den Mangel an wissenschaftlichen Ansätzen hervor, die den Besonderheiten junger Unternehmen Rechnung tragen. Vgl. Friedl (Realoptionen 2003), S. 242.

434 Die empirisch gesicherte Analyse von Merkmalen junger Unternehmen ist nicht Schwerpunkt der mit der vorliegenden Arbeit verfolgten Problemstellung und sei daher weiteren Forschungsarbeiten vorbehalten.

In inhaltlicher Hinsicht folgt die Vorgehensweise der Generierung des Merkmalskataloges dem Zweckmäßigkeitsprinzip,[435] nach dem die ausgewählten Merkmale theoretisch relevant und empirisch feststellbar sein müssen.[436] Merkmale sind theoretisch relevant, wenn sie dem Inhalt der betriebswirtschaftlichen Aussage angemessen sind, und empirisch feststellbar, wenn sie eine generelle empirische Erhebungsmöglichkeit[437] gewährleisten.[438] Für die vorliegende Problemstellung bedeutet dies, dass sich der zu generierende empirisch überprüfbare[439] Merkmalskatalog zur Charakterisierung junger Unternehmen auf die Controllingrelevanz der Beschreibungsmerkmale konzentrieren muss.

Insgesamt stellt sich somit die Vorgehensweise zur Generierung eines controllingrelevanten Merkmalskataloges junger Unternehmen wie folgt dar:

Die in der Literaturübersicht enthaltenen, lose nebeneinander stehenden Merkmale werden in einem ersten Schritt schematisch geordnet, indem sie jeweils übergeordneten Gruppen zugeteilt werden. Im nächsten Schritt werden die einzelnen Merkmale auf ihre Controllingrelevanz hin überprüft. Die geordneten, controllingrelevanten Merkmale bilden in ihrer Gesamtheit schließlich den für den weiteren Verlauf der Arbeit maßgeblichen Merkmalskatalog junger Unternehmen.

Einordnung der in der Literatur genannten Merkmale junger Unternehmen in Gruppen

Eine differenzierte Betrachtung der in der Literatur angeführten Einzelmerkmale lässt erkennen, dass alle genannten Merkmale thematisch fünf Obergruppen zugeordnet werden können.[440]

In Abbildung 3-2 sind diese Merkmalsgruppen dargestellt.

---

435 Zum Zweckmäßigkeitsprinzip vgl. Mugler (Betriebswirtschaftslehre der Klein- und Mittelbetriebe 1995), S. 17 ff.; Pfohl (Abgrenzung 1997), S. 5 ff.; Busse von Colbe (Betriebsgröße 1974), Sp. 571.

436 Vgl. Busse von Colbe (Planung 1964), S. 35.

437 Bei angemessenem Erhebungsaufwand und angemessener erzielbarer Erhebungsgenauigkeit.

438 Vgl. Pfohl (Abgrenzung 1997), S. 6.

439 Damit ist gemeint, dass die zur empirischen Überprüfung der Merkmale benötigten Informationen potenziell erhältlich sind, d.h. beispielsweise, dass die in die empirische Stichprobe einbezogenen jungen Unternehmen auch tatsächlich über die Informationen verfügen bzw. diese preisgeben.

440 Dabei ist anzumerken, dass einzelne Merkmale durchaus auch verschiedenen Gruppen zugeordnet werden könnten und die hier vorgenommene Zuordnung lediglich eine von mehreren Möglichkeiten darstellt.

Unternehmenshistorie

Kurze Existenz/ fehlende Historie →
Überschaubarkeit
Flexibilität
Geringere Entwicklungskosten
Schwieriger Marktzutritt
Geringe Robustheit des Systems
Geringer Risikomix/-ausgleich
Geringer Erfahrungsschatz →
Höhere Kosten der Leistungserstellung
Hoher Gestaltungsbedarf
Geringere Einflussnahme auf Umwelt
Größere Beeinflussung durch Umwelt
Keine Vergangenheitsdaten für Planung →
Keine börsennotierten Vergleichsunternehmen

Unternehmensentwicklung

Hohe Wachstums-/Entwicklungspotenziale →
Hohes Risiko/ Unsicherheit →

Unternehmensführung

Unternehmergeprägt →
Integration der Führung
Marktnähe der Entscheidungsträger
Langfristigeres Denken
Identifikation der Mitarbeiter mit Unternehmen
Unternehmerische Mitarbeiter
Defizite im kaufmännischen Bereich/ Hoher kaufmännischer Betreuungsbedarf →
Hoher Spezialisierungsgrad

Unternehmensressourcen

Finanzielle Ressourcen
- Hohe Aufbauinvestitionen (v.a. in immaterielle Vermögensgegenstände) →
- Innovative Geschäftsideen/ Hohes Innovationsniveau
- Negative Cashflows/ keine Gewinne →
- Hoher Kapitalbedarf/ Finanzierung über Venture Capital →

Personelle Ressourcen
- Knappe personelle Ressourcen →

Unternehmensumwelt

Dynamische Umwelt →
Veränderte Kostenstrukturen und Erlösmodelle

Controllingrelevant im engeren Sinne

Abbildung 3-2: In der Literatur genannte Merkmale junger Unternehmen nach Merkmalsgruppen

Diese geordneten Merkmale sind im Folgenden näher zu beleuchten und auf ihre Controllingrelevanz hin zu überprüfen.[441]

441 Dabei wird im Folgenden auf die Controllingrelevanz im engeren Sinne abgezielt, welche sich auf die Anforderungen an das Controlling bezieht. Merkmale werden demnach dann als controllingrelevant im engeren Sinne bezeichnet, wenn sich aus ihnen ein unmittelbarer Einfluss auf die Anforderungen an die organisatorische und instrumentelle Ausgestaltung des Controllings ableiten lässt. Merkmale, die sich in erster Linie auf Anforderungen an das Management des Unternehmens und insbesondere auf die unternehmeri-

In der Literatur wird weitgehend übereinstimmend festgestellt, dass sich die **Unternehmenshistorie** junger Unternehmen in erster Linie durch die kurze zeitliche Existenz des Unternehmens, die fehlende Historie sowie den Mangel an Vergangenheitsdaten auszeichnet. Wenngleich diese Merkmale einerseits positive Aspekte für das junge Unternehmen beinhalten – es existiert keine historische Belastung, welche beispielsweise die Dynamik des Unternehmens reduzieren könnte[442] –, bergen sie auch gerade in Bezug auf Planungsvorgänge, dadurch, dass keine Prognosen auf Basis von Vergangenheitsdaten gemacht werden können,[443] gewisse Nachteile für das junge Unternehmen.[444] In diesem Zusammenhang wird in der Literatur auch auf das Problem hingewiesen, dass es zu jungen Unternehmen und insbesondere zu solchen, die in neuen Branchen tätig sind, in der Regel keine börsennotierten Vergleichsunternehmen gibt, die Analogieschlüsse hinsichtlich Planungsdaten zuließen.[445] Die zeitlich kurze Unternehmenshistorie junger Unternehmen bedingt ferner, dass Strukturen, Aufgaben und Rollen vollständig neu definiert werden müssen. Dieser hohe Gestaltungsbedarf schafft einerseits eine Vielzahl von Freiräumen, ist aber andererseits mit einem hohen Bedarf an zeitlichen Ressourcen verbunden.[446] Zudem kann in jungen Unternehmen nicht auf einen reichhaltigen Erfahrungsschatz zurückgegriffen werden, der beispielsweise in der Gestaltung der innerbetrieblichen Organisation hilfreich wäre.[447] Damit zusammenhängend wird in der Literatur auch vereinzelt das Merkmal der geringen Robustheit des Systems angeführt, welches ausdrücken soll, dass die Fehleranfälligkeit in jungen Unternehmen verglichen mit der Robustheit etablierter Unternehmen höher ist.[448] Ein weiteres Merkmal, welches in der Literatur mehrfach genannt wird, ist die im Vergleich zu etablierten Unternehmen höhere Flexibilität junger Unternehmen. Die Komplexität der Unternehmensstruktur ist

---

schen Schwerpunktaufgaben in einem jungen Unternehmen beziehen, sollen als controllingrelevant im weiteren Sinne bezeichnet werden, da sie das Controlling als Rationalitätssicherung der Führung zwar auch betreffen, jedoch aus den unternehmerischen Aktivitäten direkt abgeleitet werden können.

442 Vgl. hierzu Klandt (Unternehmenslebensphasen 2003), S. 105.

443 Vgl. hierzu Friedl (Realoptionen 2003), S. 241.

444 Vgl. hierzu auch Klandt (Gründungserfolg 1980), S. 321.

445 SCHOLICH/WULFF führen dieses Merkmal an, zielen jedoch in erster Linie auf die hierdurch erschwerten Bewertungsbedingungen junger Wachstumsunternehmen ab. Vgl. Scholich/Wulff (Wachstumsunternehmen 2002), S. 563.

446 Vgl. Gruber (Marketing in New Ventures 2004), S. 166.

447 FALLGATTER bemerkt, dass aufgrund der mangelnden Erfahrungen insbesondere Routinen und eine „institutionalisierte Reflexionskapazität" fehlen. Vgl. Fallgatter (Kern des Entrepreneurship 2004), S. 26.

448 KLANDT führt hierzu an, dass Fehlentscheidungen in jungen Unternehmen aufgrund fehlender finanzieller Puffer weitreichendere Konsequenzen haben als in etablierten Unternehmen. Vgl. Klandt (Unternehmenslebensphasen 2003), S. 104.

aufgrund der kurzen zeitlichen Existenz des Unternehmens noch relativ gering und die Flexibilität durch kürzere Entscheidungswege größer als bei etablierten Unternehmen.[449] In diesem Zusammenhang wird auch von einer größeren Überschaubarkeit aller Teilbereiche des jungen Unternehmens durch die Unternehmensleitung gesprochen.[450] Aufgrund der kurzen Historie sind Kundenbeziehungen in einem jungen Unternehmen meist in noch nicht nennenswertem Umfang vorhanden. Der Marktzugang ist für das den potenziellen Kunden unbekannte junge Unternehmen im Vergleich zu etablierten Unternehmen, die sich einen Vertrauensvorschuss am Markt erarbeitet haben, schwieriger.[451] Junge Unternehmen werden in der Literatur mitunter auch anhand ihrer Kostenstrukturen beschrieben. Es wird postuliert, dass den höheren Kosten der Leistungserstellung - aufgrund geringerer Standardisierung von Abläufen und geringerer Arbeitsteiligkeit - niedrigere Entwicklungskosten gegenüberstehen, da die Produktentwicklung in jungen Unternehmen häufig zeitlich vor der Gründung in Zusammenarbeit mit Forschungseinrichtungen erfolgt ist.[452] Vereinzelt werden drei weitere Merkmale junger Unternehmen in der Literatur angeführt, welche auf die kurze Unternehmenshistorie zurückzuführen sind.[453] Junge Unternehmen sind in der Regel (noch) Einproduktunternehmen, die das Risiko der Geschäftstätigkeit nicht auf mehrere Produkte bzw. Märkte verteilen können. Zudem haben junge Unternehmen aufgrund ihrer Neuheit bzw. geringen Größe kaum Möglichkeiten zur Einflussnahme auf die Umwelt. Die Abhängigkeit und Beeinflussung durch die Umwelt hingegen ist größer als bei etablierten Unternehmen.

Bezüglich der **Unternehmensentwicklung** junger Unternehmen herrscht in der Literatur weitgehend Konsens darüber, dass beträchtlichen Wachstums- und Entwicklungspotenzialen schwer kalkulierbare Risiken und Unsicherheiten[454] gegenüberstehen. Unternehmensgründungen, die auf innovativen Geschäftsideen basieren, treten mit ihrem Produkt meist in

449 Für HAYN ist diese Flexibilität junger Unternehmen ein wesentlicher Garant dafür, Wettbewerbsvorteile gegenüber etablierten Konkurrenten zu generieren. Vgl. Hayn (Bewertung 1998), S. 19. SZYPERSKI bemerkt, dass die Flexibilität junger Unternehmen daraus entstehe, dass die wenigen Mitarbeiter durch den geringen Grad an Arbeitsteilung breiter eingesetzt werden können und daher weniger auf Spezialfunktionen begrenzt sind. Vgl. Szyperski (Technologietransfer 1990), S. 6.

450 Vgl. Klandt (Unternehmenslebensphasen 2003), S. 105.

451 Vgl. Gonschior/Roth (Unternehmensgründungen 1990), S. 61.

452 Vgl. Klandt (Gründungs- und Frühentwicklungsphase 1991), S. 485.

453 Vgl. hierzu Klandt (Unternehmenslebensphasen 2003), S. 104.

454 Im Sprachgebrauch wird der Ausdruck Risiko meist synonym für Unsicherheit verwendet. In einer engen Auslegung versteht man unter Risiko Unsicherheiten, denen Wahrscheinlichkeiten zugeordnet werden können. Vgl. Hendel (Bewertung 2003), S. 22 f.

ein frühes Stadium eines Marktes ein, in welchem hohe Marktpotenziale bestehen.[455] Gelingt es dem jungen Unternehmen, diese Potenziale abzuschöpfen, kann es dadurch die Grundlage für eine durch Wachstum gekennzeichnete Unternehmensentwicklung legen.[456] Andererseits bestehen in den frühen Phasen der Unternehmensentwicklung Risiken und Unsicherheiten, die technologie- und marktseitig auftreten. Technisches Risiko besteht dahingehend, dass die den Problemlösungen zugrunde gelegten technischen Effekte unter Umständen noch nicht praktisch erprobt sind.[457] Marktrisiken treten auf, da sich der Produkterfolg bei den potenziellen Kunden in dieser frühen Phase noch schlecht abschätzen lässt und darüber hinaus das Verhalten der Wettbewerber nicht genau prognostizierbar ist.[458]

Hinsichtlich der **Unternehmensführung** kristallisiert sich eine Reihe von Merkmalen heraus, anhand derer sich junge von etablierten Unternehmen unterscheiden lassen. In der Literatur wird die Unternehmerprägung als das zentrale Merkmal in dieser Gruppe herausgestellt. Junge Unternehmen werden in der Regel von den Gründern geführt, so dass eine Personenidentität des Managements und der Eigentümer gegeben ist.[459] Einerseits resultiert daraus eine Interessendeckung zwischen dem System Unternehmung und dessen Leitungsebene, wovon in etablierten Unternehmen mit angestellten Managern durch die Trennung von Leitung und Risiko nicht zwangsläufig ausgegangen werden kann.[460] In diesem Zusammenhang wird in der Literatur auch auf das langfristigere Denken, die Integration der Führung und die Marktnähe der Entscheidungsträger in jungen Unternehmen hingewiesen.[461] Durch die Personenidentität von Leitung und Eigentümer ist von einer höheren Fristigkeit der Handlungsperspektive auszugehen als in etablierten Unternehmen mit angestellten Führungspersonen. Ferner wird durch die geringe Arbeitsteiligkeit auf der Führungsebene be-

---

455 BECKER/DIETZ argumentieren, dass die Erschließung neuer Märkte für junge Unternehmen schon allein deshalb das Mittel der Wahl ist, da sie aufgrund ihrer schwächeren Marktposition gegenüber etablierten Unternehmen auf bestehenden Märkten kaum Chancen haben. Vgl. Becker/Dietz (Innovationsverhalten 2004), S. 74.

456 WIPPLER weist darüber hinaus auf das technische Entwicklungspotenzial hin. Junge Unternehmen können durch Neukombination verschiedener Technologien das Einsatzspektrum ihrer innovativen Problemlösung erhöhen, woraus ein höheres technisches Entwicklungspotenzial resultiert als aus konventionellen Produkten, die meist schon ausgereift sind. Vgl. Wippler (Unternehmensgründungen 1998), S. 16 f.

457 Vgl. Baier/Pleschak (Technologieunternehmen 1996), S. 11.

458 Vgl. Friedl (Realoptionen 2003), S. 241.

459 Vgl. Achleitner/Bassen (Grundüberlegungen zum Controlling 2003), S. 9.

460 HAYN bezeichnet das Management als den wichtigsten Erfolgsfaktor eines jungen Unternehmens. Vgl. Hayn (Bewertung 1998), S. 31; Vgl. hierzu auch Laub (Innovationsbewertung 1991), S. 47 sowie Unterkofler (Erfolgsfaktoren 1989), S. 113 ff.

461 Vgl. Klandt (Unternehmenslebensphasen 2003), S. 105 f.

wirkt, dass die Unternehmensführung gleichermaßen strategische wie operative Führungshandlungen wahrzunehmen hat, was zu einer hohen Integration der Führung sowie zu einer größeren Marktnähe der Entscheidungsträger führt. Die starke Eigentümerprägung in jungen Unternehmen wirkt sich auch auf die Mitarbeiter des Unternehmens aus. Vereinzelt wird postuliert, dass in eigentümergeführten jungen Unternehmen eine stärkere Identifikation der Mitarbeiter mit dem Unternehmen vorzufinden ist und dass darüber hinaus in einem höheren Maße unternehmerisch denkende Mitarbeiter in jungen Unternehmen tätig sind, als dies in etablierten Unternehmen der Fall ist.[462] Als weitere Merkmale, die die Unternehmensführung in jungen Unternehmen charakterisieren, werden der hohe Spezialisierungsgrad sowie Defizite im kaufmännischen Bereich genannt. Insbesondere junge Unternehmen, die auf innovativen Geschäftsideen basieren, weisen einen hohen Spezialisierungsgrad bezüglich ihrer Geschäftstätigkeit auf. Die innovative Geschäftsidee ist in der Regel durch den Gründer bzw. Geschäftsführer des jungen Unternehmens entwickelt worden. Die Führungsebene des jungen Unternehmens ist daher meist durch ein überproportional technisches, jedoch unzureichendes kaufmännisches Verständnis gekennzeichnet.[463]

Die **Unternehmensressourcen** in jungen Unternehmen zeichnen sich allgemein durch einen höheren Grad an Knappheit aus, als dies bei etablierten Unternehmen der Fall ist.[464] In der Literatur wird darauf hingewiesen, dass hiervon nahezu sämtliche eingesetzte Ressourcen betroffen seien,[465] insbesondere aber finanzielle und personelle Ressourcen relevant und dis-

462 SEIDENSCHWARZ ET AL. heben in diesem Zusammenhang die Bedeutung des „Enthusiasmus" des Gründers hervor. Vgl. Seidenschwarz et al. (Kundenorientierung 2003), S. 54.

463 Vgl. Bellenberg (Kalkulation 1991), S. 7; Fischbach (Kriseninformation 2003), S. 544; Gerke/Bank (Finanzierungsprobleme 1999), S. 18; Nathusius (Grundansatz 1979), S. 512; Landström (Venture Capital 1990), S. 345.

464 TIMMONS sieht diese Ressourcenrestriktion sogar als Chance für junge Unternehmen, da sie aufgrund knapper Ressourcen lernen müssen, diese zu kontrollieren, ohne sie zu besitzen. Vgl. Timmons (Entwicklung 1998), S. 165 sowie Timmons/Spinelli (New Venture 2004), S. 47.

465 Unter Ressourcen lässt sich die Gesamtheit der produktiven Faktoren eines Unternehmens fassen. Dabei gibt es verschiedene Klassifizierungsvorschläge von Ressourcen. Die traditionelle Einteilung der Ressourcen in Boden, Kapital und Arbeit wurde vielfach erweitert. BARNEY beispielsweise fasst unter den Begriff der Ressourcen „all assets, capabilities, organizational processes, firm attributes, information, knowledge, etc. controlled by a firm". Barney (Resources 1991), S. 101; PRAHALAD/HAMEL betonen die Bedeutung der Ressource „Kompetenzen". Vgl. Prahalad/Hamel (Core Competence 1990), S. 82. HALL differenziert in tangible und intangible Ressourcen, welche dann weiter untergliedert werden können. Vgl. Hall (Resources 1993), S. 607. Nähere Ausführungen zu intangiblen Ressourcen finden sich auch bei Lev (Intangibles 2001), S. 5 ff. In einem weiten Begriffsverständnis werden alle internen materiellen und immateriellen Güter, Systeme und Prozesse als interne Ressourcen definiert. Vgl. Bamberger/Wrona (Ressourcenansatz 1996), S. 132. WERNERFELT versteht unter Ressourcen alles das, was eine besondere Stärke einer Unternehmung darstellt. Vgl. Wernerfelt (Resource-based View 1984), S. 172. Einen generellen Überblick über unterschiedliche Klassifizierungsversuche von Ressourcen gibt Engel (Seed-Finanzierung 2003), S. 36 ff.

kussionswürdig sind.[466] Als bedeutendes Merkmal, welches die Ressourcensituation junger Unternehmen in Bezug auf finanzielle Ressourcen kennzeichnet, werden die hohen Aufbauinvestitionen vor allem in immaterielle Vermögensgegenstände genannt. Das hohe Innovationsniveau des Leistungsangebotes, wodurch sich junge Unternehmen mit innovativen Geschäftsideen auszeichnen, erfordert ein hohes Maß an Forschungs- und Entwicklungsmaßnahmen und verstärkte Anstrengungen im Aufbau immaterieller Vermögensgegenstände.[467] Hieraus sowie aus dem Fertigungsaufbau und den Marketingaktivitäten resultiert ein hoher Kapitalbedarf, der aufgrund fehlender Erlöse in den frühen Phasen der Unternehmensentwicklung zumeist über Wagniskapital[468] gedeckt werden muss.[469] Auch hinsichtlich personeller Ressourcen weisen junge Unternehmen Besonderheiten im Vergleich zu etablierten Unternehmen auf, die zum Teil auf die finanzielle Ressourcenknappheit zurückzuführen sind. Während im etablierten Unternehmen für die einzelnen Unternehmensfunktionen spezialisiertes Personal eingesetzt werden kann, muss das junge Unternehmen aufgrund finanzieller Engpässe die Vielfalt an Aufgaben mit einer dünnen Personaldecke bewältigen.[470]

Die **Unternehmensumwelt** junger Unternehmen wird in der Literatur relativ übereinstimmend als dynamisch bezeichnet. Junge Unternehmen mit innovativen Geschäftsideen agieren oftmals in neuen oder jungen Branchen, für die noch keine Spielregeln existieren.[471] Sie sind gezwungen, sich den kaum abschätzbaren Rahmenbedingungen der Umwelt anzupassen. Zudem zeichnen sich junge Unternehmen in der Regel durch eine inhärente Dynamik aus, die wiederum bewirkt, dass der Umweltwandel zu einem gewissen Grade durch die ei-

---

466 Vgl. Achleitner/Bassen (Controllingsysteme 2002), S. 1194.

467 Immaterielle Vermögensgegenstände weisen die Besonderheit auf, dass sie nicht gegenständlich und nicht monetär sind. Sie beinhalten unter anderem das Wissen der Mitarbeiter, den Wert aus Kundenbeziehungen sowie die Wertschöpfungspotenziale aus Prozessen, Produkten und Patenten. Vgl. hierzu Arbeitskreis „Immaterielle Werte im Rechnungswesen" (Immaterielle Werte 2001), S. 990 f. sowie Achleitner/Bassen (Grundüberlegungen zum Controlling 2003), S. 10.

468 Unter Wagniskapital - im angloamerikanischen Sprachgebrauch als Venture Capital bezeichnet - versteht man eine für Frühphasen- und Technologiefinanzierungen wichtige Ausprägung bzw. Sonderform von Beteiligungskapital, wobei man als Beteiligungskapital Eigenkapital oder eigenkapitalähnliche Mittel bezeichnet, die als direkte oder stille Beteiligung außerhalb des organisierten Kapitalmarktes in Unternehmen eingebracht werden. Vgl. hierzu die ausführlichen Darstellungen bei Lessat et al. (Beteiligungskapital 1999), S. 94 ff. sowie Heitzer (Finanzierung 2000), S. 23 ff. Eine komprimierte Zusammenstellung der Grundlagen der Venture Capital Finanzierung ist zu finden bei Hendel (Bewertung 2003), S.7 ff.

469 Vgl. Baier/Pleschak (Technologieunternehmen 1996), S. 11.

470 Vgl. Gonschior/Roth (Unternehmensgründungen 1990), S. 62.

471 Vgl. Porter (Wettbewerbsstrategie 1999), S. 279.

genen dynamischen Innovationsprozesse, beispielsweise veränderte Kosten- und Erlösmodelle, induziert wird.[472]

Die Gesamtheit dieser Merkmale zeichnet ein sehr ausführliches Bild über die Besonderheiten und die möglichen Facetten eines jungen Unternehmens. Für die vorliegende Problemstellung sind jedoch nicht alle Merkmale gleichermaßen erkenntnisfördernd, da sie unterschiedliche Grade an Controllingrelevanz aufweisen. Im Folgenden sollen daher in jeder Merkmalsgruppe diejenigen Merkmale identifiziert werden, die in besonderem Maße controllingrelevant sind. Dabei zielt die Controllingrelevanz in erster Linie auf die Anforderungen an das Controlling ab. Merkmale werden dann als controllingrelevant im engeren Sinne bezeichnet, wenn sich aus ihnen direkt Anforderungen an die organisatorische und instrumentelle Ausgestaltung des Controllings ableiten lassen. Merkmale, die sich primär auf Anforderungen an die Führung des Unternehmens und insbesondere auf die unternehmerischen Schwerpunktaufgaben in einem jungen Unternehmen beziehen, sollen als controllingrelevant im weiteren Sinne bezeichnet werden, da sie zwar auch das Controlling als Rationalitätssicherung der Führung betreffen, dies allerdings nur indirekt.[473]

Identifikation der Merkmale mit Controllingrelevanz im engeren Sinne

In der Merkmalsgruppe **Unternehmenshistorie** lässt sich für die Merkmale „Kurze Existenz/Fehlende Historie", „Keine Vergangenheitsdaten für Planung" sowie „Geringer Erfahrungsschatz" ein hoher Grad an Controllingrelevanz im engeren Sinne aufzeigen. Ein junges, in Form einer originären selbständigen Gründung geschaffenes Unternehmen verfügt aufgrund seiner kurzen Existenz über keine bzw. nur rudimentäre Vergangenheitsdaten, auf die ein Controllingsystem im Rahmen der Planungsaufgabe aufsetzen könnte. Erfahrungswerte zur Erlös-, Kosten- und Investitionsstruktur liegen nicht oder nur in sehr eingeschränktem Maße vor.[474] Während im etablierten Unternehmen in der Regel bereits controllingspezifisch aufbereitete Vergangenheitsdaten vorliegen und somit sowohl in struktureller wie auch in inhaltlicher Hinsicht eine Basis für das Controlling gegeben ist, die zudem um die vorliegenden Erfahrungswerte bereichert werden kann, muss im jungen Unternehmen ein erfahrungsarmer Neuaufbau eines Controlling-Systems erfolgen, an das in der Konsequenz andere Anforderungen zu stellen sind, als es in etablierten Unternehmen der Fall ist.

472 Vgl. Hayn (Bewertung 1998), S. 18.

473 Dies wird im Abschnitt 3.4 näher beleuchtet.

474 Vgl. Bausch/Walter (Controlling 2002), S. 435.

Die beiden Merkmale „Hohe Wachstums-/Entwicklungspotenziale" sowie „Hohes Risiko/Unsicherheit", durch welche die **Unternehmensentwicklung** junger Unternehmen geprägt ist, zeichnen sich beiderseits durch einen hohen Grad an Controllingrelevanz im engeren Sinne aus. Bei jungen Unternehmen kann aufgrund der Tatsache, dass sie häufig als Innovator in neuen Märkten mit erheblichem Marktpotenzial agieren, davon ausgegangen werden, dass ihre Entwicklung durch signifikant stärkere Wachstumspotenziale gekennzeichnet ist als der weitere Entwicklungsverlauf etablierter Unternehmen.[475] Ein rasantes Unternehmenswachstum bedingt jedoch eine Reihe von Veränderungsprozessen im Unternehmen.[476] An das Controlling werden dadurch gerade im Übergang von der Gründungs- zur Wachstumsphase Anforderungen gestellt, denen es gerecht werden muss, um diesem dynamischen Aspekt Rechnung zu tragen. Gleichzeitig ist die künftige Entwicklung des jungen Unternehmens durch hohe Risiken und Unsicherheit gekennzeichnet.[477] Das Controlling in jungen Unternehmen muss diesen Risiken in besonderem Maße Rechnung tragen, da mit dem Eintreten des Risikofalles für ein junges Unternehmen in der Regel weitreichendere Konsequenzen verbunden sind als für ein etabliertes, diversifiziertes und finanzstarkes Unternehmen.

In der Merkmalsgruppe **Unternehmensführung** kann für die Merkmale „Unternehmergeprägt" sowie „Defizite im kaufmännischen Bereich/Hoher kaufmännischer Betreuungsbedarf" eine Controllingrelevanz im engeren Sinne. festgestellt werden. Im Gegensatz zu etablierten, durch angestellte Manager geführten und stärker arbeitsteiligen Unternehmen sind die Entscheidungsprozesse in jungen Unternehmen meist in hohem Ausmaß durch die Gründerpersönlichkeiten geprägt.[478] Hierdurch ergeben sich spezielle Anforderungen an das Controlling, welche insbesondere die organisatorische Ausgestaltung betreffen. Das Controlling in jungen Unternehmen muss ferner der Tatsache Rechnung tragen, dass die Gesell-

---

475 So kommt HEIL in einer empirischen Studie zur Entwicklung junger Unternehmen in West- und Ostdeutschland zu dem Schluss, dass neu gegründete Unternehmen „besonders wachstumsstark" sind Vgl. Heil (Erfolgsfaktoren 1999), S. 32. Ähnlich auch Hunsdiek/May-Strobl (Entwicklungslinien 1986), S. 25.

476 KULICKE argumentiert, dass die aus dem Wachstum resultierende sprunghafte Unternehmensentwicklung dazu führt, dass die einzelnen Funktionsbereiche des Unternehmens in der Regel nicht zeitlich parallel expandieren können und dadurch zu verschiedenen Zeitpunkten unterschiedliche Bereiche zu Engpässen werden. Vgl. Kulicke (Technologieorientierte Unternehmen 1987), S. 237 f.

477 Mit den verschiedenen Arten von Risiken im Gründungsprozess beschäftigt sich Unterkofler (Erfolgsfaktoren 1989), S. 96 ff. ALTENBURGER gibt einen Literaturüberblick über Beiträge, welche die Risiken im Rahmen der Unternehmensgründung thematisieren. Vgl. Altenburger (Risiken 2002), S. 128 ff.

478 Vgl. Achleitner/Bassen (Grundüberlegungen zum Controlling 2003), S. 9; Steiner (Long-Range Planning 1978), S. 98.

schaftergeschäftsführer in innovativen jungen Unternehmen häufig überproportionale Kenntnisse hinsichtlich der technischen Aspekte der Problemlösung aufweisen, im kaufmännischen Bereich und damit auch im Controlling aber Defizite vorhanden sind.[479]

Als controllingrelevant im engeren Sinne in der Merkmalsgruppe **Unternehmensressourcen** sind die Merkmale „Hohe Aufbauinvestitionen (v.a. in immaterielle Vermögensgegenstände)", „Negative Cashflows/keine Gewinne" sowie „Hoher Kapitalbedarf/Finanzierung über Venture Capital" bei den finanziellen Ressourcen und das Merkmal „Knappe personelle Ressourcen" hinsichtlich personeller Ressourcen hervorzuheben. Junge Unternehmen müssen, um Wettbewerbsvorteile zu erlangen und aufrechtzuerhalten, hohe Investitionen in die Entwicklung und Einführung ihrer innovativen Geschäftsidee erbringen.[480] Verbunden mit der Tatsache, dass diesem Finanzabfluß die aus Umsätzen generierten Einzahlungen erst zeitlich versetzt gegenüberstehen, werden in erster Linie an die Instrumente des Controllings hohe Anforderungen gestellt, um diese Besonderheit adäquat abzubilden. Darüber hinaus steht das Controlling in jungen Unternehmen vor der Herausforderung, geeignete Instrumente zu entwickeln, welche die in diesem Zusammenhang entstandenen, immateriellen Vermögensgegenstände berücksichtigen. Der hohe Kapitalbedarf in jungen Unternehmen ist meist nur im Rahmen einer großvolumigen Wagniskapitalfinanzierung zu decken.[481] Auch dieser Besonderheit, dass unternehmensexterne Interessengruppen Reportingansprüche gegenüber dem jungen Unternehmen haben, muss das Controlling Rechnung tragen. Das im Vergleich zu etablierten Unternehmen stark begrenzte personelle Ressourcenaufkommen in jungen Unternehmen ist darüber hinaus insbesondere in organisatorischer Hinsicht bei der Gestaltung des Controllings zu berücksichtigen.[482]

479 Im Rahmen des Modellversuchs „Förderung technologieorientierter Unternehmensgründungen" des Bundesministeriums für Bildung, Wissenschaft, Forschung und Technologie wurde empirisch ermittelt, dass lediglich 11% der befragten Gründer von Technologieunternehmen in den alten Bundesländern und 15% in den neuen Bundesländern Erfahrungen im kaufmännischen Bereich aufweisen. Vgl. Pleschak/Werner (Unternehmensgründungen 1998), S. 69 sowie Kulicke/Wupperfeld (Beteiligungskapital 1996), S. 215 und Kulicke (Junge Technologieunternehmen 1993), S. 33. Bestätigt wird die Grundaussage dieser Ergebnisse von Schefczyk (Managementqualifikation 2003), S. 75.

480 Vgl. Achleitner/Bassen (Grundüberlegungen zum Controlling 2003), S. 10 sowie Bassen (Corporate Governance 2002), S. 10 und Knecht (Erfolgsfaktoren 2002), S. 105.

481 Zum Begriff und Ablauf der Wagniskapitalfinanzierung vgl. Scheidegger (Venture-Capital-System 2002), S. 565 ff. sowie Nathusius (Venture Capital 1990), S. 25 ff.

482 WELSH/WHITE betonen in diesem Zusammenhang den Aspekt, dass die personellen Ressourcen in Kleinunternehmen auch durch Restriktionen in qualitativer Hinsicht gekennzeichnet sind. Vgl. Welsh/White (small business 1981), S. 18.

Im Rahmen der Merkmalsgruppe **Unternehmensumwelt** ist das Merkmal „Dynamische Umwelt" als controllingrelevant im engeren Sinne zu bezeichnen. Die in der Regel in Wachstumsmärkten tätigen jungen Unternehmen sind hohen Veränderungsraten externer Einflussfaktoren ausgesetzt.[483] Dies macht ständige Anpassungsmaßnahmen im Unternehmen erforderlich, welche durch das Controlling abgebildet werden müssen. Im Gegensatz zum etablierten Unternehmen, das in reifen und überschaubaren Märkten agiert, werden an das Controlling junger Unternehmen mit einem dynamischen Umfeld daher spezielle Anforderungen zu stellen sein.

Abbildung 3-3 zeigt den für den weiteren Verlauf der Arbeit relevanten Merkmalskatalog.

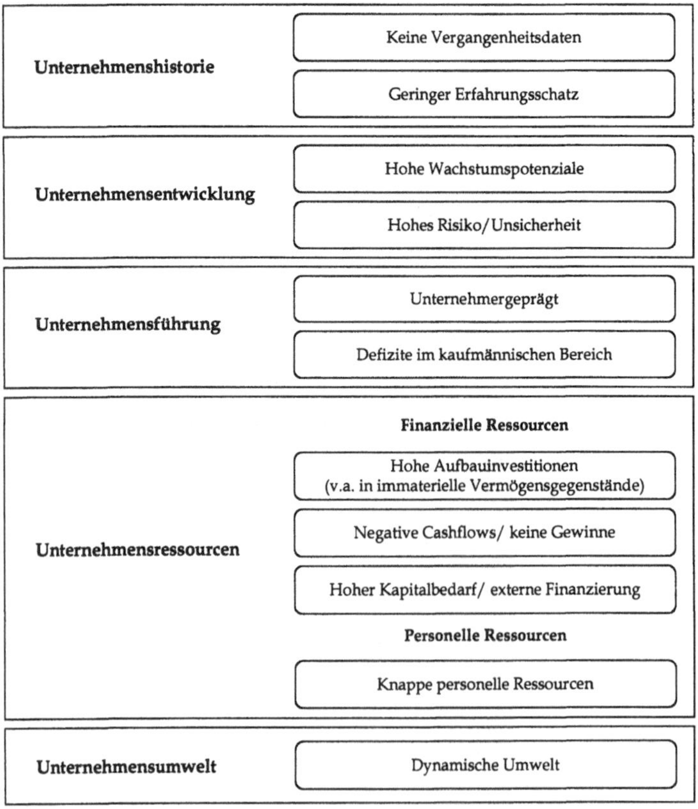

Abbildung 3-3: Controllingrelevante Merkmale junger Unternehmen

---

483 Vgl. hierzu auch Achleitner/Bassen (Investor Relations am Neuen Markt 2001), S. 4.

3.2.2 Spezifizierte Merkmale für die Gründungs- und für die Wachstumsphase eines Unternehmens

Die in Abbildung 3-3 zusammengestellten Merkmale junger Unternehmen zielen darauf ab, ein junges Unternehmen im Unterschied zu einem etablierten Unternehmen zu charakterisieren. Sie geben allerdings in dieser Form noch keinen Aufschluss darüber, ob sich das junge Unternehmen in der Gründungs- oder in der Wachstumsphase befindet. Erst durch eine differenzierte Betrachtung der Merkmale lässt sich eine phasengenaue Beschreibung junger Unternehmen vornehmen. Diese Differenzierung ist für die vorliegende Problemstellung in soweit von Bedeutung, als sich aus den phasenspezifischen Merkmalsausprägungen Unterschiede in den Anforderungen an das Controlling in der Gründungs- und Wachstumsphase ableiten lassen. Dies wiederum stellt eine Voraussetzung für die Analyse des Anpassungsbedarfes des Controllings im Zuge des Übergangs von der Gründungs- zur Wachstumsphase dar.

Die Ausprägung der identifizierten controllingrelevanten Merkmale im frühen Unternehmensentwicklungsprozess ist nicht statischer Natur. Vielmehr verändert sich der Ausprägungsgrad der einzelnen Merkmale junger Unternehmen mit der frühen Unternehmensentwicklung vom neu gegründeten Unternehmen hin zum Unternehmen in der Wachstumsphase schrittweise. Dabei ist der Veränderungsgrad nicht für jedes einzelne Merkmal gleichermaßen ausgeprägt, sondern über die verschiedenen Merkmale hinweg zum Teil durchaus unterschiedlich.[484] Zudem ist das exakte Ausmaß der Veränderung theoretisch nicht bestimmbar und empirisch bislang noch nicht erfasst. Allerdings lässt sich aus der Charakterisierung der einzelnen Frühentwicklungsphasen junger Unternehmen zumindest eine Tendenz für den Veränderungsgrad der Merkmalsausprägungen im Übergang von der Gründungs- zur Wachstumsphase ableiten.

Im Folgenden sollen daher die graduellen asynchronen Veränderungen der einzelnen Merkmalsausprägungen genauer analysiert und eine tendenzielle Einordnung des Veränderungsgrades der jeweiligen Merkmalsausprägungen in der Gründungs- und Wachstumsphase vorgenommen werden. Ziel ist es damit, eine Tendenz in der Entwicklung der charakteristischen Merkmale junger Unternehmen im Phasenübergang aufzuzeigen.

---

484 ACHLEITNER/BASSEN stellen fest, dass die Veränderung der Merkmale nicht synchron, sondern vielmehr gestaffelt erfolgen wird. Vgl. Achleitner/Bassen (Grundüberlegungen zum Controlling 2003), S. 10.

In Abbildung 3-4 ist das Ergebnis der Analyse der phasenspezifischen Ausprägungen der controllingrelevanten Merkmale junger Unternehmen im Überblick dargestellt.

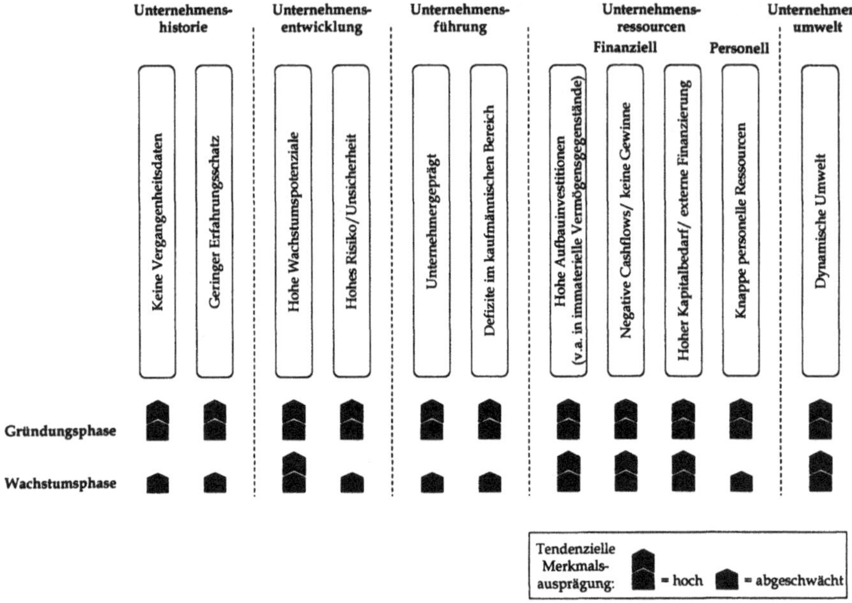

Abbildung 3-4: Phasenspezifische Ausprägungen der Merkmale junger Unternehmen

Das Merkmal „**Keine Vergangenheitsdaten**" tritt in der Gründungsphase des jungen Unternehmens in einer hohen Ausprägungsform zutage. Im Rahmen einer originären, selbständigen Unternehmensgründung wird ein vollständig neues Wirtschaftssubjekt geschaffen. Retrospektive Unternehmensdaten, sei es in Form von Vorjahresabschlüssen oder erprobten Produktabsatzzahlen, existieren nicht. Mit zunehmender Existenz des Unternehmens verbessert sich diese Situation schrittweise. In der Wachstumsphase ist die Verfügbarkeit von historischen Daten zwar weiterhin eingeschränkter als dies in etablierten Unternehmen der Fall ist, ein Grundgerüst an Unternehmensdaten beginnt sich jedoch allmählich zu formieren. Die ersten Erfahrungen bezüglich Liefer- und Leistungsbeziehungen zu den Beschaffungs-, Kapital-, Arbeits- und Absatzmärkten sind zahlenmäßig erfasst, so dass in quantitativer Hinsicht von einer Verbesserung der Datenverfügbarkeit in der Wachstumsphase im Vergleich zur Gründungsphase gesprochen werden kann. In qualitativer Hinsicht sind diese Unternehmensdaten allerdings nur eingeschränkt als Ausgangsbasis für die Ermittlung prospektiver Daten im Rahmen der Unternehmensplanung verwendbar. Die in der Wachstumsphase verfügbaren Daten spiegeln sehr stark die mit der Aufnahme des Geschäftsbetriebes verbundenen Aktivitäten wieder. Da diese größtenteils singulären Charakter haben,[485] ist es nur in sehr begrenztem Maße möglich, aus den gewonnenen Daten Rückschlüsse für künftige Entwicklungen und Planwerte zu ziehen.[486]

Ähnlich wie der Mangel an verfügbaren Unternehmensdaten ist auch der Erfahrungsschatz in der Gründungsphase aufgrund der kurzen Historie des jungen Unternehmens stark limitiert. Das System Unternehmen kann in dieser Phase auf keinerlei Erfahrungswerte - wie beispielsweise Markterfahrung - zurückgreifen. In eingeschränktem Umfang bringen die Gründer des Unternehmens aus ihrer vorunternehmerischen Tätigkeit immerhin einen gewissen Erfahrungsschatz mit ein, der sich jedoch in der Regel auf den technologischen Bereich beschränkt,[487] so dass die Gründungsphase im Allgemeinen durch eine hohe Ausprägung des Merkmales „**Geringer Erfahrungsschatz**" gekennzeichnet ist. In der Wachstumsphase kann durch die zwar kurze, jedoch intensiv durchlebte Historie und die zunehmende Geschäftstätigkeit eine verstärkte Ausweitung des Erfahrungsschatzes verbucht werden. Wenngleich die Summe dieser Erfahrungswerte nicht mit dem reichhaltigen Erfahrungsschatz in gereiften Unternehmen zu vergleichen ist, können diese Erfahrungen beim Übergang von der Gründungs- zur Wachstumsphase trotz allem eine Reihe von Fortschritten in vielerlei Bereichen des Unternehmens initiieren.[488]

Das Merkmal „**Hohe Wachstumspotenziale**" weist für Unternehmen in der Gründungsphase wie auch für Unternehmen in der Wachstumsphase einen hohen Ausprägungsgrad auf. Definitionsgemäß liegt der Fokus der vorliegenden Untersuchung auf innovativen Unternehmensgründungen, die in der Regel auf Märkten mit hoher Marktattraktivität agieren. Ein künftiges Ausschöpfen der hohen Marktpotenziale und die damit einhergehende Umsatzentwicklung stellen dem Unternehmen in der Gründungsphase ein hohes internes Wachstumspotenzial in Aussicht. Mit erfolgtem Markteintritt und dem daraus resultierenden Start

485 Zu denken ist hierbei beispielsweise an die rechtliche Gründung oder den Aufbau von Organisationsstrukturen.

486 HAYN bemerkt, dass die in jungen Unternehmen vorliegenden Strukturen lediglich den Ausgangspunkt für die künftige Entwicklung markieren, ohne dass hieraus die voraussichtliche Entwicklung wirklich abgeleitet werden kann. Vgl. Hayn (Bewertung 1998), S. 23 f.

487 So ergab eine Studie zu „Technologieorientierten Unternehmensgründungen" des Fraunhofer-Instituts für Systemtechnik und Innovationsforschung, dass nur 7% der befragten ostdeutschen Gründer Unternehmenserfahrung im kaufmännischen Bereich mit einbringen, 61% jedoch Erfahrungen im Forschungs- und Entwicklungsbereich. Vgl. Baier/Pleschak (Technologieunternehmen 1996), S. 17 f.

488 So können beispielsweise Erfahrungen, die mit der Entwicklung eines Prototypen gemacht wurden, für Produktanpassungen genutzt werden.

der Wachstumsphase bleibt die Chance für das Unternehmen, sich dieses prognostizierte Marktpotenzial nutzbar zu machen bestehen. Die mit dem Markteintritt gewonnenen Erfahrungen erlauben es dem Unternehmen in der Wachstumsphase jedoch, die Wachstumspotenziale realistischer einzuschätzen, als dies noch in der Gründungsphase möglich war.

Ein Unternehmen sieht sich in der Gründungsphase mit dem Merkmal **„Hohes Risiko/ Unsicherheit"** in einer hohen Ausprägungsform konfrontiert. Künftige Technologie- und Marktentwicklungen sind mit großer Ungewissheit verbunden. Die damit einhergehenden Risiken für das Unternehmen und die Gründer können in dieser frühen Phase schwer abgeschätzt und zudem nicht mittels Risikodiversifikation entschärft werden. Wenngleich auch mit erfolgtem Markteintritt die Unsicherheit über die Zukunft bestehen bleibt, so erlaubt die beginnende Routinisierung des Unternehmensgeschehens in Verbindung mit den Lektionen aus den ersten Erfahrungen einen etwas sichereren Umgang mit Risiken und Unsicherheiten. Nichtsdestoweniger weist das Merkmal „Hohes Risiko/ Unsicherheit" zwar im Übergang von der Gründungs- zur Wachstumsphase eine abgeschwächte, jedoch im Vergleich zu etablierten Unternehmen noch einen hohen Ausprägungsgrad für junge Unternehmen in der Wachstumsphase auf.

Auch das Merkmal **„Unternehmergeprägt"** ist in der Gründungsphase eines Unternehmens durch einen sehr hohen Ausprägungsgrad gekennzeichnet. Gründer und Geschäftsführung sind in der Regel personenidentisch. Die sich im Aufbau befindende Organisation ist zunächst zentralistisch auf die Gründerperson ausgerichtet.[489] In der Wachstumsphase ändert sich dieser Sachverhalt zunehmend.[490] Die sich ausweitende Geschäftstätigkeit und die höhere Arbeitsteiligkeit erfordern eine Reorganisation, die mit einer zunehmenden Dezentralisation der Führungsaufgaben verbunden ist.[491] Darüber hinaus ist in der Wachstumsphase ein hoher Kapitalbedarf zu verzeichnen, der meist nur durch externe Eigenkapitalgeber gedeckt werden kann. Der damit verbundene Anteilsverlust des Gründers am Unternehmen und der

489 FREIER umschreibt diesen Sachverhalt damit, dass die Gründerperson „bei Beginn noch mit allem und jedem beschäftigt" ist. Freier (Etablierungsmanagement 2000), S. 71. ADIZES bemerkt in diesem Zusammenhang zur Unternehmung in der Gründungsphase: „It is highly centralized and is best described as a one-person show." Adizes (Organizational Passages 1979), S. 5.

490 SCHMIDT beschreibt die Risiken, die sich ergeben können, wenn die Unternehmerprägung im Übergang von der Gründungs- zur Wachstumsphase nicht zugunsten einer breiteren Arbeitsteiligkeit zurückgesetzt wird. Vgl. hierzu Schmidt (Planung 1983), S. 178 ff.

491 PÜMPIN/PRANGE stellen heraus, dass durch die Ablösung des dominanten Inhaber-Unternehmers an der Spitze des Unternehmens durch eine breitere Führungsmannschaft eine Professionalisierung der Führung in der Wachstumsphase erfolgt. Vgl. Pümpin/Prange (Unternehmensentwicklung 1991), S. 100. Ähnlich argumentiert Weber (Wachstumsschwellen 1995), S. 8.

Zwang zur Integration des externen Teilhabers schwächen die Unternehmerprägung des Unternehmens ab.

Die starke Unternehmerprägung in der Gründungsphase, verbunden mit der Tatsache, dass die Gründer meist einen technischen Ausbildungshintergrund aufweisen und dadurch die Forschungs- und Entwicklungsseite überbetonen, führen zu einer zunächst starken Ausprägung des Merkmales „**Defizite im kaufmännischen Bereich**". In dem Maße, in dem die zentrale Stellung des Unternehmers zugunsten einer Dezentralisation der Führungsaufgaben in der Wachstumsphase zurückweicht, vermindert sich der Ausprägungsgrad dieses Merkmales. Die Verbreiterung des Managements geht in der Regel einher mit einem Zufluss an kaufmännischen Kompetenzen. Zudem führt die Beteiligung von externen Eigenkapitalgebern und das damit verbundene Erfordernis, kaufmännische Mindeststandards zu erfüllen, dazu, dass dem Aufbau von Kompetenzen im kaufmännischen Bereich - sei es durch Inanspruchnahme von Beratungsleistungen oder durch personelle Weiterbildungsmaßnahmen - vermehrt Beachtung geschenkt wird.[492]

Das Merkmal „**Hohe Aufbauinvestitionen (v.a. in immaterielle Vermögensgegenstände)**" weist in Gründungs- wie Wachstumsphase einen hohen Ausprägungsgrad auf. In der Gründungsphase entfällt ein Großteil der Investitionsanstrengungen auf die Entwicklung der innovativen Problemlösung. Zudem besteht ein hoher Investitionsbedarf für die gründungsspezifische Aufnahme des Geschäftsbetriebes.[493] Der Markteintritt bedingt schließlich verstärkte Anstrengungen im Absatzbereich. Geeignete Distributionskanäle müssen aufgebaut werden und die potenziellen Kunden von der Leistungsfähigkeit der Innovation überzeugt werden.[494] Die Fertigungskapazitäten müssen ausgeweitet werden. Darüber hinaus sind rasch Nachfolgeprodukte zu entwickeln, wodurch der Kapitalverzehr in der Wachstumsphase zusätzlich belastet wird.[495] Die Organisationsausweitung erfordert zudem verstärkte

492 Vgl. Kulicke (Entwicklungsmuster 1991), S. 356.

493 PLESCHAK/WERNER geben eine Übersicht über die einzelnen Posten, für die Kapitalbedarf in den jeweiligen Phasen entsteht. Vgl. Pleschak/Werner (Unternehmensgründungen 1998), S. 141. UNTERKOFLER unterscheidet in unternehmenserrichtungsbezogene und unternehmenszweckbezogene Gründungsausgaben. Ausführliche Beispiele zu den beiden Ausgabenarten siehe bei Unterkofler (Erfolgsfaktoren 1989), S. 182 ff.

494 Vgl. Ewers/Wein (Technologieunternehmen 1993), S. 5 ff.

495 Vgl. Wippler (Unternehmensgründungen 1998), S. 17.

Investitionen, beispielsweise in den unternehmensspezifischen Wissensstand der neu hinzukommenden Mitarbeiter.[496]

Den hohen Aufbauinvestitionen in der Gründungsphase stehen erst zeitlich versetzte Einzahlungen aus Produktumsätzen gegenüber. Dementsprechend weist das Merkmal **„Negative Cashflows/keine Gewinne"** in der Gründungsphase einen hohen Ausprägungsgrad auf. Mit dem Markteintritt und zunehmenden Umsätzen in der Wachstumsphase wird diese Situation zwar leicht abgemildert, der grundsätzlich hohe Ausprägungsgrad des Merkmales bleibt jedoch aufgrund des hohen wachstumsbedingten Kapitalverzehrs bestehen.[497]

Hohe Investitionen und erst zeitlich versetzte Einzahlungen führen zu Liquiditätsengpässen in der Gründungsphase. Die finanziellen Restriktionen der Gründer, verbunden mit einem Mangel an Investoren im Anfangsstadium der Unternehmensentwicklung, machen ein strenges Liquiditätsmanagement erforderlich. Zusätzliches Kapital wird mit zunehmender Unternehmensentwicklung insbesondere für verstärkte Produktentwicklungsmaßnahmen und Markteintrittsvorbereitungen notwendig. Weil dieser Kapitalbedarf meist nur durch externe Unterstützung gedeckt werden kann, wird in der Gründungsphase bereits ein geeigneter Investor gesucht. Da allerdings das Risiko in dieser Phase noch sehr hoch ist und noch keinerlei Erfahrungswerte bezüglich technologischer Leistungsfähigkeit und Absatzmöglichkeiten des Produktes vorliegen, kommt zunächst meist nur der informelle Kapitalbeteiligungsmarkt[498] in Frage.[499] In der Wachstumsphase reicht die eingeschränkte Kapitalbereit-

---

496 Insbesondere bei dienstleistungs- und internetbasierten Unternehmungen stellt das Humankapital einen entscheidenden Werttreiber dar. Vgl. hierzu auch Fröhling (Controlling 2000), S. 225; Nölting (Werttreiber 2000), S. 154 ff.

497 Vgl. hierzu auch Lessat et al. (Beteiligungskapital 1999), S. 96 sowie Witt (Bewertung 2000), S. 173 f. BYGRAVE bezeichnet den Tag, an dem das Unternehmen einen positiven Cashflow erzielt, als einen „Glückstag im Leben des erfolgreichen Unternehmers". Bygrave (Entrepreneurship 1998), S. 136.

498 Der informelle Kapitalbeteiligungsmarkt ist durch Privatinvestoren gekennzeichnet, die in angloamerikanischer Terminologie als „business angels" bezeichnet werden. Diese Privatinvestoren stellen (im Verhältnis zu Wagniskapitalgebern) kleinvolumige Kapitalbeträge in Form einer Direktinvestition sowie häufig auch Beratungsleistungen zur Verfügung und erwarten im Gegenzug für das hohe eingegangene Risiko hohe Renditen. Vgl. Grabherr (Investor's Fit 2001), S. 229. Weitere Ausführungen zu den Charakteristika des informellen Kapitalbeteiligungsmarktes sind zu finden bei Just (Technologieorientierte Unternehmensgründungen 2000), S. 29 ff., Klandt et al. (Business Angels 2001), S. 5 ff. sowie Domdey (Seed-Finanzierung 2001), S. 73 ff.

499 Interessanterweise ergab eine Befragung von deutschen Beteiligungsgesellschaften (formeller Beteiligungsmarkt) über ihre Engagements in jungen Technologieunternehmen, dass die größten Hemmnisse für ein Investment neben dem hohen Risiko die Managementdefizite in den jungen Unternehmen und der damit verbundene hohe Betreuungsaufwand sind. Vgl. Wupperfeld (Seed-Capital Markt 1996), S. 198 ff.

stellung durch Privatinvestoren bzw. Frühphasenfinanzierung[500] nicht mehr aus, um den mit dem Wachstum verbundenen Kapitalbedarf zu decken.[501] Daher ist in diesem Stadium eine professionelle Expansionsfinanzierung durch Wagniskapitalgeber meist unerlässlich.[502] Das Merkmal **„Hoher Kapitalbedarf/externe Finanzierung"** weist demzufolge in Gründungs- wie Wachstumsphase eine hohe Ausprägungsform auf.

In der Gründungsphase tritt auch das Merkmal **„Knappe personelle Ressourcen"** in einer hohen Ausprägung zutage. Die erwähnte Knappheit der finanziellen Ressourcen bringt mit sich, dass der Personalbestand in der Regel am absoluten Minimum kalkuliert werden muss.[503] Mit voranschreitender Ausweitung der Geschäftstätigkeit in der Wachstumsphase nimmt der Personalbestand absolut zu. Aufgrund des mit dem Wachstum verbundenen hohen Kapitalbedarfs werden die personellen Ressourcen jedoch erst dann auch relativ zum faktischen Personalbedarf ausgeweitet, wenn der Kapitalbedarf durch externe Finanzierung gedeckt werden kann und dadurch die finanziellen Mittel für zusätzlich benötigte Kräfte vorhanden sind.

Die Umwelt eines Unternehmens in der Gründungsphase ist durch hohe Dynamik gekennzeichnet, da die Zielmärkte meist noch sehr jung und keine Spielregeln für diese Märkte bekannt sind. Durch den Markteintritt des jungen Unternehmens erhöht sich in der Regel diese Dynamik noch weiter, da das Unternehmen und sein innovatives Angebot neue Veränderungsbedarfe auslösen. Das Merkmal **„Dynamische Umwelt"** weist dementsprechend in Gründungs- und Wachstumsphase einen hohen Ausprägungsgrad auf.

---

500 Wenngleich die Investitionsbereitschaft von Wagniskapitalgebern in der Anfangsphase eines Unternehmens, wie erwähnt, gering ist und meist auf informelle Kapitalgeber zurückgegriffen werden muss, stellen Wagniskapitalgeber im Rahmen der Frühphasenfinanzierung Kapital in geringem Ausmaß zur Verfügung. Laut WECLAWSKI beläuft sich der Anteil der Kapitalbeteiligungen in Unternehmen in der Seed- und Startphase (in diesen beiden Phasen kommt die Frühphasenfinanzierung zum Einsatz) auf nur 6,5%. In der Wachstums- bzw. Expansionsphase werden knapp 40% der Finanzmittel eingesetzt. Die übrigen Mittel werden für unterschiedliche Finanzbedarfssituationen verwendet. Vgl. Weclawski (Venture-Capital-Finanzierung 2002), S. 546 ff.

501 „Everyone knows that starting a business requires cash, and growing a business requires even more." Churchill/Mullins (Grow 2001), S. 135. Vgl. auch Achleitner et al. (Kapitalmarktkommunikation 2001), S. 30.

502 GRABHERR charakterisiert diese Form der Finanzierung als Beteiligungen von institutionellen Beteiligungskapitalinvestoren an Unternehmen, die die Gründung und die ersten Gehversuche am Markt hinter sich haben und bereits durch einen Business Angel oder Early Stage-Fonds auf die weiteren Wachstumsschritte vorbereitet worden sind. Vgl. Grabherr (Risikokapitalinstrumente 2001), S. 39.

503 So gaben in einer Studie des Bundesministeriums für Bildung, Wissenschaft, Forschung und Technologie zur Förderung technologieorientierter Unternehmensgründungen 24% der befragten Gründer an, dass sie den Finanzierungsengpässen in der Entstehungsphase mit einer Verminderung der Gehälter begegnet sind. Vgl. Pleschak/Werner (Unternehmensgründungen 1998), S. 91.

3.2.3 Aus den Merkmalen resultierende Anforderungen an das Controlling in der Gründungs- und in der Wachstumsphase

Aus den controllingrelevanten Merkmalen junger Unternehmen lassen sich in einem ersten Schritt Anforderungen ableiten, die bei der organisatorischen und instrumentellen Gestaltung von Controllingsystemen junger Unternehmen zu berücksichtigen sind, um den spezifischen Besonderheiten junger Unternehmen Rechnung tragen zu können. Dabei wird in diesem ersten Schritt die Gruppe der jungen Unternehmen in ihrer Gesamtheit betrachtet und noch nicht zwischen Gründungs- und Wachstumsphase differenziert.

Abbildung 3-5 zeigt die abgeleiteten Anforderungen an Controllingsysteme junger Unternehmen im Überblick.

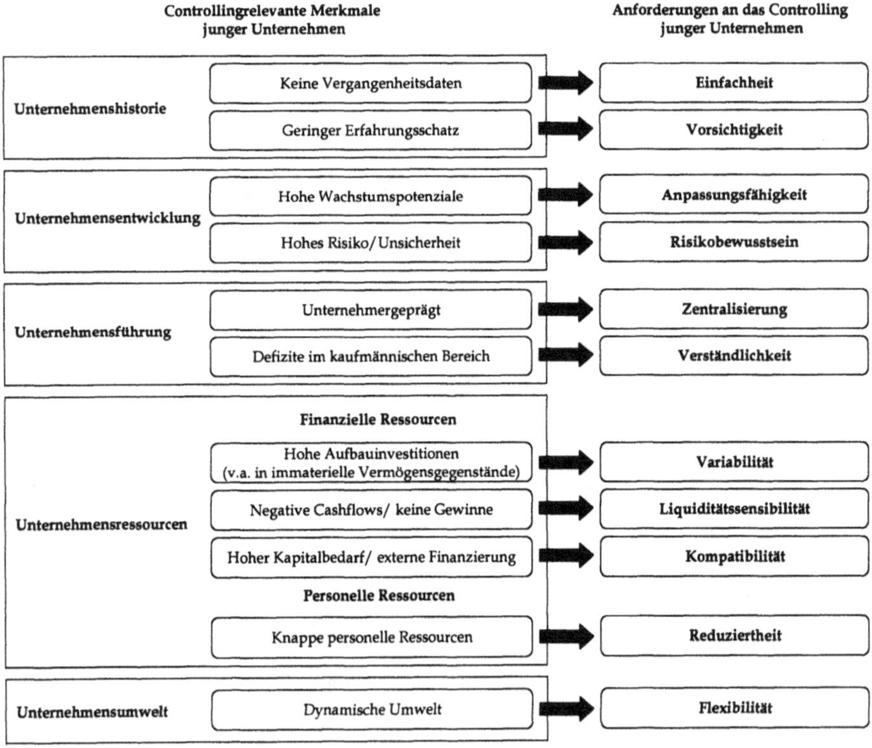

Abbildung 3-5: Anforderungen an die organisatorische und instrumentelle Ausgestaltung des Controllings in jungen Unternehmen

Aufgrund des Mangels an Vergangenheitsdaten kann ein junges Unternehmen nicht auf ein bewährtes und etabliertes Controllingsystem aufsetzen, sondern sieht sich mit der unternehmensbezogenen Neuentwicklung eines Controllingsystems konfrontiert. Zudem besteht für das junge Unternehmen nicht die Möglichkeit, retrospektive Daten zur Ableitung prospektiver Aussagen im Rahmen der Unternehmensplanung heranzuziehen. Da darüber hinaus sowohl personelle Ressourcen im Rahmen des Systemneuaufbaus als auch Erfahrungswerte beispielsweise in Bezug auf die Unternehmensplanung durch Knappheit gekennzeichnet sind, erscheinen für das junge Unternehmen zunächst besonders **einfache Controllingsysteme** zweckmäßig und zielführend zu sein.[504] Komplexere Controllinginstrumente, die einen hohen Informationsbedarf haben, sind erst mit zunehmendem Entwicklungsstand des Unternehmens und einem umfangreicheren Datenbestand sinnvoll einsetzbar.

Der geringe Erfahrungsschatz wirkt sich in jungen Unternehmen in vielerlei Hinsicht controllingrelevant aus. Die geringe Markterfahrung erschwert eine plausible und verlässliche Prognose über künftige Absatz- und Umsatzzahlen. Erfahrungsdefizite in der Abschätzung der Kosten- und Investitionsstruktur können zu Planungsfehlern und daraus resultierenden finanziellen Risiken führen. Das Controlling in jungen Unternehmen kann hierbei zur Rationalitätssicherung beitragen, indem es den geringen Erfahrungswerten mit dem Prinzip der **Vorsichtigkeit** begegnet. Insbesondere im Rahmen der Planungsaufgabe können formalisierte Instrumente, die eine vorsichtige Prognose zutage fördern, emotionalen Voraussagen von marktunerfahrenen Gründern entgegenwirken.

Junge Unternehmen sind in der Regel durch hohe Wachstumspotenziale gekennzeichnet. Mit dem Eintreten in die Wachstumsphase wird in einem jungen Unternehmen eine Reihe von Veränderungsprozessen angestoßen, die eine Anpassung der unternehmerischen Schwerpunktaktivitäten und der Organisationsstruktur erforderlich machen. Das Controlling muss dieser Dynamik Rechnung tragen und die neuen Ziele und Gegebenheiten berücksichtigen. Ein statisches Controllingsystem in jungen Unternehmen ist daher nicht zielführend, vielmehr muss sich das Controlling in jungen Unternehmen durch einen hohen Grad an Erweiterungs- und **Anpassungsfähigkeit** auszeichnen.[505]

504 ACHLEITNER/BASSEN argumentieren, dass diese durch die kurze Existenz des Unternehmens hervorgerufene Neuentwicklung von Controllingsystemen zur Rationalitätssicherung beitragen kann. Vgl. Achleitner/Bassen (Grundüberlegungen zum Controlling 2003), S. 12.

505 ARNAOUT/GLEICH fordern für junge Unternehmen Controllingkonzepte, die aufgrund des dynamischen Unternehmensumfelds in der Lage sein müssen, die Änderungen der unternehmensbezogenen Kontextsituation angemessen abzubilden. Vgl. Arnaout/Gleich (Kostenrechnung 2003), S. 177.

Die hohen markt- und technologieseitigen Unsicherheiten, denen sich junge Unternehmen ausgesetzt sehen, sowie die finanziellen Risiken, die daraus erwachsen, können in einem Controllingsystem junger Unternehmen durch entsprechendes **Risikobewusstsein** adäquat berücksichtigt werden. Instrumente wie Szenariobetrachtungen ermöglichen es, die bestehenden Risiken zu visualisieren und eine Sensibilität für den Umgang mit diesen Unsicherheiten zu entwickeln.[506]

Die unternehmergeprägte Entscheidungsstruktur in jungen Unternehmen macht ein **zentrales Controllingsystem** erforderlich. Da der Gründer in der Regel zugleich die Führung des Unternehmens verantwortet, muss das Controlling insbesondere im Rahmen seiner Informationsaufgabe auf die Gründerperson ausgerichtet sein. Im Zuge der Ausweitung der Anteilseigner muss das Controlling in jungen Unternehmen zudem der Anforderung gerecht werden, alle Eigner mit den benötigten Informationen zu versorgen.[507]

Ein auf die Gründerperson ausgerichtetes Controllingsystem muss zudem der Besonderheit Rechnung tragen, dass Gründer meist durch erhebliche Defizite im kaufmännischen Bereich gekennzeichnet sind. Insbesondere in der Startphase, in der das Controlling aus Mangel an personellen Ressourcen organisatorisch bei der Unternehmensführung angesiedelt sein wird, sollten die eingesetzten Instrumente wenig Vorwissen voraussetzen.[508] In Bezug auf die Controllingergebnisse ist ein hoher Grad an **Verständlichkeit** auch für kaufmännisch nicht „vorbelastete" Adressaten zielführend und erforderlich.

Junge Unternehmen zeichnen sich durch hohe Aufbauinvestitionen aus. Da diesen Investitionen erst zeitlich versetzt Einzahlungen aus Umsätzen gegenüberstehen, muss vom Controlling verlangt werden, Alternativen zu einperiodischen Rechnungen einzusetzen, um diese zeitliche Differenz abzubilden.[509] Da die Aufbauinvestitionen zudem zu einem großen Anteil in immaterielle Vermögensgegenstände erfolgen, ist das Controlling in jungen Unternehmen aufgefordert, **Variabilität** im Instrumenteneinsatz zur Erfassung dieser immateriel-

---

506 Vgl. Bausch/Walter (Controlling 2002), S. 435.

507 Vgl. Achleitner/Bassen (Controllingsysteme 2002), S. 1194.

508 Vgl. Kunesch (Controlling in Klein- und Mittelbetrieben 1996), S. 633.

509 Vgl. Achleitner/Bassen (Grundüberlegungen zum Controlling 2003), S. 13.

len Vermögensgegenstände zu zeigen und zusätzliche differenzierte Führungsinformationen bereitzustellen.[510]

Die aus hohen Aufbauinvestitionen und zeitlich versetzten Einzahlungen resultierenden negativen Cashflows in den frühen Phasen des Unternehmenslebenszyklus machen ein besonders **liquiditätssensibles Controlling** erforderlich.[511] Liquiditätsengpässe stellen für das junge Unternehmen eine zunächst ständige, die Existenz gefährdende Bedrohung dar, welcher mit einer Priorisierung von zahlungsorientierten Betrachtungen, die Rückschlüsse auf die Liquiditätssituation zulassen, begegnet werden kann.[512]

Da der hohe Kapitalbedarf in den frühen Unternehmensentwicklungsphasen in der Regel nur mit Hilfe externer Finanzierung gedeckt werden kann, steht das Controlling in jungen Unternehmen vor der Herausforderung, unternehmensinterne wie -externe Interessengruppen zu berücksichtigen. Investoren fordern in der Regel eine ihren Bedürfnissen bzw. Standards entsprechende Berichterstattung, um die zwischen Gründern und externen Kapitalgebern auftretenden Informationsasymmetrien zu reduzieren.[513] Für das Controlling bedeutet dies, dass die für interne Zwecke konzipierten Controllingsysteme junger Unternehmen auch den Erfordernissen externer Investoren entsprechen sollten und die **Kompatibilität** mit dem Controlling der Kapitalgeber möglichst hoch sein sollte, um kostenintensive Umstellungen und Anpassungen zu vermeiden.[514]

In jungen Unternehmen herrscht in der Regel eine Knappheit an personellen Ressourcen, was dazu führt, dass meist keine designierte Controllingabteilung oder -stelle existiert. Vielmehr müssen die Controllingaufgaben zunächst oft von der Unternehmensleitung selbst

---

510 SUßBAUER/WESTPHAL-WESTENACHER betonen, dass weniger die Frage der Bewertung und der Zulässigkeit der Aktivierung der immateriellen Vermögensgegenstände im Vordergrund stehen sollten, sondern vielmehr die Bewertung der damit in Zukunft zu generierenden Erträge. Vgl. Sußbauer/Westphal-Westenacher (Überwachungssystem 2003), S. 364 f. Ähnlich argumentieren BAUSCH/WALTER, indem sie die Bedeutung von Investitionen in immaterielle Vermögensgegenstände in jungen Unternehmen herausstellen und auf den hieraus resultierenden Bedarf an alternativen Führungsinformationen und Führungsgrößen hinweisen. Vgl. Bausch/Walter (Controlling 2002), S. 436. STOI skizziert anhand von zehn Thesen den bestehenden Forschungsbedarf im Bereich des Controllings von immateriellen Vermögensgegenständen und stellt ebenfalls zusammenfassend fest, dass der Schwerpunkt des Controllings von Intangibles auf dem Verständnis ihrer Natur und Steuerbarkeit und weniger auf deren monetärer Bewertung liegen sollte. Vgl. Stoi (Intangibles 2002), S. 261 ff.

511 Vgl. Everling (Controlling 2003), S. 330.

512 Vgl. Friedl (Realoptionen 2003), S. 242.

513 Vgl. Schefczyk/Pankotsch (Betriebswirtschaftslehre 2003), S. 20.

514 Vgl. Sußbauer/Westphal-Westenacher (Überwachungssystem 2003), S. 363 f.

wahrgenommen werden.[515] Die Ausgestaltung des Controllings kann diesem Umstand Rechnung tragen, indem eine quantitative wie qualitative **Reduziertheit** in den Controllinginstrumenten gewahrt wird.[516] Die Beschränkung auf wenige, einfach handhabbare und doch aussagekräftige Tools erscheint hierbei besonders zielführend.[517]

Junge Unternehmen sind meist einer dynamischen Umwelt ausgesetzt, die eine hohe Veränderungsrate externer Einflüsse auf das Unternehmensgeschehen mit sich bringt. Für das Controlling im jungen Unternehmen bedeutet dies, dass diese Veränderungsraten in Form von Informationen laufend aufgenommen und verarbeitet werden müssen, um hieraus Anpassungs- und Gegensteuerungsmaßnahmen einzuleiten.[518] Eine hohe Planungshäufigkeit, verbunden mit einer ausgeprägten **Flexibilität** im Rahmen der Anpassung von Planungsprämissen, können hierfür als zweckmäßig erachtet werden.[519]

Die bislang betrachteten, aus den Merkmalen junger Unternehmen abgeleiteten Anforderungen an Controllingsysteme betreffen die Gesamtgruppe junger Unternehmen, unabhängig davon, in welcher spezifischen Lebenszyklusphase sie sich jeweils befinden.

Im nächsten Schritt werden nun die abgeleiteten Controllinganforderungen junger Unternehmen einer differenzierteren Analyse unterzogen. Ebenso wie die Merkmale junger Unternehmen entlang der Unternehmensentwicklung unterschiedliche Ausprägungsformen annehmen, lassen sich auch für die abgeleiteten Anforderungen an das Controlling in jungen Unternehmen verschieden starke Ausprägungen feststellen, je nachdem, ob sich das Unternehmen in der Gründungs- oder in der Wachstumsphase befindet.

Abbildung 3-6 zeigt die einzelnen Anforderungen an Controllingsysteme junger Unternehmen in ihrer jeweiligen Ausprägungsform in der Gründungs- und in der Wachstumsphase.

515 Vgl. Weber et al. (E-Business 2001), S. 40.

516 Dies ist auch deshalb zu fordern, da die Unternehmensführung bzw. Gründer, wie oben dargelegt, durch kaufmännische Defizite gekennzeichnet sind.

517 Vgl. Kunesch (Controlling in Klein- und Mittelbetrieben 1996), S. 633; Schefczyk/Pankotsch (Betriebswirtschaftslehre 2003), S. 196.

518 PÜMPIN/PRANGE argumentieren, dass die stete Anpassung an den Wandel zur Grundvoraussetzung für das Überleben eines Unternehmens wird. Vgl. Pümpin/Prange (Unternehmensentwicklung 1991), S. 135. Vgl. hierzu auch Sußbauer/Westphal-Westenacher (Überwachungssystem 2003), S. 364.

519 Vgl. Achleitner/Bassen (Controllingsysteme 2002), S. 1194 f.

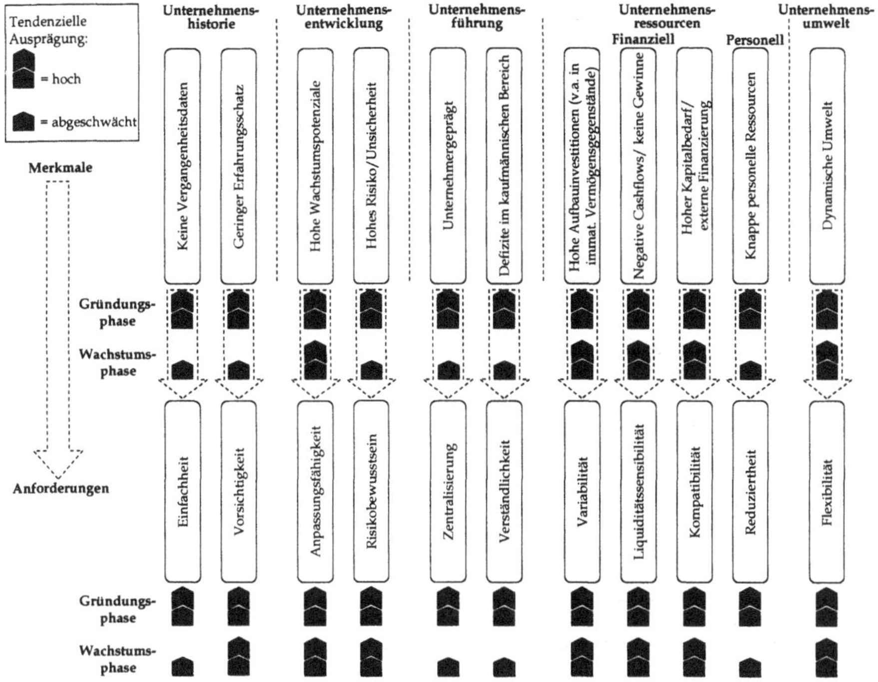

Abbildung 3-6: Phasenspezifische Ausprägungen der Anforderungen an das Controlling in jungen Unternehmen

Da junge Unternehmen in der Gründungsphase auf keinerlei Vergangenheitsdaten zurückgreifen können und ihr Controllingsystem vollständig neu entwickeln müssen, ist es zweckmäßig, zunächst möglichst **einfache Controllinginstrumente** als eine Art Grundgerüst zu installieren. Mit zunehmender Unternehmensentwicklung und damit einhergehender Verfügbarkeit von Vergangenheitsdaten können komplexere Instrumente Verwendung finden, die auf restrospektiven Daten aufbauen.

So wie das Merkmal „Geringer Erfahrungsschatz" in der Gründungsphase in einer hohen Ausprägungsform zutage tritt, ist auch die daraus abgeleitete Controllinganforderung der **Vorsichtigkeit** in der Gründungsphase stark ausgeprägt. Wenngleich die Gesamtheit an Erfahrungen im Laufe der Wachstumsphase graduell größer wird, trägt der im Vergleich zu etablierten Unternehmen noch geringe Erfahrungsschatz nicht dazu bei, die zu treffenden Planungsprämissen mit ausreichend erfahrungsgestützter Sicherheit zu unterlegen. Das Prinzip der Vorsichtigkeit kennzeichnet daher auch das Controlling in der Wachstumsphase in ähnlichem Ausmaß, wie dies in der Gründungsphase der Fall ist.

Das Controlling in der Gründungsphase muss den aus hohen Wachstumspotenzialen resultierenden Veränderungsprozessen gerecht werden und analog zur Unternehmensentwicklung erweiterungsfähig sein. Diese Anforderung der **Anpassungsfähigkeit** muss auch in der Wachstumsphase vorausgesetzt werden, damit das Unternehmen den Herausforderungen, die das Durchlaufen der weiteren Unternehmenslebensphasen mit sich bringt, gewachsen ist.

In der Gründungs- wie auch Wachstumsphase muss ein Controlling der Anforderung des **Risikobewusstseins** entsprechen. Wenngleich in der Wachstumsphase im Vergleich zur Gründungsphase von einem allmählich sicherer werdenden Umgang mit den bestehenden Risiken auszugehen ist, sollten diese jedoch weiterhin im Rahmen von unternehmerischen Entscheidungen bedacht und mit einbezogen werden. Die Ausprägungsform der Controllinganforderung Risikobewusstsein ist daher in den beiden Phasen gleichermaßen hoch.

Da sich das Merkmal unternehmerorientierter Entscheidungsprozesse im Laufe des Übergangs von der Gründungs- zur Wachstumsphase in seiner Ausprägung abschwächt, nimmt auch der Ausprägungsgrad der abgeleiteten Controllinganforderung der **Zentralisation** allmählich ab. Während das Controlling in der Gründungsphase auf die dominierende Gründerperson ausgerichtet ist und die Controllingaufgaben aufgrund personeller Ressourcenengpässe meist auch direkt vom Gründergeschäftsführer wahrgenommen werden, vermindert sich dieses Zentralisationserfordernis im Laufe der Wachstumsphase aufgrund zunehmender Arbeitsteilung und finanzierungsseitig hinzukommender externer Interessengruppen.

In der Gründungsphase besteht die Anforderung der **Verständlichkeit** an das Controlling in einem hohen Maße, da die zentralen Gründerpersonen meist starke Defizite im kaufmännischen Bereich aufweisen. Die Gründer sind aufgrund knapper personeller Ressourcenausstattung oft Erzeuger und Adressat der Controllingergebnisse in einer Person, so dass sowohl die anzuwendenden Instrumente als auch die damit generierten Ergebnisse leicht verständlich sein sollten. In der Wachstumsphase kann von einer leichten Verringerung des kaufmännischen Defizits ausgegangen werden, da zum einen die Gründer mit zunehmender unternehmerischer Tätigkeit und wachsenden Erfahrungen - beispielsweise auch durch Schulungen - kaufmännische Kompetenzen aufbauen und andererseits durch die Dezentralisation der Führungsaufgaben externes kaufmännisches Knowhow hinzugewonnen werden kann.

In Gründungs- wie Wachstumsphase ist das junge Unternehmen mit hohen Aufbauinvestitionen konfrontiert, die zu einem bedeutenden Teil auch in immaterielle Vermögensgegenstände getätigt werden. Die Erfassung der wertmäßigen Bedeutung dieser immateriellen Vermögensgegenstände sowie die Berücksichtigung der Besonderheit, dass den Aufbauinvestitionen erst zeitlich versetzt Einzahlungen gegenüberstehen, stellen Anforderungen an das Controlling, denen in beiden Phasen Rechnung getragen werden muss. Das Controlling muss daher in der Gründungs- wie auch in der Wachstumsphase **Variabilität** im Instrumenteneinsatz zeigen, indem Controllingaktivitäten betrieben werden, die sich in der Praxis in traditionellen Unternehmen noch nicht fest etabliert haben.[520]

Die in der Gründungsphase in hoher Ausprägung auftretenden negativen Cashflows machen ein strenges Liquiditätsmanagement erforderlich. In der Wachstumsphase bewirken die beginnenden Umsätze und Einzahlungen zwar eine geringe Abschwächung der extremen Merkmalsausprägung, jedoch bleibt die grundsätzliche Anforderung an das Controlling der **Liquiditätssensibilität** erhalten.

Da junge Unternehmen in der Wachstumsphase aufgrund des hohen Kapitalbedarfs meist auf externe Kapitalgeber angewiesen sind, weist die Controllinganforderung der **Kompatibilität** in dieser Phase eine hohe Ausprägung auf. Wenngleich zu Beginn der Gründungsphase noch keine externen Interessengruppen in direkter Form berücksichtigt werden müssen, so sollte das Controlling jedoch auch in dieser frühen Phase bereits gewissen allgemein anerkannten Standards entsprechen, damit mit Eintritt externer Kapitalgeber in der Wachstumsphase die Anpassungs- und Umstellungskosten im Rahmen der Herstellung der Kompatibilität der Controllingsysteme minimiert werden können.

Bezüglich der Controllinganforderung der **Reduziertheit** sind erkennbare Unterschiede im Ausprägungsgrad in der Gründungsphase und in der Wachstumsphase festzustellen. Während die knappe personelle Ressourcenausstattung in der Gründungsphase dazu führt, dass Controlling in der Regel von der kaufmännisch meist kaum vorbelasteten Geschäftsleitung als zusätzliche Aufgabe zu übernehmen ist und Controllinginstrumente daher in quantitativer wie qualitativer Hinsicht zunächst in reduzierter Form etabliert werden müssen, kann der Umfang des Controllings in der Wachstumsphase aufgrund zunehmender Arbeitsteiligkeit, Dezentralisierungstendenzen, Ausweitung personeller Ressourcen und dadurch auch Zunahme kaufmännischer Kompetenzen allmählich ausgeweitet werden.

---

520 Vgl. Schefczyk/Pankotsch (Betriebswirtschaftslehre 2003), S. 198.

Da das junge Unternehmen nicht nur in der Gründungsphase, sondern speziell auch durch den eigenen Markteintritt in der Wachstumsphase mit einer starken Umweltdynamik konfrontiert ist, besteht in beiden Phasen das Erfordernis, diese Dynamik durch **Flexibilität** im Controlling zu berücksichtigen. Insbesondere die Folgen des eigenen Markteintritts auf die Veränderung der Unternehmensumwelt müssen bedacht werden und in einem Controllingsystem abbildbar sein.[521]

Zusammenfassend lässt sich bezüglich der wesentlichen phasenspezifischen Unterschiede in den Anforderungen an das Controlling festhalten, dass in der Gründungsphase ein einfaches, reduziertes, zentrales Controllingsystem mit leicht verständlichen Instrumenten und hoher Liquiditätssensibilität zweckmäßig ist, das relativ leicht an die Erfordernisse der künftigen Unternehmensentwicklung angepasst werden kann, während in der Wachstumsphase komplexere Controllingsysteme mit allmählich anspruchsvolleren, variablen Instrumenten zielführend sind, die weniger zentralistisch ausgerichtet sind und auch den Informationsbedarf externer Investoren decken.

3.3 Phasenspezifische Unternehmensziele

Ein Unternehmen verfolgt grundsätzlich mehrere zueinander in Beziehung stehende Ziele, die in ihrer Gesamtheit das Zielsystem der Unternehmung bilden.[522] Die obersten Ziele sind Ausdruck einer bestimmten Unternehmensphilosophie und werden häufig auch als strategische Ziele bezeichnet.[523] Aus ihnen lassen sich Sachziele und Formalziele als Unterziele ableiten. Sachziele bilden den Gegenstandsbereich des Wirtschaftens im Unternehmen ab,[524]

---

521 COVIN/SLEVIN beschreiben die möglichen Folgen des eigenen Markteintritts innovativer Unternehmen wie folgt: „Such firms may even be partly responsible for making the environment dynamic by contributing challenging product innovations." Covin/Slevin (Entrepreneurship 1991), S. 11.

522 Neben der Bezeichnung Zielsystem finden sich auch die Begriffe Zielkonzeption, Zielbündel oder Zielhierarchie, die in der Literatur synonym verwendet werden. Vgl. beispielsweise Hahn (Betriebswirtschaftslehre 1990), S. 46; Korndörfer (Unternehmensführungslehre 1999), S. 37; Schierenbeck (Betriebswirtschaftslehre 2003), S. 62; Busse von Colbe (Betriebswirtschaftstheorie 1988), S. 28.

523 Als Beispiele für strategische Ziele nennt BEA unter anderem die Verbesserung der Marktposition, die Verteidigung der Marktführerschaft oder die Sicherung der Unabhängigkeit des Familienunternehmens. Vgl. Bea (Entscheidungen 2000), S. 311.

524 SCHIERENBECK unterteilt die Gruppe der Sachziele weiter in ökologische, soziale sowie Leistungs- und Finanzziele als ökonomische Sachziele. Vgl. Schierenbeck (Betriebswirtschaftslehre 2003), S. 62. THOMMEN/ACHLEITNER nehmen eine detailliertere Einteilung vor und unterscheiden soziale und ökologische Ziele, Führungs- und Organisationsziele, Finanzziele und Leistungsziele innerhalb der Gruppe der Sachziele. Vgl. Thommen/Achleitner (Betriebswirtschaftslehre 2003), S. 106.

während in den Formalzielen, die auch als Erfolgsziele bezeichnet werden, der Erfolg unternehmerischen Handelns zum Ausdruck kommt.[525]

Das Zielsystem des Unternehmens weist im Laufe der Unternehmensentwicklung keinen statischen Charakter auf, sondern wird in den einzelnen Lebenszyklusabschnitten den jeweiligen Besonderheiten entsprechend phasenspezifisch definiert. In der frühen Unternehmensentwicklung sind im Übergang von der Gründungs- zur Wachstumsphase deutliche Schwerpunktverlagerungen innerhalb des Zielsystems des Unternehmens auszumachen.

Das oberste Ziel eines Unternehmens in der **Gründungsphase** stellt die Verwirklichung der Geschäftsidee dar, da hierdurch eine Basis für die langfristige Existenzsicherung der Unternehmung geschaffen werden kann.[526] Die Geschäftsidee kann dann als verwirklicht bezeichnet werden, wenn die Gründungsphase erfolgreich abgeschlossen worden ist,[527] wenn also alle in der Planungs- und Aufbauphase erforderlichen Schritte inklusive des Markteintritts als Abschluss der Gründungsphase vollständig durchlaufen wurden und das Überleben des Gründungsunternehmens hierbei gesichert ist.[528]

Im Hinblick auf die aus dem Oberziel ableitbaren Sach- und Formalziele lässt sich feststellen, dass die Spezifizierung der Sachziele in der Gründungsphase eine vorrangige Stellung gegenüber den Formalzielen einnimmt.[529] Die noch umsatzlose, durch hohe Investitionen gekennzeichnete Gründungsphase ist meist unweigerlich verbunden mit einkalkulierten Verlusten, denen entsprechend hohe in der Zukunft erwartete Gewinne gegenüberstehen. Die Gewinnerzielung steht deshalb nicht im Fokus der Zielsetzung in der Gründungsphase, so dass erfolgsbezogene Formalziele in dieser Phase von untergeordneter Bedeutung sind.[530]

---

525 Im Vordergrund der Formalziele stehen die Erfolgsziele Gewinn, Rentabilität, Produktivität und Wirtschaftlichkeit. Vgl. hierzu Heinen (Unternehmungsziele 1988), Sp. 2188 f.

526 BOTTA bezeichnet die Verwirklichung der Geschäftsidee als das primäre Ziel einer Unternehmung im Gründungsstadium. Vgl. Botta (Controlling in der Gründungsphase 1985), S. 3.

527 WITT/ROSENKRANZ sehen den erfolgreichen Abschluss der Gründungsphase als einen wesentlichen Erfolgsindikator einer Unternehmensgründung. Vgl. Witt/Rosenkranz (Netzwerkbildung 2002), S. 90.

528 SCHERRER hebt das Überleben des Unternehmens als den entscheidenden Erfolgsfaktor für ein junges Unternehmen in der Gründungsphase hervor. Vgl. Scherrer (Internes Rechnungswesen 2003), S. 251. Vgl. auch Glesti (Wertmanagement 1995), S. 134.

529 Die Bestimmung des Betriebszwecks durch die grobe Spezifizierung der betrieblichen Sachziele bezeichnet ZELEWSKI als eine wesentliche Gründungshandlung. Vgl. Zelewski (Grundlagen 1999), S. 87.

530 Als alternatives erfolgsbezogenes Ziel kann die Steuerung auf eine bestimmte Aufwandsobergrenze hin genannt werden. Hierbei wird das Ziel verfolgt, die in der Gründungsphase beispielsweise für die Produktentwicklung notwendigen Aufwendungen nach oben hin zu beschränken, um ein Erreichen der geplanten Ergebnisentwicklung in den folgenden Phasen nicht zu gefährden. Vgl. hierzu Seidenschwarz et al. (Kundenorientierung 2003), S. 60.

Im Rahmen der Sachziele sind in der Gründungsphase insbesondere Finanzziele sowie Leistungsziele, in geringem Ausmaß auch Führungs- und Organisationsziele relevant.

Da Unternehmen in der Gründungsphase üblicherweise durch negative Cashflows gekennzeichnet sind, ist dem Finanzziel der Liquiditätssicherung eine hohe Priorität beizumessen, damit das übergeordnete strategische Ziel des Überlebens gesichert werden kann.[531]

Die Leistungsziele des Unternehmens in der Gründungsphase lassen sich in Marktziele und Produktziele unterteilen. Im Rahmen der Marktziele kommt der Kundenidentifikation sowie dem Markteintritt eine hohe Bedeutung zu. Bei den Produktzielen stehen die Produktentwicklung und hierbei insbesondere die Orientierung an den Kundenbedürfnissen im Vordergrund. Insgesamt lassen sich die Leistungsziele in der Gründungsphase mit dem Gesamtziel der Einschätzung von Produktidee und Markt treffend beschreiben.[532]

In geringem Umfang kommen auch Führungs- und Organisationsziele in der Gründungsphase zum Tragen. Hierbei sei an das Ziel des Unternehmens- und Organisationsaufbaus gedacht. Darüber hinausgehende Führungs- und Organisationsziele, zum Beispiel Führungsstil oder Arbeitsteilung, sind in der Gründungsphase noch von untergeordneter Bedeutung.

Die bisherigen Ausführungen zeigen, dass das Zielsystem des Unternehmens in der Gründungsphase insgesamt durch eine starke Ressourcenorientierung geprägt ist. Im Vordergrund steht der zielgerichtete Aufbau von Kompetenzen und Ressourcen. Der schrittweise Übergang zur Ertragsorientierung erfolgt erst im Laufe der weiteren Unternehmensentwicklung, beginnend mit der Wachstumsphase.[533]

Das oberste Ziel junger Unternehmen in der **Wachstumsphase** ist das Unternehmenswachstum, da nur durch ein Mindestmaß an Wachstum die Voraussetzungen geschaffen werden können, Quellen für künftige Erfolgspotenziale des Unternehmens zu erschließen und so die

531 In der Literatur herrscht weitgehende Übereinstimmung über die hohe Bedeutung dieses Ziels in der Gründungsphase. Vgl. hierzu Nathusius (Gründungsfinanzierung 1998), S. 160; Bausch/Walter (Controlling 2002), S. 434 f.; Scherrer (Internes Rechnungswesen 2003), S. 251; Seidenschwarz et al. (Kundenorientierung 2003), S. 60; Leitinger et al. (Venture Capital 2000), S. 102.

532 Vgl. Bausch/Walter (Controlling 2002), S. 441.

533 NIETZER betont in diesem Zusammenhang ebenfalls, dass aufgrund der Ressourcenorientierung in der Gründungsphase zunächst der Fokus auf strategische Steuerungsgrößen im Sinne von nicht rein finanzorientierten Größen zu legen ist und erst mit zunehmendem Reifegrad des Unternehmens beim Übergang zur Ertragsorientierung eine Ausrichtung auf stärker finanziell orientierte Steuerungsgrößen erfolgen sollte. Vgl. Nietzer (Controlling 2003), S. 443.

langfristige Existenzsicherung der Unternehmung zu gewährleisten.[534] Eine Ausweitung der Betriebsgröße[535] soll durch die Erschließung zusätzlicher Wachstumsquellen erreicht werden, wobei das Ausmaß der gewünschten Expansion variabel ist.[536]

Im Rahmen dieses strategischen Wachstumszieles nimmt das Erreichen der Gewinnzone als Formalziel eine gewichtige Rolle ein. Das Wachstumsziel kann daher insoweit konkretisiert werden, als ein überproportionales Ertragswachstum im Vergleich zum Aufwandswachstum angestrebt wird, damit die Realisierung eines positiven Ergebnisses gesichert ist,[537] mit welchem das künftige Unternehmenswachstum finanziell abgesichert und ein Freiraum für strategische Zukunftsinvestitionen geschaffen werden kann.[538] Da die Eigenkapitalgeber des jungen Unternehmens - insbesondere in der Wachstumsphase eintretende Wagniskapitalgeber - unter Zugrundelegung des erwerbswirtschaftlichen Prinzips[539] mittelfristig eine Rendite des eingesetzten Kapitals erwarten, ist der tendenzielle Übergang zu einer Fokussierung auf Rentabilität in der Wachstumsphase erforderlich.

Im Rahmen der Sachziele behält das Finanzziel der Liquiditätssicherung seine hohe Bedeutung auch in der Wachstumsphase. Da der Kapitalbedarf in der Wachstumsphase weiterhin hoch ist und die üblicherweise anzutreffende Situation negativer Cashflows erst allmählich mit zunehmender Geschäftstätigkeit abgemildert wird, kommt dem Liquiditätsziel auch in dieser Phase eine besondere Überlebensbedeutung zu. In der Literatur wird die Liquiditäts-

534 Vgl. Timmons (Entwicklung 1998), S. 156 f.; Rudolf/Witt (Wachstumsunternehmen 2002), S. 14.

535 Das Unternehmenswachstum kann hierbei inputorientiert gemessen werden, beispielsweise an einer steigenden Anzahl der Mitarbeiter, oder mit Hilfe von Outputmaßen bestimmt werden, beispielsweise anhand des Umsatzes. Vgl. hierzu Witt/Rosenkranz (Netzwerkbildung 2002), S. 91.

536 BAIER/PLESCHAK ermittelten sehr heterogene Wachstumsziele junger Unternehmen. Dabei gab die Mehrheit der untersuchten Unternehmen in den neuen Bundesländern an, lediglich ein gemäßigtes Wachstum anzustreben. Für innovative Unternehmen besteht jedoch in der Regel ein besonderes Wachstumserfordernis, da nur dadurch die kostspielige Forschung und Entwicklung und die aufwendige Markteinführung finanziell getragen werden kann. Vgl. Baier/Pleschak (Technologieunternehmen 1996), S. 39 f. Zudem besteht für Unternehmen, die sich damit begnügen, ein erreichtes Geschäftsniveau in den frühen Phasen zu halten und nicht weiter zu expandieren, die Gefahr, von der Konkurrenz aus dem Markt verdrängt zu werden. Vgl. Volkmann (Führung 2001), S. 290.

537 Vgl. Seidenschwarz et al. (Kundenorientierung 2003), S. 60.

538 Vgl. Beyer/Heberer (Erfolgsplanung 2000), S. 438.

539 Nach dem aus der traditionellen Theorie der Unternehmung abgeleiteten erwerbswirtschaftlichen Prinzip zeichnen sich in marktwirtschaftlich orientierten Wirtschaftsordnungen Unternehmen dadurch aus, dass sie Einkommen für diejenigen Organisationsteilnehmer erwirtschaften, die das Eigenkapital zur Verfügung stellen. Die konsequente Ausprägung dieses Prinzips stellt das Gewinnmaximierungsziel des Unternehmens dar. Vgl. hierzu Weber (Betriebswirtschaftslehre 2001), S. 125 f.; Korndörfer (Unternehmensführungslehre 1999), S. 36; Wöhe (Betriebswirtschaftslehre 2000), S. 40 ff.

sicherung auch als eine notwendige Nebenbedingung in der Zielfunktion des Unternehmens in der Wachstumsphase bezeichnet.[540]

Die Wachstumsorientierung des Unternehmens in der Wachstumsphase schlägt sich unmittelbar in den Marktzielen nieder. Der Umsatzerhöhung kommt als absolutem Wachstumsziel in marktlicher Hinsicht eine besondere Bedeutung zu.[541] Bei den Produktzielen stehen Produktanpassungen sowie die beginnende Entwicklung von Nachfolgeprodukten im Vordergrund.

Führungs- und Organisationsziele gewinnen in der Wachstumsphase ebenfalls zunehmend an Bedeutung. Die Schaffung einer dem Wachstum angemessenen Arbeitsteilung sowie die wachstumsgerechte Anpassung der innerbetrieblichen Organisation stehen hierbei im Mittelpunkt.[542]

	Gründungsphase	Wachstumsphase
Strategisches Ziel	Verwirklichung der Geschäftsidee	Unternehmenswachstum
Formalziel	- untergeordnet -	Erreichen der Gewinnzone
Sachziele		
Finanzziele	Liquiditätssicherung	Liquiditätssicherung
Leistungsziele		
Marktziele	Markteintritt	Umsatzerhöhung
Produktziele	Produktentwicklung	Produktanpassungen, Nachfolgeprodukte
Führungs- und Organisationsziele	Unternehmens- und Organisationsaufbau	Arbeitsteilung, Organisationsanpassung
	Ressourcenorientierung	Ertragsorientierung

Abbildung 3-7: Phasenspezifische Unternehmensziele

Zusammenfassend lässt sich festhalten: In der Gründungsphase ist das Zielsystem des Unternehmens stark sachzieldominiert, wobei insbesondere dem Finanzziel der Liquiditätssicherung eine hohe Bedeutung zukommt. Die Leistungsziele sind durch eine starke Ressour-

540 Vgl. Scherrer (Internes Rechnungswesen 2003), S. 251.

541 Vgl. Zelewski (Grundlagen 1999), S. 89.

542 Vgl. Leitinger et al. (Venture Capital 2000), S. 104; Volkmann (Führung 2001), S. 286.

cenorientierung geprägt. In der Wachstumsphase rückt das Formalziel der Ertragsorientierung stärker in den Mittelpunkt des Zielsystems, wobei das Finanzziel der Liquiditätssicherung seine Bedeutung beibehält. Die Leistungsziele sind stark durch die Wachstumsorientierung geprägt.

In Abbildung 3-7 sind die phasenspezifischen Unternehmensziele im Überblick dargestellt.

3.4 Phasenspezifische unternehmerische Kernaufgaben und kritische Führungsprobleme

Ein Unternehmen hat im Laufe seines Lebenszyklus eine Reihe von Entwicklungsschritten zu durchlaufen, die mit jeweils typischen Managementaufgaben verbunden sind.[543] In Abbildung 3-8 sind diese unternehmerischen Kernaufgaben für die Gründungs- und Wachstumsphase eines Unternehmens zusammengestellt.[544] Dabei sind schwerpunktmäßig diejenigen Aktivitäten aufgeführt, die in besonderem Maße charakteristisch für die spezifische Phase sind. Ferner sind aus den Aufgaben ableitbare Problemfelder hervorgehoben, die sich in der jeweiligen Phase als besonders kritisch erweisen. Anzumerken ist, dass die Zusammenstellung der Aufgaben idealtypischen Charakter hat und somit die in der Realität vorfindbare große Varianz an Ausprägungsformen nur annäherungsweise widerspiegelt.[545] Die Systematisierung der Kernaufgaben in der Gründungs- und Wachstumsphase wurde primär nach den Dimensionen „Strategische Ebene" und „Operative Ebene" vorgenommen.[546] Wäh-

---

543 KLANDT bemerkt hierzu, dass sich die Führungsaufgabe entlang des Unternehmenslebenszyklus so wesentlich verändert, dass Verhaltensweisen von gereiften Großunternehmen für Unternehmen in den frühen Lebenszyklusphasen nicht adäquat sind. Vgl. Klandt (Unternehmenslebensphasen 2003), S. 99.

544 Die Zusammenstellung der unternehmerischen Kernaufgaben hat an dieser Stelle hypothetischen Charakter, d.h. sie spiegelt nicht einen empirisch überprüften Sachverhalt wider, sondern stellt auf theoretische Überlegungen sowie das Meinungsbild der relevanten Literatur ab. Theoretische Aussagen zu den phasenspezifischen unternehmerischen Kernaufgaben finden sich bei Kulicke (Entwicklungsmuster 1991), S. 351; Leitinger et al. (Venture Capital 2000), S. 102 ff.; Häußermann (Junge Unternehmen 1997), S. 12; Gruber et al. (Finanzielle Entwicklung 2003), S. 32 ff.; Gruber/Harhoff (Komparative Wettbewerbsvorteile 2002), S. 332 ff.; Schefczyk/Pankotsch (Wachstumsstarke Start-ups 2002), S. 26 ff.; Bausch/Walter (Controlling 2002), S. 438 ff.; Laub (Innovationsbewertung 1991), S. 28 f.; Klandt (Frühphasenfinanzierung 2001), S. 160 f.; Zacharias (Gründungsmanagement 2001), S. 39; Bassen/Gröne (Controlling 2003), S. 294; Seidenschwarz et al. (Kundenorientierung 2003), S. 53; Baier/Pleschak (Technologieunternehmen 1996), S. 12 f.; Hayn (Bewertung 1998), S. 16 f.

545 Vgl. Hempel (Typologische Methoden 1966), S. 90. Umfassende Ausführungen zum Begriff des Idealtypus sind zu finden bei Weber (Wissenschaftslehre 1968), S. 559 ff. In diesem Zusammenhang soll betont werden, dass sich einige der diskutierten Aufgaben auf das Leitbild eines produzierenden Unternehmens beziehen. Bei andersartiger Wertschöpfung können diese Aufgaben zugunsten anderer in den Hintergrund treten.

546 Die Führungsdimension „Normative Ebene", welche insbesondere die Aufgabe der generellen Zielidentifikation beinhaltet, ist in der Darstellung entbehrlich, da den phasenspezifischen Zielen in dieser Arbeit ein eigenes Kapitel gewidmet ist. Vgl. hierzu Abschnitt 3.3. GRUBER ET AL. identifizieren als unternehmerische

rend auf strategischer Ebene generell der Aufbau geschäftsstrategischer Erfolgspotenziale im Vordergrund steht,[547] geht es auf operativer Ebene um die unmittelbare Steuerung des laufenden unternehmerischen Wertschöpfungsprozesses.[548]

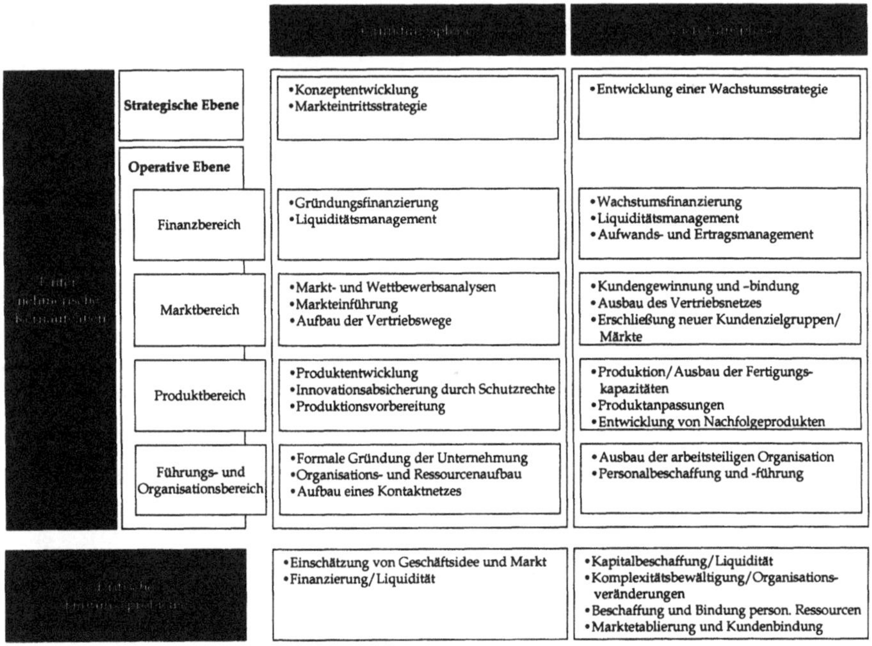

Abbildung 3-8: Phasenspezifische unternehmerische Kernaufgaben und kritische Führungsprobleme - Überblick

3.4.1 Phasenspezifische unternehmerische Kernaufgaben

Gründungsphase – strategische Kernaufgaben

Wie in Abbildung 3-8 verdeutlicht, ist eine der wesentlichen unternehmerischen Aufgaben der Gründungsphase auf strategischer Ebene die Konzeptentwicklung.[549] Ziel der Konzept-

Aufgabe auf normativer Ebene die Ziel- und Wertedefinition in der Gründungsphase und die Ziel- und Wertekommunikation in der Wachstumsphase. Vgl. Gruber et al. (Finanzielle Entwicklung 2003), S. 32 f.

547 Zu umfassenden Ausführungen zur Unternehmensstrategie vgl. Voigt (Strategische Planung 1992), S. 216 ff.

548 Vgl. Ulrich/Fluri (Management 1995), S. 19 ff.

549 In der Literatur wird die Bedeutung der unternehmerischen Aufgabe der Konzeptentwicklung in der Gründungsphase vielfach betont. KLANDT hebt die Erstellung der Unternehmenskonzeption als eine der ersten zu tätigenden Aufgaben in der Gründungsphase hervor. Vgl. Klandt (Frühphasenfinanzierung 2001),

entwicklung ist die Überprüfung der Potenzialträchtigkeit der Geschäftsidee sowie die antizipative Erfassung sämtlicher Schritte, die zur Umsetzung der Geschäftsidee und Realisierung des Gründungsvorhabens nötig sind. Die Unternehmenskonzeption bestimmt somit die Handlungsalternativen, die zur Erreichung des strategischen Zieles der Verwirklichung der Geschäftsidee erforderlich sind.

Als zweite wesentliche unternehmerische Aufgabe in strategischer Hinsicht in der Gründungsphase ist die Festlegung der Markteintrittsstrategie zu nennen. Hierbei sind Entscheidungen über den Zielmarkt und die Marktpositionierung, den Aufbau von Wettbewerbsvorteilen, die zeitliche Dimension der Markteinführung sowie die Überwindung und Etablierung von Markteintrittsbarrieren zu treffen.[550] Die Planung der Markteintrittsstrategie ist in der Regel Bestandteil der Unternehmenskonzeption, soll jedoch aufgrund ihrer Bedeutung hier als gesonderte strategische Aufgabe hervorgehoben werden.

Gründungsphase - operative Kernaufgaben

Die unternehmerischen Kernaufgaben auf operativer Ebene lassen sich unterteilen in Aufgaben im Finanzbereich, im Marktbereich, im Produktbereich sowie im Führungs- und Organisationsbereich.

Im **Finanzbereich** stehen die Aufgaben der Gründungsfinanzierung und des Liquiditätsmanagements im Vordergrund. Die Gründungsfinanzierung umfasst dabei in erster Linie die Beschaffung von Eigenkapital, um die Finanzierung der hohen Aufbauinvestitionen gewährleisten zu können. Das Knüpfen von Kontakten, insbesondere zum informellen Kapitalbeteiligungsmarkt, spielt hierbei eine besondere Rolle.[551] Da die Gründungsphase eines Unternehmens aufgrund der zeitlichen Diskrepanz von Auszahlungen und Einzahlungen durch negative Cashflows gekennzeichnet ist, ist das Liquiditätsmanagement in dieser Phase

---

S. 161. SCHEFCZYK/PANKOTSCH sehen die Notwendigkeit der Erstellung der Gründungsplanung in zweierlei Hinsicht, einerseits als Grundlage zur Einwerbung externer Finanzmittel, andererseits als schriftlich fixierte unternehmensinterne Planungsgrundlage. Vgl. Schefczyk/Pankotsch (Wachstumsstarke Start-ups 2002), S. 27; ZACHARIAS bezeichnet die Erstellung eines integrierten Gründungsplans als Hauptaufgabe des Gründers in der Gründungsphase. Vgl. Zacharias (Gründungsmanagement 2001), S. 39.

550 GRUBER gibt einen komprimierten Überblick über Forschungserkenntnisse zur Markteintrittsstrategie von Neugründungen. Vgl. Gruber (Marketing in New Ventures 2004), S. 188 ff. SCHOONHOVEN ET AL. analysieren in ihrer empirischen Studie die zeitliche Komponente der Markteintrittsstrategie neu gegründeter Unternehmen. Vgl. Schoonhoven et al. (First Product Introduction 1990), S. 177 ff. LILIEN/YOON geben einen ausführlichen Überblick über Markteintrittsstrategien mit neuen Produkten. Vgl. Lilien/Yoon (Market Entry 1990), S. 568 ff.

551 KLANDT hebt nach einer Analyse verschiedener Studien zum informellen Kapitalbeteiligungsmarkt hervor, dass sich „Business Angels“ typischerweise in sehr frühen Phasen der Unternehmensentwicklung engagieren. Vgl. Klandt (Frühphasenfinanzierung 2001), S. 173.

eine entscheidende Aufgabe im Finanzbereich, um die Überlebensfähigkeit des neu gegründeten Unternehmens zu sichern.[552]

Eine wesentliche operative Aufgabe im **Marktbereich** ist die Erstellung von Markt- und Wettbewerbsanalysen. Recherchen zum Markt und den relevanten Wettbewerbern sind einerseits erforderlich, um die Geschäftsidee an den Markterfordernissen und -bedürfnissen auszurichten. Andererseits dienen sie der Abschätzung der Potenzialträchtigkeit der Idee, worin die enge Verzahnung dieser operativen Aufgabe mit der strategischen Aufgabe der Konzeptentwicklung bzw. Gründungsplanung zum Ausdruck kommt.[553] Als weitere operative Aufgabe im Marktbereich ist die Vorbereitung und Realisierung der Markteinführung der Geschäftsidee anzuführen. Relevante Maßnahmen sind hierbei der erste Einsatz des Produktes bei Pilot- bzw. Referenzkunden, Präsentationen in der Fachöffentlichkeit sowie der erste Marktauftritt als neues Unternehmen mit eigenständigem Profil und Leistungsangebot.[554] Ferner ist das Vertriebsnetz in dieser Phase strategieadäquat aufzubauen.[555]

Im **Produktbereich** steht die Forschung und Entwicklung für das neue Produkt bzw. Verfahren im Mittelpunkt der Gründungsphase. Die Produktidee ist soweit fortzuentwickeln, dass zum stilisierten Ende der Phase hin ein fertiger Prototyp für den ersten Einsatz bei Pilotkunden zur Verfügung steht.[556] Das Ergreifen von Maßnahmen zum Schutz der Innovation bildet einen weiteren Aufgabenblock im Produktbereich in der Gründungsphase. Patentrecherchen und -anmeldungen sind hierbei die wesentlichen operativen Teilaufgaben.[557] Des Weiteren sind erste Schritte zur Vorbereitung der laufenden Produktion zu unternehmen. Die erforderlichen Sachressourcen sind zu beschaffen, ein Kontaktnetzwerk zu den Beschaffungsmärkten ist aufzubauen und die Leistungserstellungsprozesse müssen definiert und organisiert werden.[558]

Hinsichtlich des **Führungs- und Organisationsbereiches** kann die Gründungsphase einerseits durch die formale Gründung des Unternehmens gekennzeichnet werden. Um den

552 KRAEMER betont die Bedeutung des Liquiditätsmanagements: „Die Verfügbarkeit von Kapital ist weniger ein Problem als das interne Management der Finanzen!" Kraemer (Erfolgsfaktoren 2001), S. 21.

553 Vgl. hierzu auch Schefczyk/Pankotsch (Wachstumsstarke Start-ups 2002), S. 27.

554 Vgl. Kulicke (Entwicklungsmuster 1991), S. 351; Häußermann (Junge Unternehmen 1997), S. 12.

555 Vgl. Leitinger et al. (Venture Capital 2000), S. 103.

556 Vgl. Laub (Innovationsbewertung 1991), S. 28. Ausführliche Erläuterungen zu entwicklungsstrategischen Optionen finden sich bei Voigt (Strategien 1998), S. 162 ff.

557 Vgl. Baier/Pleschak (Technologieunternehmen 1996), S. 12.

558 Vgl. Hayn (Bewertung 1998), S. 17; Schefczyk/Pankotsch (Wachstumsstarke Start-ups 2002), S. 28.

rechtlichen Beginn der Unternehmung zu initiieren, sind formal-juristische und gesellschaftsformspezifische Aufgaben zu erfüllen, wie beispielsweise die Gewerbeanmeldung bzw. die Eintragung ins Handelsregister.[559] Darüber hinaus besteht eine wesentliche operative Aufgabe im Führungs- und Organisationsbereich darin, die Infrastruktur des Unternehmens zu schaffen.[560] Phasengerechte Organisationsstrukturen sind aufzubauen und die Erstausstattung der Organisation mit Ressourcen muss so erfolgen, dass die erstmalige Durchführbarkeit der operativen Funktionen in der Gründungsphase gewährleistet ist. Zudem ist es entscheidend für die weitere Entwicklung des Unternehmens, bereits in der Gründungsphase ein Kontaktnetzwerk zu Beschaffungs-, Kapital-, Absatz- und Arbeitsmärkten sowie zu anderen Gründern, Beratern und gründungsnahen Institutionen zu knüpfen.[561]

Wachstumsphase - strategische Kernaufgabe

Die wesentliche strategische Kernaufgabe in der Wachstumsphase eines Unternehmens ist die Entwicklung einer Wachstumsstrategie.[562] Hierbei sind Maßnahmenpläne zu entwerfen, welche die Verwirklichung des strategischen Zieles des Unternehmenswachstums ermöglichen.[563] Als grundsätzliche Alternativen lassen sich dabei die Strategien der Penetration, Expansion sowie Diversifikation nennen.[564] Die Wachstumsstrategie unterliegt allerdings einer

---

559 Vgl. Klandt (Aktivität und Erfolg 1984), S. 26.

560 Vgl. Gruber et al. (Finanzielle Entwicklung 2003), S. 33 f.

561 Dieses Kontaktnetzwerk erleichtert nicht nur den Aufbau von Liefer- und Leistungsbeziehungen, sondern bewirkt auch eine Multiplikation von Erfahrungswerten durch Erfahrungsaustausch mit Unternehmensexternen. Vgl. Hayn (Bewertung 1998), S. 17. ACHLEITNER/ENGEL argumentieren, dass ein gutes Kontaktnetzwerk über das Zustandekommen von wichtigen Geschäftsverbindungen, sei es zu Kunden, Lieferanten oder neuen Mitarbeitern, entscheiden kann. Vgl. Achleitner/Engel (Entwicklungstendenzen 2001), S. 76.

562 GRUBER/HARHOFF betonen die Bedeutung des strategischen Aspektes der Wachstumsstrategie in der Unternehmenswachstumsphase. Vgl. Gruber/Harhoff (Komparative Wettbewerbsvorteile 2002), S. 333. LEITINGER ET AL. sprechen in diesem Zusammenhang sogar von der Notwendigkeit einer aggressiven Expansionsstrategie. Vgl. Leitinger et al. (Venture Capital 2000), S. 103.

563 In der Gründungsliteratur wird in diesem Zusammenhang meist von internem Wachstum gesprochen. DOWLING/
DRUMM heben allerdings die prinzipielle Möglichkeit des externen Wachstums durch Akquisition hervor. Insbesondere durch die zunehmende Verfügbarkeit von Wagniskapital bietet sich jungen Unternehmen die Möglichkeit, durch Akquisition im Rahmen einer Expansionsstrategie neue geografische Märkte zu erschließen oder im Zuge einer Diversifikation andere Produkte oder Dienstleistungen zuzukaufen. Vgl. Dowling/Drumm (Wachstumsstrategien 2003), S. 364 f.

564 Während die Penetrationsstrategie auf die Fortentwicklung bestehender Märkte (Marktdurchdringung) bzw. bestehender Produkte (Produktdifferenzierung) abzielt, ist die Expansionsstrategie durch den Eintritt in neue Ländermärkte (Markterschließung) bzw. durch die Ergänzung um neue verwandte Produktlinien (Produktinnovation) gekennzeichnet. Die Diversifikationsstrategie schließlich stellt auf neue Abnehmergruppen, Ländermärkte und Anwendungen (konzentrische Diversifikation) bzw. neue, nicht verwandte Produkte (laterale Diversifikation) ab. Vgl. hierzu Schlick (Unternehmensentwicklung 1998), S. 227 ff. KROGH/CUSUMANO bezeichnen die alternativen Formen von Wachstumsstrategien als Skalieren („Mehr von dem tun, worin man schon gut ist"), Duplizieren („Das Geschäftsmodell auf neue Regionen übertragen")

bedeutenden Restriktion, die auf das Merkmal der beschränkten finanziellen Unternehmensressourcen eines Unternehmens in der Wachstumsphase zurückzuführen ist.[565] Die Wachstumsstrategie muss demnach eng auf die vorhandene Liquidität abgestimmt sein, um die Überlebensfähigkeit des Unternehmens nicht zu gefährden.[566]

Wachstumsphase - operative Kernaufgaben

Auf operativer Ebene stehen im **Finanzbereich** die Aufgaben der Wachstumsfinanzierung, des Liquiditätsmanagements sowie des Aufwands- und Ertragsmanagements im Vordergrund. Da die am informellen Kapitalbeteiligungsmarkt zur Verfügung stehenden Beteiligungssummen zur Finanzierung des Wachstums in der Regel nicht ausreichen, gewinnt in der Wachstumsphase der formelle Kapitalbeteiligungsmarkt an Bedeutung, um entstehende Finanzierungslücken zu schließen. Die unternehmerische Aufgabe in diesem Zusammenhang besteht zunächst darin, potenzielle Kapitalgeber zu einem Engagement zu bewegen. Nach erfolgter Beteiligung steht die Kommunikation mit den aktuellen Gesellschaftern im Mittelpunkt.[567] Da die externen Kapitalgeber ihre Beteiligung meist aus Renditegesichtspunkten tätigen[568] und dementsprechende Anforderungen an das Beteiligungsunternehmen stellen, gewinnt die Notwendigkeit des Aufwands- und Ertragsmanagements in der Wachstumsphase an Bedeutung. Ferner ist diese Aufgabe als flankierende Maßnahme zur Erlangung des Formalzieles „Erreichen der Gewinnzone" wichtig. Das Liquiditätsmanagement

---

sowie Granulieren („Wachstum über Neugeschäft"). Vgl. hierzu Krogh/Cusumano (Unternehmen 2001), S. 88 ff. Zu Internationalisierungsstrategien für junge Unternehmen siehe Meckl (Internationalisierungsstrategien 2002), S. 295 ff. HAEFNER beschreibt zentrale Wachstumsstrategien am Beispiel kleiner Beratungsunternehmen. Vgl. Haefner (Wachstums-Strategien 2001), S. 43. Umfassende Ausführungen zu Wachstumsstrategien sind ferner zu finden bei Hutzschenreuter (Wachstumsstrategien 2001), S. 48 ff. sowie Penrose (Growth of the Firm 1995), S. 43 ff.

565 Darüber hinaus bestehen weitere Restriktionen, die für junge Unternehmen im Zuge des Unternehmenswachstums bestehen. DOWLING/DRUMM erörtern neben den Finanzierungsrisiken Managementfehler, Inkompatibilität von Wachstumsstrategie und Organisationsstruktur, mangelhafte Marketing-, Kooperations- und Personalstrategien, mangelhafte interne Rechnungslegung, Abhängigkeit von Dritten sowie Akkulturationsfehler beim Kauf von Unternehmen. Vgl. hierzu Dowling/Drumm (Wachstumsstrategien 2003), S. 367 ff.

566 WOLFF schlägt hierzu vor, die möglichen Wachstumsformen gemäß einer Portfoliostrategie hinsichtlich ihres Beitrags zur Steigerung des Gewinnpotenzials zu bewerten, um anschließend diejenigen Formen auszuwählen, die unter den gegebenen Liquiditätsrestriktionen realisierbar sind. Vgl. zur liquiditätsorientierten Wahl der Wachstumsformen Wolff (Steuerung 1993), S. 256 ff.

567 Vgl. Schefczyk/Pankotsch (Wachstumsstarke Start-ups 2002), S. 30.

568 Hierbei ist zu unterscheiden zwischen reinen Kapitalbeteiligungsgesellschaften wie institutionalisierten Wagniskapitalgesellschaften und strategisch interessierten Beteiligungsgesellschaften, auch Corporate Venture Capital-Gesellschaften genannt, bei welchen es sich um größere Gesellschaften handelt, die sich an jungen Unternehmen mit dem Ziel einer strategischen Partnerschaft beteiligen. Vgl. hierzu Haps (Risikoübernahme 2001), S. 198 f.

ist, wie schon in der Gründungsphase, auch in der Wachstumsphase eine entscheidende Aufgabe, um das Überleben des Unternehmens zu gewährleisten.[569]

Im **Marktbereich** ist zunächst der operativen Aufgabe der Kundengewinnung und -bindung entscheidende Bedeutung beizumessen. Dabei ist anfangs eine Konzentration auf die im Rahmen der Konzeptentwicklung identifizierte Kundenzielgruppe erforderlich, um mit intensiven Akquisitions- bzw. Marketingmaßnahmen eine Skalierung des Geschäftsmodells im anvisierten Marktsegment zu erreichen. Der Marktentwicklung folgt die Aufgabe der Marktdurchdringung, indem neue Marktsegmente erschlossen und bearbeitet werden. Im Rahmen der Duplizierungsstrategie entsteht schließlich die Aufgabe, das Geschäftsmodell auf andere geografische Märkte zu übertragen und somit die Internationalisierung des Unternehmens voranzutreiben.[570] Ein auf die jeweiligen Schritte abgestimmter Ausbau des Vertriebsnetzes stellt eine weitere wachstumsstrategiekonforme Maßnahme zur Erreichung des Marktzieles der Umsatzerhöhung dar.[571]

Im **Produktbereich** steht in der Wachstumsphase zunächst die Produktion bzw. der Ausbau der Fertigungskapazitäten im Vordergrund, wobei die zentrale Aufgabe darin besteht, das Produktionssystem über das Stadium des Projektcharakters hinaus in einen regulären Funktionszustand zu überführen und die Fertigungskapazitäten wachstumsstrategiekonform auszubauen.[572] Als Folge der verstärkten Kundengewinnungs- und -bindungsanstrengungen ergeben sich gezielte Maßnahmen für Produktverbesserungen, um zu gewährleisten, dass marktgerechte Produkte angeboten werden.[573] Zudem sieht sich das Unternehmen in der Wachstumsphase mit der Aufgabe konfrontiert, erste Bemühungen in der Entwicklung von Nachfolgeprodukten anzustellen, die im Zuge der Expansionsstrategie als Ergänzung zum

569 HÄUßERMANN betont die Bedeutung des Liquiditätsmanagements, da in der Wachstumsphase infolge der Umsatzausweitung zunehmende Liquiditätsanspannungen entstehen. Vgl. Häußermann (Junge Unternehmen 1997), S. 12. SCHNEIDER schlägt vor, die Liquidität als stets einzuhaltende Nebenbedingung zu formulieren. Vgl. Schneider (Liquiditätsbeurteilung I 1993), S. 105.

570 Dabei ist die hier genannte Reihenfolge der Wachstumsschritte nur eine von mehreren möglichen Abfolgen. MECKL betont, dass gerade bei jungen Unternehmen, die im Hochtechnologiebereich agieren, bereits in der Gründungsphase die Planung einer frühen Internationalisierung sinnvoll und notwendig sein kann, um eine Risikodiversifikation sowie eine Verbesserung der Innovationsfähigkeit durch Lerneffekte im Auslandsmarkt zu erreichen. Vgl. hierzu Meckl (Internationalisierungsstrategien 2002), S. 296 ff.

571 Vgl. Baier/Pleschak (Technologieunternehmen 1996), S. 12.

572 Vgl. Schefczyk/Pankotsch (Wachstumsstarke Start-ups 2002), S. 29; Kulicke (Entwicklungsmuster 1991), S. 351.

573 Vgl. Leitinger et al. (Venture Capital 2000), S. 103.

zentralen Produkt den Systemverkauf ermöglichen oder als nicht verwandte Produkte die Diversifikation des Unternehmens vorantreiben.

Die operativen Aufgaben im **Führungs- und Organisationsbereich** konzentrieren sich in der Wachstumsphase auf den Ausbau der arbeitsteiligen Organisation sowie auf Maßnahmen der Personalbeschaffung und -führung. Die im Zuge des Wachstums veränderten Aufgaben im Markt- und Produktbereich bedingen auch Anpassungen in struktureller Hinsicht.[574] Die zunehmende Unternehmensgröße erfordert entwicklungsadäquate Organisationsumgestaltungen hinsichtlich des Unternehmensaufbaus und der Unternehmensabläufe.[575] Diese Anpassungen gehen in der Regel einher mit einer Erhöhung der Anzahl der Beschäftigten, woraus die konkrete Aufgabe erwächst, Mitarbeiter zu akquirieren, organisatorisch einzubinden sowie mittels tragfähiger Entlohnungssysteme und anderen Maßnahmen an das Unternehmen zu binden.[576]

3.4.2 Aus den unternehmerischen Kernaufgaben abgeleitete kritische Führungsprobleme

Betrachtet man die unternehmerischen Kernaufgaben jeder Phase in ihrer Gesamtheit, lassen sich daraus Problemfelder ableiten, die sich in der jeweiligen Phase als besonders kritisch für die weitere Entwicklung des Unternehmens erweisen. Da diese Problemfelder die besondere Aufmerksamkeit der Unternehmensführung erfordern und darüber hinaus Ansatzpunkte für eine Führungsunterstützung durch das Controlling liefern, sollen die phasenspezifischen kritischen Führungsprobleme im Folgenden näher betrachtet werden.

Die unternehmerischen Kernaufgaben in der **Gründungsphase** können insgesamt als ein Bündel von Planungs- und Aufbaumaßnahmen gekennzeichnet werden. Die Umsetzung und Überprüfung der Geschäftsidee im Rahmen einer Unternehmenskonzeption sowie der stetige Aufbau von Ressourcen prägen das unternehmerische Aufgabenspektrum. Dabei kommt einerseits der Einschätzung von Geschäftsidee und Markt sowie andererseits der Liquiditätssicherung und Finanzierung eine entscheidende Bedeutung zu.

---

574 Zu einer detaillierten Analyse der unterschiedlichen organisatorischen Anforderungen im Laufe der Unternehmensentwicklung siehe Faix (Organisationsentwicklung 2004), S. 124 ff.

575 Vgl. hierzu Dowling/Drumm (Wachstumsstrategien 2003), S. 368 f.

576 SCHEFCZYK/PANKOTSCH erwähnen in diesem Zusammenhang die besondere Problematik der Unterscheidung von Mitarbeitern der ersten und zweiten Generation im Personal- und Entlohnungsbereich. Vgl. Schefczyk/Pankotsch (Wachstumsstarke Start-ups 2002), S. 29.

Fehlende Vergangenheitsdaten, der geringe Erfahrungsschatz und die dadurch bedingte Unsicherheit in der Gründungsphase erschweren eine realistische und verlässliche Einschätzung der Potenzialträchtigkeit der Geschäftsidee.[577] Die Entwicklung zwar technisch ausgereifter, aber nicht marktgerechter Produkte oder die Fehleinschätzung im Hinblick auf das Absatzpotenzial der Produkte können das Erreichen der strategischen Zielsetzung in der Gründungsphase - die Verwirklichung der Geschäftsidee bis zum Markteintritt - erheblich gefährden.

Die Verwirklichung der Geschäftsidee kann darüber hinaus in Gefahr gebracht werden, wenn eine starke Aufbau- bzw. Ressourcenorientierung in der Gründungsphase bei noch fehlenden Einzahlungen zu bestandsbedrohlichen Liquiditätsengpässen führt. Der Schließung finanzieller Lücken kommt demzufolge in dieser Phase eine entscheidende Bedeutung zu, um die weitere positive Unternehmensentwicklung zu gewährleisten.

Die unternehmerischen Kernaufgaben in der **Wachstumsphase** sind durch Expansions- und Veränderungsmaßnahmen gekennzeichnet.

Dem Wachstum angemessene organisatorische Anpassungen vorzunehmen sowie Maßnahmen zur Komplexitätsbewältigung zu ergreifen, sind Problemfelder, die sich für ein Unternehmen in der Wachstumsphase als kritisch erweisen können.[578] Die Missachtung des Zusammenhangs zwischen der gewählten Wachstumsstrategie und der dafür erforderlichen Organisationsstruktur[579] sowie das Fehlen von Fähigkeiten, die wachstumsbedingt steigende Managementkomplexität zu bewältigen,[580] können die Erreichung des strategischen Zieles des Unternehmenswachstums erheblich gefährden.

Ein weiteres kritisches Problemfeld in der Wachstumsphase stellt die Marktetablierung und Kundenbindung dar. Wird die Marktakzeptanz bei der im Unternehmenskonzept identifi-

---

577 KAYSER bezeichnet die kritische Prüfung der Gründungsidee im Hinblick auf Märkte und Konkurrenten als die wesentliche unternehmerische Führungsaufgabe von Neuunternehmern. Vgl. Kayser (Unternehmensführung 1997), S. 93.

578 PANKOKE bezeichnet den „Mut zur Komplexität" als Hauptziel unternehmerischen Lernens. Vgl. Pankoke (Existenzgründung 2003), S. 28.

579 Zum Zusammenhang zwischen Wachstumsstrategie und Organisationsstruktur vgl. Dowling/Drumm (Wachstumsstrategien 2003), S. 368 f.

580 ARBAUGH/CAMP geben einen Überblick über Beiträge, die sich mit Problemlösungsansätzen für das Management von Komplexität in Wachstumsunternehmen befassen. Vgl. Arbaugh/Camp (Growth Transitions 2000), S. 319 ff. PURLE beschäftigt sich im Rahmen einer fallstudiengestützten Analyse ausführlich mit dem Problem des Komplexitätsmanagements in jungen Wachstumsunternehmen. Vgl. Purle (Komplexität 2004), S. 1 ff.

zierten Zielgruppe nicht erreicht, kann das Marktziel des Umsatzwachstums nicht umgesetzt werden, was zu einer Verschlechterung der Überlebenschancen des jungen Unternehmens führen kann.[581]

Die aufgrund der zunehmenden Expansion erforderliche Ausweitung der personellen Ressourcen stellt ebenfalls ein Problemfeld dar, das sich in der Wachstumsphase als besonders kritisch erweisen kann. Da junge im Gegensatz zu etablierten Unternehmen in der Regel weder über ausreichend finanzielle Spielräume für auszulobende Zielgehälter[582] noch über einen Bekanntheitsgrad am Arbeitsmarkt verfügen, der das Interesse qualifizierter Arbeitnehmer wecken kann, und zudem mit höheren Arbeitsplatzrisiken in Verbindung gebracht werden,[583] ist die Gewinnung und Bindung von Mitarbeitern mit entsprechenden Fähigkeiten als ein Problemfeld einzustufen, das die strategische Wachstumszielsetzung des Unternehmens gefährden kann.[584]

Da die Wachstumsphase aufgrund der erst allmählich einsetzenden Zahlungseingänge und der hohen Investitionen in der Regel noch durch negative Cashflows gekennzeichnet sein wird, stellt die Liquiditätssicherung weiterhin ein kritisches Problemfeld dar. Zudem entsteht in dieser Phase das Erfordernis, beträchtliche Kapitalbeträge am formellen Kapitalbeteiligungsmarkt zu akquirieren, um den wachstumsbedingt hohen Kapitalbedarf zu decken. Da die Anforderungen von Wagniskapitalgebern an das junge Unternehmen und die zu erwartenden Renditen in der Regel sehr hoch sind und der Beteiligungsprozess selbst bei positiver Beteiligungsentscheidung zeitlich langwierig ist, ist die Kapitalbeschaffung als ein weiteres kritisches Problemfeld in der Wachstumsphase hervorzuheben.

Zusammenfassend ist festzuhalten, dass sich die kritischen Führungsprobleme inhaltlich entsprechend der Ziele und unternehmerischen Aufgaben im Laufe des Übergangs von der Gründungs- zur Wachstumsphase fortentwickeln. Während in der Gründungsphase die Einschätzung von Geschäftsidee und Markt sowie die Liquiditätssicherung und damit eher pla-

581 TIMMONS ermittelt als Ergebnis mehrerer US-amerikanischer Studien, dass die Überlebenschancen neu gegründeter Unternehmen besser werden, sobald die Umsatzschwelle von 1 Million US $ überschritten wird. Vgl. Timmons (Entwicklung 1998), S. 156 f.

582 Dieser Aspekt wird auch von STEINER aufgeführt. Vgl. Steiner (Klein- und Mittelbetriebe 1978), S. 659.

583 Vgl. Gleißner (Erfolgsfaktoren 2001), S. 255.

584 Zudem kann den Mitarbeitern in jungen Unternehmen aufgrund der angespannten finanziellen Situation meist nicht die Möglichkeit der Teilnahme an weiterbildenden Schulungen gegeben werden. Auch dieser Aspekt kann sich auf die Mitarbeiterbindung negativ auswirken. Vgl. Thomas/Sireno (Training Needs 1980), S. 38.

nerische bzw. konzeptionelle Aspekte als kritisch für die weitere Entwicklung erachtet werden können, stehen in der Wachstumsphase mit den kritischen Führungsproblemen der Kapitalbeschaffung, Komplexitätsbewältigung, Personalbeschaffung und Marktetablierung strukturelle Aspekte im Vordergrund.

3.5 Spezifischer Controllingbedarf in der Gründungs- und in der Wachstumsphase

Die bisherigen Ausführungen beschreiben in ihrer Gesamtheit den spezifischen Kontext, der für die vorliegende Untersuchung maßgeblich ist. Die Rahmenbedingungen, welche durch das Untersuchungsobjekt, das junge Unternehmen, vorgegeben sind, wirken einerseits auf die Gestaltung der lebenszyklusphasengerechten Controllingkonzeptionen, andererseits lässt sich aus ihnen ein spezifischer Controllingbedarf für Unternehmen in der Gründungs- und Wachstumsphase ableiten. Der Controllingbedarf kann auf diese Art - ergänzend zu der empirischen Fundierung in Abschnitt 1.1.2 - theoretisch aus den situativen Kontextfaktoren heraus begründet werden. Dabei soll zunächst der generelle Controllingbedarf ohne die Berücksichtigung der konkreten Unternehmenslebenszyklusphase theoretisch abgeleitet werden, um darauf aufbauend eine differenziertere Analyse unter Berücksichtigung der spezifischen Merkmale junger Unternehmen vornehmen zu können.

Unabhängig von der jeweiligen Lebenszyklusphase, in der sich ein Unternehmen befindet, lässt sich der generelle Bedarf eines Unternehmenscontrollings aus Erkenntnissen der Systemtheorie herleiten.[585] Danach ist das System Unternehmung einerseits dadurch gekennzeichnet, dass es mit einem komplexen, dynamischen und sich diskontinuierlich wandelnden Unternehmensumfeld konfrontiert ist und dadurch eine hohe Unsicherheit des Unternehmens gegenüber seinem Umfeld besteht.[586] Um eine Reduktion dieser Unsicherheit zu erreichen, entsteht das Erfordernis externer Harmonisierung, also zur Beherrschung der Umfelddynamik und -komplexität, woraus sich der umfeldinduzierte Controllingbedarf ableiten lässt. Andererseits bedingen die zunehmende interne Differenziertheit und Komplexität

---

585 Vgl. hierzu die Ausführungen bei Hoffmann et al. (Führungsergänzung 1996), S. 44 ff. sowie Niedermayr (Controlling 1994), S. 51 ff.

586 MEFFERT beschreibt das Unternehmensumfeld im postindustriellen Zeitalter anhand mehrerer Merkmale, wie unter anderem Unvorhersehbarkeit der Marktentwicklung, Aggressivität und Unberechenbarkeit der Konkurrenz, mangelnde Prognostizierbarkeit der privaten Nachfrage, schneller Wechsel der Konsumbedürfnisse, Dynamik des technologischen Wandels. Vgl. Meffert (Flexibilität 1985), S. 1 f. FRESE/RAUCH argumentieren, dass es in einem komplexen Umfeld weitaus schwieriger ist, notwendige Informationen zu erhalten als in einfachen Umfeldstrukturen und dass darüber hinaus eine hohe Umfelddynamik dazu führt, dass Entwicklungen kaum antizipierbar sind. Vgl. Frese/Rauch (Entrepreneurship 2002), S. 4555.

von Unternehmen[587] die Notwendigkeit einer internen Harmonisierung, woraus zusätzlich ein unternehmensinduzierter Controllingbedarf resultiert.

Der aus der Systemtheorie abgeleitete allgemeine umfeld- und unternehmensinduzierte Controllingbedarf soll nun unter Berücksichtigung der charakteristischen Kontextfaktoren junger Unternehmen in einer differenzierteren Sichtweise weiter untersucht werden.

Der **umfeldinduzierte Controllingbedarf** erweist sich bei jungen Unternehmen als besonders relevant.

Ein junges Unternehmen ist in der Gründungs- wie Wachstumsphase durch das hoch ausgeprägte Merkmal einer dynamischen Umwelt gekennzeichnet. Gerade dadurch, dass junge Unternehmen mit einer innovativen Geschäftsidee meist in neuen oder jungen Branchen agieren, sind sie mit einer hohen Unvorhersehbarkeit der Marktentwicklung sowie mit einem erheblichen Maß an zu erwartenden Diskontinuitäten[588] konfrontiert. Durch führungsergänzende Handlungen des Controllings können die beschränkten Informationsverarbeitungskapazitäten des Managements erweitert werden. Die Antizipation von generellen Umfeldentwicklungen wird hierdurch erleichtert, so dass drohenden Zielabweichungen rechtzeitig begegnet werden kann.[589]

587 Dabei bildet das Unternehmen differenzierte Subsysteme zum Zwecke der Reduktion der Umfeldkomplexität, so dass die interne Differenziertheit und Komplexität letztendlich als eine Folge der Umfeldgegebenheiten zu sehen sind. Vgl. hierzu Niedermayr (Controlling 1994), S. 53 f. KIESER/KUBICEK führen an, dass bei einer hohen Umweltdynamik beispielsweise Stellen bzw. Abteilungen für Marktprognosen erforderlich werden, wodurch die interne Komplexität erhöht wird. Vgl. Kieser/Kubicek (Organisationsstruktur 1974), S. 457. HERMANN betont, dass es durch Strukturveränderungen überhaupt erst möglich wird, unter sich ständig wandelnden Umweltbedingungen zu überleben. Vgl. Hermann (Implementierung 1984), S. 70.

588 Unter Diskontinuitäten versteht man dabei schwer vorhersehbare Ereignisse, welche die Unternehmung zu einschneidenden Anpassungsmaßnahmen zwingen und im Falle bedrohlicher Ereignisse zu existenzgefährdenden Krisen führen können. Vgl. Arnold (Unternehmensführung 1981), S. 290.

589 ANSOFF betont, dass Diskontinuitäten antizipiert werden können, weil sie sich durch so genannte „Schwache Signale" ankündigen. Vgl. Ansoff (Weak Signals 1976), S. 131 f. HAHN/KRYSTEK definieren „Schwache Signale" als schlecht definierte und unscharf strukturierte Informationen, die auf strategische Diskontinuitäten hindeuten und sich beispielsweise ausdrücken durch die plötzliche Häufung gleichartiger Ereignisse, die in strategisch relevanter Beziehung zum Unternehmen stehen oder durch die Verbreitung von neuartigen Meinungen bzw. Ideen in Medien. Vgl. hierzu Hahn/Krystek (Frühwarnsysteme 1984), S. 17. ARNOLD bemerkt, dass ANSOFFS Postulat der Vorhersehbarkeit von Diskontinuitäten durch schwache Signale an eine Reihe von Prämissen geknüpft ist, welche einer kritischen Hinterfragung kaum standhalten. So werde unter anderem vorausgesetzt, dass die Entscheidungsträger unbeschränkte Informationsverarbeitungskapazitäten hätten und darüber hinaus willens seien, schwache Signale zu suchen und zielgerichtet zu verarbeiten. Dies hält ARNOLD für wenig realistisch. Vgl. Arnold (Unternehmensführung 1981), S. 292. Gerade an diesem Punkt setzt jedoch Controlling als Rationalitätssicherung der Führung an, indem durch führungsergänzende und -begrenzende Handlungen die Rationalitätsdefizite in diesen Bereichen ausgeglichen werden.

Junge Unternehmen agieren zudem meist mit einem innovativen Produkt, für das insbesondere in der Gründungsphase keine Risikoausgleichsmöglichkeiten existieren.[590] Informationen über Kundenbedürfnisse sind daher im Rahmen der Umsetzung der Geschäftsidee von entscheidender Bedeutung, um durch ein kundengerechtes Angebot Markteintritt und Umsatzgenerierung erfolgreich zu bewerkstelligen.[591] Führungsergänzung im Rahmen von Informationsbereitstellung und Planungsunterstützung ist hierbei zielführend. Ein umfeldinduzierter Controllingbedarf ist demnach auch im Hinblick auf das spezielle Abnehmer-Umfeld feststellbar.

Eine weitere Besonderheit im Umfeld junger Unternehmen, aus der sich ein umfeldinduzierter Controllingbedarf ableiten lässt, stellt die Anspruchsgruppe externer Eigenkapitalgeber dar. Da junge Unternehmen aufgrund der hohen Aufbau- und Wachstumsinvestitionen, verbunden mit noch fehlenden Umsätzen, einen hohen Kapitalbedarf aufweisen, sind sie in der Regel auf externe Beteiligungskapitalgeber angewiesen. Diese und insbesondere die in der Wachstumsphase relevanten Wagniskapitalgeber erwarten im Rahmen ihrer Kapitalbereitstellung dann ein gewisses Mindestmaß an unternehmensbezogenen Daten und Informationen, welche in einem Reportingsystem vom Beteiligungsunternehmen zur Verfügung gestellt werden müssen.[592] Das Controlling kann die Unternehmensführung dabei unterstützen, den Informationsanforderungen der externen Interessengruppe der Kapitalgeber zu

590 Da ein Unternehmen in der Gründungsphase in der Regel zunächst auf einem eng abgegrenzten Zielmarkt agiert und aufgrund des noch kleinen Leistungsspektrums sowie der finanziellen, personellen und strukturellen Beschränkungen noch kein Engagement auf unterschiedlichen regionalen Märkten zeigen kann, können die Vorteile der unterschiedlichen Konjunkturentwicklungen auf den einzelnen regionalen Märkten und die dadurch entstehenden Risikoausgleichsmöglichkeiten nicht genutzt werden. Zudem startet ein neu gegründetes Unternehmen für gewöhnlich als Einproduktunternehmen, so dass auch Risikodiversifikation durch mehrere Produkte in unterschiedlichen Lebens- bzw. Marktentwicklungsphasen nicht gegeben sind. Vgl. hierzu Klandt (Gründungsmanagement 1999), S. 53. SZYPERSKI/NATHUSIUS bezeichnen die Möglichkeit, das Risiko durch ein Agieren auf unterschiedlichen regionalen Märkten zu minimieren, als Risikoverteilung. Vgl. Szyperski/Nathusius (Unternehmensgründung 1999), S. 66.

591 HARTL führt als eine Ursache für die Notwendigkeit eines zielorientierten Controllings in jungen Unternehmen die Tatsache an, dass junge Unternehmen am Markt noch nicht etabliert sind. Vgl. Hartl (Kosten- und Erfolgscontrolling 2001), S. 11.

592 FRIEDL argumentiert, dass die Finanzierung mit Wagniskapital den Aufbau von Planungs-, Informations- und Kontrollsystemen erfordert, die auf die Anforderungen der Investoren abgestimmt sind. Vgl. Friedl (Realoptionen 2003), S. 242. OLBRICH thematisiert Controllingaspekte aus der Sicht der Wagniskapitalgesellschaften, indem er untersucht, wie ein Portfoliocontrolling im Einzelnen auszugestalten ist. Vgl. Olbrich (Gründungsfinanzierung 2002), S. 1308 ff.

entsprechen.[593] Insbesondere in der Wachstumsphase wird hierdurch ein durch das Umfeld bedingter Controllingbedarf induziert.

Neben dem umfeldinduzierten Controllingbedarf lässt sich für junge Unternehmen außerdem aus den spezifischen lebenszyklusphasenbezogenen Kontextfaktoren ein **unternehmensinduzierter Controllingbedarf** ableiten.

Die aus der Systemtheorie deduzierte interne Komplexität und Differenziertheit von Unternehmen als Bestimmungsgründe für ein Controllingerfordernis sind bei jungen Unternehmen in der Gründungsphase von untergeordneter Bedeutung, in der Wachstumsphase jedoch besonders relevant. Die mit dem Unternehmenswachstum einhergehenden Organisationsveränderungen sowie die zunehmende innerorganisatorische Komplexitätserhöhung erfordern wirksame Mechanismen der internen Harmonisierung, um einen Ausgleich der zunehmenden Systemdifferenzierung sicherzustellen.[594] Insbesondere weil bei jungen Unternehmen noch keinerlei Erfahrungswerte mit wachstumsbedingten Organisationsanpassungen vorliegen, eine Umsetzung der erforderlichen Umstrukturierung in dieser Phase jedoch unumgänglich ist, muss mit Rationalitätsengpässen in diesem Bereich verstärkt gerechnet werden. Der Bedarf nach interner Koordination im Rahmen eines führungsunterstützenden Controllings ist in der Wachstumsphase daher besonders ausgeprägt.[595]

Eine weitere Besonderheit junger Unternehmen, die einen unternehmensinduzierten Controllingbedarf begründet, ist die in Gründungs- wie Wachstumsphase gleichermaßen bestehende hohe Bedeutung der Liquiditätssicherung. Junge Unternehmen sind aufgrund hoher Aufbauinvestitionen und noch fehlenden Umsätzen stärker von Liquiditätsengpässen betrof-

593 NIETZER analysiert die Herausforderungen und Umsetzungsprobleme bei der Implementierung von investorengerechten Controllingsystemen in jungen Wachstumsunternehmen anhand eines konkreten Beispieles. Vgl. Nietzer (Controlling 2003), S. 438 ff.

594 Mit zunehmender Größe und Unübersichtlichkeit des Unternehmens wird es für die Unternehmensführung schwieriger, alles durch eigene Anschauung zu überblicken. Daher wird es unumdingbar zu delegieren, aber auch die hierdurch geschaffene Systemdifferenzierung mittels Informations- und Koordinationsmechanismen auszugleichen. KIRSCH spricht hierbei von den „Schwellen der Unübersichtlichkeit", die mit Hilfe einer strategischen Analyse und Planung stets im Auge zu behalten sind. Vgl. Kirsch (Planung 1983), S. 154 ff. TREUZ/CREUTZBURG betonen ebenfalls die Notwendigkeit, der aufgrund des Wachstums veränderten Organisations- und Führungsstruktur mit Koordinations- und Informationsversorgungsmechanismen des Controllings zu begegnen. Vgl. Treuz/Creutzburg (Controlling in KMU 2002), S. 399.

595 GUSHURST spricht in diesem Zusammenhang auch vom „führungsbedingten Controllingbedarf". Inadäquate Informationsversorgung sowie mangelndes System- und Problemverständnis führen demnach zu einer falschen Steuerung durch den Unternehmer, wodurch das Erfordernis eines führungsentlastenden Controllings zum Ausdruck kommt. Vgl. hierzu Gushurst (Implementierung 1990), S. 78 ff.

fen als etablierte Unternehmen mit laufendem Geschäftsbetrieb.[596] Fehlende Erfahrungswerte in Bezug auf ein adäquates Liquiditätsmanagement können zu finanziellen Führungsfehlern führen, indem die Ursachen für das krisenhafte Symptom der Zahlungsunfähigkeit nicht oder zu spät erkannt werden. Controlling kann hierbei im Rahmen seiner Liquiditätsplanungs- und -kontrollfunktion einen wesentlichen Beitrag zur Rationalitätssicherung der Unternehmensführung im Sinne einer permanenten Aufrechterhaltung der Liquidität und Überlebensfähigkeit liefern.[597]

In der nachfolgenden Abbildung 3-9 sind die einzelnen Bestimmungsfaktoren des Controllingbedarfes in jungen Unternehmen mit ihrer jeweiligen Bedeutung in der Gründungs- bzw. Wachstumsphase zusammenfassend dargestellt.

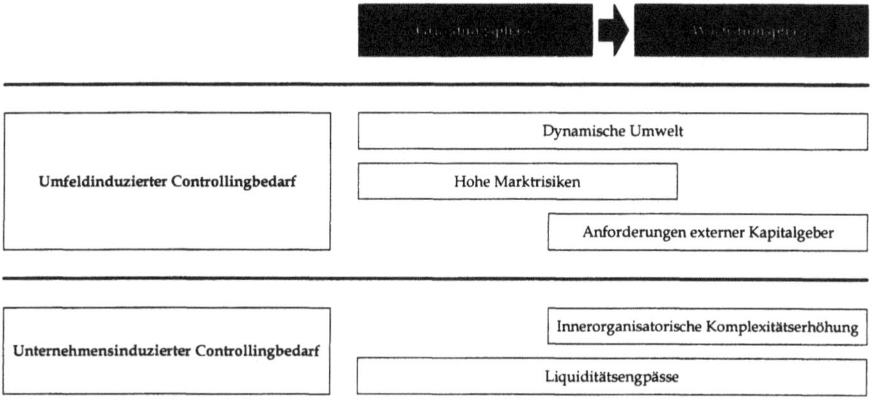

Abbildung 3-9: Bestimmungsfaktoren des Controllingbedarfes in jungen Unternehmen

Der Bedarf nach einer Führungsunterstützung durch das Controlling in jungen Unternehmen ist also nicht nur empirisch begründbar, sondern lässt sich auch theoretisch aus den spezifischen Besonderheiten junger Unternehmen ableiten.[598] Die Relevanz der Erstellung

596 LEGENHAUSEN führt an, dass selbst in etablierten mittelständischen Betrieben Liquiditätsprobleme aufgrund von fehlenden Finanzplanungs- und -kontrollinstrumenten eine der bedeutenden Ursachen von Unternehmensinsolvenzen sind. Vgl. Legenhausen (Controllinginstrumente 1998), S. 29. Ähnlich bemängelt LACHNIT die betriebswirtschaftlichen Defizite im Bereich der Liquiditätsplanung und -sicherung in mittelständischen Unternehmen. Vgl. Lachnit (Liquiditätsplanung 1988), S. 87 f.

597 KLEINEBECKEL hebt ebenfalls die Bedeutung eines Finanzcontrollings zur Sicherung der Unternehmensliquidität als unverzichtbare Voraussetzung für die Existenzsicherung des Unternehmens hervor. Vgl. Kleinebeckel (Finanz-Controlling 1993), S. 213.

598 Dabei soll noch einmal betont werden, dass der Controllingbedarf sowohl für die Gründungs- als auch für die Wachstumsphase festgestellt werden konnte.

von lebenszyklusphasenadäquaten Controllingkonzeptionen für junge Unternehmen kann hiermit also noch einmal unterstrichen werden. Der Frage, wie diese Controllingkonzeptionen zu gestalten sind, um den besonderen Rahmenbedingungen von Unternehmen in der Gründungs- und Wachstumsphase gerecht zu werden, soll in den folgenden Abschnitten nachgegangen werden.

4. Phasenspezifische Controllingkonzeptionen für Unternehmen in der Gründungs- und Wachstumsphase

Mit den situativen Bestimmungsgrößen wurden die einzelnen Parameter eruiert, die auf die Gestaltung der Elemente der phasenspezifischen Controllingkonzeptionen junger Unternehmen einwirken. Daher kann nun dazu übergegangen werden, diese einzelnen Elemente der Controllingkonzeption in der Gründungs- und in der Wachstumsphase inhaltlich auszugestalten. Ziel der folgenden Abschnitte ist es also, einen weiteren Schritt zur Erreichung der generellen Zielsetzung der Arbeit zu unternehmen und die konkretisierte Forschungsfrage 2 zu beantworten:

Konkretisierte Forschungsfrage 2:

Welche Ziele, Aufgaben, Instrumente und organisatorischen Ausgestaltungsmöglichkeiten des Controllings und damit welche Controllingkonzeptionen lassen sich aus den situativen Bestimmungsgrößen für Unternehmen in der Gründungs- und Wachstumsphase ableiten?

4.1 Ausgangsüberlegungen und einleitender Überblick

Controlling kann durch Merkmale charakterisiert werden, die in ihrer Gesamtheit den Gegenstand des Controllings beschreiben und als Controllingkonzeption bezeichnet werden. Wie bereits dargelegt, hat sich in der Literatur eine weitgehende Verständigung auf die Merkmale Controllingziele, -aufgaben, -instrumente und -organisation als charakteristische Elemente einer Controllingkonzeption herausgebildet.[599] In der Gründungs- und Wachstumsphase eines Unternehmens nehmen diese Elemente jeweils spezifische Ausprägungsformen an, die durch die situativen Bestimmungsgrößen der jeweiligen Phase geprägt werden.

Die Controllingziele bilden das zentrale Element der Controllingkonzeption. Sie lassen sich aus den übergeordneten Unternehmenszielen ableiten, und zwar so, dass durch das Controlling generell sichergestellt werden soll, dass die gesamte Zielsetzung des Unternehmens erreicht werden kann. Die inhaltliche Auseinandersetzung mit den spezifischen Zielen von Unternehmen in der Gründungs- und Wachstumsphase führte zu dem Ergebnis, dass sich Unternehmensziele junger Unternehmen je nach Entwicklungsphase unterscheiden und da-

599 Vgl. hierzu Abschnitt 2.2.2.1.

durch differenzierte Unternehmensziele für die Gründungs- und für die Wachstumsphase formuliert werden können. Da aber Controllingziele aus den jeweiligen Unternehmenszielen deduziert werden, bilden die in den situativen Bestimmungsgrößen herausgearbeiteten Unternehmensziele der einzelnen Phasen den unmittelbaren Anknüpfungspunkt für die in den kommenden Abschnitten folgende Diskussion und Eruierung der phasenspezifischen Controllingziele.

Aus den Controllingzielen leitet sich das zweite Element der Controllingkonzeption, die Controllingaufgaben ab. Diese umfassen alle einzelnen Aktivitäten, die für die Erreichung der jeweiligen Controllingziele als wesentlich erachtet werden. Entsprechend lassen sich auf übergeordneter Ebene aus den Unternehmenszielen unternehmerische Kernaufgaben ableiten, die in den vorhergehenden Abschnitten bereits herausgearbeitet wurden. Für die Analyse der phasenspezifischen Controllingziele ergeben sich mithin zwei Anknüpfungspunkte. Zum einen sind die jeweiligen Controllingziele in den einzelnen Phasen maßgeblich für die Ausgestaltung der zur Zielerreichung erforderlichen Controllingaktivitäten. Da die phasenspezifischen Controllingziele jedoch aus den übergeordneten Unternehmenszielen abgeleitet wurden, welche wiederum die unternehmerischen Kernaktivitäten wesentlich bestimmen, bilden die unternehmerischen Kernaufgaben der Gründungs- und Wachstumsphase den zweiten entscheidenden Ansatzpunkt für die Analyse der phasenspezifischen Controllingaufgaben.

Die Controllingkonzeption wird komplettiert durch die beiden Elemente Controllinginstrumente und Controllingorganisation. Zur Erfüllung der Controllingaufgaben werden Instrumente herangezogen, deren Einsatzmöglichkeiten jedoch durch die jeweiligen situativen Rahmenbedingungen des Unternehmens bedingt sind. Unternehmen in der Gründungs- und Wachstumsphase sind durch spezifische Merkmale gekennzeichnet, die über daraus resultierenden Anforderungen den Eignungsgrad der prinzipiell verfügbaren Controllinginstrumente beeinflussen. Auch die organisatorische Ausgestaltung des Controllings wird durch die spezifischen Merkmale junger Unternehmen in der Gründungs- und Wachstumsphase und die hiermit verbundenen Anforderungen an das Controlling geprägt. Die aus den Merkmalen abgeleiteten Anforderungen bestimmen somit den generellen Möglichkeitsraum der instrumentellen und institutionellen Gestaltung des Controllings in den einzelnen Phasen.

Die nachfolgende Abbildung 4-1 stellt die einzelnen Elemente der phasenspezifischen Controllingkonzeptionen mit ihren jeweiligen Bestimmungsparametern schematisch dar.

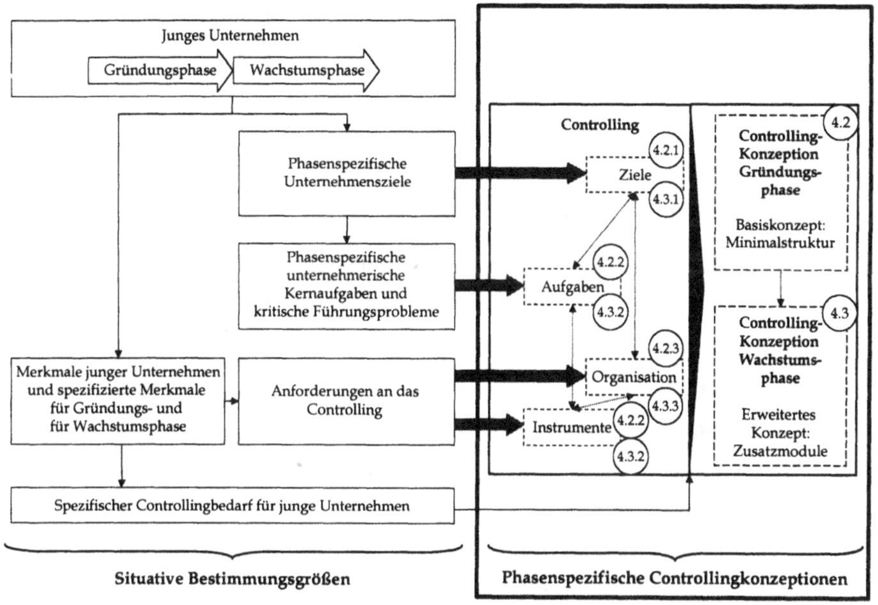

Abbildung 4-1: Überblick über die aus den situativen Bestimmungsgrößen abgeleiteten Elemente der phasenspezifischen Controllingkonzeptionen

Ziel der folgenden Abschnitte ist die inhaltliche Ausgestaltung der einzelnen Elemente der phasenspezifischen Controllingkonzeptionen unter Berücksichtigung der jeweiligen situativen Bestimmungsgrößen. Damit steht der hervorgehobene Teil obiger Abbildung im Fokus der folgenden Betrachtungen.

4.2 Konzeption eines Controllings für die Gründungsphase

Da die Controllingziele das zentrale Element einer Controllingkonzeption darstellen, soll zunächst eine Betrachtung der Ziele des Controllings in der Gründungsphase erfolgen. Bezugspunkt bilden hierbei die übergeordneten Unternehmensziele. Die Ableitung der gründungsspezifischen Controllingaufgaben aus den unternehmerischen Kernaufgaben bzw. kritischen Führungsproblemen ist Gegenstand des darauf folgenden Abschnitts. Zu den Controllingaufgaben jeweils korrespondierende Instrumente werden anschließend vorgestellt und einer Analyse bezüglich ihrer Vereinbarkeit mit den Anforderungen an Controllinginstrumente in der Gründungsphase unterzogen. Danach wird die organisatorische Ausgestaltung des Controllings neu gegründeter Unternehmen unter Beachtung der phasenspezifischen Merkmale junger Unternehmen näher betrachtet. Nachdem damit der Kernbereich der

Controllingkonzeption für die Gründungsphase analysiert wurde, ist der sie umfassende Rahmen im Sinne der möglichen Differenzierungen Gegenstand der weiteren Untersuchung, bevor im Abschnitt 4.2.5 eine abschließende Zusammenfassung der wichtigsten Ergebnisse vorgenommen wird.

4.2.1 Ziele des Controllings in der Gründungsphase

Im Rahmen der generellen Ausführungen zur Controllingkonzeption wurde bereits betont, dass sich der Controllingzielraum nach dem unternehmensspezifischen Zielsystem bemisst. Dabei besteht das oberste Controllingziel darin, die Unternehmensführung bei der Erreichung sämtlicher Ziele des Unternehmens zu unterstützen. Die Operationalisierung dieses Oberziels der Führungsunterstützung erfolgt durch unmittelbare Controllingziele, die aus den jeweils spezifischen unmittelbaren Unternehmenszielen abgeleitet werden können. Dabei herrschen in der Literatur divergierende Meinungen zum konkreten Beziehungszusammenhang zwischen Unternehmens- und Controllingzielen.[600] Die unterschiedlichen Ansätze zur Generierung von Controllingzielen aus den Unternehmenszielen lassen sich in zwei grundlegende Kategorien einteilen. In der ersten Gruppe von Beiträgen wird ein direkter Beziehungszusammenhang zwischen Unternehmens- und Controllingzielen unterstellt und die unmittelbaren Controllingziele mit den unmittelbaren Unternehmenszielen gleichgesetzt.[601] Einer derartigen Gleichsetzung soll im weiteren Verlauf dieser Arbeit insbesondere deshalb nicht gefolgt werden, da die Annahme identischer unmittelbarer Controlling- und Unternehmensziele eine Abgrenzungsproblematik zwischen der Unternehmensführung und dem Controlling aufwerfen würde , welche der dieser Arbeit zugrunde gelegten Unterstützungsfunktion des Controllings widerspricht.[602] Die zweite Gruppe von Literaturbeiträgen legen

600 Ein umfangreicher Literaturüberblick zu den Vorstellungen über Controllingziele sowie eine ausführliche Analyse der divergierenden Ansichten zum Beziehungszusammenhang zwischen Unternehmens- und Controllingzielen ist bei Amshoff (Controlling 1993), S. 172 ff. zu finden.

601 Eine Gleichsetzung von Unternehmens- und Controllingzielen findet sich beispielsweise bei Czenskowsky et al. (Controlling 2002), S. 32 ff. Ähnlich unterstellt BRUCHHÄUSER einen unmittelbaren Zusammenhang zwischen Unternehmens- und Controllingzielen. Vgl. Bruchhäuser (Controlling 1981), S. 483.

602 WELGE konkretisiert diese Problematik an dem Beispiel, dass Unternehmungsziele nicht ausschließlich vom Controlling, sondern auch von anderen Aufgabenträgern verfolgt würden und hierdurch eine Verantwortungszurechnungsproblematik zu erwarten wäre. Vgl. Welge (Controlling 1988), S. 20 ff. LINK kritisiert in erster Linie den durch diese Gleichsetzung provozierten Omnipotenz-Anschein des Controllings. Vgl. Link (Controlling 1982), S. 261.

eine mittelbare Beziehung zwischen Unternehmens- und Controllingzielen zugrunde.[603] Sie stellen damit einen Zweck-Mittel-Zusammenhang her, indem direkte Controllingziele formuliert werden, deren Realisierung als Beitrag zur Erreichung der übergeordneten Zielsetzungen des Unternehmens dient.[604] Konkret bedeutet dies, dass Controlling unmittelbar darauf abzielt, Rationalitätsengpässe der Führung bei der Erreichung der unmittelbaren Unternehmensziele auszugleichen.[605] Dabei können Rationalitätsengpässe bei der Zielverfolgung in sämtlichen Phasen des Führungsprozesses sowie in der Abstimmung zwischen den Phasen auftreten. Die unmittelbaren Ziele des Controllings liegen somit letztlich in der Beseitigung von Rationalitätsengpässen in der Führung und damit in der Sicherung der Planung, Kontrolle, Steuerung sowie der Informationskongruenz und Koordinationsfähigkeit bei der Erreichung der konkreten Unternehmensziele.[606]

Diese Sichtweise eines mittelbaren Zusammenhangs von Controlling- und Unternehmenszielen bedeutet für die Herleitung von Controllingzielen in der Gründungsphase konkret folgendes:

Die **oberste Zielsetzung des Controllings** eines Unternehmens in der Gründungsphase liegt in der Unterstützung der Unternehmensführung bei der Erreichung des strategischen Zieles der Umsetzung der Geschäftsidee sowie der daraus resultierenden Sachziele begründet. Damit die Erfüllung dieses Finalzieles herbeigeführt werden kann, ist ein Herunterbrechen des Oberziels der Führungsunterstützung auf unmittelbare operationalisierte Controllingziele erforderlich.[607]

Diese **unmittelbaren Controllingziele** bestehen aufgrund des mittelbaren Zusammenhangs zwischen Unternehmens- und Controllingzielen darin, Rationalitätsengpässe der Führung bei der Zielverfolgung zu erkennen und Aufgaben zu übernehmen sowie Instrumente einzu-

603 Einen Literaturüberblick zu Beiträgen, die einen mittelbaren Beziehungszusammenhang zwischen Unternehmens- und Controllingzielen herstellen, geben Ziener (Controlling 1985), S. 29 ff. sowie Welge (Controlling 1988), S. 25 ff.

604 BECKER/BENZ stellen in diesem Zusammenhang heraus, dass das Controlling „regelmäßig nur über die Unternehmensführung und somit indirekt auf den Erfolg des Unternehmens“ einwirkt. Becker/Benz (Effizienz-Verständnis 1997), S. 656.

605 Vgl. Vahs (Controlling-Konzeptionen 1990), S. 39 f.

606 Im Rahmen einer umfassenden Literaturauswertung zu den Controllingzielen hat AMSHOFF die vielfältigen Meinungen zu den Zielen „Sicherung der Planung“, „Sicherung der Kontrolle“, „Integration von Planung und Kontrolle“, „Sicherung der Steuerung“, „Sicherung der Informationskongruenz“, „Beitrag zur Sicherung der Harmonisation“, „Beitrag zur Sicherung der Entscheidungsqualität“ sowie „Beitrag zur Sicherung der Flexibilität“ verdichtet. Vgl. Amshoff (Controlling 1993), S. 172 ff.

607 Vgl. Beckmann/Huch (Controllingverständnis 2002), S. 149.

setzen, die der Beseitigung dieser Rationalitätsengpässe dienen, um so die Unternehmenszielerreichung zu gewährleisten.[608] Letztlich begründen sich die unmittelbaren Controllingziele darin, zielgerichtete Aufgaben und Instrumente zu definieren und umzusetzen, mit denen der Führungsprozess an all denjenigen Stellen unterstützt werden kann, an denen Rationalitätsengpässe bei der Erreichung der unmittelbaren Unternehmensziele der Liquiditätssicherung, des Markteintritts und der Produktentwicklung sowie des Unternehmens- und Organisationsaufbaus auftreten.

In der Praxis dominiert meist die Orientierung an der Sicherstellung finanzwirtschaftlicher Unternehmensziele und damit eine primäre Ausrichtung der unmittelbaren Controllingziele an finanziellen Steuerungsgrößen. Dies ist jedoch für eine ganzheitliche und entwicklungsbezogene Controllingkonzeption nicht ausreichend, da Rationalitätsengpässe auch im Rahmen der Erreichung direkter nicht-finanzieller Zielgrößen auftreten können. Daher ist ein weiter gefasster Controllingzielraum vorzuziehen, der auch die leistungswirtschaftlichen sowie führungs- und organisationsbezogenen Unternehmensziele mit einbezieht.[609]

Zusammenfassend kann also festgehalten werden:

Das Controlling in der Gründungsphase ist dadurch gekennzeichnet, dass es strategisch das Ziel verfolgt, die Unternehmensführung bei der Umsetzung der Geschäftsidee und der daraus deduzierbaren Sachzielverfolgung zu unterstützen. Die unmittelbaren Controllingziele auf operationalisierter Ebene sind dabei jedoch nicht gleichzusetzen mit den unmittelbaren Unternehmenszielen. Vielmehr markieren die unmittelbaren Unternehmensziele der Liquiditätssicherung, des Markteintritts und der Produktentwicklung sowie des Unternehmens- und Organisationsaufbaus den Zielraum, bei dessen Verfolgung Rationalitätsengpässe auftreten können. Die unmittelbaren Controllingziele bestehen dabei darin, den jeweiligen Rationalitätsengpässen mit der Definition rationalitätssichernder Aufgaben und dem Einsatz entsprechender Instrumente zu begegnen. Dementsprechend können die unmittelbaren Controllingziele anhand der Controllingaufgaben und -instrumente in der Gründungsphase umrissen werden. Dies ist Gegenstand des folgenden Abschnitts.

608 Vgl. hierzu auch Beckmann/Huch (Controllingverständnis 2002), S. 150 sowie Hahn (Unternehmungsziele 1995), S. 331.

609 Vgl. Steinle (Ziele 2003), S. 21.

4.2.2 Aufgaben und Instrumente des Controllings in der Gründungsphase

Wie schon in den grundlegenden Ausführungen zur Controllingkonzeption erläutert, haben sich in Literatur und Praxis vielfältige Kataloge von Aufgaben herausgebildet, die dem Controlling zugeordnet werden. Diese Aufgabenkataloge lassen sich zu den wesentlichen Einzelaufgaben Koordination, Planung, Kontrolle, Information und Steuerung[610] verdichten, deren Bedeutung in der Controllingforschung mittlerweile nahezu konsensartig bestätigt wird.[611] Die inhaltliche Konkretisierung dieses Aufgabenkanons sowie die Gewichtung der einzelnen Aufgaben ist jedoch in Abhängigkeit vom jeweiligen Unternehmenskontext situationsspezifisch vorzunehmen, um sicherzustellen, dass dem Controlling genau diejenigen Aufgaben zugeordnet werden, die zur Vermeidung von Rationalitätsengpässen im jeweiligen Führungskontext notwendig sind.[612] Entsprechend ist auch die instrumentelle Ausgestaltung der jeweiligen Controllingaufgaben nicht generell bestimmbar, sondern an den situationsspezifischen Erfordernissen auszurichten. Im Rahmen der grundlegenden Begriffsbestimmungen wurden als Controllinginstrumente alle diejenigen Methoden und Techniken bezeichnet, die das Controlling zur Aufgabenerfüllung benötigt und einsetzen kann.[613] Dabei ist der Fundus an möglichen Einzelinstrumenten nahezu unüberschaubar, wobei sich schon die Bestimmung von originären Controllinginstrumenten als schwierig erweist. Vielmehr wird postuliert, dass dem Controlling potenziell der gesamte Kosmos betriebswirtschaftlicher Managementmethoden zur Verfügung stünde.[614] Inwieweit die einzelnen Instrumente aus dem gesamten Instrumentenspektrum einsetzbar und zielführend sind, hängt von den situationsspezifischen Anforderungen an die instrumentelle Ausgestaltung des Controllings ab und ist dementsprechend jeweils gesondert zu überprüfen.[615]

---

610 Zur Sonderrolle der Steuerung sei hierbei auf Abschnitt 2.2.2.1 verwiesen.

611 KÜPPER ET AL. bemerken, dass es ausreichend erscheint, wenn sich in Bezug auf die Kernaufgaben des Controllings ein weitgehendes Verständnis herausbildet, da die konkrete Ausgestaltung von den jeweiligen Situationsbedingungen abhängig ist. Vgl. Küpper et al. (Controlling 1990), S. 283.

612 Vgl. Beckmann/Huch (Controllingverständnis 2002), S. 157; Reichmann (Controlling-Konzeptionen 1991), S. 50.

613 Vgl. Ziener (Controlling 1985), S. 43.

614 Vgl. Steinle (Ziele 2003), S. 29; Strobel (Controlling 1979), S. 11.

615 BECKMANN/HUCH bemerken hierzu treffend: „Konstitutives Element jeglicher Art von Instrumenten ist aufgrund des konkreten Problembezugs deren kreative und situationsbezogene Anwendung." Beckmann/Huch (Controllingverständnis 2002), S. 156.

Daher soll im Folgenden aus den situativen Bestimmungsgrößen eines Unternehmens in der Gründungsphase ein kontextbezogener Aufgabenkanon sowie das jeweils zugehörige Controllinginstrumentarium hergeleitet werden.

Zur Herleitung der kontextbezogenen Controllingaufgaben dienen hierbei die bereits eruierten unternehmerischen Kernaufgaben und insbesondere die hieraus resultierenden kritischen Führungsprobleme. Dies lässt sich folgendermaßen begründen:

Die aus den unternehmerischen Kernaufgaben abgeleiteten kritischen Führungsprobleme in der Gründungsphase eines Unternehmens erfordern besondere Beachtung, da die weitere Unternehmensentwicklung maßgeblich davon abhängt, wie diese Probleme beherrscht werden. Die kritischen Führungsprobleme bieten dem Controlling deshalb einen Ansatzpunkt für die Eruierung seiner Aufgaben, da Rationalitätsengpässe im Rahmen des Umgangs mit den kritischen Führungsproblemen den Fortbestand und die Entwicklungsmöglichkeiten des Unternehmens gefährden. Mit Rationalitätsengpässen in der Bewältigung der kritischen Führungsprobleme in der Gründungsphase muss gerechnet werden, da die starke Unternehmerprägung, die meist damit zusammenhängenden hohen Defizite im kaufmännischen Bereich, die stark eingeschränkten personellen Ressourcen und der geringe Erfahrungsschatz zu einem Mangel an „Können" der Unternehmensführung bei der Problembewältigung führen.[616] Controlling kann hierbei durch die Übernahme von Aufgaben, welche die Rationalitätsdefizite im Rahmen der Bewältigung der kritischen Führungsprobleme reduzieren, einen wesentlichen Beitrag zur Erreichung des Zieles der Geschäftsideeverwirklichung leisten.

Bei der Zuordnung von zur Aufgabenerfüllung geeigneten Controllinginstrumenten spielen die bereits eruierten Anforderungen an das Controlling von Unternehmen in der Gründungsphase eine entscheidende Rolle. Diese Anforderungen setzen den Möglichkeitsraum bzw. die Grenzen, innerhalb derer die Auswahl von Instrumenten erfolgen kann. Instrumente, die zwar generell geeignet wären, die Aufgabe zu erfüllen, sind einer Prüfung zu unterziehen, ob sie anforderungskompatibel sind und den Rahmenbedingungen eines Unternehmens in der Gründungsphase gerecht werden.

Abbildung 4-2 gibt einen Überblick über die hergeleiteten Controllingaufgaben und -instrumente für die Gründungsphase eines Unternehmens.

---

616 Zum „mangelnden Können" ökonomischer Akteure im Sinne von kognitiven Begrenzungen vgl. Weber (Neue Perspektiven 2000), S. 5 ff.

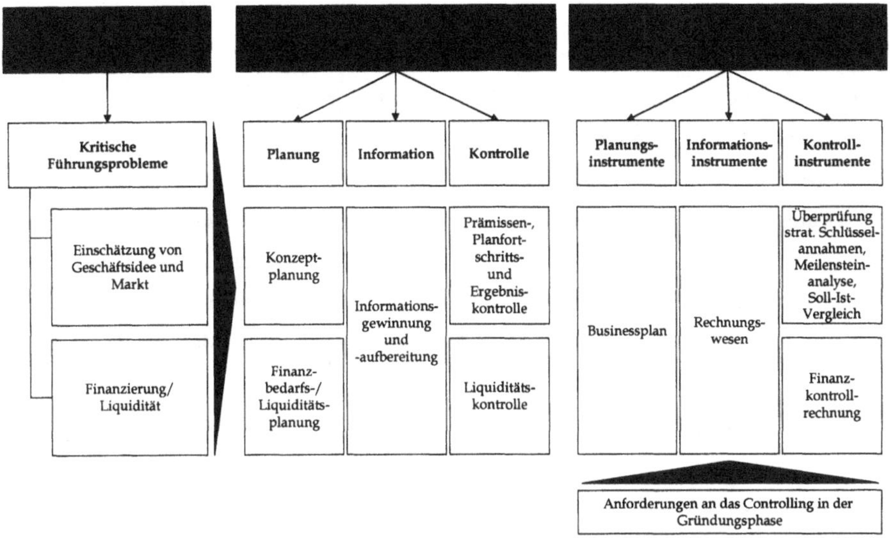

Abbildung 4-2: Aufgaben und Instrumente des Controllings in der Gründungsphase - Überblick

Im Folgenden wird auf die einzelnen Aufgaben und Instrumente näher eingegangen. Insbesondere soll beschrieben werden, wie die jeweiligen Controllingaufgaben und -instrumente aus den situativen Bestimmungsgrößen eines Unternehmens in der Gründungsphase abgeleitet werden können, um dadurch die Begründung für die Auswahl der einzelnen Elemente zu erbringen.

4.2.2.1 Planung - die primäre Controllingaufgabe in der Gründungsphase

4.2.2.1.1 Inhaltliche Konkretisierung der Planungsaufgabe: Konzeptplanung sowie Finanzbedarfs- und Liquiditätsplanung

Für die Gründungsphase wurden zwei wesentliche kritische Führungsprobleme diagnostiziert, von deren erfolgreicher Bewältigung die weitere Entwicklung des neu gegründeten Unternehmens sowie die Erreichung der Ziele in der Gründungsphase maßgeblich abhängen. Im Folgenden soll gezeigt werden, wie sich die Planungsaufgabe in Form von Konzept- sowie Finanz- und Liquiditätsplanung aus diesen kritischen Führungsproblemen ableiten lässt.

Als erstes kritisches Führungsproblem soll die **Einschätzung von Geschäftsidee und Markt** näher betrachtet werden. Fehleinschätzungen der technischen und finanziellen Realisierbarkeit sowie der Marktakzeptanz und -potenzialträchtigkeit der Idee können das strategische Ziel der Umsetzung der Geschäftsidee bis zum Markteintritt erheblich gefährden und somit in letzter Konsequenz das gesamte Gründungsprojekt in Frage stellen. Der rationale Umgang mit diesem kritischen Führungsproblem ist daher von großer Bedeutung. Die Gefahr, dass die Bewältigung des kritischen Führungsproblems der Einschätzung von Geschäftsidee und Markt durch Rationalitätsengpässe der Unternehmensführung gekennzeichnet ist, ist jedoch ebenfalls groß. Die Unternehmensführung ist in der Gründungsphase in hoher Ausprägung durch die Gründerperson dominiert. Eine starke emotionale Verbundenheit des Gründers mit der Geschäftsidee, gepaart mit mangelnden Erfahrungswerten hinsichtlich der kaufmännischen Beurteilung der Geschäftsidee, können dazu führen, dass die Einschätzung der Umsetzbarkeit der Geschäftsidee mehr auf intuitiven subjektiven Überzeugungen als auf rational abgeleiteten Annahmen beruht. Diesen Rationalitätsdefiziten kann die Führungsunterstützung Controlling mit seiner Planungsfunktion begegnen.[617] Controlling zielt dabei jedoch nicht darauf ab, die unternehmerische Intuition zu ersetzen.[618] Vielmehr wird durch das Controlling ein methodischer Rahmen geschaffen, innerhalb dessen intuitive Einschätzungen der Unternehmensführung einer kritischen Reflexion und Überprüfung unterzogen und so in eine systematische Willensbildung bzw. in planerisches Handeln überführt werden können.[619] Controlling stellt somit ein Planungssystem zur Verfügung, das die Unternehmensführung dabei unterstützen soll, die Treffsicherheit von Entscheidungen zu erhöhen.[620]

Planungsobjekt bildet hierbei das Gründungsprojekt in seiner Gesamtheit. Das Gründungsprojekt soll durch die gedankliche Vorwegnahme aller Schritte, die zur Erreichung des Ziels der Verwirklichung der Geschäftsidee notwendig sind, strukturiert und analysiert werden,

---

617 Auch DINTNER betont die Bedeutung einer Führungsunterstützung durch das Controlling in der Frühphase der Unternehmensgründung, damit eine rationale Überprüfung der Gründungsidee auf ihre Marktfähigkeit, ihre Erfolgspotenziale und Risiken gewährleistet werden kann. Vgl. Dintner (Controlling 1999), S. 44. Ähnlich argumentieren HUNDT/NEITZ, die herausstellen, dass erst die Erstellung einer detaillierten, einen längeren Zeitraum umspannenden schriftlichen Planung die Möglichkeit bietet, eine Einschätzung der Chancen und wirtschaftlichen Umsetzbarkeit der Idee vorzunehmen. Vgl. Hundt/Neitz (Businesspläne 2001), S. 24.

618 Vgl. Legenhausen (Controllinginstrumente 1998), S. 157; Kunesch (Controlling in Klein- und Mittelbetrieben 1996), S. 631.

619 Zum Spannungsverhältnis zwischen Reflexion und Intuition vgl. Weber/Schäffer (Reflexion 2001).

620 MAYR stellt heraus, dass das in Kleinunternehmen vorherrschende Improvisationsverhalten und die damit verbundene Problematik von unsystematischen ad hoc Entscheidungen durch das Anstoßen von formalisierten Planungsprozessen im Rahmen eines Controllings abgeschwächt werden kann. Vgl. Mayr (Externes Controlling 1998), S. 415. NATHUSIUS argumentiert, dass durch eine systematische Gründungsplanung die Gründungsüberlegungen aus dem Bereich des impliziten Abwägens in den Bereich der kalkulierbaren Bewertung transformiert werden und der Gründer dadurch komplette Entscheidungsunterlagen erhält. Vgl. Nathusius (Gründungsplanung 1989), Sp. 612.

um eine realistische und möglichst objektive Einschätzung der Realisierbarkeit des Vorhabens zu erleichtern.[621] Am Ende dieses Planungsprozesses steht ein Konzept, das sowohl strategischen, als auch operativen Charakter aufweist. Während mit der strategischen Komponente der **Konzeptplanung** Maßnahmen und Ziele für die langfristige Unternehmenszukunft festgeschrieben werden,[622] zielt die operative Komponente der Konzeptplanung auf die gedankliche Erfassung der Umsetzung der langfristigen Vorgaben in konkrete kurzfristige Realisierungspläne ab.[623] Letztlich wird durch diese Konzeptplanung das Gründungsprojekt derart detailliert abgebildet und analysiert, dass die Rationalität im Rahmen der Einschätzung von Geschäftsidee und Markt deutlich erhöht werden kann.[624]

Neben der Einschätzung von Geschäftsidee und Markt wurde für die Gründungsphase ein weiterer Problembereich diagnostiziert, der sich für die Zielerreichung als besonders kritisch erweisen kann. Selbst wenn eine Erfolg versprechende Einschätzung des Gründungsvorhabens auf Basis einer rationalen Konzeptplanung gegeben ist, kann die Umsetzung der Geschäftsidee nur dann bewerkstelligt werden, wenn sichergestellt ist, dass zu jedem Zeitpunkt allen fälligen Zahlungsverpflichtungen fristgerecht nachgekommen werden kann und für die Schließung eruierter finanzieller Lücken gesorgt ist.[625] Diese **Erhaltung des finanziellen Gleichgewichts**[626] ist für jede selbständige Unternehmung als eine strenge Nebenbedingung ihres Strebens nach Gewinn zu sehen,[627] für ein neu gegründetes Unternehmen jedoch von besonderer Bedeutung. Unternehmen in der Gründungsphase sind dadurch gekennzeichnet, dass hohen Investitionen erst zeitlich versetzt korrespondierende Einzahlungen gegenüber-

621 Vgl. Nathusius (Gründungsplanung 1998), S. 46.

622 Vgl. Klett et al. (Controlling-Praxis 1996), S. 14.

623 Vgl. Dintner (Controlling 1999), S. 45.

624 NATHUSIUS betont, dass erst durch die systematische Gründungs- bzw. Konzeptplanung eine grundsätzliche Entscheidung, ob die Gründung vollzogen werden soll oder nicht, möglich wird. Vgl. Nathusius (Gründungsplanung 1989), Sp. 611 f. Die Bedeutung der strategischen Planung für den Erfolg einer Unternehmensgründung wird auch von Mewes (Gründungsstrategie 2001), S. 95 ff. herausgearbeitet.

625 Dabei kommt zum Ausdruck, dass mit der auf Planergebnissen beruhenden Einschätzung der Potenzialträchtigkeit der Idee noch keine Aussage über die Liquiditätsentwicklung bei der Verwirklichung der Geschäftsidee getroffen werden kann. Daher sind ergänzende Betrachtungen zur Liquidität anzustellen. Vgl. hierzu auch Klett et al. (Controlling in KMU 2 2000), S. 12.

626 Zum „finanziellen Gleichgewicht" vgl. Gutenberg (Betriebswirtschaftslehre 1980), S. 272 ff.

627 HAUSCHILDT bezeichnet die Erhaltung der Liquidität als eine Daueraufgabe von höchster ökonomischer Bedeutung. Vgl. Hauschildt (Finanzorganisation 1981), S. 5. KLEINEBECKEL bezeichnet Liquidität als eine unverzichtbare Voraussetzung für die Existenzsicherung eines Unternehmens. Vgl. Kleinebeckel (Finanz-Controlling 1993), S. 213. Die hohe Bedeutung der jederzeitigen Liquidität liegt darin begründet, dass die Zahlungsunfähigkeit ein Insolvenztatbestand ist. Vgl. hierzu Drukarczyk/Schüler (Insolvenztatbestände 2003), S. 56 ff. Zum Begriff und den Bestimmungsgrößen der Liquidität vgl. Drukarczyk (Finanzierung 1999), S. 23 ff.

stehen. Das bedeutet, dass selbst bei begründet positiven Umsatzaussichten in der Zukunft die ständige Gefahr der Illiquidität durch die hohen Auszahlungen für Aufbauinvestitionen in der Gegenwart besteht.[628] Daher muss der systematischen Prognose, Kontrolle und Steuerung der Zahlungsströme eines Unternehmens in der Gründungsphase besondere Aufmerksamkeit entgegen gebracht werden.

Allerdings kann in der Gründungsphase nicht notwendigerweise davon ausgegangen werden, dass die Unternehmensführung der Bedeutung dieses Sachverhalts durch adäquates Handeln gerecht wird. Da die Geschäftsleitung in innovativen, technologieorientierten Neugründungen oft durch eine technisch geprägte Gründerperson mit geringem Erfahrungsschatz im kaufmännischen Bereich gekennzeichnet ist, kann einerseits mangelndes Problembewusstsein, andererseits fehlendes Sachverständnis in Bezug auf die Finanzplanung und -steuerung dazu führen, dass Rationalitätsengpässe in diesem Bereich die weitere Entwicklung und Existenz des neu gegründeten Unternehmens gefährden.[629]

Controlling kann zur Sicherung der Rationalität bei der Bewältigung dieses bedeutsamen kritischen Führungsproblems zum einen mit seiner Planungsfunktion ansetzen, indem es Instrumentarien zur **Finanzplanung** zur Verfügung stellt.[630] In der Finanzplanung werden die auf geplanten künftigen Aktivitäten basierenden Ein- und Auszahlungen der Unternehmung gegenübergestellt. Dabei unterscheidet man zwischen der langfristigen, mittelfristigen und kurzfristigen Finanzplanung.[631] Die langfristige Finanzplanung, auch als Finanzierungsplanung, Kapitalbedarfsplanung oder strategische Finanzplanung bezeichnet,[632] zielt in letzter Konsequenz darauf ab, durch längerfristig angelegte Prognosen des Finanzbedarfs bedeutende Finanzierungslücken erkennen und schließen zu können.[633] Aufgabe der mittel- und kurzfristigen Finanzplanung ist es, Ein- und Auszahlungsströme auf Monats- bzw. Tagesba-

---

628 KLEINEBECKEL spricht in diesem Zusammenhang von der „Gefahr eines Liquiditätsinfarktes", die in neu gegründeten Unternehmen als besonders hoch einzustufen sei. Vgl. Kleinebeckel (Liquiditätssteuerung 1998), S. 99.

629 Zudem führt der hohe Grad an knappen personellen Ressourcen in der Gründungsphase dazu, dass kein kompetenter Finanzverantwortlicher bestimmt werden kann, an den die Aufgabe der Finanzplanung und -steuerung delegiert werden könnte.

630 WEBER ET AL. bezeichnen die Finanzplanung als „unverzichtbares Instrument zur Unternehmenssteuerung". Weber et al. (Unternehmenserfolg 1993), S. 39.

631 Zum Begriff und den Arten von Finanzplanungen vgl. Fischer (Finanzplanung 2002), Sp. 569 ff.

632 Vgl. Dintner (Controlling 1999), S. 48; Klett et al. (Controlling in KMU 2 2000), S. 13; Hofmeister/Stiegler (Controlling 1990), S. 103.

633 Vgl. Drukarczyk et al. (Finanzmanagement 2002), Sp. 562.

sis derart exakt zu prognostizieren, dass voraussichtliche Liquiditätsengpässe bereits im Vorfeld erkannt und planerisch ausgeglichen werden können.[634] Mit der Finanzbedarfs- und Liquiditätsplanung wird eine Planungsbasis geschaffen, die einerseits bereits in der Gründungsphase die notwendigen Informationen über Zeitpunkt und Ausmaß von Kapitalbedarfen und somit über künftig notwendige Kapitalakquisitionstätigkeiten liefert und andererseits einen wesentlichen Beitrag zur kurzfristigen Sicherung der Liquidität leistet.[635] Controlling kann hierdurch im Rahmen seiner Planungsfunktion entscheidend dazu beitragen, Rationalitätsdefizite bei der Bewältigung der kritischen Führungsprobleme im Finanzbereich auszugleichen.

4.2.2.1.2 Planung als Controllingaufgabe in Abgrenzung zur Führungsaufgabe

In den bisherigen Ausführungen wurde gezeigt, dass der Planungsfunktion des Controllings zur Beseitigung von Rationalitätsengpässen im Umgang mit kritischen Führungsproblemen in der Gründungsphase eine hohe Bedeutung zukommt. Damit soll jedoch keinesfalls der Eindruck entstehen, dass Controlling in der Gründungsphase darauf hinausläuft, der Unternehmensführung die Planungsverantwortung abzunehmen. Wenngleich in der Literatur die Zuständigkeitsverteilung zwischen Unternehmensführung und Controlling im Rahmen der Planungsaufgabe häufig diskutiert wurde,[636] hat sich mittlerweile ein weitgehendes Verständnis darüber herausgebildet, die Planungsfunktion des Controllings als Metafunktion einzuordnen, mit deren Hilfe sämtliche Vorkehrungen für einen möglichst reibungslosen Ablauf der eigentlichen Planung getroffen werden.[637] Konkret bedeutet dies, dass die Planungsfunktion des Controllings darin besteht, dafür zu sorgen, dass im Unternehmen ein

---

634 Zur Verfügung stehen hierbei beispielsweise Plananpassungen im Bereich des Umlaufvermögens bzw. der kurzfristigen Verbindlichkeiten. Vgl. hierzu Fischer ((Finanzplanung 2002), Sp. 572 f. Zur mittel- und kurzfristigen Finanzplanung siehe auch Paul (Finanzcontrolling 1999), S. 124 ff. sowie Schwengler (Liquiditätsplanung 2000), S. 451 ff.

635 Auch SCHEFCZYK/PANKOTSCH betonen, dass bereits in der Gründungsphase der Prognose des Kapitalbedarfs und der jederzeitigen Liquidität eine hohe Bedeutung zukommt. Vgl. Schefczyk/Pankotsch (Betriebswirtschaftslehre 2003), S. 198.

636 Heftig wurde beispielsweise diskutiert, ob Controlling im Rahmen seiner Planungsfunktion auch Realisationsverantwortung für strategische Planungsaufgaben übernehmen dürfe. Vgl. hierzu Pfohl/Zettelmeyer (Controlling 1987); Gaulhofer (Strategische Planung 1987); Pfohl/Zettelmeyer (Controller 1987). Eine ausführliche Auseinandersetzung mit der allgemeinen Abgrenzungsproblematik zwischen Controlling und Führung ist zu finden bei Weber (Führung und Controlling 1997). Die Entwicklung der Grenzziehung in der Aufgabenverteilung zwischen Controlling und Management untersucht Eschenbach (Controlling 1997).

637 Vgl. Hentze et al. (Unternehmungsplanung 1993), S. 62; Wild (Unternehmungsplanung 1982), S. 157; Beckmann/Huch (Controllingverständnis 2002), S. 153. HORVÁTH umschreibt diese Metafunktion der Planung treffend: „Das Controlling sorgt dafür, **daß** [!] geplant wird; die Unternehmensführung bestimmt, **was** geplant wird." Horváth (Controlling im Klein- und Mittelbetrieb 1981), S. 16. [Hervorhebungen im Original]

systematisches Planungssystem existiert und funktioniert.[638] Initiierung, Koordination, Administration und Unterstützung der Planungstätigkeiten der Unternehmensführung sind demnach originäre Aufgaben des Controllings im Rahmen seiner Planungsfunktion.[639] Die tatsächliche Durchführung und inhaltliche Verantwortung der Planung verbleibt bei der Unternehmensführung.[640] Letztlich liegt die Planungsaufgabe des Controllings in der Gründungsphase also darin, das Erstellen einer Konzept- sowie Finanzbedarfs- und Liquiditätsplanung zu initiieren, geeignete Instrumente hierfür zur Verfügung zu stellen und zu verwalten, den gesamten Planungsprozess zu koordinieren sowie die Unternehmensführung in inhaltlichen Fragen durch zielgerichtete Informationen, betriebswirtschaftliche Fachkenntnisse[641] und unternehmensumgreifende Systemkenntnisse[642] sowie das Generieren von Entscheidungsalternativen zu unterstützen.[643] Zusätzlich zu diesen diagnostischen Planungsaufgaben übernimmt das Controlling in der Gründungsphase interaktive Planungsaufgaben, indem es als Counterpart des Managements Planansätze kritisch hinterfragt und dadurch die Unternehmensführung damit konfrontiert, ihre Entscheidungen differenziert zu reflektieren.[644] Die Entscheidungsverantwortung für die inhaltlichen Aspekte der Planung obliegt jedoch der Unternehmensführung, wobei das Controlling mit seiner Planungsfunktion einen wesentlichen Beitrag zur rationalitätsbasierten Entscheidungsfindung der Führung leistet.[645]

---

638 Vgl. Horváth (Controlling in Klein- und Mittelbetrieben 1982), S. 368 sowie Horváth et al. (Unternehmensgründungen 1984), S. 142. WEBER beschreibt die Planungsfunktion des Controllings damit, dass hierdurch eine Verbesserung der Urteilsfähigkeit des Unternehmers erreicht werden kann: „Controlling reduziert sich hier auf eine Coachingfunktion für den Unternehmer, auf die ständige Konfrontation der stark personenzentrierten, eher intuitiven Führung mit der zahlenorientierten, ‚rationalen' Führung, die sich in Zahlen und Fakten niederschlägt." Weber (Wachstumsschwellen 1995), S. 12 f.

639 Vgl. Schuster (Erfolgsorientierte Steuerung 1991), S. 57. DINTNER betont hierbei die Bedeutung der Überführung der strategisch ausgerichteten Unternehmenskonzeption in operative Gründungspläne, was durch das Controlling zu bewerkstelligen sei. Vgl. Dintner (Controlling 1999), S. 45.

640 Vgl. Voigt (Strategische Planung 1992), S. 249; Peemöller (Controlling 2002), S. 123; Vahs (Controlling-Konzeptionen 1990), S. 70; Benölken (Controller 1984), S. 56; Lehmann (Unternehmungsplanung 1979), S. 482. RIEDER argumentiert, dass die Festlegung der eigentlichen Planwerte nicht in den Kompetenzbereich des Controllings fallen könne, da nicht das Controlling, sondern die Führungskräfte für die Erreichung der Planwerte verantwortlich seien. Vgl. Rieder (Systemgestaltung 1997), S. 47. Zur Planung als einer der vier Hauptfunktionen des Managements vgl. beispielsweise Steinle (Unternehmungsführung 2003), S. 184 ff.

641 REICHMANN bezeichnet den Controller als betriebswirtschaftlichen Experten, der das Management durch sein Fachwissen im Planungsprozess beraten kann und für anstehende Entscheidungen Problemlösungsstrategien erarbeitet. Vgl. Reichmann (Management und Controlling 1996), S. 562.

642 Vgl. Stahl (Controlling 1992), S. 24.

643 Als Begründung für die Übertragung dieser Teilaufgaben auf das Controlling wird angeführt, dass Controller gegenüber dem Management Spezialisierungs- und Erfahrungsvorteile in Planungsprozessen aufweisen. Vgl. Weber/Schäffer (Rationalität 1998), S. 7.

644 Vgl. Schäffer (Rationalitätssicherung 2002), S. 104.

645 Vgl. Beckmann/Huch (Controllingverständnis 2002), S. 153.

4.2.2.2 Information und Kontrolle - essentielle planungsergänzende Aufgaben in der Gründungsphase

Bislang wurde gezeigt, dass Controlling im Rahmen seiner Planungsaufgabe einen wesentlichen Beitrag dazu leisten kann, die Rationalität im Umgang mit den kritischen Führungsproblemen der Einschätzung der Geschäftsidee und der Liquiditätssituation in der Gründungsphase zu erhöhen. Allerdings kann durch eine punktuell durchgeführte rationale Planung von Konzept und Liquidität allein noch nicht gewährleistet werden, dass den - im Vorfeld bereits eruierten - hohen Unsicherheiten, denen ein Unternehmen in der Gründungsphase ausgesetzt ist, adäquat Rechnung getragen wird.[646] Vielmehr ist es von entscheidender Bedeutung, dass mit Hilfe von ständig aktualisierten Informationen kontinuierlich überprüft wird, ob die Annahmen und Erwartungen, die der Planung zugrunde liegen, erfüllt werden, um bei festgestellten Abweichungen rechtzeitig Anpassungen vornehmen zu können.[647]

Hierin kommt die Notwendigkeit der Kontrolle als planungsergänzende Aufgabe zum Ausdruck,[648] die in der Literatur mit dem Sinnbild „Kontrolle als Zwillingsfunktion der Planung" vielfach transportiert wird.[649] Controlling kann in diesem Zusammenhang die Unternehmensführung dabei unterstützen, die Rationalität der Pläne weiter zu steigern, indem es im Rahmen seiner Kontrollfunktion ein Kontrollsystem zur Verfügung stellt, das eine laufende kritische Beurteilung der Planung ermöglicht.

Es wurde bereits angedeutet, dass zur Wahrnehmung der Kontrollfunktion Informationen als Vergleichsmaßstäbe benötigt werden. Darüber hinaus stellen Informationen den Ausgangspunkt für die Erstellung des Konzept- und Liquiditätsplans dar und bilden somit die unabdingbare Basis für die Planungsfunktion. Der Erfassung aller für das Planungs- und Kontrollsystem benötigten Informationen kommt daher eine entscheidende Bedeutung zu. Controlling kann im Rahmen seiner Informationsfunktion die Rationalität bei der Abwick-

---

646 So betont auch FRIEDL, dass eine nur einmalige Geschäftsplanung ungeeignet ist, den hohen Unsicherheiten junger Unternehmen zu begegnen. Vgl. Friedl (Realoptionen 2003), S. 242.

647 Vgl. Steinle (Unternehmungsführung 2003), S. 212.

648 Eine ausführliche Abhandlung zur Controllingaufgabe Kontrolle ist zu finden bei Schäffer (Controlling 2001).

649 Vgl. beispielsweise Steinmann (Management-Prozeß 1981), S. 3; Gaulhofer (Controlling im Mittelbetrieb 1986), S. 158. MAYR bringt diesen Sachverhalt mit der Feststellung zum Ausdruck, dass Planung ohne Kontrolle reiner Selbstzweck sei. Vgl. Mayr (Externes Controlling 1998), S. 415. Ähnlich auch Steinle (Strategisch orientiertes Controlling 1996), S. 23. ZAHN bezeichnet die Aufgaben Planung und Kontrolle als Systeme, die zueinander gehören „wie die zwei Seiten einer Münze zu einem Ganzen". Zahn (Planung und Controlling 1997), S. 68.

lung dieses Erfassungsprozesses erhöhen und dadurch der Bedeutung der Informationsgenerierung für die Planungs- und Kontrollfunktion Rechnung tragen.[650]

Im Folgenden sollen die Informations- und Kontrollfunktion des Controllings als bedeutende planungsergänzende Aufgaben für die Gründungsphase inhaltlich konkretisiert werden.[651]

4.2.2.2.1 Inhaltliche Konkretisierung der Informationsaufgabe: Informationsgewinnung und -aufbereitung

Die Informationsfunktion[652] des Controllings kann beschrieben werden als das systematische Erfassen, Aufbereiten und Bereitstellen aller führungsrelevanten Informationen.[653] In der Regel werden hierbei drei Phasen unterschieden:[654] Informationsgewinnung, Informationsaufbereitung und Informationsverteilung.[655] Während in der Phase der Informationsgewinnung auf die Erschließung relevanter Informationsquellen abgezielt wird und in der Phase der Informationsaufbereitung das erfasste Wissen verarbeitet und in bestimmten Verdichtungen oder Verknüpfungen zusammengestellt wird, findet in der Phase der Informationsverteilung die Wissensvermittlung an die Informationsempfänger statt.[656] In der Gründungsphase eines Unternehmens wird die Informationsaufgabe des Controllings in erster Linie in der **Informationsgewinnung und Informationsaufbereitung** bestehen. Da aufgrund der starken Unter-

---

650 Vgl. Becker (Begriff und Funktionen 1999), S. 12. WEBER bemerkt hierzu treffend, dass das Fehlen von Informationen den Engpass eines rationalen Managements bilde. Vgl. Weber (Controller 2005), S. 21.

651 In Analogie zum Sinnbild der "Kontrolle als Zwillingsfunktion der Planung" könnte man geneigt sein, von der „Kontrolle und Information als Drillingsfunktionen der Planung" zu sprechen.

652 Unter Information versteht man dabei „zweckorientiertes Wissen, also solches Wissen, das zur Erreichung eines Zweckes, nämlich einer möglichst vollkommenen Disposition eingesetzt wird". Wittmann (Unternehmung 1959), S. 14. Zu einer kritischen Auseinandersetzung mit dieser Definition siehe beispielsweise Bode (Informationsbegriff 1997), S. 454 ff.

653 Vgl. Peemöller (Controlling 2002), S. 44.

654 Vgl. zur Dreiphaseneinteilung beispielsweise Roithmayr (Controlling 1988), S. 53 f.; Peemöller (Controlling 2002), S. 44.

655 Häufig werden die Phasen der Informationsaufbereitung und Informationsverteilung zu einer Phase aggregiert und somit ein Zweiphasenmodell unterstellt. Vgl. hierzu beispielsweise Seitz (Controllingsystem für mittelständische Unternehmen 2002), S. 18 f.; Ziener (Controlling 1985), S. 42. Mitunter wird den drei Phasen eine weitere Phase vorangestellt. Es handelt sich hierbei um die Phase der Ermittlung des Informationsbedarfs. Vgl. hierzu Eschenbach/Niedermayr (Konzeption 1996), S. 82 sowie Biel (Informationsmanagement 1993), S. 341. Gelegentlich finden sich auch stärker ausdifferenzierte Betrachtungen. So unterscheidet beispielsweise WALL die Teilprozesse Informationsgewinnung, Informationsaufnahme, Informationsübertragung, Informationsspeicherung, Informationsabgabe und Informationsverwendung. Vgl. Wall (Planungs- und Kontrollsysteme 1999), S. 37 f.

656 PEEMÖLLER bemerkt, dass auch die Informationsempfängerbestimmung eine Teiltätigkeit in dieser Phase darstellt. Vgl. Peemöller (Controlling 2002), S. 44.

nehmerprägung und der knappen personellen Ressourcen kaum arbeitsteilige Strukturen vorherrschen und daher Informationsentstehung und -verwendung in einem sowohl zeitlich als auch räumlich engen Zusammenhang stehen,[657] ist die Informationsverteilung im Sinne eines Reportings in der Gründungsphase (noch) von untergeordneter Bedeutung. Vielmehr drückt sich die Informationsfunktion des Controllings in dieser Phase darin aus, durch geeignete Instrumente der Informationsermittlung und -aufbereitung eine systematische Informationsgrundlage für das Planungs- und Kontrollsystem bereitzustellen.

Dabei lässt sich die Informationsgewinnungs- und -aufbereitungsaufgabe in der Gründungsphase in eine planungsbezogene und eine kontrollbezogene Komponente differenzieren.

Die **planungsbezogene Komponente** zielt auf die systematische Gewinnung von Planungsgrundlagen ab, welche die Basis für die Konzept- und Finanzplanung bilden.[658] Aufgabe des Controllings ist es hierbei, Methoden zu entwickeln, die es ermöglichen, alle für das Erstellen des Unternehmenskonzepts erforderlichen Informationen zu beschaffen und zieladäquat aufzubereiten. Die ermittelten Informationen können sich in qualitativer Form - beispielsweise Informationen zu Kundenpräferenzen - wie auch in quantitativer Form - zu denken ist hierbei z.B. an Marktvolumina - ausdrücken. Die gewonnenen Informationen bilden die Grundlage für die gesamte Konzeptplanung, aber auch für die Finanzbedarfs- und Liquiditätsplanung, da sich letztlich alle auf Informationen beruhenden Annahmen der Konzeptplanung in der Finanzplanung - in Zahlen ausgedrückt - widerspiegeln.

Die **kontrollbezogene Komponente** der Informationsgewinnung und -aufbereitung bezieht sich auf die Ermittlung von Ist-Daten, mit Hilfe derer die der Planung zugrunde liegenden Annahmen überprüft werden können.[659] Letztlich sollen hierbei durch geeignete Controllinginstrumente faktische Informationen als Vergleichsmaßstab für die Planungsgrundlagen gesammelt und bereitgestellt werden.[660]

Die Betrachtung der planungs- und kontrollbezogenen Komponenten der Informationsgewinnung und -aufbereitung zeigt, dass mit der Informationsfunktion ein Bogen um die

657 Vgl. Eschenbach/Niedermayr (Konzeption 1996), S. 82 f.

658 Vgl. Ziener (Controlling 1985), S. 42.

659 Vgl. Seitz (Controllingsystem für mittelständische Unternehmen 2002), S. 18.

660 CORSTEN bezeichnet die Kontrolle treffend als einen Informationsgewinnungsprozess. Vgl. Corsten (Kontrolle 1995), S. 475.

Funktionen Planung und Kontrolle gespannt werden kann. Dadurch wird noch einmal verdeutlicht, in welch engem Zusammenhang die Controllingaufgaben Planung, Information und Kontrolle stehen.

4.2.2.2.2 Inhaltliche Konkretisierung der Kontrollaufgabe: Prämissen-, Planfortschritts- und Ergebniskontrolle sowie Liquiditätskontrolle

Die Kontrollaufgabe des Controllings in der Gründungsphase kann ebenso wie die Planungs- und Informationsaufgabe inhaltlich weiter konkretisiert werden. Dabei wird unter Kontrolle zunächst die Durchführung eines Vergleichs verstanden.[661] Als Vergleichsgegenstände können hierbei realisierte Ist-, angestrebte Soll- sowie prognostizierte Wird-Größen fungieren. Versteht man Kontrolle als einen vergleichenden Prozess, so lässt sich eine weitergehende Differenzierung gemäß der jeweiligen Prozessphasen vornehmen.[662] Während in einer sehr engen Auslegung Kontrolle als Gegenüberstellung von Werten verstanden wird, bei der mögliche Abweichungen lediglich festgestellt, jedoch nicht analysiert werden,[663] greift eine breitere Auslegung die damit einhergehende Problematik der fehlenden Zweckbezogenheit auf und definiert Kontrolle als Gegenüberstellung von Werten mit anschließender Abweichungsanalyse.[664] Bezieht man darüber hinaus auch das Ableiten von Anpassungsmaßnahmen in den Kontrollprozess mit ein, so ergibt sich die weiteste Definition des Begriffes Kontrolle.[665] Diese weite Auslegung erfährt ihre Rechtfertigung dadurch, dass auch das Gegenüberstellen von Werten und Analysieren von Abweichungen noch keinen Zweck an sich begründen, sondern als Mittel zur unternehmerischen Zielerreichung in konkrete Maßnahmen münden müssen.[666] Ob nun dieses Ableiten von Maßnahmen noch der Kontrolle selbst zuzuordnen ist oder als eine Handlung im Aufgabenbereich der Planung im Sinne

661 Der Vergleich als wesensbestimmendes Merkmal von Kontrollen wird in der Literatur weitgehend einheitlich bestätigt. Vgl. beispielsweise Küpper (Controlling 2001), S. 169; Wall (Planungs- und Kontrollsysteme 1999), S. 17; Weber (Controlling 2002), S. 226. Zu einer ausführlichen Übersicht über Kontrolldefinitionen in der deutschsprachigen Literatur vgl. Schäffer (Kontrolle 2001), S. 11 ff.

662 Vgl. hierzu Schäffer (Kontrolle 2001), S. 13 ff.

663 Diese Auffassung wird lediglich in älteren Arbeiten vertreten. Vgl. beispielsweise Kosiol (Organisation 1962), S. 56.

664 Zu dieser Definition vgl. beispielsweise Frese (Kontrolle 1968), S. 62 ff. Er verweist explizit auf die Notwendigkeit der „Klärung des Vergleichsergebnisses" und damit von Abweichungsanalysen.

665 Diese weite Definition vertreten beispielsweise Ebert et al. (Controlling 1996), S. 218 ff., Baumgärtner (Controlling-Systeme 1998), S. 75 f. sowie Peemöller (Controlling 2002), S. 42 f.

666 Vgl. Schäffer (Kontrolle 2001), S. 15 f.

einer „neuen Planungsrunde"[667] interpretiert werden kann, ist primär ein definitorisches Problem. In jedem Falle jedoch wird erst durch das Ableiten von Handlungsalternativen aus der Abweichungsanalyse die auf Rückkopplung basierende enge Verzahnung zwischen Planung und Kontrolle gewährleistet[668] und so das Fundament für eine zielgerichtete Unternehmenssteuerung gelegt.[669]

Mit seiner Kontrollfunktion unterstützt also das Controlling die Unternehmensführung dabei, die Rationalität der Planungsprozesse durch die Gegenüberstellung der Planwerte mit vergleichenden Kontrollgrößen, durch Abweichungsanalysen sowie durch die Erarbeitung von möglichen Anpassungsmaßnahmen zu erhöhen.[670] Für die Gründungsphase eines Unternehmens wurden die Konzept- und die Finanzplanung als wesentliche Planungsobjekte des Controllings diagnostiziert. Dementsprechend bilden die Konzept- und Finanzplanung die Grundlagen, auf denen die Kontrollfunktion des Controllings in der Gründungsphase aufsetzen muss.

Die **Konzeptplanung** bietet hierbei mehrere Ansatzpunkte für die Kontrollaufgabe des Controllings. Bei der Erarbeitung der Konzeptplanung werden komplexitätsbedingt laufend Annahmen gesetzt, die zwar zu einer Strukturierung des Entscheidungsproblems führen, aber auch durch das Ausblenden anderer Zustände kontrollbedürftige Risiken aufwerfen.[671] Da Unternehmen in der Gründungsphase zudem in einer besonders dynamischen Umwelt agieren und darüber hinaus kaum Erfahrungen in der Beurteilung von Wirkungszusammenhängen zwischen Umweltentwicklungen und Unternehmensvariablen haben, ist es von entscheidender Bedeutung, die der Planung zugrunde liegenden Annahmen fortwährend daraufhin zu überprüfen, ob die ursprünglich erwarteten Entwicklungen und Wirkungszu-

---

667 Wall (Planungs- und Kontrollsysteme 1999), S. 23.

668 DELFMANN bezeichnet die Kontrolle mit ihrer Abweichungsanalyse als den „Kern eines planungsbezogenen Lernprozesses", in dem aus den Abweichungsanalysen resultierende Überlegungen zu Korrekturen, zu neuen Planungsüberlegungen und damit zu einer Rückkopplung in die Planung führen. Vgl. Delfmann (Planungs- und Kontrollprozesse 1993), Sp. 3233.

669 Häufig wird daher auch das Ableiten von Handlungsalternativen der Steuerung als eigenem Aufgabenfeld des Controllings zugeordnet. Vgl. beispielsweise Mayr (Externes Controlling 1998), S. 416; Klett et al. (Controlling-Praxis 1996), S. 17 f. Da das Controlling jedoch erst durch das Zusammenwirken seiner Aufgaben Planung, Kontrolle und Information zur Unternehmensgesamtsteuerung beitragen kann, soll hier der Auffassung gefolgt werden, dass Steuerung das Resultat der Summe der Controllingaufgaben darstellt und somit eine übergeordnete und nicht eine gleichgeordnete Funktion einnimmt. Eine ähnliche Sichtweise vertritt KRAUS: „Controlling bedeutet Steuerung durch Planung und Kontrolle." Kraus (Operatives Controlling 1990), S. 167.

670 Eine rationale Unternehmensplanung liegt dabei dann vor, wenn die Ergebnisse der Planung plausibel sind und der Zielerreichung dienen. Vgl. Voigt (Unternehmensplanung 1993), S. 7.

671 Vgl. Schmidt (Grundfunktionen 1993), S. 64.

sammenhänge eintreten. Diese laufende Überprüfung der Annahmen kann durch die **Prämissenkontrolle** - einer ersten Variante strategischer Kontrolle - gewährleistet werden.

Darüber hinaus ist die Konzeptplanung daraufhin zu überprüfen, ob die Durchführung der beabsichtigten Maßnahmen einen plangemäßen Verlauf nimmt. Kontrollobjekt sind hierbei einzelne Zwischenziele.[672] Letztlich soll mit der vergleichenden Gegenüberstellung von geplanten Zielgrößen mit deren jeweiliger prognostizierter Ausprägung überprüft werden, ob der angestrebte Wert erreicht werden kann, um im Falle eines Nicht-Erreichens die Notwendigkeit von Anpassungsmaßnahmen feststellen zu können.[673] Diese **Planfortschritts- bzw. Durchführungskontrolle** wird auch als Feed-back-Kontrolle zu strategischen Steuerungszwecken bezeichnet.[674]

Während die Prämissen- und die Planfortschrittskontrolle darauf gerichtet sind, die Planrealisation gefährdende Sachverhalte frühzeitig zu erkennen, um noch vor Eintritt von Konsequenzen Anpassungsmaßnahmen planen und anstoßen zu können,[675] zielt eine weitere Form der Kontrolle, die operative **Ergebniskontrolle**, darauf ab, nach Ablauf der Planungsperiode zu überprüfen, ob die angestrebten Ziele erreicht wurden. Die Ergebniskontrolle vergleicht also ex post die in der Ergebnisplanung mündenden antizipierten Soll-Größen der Konzeptplanung mit den tatsächlichen Ist-Größen, um bei eventuellen Abweichungen die Ursachen analysieren und mögliche Änderungsmaßnahmen vorschlagen zu können.

Neben der Konzeptplanung ist auch die **Finanzbedarfs- und Liquiditätsplanung** ein wichtiger Ansatzpunkt für die Kontrollaufgabe des Controllings in der Gründungsphase. Da die jederzeitige Aufrechterhaltung der Zahlungsbereitschaft eine unabdingbare Voraussetzung

---

672 Vgl. Steinmann/Schreyögg (Management 1997), S. 238.

673 Vgl. Wall (Planungs- und Kontrollsysteme 1999), S. 21.

674 Vgl. Eggers/Eickhoff (Instrumente 1996), S. 16 f.

675 In der Literatur wird neben diesen beiden Arten strategischer Kontrolle eine weitere, ergänzende Kontrollart mit strategischem Charakter genannt, die als „Auffangnetz" für die beiden genannten Kontrollstufen fungiert. Bezeichnet wird diese Art der Kontrolle als strategische Überwachung. Sie wird durch eine ungerichtete Beobachtung der Umwelt realisiert, um hierdurch zu gewährleisten, dass strategie- oder bestandsbedrohliche Änderungen in der Umwelt, die durch die beiden anderen Kontrollarten nicht abgefangen wurden, letztlich doch erkannt werden. Vgl. hierzu beispielsweise Steinmann/Schreyögg (Management 1997), S. 236 ff.; Steinle (Systeme 2003), S. 313. Die Bedeutung dieser Kontrollaktivität soll unbestritten bleiben, jedoch an dieser Stelle nicht als eigener Punkt im Rahmen der Kontrollaufgaben des Controllings explizit weiter behandelt werden. Zwar ist auch und gerade in neu gegründeten Unternehmen eine ständige ungerichtete Beobachtung der Umwelt auf strategiegefährdende Veränderungen wichtig, jedoch soll diese Aufgabe nicht als originäre Controllingaufgabe tituliert werden. Da die strategische Überwachung nicht auf ein konkretes Kontrollobjekt gerichtet ist, sondern auf das Erkennen von Krisenanzeichen jeglicher Art, soll diese Kontrolle vielmehr als Daueraufgabe der Unternehmensführung und eines jeden einzelnen Mitarbeiters des neu gegründeten Unternehmens interpretiert werden.

für das Überleben eines Unternehmens ist und der Liquidität gerade in der Gründungsphase aufgrund hoher Aufbauinvestitionen in Verbindung mit erst zeitlich versetzten Einzahlungen aus Umsätzen besondere Aufmerksamkeit geschenkt werden sollte, ist es eine wichtige Aufgabe des Controllings, dafür zu sorgen, dass etwaige Abweichungen von den prognostizierten Werten in der Liquiditätsplanung rechtzeitig erkannt werden, um geeignete Anpassungsmaßnahmen einleiten zu können.[676] Der **Liquiditätskontrolle** kommt somit eine hohe Bedeutung im Rahmen der Kontrollaufgaben des Controllings in der Gründungsphase zu.[677] Dabei sind einerseits die Prämissen, die der Liquiditätsplanung in Bezug auf erwartete Ein- und Auszahlungsströme zugrunde liegen, einer permanenten Kontrolle zu unterziehen, um so frühzeitig antizipierbare Veränderungen in der Finanzplanung abbilden und ausgleichen zu können. Darüber hinaus ist im Rahmen der kurzfristigen Liquiditätssicherung mit einer fortlaufenden Ergebniskontrolle durch Gegenüberstellung der geplanten Soll-Größen der Liquiditätsplanung mit den tatsächlichen Ist-Größen dafür zu sorgen, dass mögliche Abweichungen erkannt, analysiert und sofortige Anpassungsmaßnahmen initiiert werden können.

Bislang wurde gezeigt, dass Kontrolle und Information in ihren jeweils konkretisierten Ausprägungen wichtige planungsergänzende Funktionen wahrnehmen. Dabei stellt sich jedoch wiederum die Frage nach der „Arbeitsteilung"[678] zwischen Unternehmensführung und Controlling im Rahmen der Bewältigung der geschilderten Aufgaben. Im Folgenden soll daher auf die Abgrenzungsproblematik zwischen Unternehmensführungs- und Controllingaufgaben im Informations- und Kontrollbereich näher eingegangen werden.

4.2.2.2.3 Information und Kontrolle als Controllingaufgaben in Abgrenzung zu Führungsaufgaben

In der Literatur herrscht weitgehend Einigkeit darüber, dass die Informationsbeschaffung, -aufbereitung und -verteilung eine originäre Aufgabe des Controllings ist.[679] Gerade in der

---

676 SCHUBERT/KÄMKER bezeichnen die Liquiditätsplanung und -kontrolle als die entscheidenden Controllingaufgaben in der Gründungsphase ihres Unternehmens On Vista AG. Vgl. hierzu Schubert/Kämker (Controlling auf dem Wachstumspfad 2001), S. 28 f.

677 Vgl. Bausch/Walter (Controlling 2002), S. 439.

678 Horváth (Controlling in Klein- und Mittelbetrieben 1982), S. 368.

679 So bemerkt SCHUSTER, dass das Controlling zuständig ist für „Beschaffung, Koordination, Aufbereitung und Bereitstellung der Informationen". Vgl. Schuster (Erfolgsorientierte Steuerung 1991), S. 57. Ebenso schreiben HAHN/HUNGENBERG dem Controlling die alleinige Verantwortung für die Durchführung der Informationserstellung und -erstattung zu. Vgl. Hahn/Hungenberg (Controllingkonzepte 2001), S. 278 f. HORVÁTH bezeichnet das Informieren neben dem Koordinieren als eine vorrangige originäre Aufgabe des Controllings. Vgl. Horváth (Controlling im Klein- und Mittelbetrieb 1981), S. 21 ff.

Versorgung der Unternehmensführung mit adäquat aufbereiteten unternehmensinternen und -externen Informationen als Grundlage für Planungs- und Entscheidungsprozesse kommt die übergeordnete Unterstützungsfunktion des Controllings voll zur Geltung. Controlling, das auch als informationsverarbeitender Prozess bezeichnet wird,[680] kann die Unternehmensführung nur dann rationalitätssichernd bei der Steuerung des Unternehmens unterstützen, wenn es sicherstellt, dass permanent zuverlässige, problemadäquate und zeitnahe Informationen für ein Planungs- und Kontrollsystem zur Verfügung stehen. Controlling sorgt also dafür, dass die Unternehmensführung mit allen zur Entscheidungsfindung benötigten Informationen ausgestattet wird, die Verantwortung, mit Hilfe der Informationen Entscheidungen zu treffen, obliegt dann aber der Unternehmensführung.

Während die Aufgabenverteilung zwischen Unternehmensführung und Controlling im Hinblick auf die Informationsfunktion demnach relativ eindeutig vorgenommen werden kann, ist hinsichtlich der Kontrollaufgabe eine differenziertere Betrachtung anzustellen.

Die strategisch ausgerichteten Kontrollaufgaben in der Gründungsphase - Prämissen- und Planfortschrittskontrolle - sind darauf gerichtet, die der Konzeptplanung zugrunde liegenden Annahmen sowie die Umsetzung der geplanten Maßnahmen permanent zu überprüfen, um planrealisationsgefährdende Sachverhalte frühzeitig erkennen und Anpassungsmaßnahmen einleiten zu können. Im Rahmen der Erörterungen zur Planungsaufgabe wurde festgestellt, dass die inhaltlichen Aspekte der Konzeptplanung, also die Selektion der Annahmen, als originäre Aufgabe der Unternehmensführung zu deklarieren sind, während das Controlling durch die Bereitstellung von geeigneten Instrumenten, Informationen und Unterstützungsleistungen eine systematische Planungsinfrastruktur zur Verfügung stellt. Da die strategische Kontrollaufgabe direkt auf die Soll-Größen und damit die Annahmen der Planung aufsetzt, lässt sich als Konsequenz daraus ableiten, dass somit auch im Rahmen der strategischen Kontrolle dem Controlling die gestalterischen Aspekte,[681] der Unternehmensführung aber weiterhin die materiell-inhaltliche Verantwortung obliegen müssen. Konkret bedeutet dies, dass Controlling funktional betrachtet im Bereich der Prämissen- und Planfortschrittskontrolle primär führungsunterstützend tätig wird, indem es der Unternehmensführung geeignete Instrumente zum Aufzeigen von Abweichungen zur Verfügung stellt, alle benötigten Informationen beschafft und aufbereitet, bei der Analyse von diagnostizierten

680 Vgl. Kraus (Operatives Controlling 1990), S. 158.

681 VAHS sieht die Aufgabe des Controllings in diesem Zusammenhang darin, ein dem Planungssystem angemessenes Kontrollsystem zu entwickeln. Vgl. Vahs (Controlling-Konzeptionen 1990), S. 77.

Abweichungen mitwirkt und zusammen mit der Führung nach Problemlösungsalternativen sucht.[682] Die finale Auswahl und Realisierung von Anpassungsmaßnahmen verbleibt im Aufgabenbereich der Unternehmensführung.[683]

Die operativ ausgerichteten Kontrollaufgaben - Ergebnis- und Liquiditätskontrolle - werden in der Literatur in der Regel als originäre Controllingaufgaben interpretiert.[684] D.h. Controlling beschränkt sich im Rahmen der operativen Ergebnis- und Liquiditätskontrolle nicht auf eine rein unterstützende Tätigkeit, sondern wird mit der alleinigen Durchführungsverantwortung betraut. Begründet wird dies zum einen damit, dass in der Finanzplanung die Ergebnisse aller Teilpläne der Konzeptplanung zusammenlaufen und Controlling hier durch seine Koordinierungskompetenzen eine rationale Umsetzung der Kontrollaktivitäten gewährleisten kann.[685] Des Weiteren wird argumentiert, dass im Falle einer bei der Unternehmensführung liegenden Durchführungsverantwortung von Ergebniskontrollen die Führungskräfte ihre Zielerreichung faktisch selbst kontrollieren würden, wodurch der Komplexität der Aufgabe nicht adäquat Rechnung getragen würde.[686]

Wenngleich aus den bisherigen Ausführungen zu ersehen ist, dass die Controllingaufgaben in einem engen Verhältnis zu den Führungsaufgaben stehen und eingegrenzte Teilaufgaben - wie die operative Ergebniskontrolle - sogar ganz dem Verantwortungsbereich des Controllings übertragen werden, soll noch einmal herausgestellt werden, dass Controlling in seiner Aufgabenwahrnehmung keinen führungsersetzenden, sondern führungsunterstützenden Charakter hat. Dies wird oft mit der Verwendung des Koordinationsbegriffes zum Ausdruck

---

682 Über den Grad der Führungsunterstützung im Rahmen der Kontrolle herrscht in der Literatur keine einhellige Meinung. Während zum einen der Standpunkt vertreten wird, dass Controlling sich auf das Bereitstellen von Informationen beschränken solle, anhand derer die Führungskräfte die eigentlichen Kontrollen durchführen können, existieren Ansichten, wonach das Controlling zusammen mit dem Management für die Korrekturmaßnahmen verantwortlich sei. Vgl. hierzu die Übersicht bei Gaulhofer (Controlling im Mittelbetrieb 1986), S. 160 ff. und die darin enthaltenen Verweise. STAHL bezeichnet die Unterstützung der Unternehmensführung durch das Controlling im Rahmen des Erarbeitens von Anpassungsmaßnahmen als den eigentlichen „Ertrag" der gesamten Controlling-Arbeit, da es sich hier um eine konkrete Verbesserungsmöglichkeit der Entscheidungen von Führungskräften handle. Vgl. Stahl (Controlling 1992), S. 24. MAYR bezeichnet den Controller in diesem Zusammenhang als „Entscheidungsinitiator". Vgl. Mayr (Externes Controlling 1998), S. 416.

683 Vgl. Peemöller (Controlling 2002), S. 189.

684 Vgl. beispielsweise Schuster (Erfolgsorientierte Steuerung 1991), S. 57; Schäffer (Rationalitätssicherung 2002), S. 103.

685 Vgl. Hahn/Hungenberg (Controllingkonzepte 2001), S. 279.

686 Vgl. Stahl (Controlling 1992), S. 24. SCHÄFFER argumentiert in diesem Zusammenhang, dass das Controlling nicht in dem Maße in Linienbeziehungen und -abhängigkeiten eingebunden ist wie Manager und dadurch das Konfliktpotenzial reduziert wird. Vgl. Schäffer (Rationalitätssicherung 2002), S. 103.

gebracht. Die Aufgabe der Koordination der Planungs- und Kontrollprozesse soll verdeutlichen, dass nicht Planung und Kontrolle selbst, sondern deren zielgerichtete Unterstützung Zweck des Controllings ist.[687] Dabei liegt der Schwerpunkt des Controllings in der Gründungsphase jedoch auf gestalterischen Implementierungsaspekten. Die eigentliche Bedeutung der Koordination des Planungs- und Kontrollsystems kommt erst mit dem Wachstum des Unternehmens und der zunehmenden Systemdifferenzierung zum Tragen.[688]

4.2.2.3 Der Businessplan als Planungsinstrument

In den Ausführungen zu den Controllingaufgaben wurde gezeigt, dass die Planungsaufgabe, konkretisiert in der Konzept- und Finanzplanung, in der Gründungsphase von entscheidender Bedeutung ist. Zur Wahrnehmung dieser Aufgabe steht dem Controlling mit dem Businessplan ein Instrument zur Verfügung, das sich, wie im Folgenden gezeigt werden soll, nicht nur dadurch auszeichnet, dass es die oben bereits konkretisierten Planungsaufgaben des Controllings abzubilden vermag, sondern darüber hinaus auch den spezifischen Anforderungen an Controllinginstrumente in der Gründungsphase entspricht. Bevor jedoch die Leistungsfähigkeit des Businessplans im Rahmen der Wahrnehmung der Planungsaufgaben dargestellt wird und der Businessplan daraufhin überprüft wird, ob er den eruierten gründungsspezifischen Anforderungen gerecht wird, soll zunächst geklärt werden, was unter einem Businessplan zu verstehen ist, welche Funktionen ihm zugeschrieben werden und welche strukturellen Aspekte einen Businessplan kennzeichnen.

4.2.2.3.1 Grundsätzliches zum Businessplan

Unter einem Businessplan, der in der Literatur auch als Unternehmens- oder Geschäftsplan bzw. Unternehmens- oder Geschäftskonzept bezeichnet wird,[689] versteht man ein „klar strukturiertes, möglichst kurz gefasstes Dokument, das den Zweck des (zu gründenden oder bestehenden) Unternehmens darstellen und darüber Auskunft geben soll, mit welchen Maßnahmen in Zukunft die gesetzten Ziele erreicht werden sollen".[690] Letztlich ist der Business-

---

687 Vgl. Ziener (Controlling 1985), S. 31 f. HORVÁTH bringt dies deutlich zum Ausdruck: „Der Controller plant und kontrolliert nicht, er koordiniert diese Aktivitäten." Horváth (Aufgaben 1978), S. 134.

688 Vgl. hierzu auch Kosmider (Controlling im Mittelstand 1993), S. 82.

689 Vgl. Klandt (Gründungsmanagement 1999), S. 84; Leining (Unternehmenskonzept 1999), S. 41; Struck (Geschäftspläne 2001), S. 1.

690 Voigt (Businessplan 2002), S. 236. In der englischsprachigen Literatur wird der Businessplan ähnlich definiert. Vgl. beispielsweise Lloyd et al. (Business Planning 1997), S. 3: „A business plan sets out the intentions

plan eine Soll-Konzeption, die als Ergebnis aus einem umfassenden Planungsprozess hervorgeht.[691]

Dem Businessplan werden eine Reihe unterschiedlicher **Funktionen** zugeschrieben.[692] Diese Funktionen lassen sich gemäß der jeweiligen Zielgruppenperspektive systematisieren. Aus unternehmensinterner Perspektive dient der Businessplan als Planungs-, Diskussions- und Entscheidungsgrundlage,[693] als Motivationsinstrument,[694] als interne Handlungsanleitung[695] sowie als Basis für Kontroll- und Steuerungsaktivitäten.[696] Aus unternehmensexterner Perspektive stellt der Businessplan im Wesentlichen ein Kommunikationsinstrument dar, das eine Vertrauensbasis bei externen Zielgruppen aufbauen soll mit dem Ziel, Investoren, Personal oder strategisch bedeutsame Kunden und Lieferanten zu akquirieren sowie bestehende Gesellschafter umfassend über die geplante Unternehmensentwicklung zu informieren.[697] Dem Businessplan als Controllinginstrument kommt hierbei eine perspektivenübergreifende Rolle zu, indem er in dieser Funktion sowohl der Wahrnehmung interner Planungs- und Kontrollaufgaben dienen kann, aber auch als Instrument zur Bewältigung der Informations- und Koordinationsaufgabe im Rahmen des Reportings an externe Anspruchsgruppen fungiert.[698]

---

of the owners of a business - new or existing - and the ways and methods by which its managers intend to realise them, and calculates the expected results over a period."

691 Vgl. Nathusius (Gründungsplanung 1989), S. 617.

692 Vgl. hierzu beispielsweise Voigt (Businessplan 2002), S. 237 und Ludolph/Lichtenberg (Businessplan 2001), S. 12 ff.

693 Der Businessplan wird in diesem Zusammenhang daher auch als strategisches Führungsinstrument bezeichnet. Vgl. Petzold (Business Plans 2001), S. 394.

694 Hierbei ist zu denken an die Motivationswirkung, die ein Businessplan im Rahmen einer Sanierung auf das Management haben kann, indem er klare Ziele vermittelt und klare Handlungsanweisungen zu deren Umsetzung definiert.

695 Der Businessplan kann als „Roter Faden" für die Aktivitäten des Managements dienen. Vgl. Ludolph/ Lichtenberg (Businessplan 2001), S. 17. LONGENECKER/MOORE bezeichnen den Businessplan als „basis for operating in business". Longenecker/Moore (Small Business Management 1991), S. 149.

696 Dabei werden am Ende der Planungsperiode den im Businessplan aufgeführten Soll-Werten Ist-Größen gegenübergestellt. Vgl. Struck (Geschäftspläne 2001), S. 2.

697 Vgl. Klandt (Gründungsmanagement 1999), S. 89. KONING bezeichnet den Businessplan in diesem Zusammenhang als „sales tool". Vgl. Koning (Business Plan 2000), S. 155.

698 Der Businessplan wird sogar als „Kern des Controllings" bzw. als „das zentrale Werkzeug des Controllers" bezeichnet. Vgl. Vockel (Business Plan 2001), S. 9.

Wenngleich der Businessplan meist im Zusammenhang mit der Gründung eines Unternehmens genannt wird,[699] bleibt die Unternehmensgründung nicht der einzige Anlass für die Erstellung eines Businessplans. Vielmehr kann der Businessplan auch in den sich anschließenden Lebenszyklusphasen als Instrument für die Bewältigung phasenspezifischer Herausforderungen bzw. Probleme dienen. Zu denken ist hierbei beispielsweise an die Unternehmenserweiterung durch die Akquisition eines anderen Unternehmens oder an die Sanierung bzw. Reorganisation einer reifen Unternehmung.[700] Der Businessplan ist nichtsdestoweniger gerade für junge Unternehmen von ganz entscheidender Bedeutung, da er ein Instrument ist, das sowohl in externer Hinsicht der - gerade für neu gegründete Unternehmen essentiell wichtigen - Kapitalakquisition dient[701] als auch in interner Hinsicht eine kritische Beurteilung der Geschäftsidee hinsichtlich ihrer ökonomischen Chancen ermöglicht und darüber hinaus Planungs- und Kontrollzwecke in einer Weise zu erfüllen vermag, die - wie noch zu zeigen ist - mit den Anforderungen an Controllinginstrumente junger Unternehmen kompatibel ist.[702]

In der Literatur existiert eine Vielzahl von Beiträgen, die sich mit der **Struktur** von Businessplänen beschäftigen und darauf abzielen, Formvorschläge oder so genannte Mustergliederungen bereitzustellen, die als Anleitung für die Entwicklung eines individuellen Businessplans dienen sollen.[703] Wenngleich diese Vorschläge selten gänzlich identisch sind und sich

---

699 So definiert beispielsweise BRETTEL den Businessplan als „eine kompakte Darstellung eines neuen Unternehmens". Brettel (Business Pläne 2002), S. 133. SAHLMAN umschreibt die besondere Bedeutung des Businessplans im Zusammenhang mit neu gegründeten Unternehmen mit den Worten: „Few aspects of new-venture creation attract as much attention as the business plan". Sahlman (Business Plan 1997), S. 98.

700 Vgl. Klandt (Gründungsmanagement 1999), S. 87; Ludolph/Lichtenberg (Businessplan 2001), S. 16.

701 Der Businessplan gilt als unerlässliches Standarddokument, das von Wagniskapitalgebern erwartet wird, wenn sie eine Beteiligungsanfrage prüfen sollen. Vgl. Witt (Businessplan 2003), S. 191. Zur besonderen Bedeutung des Businessplans im Rahmen von Venture Capital-Beteiligungen vgl. Neuhaus/Braun (Bewertungskriterien für Businesspläne 2003), S. 215 ff.

702 BARROW/BROWN betonen die Wichtigkeit des Businessplans im Rahmen der Unternehmensgründung. Sie heben drei wesentliche Argumente hervor, welche die Bedeutsamkeit eines Businessplans unterstreichen: Zum einen sei es kostengünstiger, erste Fehler auf Papier zu produzieren als am Markt. Darüber hinaus könne die Geschäftsidee im Rahmen der Businessplanerstellung und der intensiven Auseinandersetzung mit Markt und Konkurrenz schrittweise verfeinert und verbessert werden. Schließlich werde mit dem Businessplan ein Dokument generiert, das im Rahmen von Kapitalakquisitionen einen hohen Stellenwert einnimmt. Vgl. Barrow/Brown (Small Business 1997), S. 2. Die Bedeutung des Businessplans als Controllinginstrument für junge Unternehmen stellt HARHOFF heraus: „Der Geschäftsplan stellt auch eine wesentliche Grundlage für das Controlling im neuen Unternehmen dar." Harhoff (Gründungsplanung 2002), Sp. 655.

703 Vgl. beispielsweise Dowling (Businesspläne 2002), S. 222 ff.; Struck (Geschäftspläne 2001), S. 20 ff.; Ludolph/Lichtenberg (Businessplan 2001), S. 23 ff.; Hofmeister (Business Plan 1999), S. 69 ff.; Leining (Unternehmenskonzept 1999), S. 41 ff.; Dieterle et al. (Business-Planung 2000), S. 488 ff.; Finke-Schürmann (Gründungsplan 2001), S. 110 ff.; Longenecker/Moore (Small Business Management 1991), S. 158 ff.; Leitinger et al. (Venture Capital 2000), S. 213 ff.

in der Wahl der Bezeichnungen oder im Differenzierungsgrad der Gliederungsebenen mehr oder weniger stark unterscheiden, besteht doch in der Frage der generellen Strukturierung eines Businessplans weitgehend Übereinstimmung.[704]

Wie in nachfolgender Abbildung 4-3 veranschaulicht, besteht der Businessplan aus drei Abschnitten - einem erläuternden Teil, einem Zahlenteil sowie einem Ergänzungsabschnitt.

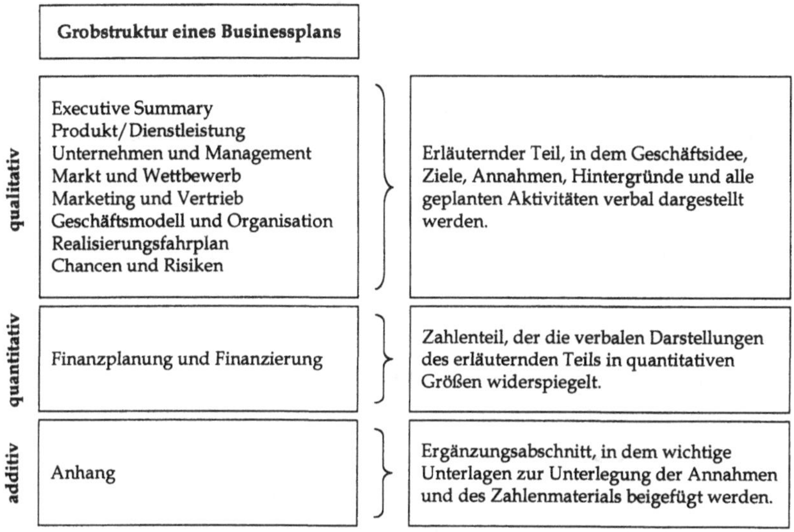

Abbildung 4-3: Grobstruktur eines Businessplans

Der **erläuternde Teil** enthält als erstes Element die Executive Summary, welche in komprimierter Form einen Abriss aller wichtigen Aspekte des Businessplans enthält.[705] Diese Kurzzusammenfassung wird auch als der „mit Abstand bedeutendste Teil eines Businessplans"[706] bezeichnet. Dies ist primär durch die externe Kapitalbeschaffungsfunktion des Businessplans zu erklären, da Wagniskapitalgeber in der Regel der Executive Summary die größte Aufmerksamkeit bei der Beurteilung von Geschäftsplänen widmen.[707] Im Anschluss an die Executive Summary wird das Produkt bzw. die Dienstleistung und somit der eigentliche Unternehmensgegenstand vorgestellt. Dieser Abschnitt ist insbesondere bei innovativen Ge-

704 Vgl. Voigt (Businessplan 2002), S. 236.

705 Vgl. Elsenmüller/Grampp (Business Plan 2002), S. 90.

706 Leitinger et al. (Venture Capital 2000), S. 214. Siehe hierzu auch Nesheim (High Tech Start Up 2000), S. 89 f.

707 Vgl. Struck (Geschäftspläne 2001), S. 22; Stahl (Businesspläne 2003), S. 205.

schäftsideen bedeutsam, da hier die Schwierigkeit gemeistert werden muss, ein technisch anspruchsvolles Produkt oder Verfahren aus der Kundenperspektive heraus für jedermann verständlich zu erklären.[708] Im Abschnitt Unternehmen und Management werden zum einen Eckdaten zur Historie, zur gegenwärtigen Situation sowie zur geplanten Entwicklung des Unternehmens aufgeführt[709] und darüber hinaus diejenigen Akteure im Unternehmen vorgestellt, die Schlüsselpositionen innehaben.[710] Der Markt und Wettbewerbsteil schließlich enthält zum einen eine Analyse des Marktes, in dem das Unternehmen agieren möchte. Dabei wird der Gesamtmarkt sowie die Marktsegmente produktbezogen analysiert und beschrieben.[711] Zum anderen wird in diesem Abschnitt die Wettbewerbssituation geschildert. Im Abschnitt Marketing und Vertrieb werden die geplanten Marktbearbeitungsmaßnahmen inklusive der gewählten Markteintrittsstrategie erläutert. Im Rahmen des darauf folgenden Teils wird das Geschäftsmodell vorgestellt, das alle Aktivitäten des Unternehmens beschreibt, die zur Bereitstellung des Endprodukts an den Kunden erforderlich sind.[712] Darüber hinaus ist die gewählte Organisationsstruktur, veranschaulicht durch ein Organigramm, darzulegen. Im Realisierungsfahrplan werden die Zeitbedarfe, die für die geplanten Aktivitäten eingeplant werden, abgebildet. Dabei werden für alle kritischen Schritte Kontrollpunkte, so genannte Meilensteine festgelegt, die in bestimmten Zeitabständen zu erreichen sind. Der Abschnitt Chancen und Risiken schließt den erläuternden Teil des Businessplans ab. Er enthält Szenarien, die aufzeigen, wie sich das Unternehmen entwickelt, wenn Situationen eintreten, die im positiven wie im negativen Sinne von den geplanten Annahmen abweichen.

Der an den erläuternden Teil anschließende **Zahlenteil** spiegelt alle bislang getroffenen qualitativen Aussagen in quantitativer Form und somit letztlich die finanziellen Auswirkungen der vorangegangenen Pläne wider.[713] D.h. im Rahmen der Finanzplanung werden alle erläuternden Annahmen in konkrete Zahlen übersetzt und in einer Gesamtplanung zusammenge-

708 Vgl. Ripsas (Business Plan 1998), S. 147; Leining (Unternehmenskonzept 1999), S. 44.

709 Vgl. Longenecker /Moore (Small Business Management 1991), S. 163 ff.

710 Vgl. Struck (Geschäftspläne 2001), S. 26 ff.

711 Vgl. Hundt/Neitz (Businesspläne 2001), S. 38 ff.

712 Vgl. Elsenmüller/Grampp (Business Plan 2002), S. 100.

713 Vgl. Bissig/Schwander (Business-Plan 1996), S. 10.

führt.[714] Die Finanzplanung stellt ein integriertes Rechenwerk dar, das drei Komponenten enthält, die Erfolgsplanung, Planbilanzen sowie die Liquiditätsplanung. Damit zielt die Finanzplanung nicht nur, dem eigentlichen Wortsinne entsprechend, darauf ab, die Liquiditätssituation zur Wahrung des finanziellen Gleichgewichts zu prognostizieren, sondern sie enthält darüber hinaus eine aus Bilanz- und Erfolgsplanung bestehende Ergebnisplanung. Im Zahlenteil des Businessplans erfolgt demnach einerseits eine Überprüfung, ob das Geschäftskonzept tragfähig ist, indem durch das Abschätzen von Erlösen und Kosten über mehrere Perioden ein Bild darüber vermittelt wird, ob das Unternehmen in der Lage ist, Gewinne zu erwirtschaften. Andererseits werden durch die Gegenüberstellung prognostizierter Ein- und Auszahlungen im Rahmen der Liquiditätsplanung mögliche Liquiditätsengpässe aufgedeckt, die durch geeignete planerische Maßnahmen oder weiteres Kapital zu decken sind. Als Resultat der integrierten Rechnungen ergeben sich damit Informationen über Zeitpunkt sowie Höhe von Finanzierungsbedarfen in den einzelnen Perioden, welche im Zuge der Finanzierungsplanung konkreten Eigen- und Fremdfinanzierungsmaßnahmen gegenübergestellt werden.[715]

Der **Ergänzungsabschnitt** des Businessplans schließlich bietet die Möglichkeit, Informationen aufzuführen, die für das unmittelbare Verständnis des erläuternden oder Zahlenteils nicht erforderlich waren, jedoch ergänzende Hinweise enthalten, welche die Annahmen der beiden vorangegangenen Teile untermauern.[716]

Wenngleich sich die vorgestellte Struktur eines Businessplans weitgehend in der Literatur wieder findet, soll noch einmal betont werden, dass sie keinen formal verbindlichen Standard repräsentiert, sondern lediglich eine Orientierungshilfe, welche einen Überblick über die entscheidenden Inhalte des Businessplans bietet.[717]

---

714 NELLES/ROCKE bezeichnen die Finanzplanung als „das greifbarste Ergebnis der gesamten Unternehmensplanung, an welchem sich die Unternehmensführung jederzeit messen lassen muss". Nelles/Rocke (Finanzierungsplanung 2001), S. 164.

715 Vgl. Bausch/Walter (Controlling 2002), S. 447.

716 Eine Auflistung möglicher ergänzender Unterlagen ist zu finden bei Leining (Unternehmenskonzept 1999), S. 50.

717 Je nach sachlichen Gegebenheiten wird in der vorgestellten Struktur ein mehr oder weniger großer Anpassungsbedarf entstehen. So wird beispielsweise bei hoch innovativen technologieorientierten Unternehmensgründungen die eingesetzte Technologie derart erklärungsbedürftig sein, dass dies einen erheblichen Teil des Businessplans in Anspruch nehmen wird. Vgl. Klandt (Gründungsmanagement 1999), S. 99; Finke-Schürmann (Gründungsplan 2001), S. 110. Bei produzierenden Unternehmen wird unter Umständen – falls diese Aspekte in den anderen relevanten Abschnitten nicht die nötige Beachtung gewinnen – ein separates Element „Beschaffung und Produktion" notwendig sein, um deren Bedeutung gerecht zu werden. Vgl. Dowling (Businesspläne 2002), S. 223; Leining (Unternehmenskonzept 1999), S. 46 f.

4.2.2.3.2 Leistungsfähigkeit des Businessplans als Instrument zur Erfüllung der Planungsaufgabe in der Gründungsphase

Im Rahmen der Unternehmensgründung wird der Businessplan meist über seine unternehmensexterne Kapitalakquisitionsfunktion definiert. In der Tat ist der Businessplan in der Regel eine notwendige Grundlage, die Wagniskapitalgeber von potenziellen Beteiligungsunternehmen in deren Beteiligungsanfragen erwarten. Da insbesondere innovative neu gegründete Unternehmen aufgrund ihres hohen Kapitalbedarfs auf derartige Beteiligungen angewiesen sind, gehört die Erstellung eines Businessplans für externe Kapitalgeber meist zu den Standardaktivitäten eines innovativen Unternehmens im Rahmen der Gründung.[718] Dass der Businessplan darüber hinaus auch unternehmensinterne Funktionen wahrnehmen kann, wodurch der Gründungsprozess mit einer systematischen Planungs-, Kontroll- und Steuerungsgrundlage unterlegt wird, die auch als Controllinggrundlage für die folgenden Unternehmenslebensphasen dienen kann,[719] steht eindeutig im Hintergrund.[720] Häufig unterschätzt wird insbesondere die Bedeutung des Businessplans als internes Planungsinstrument.[721]

In der Gründungsphase wurde die Planungsaufgabe als eine Hauptaufgabe des Controllings identifiziert. Da die Unternehmensführung in der Gründungsphase mit den kritischen Führungsproblemen der realistischen und verlässlichen Einschätzung der Potenzialträchtigkeit der Geschäftsidee sowie der Erhaltung des finanziellen Gleichgewichts konfrontiert ist, jedoch aufgrund der oft fehlenden kaufmännischen Erfahrungen und Vergangenheitsdaten sowie der hohen Unsicherheit in der Gründungsphase mit Rationalitätsengpässen bei der Bewältigung dieser Probleme zu rechnen ist, kommt einer Führungsunterstützung durch das Controlling eine hohe Bedeutung zu. Dabei ist es Aufgabe des Controllings, ein Instrument bereitzustellen, das einen systematischen Planungsprozess ermöglicht, im Zuge dessen die

---

718 Vgl. Leitinger et al. (Venture Capital 2000), S. 205.

719 HARHOFF sieht im Businessplan die wesentliche Grundlage für das Controlling im neuen Unternehmen. Vgl. Harhoff (Gründungsplanung 2002), Sp. 655. TIGGES/SCHMID bezeichnen den Businessplan als das Planungsinstrument für Kleinunternehmen. Vgl. Tigges/Schmid (Unternehmensplanung 2004), S. 691.

720 So bemängelt PETZOLD, dass in der Praxis nur wenige Businesspläne den eigentlichen Kern des Gedanken ihres Einsatzes, nämlich den eines strategischen Planungsinstrumentes, verwirklichen. Vgl. Petzold (Business Plans 2001), S. 394 f. LEINING stellt fest, dass viele Gründer den Businessplan lediglich für eine lästige Pflichtübung zur Kapitalbeschaffung halten. Vgl. Leining (Unternehmenskonzept 1999), S. 41. Ähnlich argumentieren ELSENMÜLLER/GRAMPP, die feststellen, dass die meisten Unternehmerteams den Businessplan primär als ein Dokument wahrnehmen, das der Gewinnung von Eigenkapital-Investoren dient. Vgl. Elsenmüller/Grampp (Business Plan 2002), S. 86.

721 Vgl. Finke-Schürmann (Gründungsplan 2001), S. 108.

Wahrscheinlichkeit minimiert werden kann, dass Fehleinschätzungen - beispielsweise hinsichtlich des Absatzpotentials - oder Liquiditätsengpässe das Erreichen der strategischen Zielsetzung der Verwirklichung der Geschäftsidee gefährden. Mit dem Businessplan in seiner Funktion als internes Planungswerkzeug steht dem Controlling ein Instrument zur Verfügung, das den systematischen Rahmen für eine Konzept- und Finanzplanung schafft, mit dem den kritischen Führungsproblemen adäquat begegnet werden kann.[722]

Die Leistungsfähigkeit des Instruments Businessplan zur Unterstützung der konkreten Aufgabe der **Konzeptplanung** ist unmittelbar aus der Begriffsbestimmung sowie den Ausführungen zu den inhaltlichen Aspekten des Businessplans ableitbar. Der Businessplan ist schon per definitionem eine „Soll-Konzeption"[723], die im Rahmen der Unternehmensgründung die Resultate der gesamten Gründungsplanungsaktivitäten abbildet.[724] Die weitgehend akzeptierte Grundstruktur des Businessplans impliziert darüber hinaus eine Vorgehensweise im Rahmen der Businessplanerstellung, die eine ganzheitliche Betrachtung des Gründungsvorhabens gewährleistet. Der Businessplan integriert alle einzelnen Annahmen und Pläne zu einem Gesamtkonzept, das alle Schritte zur Verwirklichung der Geschäftsidee gedanklich vorwegnehmend systematisiert.[725]

Dabei fasst der Businessplan aus der Vielzahl der in wirtschaftswissenschaftlicher Forschung und Praxis entwickelten Planungsinstrumente eine überschaubare Anzahl zusammen, die zur Ableitung der Schlüsselannahmen hilfreich sind.[726] Im Businessplan-Abschnitt „Unternehmen und Management" können mit Hilfe des Instruments der „Kritischen Erfolgsfaktorenanalyse" diejenigen Faktoren systematisch identifiziert und veranschaulicht werden, die für das Gründungsvorhaben und die weitere Planung von besonderer Bedeutung sind.[727]

722 HISRICH/PETERS bezeichnen den Businessplan daher als „probably the single most important document to the entrepreneur at the start-up stage". Hisrich/Peters (Entrepreneurship 1998), S. 225.

723 Nathusius (Gründungsplanung 1989), S. 617.

724 Vgl. Klandt (Gründungsmanagement 1999), S. 84.

725 Vgl. Dollinger (Entrepreneurship 2003), S. 129 f.

726 Damit soll nicht gesagt werden, dass die Anzahl und Art der betriebswirtschaftlichen Hilfsinstrumente zur Businessplanerstellung abschließend vorgegeben ist. Vielmehr soll zum Ausdruck gebracht werden, dass eine überschaubare Anzahl einfacher Planungsinstrumente ausreichend ist, um die inhaltlichen Komponenten abzudecken und den weitgehend anerkannten Standarderfordernissen eines Businessplans zu entsprechen. Darüber hinaus kann ein betriebswirtschaftlich versierter Businessplanersteller selbstverständlich weitere, für die Ableitung der einzelnen Annahmen sinnvoll einsetzbare Instrumente zu Rate ziehen.

727 Zur Kritischen Erfolgsfaktorenanalyse als Teilinstrument des Businessplans vgl. Finke-Schürmann (Gründungsplan 2001), S. 112 f.; Klandt (Gründungsmanagement 1999), S. 105 ff. Zur Kritischen Erfolgsfaktorenanalyse als Grundlage langfristiger Planung in Kleinunternehmen vgl. Böcker (Strategisches Controlling 1984), S. 672 f. Die Bedeutung der Erfolgsfaktorenforschung für das Controlling allgemein betont Dürr

Der Abschnitt „Markt und Wettbewerb" wird mit den Instrumenten der Branchenstrukturanalyse bzw. der (traditionellen) Marktanalyse unterlegt, welche eine Einschätzung von Konkurrenten, Markt sowie der eigenen Wettbewerbssituation erleichtern sollen.[728] Im Abschnitt „Realisierungsfahrplan" kann mit Hilfe des Planungsinstruments „Balkendiagramm" eine übersichtliche Darstellung der Einzelaktivitäten erreicht werden, anhand dessen überprüft werden kann, ob alle notwendigen Aktivitäten in einer zeitlich und inhaltlich sinnvollen Abfolge in der Gesamtplanung berücksichtigt sind.[729] Instrumente, die den Abschnitt „Chancen und Risiken" unterlegen, sind die SWOT-Analyse, mit welcher systematisch die derzeitigen und künftigen internen und externen Rahmenbedingungen der Unternehmenstätigkeit analysiert werden können, sowie die Szenario-Analyse, in der alternative Rahmenbedingungen erwägt werden, aufgrund derer verschiedene mögliche Zukunftsbilder entworfen werden.[730] Alle bisher genannten Instrumente sind abhängig von Informationen, die im Rahmen der Anwendung der Instrumente analysiert und aufbereitet werden können. Daher kommt im Zuge der Businessplanerstellung der Generierung von Informationen eine entscheidende Bedeutung zu, so dass letztlich im Rahmen der Informationsfunktion des Controllings Informationsgewinnungsinstrumente als Grundlage für die Planungsinstrumente des Businessplans bereitgestellt werden müssen. Derartige Instrumente zur Informationsgewinnung für Planungszwecke sind beispielsweise Kundenbefragungen oder das Auswerten von Branchenvergleichszahlen.[731]

(Controlling 1990), S. 63 und für das Controlling von Klein- und Mittelbetrieben Kunesch (Controlling in Klein- und Mittelbetrieben 1996), S. 632. ROSENBAUER geht auf Erfolgsfaktoren von Familienunternehmen in den einzelnen Lebenszyklusphasen detailliert ein. Vgl. Rosenbauer (Erfolgsfaktoren 1994), S. 154 ff. SCHEFCZYK gibt einen Überblick über den Stand der empirischen Forschung zu den Erfolgsdeterminanten junger Unternehmen. Vgl. Schefczyk (Erfolgsdeterminanten 1999), S. 272 ff.

728 Zum Instrument der Branchenstrukturanalyse vgl. Porter (Wettbewerbsstrategie 1999), S. 33 ff.; Peemöller (Controlling 2002), S. 129 ff. Zur traditionellen Marktanalyse vgl. Bea/Haas (Strategisches Management 2001), S. 83 ff. Zur engeren Konkurrentenanalyse, die über diejenige im Rahmen der Branchenstrukturanalyse hinausgeht, vgl. Kreikebaum (Unternehmensplanung 1993), S. 63 ff.

729 Zum Instrument Balkendiagramm vgl. Struck (Geschäftspläne 2001), S. 12 ff.

730 SWOT-Analyse steht als Abkürzung für Strenght-Weaknesses-Opportunities-Threats-Analyse. Einen umfassenden Überblick zu diesem Instrument gibt Wagemann (Startegieentwicklung 2004), S. 25 ff. Vgl. auch Czenskowsky et al. (Controlling 2002), S. 73 f. Eine kritische Würdigung dieses Instruments ist zu finden bei Kuhl (Prüfstand 2004). Zur Szenario-Analyse vgl. Reibnitz (Szenario-Technik 1992), S. 23 ff. Die Szenario-Analyse als strategisches Planungsinstrument für Unternehmensgründer diskutieren Möhrle/Müller (Strategische Planung 2002), S. 73 ff.

731 Zu weiteren Informationsgewinnungsinstrumenten vgl. Bischoff (Operatives Controlling 1993), S. 96 f. Eine Systematisierung der Informationsversorgungsinstrumente ist zu finden bei Schweitzer/Friedl (Controlling-Konzeption 1992), S. 159.

Der Businessplan ist also ein Controllinginstrument, das in sich wiederum eine geschlossene Anzahl von Subinstrumenten vereint. Dadurch fungiert er als analytischer Rahmen mit einer - gerade für ein Unternehmen in der Gründungsphase sehr wertvollen - Reduktionsfunktion. Im Businessplan wird eine aus seiner Struktur resultierende überschaubare Anzahl zielführender Planungsinstrumente vorselektiert, mit deren Hilfe eine systematisierte Basis geschaffen wird, die dem Erstmaligkeitscharakter des Planungsprozesses in der Gründungsphase Rechnung trägt und eine übersichtliche Darstellung der komplexen Zusammenhänge in einer integrierten Konzeptplanung ermöglicht. Zudem lenkt die weitgehend anerkannte und vorgegebene Standardstruktur des Businessplans den Blick des Gründers unweigerlich auf alle wesentlichen Aspekte, die im Rahmen des Gründungsprojektes von Bedeutung sind. Im Zuge der Businessplanerstellung kann daher die Einschätzung von Geschäftsidee und Markt auf eine rationalere Grundlage gestellt werden.

Die Leistungsfähigkeit des Businessplans als Instrument zur Wahrnehmung der konkreten Aufgabe der **Liquiditäts- und Finanzbedarfsplanung** kann unmittelbar aus den klassischen Inhaltsfeldern des Businessplans abgeleitet werden. Im Businessplan werden sämtliche qualitativen Aussagen und Annahmen des erläuternden Teils im Rahmen eines gesondert ausgewiesenen Zahlenteils in quantifizierte Werte übersetzt. Die Finanzplanung ist ein unerlässlicher Bestandteil des Businessplans. In ihr wird nicht nur abgeschätzt, wie sich die Rentabilität des Unternehmens in den einzelnen Planperioden entwickeln wird, sondern auch, ob das Unternehmen unter den gegebenen Planungsprämissen seinen Zahlungsverpflichtungen jederzeit nachkommen kann. Die Erfolgsplanung ist in der Gründungsphase eher im Rahmen der konzeptionellen Planung bedeutsam. Aus der Gegenüberstellung von Aufwendungen und Erträgen über mehrere Planungsperioden hinweg ergibt sich ein Bild darüber, ob es - längerfristig betrachtet - möglich ist, mit der Geschäftsidee Gewinne zu erwirtschaften. Die Erfolgsplanung als ein Teilbereich des Businessplanabschnitts „Finanzplanung und Finanzierung" ist damit ein hilfreiches Instrument zur Beurteilung der Erfolgsträchtigkeit der Geschäftsidee sowie zur Entscheidungsfindung, ob das Gründungsvorhaben umgesetzt werden soll oder nicht.

Zur Wahrnehmung der konkreten Aufgabe der Liquiditäts- und Finanzbedarfsplanung - und damit der Finanzplanung im eigentlichen Wortsinne - ist hingegen nicht die Erfolgskomponente, sondern die Betrachtung der Zahlungsströme als zweite Komponente des Zahlenteils des Businessplans von entscheidender Bedeutung. Mit der Liquiditätsplanung des Businessplans wird darauf abgezielt, die Liquiditätsfähigkeit des Unternehmens zu jedem

Planungszeitpunkt zu sichern. Damit stellt dieser Teilbereich des Businessplans ein unmittelbares Instrument zur Erfüllung der konkreten Aufgabe der Liquiditätsplanung dar. Darüber hinaus lassen sich aus den integrierten Finanzrechnungen des Businessplans eventuell auftretende Finanzbedarfe eruieren, für welche dann konsistente Finanzbeschaffungsmaßnahmen festgelegt werden können. Auch für die konkrete Aufgabe der Finanzbedarfsplanung kann die Leistungsfähigkeit des Businessplans dementsprechend bejaht werden.

Zusammenfassend lässt sich demnach festhalten, dass der Businessplan ein Instrument des Controllings in der Gründungsphase ist, das sich zur Erfüllung der Aufgaben Konzept- wie auch Liquiditäts- und Finanzbedarfsplanung eignet.[732] Am Rande soll jedoch noch einmal betont werden, dass die Aufgabe des Controllings darin besteht, das Instrument Businessplan sowie seine einzelnen Subinstrumente bereitzustellen und zur Anwendung zu bringen, die Verantwortung für die Inhalte aber bei der Unternehmensführung liegt.[733]

4.2.2.3.3 Der Businessplan als Ausgangsbasis für den Einsatz der planungsergänzenden Informations- und Kontrollinstrumente

Im vorangegangenen Abschnitt wurde die Bedeutung des Businessplans als Planungsinstrument in der Gründungsphase herausgearbeitet. Ruft man sich aber ins Gedächtnis zurück, dass die Planungsaufgabe in enger Verzahnung zur Informations- und Kontrollaufgabe des Controllings steht, wird unmittelbar ersichtlich, dass der Businessplan als Planungsinstrument auch eine Bedeutung für die Informations- und Kontrollaufgabe in der Gründungsphase haben muss. Eine Unternehmensgesamtplanung im Sinne des Businessplans würde wenig konkreten Nutzen stiften, wenn die in ihr prognostizierten Soll-Werte nicht laufend an veränderte Rahmenbedingungen angepasst und einem fortwährenden Abgleich mit tatsächlich erreichten Ist-Daten unterzogen würden.[734] Daher sind die im Businessplan erzeugten Planwerte nicht als statische Dokumentation anzusehen, sondern vielmehr als Grundlage für die folgenden Informations- und Kontrollaktivitäten. Der Businessplan bildet sozusagen die Ausgangsbasis, auf der die Informations- und Kontrollinstrumente aufsetzen

---

732 BISCHOFF bringt die Planungskompetenz des Businessplans für die Gründungsphase schon durch die Bezeichnung zum Ausdruck, indem er vom „Gründungsplanungsbericht" spricht. Vgl. Bischoff (Gründungsplanung 1995), S. 10.

733 Hierzu sei auf Abschnitt 4.2.2.1.2 verwiesen.

734 Vgl. Klandt (Gründungsmanagement 1999), S. 3.

können.[735] Erst in Kombination mit den Informations- und Kontrollinstrumenten mutiert der Businessplan von einem einfachen Planungsinstrument zu einem Controllinginstrument, das die Unternehmensführung bei der Wahrnehmung ihrer Führungshandlungen und der Steuerung des Unternehmens unterstützen kann.[736]

Bevor jedoch auf die unmittelbar mit dem Planungsinstrument Businessplan in Zusammenhang stehenden Informations- und Kontrollinstrumente eingegangen wird, soll zunächst noch analysiert werden, ob der Businessplan den spezifischen Anforderungen an Controllinginstrumente in der Gründungsphase entspricht.

4.2.2.3.4 Aus den Anforderungen an Controllinginstrumente abgeleitete Implikationen für den Einsatz des Businessplans als Planungsinstrument

Die in den situativen Bestimmungsgrößen herausgearbeiteten Anforderungen an Controllinginstrumente in der Gründungsphase sind aus einer speziellen Sichtweise heraus zu betrachten. Sie beziehen sich auf das gesamte zum Einsatz zu bringende Controllinginstrumentarium und sind nicht so zu verstehen, dass jedes Einzelinstrument für sich genommen jedem einzelnen Anforderungskriterium entsprechen muss. Vielmehr muss in der Gesamtsicht des Instrumenteneinsatzes gewährleistet sein, dass allen eruierten Anforderungen Rechnung getragen wird.

Der Businessplan ist ein sehr vielseitiges Instrument, das dem Unternehmen neben der Planungsfunktion zahlreiche weitere Einsatzmöglichkeiten bietet. Darüber hinaus ist der Businessplan aber auch hinsichtlich der Anforderungen an Controllinginstrumente ein vielseitiges Instrument, da er nicht nur einzelnen, sondern allen eruierten Anforderungen in mehr oder weniger starker Ausprägung entspricht. Dies wird im Folgenden gezeigt und ist in Abbildung 4-4 im Überblick zusammengefasst.

---

735 Am Rande sei noch darauf hingewiesen, dass selbstverständlich auch im Rahmen der Planungsaufgabe Informationsbedürfnisse entstehen, die befriedigt werden müssen, damit der Businessplan seine Planungsfunktion auch tatsächlich entfalten kann. So ist eine systematische Informationsgewinnung über alle planungsrelevanten Umweltfaktoren nötig. Hierin kommt wieder die enge Verbindung zwischen der Planungs- und der Informationsaufgabe zum Ausdruck. Vgl. hierzu auch Bischoff (Operatives Controlling 1993), S. 96 f.

736 BOTTA führt in seinen Ausführungen zu Controllinginstrumenten den Businessplan in der Kategorie der Steuerungsinstrumente an und hebt dadurch auch die über die Planungsfunktion hinausgehende Bedeutung des Businessplans hervor. Vgl. Botta (Rechnungswesen 2002), S. 405 ff.

Anforderungen an Controllinginstrumente	Der Businessplan als Planungsinstrument des Controllings
Einfachheit	Reduzierter Subinstrumenteneinsatz; Erstellung ohne Vergangenheitsdaten möglich
Vorsichtigkeit	Strukturiertes Hinterfragen der Geschäftsidee zur Vermeidung euphorischer Fehleinschätzungen
Anpassungsfähigkeit	Erzeugung einer Basis an Informationen und Daten für ergänzende Instrumente in Folgephasen
Risikobewusstsein	Szenarien zur Identifikation und Vermeidung potenzieller Risiken
Zentralisierung	Businessplanerstellung nur mit unmittelbarer Beteiligung der Unternehmensführung möglich
Verständlichkeit	Ausgewählte Anzahl an einfachen Planungsinstrumenten
Variabilität	Unter anderem Fundament für Innovationscontrolling
Liquiditätssensibilität	Liquiditätsplanung als Ausgangsdokument für permanente Liquiditätskontrolle
Kompatibilität	Unter Beachtung von Form- und Vollständigkeitsvorschriften kompatibel mit Anforderungen externer Kapitalgeber
Reduziertheit	„Zweitverwertung" des Businessplans als bereits für Kapitalbeschaffungszwecke im Einsatz befindliches Instrument
Flexibilität	Businessplan als lebendes Instrument, das Informations- und Kontrollinstrumente integriert

Abbildung 4-4: Überblick über die Eignung des Businessplans zur Erfüllung der Anforderungen an Controllinginstrumente in der Gründungsphase

Unternehmen in der Gründungsphase zeichnen sich durch eine starke Ausprägung des Merkmals „Keine Vergangenheitsdaten" aus. Eine Anforderung, die demzufolge an in der Gründungsphase zum Einsatz kommende Controllinginstrumente zu stellen ist, ist die **Einfachheit** des Instrumentariums. Der Businessplan ist zwar ein ganzheitliches, für umfassende Zwecke einsetzbares Instrument, allerdings ist er aufgrund seines reduzierten Subinstrumenteneinsatzes und seiner Strukturiertheit auch ein überschaubares Instrument. Er zeichnet sich dadurch aus, dass er erstellt werden kann, ohne auf Vergangenheitsdaten aufbauen zu müssen. Nichtsdestoweniger ist er auf eine Reihe von Informationen angewiesen. Die Generierung dieser Informationen in Form von operationalen Soll-Werten stellt sich in der Gründungsphase wegen fehlender Vergleichswerte in der Tat als besondere Herausforderung dar.[737] Da jedoch der Businessplan insbesondere bei innovativen Gründungen ein multifunktionelles Dokument ist, das allein schon aus Kapitalbeschaffungsgründen zu erstellen ist, ist

737 Vgl. Bischoff (Gründungscontrolling 2002), S. 132.

es durchaus gerechtfertigt, der Informationsbeschaffung einen hohen Stellenwert einzuräumen und ähnlich einer Zero-Base-Budgeting-Vorgehensweise gut hinterfragte Soll-Werte als Planungsgrundlagen zu ermitteln.[738]

Da Unternehmen in der Gründungsphase üblicherweise über einen sehr geringen Erfahrungsschatz verfügen, ist an das Controlling die Anforderung zu stellen, ein angemessenes Maß an **Vorsichtigkeit** in den Gründungsprozess einfließen zu lassen, um die Rationalität der Entscheidungen zu erhöhen. Durch den Einsatz des Businessplans als Controllinginstrument kann dieser Forderung aus mehreren Gründen entsprochen werden. Mit Hilfe des Businessplans wird die Geschäftsidee kritisch auf ihre Potenzialträchtigkeit hin überprüft und eine Strategie zur tatsächlichen Umsetzung der Idee formuliert. Dadurch kann euphorischen Fehleinschätzungen und aktionistischen, nicht hinterfragten Maßnahmen vorgebeugt werden, die das neu gegründete Unternehmen in seinem Bestand gefährden könnten.[739] Des Weiteren bietet der Businessplan die Möglichkeit, besonders kritische Aktivitäten, die zudem aufgrund des geringen Erfahrungsschatzes Erstmaligkeitscharakter für den Gründer aufweisen, im Sinne eines Projektcontrollings zu begleiten. So kann beispielsweise die formale Gründungsaktivität oder die Produktentwicklungstätigkeit im Businessplan im Rahmen des Realisierungsfahrplanes als besonderes Projekt hervorgehoben werden, dessen Umsetzung laufend kontrolliert wird. Hierdurch gewährleistet der Businessplan im Sinne des Vorsichtigkeitsprinzips, dass alle entscheidenden Schritte im Gründungsprozess plangemäß ausgeführt werden.

Innovativen Unternehmensgründungen werden meist hohe Wachstumspotenziale prognostiziert. Für das Controlling impliziert dies, dass es der Anforderung der **Anpassungsfähigkeit** im Entwicklungsprozess gerecht werden muss. Der Businessplan entspricht dieser Anforderung innerhalb gewisser Grenzen. Durch den Businessplan wird in der Gründungsphase ein Planungssystem installiert, das im Sinne einer rollierenden Planung in den folgenden Entwicklungsstufen fortgeführt werden kann und die Basis für ein Kontroll- und Steuerungssystem bildet. Wenngleich sich im Wachstumsprozess aufgrund der zunehmenden Komplexität die Notwendigkeit differenzierter Controllinginstrumente ergibt, schafft der

738 Zum Zero-Base-Budgeting und seinen Vorteilen vgl. Czenskowsky et al. (Controlling 2002), S. 169 ff.; Peemöller (Controlling 2002), S. 253 ff.

739 WOLF spricht in diesem Zusammenhang vom Vorsichtsprinzip bzw. dem Prinzip der kleinen und sicheren, gut kontrollierten Schritte, das sich bei neu gegründeten Unternehmen aus der Natur der Sache der spezifischen strategischen Geschäftssituation heraus ergibt. Vgl. Wolf (Business Plan 2001), S. 263.

Businessplan in der Gründungsphase eine Basis an Informationen und Daten, die für die darauf aufsetzenden oder ergänzenden Instrumente in der Wachstumsphase von großer Bedeutung sind.[740]

Das für die Gründungsphase eruierte hohe Risiko sowie die vorhandenen Unsicherheiten erfordern ein Controlling, das versucht, diese Risiken offen zu legen, um sie im Planungsprozess berücksichtigen zu können. Das Instrument Businessplan beinhaltet geeignete Subinstrumente, die dieses **Risikobewusstsein** abbilden. Im Abschnitt „Chancen und Risiken" werden die der Gesamtplanung zugrunde liegenden Annahmen modifiziert, um mögliche abweichende Entwicklungen im positiven wie im negativen Sinne sowie die daraus resultierenden Konsequenzen planerisch vorwegnehmen zu können. Mit Hilfe dieser Szenariobetrachtungen können potenzielle Risiken identifiziert und bereits im Vorfeld geeignete Gegensteuerungsmaßnahmen bestimmt werden.

Neu gegründete Unternehmen sind in sehr starker Ausprägung durch die Gründerperson dominiert. Diesem Merkmal entspringt die Anforderung eines **hohen Zentralisierungsgrades** des Controllings. Der Businessplan ist ein Instrument, das vom Wesen her sehr zentralistisch angelegt ist. Im Prozess der Businessplanerstellung ist unweigerlich eine direkte Zusammenarbeit zwischen Unternehmensführung und Controlling gefordert. Das Controlling stellt mit dem Businessplan und seinen analytischen Subinstrumenten die Planungsinfrastruktur bereit, beschafft alle notwendigen Informationen und organisiert bzw. koordiniert den Planungsprozess, während die Unternehmensführung die inhaltlichen Vorgaben definiert. Eine zentrale Ausrichtung des Controllings ist durch die Wahl des Planungsinstruments Businessplan also bereits impliziert.

Unternehmen in der Gründungsphase zeichnen sich in der Regel durch starke Defizite im kaufmännischen Bereich aus. Daraus ergibt sich die Notwendigkeit für das Controlling, Instrumente einzusetzen, die in Bezug auf ihre Handhabbarkeit sowie die erzielten Ergebnisse einen hohen Grad an **Verständlichkeit** aufweisen. Der Businessplan ist ein in sich geschlossenes Konzept, das so zu erstellen ist, dass auch Adressaten mit geringen kaufmännischen Vorkenntnissen in der Lage sind, die Inhalte zu verstehen. Zudem ist es – wie gezeigt wurde – nicht erforderlich und vorgesehen, komplexe und aufwendige Verfahren zur Ableitung der Annahmen einzusetzen. Wichtiger ist die Systematik, mit der die Inhalte der Teilpläne abgeleitet, begründet und in einen Gesamtplan integriert werden. Da das Instrument Business-

740 Vgl. Bischoff (Gründungscontrolling 2002), S. 140 f.

plan selbst nur eine ausgewählte Anzahl von Subplanungsinstrumenten enthält, die in der Literatur explizit als „einfache Planungsinstrumente"[741] bezeichnet werden, sorgt der Businessplan für eine Verständlichkeit und Handhabbarkeit, die insbesondere einem kaufmännisch wenig vorgebildeten Gründer sehr entgegenkommt.

In der Gründungsphase werden hohe Aufbauinvestitionen getätigt, die in einem hohen Maße immaterielle Vermögensgegenstände betreffen. Da innovative junge Unternehmen meist hohe Entwicklungskosten aufwenden müssen, um aus der bloßen Geschäftsidee ein marktfähiges Produkt zu entwickeln und zudem im Rahmen dieser Entwicklungstätigkeiten in hohem Maße immaterielle Güter wie gewerbliche Schutzrechte oder Knowhow der Mitarbeiter entstehen, die im Zeitablauf schwer abgebildet und verfolgt werden können, sieht sich das Controlling mit der Anforderung konfrontiert, diesen kritischen Entwicklungsprozess mit geeigneten Steuerungsinstrumenten zu begleiten.[742] Der Businessplan bietet hierfür eine adäquate Möglichkeit, da mit ihm bereits die Grundlage für ein Innovationscontrolling der Geschäftsidee gelegt werden kann. Das Erst-Innovationsprojekt kann sowohl hinsichtlich zeitlicher Umsetzungsaspekte mit Meilensteinen im Rahmen des Realisierungsfahrplans als auch hinsichtlich finanzieller Aspekte im Rahmen der Finanzplanung verfolgt werden. Diese **Variabilität** des Businessplans, aufgrund derer auch Schlüsselaktivitäten mit speziellem Projektcharakter abgebildet werden können, ist insbesondere in den frühen Lebensphasen eines Unternehmens von besonderer Bedeutung.

Da in neu gegründeten Unternehmen eine hohe zeitliche Diskrepanz zwischen notwendigen Auszahlungen und dazu korrespondierenden Einzahlungen besteht, sieht sich das Controlling in der Gründungsphase mit der Anforderung einer hohen **Liquiditätssensibilität** konfrontiert. Der Businessplan ist ein Instrument, das diese Liquiditätssensibilität im Abschnitt der Finanzplanung abbildet. Durch die Liquiditätsplanungsrechnung werden alle Ein- und Auszahlungsströme gedanklich vorweggenommen und prognostizierte Ungleichgewichte bereits im Vorfeld ausgeglichen. Darüber hinaus ist die Liquiditätsplanung das Ausgangsdokument für permanent durchzuführende Liquiditätskontrollen im Rahmen von Soll-Ist-Vergleichen, wodurch finanziellen Engpässen im Laufe der Unternehmensentwicklung vorgebeugt werden kann.

741 Struck (Geschäftspläne 2001), S. 12.

742 Vgl. Schefczyk/Pankotsch (Betriebswirtschaftslehre 2003), S. 198.

Innovative junge Unternehmen sind aufgrund ihres hohen Kapitalbedarfs meist auf externe Finanzierungsquellen - in der Regel in Form von Wagniskapitalgebern - angewiesen. Daher ist es von Vorteil, bereits in der Gründungsphase Controllinginstrumente einzusetzen, die mit den Anforderungen bzw. den internen Controllingsystemen der Finanzgeber **kompatibel** sind. Der Businessplan ist mittlerweile ein Standarddokument geworden, das externe Kapitalgeber bei Beteiligungsverhandlungen voraussetzen und auf dessen Basis sie ihre Beteiligungsentscheidung treffen. In der Gründungsphase ist der Businessplan demnach ein Instrument, das mit den Anforderungen der Kapitalgeber kompatibel ist - dies setzt allerdings die Beachtung bestimmter Form- und Vollständigkeitsvorschriften bei der Erstellung des Dokuments voraus. Im Laufe der Unternehmensentwicklung und des Beteiligungsprozesses muss das junge Unternehmen dann aber der zunehmenden Komplexität und den steigenden Erwartungen der Finanzgeber in Bezug auf differenziertere Controllinginstrumente Rechnung tragen. Die Relevanz dieses Aspektes kommt dann im Laufe der Wachstumsphase zum Tragen.

Knappe personelle Ressourcen in der Gründungsphase bedeuten für das Controlling, dass es zunächst zwangsläufig nur einen reduzierten Umfang aufweisen kann. Da der Businessplan in innovativen neu gegründeten Unternehmen meist ein unerlässliches Instrument darstellt, um Kapitalbeschaffungszwecke zu erfüllen, kann in der Regel von der Existenz eines Businessplans in jungen Unternehmen in der Gründungsphase ausgegangen werden. Wenn nun im Rahmen des Controllings das bereits vorhandene, zunächst in seiner externen Kapitalakquisitionsfunktion eingesetzte Instrument Businessplan in seiner internen Planungsfunktion Verwendung findet, wird durch diese „Zweitverwertung" eines bereits im Einsatz befindlichen Instruments der Anforderung der **Reduziertheit** Rechnung getragen. Da jedoch die Erstellung, Pflege und Verwendung des Businessplans als Controllinginstrument gerade in einem neu gegründeten Unternehmen, das noch keine Vergangenheitsdaten und Erfahrungswerte vorweisen kann, zeitliche und personelle Ressourcen sehr stark bindet, impliziert dies, dass daneben nur noch wenige bzw. wenig aufwendige Controllinginstrumente eingesetzt werden können, damit insgesamt das Prinzip der Reduziertheit gewahrt werden kann.

Junge innovative Unternehmen sind meist einer hoch dynamischen Umwelt ausgesetzt. Der Businessplan ist ein **flexibles** Controllinginstrument, das diese dynamischen Bedingungen abbilden kann, sofern gewährleistet ist, dass der Businessplan nicht rein statisch angelegt ist, sondern als lebendes Dokument laufend an die veränderten Gegebenheiten angepasst wird.

Dies kann sichergestellt werden, indem Informations- und Kontrollinstrumente auf dem Planungsinstrument Businessplan als Ausgangsbasis aufsetzen.

4.2.2.4 Das Rechnungswesen als Informationsinstrument

Im Rahmen der Ausführungen zu den Aufgaben des Controllings in der Gründungsphase wurde betont, dass die Informationsaufgabe die entscheidende Grundlage ist, auf welcher die Planungs- und Kontrollfunktion des Controllings in ihrem Wirkungsverbund aufsetzen.[743] Dabei besteht die Informationsaufgabe des Controllings nicht nur darin, Informationen im Sinne von Planungsannahmen für das Instrument Businessplan zu generieren,[744] sondern auch in der Erhebung und Aufbereitung aktueller Ist-Daten als Vergleichsmaßstab für im Planungsprozess prognostizierte Soll-Werte.[745] Gerade durch eine kontrollorientierte Informationsgenerierung werden die Voraussetzungen für die Funktionsfähigkeit eines regelkreisartigen Controllings geschaffen. Als das zentrale Instrument zur Erfüllung dieser Informationsaufgabe wird in der Literatur das Rechnungswesen angesehen.[746] Damit wird meist eine direkte Zuständigkeit des Controllings für den Aufbau und das Betreiben aller Rechnungswesensysteme postuliert.[747]

743 BROCKHAUS/BOER bezeichnen die Informationsaufgabe des Controllings daher auch als die „typische Querschnittsfunktion". Brockhaus/Boer (Informationssysteme 1994), S. 71.

744 Hierzu sei auf Abschnitt 4.2.2.3.2 verwiesen.

745 Vgl. Reddington (Control Methods 1978), S. 146.

746 SCHEFFLER verweist darauf, dass das Rechnungswesen in den Regelkreis des Controllings zentral eingebunden ist. Vgl. Scheffler (Strategisches Controlling 1984), S. 2149. PEEMÖLLER versteht unter dem Rechnungswesen ein Instrument des Controllings, auf das im Rahmen der Informationsversorgung zurückgegriffen wird. Vgl. Peemöller (Controlling 2002), S. 37. MÄNNEL/WARNICK bezeichnen das Rechnungswesen als ein zentrales Controllinginstrument zur Sicherung der Informationsversorgung. Vgl. Männel/Warnick (Rechnungswesen 1990), S. 397. HORVÁTH umschreibt das Rechnungswesen als „das älteste, am stärksten ausgebaute und differenzierte Subsystem der Informationsversorgung". Horváth (Controlling 1981), Sp. 371. SCHRÖDER betont, dass das Controlling die Informationen des Rechnungswesens im Sinne seiner Steuerungsfunktion nutzbar macht. Vgl. Schröder (Operatives Controlling 1986), S. 49. GOETZKE/KNIEF bezeichnen das Rechnungswesen als wichtigstes Werkzeug für das Controlling. Vgl. Goetzke/Knief (Externes Controlling 1982), S. 412. SZYPERSKI bezeichnet das Rechnungswesen als „Informationsgenerator". Vgl. Szyperski (Rechnungswesen 1981), Sp. 1426.

747 So weist RIEDER dem Controlling die „finanzielle und betriebliche Rechnungswesenfunktion" zu. Rieder (Systemgestaltung 1997), S. 46. Nach WEBER muss das Controlling gewährleisten, dass die Rechnungswesensysteme bedarfsgerecht funktionieren und mindestens ein inhaltliches Weisungsrecht des Controllers in Bezug auf das Rechnungswesen, besser jedoch eine Integration des Rechnungswesens in das Controlling gegeben ist. Vgl. Weber (Controlling 2002), S. 99 f. HAHN/HUNGENBERG verweisen auf die eindeutige Zuständigkeit des Controllings für die Durchführung des internen Rechnungswesens und darauf, dass die Verantwortung für das externe Rechnungswesen in der Tendenz ebenfalls an das Controlling übergehen wird. Vgl. Hahn/Hungenberg (Controllingkonzepte 2001), S. 279. BOTTA bemerkt, dass lediglich in Großunternehmen Controlling und Rechnungswesen organisatorisch getrennt seien. Vgl. Botta (Controllingorientiertes Rechnungswesen 1993), S. 66.

Im Folgenden soll überprüft werden, ob das Rechnungswesen geeignet ist, die konkrete Informationsaufgabe in der Gründungsphase wahrzunehmen, und ob es darüber hinaus den spezifischen Anforderungen an Controllinginstrumente junger Unternehmen Rechnung trägt. Einleitend sollen jedoch zunächst die begrifflichen sowie inhaltlichen Grundlagen zum Rechnungswesen kurz dargestellt werden.

4.2.2.4.1 Grundsätzliches zum Rechnungswesen

Unter dem Begriff Rechnungswesen versteht man ein System zur quantitativen, vorwiegend mengen- und wertmäßigen Ermittlung, Aufbereitung sowie Darstellung von wirtschaftlichen Zuständen zu einem bestimmten Zeitpunkt und von wirtschaftlichen Abläufen in einem bestimmten Zeitraum.[748] Handelt es sich beim Erkenntnisobjekt des Rechnungswesens um Unternehmungen, so spricht man vom betriebswirtschaftlichen Rechnungswesen, welches Gegenstand des vorliegenden Abschnitts ist. Dabei besteht das gesamte betriebswirtschaftliche Rechnungswesen[749] wiederum aus zwei voneinander abgrenzbaren Teilen, dem externen und dem internen Rechnungswesen,[750] denen unterschiedliche Funktionen zugeschrieben werden können.

Das **externe Rechnungswesen** mit der Finanzbuchhaltung einschließlich der Bilanz sowie Gewinn- und Verlustrechnung erfüllt in erster Linie eine Dokumentationsfunktion, indem es primär für externe Informationsempfänger alle Geschäftsvorfälle des Unternehmens periodengerecht zugeordnet in Bestands- und Bewegungsgrößen abbildet.[751] Die Finanzbuchhaltung ist ausschließlich vergangenheitsorientiert und unterliegt zudem bindenden steuerlichen und handelsrechtlichen Vorschriften.[752]

---

748 Vgl. Coenenberg (Rechnungswesen 1993), Sp. 3677.

749 Wenn im Folgenden von Rechnungswesen gesprochen wird, ist damit das betriebswirtschaftliche Rechnungswesen gemeint.

750 In einer weiteren Differenzierung wird ein dritter Teil unter das Rechnungswesen subsumiert, der Nebenrechnungen wie Statistiken und Vergleichs- und Planungsrechnungen umfasst. Vgl. Bellenberg (Kalkulation 1991), S. 14; Zimmermann/Fries (Rechnungswesen 1995), S. 4. Planungsrechnungen werden mitunter auch als separater, vierter Teil des Rechnungswesens ausgewiesen. Vgl. Wöhe (Rechnungswesen 1989), S. 129. Ausführungen zu den Systematisierungsmöglichkeiten des Rechnungswesens sind zu finden bei Dellmann (Rechnungswesen 1981), Sp. 1415 ff. sowie Lechner (Rechnungstheorie 1981), Sp. 1410 ff.

751 Vgl. Barth (Controlling 1983), S. 8.

752 Diese gesetzlichen Reglementierungen reflektieren die externe Ausrichtung der Finanzbuchhaltung und des Jahresabschlusses, da dadurch externe Bezugsgruppen wie beispielsweise Gläubiger geschützt werden sollen. Vgl. Dellmann (Rechnungswesen 1981), Sp. 1417.

Das **interne Rechnungswesen** mit der Kosten- und Leistungsrechnung - auch als Betriebsbuchhaltung bezeichnet - kann primär durch seine nach innen gerichtete führungsorientierte Informationsfunktion beschrieben werden.[753] Die Kosten- und Leistungsrechnung[754] zielt darauf ab, die im Rahmen des Kombinationsprozesses entstandenen Kosten und Leistungen zu erfassen,[755] einem bestimmten Bezugsobjekt des Unternehmens zuzurechnen und so den Entscheidungsträgern zeitnahe und detaillierte Informationen als Basis für eine verbesserte Entscheidungsgrundlage zu liefern.[756] Im Gegensatz zum externen Rechnungswesen, bei welchem das gesamte Unternehmen innerhalb eines Wirtschaftsjahres Gegenstand der Betrachtung ist, stellt die Kostenrechnung eine objektbezogene Rechnung dar, in der das Unternehmen in Teileinheiten und das Wirtschaftsjahr in kürzere Perioden unterteilt wird.[757]

Bezogen auf die Art der zu erfassenden Teileinheiten unterscheidet man drei Teilgebiete der Kostenrechnung - die Kostenartenrechnung, die Kostenstellenrechnung sowie die Kostenträgerrechnung.[758]

Mit der **Kostenartenrechnung** wird der Frage nachgegangen, welche Kosten angefallen sind und somit die vollständige Erfassung der insgesamt angefallenen Kosten sowie eine Aufschlüsselung der Gesamtkosten in einzelne Kostenarten vorgenommen. Sie schafft die Basis für die Zurechnung der Kosten auf Kostenstellen und Kostenträger.[759]

Im Rahmen der **Kostenstellenrechnung** wird ermittelt, wo im Unternehmen die Kosten entstanden sind, indem die aus der Kostenartenrechnung gewonnenen Gesamtkosten kostenartenweise denjenigen Abteilungen oder Betriebsbereichen zugeordnet werden, die sie verursacht haben.[760]

---

753 Vgl. Legenhausen (Controllinginstrumente 1998), S. 187.

754 Wenn im Folgenden von Kostenrechnung gesprochen wird, so ist damit die Kosten- und Leistungsrechnung gemeint.

755 Dabei werden in der Kostenrechnung nur die durch Leistungserstellungs- und -verwertungsprozesse angefallenen Kosten und Leistungen berücksichtigt. Betriebs- oder periodenfremde sowie außerordentliche Bestandteile bleiben unberücksichtigt. Vgl. Weber (Rechnungswesen 1993), S. 19; Coenenberg (Rechnungswesen 1993), Sp. 3687.

756 Vgl. Weber (Rechnungswesen 1993), S. 20.

757 Vgl. Mann (Strategisches Controlling 1990), S. 95 f.

758 HUCH ET AL. bezeichnen diese Teilgebiete der Kostenrechnung als „Phasen der Kostenrechnung". Vgl. Huch et al. (Controlling 1995), S. 5 ff.

759 Vgl. Kloock (Kosten- und Leistungsrechnung 1999), S. 69.

760 Vgl. Gabele/Fischer (Kosten- und Erlösrechnung 1992), S. 97.

Mit der **Kostenträgerrechnung** wird geklärt, wofür die Kosten angefallen sind. Es erfolgt dadurch eine Verrechnung der Kosten auf die einzelnen betrieblichen Erzeugnisse, wobei auf das in der Kostenarten- und -stellenrechnung vorbereitete Zahlenmaterial aufgesetzt wird. Die Kostenträgerrechnung kann sowohl stückbezogen als auch periodenbezogen durchgeführt werden. Die Kostenträgerstückrechnung, die auch als Kalkulation bezeichnet wird, ermittelt diejenigen Kosten, die für Herstellung und Absatz einer Leistungseinheit anfallen. Sie dient damit primär der Eruierung der Selbstkosten einer jeden Erzeugniseinheit. Die Kostenträgerzeitrechnung hingegen zielt auf die Bestimmung der Kosten ab, die innerhalb einer bestimmten Zeitspanne insgesamt für die verschiedenen Leistungseinheiten angefallen sind. Durch die Gegenüberstellung dieser Kosten mit dem korrespondierenden Wert der erzielten Leistungen kann daraufhin im Rahmen der Betriebsergebnisrechnung ermittelt werden, ob der Betriebsprozess in dem untersuchten Zeitraum wirtschaftlich war.[761]

Unabhängig von der vorgestellten, auf unterschiedliche Aufgabenaspekte abzielenden Differenzierung der Kostenrechnung in Kostenarten-, Kostenstellen- und Kostenträgerrechnung existieren unterschiedliche Verfahren der Kostenrechnung, die auch als Kostenrechnungssysteme bezeichnet werden. Diese lassen sich gemäß den Kriterien Zeitbezug und Ausmaß der Kostenverrechnung voneinander abgrenzen.

Nach dem Zeitbezug kann zwischen den vergangenheitsorientierten Verfahren der Ist- und Normalkostenrechnung einerseits und der zukunftsorientierten Plankostenrechnung andererseits unterschieden werden. Während die **Istkostenrechnung** nur die tatsächlich angefallenen Kosten einer vergangenen Abrechnungsperiode erfasst und die **Normalkostenrechnung** als rechentechnische Vereinfachung der Istkostenrechnung mit Durchschnittswerten für die Istkosten der Vorperioden agiert, arbeitet die **Plankostenrechnung** mit geplanten Kosten im Sinne von eruierten Vorgabewerten.[762]

Nach dem Kriterium des Ausmaßes der Kostenverrechnung wird darüber hinaus zwischen der Voll- und der Teilkostenrechnung unterschieden. Im Verfahren der **Teilkostenrechnung** werden den Kostenträgern nur diejenigen Kosten zugeschlüsselt, die als unmittelbar zurechenbare Kostenträgereinzelkosten identifiziert werden. Dem gegenüber werden im Rahmen

761 Vgl. Weber (Rechnungswesen 1993), S. 22 f.

762 Vgl. Horváth (Controlling im Klein- und Mittelbetrieb 1981), S. 11.

der **Vollkostenrechnung** sämtliche angefallene Kosten verrechnet und die Kostenträger daher auch mit den anteiligen Kostenträgergemeinkosten belastet.[763]

Die Kombination der verschiedenen Ausprägungsformen der genannten Einzelkriterien ergibt letztendlich sechs Typen von Kostenrechnungssystemen, die in nachfolgender Tabelle 4-1 zusammengestellt sind.

	Vergangenheitsorientierung		**Zukunftsorientierung**
	Istkosten	**Normalkosten**	**Plankosten**
Vollkosten-rechnung	Vollkosten-rechnung auf Istkosten-basis	Vollkosten-rechnung auf Normalkosten-basis	Vollkosten-rechnung auf Plankosten-basis
Teilkosten rechnung	Teilkosten-rechnung auf Istkosten-basis	Teilkosten-rechnung auf Normalkosten-basis	Teilkosten-rechnung auf Plankosten-basis

Tabelle 4-1: Typen von Kostenrechnungssystemen[764]

4.2.2.4.2 Leistungsfähigkeit des Rechnungswesens als Instrument zur Erfüllung der Informationsaufgabe in der Gründungsphase

In den bisherigen Ausführungen zu den Teilbereichen der Controllingkonzeption in der Gründungsphase wurde gezeigt, dass der Businessplan als Planungsinstrument nur dann eine controllinggerechte Wirkung entfalten kann, wenn die geplanten Soll-Werte einem Vergleich mit den Istwerten unterzogen werden. Als Vergleichsmaßstab sind daher Informationen notwendig, die im Rahmen der kontrollorientierten Informationsaufgabe des Controllings bereitzustellen sind. In diesem Zusammenhang stellt sich die Frage, ob das Rechnungswesen ein geeignetes Instrument darstellt, das zur Erfüllung dieser Aufgabe geeignet ist.

763 Vgl. Coenenberg (Rechnungswesen 1993), Sp. 3689 f.

764 In Anlehnung an Hummel/Männel (Kostenrechnung 1990), S. 44 sowie Horváth (Controlling im Klein- und Mittelbetrieb 1981), S. 12.

Um diese Frage beantworten zu können, ist zunächst eine Konkretisierung hinsichtlich der Art der benötigten Informationen vorzunehmen.[765] Ausgangsbasis für die weiteren Betrachtungen bildet der Businessplan, der mit seiner Finanzplanung ein Zahlenwerk enthält, das alle in der Konzeptplanung eruierten Annahmen in quantifizierten zukunftsorientierten Planwerten widerspiegelt. Entscheidend für die Erreichung der Unternehmensziele ist es, im Laufe der Umsetzungsphase Abweichungen vom Plan zeitnah zu erkennen und aufzuzeigen, um rechtzeitig Gegensteuerungsmaßnahmen einleiten zu können. Zu diesem Zweck müssen den quantifizierten Planwerten des Businessplans die tatsächlich realisierten Istwerte im Rahmen der Kontrollaufgabe des Controllings gegenübergestellt werden. Die kontrollorientierte Informationsaufgabe - als Bindeglied zwischen der Planungs- und der Kontrollaufgabe - besteht nun darin, die zu den Planwerten korrespondierenden vergangenheitsorientierten Istwerte bereitzustellen.

Das Rechnungswesen bietet im Rahmen seiner Teilsysteme unterschiedliche Möglichkeiten zur Erfassung vergangenheitsorientierter Istdaten.

Im **externen Rechnungswesen** werden mit der Finanzbuchhaltung alle Geschäftsvorfälle, die sich im Unternehmen ereignen, in Zahlenwerten festgehalten und chronologisch verzeichnet.[766] Dabei stellt die Finanzbuchhaltung auf die Erfassung des Wertzuwachses, der als Ertrag bezeichnet wird, und des Wertverbrauchs, der als Aufwand bezeichnet wird, sowie auf die Änderungen der Vermögens- und Kapitalstruktur innerhalb einer bestimmten Periode ab.[767] In regelmäßigen Abständen werden daraufhin die für eine Abrechnungsperiode erfassten gesamten Aufwendungen und Erträge in der Gewinn- und Verlustrechnung gegenübergestellt und die Vermögens- und Kapitalkonten zur Bilanz verdichtet.[768] Dadurch werden Istwerte generiert, die das gesamte wirtschaftliche Geschehen innerhalb eines bestimmten zurückliegenden Zeitraumes widerspiegeln. Allerdings unterliegt die Ermittlung dieser vergangenheitsbezogenen Istdaten handels- und steuerrechtlichen Bewertungsvorschriften[769]

765 FOCK bemerkt in diesem Zusammenhang treffend: „Eine Rechnung wird immer nur durch ihren Zweck bestimmt." Fock (Unternehmenssteuerung 2002), S. 69.

766 Vgl. Eisele (Rechnungswesen 2002), S. 15.

767 Vgl. Wöhe (Bilanzierung 1992), S. 6.

768 Vgl. Buchner (Buchführung 1997), S. 2.

769 So werden beispielsweise außerordentliche, neutrale und periodenfremde Positionen erfasst, die nicht in unmittelbarem Zusammenhang mit dem betrieblichen Leistungserstellungsprozess stehen. Zu weiteren Vorschriften und Besonderheiten vgl. Legenhausen (Controllinginstrumente 1998), S. 189 sowie Mugler (Betriebswirtschaftslehre 1998), S. 234.

und kann daher nicht nach individuellen betriebswirtschaftlichen Gesichtspunkten vorgenommen werden.[770]

Das **interne Rechnungswesen** verfügt im Rahmen seiner Kostenrechnungssysteme über zwei alternative Formen der Istdatenerfassung, die rein auf die mit dem betrieblichen Leistungserstellungsprozess verbundenen Vorgänge abstellen. In der Vollkostenrechnung auf Istkostenbasis werden Istdaten erfasst, indem alle angefallenen Kosten auf die jeweiligen Kostenträger verrechnet werden. Demgegenüber werden in der Teilkostenrechnung auf Istkostenbasis den Kostenträgern nur die nach dem Verursachungsprinzip direkt zurechenbaren Kosten zugeordnet.[771] Beide Kostenrechnungssysteme ermitteln also vergangenheitsbezogene Istwerte, die das zurückliegende betriebliche Geschehen abbilden. Dabei bieten sie die Möglichkeit, differenzierte Informationen über Einzelheiten der betrieblichen Leistungserstellung in Form von Istdaten aus der Kostenarten-, Kostenstellen- oder Kostenträgerrechnung auszuweisen.

Die bisherigen Ausführungen haben gezeigt, dass sowohl das externe als auch das interne Rechnungswesen prinzipiell dafür geeignet sind, vergangenheitsbezogene Istdaten zu generieren. Wenngleich das interne Rechnungswesen mit der Kostenrechnung und deren Ausgestaltungsmöglichkeiten zweifelsohne das variablere Instrument ist, bei dessen Einsatz zudem keine steuer- oder handelsrechtlichen Vorschriften zu beachten sind, sprechen mehrere Gründe dafür, in der Gründungsphase zunächst das externe Rechnungswesen als primäres kontrollbezogenes Informationsinstrument einzusetzen.

Insbesondere in Bezug auf die Kompatibilität der im externen Rechnungswesen erfassten Daten mit den als Vergleichsbasis dienenden Planwerten weist das externe Rechnungswesen deutliche Vorteile gegenüber der Kostenrechnung auf. Im Businessplan werden die Soll-Werte in der Finanzplanung standardmäßig in Form von Plan-Gewinn- und Verlustrechnungen sowie Plan-Bilanzen abgebildet. Das externe Rechnungswesen erfasst die Istdaten vergangener Perioden mit derselben Systematik - durch Gegenüberstellung von Aufwendungen und Erträgen sowie Vermögens- und Kapitalbeständen - in der Gewinn- und Verlustrechnung sowie der Bilanz. Die Ist-Informationen aus dem externen Rechnungswesen können daher direkt mit den Soll-Werten der Finanzplanung verglichen werden. Eine einheitliche Basis für den Soll-Ist-Vergleich im Hinblick auf Struktur, Inhalt und Detaillierung

770 Vgl. Bellenberg (Kalkulation 1991), S. 16.

771 Vgl. Horváth (Controlling im Klein- und Mittelbetrieb 1981), S. 12 f.

ist dadurch gewährleistet.[772] Allerdings impliziert die Entscheidung für das externe Rechnungswesen als kontrollorientiertes Informationsinstrument eine flexible Ausgestaltung dieses Instruments. Nur durch eine möglichst zeitnahe Erfassung der Geschäftsvorfälle und regelmäßige unterjährige Zwischenabschlüsse kann eine laufende Informationsbereitstellung gesichert werden, was die Voraussetzung für regelmäßige Soll-Ist-Vergleiche ist.

Ein weiterer Grund, der für den Einsatz des externen Rechnungswesens als kontrollorientiertes Informationsinstrument in der Gründungsphase spricht, ist dessen einfachere Handhabbarkeit im Vergleich zu den Verfahren des internen Rechnungswesens. Zweifelsohne sind in neu gegründeten Unternehmen mit ihren stark eingeschränkten personellen Ressourcen und Defiziten im kaufmännischen Bereich die Voraussetzungen für den Einsatz einer komplexen Kostenrechnung mit ihren erhöhten Anforderungen an die Bewertung und verursachungsgerechte Zurechnung sowie der Schnittstellenproblematik nicht zwangsläufig gegeben.[773]

Die Einführung eines externen Rechnungswesens ist darüber hinaus für Betriebe ab einer bestimmten Größenordnung aus Gründen der Erfüllung von Informationspflichten gegenüber externen Interessengruppen[774] zwingend vorgeschrieben,[775] so dass dieses Instrument in der Regel ohnehin bereits installiert ist und lediglich noch an kontrollorientierte Informationsbedürfnisse anzupassen ist.

Nach den bisherigen Ausführungen lässt sich also zusammenfassend sagen, dass das externe Rechnungswesen in Bezug auf seine Leistungsfähigkeit zur Erfüllung der kontrollorientierten Informationsaufgabe in der Gründungsphase zunächst als geeignetes und durchaus ausreichendes Instrument identifiziert werden kann. Allerdings ist aufgrund des Merkmals der hohen Wachstumspotenziale eines neu gegründeten Unternehmens eine rein statische Betrachtung der Gründungsphase nicht zielführend. Vielmehr ist zu berücksichtigen, dass im Hinblick auf die weitere Entwicklung des Unternehmens die Implementierung eines einfachen Kostenrechnungssystems bereits in der Gründungsphase deutliche Vorteile aufweisen kann. Tritt das junge Unternehmen in die Wachstumsphase ein, kann ein bereits eingeführtes Kostenrechnungssystem mittels überschaubarer Anpassungsmaßnahmen schnell als wert-

---

772 Vgl. Botta (Controllingorientiertes Rechnungswesen 1993), S. 66.

773 Vgl. Mugler (Betriebswirtschaftslehre 1998), S. 235.

774 Vgl. Bossert/Manz (Externe Unternehmensrechnung 1996), S. 2.

775 Vgl. Bea (Rechnungswesen 1993), Sp. 3701. Detaillierte Ausführungen zu den gesetzlichen Vorschriften zur externen Rechnungslegung, insbesondere zur Abgrenzung der betroffenen Unternehmen sind zu finden bei Bieg/Kußmaul (Externes Rechnungswesen 1996), S. 1 ff. sowie Klett et al. (Controlling-Praxis 1996), S. 31 f.

voller Informationslieferant für die wichtige Expansionskontrolle eingesetzt werden.[776] Zudem kann ein in der Gründungsphase eingeführtes einfaches Kostenrechnungssystem auf Istkostenbasis im weiteren Entwicklungsverlauf des Unternehmens vergleichsweise leicht durch eine Plankostenrechnung ergänzt werden, wodurch der gestiegenen Komplexität im Laufe der Unternehmensentwicklung Rechnung getragen werden kann.[777]

Dabei steht mit einem Kostenrechnungssystem in Form einer Kostenartenrechnung auf Ist- und Vollkostenbasis ein reduziertes Modul zur Verfügung, das mit relativ überschaubarem Aufwand aus dem externen Rechnungswesen abgeleitet werden kann. Da sich ein Großteil der Kostenarten direkt aus dem Finanzbuchhaltungssystem übernehmen lässt, sind lediglich kleine Anpassungen bzw. Ergänzungen nötig,[778] um dieses einfache Basiskostenrechnungssystem zu etablieren und hierdurch die Grundlage für später einzurichtende differenziertere Kostenstellen- bzw. -trägerrechnungen zu legen.[779]

Abschließend lässt sich somit festhalten, dass in der Gründungsphase das externe Rechnungswesen mit der Finanzbuchhaltung, Gewinn- und Verlustrechnung sowie der Bilanz das geeignete Instrument zur Wahrnehmung der kontrollorientierten Informationsaufgabe darstellt, durch die - relativ einfach durchführbare - ergänzende Implementierung eines reduzierten Systems des internen Rechnungswesens in Form einer Kostenartenrechnung auf Ist- und Vollkostenbasis jedoch gewährleistet werden kann, dass die kontrollorientierte Informationsgenerierung auch über die Gründungsphase hinaus den jeweiligen situativen Erfordernissen junger Unternehmen entspricht.

4.2.2.4.3 Aus den Anforderungen an Controllinginstrumente abgeleitete Implikationen für den Einsatz des Rechnungswesens als Informationsinstrument

Das Rechnungswesen in Form des externen Rechnungswesens mit einem ergänzenden einfachen Kostenrechnungssystem wurde als ein Instrument identifiziert, das zur Erfüllung der kontrollorientierten Informationsaufgabe in der Gründungsphase geeignet ist. Dass dieses Instrument in der dargestellten Ausprägungsform darüber hinaus auch den spezifischen Anforderungen an Controllinginstrumente in der Gründungsphase Rechnung trägt, wurde zum Teil bereits angerissen, soll im Folgenden aber noch detailliert erörtert werden.

---

776 Vgl. Lanz (Controlling 1990), S. 181.

777 Vgl. Weber (Wachstumsschwellen 1995), S. 13.

778 Zu den notwendigen Anpassungen bzw. Ergänzungen vgl. Lanz (Controlling 1990), S. 183.

779 Vgl. Gabele/Fischer (Kosten- und Erlösrechnung 1992), S. 61.

Bedeutsame Implikationen für den Einsatz des Informationsinstruments Rechnungswesen in der Gründungsphase ergeben sich - wie nachfolgend zu zeigen sein wird - in erster Linie aus den Anforderungskriterien Vorsichtigkeit, Anpassungsfähigkeit, Zentralisierung, Verständlichkeit, Kompatibilität und Reduziertheit.[780] In Abbildung 4-5 ist dies vorab zusammengestellt.

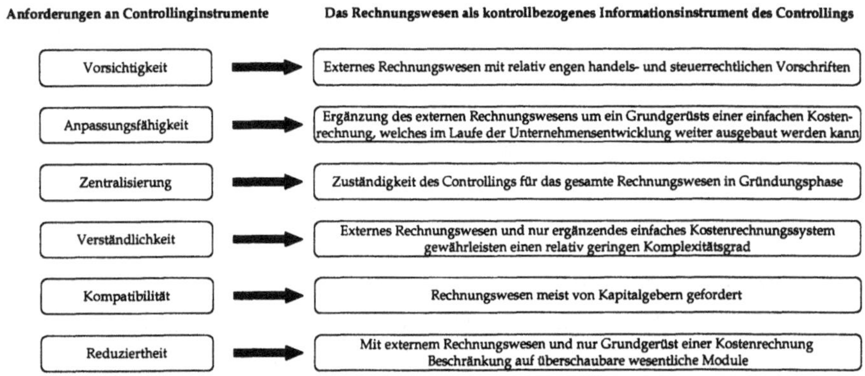

Abbildung 4-5: Überblick über die Eignung des Rechnungswesens zur Erfüllung der Anforderungen an Controllinginstrumente in der Gründungsphase

Da neu gegründete Unternehmen durch eine hohe Ausprägung des Merkmals „Geringer Erfahrungsschatz" gekennzeichnet sind, obliegt es dem Controlling, diesem Defizit mit adäquater **Vorsichtigkeit** zu begegnen. In Bezug auf das Informationsinstrument Rechnungswesen kann dieser Anforderung insbesondere durch die Anwendung des externen Rechnungswesens entsprochen werden. Aufgrund der bindenden handels- und steuerrechtlichen Vorschriften des externen Rechnungswesens werden „Handlungsanleitungen" für die Festlegung bestimmter Wertansätze vorgegeben, die eine vorsichtige, konservative Vorgehensweise implizieren.[781] Darüber hinaus können die rechtlichen Buchführungsvorschriften ge-

---

780 Es soll an dieser Stelle noch einmal betont werden, dass nicht jedes in Abschnitt 3.2.3 vorgestellte phasenspezifische Anforderungskriterium des Controllings Implikationen für jedes einzelne Controllinginstrument beinhaltet. Vielmehr muss durch die Controllingkonzeption und somit die Gesamtheit der Instrumente sichergestellt werden, dass sämtliche Implikationen der Anforderungskriterien berücksichtigt werden.

781 Am deutlichsten wird dies durch den „Bewertungsgrundsatz der Vorsichtigkeit". Vgl. hierzu Lück (Rechnungslegung 1998), S. 37 ff.

rade in der Gründungsphase dazu beitragen, Sicherheit im Umgang mit Informationen zu erlangen und dadurch die mangelnde Erfahrung zu kompensieren.[782]

Aus dem Merkmal der hohen Wachstumspotenziale von innovativen neu gegründeten Unternehmen resultiert für das Controlling die Anforderung der **Anpassungsfähigkeit** an veränderte Bedingungen im Laufe der Unternehmensentwicklung. Das Informationsinstrument Rechnungswesen kann dieser Anforderung Rechnung tragen, indem es neben dem - in der Gründungsphase prinzipiell ausreichenden - externen Rechnungswesen ergänzende interne Rechnungssysteme in reduzierter Form installiert, die korrespondierend zur Unternehmensentwicklung ausgebaut werden können. Durch die Implementierung eines einfachen Kostenrechnungssystems als Ergänzung zum externen Rechnungswesen wird bereits in der Gründungsphase die Basis für differenziertere Module des internen Rechnungswesens geschaffen. Einerseits können auf Basis der einfachen Kostenartenrechnung auf Ist- und Vollkostenbasis Erweiterungen bezüglich der zu erfassenden Teileinheiten vorgenommen und eine Kostenstellen- und Kostenträgerrechnung installiert werden. Dies ist insbesondere von großer Bedeutung, wenn in der Wachstumsphase das Produktprogramm ausgeweitet wird. Andererseits kann die Istkostenrechnung im Laufe der Unternehmensentwicklung um eine Plankostenrechnung ergänzt werden, die wiederum auf den Soll-Werten des Businessplans aufbaut. Die Anpassungsfähigkeit des Instruments Rechnungswesen in der oben vorgestellten Ausprägungsform ist also in unterschiedlichen Richtungen gegeben.

Unternehmen in der Gründungsphase sind sehr stark durch die Gründerperson dominiert. Dadurch ist ein zentral ausgerichtetes Controlling in dieser Phase zu fordern. Das Instrument Rechnungswesen kann diesem **Zentralisierungserfordernis** gerecht werden, indem dem Controlling die Zuständigkeit für das gesamte Rechnungswesen in der Gründungsphase übertragen wird. Das Rechnungswesen ist demnach ein direktes Controllinginstrument, welches in den Planungs- und Kontrollprozess implementiert wird.

Die hohen Defizite im kaufmännischen Bereich in der Gründungsphase machen ein Controlling erforderlich, das sich durch einen hohen Grad an **Verständlichkeit** in Bezug auf seine Instrumente auszeichnet. Dies bedeutet für das Rechnungswesen, dass es sich im Rahmen seines Einsatzes als kontrollorientiertes Informationsinstrument auf die weniger komplexen Module beschränken muss. Es wurde bereits dargelegt, dass das externe Rechnungswesen

---

782 Zu denken ist hierbei beispielsweise an die Verpflichtung zur Aufstellung einer Gründungsbilanz. Vgl. Arnold (Buchung 1998), S. 87 ff.

durchaus in der Lage ist, die geforderte Informationsaufgabe in der Gründungsphase zu erfüllen und darüber hinaus im Vergleich zum internen Rechnungswesen einen höheren Grad an Verständlichkeit aufweist. Daher kann das externe Rechnungswesen, ergänzt um ein einfaches Kostenrechnungssystem, welches verhältnismäßig leicht aus dem externen Rechnungswesen abgeleitet werden kann, gewährleisten, dass den kaufmännischen Defiziten in der Gründungsphase Rechnung getragen wird.

Da junge Unternehmen meist auf externe Finanzierung angewiesen sind, ist es entscheidend, dass bereits in der Gründungsphase die Voraussetzungen für eine **Kompatibilität** des Controllings mit den Anforderungen der Kapitalgeber geschaffen werden. Dabei ist das Rechnungswesen ein Controllinginstrument, das meist von externen Kapitalgebern vorausgesetzt wird, wenn sie eine Beteiligungsanfrage prüfen. Da externe Kapitalgeber als Prinzipale verstanden werden können, die mit der Unternehmensführung einen Agenten zur Wahrnehmung ihrer Interessen beauftragen, ist es durchaus nachvollziehbar, dass eine möglichst objektive Erfassung der Geschäftsvorfälle und Abbildung des Unternehmensgeschehens von großer Bedeutung für den externen Kapitalgeber ist.[783] Diese weitgehend willkürfreie Informationsgenerierung wird insbesondere durch das externe Rechnungswesen gewährleistet. Aber auch eine differenzierte Informationsgenerierung durch das interne Rechnungswesen kann im Laufe der Unternehmensentwicklung hilfreich sein, wenn Investoren ihre Anlageentscheidungen unter anderem an derartigen Informationen festmachen.[784] Durch die Implementierung eines Basiskostenrechnungssystems finden auch diese Anforderungen Berücksichtigung.

Unternehmen in der Gründungsphase zeichnen sich durch einen hohen Ausprägungsgrad des Merkmals „Knappe personelle Ressourcen" aus. Controlling in der Gründungsphase kann diesem Umstand durch eine adäquate **Reduziertheit** im Instrumenteneinsatz Rechnung tragen. Bezogen auf das Informationsinstrument Rechnungswesen kommt diese Reduziertheit dann zum Tragen, wenn aus den vielfältigen Gestaltungsmöglichkeiten des Rechnungswesens zunächst nur diejenigen Module zum Einsatz gebracht werden, die die Aufgabenerfüllung in der Gründungsphase sicherstellen und erst dann differenziertere und variablere Zusatzmodule installiert werden, wenn die situativen Voraussetzungen des Unternehmens - beispielsweise die personelle Ressourcenausstattung - es zulassen. Ein Rech-

783 Vgl. Ballwieser (Externes Rechnungswesen 2003), S. 162 f.

784 Vgl. Hartl (Kosten- und Erfolgscontrolling 2001), S. 71.

nungswesensystem - bestehend aus externem Rechnungswesen und einer ergänzenden einfachen Kostenartenrechnung - wird der Anforderung der Reduziertheit gerecht und schafft darüber hinaus die Grundlage für eine umfassende Erweiterung in der Wachstumsphase hin zu einer ausdifferenzierten internen Rechnungslegung.

4.2.2.5 Überprüfung strategischer Schlüsselannahmen, Meilensteinanalyse, Soll-Ist-Vergleich und Finanzkontrollrechnung als Kontrollinstrumente

In den Ausführungen zu den Controllingaufgaben in der Gründungsphase wurde die Bedeutung der Kontrolle als planungsergänzende Aufgabe hervorgehoben. Dabei wurden mit der Prämissenkontrolle, der Planfortschrittskontrolle, der Ergebniskontrolle und der Liquiditätskontrolle verschiedene Kontrollarten diagnostiziert, mit denen sichergestellt werden kann, dass die konkretisierten Planungsaufgaben in der Gründungsphase durch einen controllinggerechten Kontrollprozess begleitet werden. Für jeden dieser unterschiedlichen Kontrolltypen stehen dem Controlling Instrumente zur Verfügung, die zur Bewältigung der jeweiligen Kontrollaufgabe eingesetzt werden können. Im Folgenden sind die Instrumente Überprüfung strategischer Schlüsselannahmen, Meilensteinanalyse, Soll-Ist-Vergleich sowie Finanzkontrollrechnung auf ihre Leistungsfähigkeit zur Erfüllung der konkreten Kontrollaufgaben in der Gründungsphase und ferner daraufhin zu untersuchen, ob sie den spezifischen Anforderungen an Controllinginstrumente junger Unternehmen entsprechen. Zunächst wird jedoch ein kurzer Blick auf die begrifflichen sowie inhaltlichen Grundlagen der einzelnen Instrumente geworfen.

4.2.2.5.1 Grundsätzliches zur Überprüfung strategischer Schlüsselannahmen, Meilensteinanalyse, Soll-Ist-Vergleich und Finanzkontrollrechnung

Die **Überprüfung strategischer Schlüsselannahmen** ist ein Instrument, das im Zuge der strategischen Prämissenkontrolle eingesetzt wird. Im Planungsprozess ist das Setzen von Prämissen ein unumgängliches Mittel, um die komplexe Entscheidungssituation zu strukturieren. Allerdings bedingt diese selektive Vorgehensweise das Ausblenden einer Reihe von anderen möglichen Zuständen, woraus sich hohe kontrollbedürftige Risiken ergeben.[785] Die strategische Prämissenkontrolle setzt im Planungsprozess an diesem Punkt an und zielt darauf ab, die gesetzten Prämissen laufend daraufhin zu überprüfen, ob sie noch Gültigkeit besitzen. Mit dem Instrument der Überprüfung strategischer Schlüsselannahmen trägt die

785 Vgl. Steinmann/Schreyögg (Management 1997), S. 236.

Prämissenkontrolle dem Umstand Rechnung, dass nicht alle Prämissen vollständig bzw. mit der gleichen Intensität überwacht werden können.[786] Daher konzentriert sich die Überprüfung strategischer Schlüsselannahmen auf diejenigen Prämissen, die dem eigenen Einfluss entzogen oder besonders bedeutsam sind und im Falle eines Nichteintretens eine grundlegende Änderung der strategischen Planung nach sich ziehen würden. Die Vorgehensweise ist hierbei zweistufig angelegt. Zunächst werden die kritischen Prämissen und eventuell mögliche abweichende Entwicklungen herausgestellt.[787] Daraufhin werden für die einzelnen kritischen Prämissen Kontrollsequenzen festgelegt, die den Kontrollprozess in zeitlicher Hinsicht strukturieren. Kann die Gültigkeit der hinterfragten Prämissen nicht bestätigt werden, sind gegebenenfalls aktualisierte, an die veränderten Bedingungen angepasste Prämissen zu entwickeln.[788]

Während die Überprüfung strategischer Schlüsselannahmen auf die Planannahmen abzielt, wird mit der Planfortschrittskontrolle eruiert, ob Probleme bei der Umsetzung der Planung das Erreichen der strategischen Zielsetzung gefährden.[789] Das Instrument, das hierbei zum Tragen kommt, ist die **Meilensteinanalyse**. Im Rahmen der Meilensteinanalyse werden vorgegebene Sollgrößen den korrespondierenden prognostizierten Wirdgrößen gegenübergestellt. Zu diesem Zwecke werden zunächst kontrollfähige Größen - so genannte Meilensteine - definiert, die bedeutende Planabschnitte markieren. Noch während der Planperiode werden diese Meilensteine dann daraufhin überprüft, ob die geplanten Zielgrößen mit den voraussichtlichen Realisierungswerten übereinstimmen. Dadurch können mögliche Planabweichungen sowie die verursachenden Störgrößen frühzeitig erkannt und zielführende Gegensteuerungsmaßnahmen eingeleitet werden.[790] Entscheidend ist dabei, dass die Meilensteine „controllingfähig" sind, d.h. in eindeutiger und messbarer Form Kriterien festlegen, anhand derer nachvollzogen werden kann, ob die Entwicklung des Unternehmens planmäßig verläuft.[791]

---

786 Vgl. Eggers/Eickhoff (Instrumente 1996), S. 16.

787 Eine Zusammenstellung von Beispielen zu kritischen Prämissen ist zu finden bei Gälweiler (Kontrolle 1981), S. 393.

788 Vgl. Schäffer (Kontrolle 2001), S. 13.

789 Vgl. Kreikebaum (Unternehmensplanung 1993), S. 61.

790 Vgl. Vahs (Controlling-Konzeptionen 1990), S. 79.

791 Vgl. Bischoff (Gründungscontrolling 2002), S. 134.

In Ergänzung zu den strategisch ausgerichteten Kontrollformen der Prämissen- und Planfortschrittskontrolle wird im Rahmen der Ergebniskontrolle auf operativer Ebene überprüft, ob nach Ablauf der Planperiode die geplanten Ziele in der Ausführungsphase tatsächlich erreicht wurden. Das hierfür zum Einsatz kommende Instrument ist der **Soll-Ist-Vergleich**. Ausgangsbasis bilden die im Planungsprozess festgelegten Soll-Werte, welche am Ende der Planperiode mit den im Rechnungswesen ermittelten Istdaten[792] verglichen werden. Werden hierbei ex post relevante Abweichungen festgestellt, sind in einem nächsten Schritt anhand von Abweichungsanalysen die zugrunde liegenden Ursachen zu ermitteln.[793] Die intensive Analyse der Ursachen von Abweichungen bildet die Basis für die Definition von Korrekturmaßnahmen[794] und damit auch für eine zukunftsorientierte Unternehmenssteuerung.[795]

Während die operative Ergebniskontrolle auf die Überprüfung der erfolgsbezogenen Größen durch Soll-Ist-Vergleiche abzielt, ist es Aufgabe der Liquiditätskontrolle, mittels einer laufenden Überwachung der Zahlungsströme die permanente Zahlungsfähigkeit des Unternehmens durch die Erhaltung des finanziellen Gleichgewichts sicherzustellen. In diesem Zusammenhang spielt das Instrument der **Finanzkontrollrechnung** eine entscheidende Rolle.[796] Im Rahmen der Finanzkontrollrechnung werden geplante und realisierte Zahlungsmittelbestände bzw. -bewegungen systematisch und regelmäßig miteinander verglichen.[797] Die Vorgehensweise ist hierbei vergleichbar mit dem Ablauf des Soll-Ist-Vergleichs der operativen Ergebniskontrolle.[798] Ausgangsbasis bilden die im Planungsprozess erhobenen zahlungsbezogenen Soll-Werte, denen die korrespondierenden tatsächlichen Zahlungsmittelströme oder -bestände gegenübergestellt werden. Im Falle von Abweichungen zwischen Gewolltem und Realisiertem werden in einem nächsten Schritt die Ursachen der Abweichungen analysiert, um Anregungen für mögliche Verhaltenskorrekturen geben zu können.[799] Entsprechend zu

792 SIEGWART bezeichnet das Rechnungswesen als eine der wichtigsten Informationsquellen für die periodenbezogene Ergebniskontrolle. Vgl. Siegwart (Kontrollformen 1993), Sp. 2259.

793 Vgl. Preißler (Controlling in mittelständischen Unternehmen 1992), S. 271.

794 Dabei können die Korrekturmaßnahmen entweder auf die Erreichung der ursprünglich geplanten Ziele mit Hilfe von neuen Lösungsansätzen abzielen oder gegebenenfalls sogar zur Festlegung von neuen Zielen führen. Vgl. Czenskowsky et al. (Controlling 2002), S. 173.

795 Vgl. Schröder (Unternehmens-Controlling 1985), S. 109; Peemöller (Controlling 2002), S. 42.

796 Vgl. Schneider (Betriebswirtschaftslehre 1997), S. 58.

797 Vgl. Hauschildt (Finanzkontrolle 1981), S. 131.

798 NITSCH/NIEBEL bezeichnen die Finanzkontrollrechnung explizit als Soll-Ist-Vergleich. Vgl. Nitsch/Niebel (Cash Management 1997), S. 42.

799 Vgl. Mensch (Finanz-Controlling 2001), S. 39.

der zeitbezogenen Differenzierung der Finanzplanung in eine lang-, mittel- und kurzfristige Finanzplanung lässt sich auch die Finanzkontrollrechnung anhand des Planungshorizontes weiter untergliedern. Die tägliche Finanzdispositionskontrolle setzt auf der kurzfristigen Finanzplanung auf. Sie kann sich als Kontrolle der Bestandspositionen auf die tägliche Überprüfung der Kassen- und Kontobestände oder als Kontrolle der täglichen Zahlungsströme auf die Zahlungsein- und -ausgänge beziehen.[800] Die mittelfristige Finanzkontrollrechnung zielt darauf ab, die Planzahlen der mittelfristig orientierten Finanzplanung einer regelmäßigen Überprüfung zu unterziehen.[801] Während die tägliche Finanzdispositionskontrolle sowie die mittelfristige Finanzkontrollrechnung in erster Linie der Sicherung der laufenden oder situativen Liquidität dienen, zielt die langfristige Finanzkontrollrechnung auf die Sicherung der strukturellen Liquidität ab. Ihre primäre Aufgabe liegt damit in der Überprüfung der langfristigen Finanzierungs- und Kapitalstruktur.[802] Die Liquiditätskontrolle beschränkt sich allerdings nicht nur auf eine ex post-Betrachtung im Sinne der Finanzkontrollrechnung. Vielmehr ist auch im Rahmen der Liquiditätskontrolle die Gültigkeit der dem Liquiditätsplan zugrunde liegenden Annahmen in einer vorausschauenden Sichtweise zu überprüfen.[803] Da jedoch die Liquiditätsplanung lediglich eine quantitative Ausdrucksform aller in der Konzeptplanung enthaltenen Prämissen ist, ist die Überprüfung der Annahmen der Konzeptplanung im Rahmen der Prämissenkontrolle ein Instrument, das direkt bis zur Liquiditätsplanung durchschlägt.[804]

Inwieweit die vorgestellten Instrumente geeignet sind, die konkreten Kontrollaufgaben in der Gründungsphase zu erfüllen, soll im Folgenden untersucht werden.

4.2.2.5.2 Leistungsfähigkeit der Überprüfung strategischer Schlüsselannahmen, der Meilensteinanalyse, des Soll-Ist-Vergleichs und der Finanzkontrollrechnung als Instrumente zur Erfüllung der Kontrollaufgabe in der Gründungsphase

In der Gründungsphase wurde die Konzeptplanung mit Hilfe des Instruments Businessplan als eine entscheidende Controllingaufgabe diagnostiziert, um dem kritischen Führungsprob-

---

800 Vgl. Welge (Controlling 1988), S. 146.

801 HAUSCHILDT propagiert einen monatlichen Wiederholungsrhythmus für diese Kontrollrechnung. Vgl. Hauschildt (Finanzkontrolle 1981), S. 136.

802 Vgl. Welge (Controlling 1988), S. 151.

803 Vgl. Mensch (Finanz-Controlling 2001), S. 40.

804 WELGE bezeichnet den Finanzplan in diesem Zusammenhang als einen Sekundärplan, der vor allem realwirtschaftliche Prozesse widerspiegelt. Vgl. Welge (Controlling 1988), S. 149.

lem der Einschätzung von Geschäftsidee und Markt begegnen zu können. Die Konzeptplanung beruht jedoch auf Annahmen, die andere mögliche Zustände bewusst ausblenden. Dadurch entstehen kontrollbedürftige Risiken, die im Rahmen der Prämissenkontrolle abgefedert werden müssen. Das Instrument **Überprüfung strategischer Schlüsselannahmen** erweist sich in diesem Kontext als besonders leistungsfähig, da es den Fokus auf die Überwachung genau derjenigen Prämissen legt, die für die Bewältigung der kritischen Führungsprobleme und die Zielerreichung in der Gründungsphase von entscheidender Bedeutung sind. So kann insbesondere durch eine permanente kritische Hinterfragung der Absatzprognosen sowie Annahmen zu Marktvolumen und -stellung sichergestellt werden, dass die Einschätzung von Geschäftsidee und Markt die aktuell geltenden realen Begebenheiten so weit wie möglich widerspiegelt. Da die Überprüfung strategischer Schlüsselannahmen selbst selektiv ist, also hauptsächlich auf diejenigen Prämissen abzielt, die im strategischen Konzept einen kritischen Stellenwert einnehmen, strukturiert sie das Problemfeld der Kontrolle auf eine Weise, die einem Unternehmen in der Gründungsphase mit geringen Erfahrungswerten und Defiziten im kaufmännischen Bereich besonders entspricht.

Die im Businessplan verankerte Konzeptplanung ist nicht nur auf die permanente Gültigkeit ihrer Annahmen hin zu überprüfen, sondern auch daraufhin, ob die Planrealisierung wunschgemäß vonstatten geht. Das Instrument der **Meilensteinanalyse** ist in der Gründungsphase zur Durchführung der Planfortschrittskontrolle aus mehreren Gründen besonders geeignet. Zum einen kann durch die Implementierung von Meilensteinen dem Umstand Rechnung getragen werden, dass in innovativen Neugründungen konventionelle Steuerungsgrößen wie Umsatz oder Gewinn nicht greifen, da der längeren Entwicklungs- und Aufbauphase erst zeitlich versetzt korrespondierende Umsätze folgen. Mit den Meilensteinen werden alternative kontrollfähige Größen definiert, deren regelmäßiger Abgleich mit der wahrscheinlich eintretenden Entwicklung eine Beurteilung darüber ermöglicht, ob die Entwicklung des Unternehmens planmäßig verläuft.[805] Zudem ist die Planfortschrittskontrolle mit der Meilensteinanalyse in der Gründungsphase mit einem verhältnismäßig geringen Aufwand verbunden, da im Planungsinstrument Businessplan bereits die methodische Grundlage für die Meilensteinanalyse gelegt wurde.[806] Im Businessplanabschnitt „Realisie-

805 Vgl. Bischoff (Gründungscontrolling 2002), S. 134.

806 Nathusius hebt hervor, dass die Gründungsplanung bereits in den ersten Monaten nach Unternehmensgründung als Basis für die Entwicklungskontrolle dienen kann. Vgl. Nathusius (Gründungsplanung 1989), Sp. 613.

rungsfahrplan" werden die Zeitbedarfe für alle geplanten Aktivitäten sowie relevante Kontrollpunkte in Form von Meilensteinen festgelegt. Im Zuge der Planfortschrittskontrolle markieren diese Meilensteine die Vergleichsbasis für die eruierten wahrscheinlichen Ausprägungen.

Neben den strategisch ausgerichteten Kontrollarten der Prämissen- und Planfortschrittskontrolle ist die operative Kontrolle in Form von **Soll-Ist-Vergleichen** darauf ausgerichtet, am Ende der Planperiode Zielabweichungen festzustellen. In der Gründungsphase erfährt der Soll-Ist-Vergleich seine Bedeutung vor allem aus folgendem Grund: Durch den institutionalisierten Abgleich von gewünschten und realisierten Größen werden Abweichungen aufgedeckt, die im Anschluss auf ihre Ursachen hin analysiert werden können. Diese Abweichungsanalysen bedingen im neu gegründeten Unternehmen einen Lernprozess, der insbesondere im Hinblick auf die mangelnden Erfahrungen in der Gründungsphase eine wertvolle Ausgleichsfunktion mit sich bringt. Jede Abweichung repräsentiert eine Rückkoppelung aus der Vergangenheit und liefert Signale für notwendige Gegensteuerungsmaßnahmen.[807] Durch den Soll-Ist-Vergleich können Störfaktoren identifiziert werden, die für die Zukunft zu berücksichtigen sind.[808] Mit der Ergebniskontrolle wird dadurch ein wichtiger Grundstein für die Steuerung des Unternehmens gelegt.

Während der Soll-Ist-Vergleich auf die Kontrolle der realisierten Planwerte der Konzeptplanung abzielt, welche sich in quantifizierter Form in der Erfolgsplanung im Zahlenteil des Businessplans widerspiegeln, soll mit der Liquiditätskontrolle die jederzeitige Zahlungsfähigkeit des jungen Unternehmens gesichert und somit die Zahlungsströme und Finanzbestände des Unternehmens betrachtet werden. Die **Finanzkontrollrechnung** als Instrument der Liquiditätskontrolle kann in der Gründungsphase nicht zuletzt aufgrund seiner unterschiedlichen Ausgestaltungsmöglichkeiten einen wesentlichen Beitrag zur Liquiditätssicherung leisten.[809] Im Rahmen der mittelfristigen Finanzkontrollrechnung werden die Planwerte der im Finanzteil des Businessplans verankerten Liquiditätsplanung auf einer meist monatlichen Basis den tatsächlichen zahlungsorientierten Werten, als Ergebnis einer Auswertung des Zahlungsverkehrs,[810] gegenübergestellt, Abweichungen analysiert und mögliche Anpas-

---

807 Vgl. Bischoff (Gründungscontrolling 2002), S. 139.

808 Vgl. Hundt/Neitz (Businesspläne 2001), S. 24.

809 GRUNWALD betont die Bedeutung der Liquiditätsbetrachtung für Start-ups. Vgl. Grunwald (Start-ups 2003), S. 1.

810 Vgl. hierzu Lanz (Controlling 1990), S. 306 f.

sungsmaßnahmen abgeleitet, die eine Gefährdung der situativen Liquidität verhindern sollen. Die langfristige Finanzkontrollrechnung zielt darauf ab, die langfristigen Folgen der Abweichungen zwischen Geplantem und Realisiertem auf die Finanzierungs- und Kapitalstruktur zu erfassen, um dadurch beispielsweise vom Plan abweichende Kapitalbedarfe rechtzeitig erkennen zu können. Darüber hinaus kann eine tägliche Finanzdispositionskontrolle der Bestandspositionen in Form einer einfachen Kontenübersicht wichtige Hinweise für die kurzfristige Lenkung der Zahlungsströme liefern.[811] Wie bereits angesprochen, spielt auch im Rahmen der Liquiditätsplanung eine laufende Überprüfung der Ausgangsprämissen eine entscheidende Rolle, um bereits im Vorfeld eventuell drohende Liquiditätsengpässe erkennen und abwenden zu können.[812] Da sich alle Annahmen der Konzeptplanung in der Liquiditätsplanung in Form einer zahlungsorientierten Betrachtung widerspiegeln, wird die Prämissenkontrolle mit ihrem Instrument der Überprüfung strategischer Schlüsselannahmen daher auch in Bezug auf die Liquiditätsplanung wirksam.

4.2.2.5.3 Aus den Anforderungen an Controllinginstrumente abgeleitete Implikationen für den Einsatz der Überprüfung strategischer Schlüsselannahmen, der Meilensteinanalyse, des Soll-Ist-Vergleichs und der Finanzkontrollrechnung als Kontrollinstrumente

Im vorigen Abschnitt wurde gezeigt, dass die Leistungsfähigkeit der Kontrollinstrumente Überprüfung strategischer Schlüsselannahmen, Meilensteinanalyse, Soll-Ist-Vergleich und Finanzkontrollrechnung zur Erfüllung der Kontrollaufgaben in der Gründungsphase gegeben ist. Ob dieses Kontrollinstrumentarium aber auch den spezifischen Anforderungen an Controllinginstrumente junger Unternehmen entspricht, ist im Folgenden zu untersuchen. Dabei ergeben sich bedeutsame Implikationen für die genannten Kontrollinstrumente insbesondere aus den Anforderungskriterien Vorsichtigkeit, Risikobewusstsein, Zentralisierung, Liquiditätssensibilität und Reduziertheit.

Dies ist in Abbildung 4-6 zusammengefasst.

811 Vgl. hierzu Welge (Controlling 1988), S. 146 ff.

812 Stellt sich beispielsweise heraus, dass der Markteintritt erst später als ursprünglich geplant vollzogen werden kann, so hat dies einen direkten Einfluss auf die geplanten Einzahlungen aus Umsätzen, so dass eine Änderung der Prämissen auch in der Liquiditätsplanung unmittelbar Berücksichtigung finden muss.

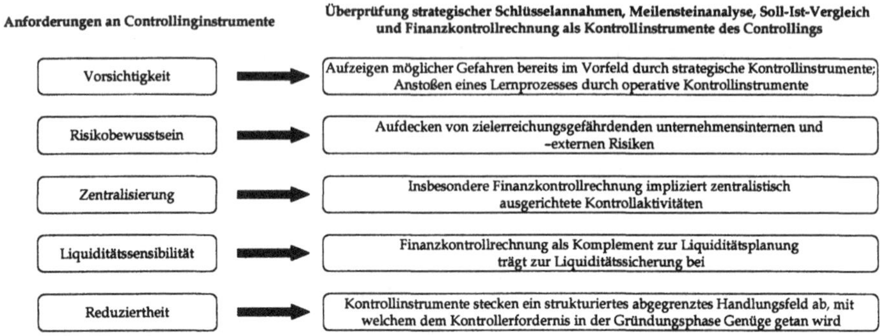

Abbildung 4-6: Überblick über die Eignung von Überprüfung strategischer Schlüsselannahmen, Meilensteinanalyse, Soll-Ist-Vergleich und Finanzkontrollrechnung zur Erfüllung der Anforderungen an Controllinginstrumente in der Gründungsphase

Unternehmen in der Gründungsphase sind durch einen geringen Erfahrungsschatz gekennzeichnet. Für den Einsatz von Controllinginstrumenten impliziert dies, dass den geringen Erfahrungen durch ein möglichst hohes Maß an **Vorsichtigkeit** Rechnung getragen werden muss. Durch die vorgestellten Kontrollinstrumente kann dieser Anforderung in mehrerlei Hinsicht entsprochen werden. Die strategischen Instrumente Überprüfung strategischer Schlüsselannahmen und Meilensteinanalyse zielen darauf ab, mögliche Gefährdungen der strategischen Zielerreichung bereits im Vorfeld erkennen und geeignete Anpassungsmaßnahmen ableiten zu können. Dadurch unterziehen sie die im Planungs- und Umsetzungsprozess durchgeführten Handlungen einer ständigen Kontrolle, um „unvorsichtige" Maßnahmen sowie deren Konsequenzen rechtzeitig erkennen und abwenden zu können. Darüber hinaus werden durch das operativ ausgerichtete Instrument Soll-Ist-Vergleich und die anschließende Abweichungsanalyse mögliche Hinweise auf Vergangenheitsfehler im Planungsprozess generiert, wodurch ein Lernprozess angestoßen wird, der die Wahrscheinlichkeit einer künftig vorsichtigeren Vorgehensweise im Planungsprozess erhöht. Die ständige Überwachung der Liquidität durch die Finanzkontrollrechnung schließlich gewährleistet ein hohes Maß an Vorsichtigkeit im Finanzbereich, da durch die situative und strukturelle Liquiditätssicherung den hohen bestandsgefährdenden Risiken durch Liquiditätsengpässe vorgebeugt werden kann.

Innovative Neugründungen sehen sich zudem besonders hohen Risiken und Unsicherheiten ausgesetzt. Controlling kann diesen Risiken gerecht werden, wenn es Instrumente zum Einsatz bringt, die der Anforderung des **Risikobewusstseins** entsprechen. Die vorgestellten Kontrollinstrumente erfüllen diese Anforderung allein schon deshalb, weil sie allesamt darauf abzielen, zielerreichungsgefährdende unternehmensinterne oder -externe Risiken aufzudecken, um Gegensteuerungsmaßnahmen einleiten zu können. Insbesondere durch die Prämissenkontrolle können die im selektiven Planungsprozess entstandenen kontrollbedürftigen Risiken erkannt und somit das Risikobewusstsein im unternehmerischen Handeln gefördert werden.

Unternehmen in der Gründungsphase zeichnen sich durch ein hohes Maß an Unternehmerprägung aus, woraus sich für das Controlling ein **Zentralisierungserfordernis** ableiten lässt. Insbesondere das Kontrollinstrument Finanzkontrollrechnung impliziert ein zentralistisch ausgerichtetes Controlling in der Gründungsphase. Die Erhaltung der Liquidität stellt im neu gegründeten Unternehmen eine Existenzbedingung erster Priorität dar. Werden durch die Liquiditätskontrolle mit seinem Instrument Finanzkontrollrechnung liquiditätsgefährdende Engpässe diagnostiziert, so müssen alle unternehmenspolitischen Entscheidungen auf diese Liquiditätsengpässe hin korrigiert werden.[813] Daher ist es erforderlich, diese Kontrollaktivitäten zentralistisch auszurichten, um die Durchsetzung der liquiditätserhaltenden Maßnahmen sicherzustellen.

Die hohen Aufbauinvestitionen sowie zeitlich versetzte Einzahlungen aus Umsätzen können im neu gegründeten Unternehmen durch zunächst negative Cashflows zu einer kritischen Liquiditätssituation führen. Controllinginstrumente können dieser Tatsache durch ein hohes Maß an **Liquiditätssensibilität** Rechnung tragen. Die Finanzkontrollrechnung als Komplement zur Liquiditätsplanung trägt zur Liquiditätssicherung bei, indem sie eine permanente Überprüfung der zahlungsbezogenen Planvorgaben sowie der aktuellen Kontensalden vornimmt. Im Rahmen der Prämissenkontrolle werden zudem die Annahmen, welche den Planwerten zugrunde liegen, laufend auf ihre Gültigkeit hin überprüft, um liquiditätsgefährdende Entwicklungen rechtzeitig antizipieren zu können.

Unternehmen in der Gründungsphase sind durch das Merkmal knappe personelle Ressourcen gekennzeichnet. Für das Controlling bedeutet dies, dass Komplexität im Instrumenteneinsatz zugunsten einer weitgehenden **Reduziertheit** verhindert werden sollte. Mit den vorgestellten Kontrollinstrumenten wird dieser Forderung Rechnung getragen, da sie zum einen ein strukturiertes, abgegrenztes Handlungsfeld abstecken, mit welchem dem Kontrollerfordernis in der Gründungsphase Genüge getan wird. Insbesondere die Prämissenkontrolle legt den Fokus auf strategisch bedeutsame Aspekte, wodurch die Kontrollaktivitäten auf das

813 Vgl. Hauschildt (Finanzorganisation 1981), S. 18 f.

Mindestmaß reduziert werden.[814] Zum anderen weisen die vorgestellten Kontrollinstrumente einen hohen Grad an Verständlichkeit auf und können daher trotz knapper personeller Ressourcen und eingeschränkten kaufmännischen Erfahrungen in der Gründungsphase angewendet werden.

4.2.3 Organisation des Controllings in der Gründungsphase

Nachdem die Ziele, Aufgaben und Instrumente eines Controllings für Unternehmen in der Gründungsphase definiert wurden, soll im Folgenden auf die Organisation des Controllings als viertes konstituierendes Merkmal der Controllingkonzeption eingegangen werden. Dabei wird zunächst ein Blick auf die generellen Ausgestaltungsmöglichkeiten einer Controllingorganisation geworfen, um so den Raum idealtypischer Gestaltungsformen abzustecken und hierauf die konkrete Organisation des Controllings in der Gründungsphase aus den situativen Bestimmungsgrößen junger Unternehmen ableiten zu können.

4.2.3.1 Grundsätzliche Möglichkeiten der organisatorischen Ausgestaltung des Controllings

Im Zuge der organisatorischen Ausgestaltung des Controllings sind unterschiedliche Gestaltungsvariablen relevant.[815] Zunächst ist die generelle Frage zu klären, ob die Institutionalisierung einer Controllingstelle angestrebt oder ein nicht-institutionalisiertes Controlling bevorzugt wird.

Unter einer **institutionalisierten Controllingstelle** versteht man eine organisatorische Einheit, die die Gesamtheit der Controllingaufgaben erfüllt.[816] Dabei kann diese Controllinginstitution unternehmensintern angesiedelt oder auf Externe übertragen werden.

Für die Wahrnehmung des unternehmensexternen Controllings kommen unterschiedliche Institutionen in Frage. Als die bedeutsamsten Institutionen werden in der Literatur Steuerberatungen, Wirtschaftsprüfungsgesellschaften, Unternehmensberatungen sowie Banken genannt.[817]

---

814 Vgl. Eggers/Eickhoff (Instrumente 1996), S. 16.

815 Reiß gibt einen Überblick über die Entwicklung der Controllingorganisation im Zeitablauf. Vgl. Reiß (Organisatorische Verankerung 1997), S. 369 ff.

816 Vgl. Reichmann (Controlling 1990), S. 11.

817 Vgl. Goetzke/Knief (Externes Controlling 1982), S. 411 f.; Mayr (Externes Controlling 1998), S. 418 ff.

Im Rahmen der unternehmensinternen Controllinginstitution werden zentrales und dezentrales Controlling unterschieden. Wird ein zentraler Controllingbereich ohne organisatorischen Unterbau geschaffen, der alle im Unternehmen anfallenden Controllingaktivitäten ganzheitlich übernimmt, so spricht man von der Institution Zentralcontrolling. Eine die betrieblichen Funktionen berücksichtigende Untergliederung in einzelne Controllingbereiche existiert hier nicht.[818] Demgegenüber erfolgt im dezentralen Controlling eine Unterteilung der Controllingtätigkeit nach - meist dem Unternehmensaufbau entsprechenden - Subbereichen. Hierbei kann beispielsweise ein Funktionscontrolling installiert werden, in welchem alle spezifischen Controllingaufgaben des jeweiligen Funktionsbereiches gesondert und selbständig betrieben werden. Um die Gefahr einer Vernachlässigung von funktions- oder bereichsübergreifenden Zusammenhängen zu bannen, wird das dezentrale Controlling häufig - sofern es Unternehmensgröße und -bedingungen zulassen - mit der Einrichtung eines übergeordneten Zentralcontrollings kombiniert, wobei dem Zentralcontrolling dann die Koordinationsverantwortung für die einzelnen Teilsysteme obliegt.[819]

Im Rahmen eines **nicht-institutionalisierten Controllings** werden die Controllingaufgaben nicht einer spezialisierten Controllinginstitution übertragen, sondern als Nebenaufgabe durch andere Funktionsträger wahrgenommen.[820] Dabei unterscheidet man im Wesentlichen folgende Ausgestaltungsmöglichkeiten: Übernehmen einzelne Manager die eigenverantwortliche Ausübung der Controllingaufgaben, wird dies als Self-Controlling bezeichnet.[821] Da das Controlling in diesem Fall sehr personenbezogen ausgerichtet ist, wird in der Literatur auch von einer Hinwendung zu mehr Unternehmertum im Controlling gesprochen.[822] Neben der Unternehmensführung selbst kann das Controlling auch auf andere bereits vorhandene Funktionsträger übertragen werden. Als nahe liegender Bezugspunkt wird hierbei häufig die Leitung des Rechnungswesens genannt. Dies setzt jedoch eine entsprechende Dif-

818 Vgl. Hartl (Kosten- und Erfolgscontrolling 2001), S. 56.

819 Vgl. Dintner (Controlling 1999), S. 34 ff.

820 Hierbei sei noch einmal ausdrücklich auf die Unterscheidung zwischen Controllingfunktion und Controllinginstitution hingewiesen: „Controlling muss somit nicht erst formal als Abteilung eingerichtet werden. Es ist eher eine Philosophie des Vorschaudenkens und der Vorsorgetherapie." Müller/Grotheer (Controlling-Konzepte 2002), S. 215.

821 SCHELD hält die Entwicklung des Self-Controllings für zukunftsweisend. Er vertritt hierzu die Meinung, dass mittel- bis langfristig Controlling als eigenständige Institution an Bedeutung verlieren wird. Vgl. Scheld (Controlling 2002), S. 82. DEYHLE vertritt die Ansicht, dass Manager gerade durch das Self-Controlling das nötige Verständnis zum Controlling erwerben und dadurch auch institutionalisierte Controllerdienste später besser annehmen können. Vgl. Deyhle (Controlling 1991), S. 375 f.

822 Vgl. Gruber (Controlling im Wandel 1995), S. 102.

ferenzierung der Aufbauorganisation und das Vorhandensein einer unternehmensinternen eigenständigen Rechnungswesensabteilung voraus.[823] Schließlich können die Aufgaben des Controllings auch auf mehrere vorhandene Stellen aufgeteilt werden. Hierbei sollen durch die Bildung von Controllingteams die Ansätze eines funktionsfähigen Controllings realisiert werden.[824]

4.2.3.2 Aus den situativen Bestimmungsgrößen abgeleitete Implikationen für die organisatorische Ausgestaltung des Controllings in der Gründungsphase

Die organisatorische Ausgestaltung des Controllings in der Gründungsphase unterliegt den Implikationen, die sich aus den situativen Bestimmungsgrößen eines Unternehmens in der Gründungsphase ableiten lassen. Daher ist es notwendig, bei der Analyse der unterschiedlichen organisatorischen Gestaltungsmöglichkeiten die Merkmale junger Unternehmen sowie die daraus resultierenden Anforderungen an das Controlling simultan zu betrachten.

In einem ersten Schritt ist grundsätzlich zu prüfen, ob die Institutionalisierung einer Controllingstelle oder ein nicht-institutionalisiertes Controlling im neu gegründeten Unternehmen zu favorisieren ist.

Ein Unternehmen in der Gründungsphase ist durch die hohe Ausprägung des Merkmals knapper personeller Ressourcen gekennzeichnet. Dies impliziert einerseits, dass ein **institutionalisiertes Controlling** im Sinne einer unternehmensinternen Controllingstelle aus Mangel an potenziellen Funktionsträgern nicht durchführbar ist.[825] Zudem rechtfertigt der in der Gründungsphase (noch) reduzierte Umfang der Controllingaufgaben es nicht, einen speziellen Arbeitsplatz allein für diese Funktion zu schaffen.[826] Da Unternehmen in der Gründungsphase außerdem aufgrund hoher Aufbauinvestitionen und fehlender korrespondierender Umsätze durch knappe finanzielle Ressourcen gekennzeichnet sind, wäre die Akquirierung eines spezialisierten und angemessen dotierten Controllers eigens zur Wahrnehmung der Controllingaufgaben auch aus finanzieller Sicht kaum möglich. Ein internes insti-

823 Vgl. Weber (Neue Perspektiven 2000), S. 19; Kosmider (Controlling im Mittelstand 1993), S. 74; Steinle (Organisation 2003), S. 31.

824 Vgl. Niedermayr (Controlling 1994), S. 128 f.

825 Vgl. hierzu auch Horváth (Controlling in Klein- und Mittelbetrieben 1982), S. 374 sowie Horváth (Controlling im Klein- und Mittelbetrieb 1981), S. 25.

826 Vgl. Mayr (Externes Controlling 1998), S. 417.

tutionalisiertes Controlling ist folglich aus mehreren Gründen für Unternehmen in der Gründungsphase nicht zielführend.

Neben der unternehmensinternen Institutionalisierung einer Controllingstelle wurde mit dem externen Controlling eine weitere Form des institutionalisierten Controllings diagnostiziert, das es ebenfalls auf seine Kompatibilität mit den Controllinganforderungen junger Unternehmen zu überprüfen gilt. Da ein externes Controlling durch die Übertragung sämtlicher controllingrelevanter Aufgaben auf unternehmensfremde Einrichtungen keine personellen Ressourcen im Unternehmen bindet, trägt die Controllingorganisationsform des externen institutionalisierten Controllings der spezifischen Besonderheit knapper personeller Ressourcen Rechnung. Allerdings wird aufgrund knapper finanzieller Ressourcen im neu gegründeten Unternehmen ein rein externes Controlling zumindest im Falle der Übertragung an gewinnwirtschaftliche Institutionen wie Unternehmensberatungen, Wirtschaftsprüfungsgesellschaften, Steuerberatungen oder Banken nicht in Betracht kommen.

Daher liegt der Schluss nahe, für ein **nicht-institutionalisiertes Controlling** zu plädieren, das keine zusätzlichen personellen Ressourcen erfordert und auch die knappen finanziellen Ressourcen berücksichtigt. In Frage käme hier zunächst die Aufteilung der Controllingaufgaben auf mehrere bereits vorhandene Funktionsträger. Da es in neu gegründeten Unternehmen allerdings - wenn überhaupt - neben der Gründerperson nur eine geringe Zahl an Funktionsträgern geben wird, die in der Regel aufgrund der Unternehmerzentrierung nicht mit Führungskompetenzen ausgestattet sein werden, erscheint die Bildung und der funktionsfähige Einsatz eines innerlich gleichwertigen und kompetenten Controllingteams nicht erreichbar.[827] Die Übertragung der Controllingaufgaben auf einen einzelnen bereits vorhandenen Funktionsträger mit controllingaffinen Aufgaben scheidet aus ähnlichen Gründen aus. Im neu gegründeten Unternehmen kann aus Personalmangel zunächst in der Regel keine rein kaufmännisch ausgerichtete Stelle eingerichtet werden, die das gesamte Spektrum der Controllingaufgaben zusätzlich übernehmen könnte.[828]

---

827 GAULHOFER bemerkt in diesem Zusammenhang darüber hinaus, dass die Verteilung der Controllingaufgabe auf mehrere Stellen in kleinen und mittleren Unternehmen nicht sinnvoll und zweckmäßig ist, da das Wesen des Controllings ja gerade in der Einrichtung einer koordinierenden Stelle bestehe. Vgl. Gaulhofer (Controlling im Mittelbetrieb 1986), S. 301.

828 GOETZKE/KNIEF argumentieren, dass selbst in mittelständischen Unternehmen häufig keine hinreichend qualifizierte Person gefunden werde, die die Controllingfunktion übernehmen könne. Vgl. Goetzke/Knief (Externes Controlling 1982), S. 410.

Damit verbleibt als letzte Alternative im Rahmen des nicht-institutionalisierten Controllings die Organisationsform des Self-Controllings, bei der die Funktion des Controllings von der Unternehmensführung wahrgenommen wird. Die auf die Gründerperson bezogene Ausgestaltung des Controllings bietet einerseits den Vorteil, dass keine zusätzlichen personellen Ressourcen für die Wahrnehmung der Controllingaufgaben beschafft werden müssen. Zudem wird dem Zentralisierungserfordernis des Controllings in der Gründungsphase so gut wie in sonst keiner Organisationsalternative Rechnung getragen. Allerdings wird durch das Self-Controlling der ohnehin schon stark beanspruchte Gründer zusätzlich in zeitlicher und fachlicher Hinsicht belastet. Insbesondere die in der Regel fehlenden kaufmännischen Kenntnisse können dazu führen, dass die komplett eigenständige Ausführung der Controllingaufgaben durch den Gründer nicht die erwünschte rationalitätssichernde Wirkung des Controllings aufweist.[829] Zwar wird dem Unternehmensgründer durch die Zuweisung der Controllingfunktion ein Instrumentarium an die Hand gegeben, das dazu beiträgt, unternehmerisch-intuitive Handlungen in zunehmend strukturierte Entscheidungsprozesse zu überführen, jedoch ist kaum zu erwarten, dass der Gründer neben seinen vielfältigen anderen Aufgaben in der Unternehmensgründungsphase Zeit und Energie für die Aneignung von adäquaten Kenntnissen im Umgang mit diesen Instrumenten aufzubringen vermag. Diese Nachteile des Self-Controllings könnte ein ergänzendes externes Controlling ausgleichen.[830] Unter Berücksichtigung der knappen finanziellen Ressourcen eines Unternehmens in der Gründungsphase kämen hierbei insbesondere wenig kostenintensive externe Institutionen wie Gründernetzwerke, Industrie- und Handelskammern aber auch Beteiligungskapitalgeber in Form von Business Angels oder Wagniskapitalgesellschaften in Betracht. Diese unternehmensexternen Institutionen können mit ihren spezifischen Fachkenntnissen die Controllingimplementierung sowie den laufenden Systembetrieb durch den Gründer maßgeblich unterstützen.[831]

829 Vgl. hierzu auch Mayr (Externes Controlling 1998), S. 417.

830 SCHELD argumentiert in diesem Zusammenhang, dass aufgrund der Nachteile des Self-Controllings eine organisatorische Ausgestaltung des Controllings in Form eines reinen Self-Controllings eher unrealistisch ist. Vgl. Scheld (Controlling 2002), S. 83.

831 PREIßLER schlägt beispielsweise vor, in der Einführungsphase des Rechnungswesens auf externe Berater zurückzugreifen, um die Kosten/Nutzen-Relation in Kleinbetrieben günstig zu beeinflussen. Vgl. Preißler (Controlling in mittelständischen Unternehmen 1992), S. 276. NATHUSIUS hält die Beratung durch externe Spezialisten im Rahmen der Gründungsplanung für sinnvoll, da die Berater im Gründungsfall den Planungsstab der etablierten Unternehmung ersetzen können. Vgl. Nathusius (Gründungsplanung 1989), Sp. 617. Ähnlich argumentiert RIPSAS. Er hält es aufgrund der fehlenden kaufmännischen Erfahrung der Gründer für notwendig, zur Erstellung des Businessplans einen Berater heranzuziehen. Vgl. Ripsas (Busi-

Somit verbleibt festzuhalten, dass sich aus den situativen Bestimmungsgrößen eines Unternehmens in der Gründungsphase eine organisatorische Ausgestaltung des Controllings in Form eines nicht-institutionalisierten Self-Controllings durch den Unternehmensgründer,[832] ergänzt um ein beratend tätiges externes Controlling[833] ableiten lässt.

4.2.4 Differenzierungen des Controllings in der Gründungsphase

Nachdem mit den Zielen, Aufgaben, Instrumenten und der organisatorischen Ausgestaltung des Controllings in der Gründungsphase die den Kernbereich der Controllingkonzeption konstituierenden Elemente inhaltlich präzisiert wurden, soll im Folgenden noch ein Blick auf den umfassenden Rahmen, in den diese Controllingkonzeption eingebettet ist, geworfen werden. Dabei lässt sich die Controllingkonzeption der Gründungsphase nach den Gliederungskriterien der Zielbezogenheit, Objektbezogenheit, Planungsphasenbezogenheit sowie Funktionsbezogenheit weiter differenzieren. Viele der im Folgenden anzusprechenden Differenzierungsaspekte wurden bereits mehr oder weniger explizit oder aber implizit in den bisherigen Ausführungen angesprochen. Nachfolgend sollen sie in systematischer Form zusammengestellt werden.

---

ness Plan 1998), S. 142. Vgl. zu diesem Argument auch Struck (Geschäftspläne 2001), S. 18. Das Hinzuziehen externer Spezialisten zur Entwicklung und für spezielle laufende Aufgaben des Controllings hält auch HUMMEL für sinnvoll. Vgl. Hummel (Betriebswirtschaftslehre 1995), S. 94.

832 In der Literatur wird vielfach bestätigt, dass die Controllingaufgabe in der Gründungsphase des Unternehmens vom Gründer selbst wahrzunehmen ist. So bemerkt beispielsweise BOTTA: „In Bezug auf die sich im Gründungsstadium befindliche Unternehmung wird die Controllingfunktion von der Geschäftsleitung wahrgenommen." Botta (Controlling in der Gründungsphase 1985), S. 2. Ähnlich argumentiert KUNESCH: „Es gibt keinen hauptamtlichen Controller. Controlling wird in vielen Fällen zur Chefsache." Kunesch (Controlling in Klein- und Mittelbetrieben 1996), S. 631. Ebenso BAUSCH/WALTER: „So übernehmen auch in frühen Lebenszyklusphasen junger Unternehmen in der Regel die Gründer die Aufgaben des Controlling mit." Bausch/Walter (Controlling 2002), S. 442. Auch KLETT ET AL.: „Wie bereits erwähnt, übernimmt in sehr kleinen Unternehmen häufig der Geschäftsführer die Aufgaben eines Controllers." Klett et al. (Controlling in KMU 1 1998), S. 27 sowie Klett et al. (Controlling-Praxis 1996), S. 27.

833 Auch die Notwendigkeit einer Ergänzung durch externe Controllingunterstützung in der Gründungsphase wird in der Literatur hervorgehoben: „Gründungsunternehmen sind in der Regel von geringer Unternehmensgröße, haben eine beschränkte Finanzierungsbasis und können sich in dieser frühen Entwicklungsphase kaum leisten, einen Controller einzustellen. Andererseits ist der betriebswirtschaftliche Kenntnisstand der Gründer häufig so unzureichend, dass die Gefahr einer Vernachlässigung des notwendigen Gründungscontrolling besteht. Deshalb ist es ratsam, bereits zu Beginn der Gründungsphase externe Unterstützung in allen Fragen des Controlling anzustreben." Dintner (Controlling 1999), S. 46. „Erste Controllingansätze bestehen somit darin, (...) einen externen Berater (Steuerberater, Kammerberater etc.) in den Controllingprozess einzubeziehen." Nobbe/Wittlage (Controlling 1993), S. 143. „Bei Neugründungen durch Jungunternehmer ist eine externe betriebswirtschaftliche Betreuung unerlässlich." Horváth et al. (Unternehmensgründungen 1984), S. 143. LANZ argumentiert, dass die Einführung des Controllings in Kleinstunternehmen durch einen externen Berater erfolgen sollte. Vgl. Lanz (Controlling 1990), S. 350. Ebenso konstatiert MAYR, dass der Aufbau eines internen Controllings in jedem Fall einer Unterstützung durch einen erfahrenen externen Berater bedarf. Vgl. Mayr (Externes Controlling 1998), S. 417.

4.2.4.1 Zielbezogene Differenzierung des Controllings: Priorität der Liquiditätsorientierung

Das Differenzierungskriterium der Zielbezogenheit leitet sich aus den Controlling- bzw. den übergeordneten Unternehmenszielen ab. Abgestellt wird dabei in erster Linie auf finanzielle Größen, so dass sich eine Unterscheidung in ein primär rentabilitätsorientiertes und ein primär liquiditätsorientiertes Controlling vornehmen lässt.

Die finanziellen Ziele eines Unternehmens in der Gründungsphase sind stark sachzielorientiert, während dem Formalziel der Rentabilitätsorientierung nur eine untergeordnete Rolle beigemessen wird. Da junge Unternehmen in der Gründungsphase hohe Aufbauinvestitionen tätigen müssen, denen Umsätze aber erst in späteren Perioden gegenüber stehen, werden Verluste in dieser frühen Entwicklungsphase durchaus eingeplant. Die Unternehmenssteuerung kann sich nicht an klassischen erfolgsbasierten Kennzahlen wie Umsatz oder Gewinn orientieren, sondern hat nach alternativen Größen, wie beispielsweise Meilensteinen, zu erfolgen.[834] Allerdings resultiert aus den noch fehlenden Umsätzen und den hohen Aufbauinvestitionen in einer zahlungsorientierten Sichtweise die permanent drohende Gefahr von Liquiditätsengpässen. Das Sachziel der Liquiditätssicherung nimmt daher in der Gründungsphase einen hohen Stellenwert ein.[835] Da sich die Ziele des Controllings aus den übergeordneten Unternehmenszielen ableiten, impliziert dies für die zielbezogene Differenzierung des Controllings, dass das Controlling in der Gründungsphase mit seinen Aufgaben und Instrumenten primär der Liquiditätsorientierung Rechnung zu tragen hat. Wie gezeigt wurde, kann das Controlling mit der Liquiditätsplanung im Businessplan sowie der Liquiditätskontrolle im Rahmen der Finanzkontrollrechnung diesem Erfordernis entsprechen.

4.2.4.2 Objektbezogene Differenzierung des Controllings: Projektcontrolling und ergänzendes Bereichscontrolling

Eine weitere Differenzierungsform des Controllings bezieht sich auf dessen Objektbezogenheit. Während im Bereichscontrolling ein zeitlich und örtlich abgegrenzter Unternehmensbereich Gegenstand der Controllingaktivitäten ist, werden im Projektcontrolling konkrete Projekte betrachtet, die nicht zwingend an zeitliche oder örtliche Grenzen gebunden sind.

---

834 Zu weiteren Beispielen für nicht-finanzorientierte Steuerungsgrößen in der Gründungsphase vgl. Nietzer (Controlling 2003), S. 446.

835 Vgl. Scherrer (Internes Rechnungswesen 2003), S. 251; Bissig/Schwander (Business-Plan 1996), S. 10.

Bei Betrachtung der bislang herausgearbeiteten Controllingkonzeption eines Unternehmens in der Gründungsphase lässt sich feststellen, dass in ausgeprägtem Maße Merkmale des Projektcontrollings[836] gegeben sind.[837] In einer weiten Auslegung lässt sich die Gründung insgesamt als ein Projekt mit dem Ziel der Umsetzung der Geschäftsidee, endend mit dem Markteintritt, auffassen.[838] Controlling bedeutet hier die Unterstützung der Projektleitung, die in der Gründungsphase mit der Unternehmensführung identisch sein wird, bei der Projektausführung in all denjenigen Bereichen, in denen Rationalitätsengpässe entstehen. Projektcontrolling greift somit überall dort, wo kritische Führungsprobleme die Unternehmenszielerreichung gefährden, konkret also bei der Einschätzung von Geschäftsidee und Markt sowie bei der Liquiditätssicherung. Das Controlling wird hier einerseits im Rahmen der Projektplanung unterstützend tätig. Die Projektplanung entspricht dabei der oben vorgestellten Konzeptplanung, in der alle während des Gründungsprojektes auszuführenden Tätigkeiten und Maßnahmen erfasst, beschrieben und im Rahmen eines Tätigkeits- bzw. Meilensteinplans in eine logische Ablaufreihenfolge gebracht werden, ferner mit dafür anfallenden Zeitbedarfen und Kontrollpunkten versehen und daraufhin in Zahlen ausgedrückt quantifiziert werden. Das Planungsinstrument Businessplan entspricht dabei grundsätzlich dem Projektplanungsdokument. Neben der Unterstützung der Projektplanung erfolgt schließlich eine Kontrolle des Projektfortschritts durch einen Vergleich der Plan- und Istwerte sowie gegebenenfalls Abweichungsanalysen, aus denen dann Vorschläge für Gegensteuerungsmaßnahmen entwickelt werden können.

Das Gesamtprojekt Gründung lässt sich ferner weiter aufspalten in Teilprojekte, wie das Innovationsprojekt (alleinige Betrachtung der Entwicklung der Geschäftsidee) und das Projekt

836 DAUM/LAWA definieren Projektcontrolling als „Sicherung des Erreichens der Projektziele". Vgl. Daum/Lawa (Projekt-Controlling 2003), S. 969. Für umfassende Ausführungen zum Begriff und Inhalt des Projektcontrollings sei verwiesen auf Franke (Projekt-Controlling 1999), S. 119 ff.; Zur (Projekt-Controlling 1992), S. 413 ff.; Spremann (Projekt-Denken 1992), S. 363 ff.; Lachnit (Controllingkonzeption 1994), S. 19 ff.; Mörsdorf (Projektcontrolling 1998), S. 13 ff.

837 HORVÁTH ET AL. betonen ebenfalls den Projektcharakter des Controllings in der Gründungsphase. Sie fordern, dass die Controllinginstrumente in der Gründungsphase projektorientiert zu gestalten sind. Vgl. Horváth et al. (Unternehmensgründungen 1984), S. 143. UNTERKOFLER argumentiert ähnlich und bezeichnet das Gründungsprojektmanagement als den Mittelpunkt des Controllingsystems in der Gründungsphase. Vgl. Unterkofler (Erfolgsfaktoren 1989), S. 174.

838 Der Projektcharakter der Gründung wird dadurch deutlich, dass es sich hierbei um ein zeitlich abgrenzbares, zielgerichtetes und einmaliges Vorhaben mit einem komplexen, unübersichtlichen Aufgabenumfang handelt, das mit hohen Risiken behaftet ist und unvorhergesehenen Einflüssen aus dem Umfeld ausgesetzt ist. Zu den einzelnen Merkmalen von Projekten vgl. Horak/Rattay (Controllingsysteme 1996). BALSER bemerkt ausdrücklich, dass auch der Aufbau einer neuen Unternehmung ein Projekt sein kann. Vgl. Balser (Projektmanagement 1998), S. 116.

der formalen Unternehmensgründung (Betrachtung aller Schritte, die zur formal-rechtlichen Gründung des Unternehmens führen). Diese Teilprojekte bilden integrative Bestandteile der Gesamtplanung im Businessplan, können jedoch relativ einfach isoliert werden, um einer differenzierten Betrachtung im Rahmen eines Innovationscontrollings[839] bzw. Gründungscontrollings Genüge zu tun.

Wenngleich das Controlling in der Gründungsphase durch einen starken Projektcontrollingcharakter gekennzeichnet ist, sind darüber hinaus auch schon Ansätze eines Bereichscontrollings vorzufinden. Einen entscheidenden Bestandteil des Businessplans bildet die Finanzplanung, welche projektübergreifend auf die zahlenmäßige Abbildung des gesamten Unternehmensgeschehens abzielt und ferner periodisch zur Erfassung eines zeitlich abgegrenzten Zeitraumes angelegt ist. Da diese Finanzplanung als Grundlage für ein operatives Finanzsteuerungssystem auch in der weiteren Unternehmensentwicklung dienen kann, wird hierdurch der Grundstein für ein periodisches Bereichscontrolling gelegt.

Das Controlling der Gründungsphase ist also insgesamt durch seinen Projektcontrollingcharakter gekennzeichnet,[840] wobei jedoch mit dem Finanzcontrolling auch schon Ansätze des Bereichscontrollings vorzufinden sind.[841]

4.2.4.3 Planungsphasenbezogene Differenzierung des Controllings: Strategisches und operatives Controlling

Im Rahmen der planungsphasenbezogenen Differenzierung des Controllings lässt sich zwischen strategischem und operativem Controlling unterscheiden. Während das strategische Controlling auf die dauerhafte Existenzsicherung des Unternehmens durch eine primäre Fokussierung auf künftige Erfolgspotenziale abzielt,[842] ist das Ausschöpfen bereits vorhande-

839 Zum Projektcontrolling im Sinnes eines Innovationscontrollings junger Unternehmen vgl. Bausch/Walter (Controlling 2002), S. 448 f. Zum generellen Konzept des integrierten Innovationscontrollings vgl. Voigt (Früh und ganzheitlich 2001), S. 21 ff.

840 MATTHES ET AL. vertreten hierzu eine extrem ausgeprägte Sichtweise, in der sie Gründungscontrolling als reines Projektcontrolling beschreiben, dessen Gegenstand die Steuerung von Gründungsprojekten ist. Vgl. Matthes et al. (Unternehmensgründung 1999), S. 1 sowie Matthes (Gründungs- und Entwicklungscontrolling 2003), S. 171 ff. und Matthes (Gründungscontrolling 2001), S. 321 ff.

841 Zur Integration des Projektcontrollings in das Gesamtunternehmenscontrolling vgl. Hartl (Kosten- und Erfolgscontrolling 2001), S. 58 ff.

842 PEEMÖLLER versteht unter strategischem Controlling „das systematische Erkennen und Beachten zukünftiger Chancen und Risiken". Peemöller (Strategisches Controlling 1999), S. 90. Zum strategischen Controlling siehe ferner Hahn (Strategische Führung 1991), S. 126 ff.

ner Ergebnispotenziale durch periodisierte Ergebnisbetrachtungen sowie Liquiditätssicherung Gegenstand des operativen Controllings.[843]

Bei Betrachtung der bislang herausgearbeiteten Controllingkonzeption für neu gegründete Unternehmen wird die strategische Ausrichtung des Controllings in der Gründungsphase deutlich. Der Businessplan als das zentrale Planungsinstrument wird nicht selten als „Strategiepapier"[844] oder „strategisches Führungsinstrument"[845] bezeichnet, wodurch sein strategischer Charakter treffend zum Ausdruck gebracht wird. Er zielt in erster Linie darauf ab, strategische Ziele darzulegen und die zukünftige Entwicklung des Unternehmens auf Basis der Geschäftsidee zu prognostizieren. Dabei stehen qualitative Aussagen zunächst im Vordergrund. Allerdings kommt im Rahmen der quantitativen Umsetzung der Strategie im Zahlenteil des Businessplans auch eine operative Planungskomponente zum Tragen. Hier werden die geplanten Annahmen und Maßnahmen in Zahlen verdichtet und auf einen kurz- bis mittelfristigen Planungshorizont heruntergebrochen.[846] Das Instrument Businessplan vereint damit strategisches Controlling mit den konkreten Realisierungsplänen des operativen Controllings.[847]

Auch die Kontrollaufgabe des Controllings in der Gründungsphase ist sowohl strategisch als auch operativ ausgerichtet. Während die strategisch angelegten Prämissen- und Planfortschrittskontrollen darauf abzielen, strategiegefährdende Einflussparameter aufzudecken, um zu vermeiden, dass sich diese später in für das Unternehmen negativen Zahlen niederschlagen,[848] wird mit dem Soll-Ist-Vergleich und der Finanzkontrollrechnung auf operativer Ebe-

---

843 Umfassende Ausführungen zum Stand und den Entwicklungsmöglichkeiten des strategischen und operativen Controllings sind zu finden bei Weber (Zukunft 1997), S. 71 ff. Zur Verzahnung von operativem und strategischem Controlling siehe Mayer (Vernetzung 1992), S. 32 ff. sowie Mayer (Controlling als Führungskonzept 1990), S. 55 ff. und Liessmann (Strategisches Controlling 1986), S. 126 f. Zum operativen Controlling vgl. Huch (Controlling 1985), S. 52 ff. sowie Fischer (Operatives Controlling 2003), S. 401 ff.

844 Voigt (Businessplan 2002), S. 237.

845 Petzold (Business Plans 2001), S. 394.

846 Eine Übersicht zu den strategischen und operativen Komponenten des Businessplans ist enthalten in Hartl (Kosten- und Erfolgscontrolling 2001), S. 62 ff.

847 NATHUSIUS bemerkt in diesem Zusammenhang, dass die Gründungsplanung im Rahmen des Businessplans durch ihre strategischen und operativen Bestandteile „die gesamte Breite möglicher Ausprägungen von Planungsaufgaben nach der Reichweite abdeckt". Vgl. Nathusius (Gründungsplanung 1989), Sp. 610. PETZOLD kritisiert dabei den in der Realität zu beobachtenden Umgang mit dem beidseitig ausgerichteten Instrument Businessplan. Er bemängelt, dass der Businessplan aufgrund der Vermischung von strategischer und operativer Perspektive meist nur dafür missbraucht wird, schlecht begründete Zahlenwerke und Performance-Indikatoren für potenzielle Investoren auszuweisen, anstatt eine echte strategische Grundausrichtung widerzuspiegeln. Vgl. Petzold (Business Plans 2001), S. 394 f.

848 Vgl. Mann (Strategisches Controlling 1990), S. 97.

ne sichergestellt, dass Schwierigkeiten bei der Planrealisation erkannt werden und die jederzeitige Zahlungsfähigkeit des Unternehmens sichergestellt wird.[849]

Zusammenfassend lässt sich festhalten, dass hauptsächlich die frühe Gründungsphase eines Unternehmens, die Planungsphase, sehr stark durch ein strategisch ausgerichtetes Controlling geprägt ist, welches dann in der späteren Gründungsphase, der Aufbauphase, zunehmend durch operativ ausgerichtete Controllingkomponenten ergänzt wird.

4.2.4.4 Funktionsbezogene Differenzierung des Controllings: Funktionsunabhängiges Zentralcontrolling

Die funktionsbezogene Differenzierung des Controllings spiegelt eine institutionale Sichtweise wider und zielt darauf ab, zentrales Controlling von einem dezentral ausgerichteten funktional aufgegliederten Controlling abzugrenzen.

Im Rahmen der Ausführungen zur Controllingorganisation in der Gründungsphase wurde dargestellt, dass im neu gegründeten Unternehmen aus verschiedenen Gründen eine unternehmerbezogene Self-Controlling-Organisation, ergänzt um ein beratendes externes Controlling, zielführend ist. Wenngleich damit impliziert wird, dass in der Gründungsphase (noch) keine eigens abgrenzbare institutionalisierte Controllingstelle eingerichtet wird, welche dann zentral oder dezentral ausgestaltet werden könnte, zeigt die auf die Gründerperson ausgerichtete Self-Controlling-Organisation doch den stark zentralistischen Charakter des Controllings in der Gründungsphase. Der Gründer bündelt alle im Unternehmen anfallenden Controllingaktivitäten ganzheitlich bei sich, indem er selbst die Controllingfunktion wahrnimmt. Unternehmensexterne Institutionen werden lediglich in beratender Funktion herangezogen, ohne dass ihnen eine eigene Controllingverantwortung übertragen wird.

Es liegt damit in der Gründungsphase - wenn auch nicht in institutionalisierter Form - ein zentrales Controlling vor, das funktionsunabhängig angelegt ist.[850]

4.2.5 Zusammenfassende Darstellung der Controllingkonzeption für die Gründungsphase

Die bislang herausgearbeiteten Aspekte zum Controlling in der Gründungsphase werden im Folgenden in eine Gesamtbetrachtung überführt, die einen abschließenden zusammen-

---

849 Vgl. Bausch/Walter (Controlling 2002), S. 433.

850 Vgl. Botta (Controlling in der Gründungsphase 1985), S. 2.

fassenden Überblick über das Controlling von Unternehmen in der Gründungsphase vermittelt.

Zum Kernbereich der Controllingkonzeption - den Controllingzielen, -aufgaben, -instrumenten und der organisatorischen Ausgestaltung des Controllings - lässt sich Folgendes festhalten:

Die **Controllingziele** im neu gegründeten Unternehmen lassen sich aus den übergeordneten Unternehmenszielen ableiten. Auf strategischer Ebene verfolgt das Controlling dabei das Ziel, die Unternehmensführung bei der Umsetzung der Geschäftsidee und der daraus resultierenden Sachzielverfolgung der Liquiditätssicherung, des Markteintritts und der Produktentwicklung sowie des Unternehmens- und Organisationsaufbaus zu unterstützen. Die unmittelbaren Controllingziele bestehen darin, Rationalitätsengpässen, die bei der Verfolgung der unmittelbaren Unternehmensziele auftreten mit der Definition rationalitätssichernder Aufgaben und Instrumente zu begegnen.

Die **Controllingaufgaben** in der Gründungsphase leiten sich aus den unternehmerischen Kernaufgaben und insbesondere aus den hieraus resultierenden kritischen Führungsproblemen der Einschätzung von Geschäftsidee und Markt sowie der Liquiditätssicherung in Verbindung mit den phasenspezifischen Unternehmenszielen ab. Dabei kommt den Aufgaben der Planung, Information und Kontrolle eine besondere Bedeutung zu. Die Planungsaufgabe wird durch die Konzept- sowie Finanzbedarfs- und Liquiditätsplanung konkretisiert. Die Informationsaufgabe besteht in der Gewinnung und Aufbereitung planungs- und kontrollrelevanter Informationen. Die Kontrollaufgabe schließlich kann durch die Prämissen-, Planfortschritts- und Ergebniskontrolle sowie durch die Liquiditätskontrolle definiert werden.

Die präzisierten Controllingaufgaben werden durch ein Bündel von **Controllinginstrumenten** unterlegt, die hinsichtlich ihrer Leistungsfähigkeit zur Erfüllung der jeweiligen Aufgaben sowie ihrer Fähigkeit, den Anforderungen an Controllinginstrumente in der Gründungsphase zu entsprechen, überprüft wurden. Der Businessplan wurde als zentrales Planungsinstrument für die Gründungsphase identifiziert. Weiterhin wurde gezeigt, dass das Rechnungswesen in Form des externen Rechnungswesens mit Finanzbuchhaltung, Gewinn- und Verlustrechnung sowie Bilanz, ergänzt um ein einfaches Kostenrechnungssystem auf Ist- und Vollkostenbasis, das geeignete Instrument zur Wahrnehmung der Informationsaufgabe darstellt. Als Kontrollinstrumente wurde die Leistungsfähigkeit der Überprüfung strategischer Schlüsselannahmen, der Meilensteinanalyse, des Soll-Ist-Vergleichs sowie der Finanzkontrollrechnung nachgewiesen.

Für die **organisatorische Ausgestaltung** des Controllings in der Gründungsphase wurde aus den situativen Bestimmungsgrößen eines Unternehmens in der Gründungsphase die organisatorische Form des Self-Controllings, ergänzt um ein beratend tätiges externes Controlling, abgeleitet.

Bezüglich der weitergehenden Differenzierung der Controllingkonzeption in der Gründungsphase lässt sich Folgendes festhalten:

Aus der Analyse der **zielbezogenen Differenzierung** des Controllings ergab sich für die Gründungsphase eine Priorität der Liquiditätsorientierung.

Die **objektbezogene Differenzierung** des Controllings führte zu dem Ergebnis, dass das Controlling der Gründungsphase sehr stark durch seinen Projektcontrollingcharakter gekennzeichnet ist, darüber hinaus aber mit dem Finanzcontrolling auch schon Ansätze des Bereichscontrollings vorhanden sind.

Mit Blick auf die **planungsphasenbezogene Differenzierung** des Controllings wurde festgestellt, dass das Controlling gerade in der frühen Gründungsphase durch seine strategische Ausrichtung geprägt ist, aber mit der kurz- bis mittelfristigen Finanzplanung und -kontrolle sowie den Soll-Ist-Vergleichen insbesondere im Rahmen der Projektrealisation in der späteren Gründungsphase auch operativ ausgerichtete Controllingkomponenten zum Tragen kommen.

Die **funktionsbezogene Differenzierung** des Controllings ergab, dass in der Gründungsphase ein nicht-institutionalisiertes Zentralcontrolling vorliegt, das funktionsunabhängig angelegt ist.

Die nachfolgende Abbildung 4-7 fasst die zentralen Ergebnisse der Analysen zur Controllingkonzeption für Unternehmen in der Gründungsphase noch einmal abschließend zusammen.

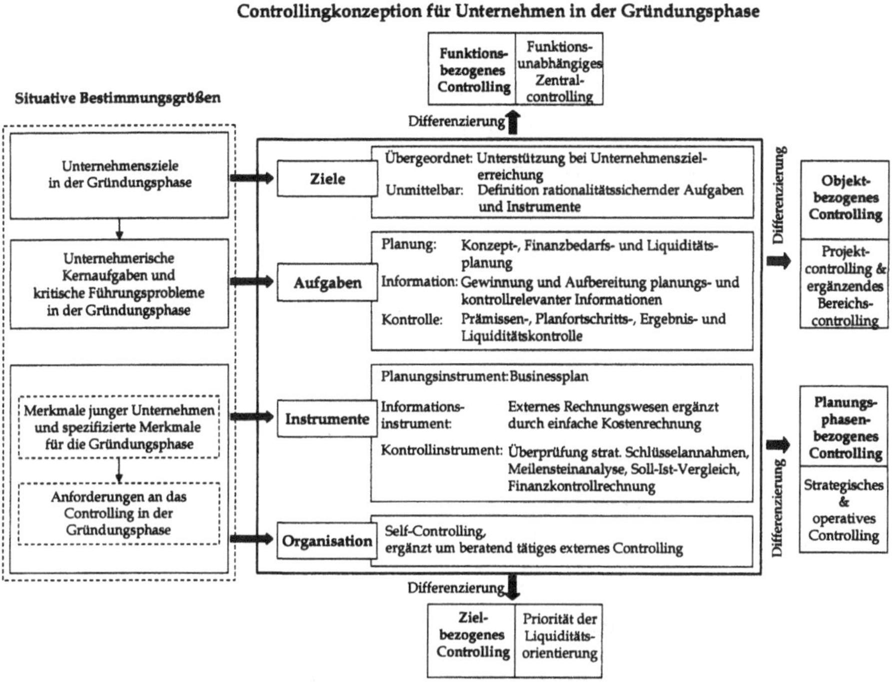

Abbildung 4-7: Zusammenfassende Darstellung der Controllingkonzeption für Unternehmen in der Gründungsphase

4.3 Konzeption eines Controllings für die Wachstumsphase

In der Analyse der situativen Bestimmungsgrößen junger Unternehmen wurde gezeigt, dass sich die Kontextfaktoren eines jungen Unternehmens im Übergang von der Gründungs- zur Wachstumsphase mehr oder weniger stark verändern. Dabei unterliegen nicht nur die Unternehmensziele, -aufgaben und kritischen Führungsprobleme einem Wandel, sondern es ist auch eine Veränderung des Ausprägungsgrades der Merkmale junger Unternehmen zu beobachten, die auch im Falle nur gradueller Veränderungen wichtige Hinweise auf sich verändernde Rahmenbedingungen liefert. Das Controlling hat sich diesen Änderungstendenzen der situativen Bestimmungsgrößen anzupassen, um seine volle Leistungsfähigkeit im Rahmen der Unterstützung der Unternehmensführung in der jeweiligen Phase erbringen zu können. Daher sollen im Folgenden die einzelnen Elemente der Controllingkonzeption unter Berücksichtigung sich verändernder situativer Rahmenbedingungen in der Wachstumsphase analysiert werden. Zu betonen ist dabei, dass die in den vorigen Abschnitten herausgearbeitete Controllingkonzeption für Unternehmen in der Gründungsphase die Basis für die nun folgende Untersuchung bildet. Es wird nachfolgend darauf abgestellt, wie die Controllingkonzeption der Gründungsphase an neue Gegebenheiten der Wachstumsphase angepasst werden muss, um den veränderten controllingrelevanten Erfordernissen Rechnung zu tragen. Dabei soll jedoch aus Konsistenzgründen das frühere Analyseschema so weit wie möglich beibehalten werden. Im Folgenden werden daher zunächst die einzelnen Elemente der Controllingkonzeption - Ziele, Aufgaben, Instrumente und organisatorische Ausgestaltung - und anschließend die weitergehenden Differenzierungen für die Wachstumsphase herausgearbeitet.

4.3.1 Ziele des Controllings in der Wachstumsphase

Maßgeblich für die Ziele des Controllings in der Wachstumsphase sind die phasenspezifischen übergeordneten Unternehmensziele. Dabei besteht das **oberste Controllingziel** darin, die Unternehmensführung bei der Erreichung der strategischen Unternehmenszielsetzung des Unternehmenswachstums und der daraus deduzierbaren Sach- und Formalziele in der Wachstumsphase zu unterstützen.

Um die Erfüllung dieses strategischen Unterstützungsziels herbeiführen zu können, ist es erforderlich, das Oberziel auf operationalisierbare Controllingunterziele herunterzubrechen. Ansatzpunkt hierfür bilden die operationalisierten unmittelbaren Unternehmensziele in der Wachstumsphase. Wie bereits im Zusammenhang mit der Ableitung von Controllingzielen in der Gründungsphase herausgearbeitet wurde, sind die **unmittelbaren Controllingziele** nicht mit den unmittelbaren Unternehmenszielen gleichzusetzen. Die unmittelbaren Controllingziele in der Wachstumsphase bestehen vielmehr darin, Rationalitätsengpässe der Führung bei der Verfolgung der unmittelbaren Unternehmensziele - Erreichen der Gewinnzone als Formalziel und Liquiditätssicherung, Umsatzerhöhung, Produktanpassungen und Nachfolgeprodukte sowie Arbeitsteilung und Organisationsanpassung als Sachziele - auszugleichen. Hierfür hat das Controlling präzisierte Aufgaben zu formulieren und Instrumente bereitzustellen, mit denen die Rationalität im Rahmen der Zielverfolgung und -realisierung erhöht werden kann.[851] Die Operationalisierung der direkten Controllingziele erfolgt also auch in der Wachstumsphase über die konkrete Formulierung von Controllingaufgaben und

851 Vgl. Preißler (Controlling in mittelständischen Unternehmen 1992), S. 265.

-instrumenten.[852] Letztlich besitzen die im Folgenden herauszuarbeitenden Aufgaben und Instrumente des Controllings in der Wachstumsphase daher instrumentalen Zielerreichungscharakter.[853]

4.3.2 Aufgaben und Instrumente des Controllings in der Wachstumsphase

In den folgenden Abschnitten sollen die Aufgabenschwerpunkte des Controllings für die Wachstumsphase sowie die jeweils zuzuordnenden Instrumente herausgearbeitet werden. Dabei bildet die Controllingkonzeption der Gründungsphase das Basiskonzept, welches im Sinne einer Minimalstruktur gemäß den veränderten Bedingungen der Wachstumsphase angepasst und durch zieladäquate Zusatzmodule erweitert werden soll. Die veränderten Bedingungen des in die Wachstumsphase eintretenden Unternehmens drücken sich in den situativen Bestimmungsgrößen aus.

Im Rahmen der situativen Bestimmungsgrößen verändern sich im Laufe der Unternehmensentwicklung zum einen die unternehmerischen Aufgaben sowie die daraus ableitbaren kritischen Führungsprobleme. Veränderte kritische Führungsprobleme ziehen aber eine erneute Analyse der Aufgabenschwerpunkte des Controllings nach sich. Die Ableitung der Controllingaufgaben aus den kritischen Führungsproblemen in der Wachstumsphase lässt sich folgendermaßen begründen: Wie in der Gründungsphase, ist auch in der Wachstumsphase mit Rationalitätsengpässen der Führung bei der Bewältigung der kritischen Führungsprobleme zu rechnen, da aufgrund der immer noch vorherrschenden Defizite im kaufmännischen Bereich von mangelnden Fähigkeiten der Unternehmensführung in der Problembewältigung auszugehen ist. Darüber hinaus kommt ein weiterer Aspekt zum Tragen, der sich aus der Tatsache ergibt, dass aufgrund der zunehmenden Differenziertheit des Unternehmens in der Wachstumsphase das Merkmal der Zentralisierung an Ausprägung verliert und Führungsaufgaben in zunehmendem Maße vom Unternehmensgründer an andere Funktionsträger delegiert werden. Neben dem mangelnden „Können" der Unternehmensführung kann daher zusätzlich mangelndes „Wollen" der im Zuge der Funktionsteilung eingesetzten Agenten bzw. Funktionsträger auftreten, wodurch die Gefahr von Rationalitätsengpässen in der Problembewältigung erhöht wird.[854] Controlling kann in diesem Zusammenhang mit der Defini-

852 Vgl. hierzu Beckmann/Huch (Controllingverständnis 2002), S. 149 f.

853 Vgl. Welge (Controlling 1988), S. 25 f.

854 Vgl. Weber (Controlling 2002), S. 37 ff.

tion von Aufgaben, welche die Rationalitätsdefizite der Führung im Zuge der Bewältigung der kritischen Führungsprobleme reduzieren, einen entscheidenden Beitrag zur Erreichung des Zieles Unternehmenswachstum leisten.

Im Übergang von der Gründungs- zur Wachstumsphase verändern sich nicht nur die unternehmerischen Schwerpunktaktivitäten und kritischen Führungsprobleme, sondern es ist auch ein Wandel des Ausprägungsgrades der Merkmale junger Unternehmen und der daraus ableitbaren Anforderungen an Controllinginstrumente festzustellen. Diese veränderten Anforderungen sind bei der Zuordnung von zur Aufgabenerfüllung geeigneten Controllinginstrumenten in der Wachstumsphase zu berücksichtigen. Damit bilden die Merkmale von Unternehmen in der Wachstumsphase bzw. die daraus resultierenden Anforderungen an das Controlling die situative Komponente, die im Rahmen der Ableitung von Controllinginstrumenten für die Wachstumsphase beachtet werden muss.

Nachfolgende Abbildung 4-8 gibt einen Überblick über die hergeleiteten Controllingaufgaben und -instrumente für die Wachstumsphase eines Unternehmens.

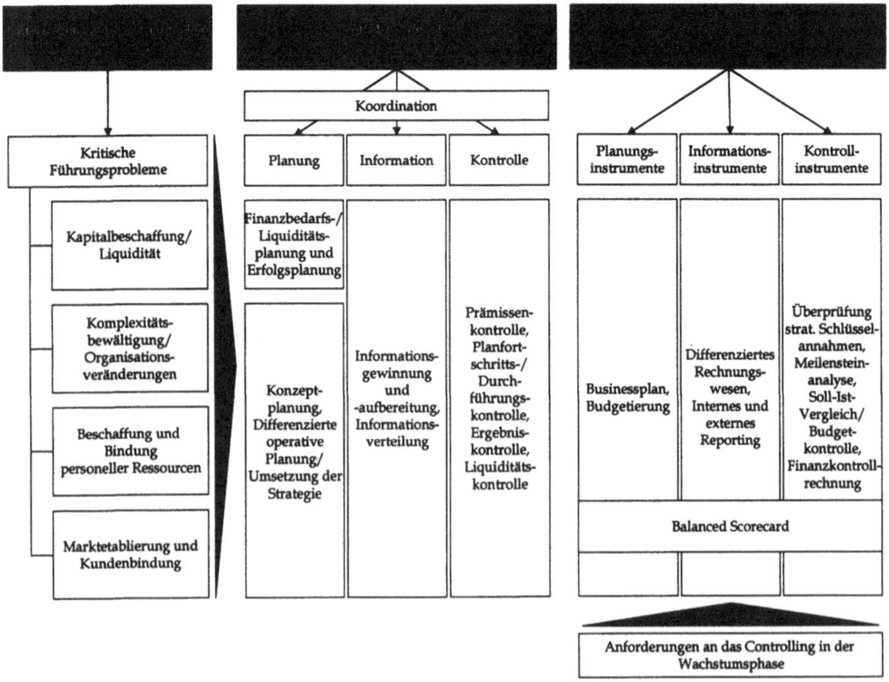

Abbildung 4-8: Aufgaben und Instrumente des Controllings in der Wachstumsphase - Überblick

4.3.2.1 Planung - die zunehmende Bedeutung der operativen Planung in der Wachstumsphase

Der Planungsaufgabe kommt auch in der Wachstumsphase eine entscheidende Bedeutung zu. Während in der Gründungsphase strategische Planungsaspekte eindeutig im Vordergrund stehen, ist die Wachstumsphase durch eine ergänzende operative Feinausrichtung des Planungssystems geprägt. Wie im Folgenden zu zeigen ist, spielen hierbei die Erfolgsplanung sowie Ansätze zur Umsetzung der Strategie eine besondere Rolle.

4.3.2.1.1 Die Erfolgsplanung als Ergänzung zur Finanzbedarfs- und Liquiditätsplanung

Es wurde dargelegt, dass in der Gründungsphase der Aufrechterhaltung der Zahlungsfähigkeit eine besondere Aufmerksamkeit zu schenken ist. Liquiditätsbetrachtungen haben im neu gegründeten Unternehmen eindeutig Vorrang vor einer Ergebnisfokussierung, da aufgrund hoher Aufbauinvestitionen und erst zeitlich versetzten korrespondierenden Umsätzen Verluste einkalkuliert werden, Illiquidität aber unbedingt verhindert werden muss. Die Liquiditätssicherung allein ist in der Wachstumsphase aber keine angemessene Zielfunktion.[855] Dies lässt sich anhand der veränderten kritischen Führungsprobleme zeigen.

In der Wachstumsphase sind innovative Unternehmen durch einen expansionsbedingt hohen Kapitalbedarf gekennzeichnet, der in dieser Höhe in der Regel nur durch externe Kapitalgeber zu decken ist. Kapitalbeschaffung ist daher ein kritisches Führungsproblem, dem sich ein junges Wachstumsunternehmen ausgesetzt sieht. Die für hohe Investitionssummen in Frage kommenden institutionellen Eigenkapitalinvestoren erwarten aus ihrer Investition in aller Regel eine über der Marktverzinsung liegende Rendite. Die Kapitalakquisition wird daher nur dann Erfolg versprechen, wenn den Investoren eine entsprechend glaubhafte Erfolgserwartung vermittelt werden kann. Der **Erfolgsplanung** und -steuerung kommt daher in der Wachstumsphase eine entscheidende Bedeutung zu.[856] Die Gewinnzone planmäßig durch Wachstum zu erreichen, ist ein primäres Ziel in dieser Lebenszyklusphase, auf das die Unternehmung auszurichten ist.[857] Das Controlling kann im Rahmen seiner Planungsaufgabe durch eine verstärkte Fokussierung auf die Erarbeitung und laufende Aktualisierung der Erfolgsplanung die Unternehmensführung dabei unterstützen, den Anforderungen der In-

855 Vgl. Scherrer (Internes Rechnungswesen 2003), S. 251; Beyer/Heberer (Erfolgsplanung 2000), S. 438.

856 Vgl. Nietzer (Controlling 2003), S. 447.

857 Vgl. Seidenschwarz et al. (Kundenorientierung 2003), S. 60; Botta (Controlling in der Gründungsphase 1985), S. 3.

vestoren zu entsprechen und damit die Rationalität bei der Bewältigung des kritischen Führungsproblems der Kapitalbeschaffung zu erhöhen.

Da jedoch in der Wachstumsphase nach wie vor die beständige Gefahr von Liquiditätsengpässen besteht, wird die in der Gründungsphase vorrangig betrachtete Planungsaufgabe der Liquiditätsplanung nicht durch die Erfolgsplanung abgelöst, sondern vielmehr durch sie ergänzt, so dass die finanzielle Zielfunktion eines Unternehmens in der Wachstumsphase als Erfolgs- bzw. Rentabilitätsmaximierung unter der Nebenbedingung der Liquiditätssicherung festgemacht werden kann.[858]

4.3.2.1.2 Die Bedeutung der differenzierten operativen Planung und der Umsetzung der Strategie als Ergänzung zur Konzeptplanung

In der Analyse der unternehmerischen Kernaktivitäten und der Aufgabenschwerpunkte des Controllings in der Gründungsphase wurde gezeigt, dass die Strategieorientierung im neu gegründeten Unternehmen vorherrschend ist. Die planerische Ausarbeitung der Geschäftsidee im Rahmen der Konzeptplanung sowie die Definition der langfristigen Ziele und der grundsätzlichen Ausrichtung des Unternehmens stehen im Mittelpunkt der Gründungsaktivitäten. Das neu gegründete Unternehmen ist zentralistisch angelegt, eine Differenzierung der Führungsstrukturen und -systeme ist in dieser Phase in der Regel noch nicht feststellbar. Da personelle Koordination vorherrscht, kommt auch ausdifferenzierten Teilplänen in der Gründungsphase kaum Bedeutung zu. In der Wachstumsphase eines innovativen jungen Unternehmens nimmt der Umfang der Geschäftstätigkeit wie auch die Unternehmensgröße sukzessive zu. Die Unternehmensführung sieht sich immer mehr mit dem kritischen Führungsproblem der Komplexitätsbewältigung und Organisationsveränderung konfrontiert. Controlling kann im Rahmen seiner Planungsaufgabe einen Beitrag zur Rationalitätserhöhung im Umgang mit diesem kritischen Führungsproblem leisten, indem es dafür Sorge trägt, dass die personelle Koordination zunehmend von der Koordination durch Pläne abgelöst wird.[859] Dadurch gewinnt die Entwicklung aber auch Abstimmung von **Teilplänen** immer mehr an Bedeutung. Während die in der Konzeptplanung fokussierte strategische Gesamtplanung die Richtung weist, in die sich das Unternehmen entwickeln soll,[860] bildet der

858 Vgl. Scherrer (Internes Rechnungswesen 2003), S. 251.

859 Vgl. Weber (Controlling 1994) S. 321; Dintner (Controlling 1999), S. 47. Zur Koordination durch Pläne vgl. ferner Kieser/Kubicek (Organisation 1992), S. 114 ff.

860 Vgl. Gaulhofer (Controlling im Mittelbetrieb 1986), S. 151.

operative Grobplan auf Unternehmensebene die unmittelbare Grundlage für die daraus abzuleitenden Detailpläne. Dabei kann dem kritischen Führungsproblem der Komplexitätsbewältigung und Organisationsveränderung am besten dadurch Rechnung getragen werden, dass das Planungssystem in Anlehnung an die veränderte Organisationsstruktur ausdifferenziert wird und der operative Grobplan in eine der Funktionsstruktur entsprechende Anzahl von Teilplänen aufgespaltet wird.[861] Mit zunehmender Differenzierung und Aufgabenteilung bzw. -delegierung in der Wachstumsphase ist auch an eine Anpassung des Planungsprozesses an die veränderten Bedingungen zu denken. In der Gründungsphase ist die Ableitungsrichtung der operativen Gesamtplanung aufgrund der stark zentralistischen Struktur im Sinne einer Top-Down-Planung zu interpretieren. D.h. der abstrakte, aggregierte Plan wird als Ausgangsdokument sukzessive auf die gewünschte operative Ebene hinab disaggregiert.[862] Den Gegenpol zur Top-Down-Planung bildet die Bottom-Up-Planung, in der sämtliche Maßnahmenplanungen an die einzelnen Geschäftsbereiche delegiert werden und am Ende zu einem aggregierten Gesamtplan zusammengefügt werden.[863] Einen Mittelweg zwischen diesen beiden Extrema bildet das so genannte Gegenstromverfahren. Hierbei wird durch einen mehrstufigen Rückkopplungsprozess in Zusammenarbeit zwischen der Unternehmensführung und den Geschäftsbereichen sukzessive eine Verklammerung zwischen Gesamt- und Detailplanung erwirkt.[864] Diese Vorgehensweise beinhaltet in der Wachstumsphase bedeutende Vorteile,[865] da hierdurch eine Verbindung der zentralistischen Tendenzen mit den Delegationserfordernissen effizienter Unternehmensplanung geschaffen wird.[866] Mit der Einführung des Gegenstromverfahrens im Rahmen der Planungsaufgabe des Controllings kann also einerseits sichergestellt werden, dass den immer noch vorherrschenden Zentralisierungsbestrebungen von Seiten des Gründers entsprochen wird, da er nach wie vor die Koordination der Gesamtplanung verantwortet, andererseits ermöglicht es den

---

861 Vgl. Dintner (Controlling 1999), S. 47.

862 Vgl. Hentze et al. (Unternehmungsplanung 1993), S. 51.

863 Diese Vorgehensweise entspricht einer streng dezentralistischen Unternehmensplanung. Zu den Grundgedanken und zur Problematik dieser Planungsart vgl. Koch (Unternehmensplanung 1982), S. 28 ff.

864 GROCHLA spricht in diesem Zusammenhang vom „iterativen Dialog". Vgl. Grochla (Unternehmungsplanung 1971), S. 721.

865 Dem Gegenstromverfahren wird allerdings auch ein gewichtiger Nachteil zugeschrieben, der in der Komplexität und aufwendigen Umsetzung dieses Verfahrens besteht. Allerdings wird diese Problematik in der Gründungsphase abgemildert, da die Anzahl der von der operativen Planung betroffenen zu koordinierenden Unternehmensbereiche in kleinen Unternehmen (noch) relativ gering und der Koordinationsaufwand des Controllings daher begrenzt ist. Vgl. hierzu Gaulhofer (Controlling im Mittelbetrieb 1986), S. 204.

866 Vgl. Gaulhofer (Controlling im Mittelbetrieb 1986), S. 201.

Bereichs- bzw. Funktionsverantwortlichen, aktiv im Planungsprozess mitzuwirken.[867] Dadurch kann der in der Wachstumsphase erforderliche langsame Übergang zu mehr dezentralen Strukturen angestoßen werden.

Neben dem Problem der Komplexitätserhöhung und Organisationsveränderung ist die Unternehmensführung in der Wachstumsphase mit weiteren kritischen Führungsproblemen - der Beschaffung und Bindung personeller Ressourcen sowie der Marktetablierung und Kundenbindung - konfrontiert, bei deren Bewältigung das Controlling im Rahmen seiner Planungsaufgabe unterstützend tätig werden kann. In der Konzeptplanung wurden im Zuge der Gesamtplanung auch die strategischen Markt- und Personalziele eruiert. In der Wachstumsphase gilt es nun, diese strategischen Planungen in operative Maßnahmen zu transferieren.[868] Der **Umsetzung der strategischen Planvorgaben** kommt demnach in dieser Entwicklungsstufe eine besondere Bedeutung zu.[869] Nur durch die Entwicklung von konkreten, auf die strategischen Ziele abgestimmten, operativen Handlungsalternativen, deren Ergebnisse geplant und überprüft werden können, ist es möglich, den kritischen Problemen der Beschaffung und Bindung personeller Ressourcen sowie der Marktetablierung und Kundenbindung adäquat zu begegnen.[870]

Zusammenfassend kann festgehalten werden, dass in der Wachstumsphase die zunehmende Differenzierung der strategischen Gesamtplanung und operativen Grobpläne in der veränderten Unternehmensstruktur angepasste operative Detailpläne von entscheidender Bedeutung ist und die Aufmerksamkeit des Controllings auf die Entwicklung von konkreten Maßnahmen zur Umsetzung der Planvorgaben gelenkt werden muss. Dabei bleibt allerdings die Notwendigkeit einer laufenden Weiterentwicklung und Anpassung der in der Gründungsphase herausgearbeiteten Strategie parallel erhalten, so dass die für die Gründungsphase diagnostizierten konkreten Planungsaufgaben lediglich um die in diesem Abschnitt vorgestellten wachstumsphasenspezifischen Aufgaben ergänzt werden.

867 Vgl. Churchill (Budget Choice 1984), S. 154.

868 Vgl. Weber et al. (Unternehmenserfolg 1993), S. 111.

869 Vgl. Botta (Ganzheitliche Steuerung 2002), S. 80.

870 Vgl. Weber (Wachstumsschwellen 1995), S. 16.

4.3.2.2 Information und Kontrolle - erweitertes Aufgabenspektrum in der Wachstumsphase

Im Zuge der Unternehmensentwicklung verändern sich nicht nur planerische Aspekte im Aufgabenbereich des Controllings, sondern auch die Informations- und Kontrollaufgaben unterliegen einem phasenspezifischen Anpassungsbedarf. Dabei spielen insbesondere Erweiterungsgesichtspunkte des Aufgabenspektrums eine Rolle, wie im Folgenden gezeigt werden soll.

4.3.2.2.1 Die Informationsverteilung als Ergänzung zur Informationsgewinnung und -aufbereitung

In den Ausführungen zum Controlling in der Gründungsphase wurde gezeigt, dass bei neu gegründeten Unternehmen die Informationsaufgabe in erster Linie im Sinne einer Informationsgewinnung und Informationsaufbereitung wahrgenommen wird. Die Informationsverteilung ist in der Gründungsphase aufgrund der geringen Unternehmensgröße und -differenziertheit und des damit verbundenen engen Zusammenhangs zwischen Informationsentstehung und -verwendung lediglich von untergeordneter Bedeutung. Die Wachstumsphase eines Unternehmens führt in der Regel zu einer zunehmenden Differenzierung des Unternehmens und der Führungsstruktur in vertikaler sowie horizontaler Hinsicht, so dass einerseits allmählich mehrstufige Leitungshierarchien entstehen und andererseits eine Aufgabenspezialisierung in funktionaler Hinsicht mehr und mehr an Bedeutung gewinnt.[871] Da somit die Distanz zwischen den Orten der Informationsentstehung und Informationsverwendung zunehmend größer wird und sich für die Unternehmensführung die Problematik erhöht, den Überblick über das Unternehmensgeschehen zu behalten, kann sich die Informationsaufgabe des Controllings nicht mehr darauf beschränken, durch geeignete Instrumente der Informationsermittlung und -aufbereitung eine zielgerechte Informationsgrundlage für das Planungs- und Kontrollsystem bereitzustellen.[872] Vielmehr muss das Controlling zusätzlich dafür sorgen, dass das Auftreten von entscheidungsrelevanten Informationslücken aufgrund der erhöhten Komplexität und Differenziertheit im Führungsbereich verhindert

871 Vgl. Dintner (Controlling 1999), S. 46 f.

872 KAYSER spricht von einem sprunghaften Anstieg des Informationsbedarfs im Unternehmen, denen adäquate Informationsinstrumente genügen müssen. Vgl. Kayser (Unternehmensführung 1997), S. 95.

wird.[873] Das informationsbezogene Aufgabenspektrum ist in der Wachstumsphase daher um die Teilaufgabe der **internen Informationsverteilung** zu erweitern.

Neben die interne Informationsverteilung tritt in der Wachstumsphase ein weiterer Aspekt, der auf die **externe Informationsbereitstellung** abzielt. Unternehmen in der Wachstumsphase sind durch einen expansionsbedingt hohen Kapitalbedarf gekennzeichnet, den sie in der Regel nur mit Hilfe von institutionellen externen Eigenkapitalgebern decken können. Da diese externen Investoren ihre Investitionsentscheidung unter anderem an Erwartungen an die regelmäßige Berichterstattung über die Entwicklung des Unternehmens knüpfen, werden die Eigenkapitalinvestoren zu maßgeblichen Adressaten einer externen Informationsverteilung.[874]

Zusammenfassend lässt sich festhalten, dass in der Wachstumsphase der Informationsgewinnung und -aufbereitung nach wie vor eine entscheidende Bedeutung zur informationellen Unterlegung des Planungs- und Kontrollsystems zukommt. Weiterhin gewinnt jedoch die Informationsverteilungsaufgabe innerhalb des Unternehmens sowie in externer Hinsicht im Beziehungsverbund mit externen Investoren zunehmend an Gewicht.

4.3.2.2.2 Die besondere Bedeutung der Durchführungs- und Ergebniskontrolle in der Wachstumsphase

In den Ausführungen zu den Controllingaufgaben in der Gründungsphase wurde bereits betont, dass die Kontrollaufgabe des Controllings in einem engen Zusammenhang zur Planungsaufgabe steht. Letztlich unterstützt das Controlling im Rahmen seiner Kontrollfunktion die Unternehmensführung dabei, die Rationalität der Planungsprozesse durch eine Gegenüberstellung der eruierten Planwerte mit vergleichenden Kontrollgrößen, durch Abweichungsanalysen sowie durch die Erarbeitung von möglichen Anpassungsmaßnahmen zu erhöhen. Für die Wachstumsphase eines Unternehmens wurde hinsichtlich der Planungsaufgabe des Controllings herausgearbeitet, dass der Zerlegung der strategischen Gesamtplanung und operativen Grobplanung in detaillierte operative Feinpläne sowie der Entwick-

---

873 WEBER spricht in diesem Zusammenhang davon, dass der Controller „für die betriebswirtschaftliche Transparenz verantwortlich" ist. Weber (Wachstumsschwellen 1995), S. 18. HARTMANN bezeichnet die Informationsverteilung im Sinne des Berichtswesens als Mittel zur Komplexitätsreduktion. Vgl. Hartmann (Komplexitätsreduktion 2004), S. 40.

874 Vgl. Sußbauer/Westphal-Westenacher (Überwachungssystem 2003), S. 363. STAHL betont, dass Venture Capital Gesellschaften zunehmend schon vor einem Erstinvestment das Vorhandensein eines Controlling- und Reportingsystems fordern. Vgl. Stahl (Controlling 2003), S. 430.

lung von konkreten Maßnahmen zur Umsetzung der Planvorgaben eine besondere Bedeutung beizumessen ist. Dementsprechend ist auch im Hinblick auf die Kontrollaufgabe des Controllings besonderes Augenmerk auf die korrespondierenden operativ ausgeprägten Kontrollaktivitäten zu lenken. **Durchführungskontrollen**[875] sowie **Ergebniskontrollen** stehen daher in der Wachstumsphase im Mittelpunkt der Betrachtung. Im Rahmen der Durchführungskontrollen wird dabei nicht mehr nur der Planfortschritt überprüft, um festzustellen, ob die vorgegebenen Meilensteine planmäßig erreicht werden, sondern es wird zusätzlich darauf abgestellt, ob die geplanten detaillierten Maßnahmen zur Planumsetzung messbare Erfolge zeigen.[876] Die Ergebniskontrollen beziehen sich in der Wachstumsphase ebenfalls nicht mehr nur auf einen Abgleich der operativen Grobplanwerte mit den korrespondierenden Istdaten, sondern es wird auf die Überprüfung der Feinplanung mit ihren einzelnen Detailplänen abgestellt, um dem veränderten Planungsansatz und der sich wandelnden Unternehmensstruktur Rechnung zu tragen. Insbesondere der sorgfältigen Analyse von Abweichungen im Rahmen der operativen Ergebniskontrolle ist in der Wachstumsphase ein hoher Stellenwert beizumessen, da aufgrund der wachstumsbedingten Unternehmensaktivitäten die Gefahr einer plötzlichen Kostenexplosion mit deren Rentabilitäts- und Liquiditätsfolgen besonders hoch ist.[877]

Wenngleich der operativen Kontrolle in der Wachstumsphase eine hohe Wichtigkeit beigemessen werden muss, verlieren die in der Gründungsphase bereits installierten strategisch ausgerichteten Kontrollaufgaben des Controllings nicht an Bedeutung. Vielmehr muss das Controlling aufgrund der veränderten kritischen Führungsprobleme und Planungsaufgaben das bereits vorhandene Kontrollinstrumentarium zur Erfüllung der wachstumsspezifischen Kontrollaufgabe um Instrumente erweitern, die dem besonderen Stellenwert der operativen Kontrolle Rechnung tragen.

---

875 Wenngleich Durchführungskontrollen und Planfortschrittskontrollen oft synonym verwendet werden, soll hier jedoch bewusst eine Unterscheidung der beiden Termini getroffen werden, in dem Sinne, dass Planfortschrittskontrollen auf Meilensteinanalysen abzielen (vgl. hierzu Wild (Unternehmungsplanung 1982), S. 44.), wohingegen im Rahmen der Durchführungskontrolle - wie noch zu zeigen sein wird - auch andere Kontrollinstrumente zum Einsatz kommen können. Wenngleich in der Literatur mitunter eine Einordnung der Durchführungskontrollen in das strategische Controlling erfolgt (vgl. hierzu Steinmann/Schreyögg (Management 1997), S. 235 ff.), weist diese Kontrollform doch auch einen stark operativen Charakter auf.

876 HARTL bemerkt, dass im Mittelpunkt der Fortschrittskontrolle die Frage steht, ob die Gewinnzone in der vorgegebenen Periode erreicht werden kann. Vgl. Hartl (Kosten- und Erfolgscontrolling 2001), S. 101.

877 Vgl. Dintner (Controlling 1999), S. 47 f.

4.3.2.3 Koordination – eine Controllingaufgabe von zunehmender Bedeutung in der Wachstumsphase

In einer weiten betriebswirtschaftlichen Auslegung versteht man unter dem Begriff der Koordination die Ausrichtung der betrieblichen Einzelaktivitäten auf ein übergeordnetes Ziel.[878] Gelingt es der Unternehmensführung nicht, das Geschehen innerhalb des Unternehmens zieladäquat auszurichten, treten also bei der Abstimmung der innerbetrieblichen Einzelaktivitäten Rationalitätsengpässe in Erscheinung, so kann das Controlling durch die Wahrnehmung der Koordinationsaufgabe zur Bewältigung dieser Rationalitätsengpässe beitragen.[879] Innerbetriebliche Abstimmungsschwierigkeiten treten dabei hauptsächlich dann auf, wenn der wachsenden Komplexität im Unternehmen mit einer verstärkten Differenzierung von Zielen und Aufgaben und einer Übertragung von Teilzielen und Teilaufgaben auf einzelne Funktionsträger begegnet wird.

In der Gründungsphase eines Unternehmens spielt die formelle Koordinationsaufgabe[880] eine untergeordnete Rolle, da aufgrund der geringen Mitarbeiterzahl, kaum ausgeprägter Arbeitsteilung und der zentralistischen Führungsstruktur mit Abstimmungsschwierigkeiten im oben erläuterten Sinne kaum zu rechnen ist.[881]

Die Wachstumsphase eines Unternehmens hingegen ist geprägt von einer zunehmenden Komplexität sowie daraus resultierenden Spezialisierungs- und Differenzierungstendenzen. Im Zuge der organisatorischen Aufspaltung des Unternehmens in einzelne Funktionsbereiche und der Übertragung von spezialisierten Aufgaben an verschiedene Funktionsträger findet auch eine Anpassung des Planungs- und Kontrollprozesses statt. Die Abstimmung der differenzierten Teilpläne sowie der ergänzenden Kontrollaktivitäten steht daher im Mittelpunkt der internen Koordinationsaufgabe des Controllings. Neben den gestalterischen Aspekt des Aufbaus von Planungs- und Kontrollsystemen in der Gründungsphase im Sinne einer „Vorauskoordination des Planungs- und Kontrollprozesses“[882] tritt also in der Wachstumsphase der eigentliche Koordinationsaspekt der Abstimmung der differenzierten Teilsys-

---

878 Vgl. Kosiol (Organisation 1962), S. 76.

879 Vgl. Horváth (Schnittstellenüberwindung 1991), S. 3 f.

880 Von formeller Koordination spricht man hierbei dann, wenn ein Koordinator den Rahmen für Koordinationsprozesse vorgibt, die Koordinationsprozesse initiiert und beratend begleitet. Im Unterscheid hierzu bezeichnet man den Sachverhalt, in dem Funktionsträger selbst abstimmend tätig werden, als materielle Koordination. Vgl. hierzu Schmidt (Grundfunktionen 1993), S. 89 f.

881 Vgl. Hartl (Kosten- und Erfolgscontrolling 2001), S. 53.

882 Schmidt (Grundfunktionen 1993), S. 92.

teme in den einzelnen Perioden und damit die systemkoppelnde Unterstützung der Gesamtkoordination der Geschäftsaktivitäten.[883]

Während die bislang dargestellte Koordinationsaufgabe des Controllings in der Wachstumsphase aus dem kritischen Führungsproblem der internen Komplexitätserhöhung resultiert und auf innerbetriebliche Abstimmungsaktivitäten abzielt, tritt mit zunehmendem Unternehmenswachstum ein weiterer Koordinierungsaspekt zu Tage, der extern gerichtet ist und auf dem kritischen Führungsproblem des Kapitalbeschaffungserfordernisses beruht. Wie bereits im Rahmen der Ausführungen zur Informationsaufgabe in der Wachstumsphase dargestellt, kann der hohe Kapitalbedarf eines innovativen Unternehmens in der Wachstumsphase in der Regel nur durch externe Eigenkapitalinvestoren gedeckt werden, die im Sinne der Principal-Agent -Theorie durch Informationsdefizite gegenüber der Führung des jungen Unternehmens gekennzeichnet sind.[884] Um dieses Informationsungleichgewicht auszugleichen, erwarten externe Investoren nicht nur eine regelmäßige Berichterstattung über die aktuelle Unternehmensentwicklung, sondern es ist auch von Vorteil für den Kapitalakquisitionsprozess eines jungen Unternehmens, wenn die Controllingsysteme des jungen Unternehmens und des Kapitalgebers aufeinander abgestimmt werden können.[885] Es ist also in der Wachstumsphase neben dem internen Koordinationsbedarf ein übergeordnetes Koordinationserfordernis festzustellen, das sich auf die Abstimmung zwischen dem jungen Wachstumsunternehmen und seinem externen Investor bezieht.

Da die Koordinationsteilaspekte der internen und externen Koordination aufgrund der kritischen Führungsprobleme der Komplexitätserhöhung und des Kapitalmangels in der Wachstumsphase ihre volle Bedeutung entfalten, kann das Controlling durch die Übernahme der formellen Koordinationsaufgabe dazu beitragen, die Rationalität der Unternehmensführung bei der Bewältigung der wachstumsbedingten Führungsprobleme zu erhöhen.

---

883 Vgl. Kosmider (Controlling im Mittelstand 1993), S. 82; Bausch/Walter (Controlling 2002), S. 439. Zum Koordinationsbegriff und detaillierten Erläuterungen zu den Koordinationsinstrumenten vgl. Bassen (Koordination 1998), S. 93 ff.

884 Detaillierte Ausführungen zur Beziehung zwischen Investoren und jungen Unternehmen aus Sicht der Principal-Agent-Theorie sind zu finden bei Reißig-Thust (Gründungsunternehmen 2003), S. 71 ff.

885 Vgl. hierzu auch Hundt/Neitz (Businesspläne 2001), S. 5.

4.3.2.4 Die Budgetierung als den Businessplan ergänzendes Planungsinstrument

In der Gründungsphase eines Unternehmens ist der Businessplan das zentrale Planungsinstrument. Wenngleich er auch operative Elemente enthält, ist der Businessplan doch stark strategisch ausgerichtet und erfüllt damit die gründungsspezifischen Planungserfordernisse in Bezug auf die Festlegung der strategischen Grundausrichtung des neu aufzubauenden Unternehmens.

Auch in der Wachstumsphase eines jungen Unternehmens verliert der Businessplan nicht an Bedeutung. Als Strategiepapier enthält er die strategischen Ziele, die anhand der sich ändernden Rahmenbedingungen im Laufe der Unternehmensentwicklung kritisch zu hinterfragen und anzupassen sind. Durch eine regelmäßige Aktualisierung der Annahmen stellt er ein schriftlich fixiertes zeitgemäßes Abbild der künftigen Unternehmensentwicklung dar und bildet so eine unerlässliche Grundlage für die in der Wachstumsphase so bedeutenden Beteiligungskapitalakquisitionen. Darüber hinaus schafft er mit seinen Teilplänen die Basis für alle künftigen internen Planungsaktivitäten des Unternehmens.[886] Insbesondere die operativ ausgerichteten Komponenten des Businessplans, wie die Finanzplanung, sind hierbei als Grundlage für die Differenzierung der Grobpläne in operative Detailpläne in der Wachstumsphase relevant. Auch wenn der Businessplan also in der Lage ist, die Grundlage für ein wachstumsadäquates Planungssystem zu legen, sind aufgrund der besonderen Bedeutung der operativen Feinausrichtung der Planung in der Wachstumsphase noch weitere konzeptionelle Überlegungen zur Ergänzung des Businessplans um differenziertere Planungsinstrumente anzustellen. Dies ist Inhalt der folgenden Abschnitte, in denen die Budgetierung daraufhin untersucht werden soll, ob sie als den Businessplan ergänzendes Planungsinstrument zur Erfüllung der spezifischen Planungsaufgaben in der Wachstumsphase geeignet ist und darüber hinaus den Anforderungen an Controllinginstrumente in wachsenden Unternehmen Rechnung trägt.

4.3.2.4.1 Grundsätzliches zur Budgetierung

Unter Budgetierung versteht man den Prozess der Aufstellung, Verabschiedung, Kontrolle sowie Analyse der Abweichungen von Budgets.[887] Dabei ist ein Budget ein in monetären

886 Vgl. Hartl (Kosten- und Erfolgscontrolling 2001), S. 66.

887 Vgl. Horváth (Budgetierung 2003), S. 4. Dabei soll in diesem Abschnitt zunächst auf den planerischen Aspekt der Budgetierung abgestellt werden. Die Betrachtung der korrespondierenden Kontrollaktivitäten erfolgt im Abschnitt 4.3.2.6.

Größen ausgedrückter, formalzielorientierter kurzfristiger Plan.[888] Budgets lassen sich grundsätzlich klassifizieren in strategische und operative Budgets.

Strategische Budgets werden meist als globale Rahmenbudgets konzipiert, in denen lediglich wesentliche Zielgrößen und grobe Ressourcenbindungen fixiert werden, ohne konkrete Umsetzungs- bzw. Handlungsschritte vorzugeben.[889] Dem Vorgehen bei der strategischen und operativen Planung entsprechend werden die strategischen Rahmenbudgets in operative Einzelbudgets heruntergebrochen.[890] In diesem Sinne werden innerhalb des von der strategischen Planung gesetzten Rahmens für konkrete Perioden detaillierte Ressourcenbindungen für die Maßnahmen der einzelnen Unternehmensbereiche gemäß den Vorgaben der operativen Planung festgelegt.[891] **Operative Budgets** bilden somit einen, die Aktionsplanung ergänzenden Teilbereich der operativen Planung. Während die Aktionsplanung auf die Bestimmung der konkreten realen Aktivitäten des Unternehmens abzielt, hat die Budgetierung die Umsetzung der sachzielorientierten operativen Aktionspläne in Zahlenwerte zum Inhalt.[892] Die operative (Aktions-)Planung ist damit die Voraussetzung für die Budgetierung.[893]

Der Detaillierungsgrad der operativen Budgetierung, d.h. die Anzahl der Teilbudgets, wird stark durch die jeweilige unternehmensspezifische Organisationsstruktur geprägt.[894] Neben Funktionsbereichs- und Spartenbudgets kommen hierbei auch Kostenstellen- oder Kostenträgerbudgets in Betracht.[895]

Die Budgetierung nimmt bei der Planungsaufgabe des Controllings eine wichtige Mittlerfunktion ein. In der Literatur wird immer wieder hervorgehoben, dass mit der Budgetierung

---

888 Vgl. Mensch (Budgetierung 1993), S. 820. Einen ausführlichen Überblick über die begrifflichen Aspekte des Budgets gibt Jung (Budgetierung 1985), S. 18 ff. Siehe auch Steiner (Budgetierung 1975), S. 329 f.

889 Vgl. Steinmann/Schreyögg (Management 1997), S. 350 f.

890 Dabei ist anzumerken, dass in der Praxis die aus der strategischen Planung abgeleitete strategische Budgetierung kaum gebräuchlich ist. In der Regel setzt der Budgetierungsprozess erst in einem konkreteren Planungsstadium ein, da zu globale strategische Budgetvorgaben aufgrund der hohen Ungewissheit im langfristigen Planungshorizont meist nicht sinnvoll erscheinen. Vgl. Preißner (Budgetierung 1999), S. 1468.

891 Vgl. Egger/Winterheller (Unternehmensplanung 1999), S. 59; Küpper (Entwicklungstendenzen 1991), S. 253.

892 Vgl. Mensch (Budgetierung 1993), S. 820; Peemöller (Controlling 2002), S. 216.

893 Vgl. Horváth (Controlling im Klein- und Mittelbetrieb 1981), S. 15.

894 Vgl. Steinmann/Schreyögg (Management 1997), S. 351.

895 Eine Aufstellung über die Gliederungsmöglichkeiten innerhalb der Budgetierung ist zu finden bei Peemöller (Controlling 2002), S. 227 sowie Preißner (Budgetierung 1999), S. 1468. KELLER/SPRICH gehen auf die Notwendigkeit der einfachen Integrierbarkeit der Einzelbudgets in das Unternehmensgesamtbudget ein. Vgl. Keller/Sprich (Budgetierung 1996), S. 39.

das Spannungsfeld zwischen prospektivem Denkhandeln und konkretem Tathandeln überwunden werden kann.[896] Die Budgetierung gilt daher als ein wesentliches Mittel zur Durchsetzung von Plänen. Darüber hinaus wird mit der Budgetierung eine Ausrichtung der einzelnen Teilbereiche des Unternehmens auf die monetären Unternehmensgesamtziele bewirkt, was meist als Koordinationsfunktion der Budgetierung bezeichnet wird.[897] Da den einzelnen Unternehmensbereichen im Rahmen der Budgetierung Verfügungsrechte über Mittel bzw. Ressourcen eingeräumt werden, spricht man zudem von der Bewilligungs- und Motivationsfunktion der Budgetierung.[898]

4.3.2.4.2 Leistungsfähigkeit der Budgetierung als den Businessplan ergänzendes Instrument zur Erfüllung der Planungsaufgabe in der Wachstumsphase

Wenngleich das Planungsinstrument Businessplan durch seinen strategischen Charakter geprägt ist, wird mit dem Teilbereich der Finanzplanung eine operative Komponente geschaffen, die dem Wesen der Budgetierung sehr nahe kommt. Die Finanzplanung und insbesondere die darin enthaltene Erfolgsplanung im Sinne der prospektiven Gewinn- und Verlustrechnungen lässt sich als eine Art einfache Budgetierung auf Gesamtunternehmensebene interpretieren, da hierbei die aus der strategischen Planung abgeleiteten operativen Aktionspläne einer monetären Bewertung unterzogen werden. Allerdings wird mit diesem Gesamtbudget noch nicht der Tatsache Rechnung getragen, dass in der Wachstumsphase aufgrund zunehmender Komplexität und fortschreitender Aufgabenteilung die Notwendigkeit zu einer detaillierten operativen Feinausrichtung des Planungssystems besteht. Das Planungsinstrument Budgetierung erlaubt eine differenziertere Betrachtung, indem das im Businessplan vorgegebene Gesamtbudget des Unternehmens in konkretisierte, den einzelnen Unternehmensbereichen zugeordnete Einzelbudgets aufgegliedert wird.[899] Durch diese in wertmäßigen Größen formulierten Einzelpläne, die den jeweiligen Unternehmensteilbereichen für einen bestimmten Zeitraum verbindlich vorgegeben werden, erfolgt nicht nur eine Berücksichtigung der stärkeren Arbeitsteilung und veränderten Organisationsstruktur in der Wachs-

---

896 Vgl. beispielsweise Steinmann/Schreyögg (Management 1997), S. 346; Wild (Unternehmungsplanung 1982), S. 43.

897 Vgl. Horváth (Budgetierung 2003), S. 5.

898 Umfassendere Ausführungen zu diesen und weiteren Funktionen der Budgetierung sind zu finden bei Schierenbeck (Betriebswirtschaftslehre 2003), S. 137 f.; Welge (Planung 1985), S. 395 f.; Mensch (Budgetierung 1993), S. 821 f.

899 Vgl. Barth (Controlling 1983), S. 10.

tumsphase des Unternehmens, sondern auch eine Ausrichtung der zunehmend komplexer werdenden Einzelaktivitäten auf die übergeordneten Unternehmensziele. Damit wird dem differenzierteren Planungserfordernis im wachsenden Unternehmen entsprochen und zugleich eine zielgerichtete Gesamtkoordination gewährleistet.[900] Nicht zuletzt wird durch die Budgetierung auch der in der Wachstumsphase verstärkt zu beachtenden Erfolgsorientierung Rechnung getragen, da das Instrument Budgetierung auf eine optimale Mittelverwendung abzielt und die Lenkung aller betrieblichen Teilbereiche auf die Erfolgszielsetzung des Unternehmens fokussiert.[901]

In der jüngeren Literatur wird mitunter propagiert, dass die Budgetierung für Unternehmen in dynamischen Branchen mit einem hohen Anteil an immateriellen Vermögensgegenständen kein adäquates Instrument sei, da sie die dynamische Entwicklung und besonderen Bedingungen dieser Unternehmen nicht abzubilden vermag.[902] Als Lösung wird unter anderem das so genannte „Beyond Budgeting Model" vorgeschlagen. Dieses zielt darauf ab, mit Hilfe des Einsatzes ausgewählter Managementinstrumente wie der Balanced Scorecard die Budgetierungsfunktionen zu realisieren, ohne die Dysfunktionalitäten der klassischen Budgets in Kauf nehmen zu müssen.[903] Da dieses Konzept allerdings unter anderem an die Entwicklung einer - durch strikte Delegation an dezentralisierte Stellen und durch einen extrem hohen Grad an Selbstverantwortung gekennzeichneten - offenen Unternehmenskultur geknüpft ist,[904] ist eine radikale Abkehr von Budgets in jungen Unternehmen erst dann als zielführend einzustufen, wenn die Unternehmerprägung in der fortgeschrittenen Wachstums- oder sogar Etablierungsphase in entsprechendem Maße zurückgeht. Im Entwicklungsfortgang von der Gründungs- zur Wachstumsphase weist das Instrument Budgetierung durchaus Stärken auf, indem es einen allmählichen, unternehmerkompatiblen Übergang zu dezentraleren Strukturen schafft.

Die Budgetierung kann daher als ein geeignetes Instrument eingestuft werden, welches in Verbindung mit dem Businessplan einen wesentlichen Beitrag zur Erfüllung der konkreten

---

900 HORVÁTH bemerkt in diesem Zusammenhang, dass sich Budgets gerade in Kleinbetrieben hervorragend als Steuerungs- und Koordinationsinstrument eignen. Vgl. Horváth (Controlling im Klein- und Mittelbetrieb 1981), S. 15.

901 Vgl. Horváth/Weber (Controlling 1997), S. 357.

902 Zu den Vor- und Nachteilen von Budgets und Alternativen zur Budgetierung vgl. Grevelius (Budget 2001), S. 443 ff.

903 Zum „Beyond Budgeting Model" vgl. Fraser/Hope (Beyond Budgeting 2001), S. 437 ff.

904 Vgl. Weber (Controlling 2002), S. 381.

Planungsaufgaben in der Wachstumsphase eines Unternehmens leistet.[905] Ob dieses Instrument auch den spezifischen Anforderungen an Controllinginstrumente in der Wachstumsphase gerecht wird, soll im Folgenden erörtert werden.

4.3.2.4.3 Aus den Anforderungen an Controllinginstrumente abgeleitete Implikationen für den Einsatz der Budgetierung als Planungsinstrument

Bei der Prüfung, ob das Instrument Budgetierung den Anforderungen an Controllinginstrumente in der Wachstumsphase entspricht, ist primär auf die wesentlichen Veränderungen der Anforderungen an Controllinginstrumente beim Übergang von der Gründungs- zur Wachstumsphase abzustellen. Dabei soll der Frage nachgegangen werden, ob durch die Ergänzung des bereits implementierten Instruments Businessplan um das zusätzliche Planungsinstrument Budgetierung den veränderten Merkmalen junger Unternehmen und Anforderungen an das Controllinginstrumentarium in der Wachstumsphase Rechnung getragen werden kann.

Im Rahmen der Ausführungen zu den situativen Bestimmungsgrößen wurde gezeigt, dass die Anforderungskriterien Einfachheit, Zentralisierung, Verständlichkeit und Reduziertheit in besonderem Maße wahrnehmbare Veränderungen in ihrer jeweiligen Ausprägung beim Übergang von der Gründungs- zur Wachstumsphase aufweisen.[906] Mit der Budgetierung kann – wie nachfolgend im Detail dargestellt werden soll – diesen wesentlichen Veränderungen Rechnung getragen werden. Einen Überblick über die aus den Veränderungen resultierenden Implikationen für den Einsatz des Planungsinstrumentes Budgetierung gibt vorab Abbildung 4-9.

---

905 In der Literatur wird die Bedeutung des Controllinginstruments Budgetierung für Unternehmen in der Wachstumsphase immer wieder hervorgehoben. So merkt DINTNER an, dass in wachsenden Unternehmen die operative Steuerung des Unternehmens zunehmend durch aus der operativen Planung abgeleitete Budgetvorgaben sowie darauf aufsetzende regelmäßige Budgetkontrollen erfolgt. Vgl. Dintner (Controlling 1999), S. 47 f. GAULHOFER betont, dass im Mittelbetrieb die Budgetierung das wichtigste Instrument zur Umsetzung strategischer Pläne in einzelne Vorgaberechnungen sei. Vgl. Gaulhofer (Controlling im Mittelbetrieb 1986), S. 233.

906 Die übrigen Anforderungskriterien (Vorsichtigkeit, Anpassungsfähigkeit, Risikobewußtsein, Variabilität, Liquiditätssensibilität, Kompatibilität sowie Flexibilität) weisen im Übergang von der Gründungs- zur Wachstumsphase kaum merkliche und wenn überhaupt nur marginale Veränderungen in ihrer jeweiligen Ausprägung auf. Daher stehen sie in der Analyse des Anpassungsbedarfs der Controllingkonzeption in der Wachstumsphase nicht im Vordergrund. Die von ihren Ausprägungen ausgehenden Implikationen für die instrumentelle Ausgestaltung des Controllings junger Unternehmen wurde bereits im Rahmen der Ausarbeitungen zum Basiscontrollingkonzept der Gründungsphase, welches die Grundlage für eine Erweiterung durch Ergänzungsmodule in der Wachstumsphase bildet, behandelt. Sofern die im Folgenden vorzustellenden Controllinginstrumente der Wachstumsphase nichtsdestoweniger eine besondere Eignung zur Erfüllung einer der genannten Anforderungen aufweisen und somit einen die Basisinstrumente ergänzenden Nutzen hinsichtlich der jeweiligen Anforderung stiftet, wird ausdrücklich darauf eingegangen.

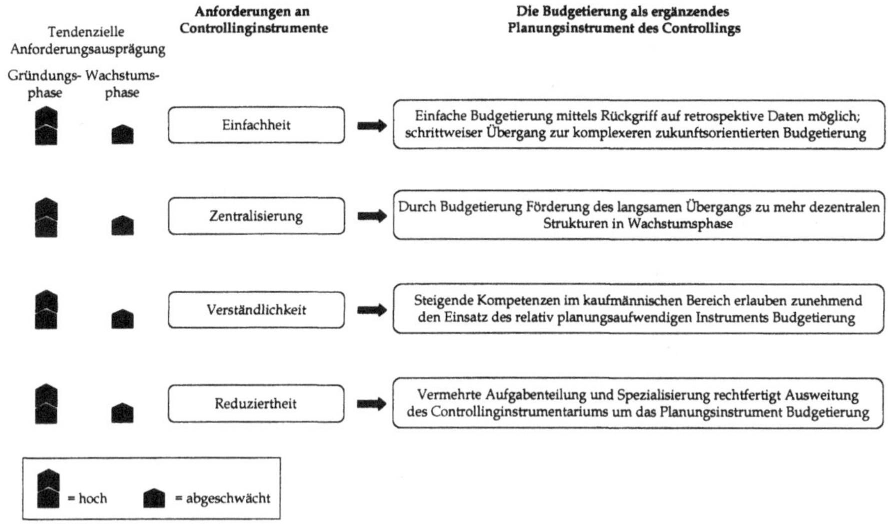

Abbildung 4-9: Überblick über die Eignung der Budgetierung zur Erfüllung der veränderten Anforderungen an Controllinginstrumente in der Wachstumsphase

In der Wachstumsphase verfügen junge Unternehmen mit zunehmender Unternehmenshistorie über einen ansteigenden Bestand an Vergangenheitsdaten. Während in der Gründungsphase darauf zu achten ist, dass die eingesetzten Controllinginstrumente keine retrospektiven Grundlagen erfordern, können Controllinginstrumente in der Wachstumsphase dahingehend komplexer gestaltet werden, dass Vergangenheitsdaten in einem immerhin eingeschränkten Maße Verwendung finden können. Die Budgetierung ist ein Instrument, das unter Rückgriff auf vorhandene Vergangenheitsdaten relativ einfach anwendbar ist. Die Planungsaufgabe beschränkt sich hierbei im Wesentlichen auf die Schätzung von Veränderungen gegenüber der Vorperiode. Wenngleich durch diese **Einfachheit** dem Umstand Rechnung getragen werden kann, dass junge Unternehmen auch noch in der Wachstumsphase durch im Verhältnis zu etablierten Unternehmen relativ knappe Ressourcen in finanzieller, personeller und zeitlicher Hinsicht gekennzeichnet sind, ist eine vergangenheitsorientierte Budgetierung im Sinne eines reinen Fortschreibens der zurückliegenden Perioden nicht zielführend. Vielmehr kann mit einer zukunftsbezogenen Budgetierung, welche sich an den Plänen für die nächste Periode orientiert, gewährleistet werden, dass die dynamische und daher ohnehin schwer aus der Vergangenheit fortschreibbare Entwicklung des Unternehmens adäquat abgebildet wird.[907] Letztlich ist in der Wachstumsphase daher ein Budgetierungssystem angebracht, das zukunftsbezogen die Unternehmensgesamtpläne in eine der jeweiligen Unternehmensstruktur angepasste Anzahl von Feinplänen transferiert, wobei retrospektive Daten als grobe Vergleichsbasis dienen können.[908]

Die in der Gründungsphase sehr stark ausgeprägte Unternehmerorientierung schwächt sich in der Wachstumsphase allmählich ab, da aufgrund der zunehmenden Komplexität differenziertere Unternehmens- und Entscheidungsstrukturen zielführend sind. Entsprechend erfährt auch die Ausprägung der Controllinganforderung **Zentralisierung** eine Abschwächung. Das Controllinginstrument der Budgetierung trägt dieser Veränderung aus folgenden Gründen Rechnung. Einerseits wird durch die Budgetierung der Planungsprozess den zunehmend differenzierteren Strukturen angepasst, so dass die Dezentralisierungserfordernisse der Wachstumsphase aufgegriffen werden. Die einzelnen Unternehmensbereiche werden aufgrund der Zuweisung von Budgetverfügungsrechten hin zu mehr dezentraler Eigenverantwortlichkeit gelenkt,[909] wodurch eine Vergrößerung des Handlungsrahmens für die einzelnen Unternehmensbereiche entsteht.[910] Andererseits berücksichtigt die Budgetierung die im Verhältnis zu etablierten Unternehmen immer noch ausgeprägte Unternehmerorientierung, indem die Zuweisung der monetären Budgetspielräume zentral geregelt wird und der Unternehmensgründer nach wie vor die Gesamtverantwortung auf Unternehmensebene trägt. Letztlich wird mit der Budgetierung der in der Wachstumsphase erforderliche langsame Übergang zu mehr dezentralen Strukturen gefördert.

Es wurde gezeigt, dass in der Wachstumsphase die Ausprägung des Merkmales Defizite im kaufmännischen Bereich tendenziell abnimmt. Ebenso erfährt daher die Ausprägung der Controllinganforderung **Verständlichkeit** eine Abschwächung. Dies impliziert, dass in der Wachstumsphase allmählich dazu übergegangen werden kann, anspruchsvollere Controllinginstrumente einzusetzen. An der Budgetierung wird in der Literatur meist kritisiert, dass

---

907 Zu den verschiedenen Möglichkeiten einer zukunftsorientierten Budgetierung siehe Preißner (Budgetierung 1999), S. 1471 f.

908 So bemerkt auch WEBER, dass die mit zunehmender Unternehmensgröße steigende Komplexität des Budgetierungsprozesses meist nur zu bewältigen sei, wenn Vergangenheitswerte zumindest hinzugezogen würden. Vgl. Weber (Controlling 2002), S. 384.

909 GOOSSENS bezeichnet die Budgetierung daher als „Verantwortungsrechnung", da sie als Instrument zur Delegation von Aufgaben und Erreichung bestimmter Teilziele eingesetzt wird. Vgl. Goossens (Budgetierung 1999), S. 120.

910 Vgl. Horváth (Budgetierung 2003), S. 6.

ihr Einsatz einen erheblichen Planungsaufwand und kaufmännischen Sachverstand erfordere.[911] Allein schon aus diesem Grund wäre die Implementierung dieses Instruments in der Gründungsphase kontraproduktiv. In der Wachstumsphase hingegen kann zunehmend davon ausgegangen werden, dass einerseits der Gründer durch wachsende Erfahrung im unternehmerischen Prozess seine kaufmännischen Kompetenzen mehren kann und andererseits durch die Dezentralisierung der Aufgaben und die zusätzlichen personellen Ressourcen kaufmännisches Knowhow hinzugewonnen wird. Aufgrund dieser veränderten Bedingungen ist zu erwarten, dass ein adäquater Sachverstand im Rahmen des Einsatzes der Budgetierung in der Wachstumsphase gegeben ist.

In ähnlicher Weise wie die Anforderung der Verständlichkeit geht auch der Ausprägungsgrad der Controllinganforderung der **Reduziertheit** beim Übergang von der Gründungs- zur Wachstumsphase zurück. Die in der Gründungsphase stark ausgeprägte personelle Ressourcenknappheit führt dazu, dass im neu gegründeten Unternehmen zunächst ein in quantitativer wie qualitativer Hinsicht reduziertes Controllinginstrumentarium zielführend ist. Da im Laufe des Unternehmenswachstums der Bestand an personellen Ressourcen steigt, dezentrale Strukturen mehr und mehr zum Tragen kommen und eine größere Arbeitsteiligkeit und Aufgabenteilung zu erwarten ist, erhöht sich auch die Wahrscheinlichkeit einer Delegation der Controllingaufgaben an spezialisierte Stellen. Dies rechtfertigt eine Ausweitung des Umfangs der Controllinginstrumente in der Wachstumsphase. Wie bereits angedeutet, ist mit dem Instrument der zukunftgerichteten Budgetierung ein gewisser Planungsaufwand verbunden. Durch eine ergänzende Betrachtung der in der Wachstumsphase bereits vorhandenen retrospektiven Daten als grobe Vergleichsbasis beschränkt sich der Budgetierungsaufwand auf ein angemessenes Maß. Daher wird die Budgetierung insgesamt der in der Wachstumsphase abgeschwächten Anforderung der Reduziertheit gerecht.

4.3.2.5 Die Weiterentwicklung des Rechnungswesens und das Reporting als Informationsinstrumente

So wie die planungsbezogenen Aufgaben des Controllings im Übergang von der Gründungs- zur Wachstumsphase situationsbedingten Veränderungen unterliegen, wurde auch in Bezug auf die Informationsaufgabe des Controllings ein Anpassungsbedarf an die verän-

911 Vgl. beispielsweise Schuster (Erfolgsorientierte Steuerung 1991), S. 109; Gleich/Kopp (Planung und Budgetierung 2001), S. 429. LAUX merkt an, dass der mit der Budgetierung verbundene Planungsaufwand tendenziell um so größer wird, je stärker die den Budgets zugrunde liegenden Pläne ins Detail gehen. Vgl. Laux (Erfolgssteuerung 1995), S. 524.

derten Rahmenbedingungen eines Unternehmens in der Wachstumsphase festgestellt. Im Folgenden soll daher zum einen untersucht werden, inwiefern das in der Gründungsphase dominierende Informationsinstrument Rechnungswesen ausgestaltet werden kann, damit es den veränderten Informationsgewinnungs- und aufbereitungserfordernissen im wachsenden Unternehmen gerecht wird. Außerdem soll das Instrument Reporting daraufhin analysiert werden, ob es einen Beitrag leisten kann, die in der Wachstumsphase an Bedeutung gewinnende Infomationsverteilungsaufgabe zu erfüllen. Neben der Überprüfung der Leistungsfähigkeit der beiden Instrumente zur Aufgabenerfüllung ist im Folgenden auch die Anforderungskompatibilität dieser Instrumente nachzuweisen.

4.3.2.5.1 Anpassungserfordernisse des Rechnungswesens als Informationsinstrument in der Wachstumsphase

Die Ausführungen zu den Informationsinstrumenten des Controllings in der Gründungsphase haben gezeigt, dass das externe Rechnungswesen mit der Finanzbuchhaltung und Gewinn- und Verlustrechnung sowie Bilanz das adäquate Instrument darstellt, um die kontrollorientierte Informationsaufgabe in der Gründungsphase wahrzunehmen. Da die Planungsaufgabe und somit die Ermittlung der Soll-Werte in der Gründungsphase auf einer (noch) relativ aggregierten Ebene vollzogen werden, ist es ausreichend und zielführend, die kontrollorientierten korrespondierenden Ist-Informationen analog in aggregierter Form, wie es im Rahmen des externen Rechnungswesens möglich ist, zu ermitteln.

In der Wachstumsphase verändert sich der Detaillierungsgrad der Planung zunehmend. Dementsprechend weisen auch die geplanten Soll-Werte eine differenziertere Struktur auf. Um prüfen zu können, ob die Planwerte die ihnen zugrunde liegenden Erwartungen erfüllen, ist es von entscheidender Bedeutung, dass die für die Ergebniskontrollen erforderlichen Istdaten die differenzierte Struktur der Planwerte widerspiegeln. Das **externe Rechnungswesen** bietet mit seiner reglementierten Gegenüberstellung von Erträgen und Aufwendungen auf Unternehmensebene nicht die Möglichkeit, eine verfeinerte, den differenzierten Planwerten angemessene Datenbasis zu erfassen.[912] Dieses Defizit des externen Rechnungswesens wird vom internen Rechnungswesen aufgegriffen. Dabei wurde mit der für die Gründungsphase vorgeschlagenen Implementierung eines einfachen **internen Rechnungswesens** in Form einer Kostenartenrechnung auf Ist- und Vollkostenbasis bereits der Grund-

912 Vgl. Kilger (Grenzplankostenrechnung 1980), S. 41.

stein für die weitere Verfeinerung dieses Systems in der Wachstumsphase gelegt. Durch die Erweiterung der Kostenartenrechnung um die Kostenstellenrechnung kann der bereichsbezogene Kostenanfall erfasst und somit eine dem Detaillierungsgrad der Planwerte angepasste differenzierte Ermittlung der Istkosten vollzogen werden.[913] Die **Kostenstellenrechnung** stellt damit in der Wachstumsphase das unerlässliche Gegenstück zur Budgetierung dar. Während im Rahmen der Budgetierung Planwerte in detaillierter, dem komplexer gewordenen Unternehmen angepasster Form ermittelt werden, erfasst die Kostenstellenrechnung differenzierte Ist-Werte, die als Komplement der budgetierten Soll-Werte und Vergleichsbasis für die nachgeschaltete Budgetkontrolle fungieren.[914]

Mit zunehmender Unternehmensgröße und Erweiterung des Produktprogramms steigt für ein junges Unternehmen auch die Notwendigkeit, die Kostenarten- und Kostenstellenrechnung um einen weiteren Kostenrechnungsbaustein - die **Kostenträgerrechnung** - zu ergänzen, welcher die Abbildung der einzelnen Produktarten ermöglicht. Hierbei können zum einen im Rahmen der Kostenträgerstückrechnung die Herstell- und Selbstkosten pro Kostenträgereinheit für Kalkulationszwecke ermittelt werden und des weiteren in der Kostenträgerzeitrechnung die Herstell- und Selbstkosten der Periode zur kurzfristigen Erfolgsermittlung bestimmt werden.[915] Gerade im Zuge der Ausweitung der Geschäftstätigkeit und der zunehmenden Angebotsvielfalt aufgrund von Nachfolgeprodukten in der Wachstumsphase kann die Kostenträgerrechnung wertvolle Detailinformationen liefern, die für die Steuerung der einzelnen Leistungsarten von entscheidender Bedeutung sind.

In den grundlegenden Ausführungen zum Rechnungswesen wurde erläutert, dass die einzelnen Kostenrechnungsbausteine in verschiedene Kostenrechnungssysteme eingebunden werden können, die sich unter anderem nach dem Ausmaß der Kostenverrechnung unterscheiden lassen. Während im Verfahren der Vollkostenrechnung sämtliche Kosten den Kostenträgern zugerechnet werden, teilt die Teilkostenrechnung den Kostenträgern nur die nach dem Verursachungsprinzip unmittelbar zurechenbaren variablen Kosten zu. Die **Vollkostenrechnung** weist hierbei den Nachteil auf, dass alle Kosten eines Betriebes direkt oder indirekt über bestimmte Schlüsselgrößen auf die jeweiligen Kostenträger verrechnet werden

913 ARNAOUT/GLEICH bezeichnen die Kostenstellenrechnung als „das Kernsystem für Controllingfragestellungen". Arnaout/Gleich (Kostenrechnung 2003), S. 181.

914 Entscheidend ist in diesem Zusammenhang allerdings, dass das Controlling die Kompatibilität der beiden Instrumente Budgetierung und Kostenstellenrechnung gewährleistet.

915 Zur Kostenträgerrechnung und ihre Teilbereiche vgl. beispielsweise Hoitsch/Lingnau (Kosten- und Erlösrechnung 1999), S. 211 ff.

und somit eine exakte produktbezogene Erfolgsermittlung und Leistungsbeurteilung der Verantwortlichen erschwert wird. In der Literatur zum Rechnungswesen in Klein- und Mittelbetrieben wird daher häufig dafür plädiert, **Teilkostenrechnungssysteme** zu implementieren.[916] Bei jungen Unternehmen in der Wachstumsphase ist allerdings ein situatives Merkmal zu berücksichtigen, das in diesem Zusammenhang von besonderer Bedeutung ist. Junge Wachstumsunternehmen sind auch über die Gründungsphase hinaus noch durch eine erhebliche Ressourcenknappheit gekennzeichnet. Die Einführung von – im Verhältnis zur Vollkostenrechnung deutlich aufwändigeren – Teilkostenrechnungssystemen ist daher nur dann indiziert, wenn es die Ressourcensituation im jungen Unternehmen zulässt. Dies wird wohl meist erst in einer fortgeschrittenen Wachstumsstufe der Fall sein. Im Übergang von der Gründungs- zur Wachstumsphase ist somit das System der Vollkostenrechnung zunächst als die adäquate Ausprägungsform der Kostenrechnung einzustufen, um eine situationsentsprechende Überschaubarkeit der Systemkomplexität zu gewährleisten.[917]

Die bislang angestellten Überlegungen zur Ausgestaltung des Rechnungswesens in der Wachstumsphase bezogen sich ausschließlich auf **kontrollbezogene Informationsaspekte**. D.h. im Vordergrund der Betrachtung standen bisher Ist-Informationen, die mit einem entsprechend ausgestalteten Kostenrechnungssystem als Vergleichswerte zu den budgetierten Soll-Werten zu erhoben werden. Das interne Rechnungswesen bietet darüber hinaus aber auch die Möglichkeit, **planungsbezogene Informationen** zu generieren. Im Rahmen von Plankostenrechnungssystemen erfolgt eine zukunftsorientierte, nach Kostenarten, -stellen und -trägern differenzierte Abschätzung der als erreichbar geltenden Kosten.[918] Letztlich stellt die Plankostenrechnung ein Verfahren dar, das im formalen Aufbau mit der Istkostenrechnung übereinstimmt und lediglich durch die Einführung von Planwerten einen anderen Zeitbezug abbildet.[919] Für Unternehmen in der Wachstumsphase bietet die Plankostenrech-

---

916 SCHELD schließt seine Ausführungen zur Istkostenrechnung in kleinen und mittleren Unternehmen mit dem Fazit, dass die Teilkostenrechnung in Form einer Deckungsbeitragsrechnung für mittelständische Unternehmen besonders wertvoll ist, da durch sie die Kosten- und Leistungsrechnung erheblich genauer wird. Vgl. Scheld (Kosten- und Leistungsrechnung 2001), S. 353. HORVÁTH bemerkt sogar, dass ein einfaches System der Deckungsbeitragsrechnung zur Realisierung eines Controlings in Klein- und Mittelbetrieben unerlässlich ist. Vgl. Horváth (Controlling im Klein- und Mittelbetrieb 1981), S. 13.

917 ARNAOUT/GLEICH plädieren ebenfalls für ein Arbeiten mit Vollkosten in der Wachstumsphase. Vgl. Arnaout/Gleich (Kostenrechnung 2003), S. 184.

918 Vgl. Horváth (Controlling im Klein- und Mittelbetrieb 1981), S. 13; Scheld (Kosten- und Leistungsrechnung 2001), S. 353.

919 Vgl. Martin (Controlling in der Wachstumsphase 1999), S. 37. Bereits in den 50er Jahren wies PLAUT darauf hin, dass die Plankostenrechnung nichts anderes sei als eine Istkostenrechnung, die durch eine nachträgliche Einführung von Planwerten erweitert wird. Vgl. Plaut (Grenzplankostenrechnung 1955), S. 25.

nung entscheidende Vorteile. Zum einen kann mit der Erfassung der zukunftsbezogenen Planwerte im Kostenrechnungssystem gewährleistet werden, dass eine sachliche Konsistenz zwischen den ebenfalls im Kostenrechnungssystem ermittelten Istwerten und den gegenüberzustellenden Soll-Werten gegeben ist. Zum anderen ist auf den engen Zusammenhang zwischen der Plankostenrechnung und dem Instrument der Budgetierung hinzuweisen.[920] Mit Hilfe der Plankostenrechnung können all diejenigen Kosteninformationen zur Verfügung gestellt werden, die für den Aufbau der Budgetteilpläne benötigt werden.[921] Die Budgetierung kann daher auch als eine Anwendung der Plankostenrechnung bezeichnet werden.[922] Die Plankostenrechnung stellt das „technische" Instrument dar, mit dem die einzelnen Kostenpositionen zukunftsbezogen ermittelt werden. Im Rahmen der Budgetierung werden diese Planwerte dann zusammen mit den korrespondierenden Aktionsplänen den jeweils verantwortlichen Instanzen vorgegeben.[923] Die Budgetierung stellt in diesem Sinne die Vervollkommnung der Plankostenrechnung dar.[924] Für Unternehmen in der Wachstumsphase bietet sich daher mit zunehmender Ressourcenausstattung die Implementierung einer Plankostenrechnung als Ausbaustufe der bereits installierten Istkostenrechnung an.

Zusammenfassend ist festzuhalten, dass das Rechnungswesensystem der Gründungsphase, bestehend aus dem externen Rechnungswesen mit einer ergänzenden einfachen Kostenartenrechnung, um weitere Bausteine des internen Rechnungswesens erweitert werden muss, damit den zunehmenden Differenzierungserfordernissen in der Wachstumsphase Rechnung getragen werden kann. Dabei kommt im Rahmen der kontrollbezogenen Informationsaufgabe der Eruierung von detaillierten Istdaten mit Hilfe der Kostenstellen- und -trägerrechnung eine entscheidende Bedeutung zu. Um die Systemkomplexität dem Entwicklungsstand des Unternehmens anzupassen, ist zunächst ein Vollkostenrechnungssystem zielführend, das in der späteren Wachstumsphase um ein Teilkostenrechnungssystem ergänzt werden kann. Zusätzlich zur Istkostenerfassung können mit Hilfe der Plankostenrechnung zukunftsbezogene Soll-Werte ermittelt werden, die als Grundlage für das Planungsinstrument Budgetierung dienen. Die Implementierung eines ergänzenden Plankostenrechnungssystems ist

920 Detaillierte Ausführungen zur Interdependenz zwischen Budgetierung und Plankostenrechnung sind zu finden bei Mizoguchi (Budgetkontrolle 1972), S. 551 ff.

921 Vgl. Kilger (Plankostenrechnung 1993), S. 32.

922 Vgl. Preißner (Budgetierung 1999), S. 1467.

923 Vgl. Zimmermann (Kostenrechnung 2001), S. 178 f.

924 Vgl. Welge (Controlling 1988), S. 194.

ebenfalls dann induziert, wenn die Ressourcensituation des wachsenden Unternehmens dies zulässt.

4.3.2.5.2 Internes und externes Reporting als zusätzliche Informationsinstrumente in der Wachstumsphase

Neben die Informationsgewinnung und -aufbereitung kommt die Aufgabe der Informationsverteilung als zusätzliche Teilaufgabe des Controllings in der Wachstumsphase eines Unternehmens hinzu. Nach den Empfängern der Informationen lässt sich differenzieren in eine innerbetriebliche und eine außerbetriebliche Übermittlung von Informationen.

Zur Erfüllung der innerbetrieblichen Informationsverteilungsaufgabe steht das Controllinginstrument des **internen Reportings** zur Verfügung. Das interne Reporting, auch internes Berichtssystem genannt, zielt darauf ab, unternehmensrelevante Daten für unternehmensinterne Empfänger in Form von betriebsspezifischen Berichten bereitzustellen.[925] Da in jungen Unternehmen in der Wachstumsphase mit zunehmender Differenzierung und Dezentralisierung Informationsentstehung und Informationsverwendung organisatorisch mehr und mehr auseinander fallen, ist es in dieser Lebenszyklusphase erforderlich, eine Brücke zwischen diesen beiden Bereichen zu schaffen.[926] Das Controlling ist hierbei gefordert, die von der Unternehmensführung benötigten Informationen mittels situationsadäquater Berichte in möglichst zeitnaher Form bereitzustellen.[927] Die Reportingberichte sind dann situationsadäquat, wenn sie den situativen Bestimmungsgrößen junger Unternehmen in der Wachstumsphase entsprechen. Da Unternehmen in der Wachstumsphase durch knappe Ressourcen gekennzeichnet sind, ist es entscheidend, dass die Berichterstellung nur einen begrenzten Anteil zeitlicher und personeller Ressourcen bindet. Daher sind knappe Berichte zielführend, die zudem auch für den Informationsempfänger den Vorteil bieten, sich in angemessener Zeit über das wesentliche Unternehmensgeschehen informieren zu können.[928] Darüber hinaus weisen junge Unternehmen auch in der Wachstumsphase noch Defizite im kaufmännischen

---

925 Dabei versteht man unter einem Bericht gemäß einer übergeordneten Zielsetzung, einem Unterrichtungszweck, zusammengefasste Informationen. Vgl. Gladen (Berichtssysteme 2003), S. 245.

926 Vgl. Hummel (Berichtssysteme 1999), S. 505.

927 Zur Schnelligkeit als wesentliche Anforderung an das interne Reporting vgl. Haberstroh/Papperitz (Internes Berichtswesen 1992), S. 12 ff. PEEMÖLLER bezeichnet Informationen als „die Rohstoffe der Entscheidung". Peemöller (Controlling 2002), S. 341.

928 HORVÁTH weist in diesem Zusammenhang darauf hin, dass es in kleinen und mittleren Unternehmen besonders wichtig sei, dass durch das Berichtswesen kein „Papierkrieg" entsteht. Vgl. Horváth (Controlling in Klein- und Mittelbetrieben 1982), S. 372.

Bereich auf. Die im Reporting enthaltenen Informationen sind daher empfängeradäquat aufzubereiten, d.h. der Verständlichkeitsgrad der Informationen sollte auch für betriebswirtschaftlich wenig vorbelastete Empfänger entsprechend hoch sein.[929]

Bezüglich der inhaltlichen Gestaltungsmerkmale der Berichte werden in der Literatur folgende Elemente als situationsadäquat hervorgehoben.[930] Neben den Basisinformationen der Gegenüberstellung von Soll- und Ist-Ergebnissen sind die Abweichungen aus diesen Vergleichen darzustellen, die Ergebnisse zu analysieren sowie Vorschläge zu Steuerungsmaßnahmen beizufügen. Über diese primär vergangenheitsorientierten und quantitativen Informationen hinaus sind für junge Wachstumsunternehmen auch zukunftsorientierte, nichtfinanzielle und den Businessplan ergänzende Aspekte von besonderer Bedeutung. Mit der Balanced Scorecard steht ein Controllinginstrument zur Verfügung, das eine strukturierte Erfassung dieser, in die internen Berichte einfließenden Informationen ermöglicht.[931]

Hinsichtlich der Art der zu erstellenden Berichte lässt sich differenzieren in Standardberichte, Abweichungsberichte und Bedarfsberichte.[932] Während Standardberichte in regelmäßigen Zeitabständen erstellt werden und eine standardisierte Menge an Daten enthalten, erscheinen Abweichungsberichte unregelmäßig immer dann, wenn vorgegebene Toleranzwerte überschritten werden. Bedarfsberichte wiederum werden nur bei fallweiser Anforderung für spezielle Informationsbedarfe erstellt. In jungen Wachstumsunternehmen ist eine Kombination aus den drei Berichtsarten wahrscheinlich. Ein rein standardisiertes Berichtswesen vermag nicht die erforderliche Flexibilität und Dynamik eines jungen Unternehmens widerzuspiegeln, andererseits ist eine gewisse zeitliche und inhaltliche Regelmäßigkeit in der Berichterstattung für die kontinuierliche Unternehmenssteuerung von entscheidender Bedeutung.[933] Abweichungsberichte sollten in die kombinierten Standard- und Bedarfsberichte integriert werden, da in jungen Unternehmen gerade der Analyse von Abweichungen aufgrund der geringen Erfahrungen ein hoher Stellenwert beizumessen ist.

---

929 Vgl. Mayr (Externes Controlling 1998), S. 416.

930 Vgl. Horváth (Controlling im Klein- und Mittelbetrieb 1981), S. 23; Horváth/Weber (Controlling 1997), S. 362.

931 Zur Balanced Scorecard sei verwiesen auf Abschnitt 4.3.2.7.

932 Vgl. Gladen (Berichtssysteme 2003), S. 254 ff.

933 NIETZER schlägt einen Katalog an Leitlinien vor, an denen sich der Aufbau des Reportingschemas in Wachstumsunternehmen orientieren sollte. Vgl. hierzu Nietzer (Controlling 2003), S. 448 f.

Es lässt sich also festhalten, dass in der Wachstumsphase eines Unternehmens das Instrument des internen Reportings in einer situationsadäquaten Ausprägung geeignet ist, die mit zunehmender Dezentralisierung an Bedeutung gewinnende Aufgabe der innerbetrieblichen Informationsverteilung zu erfüllen.

Da Unternehmen in der Wachstumsphase aufgrund des hohen Kapitalbedarfs mit Beteiligungskapitalgebern externe Interessengruppen hinzugewinnen, tritt neben die innerbetriebliche Informationsverteilungsaufgabe auch die Notwendigkeit eines **externen Reportings**.

Das Controllinginstrument Businessplan fungiert hierbei über seine Planungsfunktion hinaus als ein wertvolles Reportinginstrument zur Informationsvermittlung der Strategie und Unternehmensziele. Den Kapitalgebern sind darüber hinaus aber auch ständig aktuelle operative Entwicklungen und daraus folgende Konsequenzen für die Strategie mitzuteilen.[934] Dies kann mittels eines externen Reportings erfolgen, das sich an den Bedürfnissen der Informationsempfänger orientiert. In der Literatur wird postuliert, dass institutionelle wie auch professionelle private Eigenkapitalinvestoren in der Regel monatliche Berichte zur Liquiditäts-, Bilanz- sowie Gewinn- und Verlustsituation und ereignisbasierte Informationen, beispielsweise über signifikante Auftragseingänge oder wesentliche Personalentscheidungen, erwarten.[935] Dieser eher vergangenheitsorientierten Sichtweise steht die Forderung gegenüber, dass das externe Reporting junger Wachstumsunternehmen vor allem Informationen enthalten müsse, die der Früherkennung von Fehlentwicklungen des Unternehmens dienten, der Schwerpunkt also auf zukunftsorientierte Informationen zu legen sei.[936] Vergegenwärtigt man sich, dass vergangenheitsorientierte Informationen in der Wachstumsphase eines jungen Unternehmens nur in geringem Maße vorhanden sind und darüber hinaus die Aussagekraft dieser Daten eingeschränkt ist,[937] wird die besondere Relevanz von zukunftsorientierten und auch nicht-finanziellen Informationen im externen Reporting deutlich.[938] Daher ist eine Ergänzung von ausgewählten aussagekräftigen, vergangenheitsbasierten und eher quantitativ ausgeprägten Angaben um zukunftsorientierte sowie qualitative Informati-

---

934 Vgl. Sußbauer/Westphal-Westenacher (Überwachungssystem 2003), S. 364.

935 Vgl. Schefczyk/Pankotsch (Betriebswirtschaftslehre 2003), S. 199 sowie Schefczyk/Gerpott (Beratungsunterstützung 1998), S. 146. Brettel et al. führen als weitere wesentliche ereignisbasierte Informationskomponente den Bericht über technische Fortschritte an. Vgl. Brettel et al. (VC-Gesellschaften 2001), S. 27.

936 Vgl. Sußbauer/Westphal-Westenacher (Überwachungssystem 2003), S. 364.

937 Zu denken ist hier insbesondere daran, dass innovative Wachstumsunternehmen in den frühen Lebenszyklusphasen in der Regel durch einkalkulierte Verluste gekennzeichnet sind.

938 Vgl. Achleitner/Bassen (Investor Relation und Controlling 2003), S. 572.

onen zielführend.[939] In der Literatur wird in diesem Zusammenhang häufig auf die Bedeutung von wertorientierten Größen hingewiesen.[940] Da externe Eigenkapitalinvestoren primär darauf abzielen, eine möglichst große Erhöhung des Wertes ihrer Beteiligung bis zum Ende des Beteiligungsverhältnisses, dem so genannten Exit, zu realisieren,[941] kann die Fokussierung des externen Reportings auf die relevanten Werttreiber bedeutende Vorteile im Rahmen des Beteiligungsprozesses generieren.[942] Hierbei wird die Idee des Value Reportings für die Ausgestaltung der externen Berichtserstattung junger Wachstumsunternehmen zugrunde gelegt.

Unter Value Reporting versteht man all diejenigen freiwilligen Komponenten der externen Berichterstattung, mit denen Informationsasymmetrien zwischen Beteiligungsunternehmen und Kapitalgebern abgebaut und die wertorientierte Ausrichtung des Unternehmens kommuniziert werden sollen.[943] Die Aufgabe des Value Reporting besteht demnach primär darin, den Investoren die wertadäquaten Unternehmenspotenziale in Form von zukunftsgerichteten finanziellen und nicht-finanziellen Informationen zu vermitteln.[944] Dabei wird das Konzept des Value Reporting den spezifischen Anforderungen in jungen Wachstumsunternehmen insbesondere dann gerecht, wenn der Bedeutung von nicht-messbaren qualitativen Sachverhalten besondere Aufmerksamkeit geschenkt wird. Für junge Unternehmen wird daher ein modifizierter Value Reporting-Ansatz vorgeschlagen, der die qualitativen Werttreiber in den Vordergrund rückt.[945] Diesem Erfordernis kann mit einem Instrument entsprochen werden, das in der Lage ist, auch nicht-finanzielle wertrelevante Kenngrößen abzubilden. Das Controllinginstrument Balanced Scorecard wird als das wesentliche Instrument für

---

939 So plädieren auch BASSEN/GRÖNE für die Ergänzung der rechnungswesengeprägten Daten um nicht-monetäre Kennzahlen im externen Reporting von Start-up-Unternehmen. Vgl. Bassen/Gröne (Controlling 2003), S. 299.

940 Vgl. beispielsweise Stelter et al. (Wertorientierte Steuerung 2000), S. 410; Seidenschwarz et al. (Kundenorientierung 2003), S. 60.

941 Vgl. Engel (Venture Capital 2003), S. 306; Pape/Beyer (Venture Capital 2001), S. 634; Nathusius (Value Adding 2001), S. 236 f.; Achleitner (Start-up-Unternehmen 2001), S. 927.

942 LABHART/VOLKART argumentieren, dass Unternehmen, welche die Fähigkeit entwickeln, den Investoren gute Value-Reporting-Informationen zur Verfügung zu stellen, ein positives Signal aussenden und so einen signifikanten Vorsprung gegenüber den sich um Eigenkapital bemühenden Konkurrenten erreichen. Vgl. Labhart/Volkart (Value Reporting 2001), S. 119 f. Vgl. hierzu auch Saitz/Wolbert (Value Reporting 2002), S. 322.

943 Vgl. Fischer et al. (Value Reporting 2001), S. 1209; Kötzle/Niggemann (Value Reporting 2001), S. 634.

944 Vgl. Arbeitskreis Externe Unternehmensrechnung (Value Reporting 2002), S. 2337; Vollert/Bachmann (Wertorientierte Unternehmensführung 2002), S. 416; Müller (Shareholder Value Reporting 1998), S. 126.

945 KOLLMANN/KUCKERTZ stellen in ihrem Beitrag ein solchermaßen modifiziertes Modell vor. Vgl. Kollmann/Kuckertz (Shareholder-Value-Ansatz 2003), S. 200 ff.

ein wertorientiertes externes Reporting bezeichnet, mit dem wertrelevante Faktoren, die in der traditionellen Rechnungslegung keine Berücksichtigung finden, unternehmensextern kommuniziert werden können.[946] Damit bildet die Balanced Scorecard als - wie noch zu zeigen sein wird - universelles Controllinginstrument eine wesentliche Basis zur Erfüllung der externen Informationsaufgabe.[947]

Zusammenfassend ist festzuhalten, dass der zunehmenden Bedeutung der Informationsverteilung in der Wachstumsphase durch das Instrument Reporting entsprochen werden kann. Die im Zuge der Dezentralisierung zu beobachtende unternehmensinterne Trennung von Informationsentstehung und Informationsverwendung führt zu einem innerbetrieblichen Informationsverteilungsbedarf, der mit dem Instrument des internen Reportings gedeckt werden kann. Informationsasymmetrien zwischen jungen Unternehmen als Agenten und Eigenkapitalinvestoren als Prinzipalen lassen sich mit Hilfe des Instrumentes des externen Reportings eindämmen. Dabei sei noch darauf hingewiesen, dass im Rahmen der variablen Ausgestaltungsmöglichkeiten der Reportingsysteme besondere Rationalisierungsvorteile dadurch zu erzielen sind, dass eine möglichst weite Konsistenz zwischen internem und externem Reporting realisiert wird.[948]

4.3.2.5.3 Aus den Anforderungen an Controllinginstrumente abgeleitete Implikationen für den Einsatz des Rechnungswesens und des Reportings als Informationsinstrumente

Bislang wurde gezeigt, dass mit den Instrumenten des erweiterten Rechnungswesens sowie des internen und externen Reportings ein Beitrag zur Erfüllung der spezifischen Informationsaufgaben in der Wachstumsphase geleistet werden kann. Ob diese Instrumente auch die Anforderungen an Controllinginstrumente in der Wachstumsphase erfüllen bzw. welche Implikationen sich aus den Anforderungen für den Einsatz der beiden Instrumente ergeben, soll im Folgenden analysiert werden.

Die nachfolgende Abbildung 4-10 gibt einen einleitenden Überblick über die Ergebnisse der Analyse. Dabei zeigt sich, dass die untersuchten Informationsinstrumente nicht nur geeignet sind, den in besonderem Maße ausgeprägten Anforderungsveränderungen - welche die Kri-

---

946 Vgl. Kötzle/Niggemann (Value Reporting 2001), S. 644; Labhart/Volkart (Value Reporting 2001), S. 135; Fischer et al. (Value Reporting 2001), S. 1211; Günther (Wertorientiertes Controlling 2001), S. 196 f.

947 Zur Balanced Scorecard sei verwiesen auf den Abschnitt 4.3.2.7.

948 Vgl. Achleitner/Bassen (Controllingsysteme 2002), S. 1192 f.

terien Einfachheit, Zentralisierung, Verständlichkeit und Reduziertheit betreffen - zu entsprechen, sondern auch Anforderungen erfüllen, welche weniger prägnanten Veränderungen im Übergang von der Gründungs- zur Wachstumsphase unterliegen. Damit kann mit diesen Instrumenten nicht nur den merklich veränderten Bedingungen in der Wachstumsphase Rechnung getragen werden, sondern sie tragen auch dazu bei, Anforderungen an das Controlling zu erfüllen, die in ähnlichem Ausprägungsgrad bereits die Gründungsphase betreffen und durch dort installierte Basiscontrollingmodule abgedeckt werden.

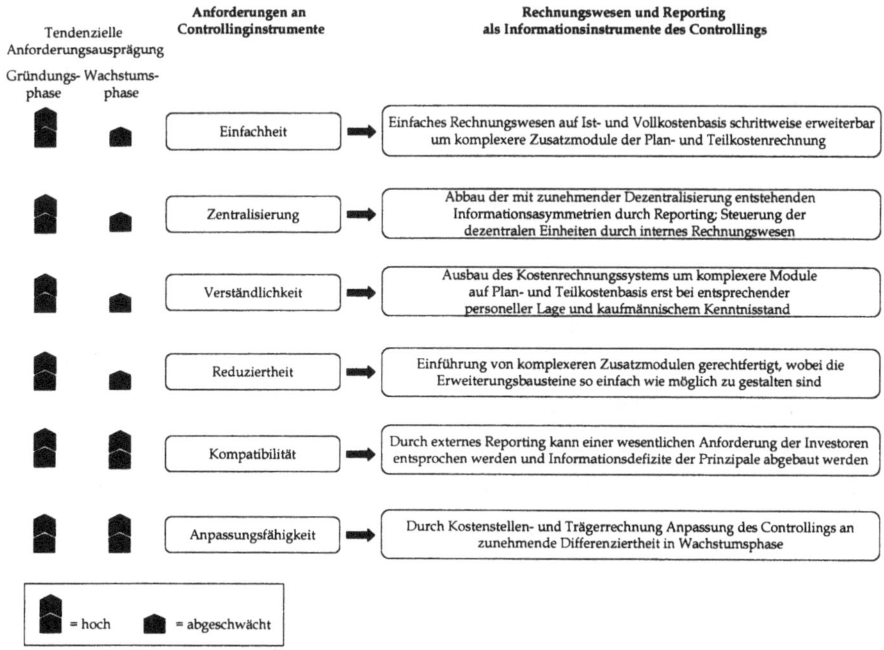

Abbildung 4-10: Überblick über die Eignung des erweiterten Rechnungswesens und des Reportings zur Erfüllung der veränderten Anforderungen an Controllinginstrumente in der Wachstumsphase

Mit zunehmender Unternehmensentwicklung nimmt die Verfügbarkeit von Vergangenheitsdaten zu. Daher lässt sich in der Wachstumsphase der langsame Übergang zu komplexeren Controllinginstrumenten, die beispielsweise auch in ihrer Funktionsweise auf retrospektive Daten zurückgreifen müssen, rechtfertigen. Der Ausbau des in der Gründungsphase als Basisgerüst installierten, **einfachen** und vergangenheitsorientierten Istkostenrechnungssystems zu einem umfassenderen steuerungsrelevanten Informationssystem in der

Wachstumsphase ist daher mit den graduell veränderten Anforderungen kompatibel und zielführend, da hierdurch der gestiegene Informationsbedarf an detaillierteren Daten gedeckt werden kann.

In der Wachstumsphase junger Unternehmen nimmt die Unternehmerprägung mit zunehmender Differenzierung und Aufgabenteilung ab. Dadurch verliert auch die Anforderung der **Zentralisierung** mehr und mehr an Bedeutung. Durch den Ausbau des internen Rechnungswesens kann den wachsenden Dezentralisierungstendenzen adäquat Rechnung getragen werden, da insbesondere durch die Kostenstellenrechnung die Steuerung der differenzierten Einheiten erleichtert wird. Mit dem internen Reporting werden zudem die mit zunehmender Differenzierung entstehenden Informationslücken des Unternehmensgründers geschlossen. Ein Arbeiten mit Vollkosten beim Übergang von der Gründungs- zur Wachstumsphase erfolgt, um die (noch) ausgeprägte Unternehmerfokussierung zu berücksichtigen.[949] Mit der Erweiterung des Kostenrechnungssystems um Module auf Teilkostenbasis in der fortgeschrittenen Wachstumsphase wird die dann erforderliche Dezentralisierung gefördert.

Im Laufe der Wachstumsphase geht die Ausprägung des Merkmals der Defizite im kaufmännischen Bereich zurück, so dass auch die Anforderung der **Verständlichkeit** der Controllinginstrumente in ihrem Ausprägungsgrad abnimmt. Indem das Informationsinstrument des internen Rechnungswesens erst in der fortgeschrittenen Wachstumsphase um die komplexeren Module der Plan- und Teilkostenrechnung ergänzt wird, trägt man der Tatsache Rechnung, dass das Controllinginstrumentarium in jungen Unternehmen erst dann an inhaltlichem Anspruch zunehmen kann, wenn die personelle Situation und der kaufmännische Kenntnisstand es zulassen.

In der Wachstumsphase eines jungen Unternehmens ist eine Verminderung der Merkmalsausprägung der personellen Ressourcenknappheit zu verzeichnen. Dabei geht auch die Anforderung der **Reduziertheit** zunehmend zurück. Dies impliziert, dass es mit zunehmender Unternehmensentwicklung gerechtfertigt ist, komplexere Systeme des internen Rechnungswesens einzuführen. Da jedoch die Ressourcenausstattung im jungen Wachstumsunternehmen immer noch nicht mit den Verhältnissen etablierter Unternehmen vergleichbar ist und daher auch in der Wachstumsphase mit den knappen Ressourcen hauszuhalten ist,

949 HORVÁTH/WEBER raten zu einem Vollkostenrechnungssystem dann, wenn Zentralisierung von Autorität und Verantwortung gewünscht ist. Vgl. Horváth/Weber (Controlling 1997), S. 359.

empfiehlt es sich, die komplexeren Zusatzmodule des Rechnungswesens zunächst so einfach wie möglich zu gestalten. Dies kann beispielsweise erreicht werden, indem bereits im Rahmen der Kostenartenrechung mit Kostenartengruppen gearbeitet wird oder in der Kostenstellenrechnung die Anzahl der Verwendung findenden Kostenstellen auf ein bestimmtes Maß reduziert wird.[950]

In der Wachstumsphase eines innovativen jungen Unternehmens ist der hohe Kapitalbedarf in der Regel nur mit Hilfe von externen Investoren zu decken. Die **Kompatibilität** des unternehmenseigenen Controllings mit demjenigen der externen Kapitalgeber ist daher eine Voraussetzung, die das junge Unternehmen im Rahmen des Beteiligungsprozesses erfüllen sollte, um die Erfolgsaussichten der Kapitalakquisition zu erhöhen.[951] Durch das Instrument des externen Reportings kann einer wesentlichen Anforderung der Investoren entsprochen werden, da Informationsasymmetrien in dieser Prinzipal-Agenten-Beziehung durch eine regelmäßige formalisierte Berichterstattung vermindert werden. Letztlich stellt somit das Reporting als Teilbereich des Controllings im jungen Unternehmen den Input für das exitorientierte Controlling des Investors dar.[952]

Junge innovative Unternehmen sind in den frühen Lebenszyklusphasen durch eine dynamische Entwicklung und hohe Wachstumspotenziale gekennzeichnet. Das Controlling muss daher im Rahmen der Auswahl seiner Instrumente der Anforderung der Anpassungsfähigkeit Folge leisten. Durch die Erweiterung des in der Gründungsphase implementierten einfachen Basiskostenrechnungssystems um differenziertere Module kann die **Anpassungsfähigkeit** an die veränderten Bedingungen in der Wachstumsphase adäquat berücksichtigt werden. Zudem wird durch die frühe Installation der Minimalstruktur einer internen Kostenrechnung in der Gründungsphase der Mehraufwand, den eine komplette Neuimplementierung in der ohnehin schon durch enorme Komplexitäts- und Organisationsveränderungen gekennzeichneten Wachstumsphase mit sich bringen würde, vermieden. Es müssen lediglich

---

950 ARNAOUT/GLEICH plädieren dafür, die Kostenrechnungssysteme in der Wachstumsphase nicht zu komplex und „mit Bedacht" auszugestalten. Arnaout/Gleich (Kostenrechnung 2003), S. 182.

951 Vgl. Stahl (Controlling 2003), S. 430 f.

952 Vgl. Achleitner/Bassen (Controllingsysteme 2002), S. 1193.

Anpassungsmaßnahmen getätigt werden, wobei die Grundlagen und das generelle Verständnis für dieses System bereits vorhanden sind.[953]

4.3.2.6 Die Budgetkontrolle als besondere Form des Soll-Ist-Vergleichs und ergänzendes Kontrollinstrument

Im Rahmen der Ausführungen zu den konkreten Kontrollaufgaben in der Wachstumsphase wurde herausgearbeitet, dass den operativ ausgerichteten Kontrollaktivitäten als Pendant zur stärkeren Gewichtung der kurzfristigen Planung eine besondere Bedeutung zukommt. Die Überprüfung der Feinplanung mit ihren einzelnen Detailplänen ist daher - als Ergänzung zu den in der Gründungsphase bereits implementierten Kontrollen - in den Fokus der Betrachtung zu stellen. Das Instrument, das die kurzfristige Planung im Sinne der Budgetplanung kontrolltechnisch adäquat ergänzt, ist die Budgetkontrolle.

Im Folgenden soll das Kontrollinstrument Budgetkontrolle als eine besondere Form des Soll-Ist-Vergleichs vorgestellt und auf seine Leistungsfähigkeit zur Erfüllung der Kontrollaufgabe sowie daraufhin überprüft werden, ob es den spezifischen Anforderungen an Controllinginstrumente in der Wachstumsphase entspricht.

4.3.2.6.1 Leistungsfähigkeit der Budgetkontrolle als Instrument zur Erfüllung der Kontrollaufgabe in der Wachstumsphase

Unter Budgetkontrolle versteht man den Vergleich von untergeordneten Instanzen vorgegebenen Sollziffern der Budgetteilpläne mit den für die gleichen Zeiträume ermittelten Istdaten sowie darauf aufsetzende Abweichungsanalysen eventuell festgestellter Differenzen aufgrund derer Vorschläge für Korrekturmaßnahmen erarbeitet werden können.[954] Damit stellt die Budgetkontrolle eine besondere Form des Soll-Ist-Vergleichs dar, welche sich auf die operativen Budgetpläne bezieht.[955] In der Wachstumsphase eines jungen Unternehmens ist die operative Planung im Sinne einer differenzierten Budgetplanung von besonderer Bedeutung, da mit zunehmender Komplexität und fortschreitender Arbeitsteilung das Erfordernis einer adäquaten Feinausrichtung des Planungssystems wächst. Durch die Aufgliederung des im Businessplan entworfenen Gesamtbudgets in konkretisierte Einzelbudgets entsteht ein

953 So ist auch KILGER der Ansicht, dass „ein Klein- und Mittelbetrieb nicht früh genug damit beginnen kann, eine funktionsfähige Kosten- und Leistungsrechnung einzuführen." Kilger (Grenzplankostenrechnung 1980), S. 43.

954 Vgl. Fässler et al. (Controlling 1991), S. 97.

955 Vgl. Egger/Winterheller (Unternehmensplanung 1999), S. 159.

System von Detailplänen, das kontinuierlich daraufhin zu überprüfen ist, ob die den Plänen zugrunde liegenden Erwartungen erfüllt werden, um bei festgestellten Abweichungen Gegensteuerungsmaßnahmen einleiten zu können. Damit kommt der Budgetkontrolle in der Wachstumsphase ein hoher Stellenwert zu. Die Budgetkontrolle bildet das Gegenstück zur differenzierten Budgetplanung.[956] Dabei wird die Abweichungsanalyse als Kern der Budgetkontrolle bezeichnet.[957] Da in der Wachstumsphase junger Unternehmen aufgrund der wachstumsbedingten Aktivitäten und des gestiegenen Ausmaßes an Geschäftstätigkeit die Gefahr von plötzlichen Kostenexplosionen besonders hoch ist, ist eine sorgfältige Analyse der Abweichungen von im Budget vorgegebenen Soll-Werten und realisierten Istwerten von großer Bedeutung, um die Formalzielerreichung nicht zu gefährden und die Liquidität zu sichern.[958] Darüber hinaus läßt sich durch das Instrument der Budgetkontrolle eine direkte und indirekte Lenkung der operativen Stellen erreichen, indem durch das Feststellen von Budgetabweichungen der einzelnen Unterinstanzen direkte Anpassungsoperationen ausgelöst werden und zudem ein Anreiz für die dezentralen Einheiten geschaffen wird, sich budgetkonform zu verhalten.[959] Damit kann ein wesentlicher Beitrag zur adäquaten Steuerung der zunehmend dezentraler werdenden Strukturen in der Wachstumsphase geleistet werden.

4.3.2.6.2 Aus den Anforderungen an Controllinginstrumente abgeleitete Implikationen für den Einsatz der Budgetkontrolle als Kontrollinstrument

Mit der Budgetkontrolle steht ein Controllinginstrument zur Verfügung, welches in Ergänzung zu den in der Gründungsphase bereits implementierten Kontrollinstrumenten einen wesentlichen Beitrag zur Erfüllung der Kontrollaufgaben in der Wachstumsphase leistet. Mit der Budgetkontrolle kann zudem einigen bedeutenden Veränderungen in den Anforderungen an Controllinginstrumente entsprochen werden, die sich beim Übergang von der Gründungs- zur Wachstumsphase ergeben.

Dies wird im Folgenden dargelegt und zunächst in Abbildung 4-11 im Überblick zusammengefasst.

---

956 PREIẞNER bemerkt hierzu, dass auch im Rahmen der Budgetierung jeglicher Planungsprozess nur dann sinnvoll ist, wenn er auch kontrolliert wird. Vgl. Preißner (Budgetierung 1999), S. 1470.

957 Vgl. Busse von Colbe (Budgetierung 1989), Sp. 177.

958 Vgl. Dintner (Controlling 1999), S. 48.

959 Zu den einzelnen Funktionen der Budgetkontrolle vgl. Radke (Budgetierung 1989), S. 288 ff.

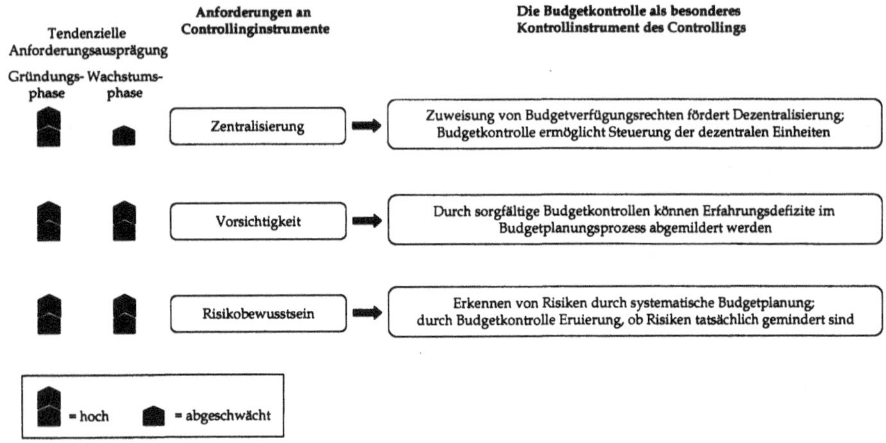

Abbildung 4-11: Überblick über die Eignung der Budgetkontrolle zur Erfüllung der veränderten Anforderungen an Controllinginstrumente in der Wachstumsphase

Im Laufe der Wachstumsphase eines jungen Unternehmens nimmt die Prägung durch die Gründerperson zunehmend ab. Mit wachsender Differenzierung und Aufgabenteilung vermindert sich auch der Ausprägungsgrad der Controllinganforderung **Zentralisierung** im Übergang von der Gründungs- zur Wachstumsphase schrittweise. Durch die Budgetierung und das Instrument der Budgetkontrolle kann den wachsenden Dezentralisierungserfordernissen im jungen Unternehmen in folgender Hinsicht Rechnung getragen werden: Durch die Zuweisung von Budgetverfügungsrechten wird in einem ersten Schritt der Handlungsrahmen für die dezentralen Einheiten vergrößert und dadurch die erforderliche Dezentralisierung vorangetrieben. Durch die Budgetkontrolle werden die einzelnen Unternehmensbereiche zudem angehalten, sich innerhalb der budgetierten Vorgaben zu bewegen, um das Diagnostizieren von größeren Soll-Ist-Abweichungen zu vermeiden. Hierdurch wird eine direkte Steuerung der dezentralen Strukturen ermöglicht.

Im Übergang von der Gründungs- zur Wachstumsphase wird der Erfahrungsschatz im jungen Unternehmen größer. Trotzdem weist ein Unternehmen in der Wachstumsphase im Vergleich zu einer etablierten Unternehmung noch erhebliche Erfahrungsdefizite auf. Das Prinzip der **Vorsichtigkeit** kennzeichnet das Controlling eines Unternehmens in der Wachstumsphase daher in ähnlichem Ausmaß wie dies schon in der Gründungsphase der Fall war. Wenngleich die in der Gründungsphase gewonnenen Erfahrungen eine hilfreiche Unterlegung sind, kann der Planungsprozess in der Wachstumsphase noch nicht auf eine adäquate erfahrungsgestütze Grundlage gestellt werden und sieht sich zudem einer hohen Dynamik und Komplexität ausgesetzt. Dem Einsatz von Kontrollinstrumenten kommt daher eine besondere Bedeutung zu. Mit Hilfe des Kontrollinstruments Budgetkontrolle kann dem immer noch bedeutenden Prinzip der Vorsichtigkeit in der Wachstumsphase Rechnung getragen werden, indem regelmäßig überprüft wird, ob die der Budgetplanung zugrunde gelegten Erwartungen erfüllt werden können.

Junge Unternehmen sind in der Gründungs- wie auch Wachstumsphase hohen **Risiken** ausgesetzt. Wenngleich in der Wachstumsphase aufgrund der gewonnenen Erfahrungen von einem graduell sicherer werdenden Umgang mit den bestehenden Risiken auszugehen ist, sind diese jedoch nach wie vor im unternehmerischen Entscheidungsprozess zu berücksichtigen. Ein besonders geeignetes Instrument zur adäquaten Berücksichtigung von Risiken stellt die Budgetierung und insbesondere die Budgetkontrolle dar. Allein schon mit dem systematischen Budgetplanungsprozess können drohende Risiken erkannt und Vermeidungsstrategien erarbeitet werden. Im Rahmen der Budgetkontrolle wird durch den Soll-Ist-Vergleich und die darauf aufsetzenden Abweichungsanalysen zudem eruiert, ob die Risiken tatsächlich gemindert wurden und den Ursachen von Unternehmenskrisen vorgebeugt werden konnte.[960]

4.3.2.7 Die Balanced Scorecard als universelles Planungs-, Informations- und Kontrollinstrument

Mit der Balanced Scorecard steht dem Controlling ein Instrument zur Verfügung, das als konzeptionelle Antwort auf die Kernprobleme der Unternehmenssteuerung bezeichnet wird.[961] Die Balanced Scorecard ist damit ein universeller Ansatz, der aufgabenübergreifend zu Planungs-, Informations- und Kontrollzwecken eingesetzt werden kann. In den folgenden Abschnitten sollen die konzeptionellen Grundlagen dieses Instruments erläutert und darauf aufbauend eine Analyse vorgenommen werden, ob die Balanced Scorecard auch in jungen Unternehmen einen Beitrag zur Erfüllung der spezifischen Planungs-, Informations- und Kontrollaufgaben leisten kann. Anschließend wird eine modellhafte phasenspezifische Balanced Scorecard für Unternehmen in der Wachstumsphase aus den situativen Bestimmungsgrößen junger Unternehmen abgeleitet. Schließlich soll das Instrument Balanced

960 RADKE bezeichnet daher die Budgetplanung als eine strategische Maßnahme zur Risikominderung und die Budgetkontrolle als operative Folge im Budgetierungssystem. Vgl. Radke (Budgetierung 1989), S. 290.

961 Vgl. Speckbacher/Bischof (Balanced Scorecard 2000), S. 796.

Scorecard daraufhin überprüft werden, ob es die spezifischen Anforderungen an Controllinginstrumente in der Wachstumsphase erfüllt.

4.3.2.7.1 Grundsätzliches zur Balanced Scorecard

Das Konzept der Balanced Scorecard wurde als Antwort auf die empirisch gewonnene Erkenntnis entwickelt, dass die bislang vorherrschende Fokussierung auf traditionelle monetäre Kennzahlen nicht ausreicht, den kritischen Bereichen und erfolgsrelevanten Faktoren eines Unternehmens adäquat Rechnung zu tragen.[962] Da rein finanzielle Steuerungsgrößen zum einen vergangenheitsorientiert sind und keine direkte Aussage über die eigentlichen Treibergrößen hinter den finanziellen Ergebniszahlen beinhalten, zum anderen so stark aggregiert sind, dass sie von den Mitarbeitern in den operativen Bereichen nur schwer nachvollzogen werden können, zielt das Konzept der Balanced Scorecard darauf ab, die einseitig finanzielle Sichtweise durch eine integrale und ausgewogene Abbildung qualitativer und quantitativer sowie strategischer und operativer Kennzahlen abzulösen.[963] Der Grundgedanke der Balanced Scorecard liegt darin, dass sich der wirtschaftliche Erfolg eines Unternehmens auf hinter den finanziellen Zielgrößen stehenden Einflussfaktoren gründet, welche die Zielerreichung maßgeblich beeinflussen.[964]

Zur zielorientierten Steuerung des Unternehmens ist es daher erforderlich, aus der meist abstrakt formulierten Unternehmensstrategie konkret messbare Ziele und Messgrößen abzuleiten, die ein transparentes Bild der Unternehmenslage bieten.[965] Im Rahmen des Zielbildungsprozesses kommt dabei der Konzentration auf strategisch wichtige Ziele sowie dem

---

962 ROBERT S. KAPLAN und DAVID P. NORTON führten zu Beginn der 90er Jahre ein Forschungsprojekt mit 12 US-amerikanischen Unternehmen durch, innerhalb dessen eine Alternative zu den vergangenheitsorientierten, wenig zeitgemäßen und stark finanzlastigen Kennzahlensystemen entwickelt werden sollte. Das Ergebnis war das Konzept der Balanced Scorecard, welche erstmals in dem 1992 veröffentlichten Artikel „The Balanced Scorecard - Measures That Drive Performance" vorgestellt wurde. Vgl. Kaplan/Norton (Balanced Scorecard 1992), S. 71 ff. Zur Balanced Scorecard siehe auch weitere Veröffentlichungen der Balanced Scorecard-Begründer: Kaplan/Norton (Putting the Balanced Scorecard 1993); Kaplan/Norton (Using the Balanced Scorecard 1996); Kaplan/Norton (Balanced Scorecard 1996); Kaplan/Norton (Balanced Scorecard 1997); Kaplan/Norton (Strategieumsetzung 1997); Kaplan/Norton (Organization 2001); Kaplan/Norton (Geschäftsstrategie 2001).

963 Vgl. Kappler (Balanced Scorecard 2000), S. 34; Bernhard (Implementierung 2001), S. 273; Horváth/Kaufmann (Balanced Scorecard 1998), S. 41 f.

964 Vgl. Bernhard (Balanced Scorecard 2001), S. 23 sowie Kaplan/Norton (Balanced Scorecard 1997), S. 7 f. BRABÄNDER/HILCHER ermittelten im Rahmen einer Befragung großer, mittlerer und kleiner Unternehmen, dass 98% der Befragten in der Betrachtung nicht-finanzieller Daten den Hauptgrund für die Einführung der Balanced Scorecard sehen. Vgl. Brabänder/Hilcher (Balanced Scorecard 2001), S. 255.

965 Vgl. Brunner (Integrierter Ansatz 2000), S. 21 sowie Kaplan/Norton (Balanced Scorecard 1992), S. 71.

Aufbau von Ursache-Wirkungsbeziehungen eine entscheidende Bedeutung zu. Strategisch wichtige Ziele sind dadurch gekennzeichnet, dass sie unternehmensspezifisch sind und die Strategie in aktionsorientierte Aussagen überführen, welche in erfolgsrelevante Perspektiven aufgliedert werden können.[966] Diese strategischen Ziele sind nicht losgelöst voneinander, sondern im gegenseitigen Wirkungsverbund zu betrachten. Die Ursache-Wirkungs-Beziehungen der einzelnen Ziele aufzubauen und darzustellen, ist eine zentrale Aufgabe des Zielbildungsprozesses der Balanced Scorecard.[967] Für die so formulierten Ziele der jeweiligen Perspektiven sind in einem nächsten Schritt Messgrößen zu erarbeiten, die in operativen Vorgabewerten mit zugehörigen Maßnahmenpaketen konkretisiert werden können und dadurch die Grundlage für Soll-Ist-Vergleiche bilden.[968] Die Messgrößen in Form von Kennzahlen[969] sind ein wichtiger Bestandteil der Balanced Scorecard zur präzisierten Darstellung der strategischen Ziele und müssen der Anforderung der Ausgewogenheit gerecht werden.[970] Ergebniskennzahlen, welche der Messung vergangener und gegenwärtiger Leistungen bei den kritischen Einflussfaktoren des langfristigen finanziellen Erfolgs dienen, müssen in einem ausgewogenen Verhältnis zu Leistungstreiberkennzahlen stehen, in denen sich die strategischen Überlegungen zur Beeinflussung der Ergebniskennzahlen niederschlagen.[971] Zudem sind neben quantitativen bzw. finanziellen Kennzahlen auch qualitative bzw. nichtfinanzielle Kennzahlen, die als wertschöpfende strategische Faktoren für die Bildung immaterieller Werte bezeichnet werden, zu berücksichtigen.[972]

Hinsichtlich der einzelnen Perspektiven der Balanced Scorecard haben sich im Grundkonzept neben der Finanzperspektive die Kundenperspektive, die Prozessperspektive sowie die Lern- und Entwicklungsperspektive als „nützlich und stabil" erwiesen.[973] In Abbildung 4-12 wird dieses Grundkonzept grafisch veranschaulicht.

---

966 Vgl. Friedag/Schmidt (Balanced Scorecard 1999), S. 37.

967 Vgl. Ehrmann (Balanced Scorecard 2003), S. 50 sowie Kaplan/Norton (Balanced Scorecard 1996), S. 30.

968 Vgl. Zimmermann/Jöhnk (Balanced Scorecard 2001), S. 520.

969 Unter Kennzahlen versteht man hierbei ganz allgemein Informationen in verdichteter Form über betriebswirtschaftliche Fakten, Prozesse und Zusammenhänge. Vgl. Ehrmann (Balanced Scorecard 2003), S. 53.

970 Vgl. Kaplan/Norton (Putting the Balanced Scorecard 1993), S. 134 f.

971 Vgl. Kaplan/Norton (Balanced Scorecard 1996), S. 149 f.; Schäffer (Strategische Steuerung 2003), S. 488. In diesem Zusammenhang wird auch von Spät- und Frühindikatoren gesprochen. Vgl. Zimmermann/Jöhnk (Balanced Scorecard 2001), S. 523 f.

972 Vgl. Bernhard (Balanced Scorecard 2001), S. 24.

973 Vgl. Kaplan/Norton (Balanced Scorecard 1997), S. 33.

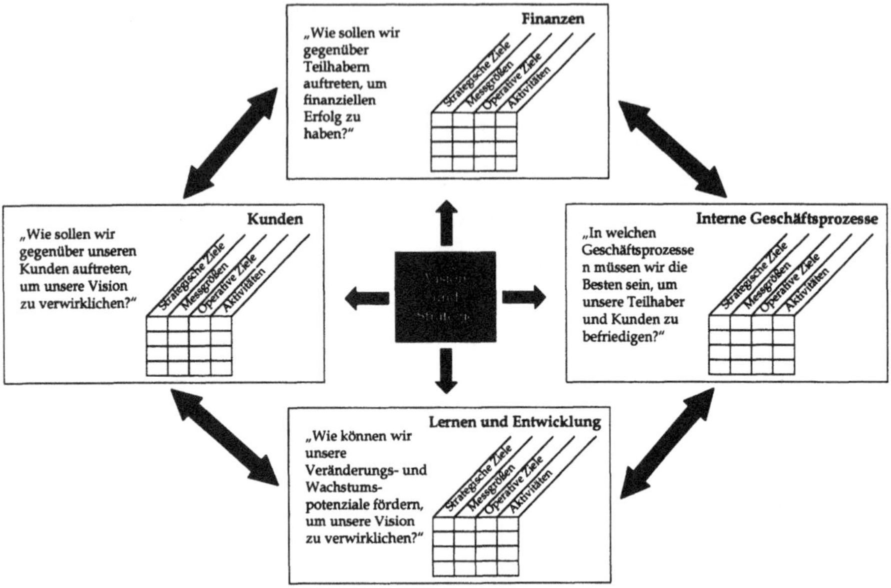

Abbildung 4-12: Grundkonzept der Balanced Scorecard[974]

Die **Finanzperspektive** stellt den Angelpunkt der Balanced Scorecard dar.[975] Die finanzwirtschaftlichen Kennzahlen sollen die strategischen Zielsetzungen des Unternehmens in die Sprache der Anteilseigner übersetzen.[976] Dabei kommt den finanziellen Kennzahlen eine Doppelfunktion zu. Zum einen definieren sie die finanziellen Erfolgsaussichten, die mit der gewählten Strategie verknüpft sind,[977] und zum anderen dienen sie als Fokus für die übrigen Balanced Scorecard-Perspektiven.[978] D.h. die Verknüpfungen der einzelnen Balanced Scorecard-Perspektiven sind auf die Kennzahlen der Finanzperspektive hin orientiert, so dass jede in der Balanced Scorecard verwendete Kennzahl Teil einer Kette von Ursache-

974 In Anlehnung an Kaplan/Norton (Balanced Scorecard 1997), S. 9.

975 Vgl. Kaplan/Norton (Geschäftsstrategie 2001), S. 62.

976 Vgl. Friedag/Schmidt (Balanced Scorecard 1999), S. 183.

977 In diesem Sinne erfüllt die Finanzperspektive eine wichtige Signalfunktion für Investoren, indem den Kapitalgebern die Möglichkeit gegeben wird, sich anhand finanzwirtschaftlicher Kennzahlen wie beispielsweise Periodengewinn, Cashflow oder Steigerung des Unternehmenswertes einen Überblick über die wirtschaftlichen Konsequenzen von unternehmerischen Aktivitäten zu verschaffen. Vgl. Kaplan/Norton (Balanced Scorecard 1997), S. 24.

978 Vgl. Kaplan/Norton (Balanced Scorecard 1996), S. 48.

Wirkungsbeziehungen darstellt, die zur Verbesserung des Ergebnisses beitragen soll.[979] Die Finanzkennzahlen sind folglich das Endglied in der Ursache-Wirkungs-Kette und als solches nur indirekt über die vorgelagerten Glieder steuerbar. Die konkreten finanzwirtschaftlichen Ziele können auf den einzelnen Entwicklungsstufen eines Unternehmens ganz unterschiedlich sein.[980] Daher hängt die Auswahl der Kennzahlen der Finanzperspektive von der jeweiligen Lebenszyklusphase des Unternehmens ab, worauf bei der Vorstellung einer spezifischen Balanced Scorecard für Unternehmen in der Wachstumsphase noch näher einzugehen ist.[981]

Mit der **Kundenperspektive** soll thematisiert werden, welche Kundenerwartungen zu erfüllen sind, um die finanziellen Ziele zu erreichen.[982] Im Vordergrund stehen die Identifizierung von Kunden- und Marktsegmenten, in denen das Unternehmen konkurrenzfähig sein will und die Zuordnung entsprechender Wertangebote.[983] Ist dieser Identifizierungsprozess abgeschlossen, können Ziele und Messgrößen für das Zielsegment festgelegt werden. Dabei lassen sich die Messgrößen in zwei Gruppen von Kennzahlen unterteilen.[984] Die Kernkennzahlen im Sinne von Spätindikatoren sind gewöhnlich in ihrer Grundform für alle Unternehmen gültig und haben dadurch generischen Charakter. Unter diese Gruppe fasst man Ergebniskennzahlen wie Marktanteil, Neukundenakquisition, Kundenzufriedenheit und -treue sowie Kundenrentabilität.[985] Die zweite Kennzahlengruppe sind branchen- und kundensegmentspezifische Leistungstreiber, welche hinter den Kernkennzahlen stehen.[986] Als Frühindikatoren sind sie in ihrem Ansatz meist unternehmensspezifisch zu definieren.[987] Sie beantworten die Frage, was das Unternehmen seinen Kunden bieten muss, um einen möglichst hohen Grad an Zufriedenheit, Treue und Marktanteil zu erreichen. Die Leistungstrei-

979 KAPLAN/NORTON stellen heraus, dass die besondere Herausforderung im Rahmen der Balanced Scorecard-Implementierung darin besteht, „to learn how to make such explicit linkage between operations and finance". Vgl. Kaplan/Norton (Balanced Scorecard 1992), S. 79.

980 Vgl. Morganski (Balanced Scorecard 2001), S. 88. Eine Zusammenstellung von Beispielen für klassische finanzwirtschaftliche Ziele ist zu finden bei Greischel (Balanced Scorecard 2003), S. 7.

981 Siehe hierzu Abschnitt 4.3.2.7.3.

982 Vgl. Kappler (Balanced Scorecard 2000), S. 35.

983 Vgl. Kaplan/Norton (Balanced Scorecard 1996), S. 63.

984 Vgl. Bernhard (Balanced Scorecard 2001), S. 29.

985 Vgl. Kaplan/Norton (Balanced Scorecard 1996), S. 67.

986 KAPLAN/NORTON bezeichnen diese Kennzahlen als „beyond the core: measuring customer value propositions". Kaplan/Norton (Balanced Scorecard 1996), S. 73.

987 Vgl. Friedag/Schmidt (Balanced Scorecard 1999), S. 116.

ber lassen sich gruppieren in Produkt- und Serviceeigenschaften, Kundenbeziehungen sowie Image und Reputation.[988]

In der **Prozessperspektive** werden diejenigen internen Prozesse identifiziert, die für das Erreichen der Kunden- und Anteilseignerziele als kritisch einzuschätzen sind.[989] Wichtig ist hierbei, dass die Bestimmung der Ziele und Messgrößen dieser Perspektive der Formulierung der Finanz- und Kundenperspektive nachgelagert ist, da so gewährleistet werden kann, dass die internen Prozesse auf die Finanz- und Kundenstrategien abgestimmt werden und der Fokus auf strategisch relevante interne Prozesse gelenkt wird.[990] Der unter strategischen Gesichtspunkten relevante Gesamtprozess lässt sich in drei Hauptkomponenten untergliedern. Im Innovationsprozess werden die Identifikation und Umsetzung von Kundenwünschen abgebildet, der Betriebsprozess enthält die einzelnen Phasen der betrieblichen Leistungserstellung und der Serviceprozess deckt die nachgelagerten Kundendienstaktivitäten ab. In den jeweiligen Teilbereichen des Gesamtprozesses sind hierbei auf das Unternehmen abgestimmte Ziele und Messgrößen zu bestimmen.[991]

Mit Hilfe der **Lern- und Entwicklungsperspektive**, auch Mitarbeiter- und Potenzialperspektive genannt, werden Ziele und Messgrößen zur Förderung einer wachsenden und lernenden Organisation entwickelt.[992] Während in der Finanz-, Kunden- und Prozessperspektive die relevanten prozessualen und marktbezogenen Aspekte zur Erreichung der finanziellen Ziele identifiziert werden, zielt die Lern- und Entwicklungsperspektive darauf ab, die nötige Infrastruktur hierfür zu schaffen.[993] Mit den Lern- und Entwicklungskennzahlen soll angezeigt werden, in welchen Bereichen der Organisation dazugelernt werden muss bzw. wie die Mitarbeiter befähigt und beispielsweise mit Informationstechnologie ausgestattet werden müssen, damit auch in Zukunft Leistungen erbracht werden, die Marktanteile sichern und das Erreichen der finanziellen Ziele sicherstellen. Die Kennzahlen der Lern- und Entwicklungsperspektive lassen sich in zwei Hauptkategorien einteilen. Die Mitarbeiterpotenziale mit den Kennzahlen Mitarbeiterzufriedenheit, Mitarbeitertreue und Mitarbeiterproduktivität

---

988 Vgl. Kaplan/Norton (Balanced Scorecard 1996), S. 73 f.

989 Vgl. Waldkirch (Balanced Scorecard 2002), S. 320.

990 Vgl. Kaplan/Norton (Balanced Scorecard 1996), S. 92.

991 Eine Übersicht zu möglichen Ziel- und Kennzahlenausprägungen in den einzelnen Teilbereichen ist zu finden bei Morganski (Balanced Scorecard 2001), S. 79 ff.

992 Vgl. Waldkirch (Balanced Scorecard 2002), S. 321.

993 Vgl. Kaplan/Norton (Balanced Scorecard 1997), S. 121.

fungieren als Spätindikatoren.[994] Als Frühindikatoren können zukunftsorientierte Kennzahlen wie Fort- und Weiterbildung, Mitarbeitermotivation sowie informationelle Infrastruktur genutzt werden.[995]

Das Grundmodell der Balanced Scorecard mit seinen vier vorgestellten Perspektiven ist nicht als unternehmensübergreifendes Konzept mit Allgemeingültigkeitscharakter zu verstehen.[996] Vielmehr hängen Art und auch Anzahl der Perspektiven sowie deren jeweilige Ausgestaltung von firmenspezifischen Faktoren, wie beispielsweise der Lebenszyklusphase des Unternehmens, ab.[997] Entscheidend ist allerdings die Abbildung der Strategie durch Ursache-Wirkungsbeziehungen über die individuell gewählten Perspektiven der Balanced Scorecard hinweg. Mit Hilfe von Ursache-Wirkungs-Ketten - wie in Abbildung 4-13 für das Grundmodell der Balanced Scorecard dargestellt - sollen kausale Zusammenhänge zwischen den finanziellen Kennzahlen und ihren vorlaufenden Indikatoren nachgebildet werden.[998]

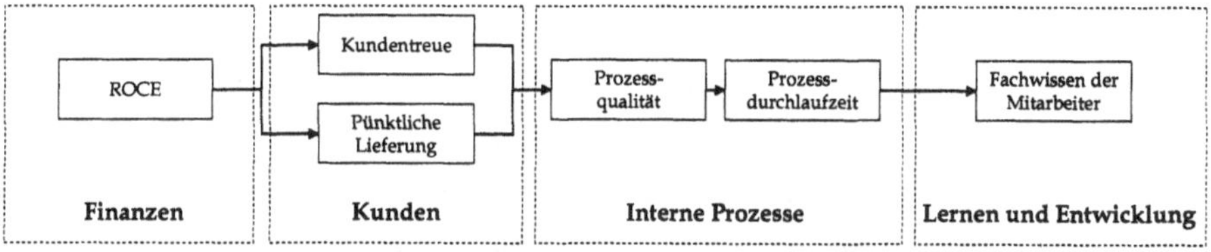

Abbildung 4-13: Ursache-Wirkungs-Kette im Grundmodell der Balanced Scorecard[999]

Letztlich kommt mit den Ursache-Wirkungs-Ketten der Balanced Scorecard die Strategie des Unternehmens zum Ausdruck. Hierzu muss jede gewählte Messgröße Teil einer solchen Kette sein.[1000]

994 Vgl. Morganski (Balanced Scorecard 2001), S. 73 ff.

995 Vgl. Friedag/Schmidt (Balanced Scorecard 1999), S. 163.

996 So betonen STEINLE ET AL., dass die Balanced Scorecard nicht den Anspruch eines „One size fits all-Konzepts" hat, sondern vielmehr die Auswahl von individuellen strategisch relevanten Perspektiven von entscheidender Bedeutung für den erfolgreichen Einsatz dieses Instruments ist. Vgl. Steinle et al. (Balanced Scorecard 2001), S. 35.

997 Vgl. Albounni/Karaoglu (Balanced Scorecard 2004), S. 110.

998 Vgl. Wurl/Mayer (Balanced Scorecards 2000), S. 5; Werner (Balanced Scorecard 2000), S. 456.

999 In Anlehnung an Kaplan/Norton (Balanced Scorecard 1997), S. 29. Die Kennzahl ROCE steht hierbei für die Kapitalrendite.

1000 Vgl. Kaplan/Norton (Balanced Scorecard 1996), S. 149.

4.3.2.7.2 Leistungsfähigkeit der Balanced Scorecard als Planungs-, Informations- und Kontrollinstrument in der Wachstumsphase

In den Ausführungen zu den konzeptionellen Grundlagen der Balanced Scorecard ist bereits angeklungen, dass die Balanced Scorecard ein universelles Controllinginstrument darstellt, das einen ablauforganisatorischen Rahmen für wichtige Managementprozesse bietet und sowohl für Planungs- und Kontrollzwecke als auch zur Erfüllung der Informationsfunktion eingesetzt werden kann.[1001] Für Unternehmen in der Wachstumsphase stellt die Balanced Scorecard ein Instrument dar, mit dessen Hilfe ein Beitrag zur Erfüllung der spezifischen Planungs-, Informations- und Kontrollaufgaben geleistet werden kann. Dies ist im Folgenden zu zeigen.

Im Rahmen der **Planungsaufgabe des Controllings** gewinnt in der Wachstumsphase eines Unternehmens die Notwendigkeit der Differenzierung der strategischen Gesamtplanung in operative Teilpläne sowie die Entwicklung von konkreten Maßnahmen zur Umsetzung der Planvorgaben zunehmend an Bedeutung. Bislang wurden zwei Instrumente vorgestellt, die beide auf verschiedene Art und Weise einen Beitrag zur Erfüllung dieser Planungsaufgaben leisten. Das bereits in der Gründungsphase eingeführte Instrument Businessplan stellt hierbei in erster Linie ein Strategiewerkzeug dar, mit dessen Hilfe die strategischen Vorgaben erarbeitet und visualisiert werden. Mit der Budgetierung wurde ein operatives Planungsinstrument vorgestellt, mit welchem den einzelnen Verantwortungsbereichen im Unternehmen verbindliche operative Sollgrößen in Form von Budgets vorgegeben werden, die als Richtschnur für deren Entscheidungen und Handlungen dienen.[1002] Wenngleich der eigentliche Sinn einer zukunftsgerichteten Budgetierung darin besteht, aus der langfristigen Strategieplanung über operative Grobplanungen kurzfristige Einzelbudgets abzuleiten und somit die strategischen Vorgaben in monetär bewertete Sollvorgaben zu übersetzen, ist in der Praxis häufig eine gedankliche Trennung zwischen Strategie und Budget zu beobachten, die sich darin ausdrückt, dass Strategien und deren Veränderungen nicht im – meist aus der Vergangenheit fortgeschriebenen – Budget verankert werden.[1003]

1001 Vgl. Wicki-Breitinger (Balanced Scorecard 2000), S. 81 f.

1002 Vgl. Schierenbeck/Lister (Value-Controlling 2001), S. 59.

1003 Vgl. Friedag/Schmidt (Balanced Scorecard 1999), S. 40 ff. OEHLER verweist darauf, dass in der Praxis Anstöße aus der strategischen Planung wenn überhaupt dann eher pauschal denn strukturiert einbezogen werden. Vgl. Oehler (Balanced Scorecard 2002), S. 86.

Mit Hilfe des Instruments der Balanced Scorecard kann eine Verknüpfung zwischen Strategie und Budgetierungsprozess geschaffen werden.[1004] Die Balanced Scorecard konkretisiert die im Businessplan verankerten allgemeinen Strategien mit Hilfe einer Orientierung an den kritischen Führungsproblemen der Wachstumsphase schrittweise, bis sie umsetzbar und messbar sind. Die Budgetierung ergänzt darauf aufbauend die Balanced Scorecard, indem die auf Bereichsebene definierten Maßnahmen monetär bewertet und den jeweiligen Verantwortlichen zugeordnet werden.[1005] Im unternehmerischen Planungsprozess fungiert die Balanced Scorecard somit als Bindeglied zwischen der im Businessplan durchgeführten strategischen Planung und der im Rahmen der Budgetierung vorgenommenen operativen Planung.[1006]

Hinsichtlich der **Informationsaufgabe des Controllings** kommt in der Wachstumsphase eines Unternehmens der unternehmensinternen wie auch -externen Informationsverteilung als Ergänzung zur Informationsbeschaffung und -aufbereitung eine wichtige Rolle zu. In formeller Hinsicht kann diese Informationsverteilungsaufgabe, wie bereits gezeigt wurde, durch die Instrumente des internen und externen Reportings erfüllt werden. Die inhaltliche Basis für das Reporting wird dabei durch die Balanced Scorecard geschaffen. Gerade in jungen Unternehmen, bei denen traditionelle Steuerungsgrößen meist eine geringe Aussagekraft haben, ist die Informationsversorgung mit alternativen nicht-finanziellen Indikatoren entscheidend.[1007] Insbesondere externen Investoren kommt das Konzept der Balanced Scorecard entgegen, da mit diesem Instrument finanzwirtschaftliche Größen nicht nur isoliert dargestellt, sondern die einzelnen Werttreiber, die zur Realisation dieser Größen führen sollen, analysiert werden.[1008] In diesem Sinne kann die Balanced Scorecard als ein wirkungsvolles Value Reporting-Instrument interpretiert werden.[1009] Unternehmensintern bietet das In-

1004 Vgl. Schäffer/Weber (Balanced Scorecard 2003), S. 228. KAPLAN/NORTON drücken diesen Sachverhalt folgendermaßen aus: „Building a scorecard enables a company to link its financial budgets with its strategic goals." Kaplan/Norton (Using the Balanced Scorecard 1996), S. 78.

1005 Vgl. Rieg (Strategische Steuerung 2004), S. 476.

1006 In diesem Sinne wirkt sie auch der Eindimensionalität der operativen Budgetplanung entgegen, welche rein finanziell orientiert ist und über die Ursachen von Veränderungen der finanziellen Größen keine Auskunft gibt. Vgl. Gleich/Kopp (Planung und Budgetierung 2001), S. 430. Zur Bindegliedfunktion der Balanced Scorecard zwischen strategischer und operatives Steuerung vgl. auch Kieninger/Mayer (Informationssysteme 2002), S. 230 f.

1007 Vgl. Hobi et al. (Balanced-Scorecard 1999), S. 59.

1008 Vgl. Hartl (Kosten- und Erfolgscontrolling 2001), S. 149; Bischof (Balanced Scorecard 2002), S. 122 ff.

1009 WALTER bezeichnet die Balanced Scorecard als „modernes Reportingmittel". Walter (Managementphilosophien 2001), S. 47.

strument Balanced Scorecard über die Informationsversorgung der Entscheidungsträger hinaus die Möglichkeit, den Mitarbeitern innerhalb des Unternehmens ein einheitliches Verständnis von der Unternehmensstrategie und deren Verknüpfung mit individuellen Zielvorgaben zu vermitteln.[1010] Alle am unternehmerischen Leistungserstellungsprozess Beteiligten werden so auf die Strategie ausgerichtet und enger an das Unternehmen und dessen Zielerreichung gebunden.[1011]

Für die spezifische **Kontrollaufgabe des Controllings** in der Wachstumsphase eines Unternehmens wurde die Budgetkontrolle als bedeutendes operatives Instrument hervorgehoben. Die Budgetkontrolle ist naturgemäß monetär orientiert und bildet als Pendant zur Budgetplanung lediglich einen Abgleich von finanziellen Soll-Werten mit den korrespondierenden finanziellen Istwerten ab. Mit der Implementierung der Balanced Scorecard kann ein zusätzliches Kontrollinstrument geschaffen werden, das darüber hinaus auch Steuerungsgrößen qualitativer Art beinhaltet. Durch die Berücksichtigung von hinter den finanziellen Kenngrößen stehenden Werttreibern wird die Möglichkeit eröffnet, im Rahmen des Kontrollprozesses zu ermitteln, weshalb die monetären Planwerte nicht erreicht wurden.[1012] Dabei wird mit der Konzentration auf die zentralen Steuerungsgrößen die Komplexität des Kontrollprozesses beschränkt, so dass eine fortlaufende Erfolgsmessung und Konzentration auf die Strategieumsetzung gewährleistet werden kann.[1013]

Insgesamt lässt sich festhalten, dass mit der Balanced Scorecard ein Controllinginstrument zur Verfügung steht, das in der Wachstumsphase als Ergänzung zu den bereits vorgestellten speziellen Planungs-, Informations- und Kontrollinstrumenten wertvolle Vorzüge bietet, indem die Operationalisierung der strategischen Zielsetzung visualisiert, geplant sowie kontrolliert und damit letztlich gesteuert werden kann.[1014]

4.3.2.7.3 Grundgedanken zu einer lebenszyklusspezifischen Balanced Scorecard für die Wachstumsphase

Im Folgenden soll ein erster Ansatz zur Ausgestaltung des Instruments Balanced Scorecard für Unternehmen in der Wachstumsphase entwickelt werden. Dabei ist zu betonen, dass es

---

1010 Vgl. Weber/Schäffer (Balanced Scorecard 1999), S. 18.

1011 Vgl. Scharioth et al. (Balanced Scorecard 2004), S. 136.

1012 Vgl. Gleich/Kopp (Planung und Budgetierung 2001), S. 430.

1013 Vgl. Bassen/Gröne (Controlling 2003), S. 297.

1014 Vgl. Hartl (Kosten- und Erfolgscontrolling 2001), S. 147.

sich hierbei lediglich um konzeptionelle Grundgedanken handelt, die in weiteren Forschungsanstrengungen zu vertiefen sind. Die Vorgehensweise besteht darin, zunächst die für Wachstumsunternehmen relevanten Balanced Scorecard-Perspektiven zu bestimmen und hierauf die spezifischen Ziele und Messgrößen aus den situativen Bestimmungsgrößen von Unternehmen in der Wachstumsphase abzuleiten. Auf eine detaillierte Analyse der dem Modell zugrunde liegenden Ursache-Wirkungs-Beziehungen wird an dieser Stelle verzichtet.

Bestimmung der Perspektiven für eine Balanced Scorecard in der Wachstumsphase

Im Grundkonzept der Balanced Scorecard bilden die Perspektiven Finanzen, Kunden, interne Prozesse sowie Lernen und Entwicklung den Rahmen für die Ausgestaltung unternehmensspezifischer Balanced Scorecards. Wenngleich sich die Übernahme dieser vier Perspektiven in der Praxis bewährt hat,[1015] sind sie lediglich als generelle Anregung zur Entwicklung eigener, auf das Unternehmen abgestimmter Perspektiven zu sehen.[1016] In der Literatur wird nahezu einhellig die Ansicht vertreten, dass die Perspektiven des Ausgangsmodells in ihrer Grundstruktur auf eine phasenspezifische Balanced Scorecard für junge Unternehmen übertragbar sind, wobei die situativen Merkmale von Wachstumsunternehmen in der Ausgestaltung der einzelnen Perspektiven berücksichtigt werden können.[1017] In der Tat wird mit den vier klassischen Perspektiven ein Rahmen abgesteckt, in den sich die in der Wachstumsphase typischerweise auftretenden kritischen Führungsprobleme einbetten lassen, so dass die Steuerung des Unternehmens wachstumsphasenspezifisch erfolgen kann. Dies wird im Folgenden - im Zuge der Ableitung der Ziele und Messgrößen - gezeigt.

1015 WURL/MAYER sprechen sogar von einer Verfestigung der Vier-Perspektiven-Auswahl in der praktischen Umsetzung der Balanced Scorecard. Vgl. Wurl/Mayer (Balanced Scorecards 2000), S. 3. WEBER bezeichnet die vorgeschlagenen Perspektiven als „implementierungsfreundlich". Weber (Balanced Scorecard 2000), S. 6.

1016 Vgl. Albounni/Karaoglu (Balanced Scorecard 2004), S. 110; Bernhard (Strategieumsetzung 2001), S. 219.

1017 SCHÄFFER/WEBER betonen, dass alle Perspektiven des Ausgangsmodells für die Steuerung von Wachstumsunternehmen von Bedeutung sind. Vgl. Schäffer/Weber (Balanced Scorecard 2003), S. 229. HARTL betont ebenfalls die Relevanz der vier Perspektiven für junge Unternehmen. Vgl. Hartl (Kosten- und Erfolgscontrolling 2001), S. 148. Auch SCHWAB/WEICH bauen ihre Balanced Scorecard für E-Business-Unternehmen auf den klassischen Perspektiven auf. Vgl. Schwab/Weich (E-Business-Controlling 2001), S. 159 ff. Für die Gruppe der kleinen und mittleren Unternehmen bemerkt SCHEIBELER, dass die vier Perspektiven des Grundmodells bei der Ausarbeitung der spezifischen Balanced Scorecard ausreichend sind. Vgl. Scheibeler (Balanced Scorecard 2001), S. 21. BASSEN/GRÖNE schlagen mit den Perspektiven Monetary Capital, Innovation Capital, Human Capital, Process Capital und Relationship Capital ein auf den ersten Blick abgewandeltes Perspektivenspektrum für Start-Up-Unternehmen vor, das sich allerdings bei näherer Betrachtung unter die vier klassischen Perspektiven subsumieren lässt. Vgl. Bassen/Gröne (Controlling 2003), S. 297 f. sowie Bassen/Gröne (Steuerung 2003), S. 236 ff.

Ableitung der Ziele und Messgrößen

Für jede der vier festgelegten Perspektiven sind in einem ersten Schritt konkrete Ziele zu formulieren, die in einem nächsten Schritt mit jeweils korrespondierenden Messgrößen unterlegt werden können.[1018] Dabei bieten die bereits herausgearbeiteten phasenspezifischen Unternehmensziele sowie die in der Wachstumsphase typischerweise auftretenden kritischen Führungsprobleme die Ansatzpunkte, aus denen die konkretisierten Ziele der einzelnen Balanced Scorecard-Perspektiven abgeleitet werden können. Durch die Orientierung an den wachstumsphasenspezifischen Unternehmenszielen wird die Abbildung der übergeordneten Unternehmensstrategie gewährleistet. Außerdem kann durch Berücksichtigung der kritischen Führungsprobleme im Rahmen der Ableitung der konkretisierten Ziele sichergestellt werden, dass die Steuerung junger Unternehmen auf die Rationalitätsengpässe in der Bewältigung dieser Probleme ausgerichtet wird.

In Abbildung 4-14 sind die Grundgedanken zu den Zielen und Messgrößen einer phasenspezifischen Balanced Scorecard für Unternehmen in der Wachstumsphase im Überblick dargestellt.

Finanzperspektive

Die übergeordnete strategische Zielsetzung eines Unternehmens in der Wachstumsphase wurde mit dem abstrakten Ziel des Unternehmenswachstums umschrieben. Diese vorgegebene Zielsetzung stellt spezielle Anforderungen an die finanzielle Perspektive der Balanced Scorecard.[1019] Das angestrebte Wachstum muss finanzierbar sein und den finanziellen Rahmenbedingungen und Anforderungen entsprechen. Das kritische Führungsproblem der Kapitalbeschaffung prägt daher die Finanzperspektive in entscheidender Weise. Als konkretisiertes Finanzziel in der Wachstumsphase lässt sich daher einerseits die Sicherung der Wachstumsfinanzierung (F1) ableiten. Regelmäßig bereitgestellte aktuelle Übersichten zum Stand der Beteiligungsverhandlungen, das Verhältnis von benötigtem zu verfügbarem Kapital sowie die Höhe des tatsächlich von Investoren bereitgestellten Beteiligungskapitals geben hierbei Aufschluss über den Zielerreichungsgrad im Rahmen der Strategieumsetzung.

1018 Bereits KAPLAN/NORTON empfehlen, die Kennzahlen der Finanzperspektive entsprechend der Entwicklungsphase des Unternehmens auszuwählen. Vgl. hierzu Kaplan/Norton (Balanced Scorecard 1996), S. 48 ff. Wenngleich sie diese Vorgehensweise nicht explizit auf die übrigen Perspektiven ausdehnen, erscheint dies durchaus sinnvoll und auch entsprechend möglich zu sein.

1019 SCHÄFFER/WEBER betonen, dass Wachstum zu einer ausgeprägten Knappheit an entscheidenden Ressourcen führen kann und dadurch insbesondere die finanzielle Perspektive der Balanced Scorecard betroffen ist. Vgl. Schäffer/Weber (Balanced Scorecard 2003), S. 229.

	Kritische Führungsprobleme und übergeordnete Unternehmensziele		Konkretisierte Ziele	Messgrößen
Finanzen (F)	Kapitalbeschaffung	F1	Sicherung der Wachstumsfinanzierung	• Verhältnis benötigtes zu verfügbarem Kapital • Höhe des von Investoren bereitgestellten Kapitals • Übersicht über Stand der Beteiligungsverhandlungen
		F2	Sicherstellung einer gesunden Kapitalstruktur	• Eigenkapitalquote • Verschuldungsgrad
	Liquidität	F3	Sicherung der jederzeitigen Zahlungsfähigkeit	• Liquide Mittel • Liquiditätskoeffizient
		F4	Möglichst schnelle Generierung eines positiven Cashflows	• Cashflow • Zeit bis zum positiven Cashflow
	Erreichen der Gewinnzone	F5	Sicherstellung eines profitablen Wachstums	• Entwicklung des operativen Ergebnisses
	Umsatzerhöhung	F6	Umsatzwachstum	• Umsatz • Umsatzwachstumsrate
Kunden (K)	Marktetablierung	K1	Erfolgreiche Markteinführung	• Marktanteil
		K2	Kundengewinnung	• Relativer Anteil Neukunden • Anteil erfolgreicher Akquisitionen im Verhältnis zu Interessenten
	Kundenbindung	K3	Aufbau von Kundenbeziehungen und Sicherstellung der Kundenzufriedenheit	• Anzahl der Kontakte pro Kunde • In die Kundenbeziehungen investierte Zeit • Wiederkaufrate • Anteil bestehender Kunden am Gesamtgeschäft • Produkt-Umtauschrate
		K4	Überwindung des Images eines Marktneulings	• Ausgaben für Marketing und Kommunikation • Anzahl Presseberichte
Interne Prozesse (P)	Komplexitätsbewältigung	P1	Aufbau von Informationssystemen	• Entwicklungsstand Rechnungswesen und Reporting
	Organisationsveränderungen	P2	Aufbau effizienter Organisationsstrukturen	• Hierarchieebenen • Prozentsatz der Entscheidungen, in denen Gründer involviert ist
Lernen und Entwicklung (L)	Beschaffung personeller Ressourcen	L1	Gewinnung qualifizierter Mitarbeiter	• Anzahl der Mitarbeiter • Qualifizierungsgrad der Mitarbeiter
	Bindung personeller Ressourcen	L2	Schaffung eines positiven Betriebsklimas	• Anzahl an Sozialevents • Mitarbeiterzufriedenheit
		L3	Steigerung der Attraktivität der Arbeitsplätze	• Anzahl der Weiterbildungsmaßnahmen
	Produktanpassungen	L4	Weiterentwicklung der Geschäftsidee gemäß Kundenpräferenzen	• Entwicklung der Reklamationen • Anzahl der durch Kundenfeedback erhaltenen und umgesetzten Verbesserungsvorschläge
	Nachfolgeprodukte	L5	Neuproduktentwicklung	• Anteil neuer Produkte am Umsatz • Anzahl neuer Patente

Abbildung 4-14: Grundkonzept einer Balanced Scorecard für Unternehmen in der Wachstumsphase

Neben der Sicherung der Wachstumsfinanzierung muss auch der Zusammensetzung des Gesamtkapitals Aufmerksamkeit geschenkt werden, um das Ziel der Sicherstellung einer gesunden Kapitalstruktur (F2) nicht zu gefährden. Mit den traditionellen Kennzahlen Eigenkapitalquote und Verschuldungsgrad stehen hierfür adäquate Messgrößen zur Verfügung. Das kritische Führungsproblem der Liquidität bildet einen weiteren Ansatzpunkt, aus dem sich finanzielle Ziele ableiten lassen. Der Sicherung der jederzeitigen Zahlungsfähigkeit (F3), welche mit den Messgrößen liquide Mittel und Liquiditätskoeffizient unterlegt werden kann sowie der möglichst schnellen Generierung eines positiven Cashflows (F4), messbar beispielsweise durch die Größen Cashflow und Zeit bis zum positiven Cashflow, kommen hierbei eine entscheidende Bedeutung zu, damit im Zuge der hohen wachstumsbedingten Ausgaben mit erst zeitlich versetzt korrespondierenden Einnahmen die planmäßige Unternehmensentwicklung nicht gefährdet wird. In finanzieller Hinsicht sind darüber hinaus die übergeordneten Unternehmensziele des Erreichens der Gewinnzone und der Umsatzerhöhung in der Wachstumsphase relevante Ansatzpunkte zur Ableitung weiterer konkretisierter Finanzziele. Hierbei lässt sich einerseits das Ziel der Sicherstellung eines profitablen Wachstums (F5) formulieren, welches beispielsweise mit der Entwicklung des operativen Ergebnisses messbar gemacht werden kann. Mit dem Ziel Umsatzwachstum (F6), unterlegt durch die Messgrößen Umsatz sowie Umsatzwachstumsrate, kann schließlich ein weiteres konkretisiertes Finanzziel generiert werden, das die Finanzperspektive komplettiert.

Kundenperspektive

In der Wachstumsphase eines Unternehmens ist die Marktetablierung ein kritisches Führungsproblem. Die Kundenperspektive ist daher entscheidend geprägt durch die konkretisierten Ziele der erfolgreichen Markteinführung (K1) sowie der Kundengewinnung (K2). Nur durch einen geglückten Markteintritt, messbar beispielsweise durch die Kennzahl Marktanteil, kann die Basis für das angestrebte Unternehmenswachstum gelegt werden. Die laufende Akquirierung von Kunden spielt hierbei eine wichtige Rolle. Sinnvolle Zielgrößen können dabei beispielsweise der relative Anteil von Neukunden oder der Anteil erfolgreicher Akquisitionen im Verhältnis zu Interessenten sein. Neben der Gewinnung von neuen Kunden ist auch dem kritischen Führungsproblem der Bindung bereits vorhandener Kunden an das Unternehmen Beachtung zu schenken. Diese Problematik lässt sich in dem konkretisierten Ziel des Aufbaus von Kundenbeziehungen und der Sicherstellung der Kundenzufriedenheit (K3) ausdrücken. Eine Reihe von Größen kommt hierbei in Betracht, welche diese Zielsetzung messbar machen. Neben der Anzahl der Kontakte pro Kunde und der in die

Kundenbeziehungen investierten Zeit ist an Messgrößen wie die Wiederkaufrate, der Anteil bestehender Kunden am Gesamtgeschäft oder die Produkt-Umtauschrate zu denken. Darüber hinaus kann dem kritischen Führungsproblem der Kundenbindung mit dem konkretisierten Ziel der Überwindung des Images eines Marktneulings (K4) begegnet werden. Wenn die Kunden das junge Unternehmen als ernst zu nehmenden Anbieter von Problemlösungen wahrnehmen und die negativen Assoziationen, die mit jungen Unternehmen meist verbunden sind, überwinden, wird die Wahrscheinlichkeit der Verwirklichung von stabilen Kundenbeziehungen erhöht. Der adäquaten Unternehmenskommunikation kommt hierbei eine entscheidende Bedeutung zu. Sinnvolle Zielgrößen können Kennzahlen wie die Ausgaben für Marketing und Kommunikation sowie die Anzahl der Presseberichte sein.

Interne Prozessperspektive

Mit zunehmender Unternehmensentwicklung sieht sich ein junges Unternehmen mehr und mehr mit wachstumsbedingten internen Veränderungen und den daraus resultierenden kritischen Führungsproblemen der Komplexitätsbewältigung und Organisationsveränderungen konfrontiert. Um Rationalitätsengpässen im Rahmen der Komplexitätsbewältigung begegnen zu können, ist es von entscheidender Bedeutung, die zunehmend komplexeren Strukturen und Arbeitsabläufe transparent zu machen. Zu diesem Zwecke ist in der internen Prozessperspektive das konkretisierte Ziel des Aufbaus von Informationssystemen (P1) zu formulieren, welches mit der Messgröße des Entwicklungsstands des Rechnungswesens und Reportings unterlegt werden kann. Um außerdem sicherzustellen, dass das Unternehmenswachstum einerseits nicht zu einer lähmenden Überforderung des Gründers durch ein Beibehalten der zentralistischen Prägung und andererseits nicht zu einem unkontrollierten Wildwuchs der Organisationsstruktur und den damit verbundenen Ineffizienzen im Unternehmen führt, steht mit dem Ziel des Aufbaus effizienter Organisationsstrukturen (P2) ein weiteres konkretes Prozessziel zur Verfügung, das unter anderem mit den Zielgrößen Hierarchieebenen und Prozentsatz der Entscheidungen, in denen der Gründer involviert ist, messbar gemacht werden kann.

Lern- und Entwicklungsperspektive

In der Wachstumsphase werden junge Unternehmen mit einem weiteren Führungsproblem konfrontiert, das aus der Notwendigkeit des Ressourcenaufbaus resultiert. Der Beschaffung und Bindung von personellen Ressourcen kommt in der Wachstumsphase eine besondere Bedeutung zu. Für die Balanced Scorecard-Perspektive Lernen und Entwicklung bedeutet dies, dass sie das konkretisierte Ziel der Gewinnung qualifizierter Mitarbeiter (L1) beinhalten muss, um diesem kritischen Problem Rechnung zu tragen. Dieses Ziel kann beispielsweise in die Messgrößen Anzahl der Mitarbeiter und Qualifizierungsgrad der Mitarbeiter heruntergebrochen werden. Das kritische Führungsproblem der Mitarbeiterbindung kann durch das konkrete Ziel der Schaffung eines positiven Betriebsklimas (L2) aufgegriffen werden. Mögliche Zielgrößen hierbei stellen die Anzahl an Sozialevents, also die Anzahl an Veranstaltungen zur Förderung des innerbetrieblichen Zusammenhalts sowie die Mitarbeiterzufriedenheit dar, die im Rahmen von Mitarbeiterbefragungen oder regelmäßigen Beurteilungsgesprächen festgestellt werden kann. Die Bindung personeller Ressourcen kann darüber hinaus mit dem Ziel der Steigerung der Attraktivität der Arbeitsplätze (L3) gefördert werden, welches sich unter anderem mit der Messgröße der Anzahl an Weiterbildungsmaßnahmen unterlegen lässt. Die Lern- und Entwicklungsperspektive muss allerdings in jungen Unternehmen einer weiteren Besonderheit Rechnung tragen, die sich auf die Entwicklungserfordernisse bezieht. Entscheidend für ein junges Unternehmen ist es, die ursprüngliche Geschäftsidee zum einen laufend an die Kundenbedürfnisse anzupassen und so zu einem marktgerechten Leistungsangebot zu vervollkommnen und zum anderen Nachfolgeprodukte zu entwickeln und anzubieten, um das Unternehmenswachstum auf eine solide Basis zu stellen. Daher ist die Lern- und Entwicklungsperspektive um das Ziel der Weiterentwicklung der Geschäftsidee gemäß Kundenpräferenzen (L4) zu ergänzen, welches durch Messgrößen wie Entwicklung der Reklamationen und Anzahl der durch Kundenfeedback erhaltenen und umgesetzten Verbesserungsvorschläge konkretisiert werden kann. Das Unternehmensziel der Bereitstellung von Nachfolgeprodukten kann durch die konkretisierte Zielsetzung der Neuproduktentwicklung (L5) aufgegriffen werden. Als mögliche Messgrößen hierfür kommen der Anteil neuer Produkte am Umsatz sowie die Anzahl neuer Patente in Betracht.

Die in verkürzter Form vorgestellten Grundgedanken zu einer Balanced Scorecard für die Wachstumsphase beinhalten eine Reihe von Messgrößen, die einerseits zwar in ihrer Gesamtheit die Spezifika eines jungen Unternehmens in der Wachstumsphase weitgehend abdecken, andererseits aber auch einen Umfang aufweisen, der in einen Implementierungs- und Pflegeaufwand mündet, welcher in jungen Unternehmen mit beschränkten Ressourcen oftmals nicht tragfähig ist. Entscheidend ist für ein junges Unternehmen daher, sich auf die wesentlichen der vorgeschlagenen Kenngrößen zu fokussieren. Die Bestimmung der wesentlichen Kenngrößen ist dabei vom konkreten Unternehmen und dessen individueller Strategie abhängig. Ein methodisches Hilfsmittel zur Reduzierung der Kenngrößen steht mit dem

„Konzept der Selektiven Kennzahlen“[1020] zur Verfügung. Durch eine bewusste Beschränkung der Kennzahlen in der Balanced Scorecard hin zu einem Konzept der ausgewogenen und fokussierten Kennzahlen kann die phasenspezifische interaktive Auseinandersetzung mit der Strategie im jungen Unternehmen gewährleistet werden, ohne die knappen Kapazitäten zu sprengen.

Abschließend soll nochmals betont werden, dass obige Ausführungen zu einer wachstumsphasenspezifischen Balanced Scorecard lediglich erste Grundgedanken darstellen, die in weiteren Forschungsanstrengungen zu vertiefen sind. Hierbei wäre die zusätzliche Berücksichtigung von empirisch ermittelten Erfolgsfaktoren für Unternehmen in der Wachstumsphase interessant,[1021] um letztlich eine phasenspezifische Balanced Scorecard in einer kombinierten Betrachtung von kritischen Führungsproblemen, übergeordneten Unternehmenszielen und empirisch ermittelten Erfolgsfaktoren zu generieren. Darüber hinaus müssten die dem Modell zugrunde liegenden Wirkungsbeziehungen im Detail analysiert werden. Dies verbietet sich an dieser Stelle, da es über den Rahmen der vorliegenden Arbeit hinausgehen würde.

4.3.2.7.4 Aus den Anforderungen an Controllinginstrumente abgeleitete Implikationen für den Einsatz der Balanced Scorecard

In den bisherigen Ausführungen wurde gezeigt, dass mit der Balanced Scorecard ein Controllinginstrument zur Verfügung steht, das sich derart spezifisch gestalten lässt, dass es als universelles Instrument einen wesentlichen Beitrag zur Erfüllung der konkreten Planungs-, Informations- und Kontrollaufgaben in der Wachstumsphase leisten kann. Ob die Balanced Scorecard dabei auch den Anforderungen an Controllinginstrumente in der Wachstumsphase gerecht wird, ist im Folgenden zu überprüfen. Abbildung 4-15 fasst die wesentlichen Ergebnisse dieser Analyse zusammen.

1020 Vgl. hierzu Weber/Schäffer (Kennzahlensysteme 1999), S. 8 ff.

1021 Vgl. hierzu beispielsweise Schwab/Weich (E-Business-Controlling 2001), S. 159.

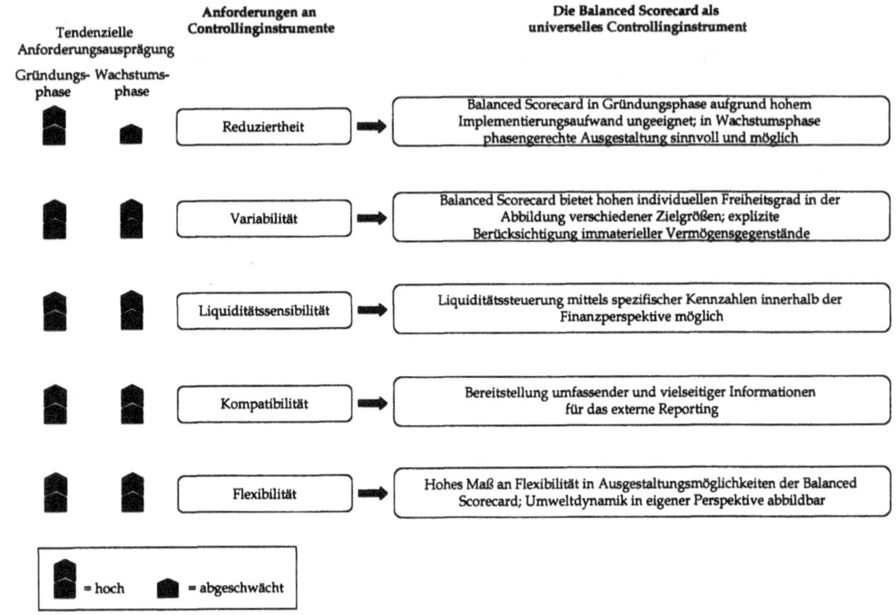

Abbildung 4-15: Überblick über die Eignung der Balanced Scorecard zur Erfüllung der veränderten Anforderungen an Controllinginstrumente in der Wachstumsphase

Junge Unternehmen sind durch die Problematik knapper Ressourcen gekennzeichnet. Für das Controlling impliziert dies, die Anforderung einer adäquaten **Reduziertheit** zu erfüllen. Die Balanced Scorecard ist hinsichtlich ihrer Implementierung als ein eher aufwendiges denn einfaches Controllinginstrument zu bezeichnen.[1022] In der Gründungsphase ist ihr Einsatz daher aufgrund hoher Ressourcenknappheit kontrainduziert. In der Wachstumsphase sind ein langsam ansteigender personeller Ressourcenbestand mit zunehmend spezialisierten Kenntnissen und Fähigkeiten sowie eine Steigerung der kaufmännischen Erfahrungen zu verzeichnen. Die Implementierung der Balanced Scorecard ist daher in der Wachstumsphase nicht nur sinnvoll, sondern auch in zeitlicher und fachlicher Hinsicht machbar. SCHÄFFER/WEBER sind sogar der Ansicht, dass durch den Einsatz der Balanced Scorecard einer Bürokratisierung im jungen Unternehmen entgegengewirkt werden kann, da sie darauf abzielt, Kennzahlensysteme strategieorientiert zu verschlanken und auf das wirklich Notwendige zu

1022 Vgl. Kaufmann (Strategie 2002), S. 35 f.; Gaiser/Greiner (Strategische Steuerung 2002), S. 204.

reduzieren.[1023] Sieht man das Instrument Balanced Scorecard zudem nicht isoliert, sondern im Wirkungsverbund mit dem Planungsinstrument Businessplan, so relativiert sich der mit der Einführung der Balanced Scorecard verbundene Aufwand. Da im Businessplan bereits die strategischen Grundausrichtungen für mehrere Jahre ausgearbeitet wurden und mit Hilfe der kritischen Erfolgsfaktoren eine längerfristige Marschrichtung eruiert wurde, ist der aufwendige Strategiebestimmungsprozess bereits als gegeben zu betrachten. Die strategischen Annahmen des Businessplans und die zugrunde liegenden Ziele für die Wachstumsphase können daher direkt in die Balanced Scorecard einfließen. Dabei darf allerdings nicht vergessen werden, dass die Balanced Scorecard per se unternehmensgesamtbezogen angelegt ist. Um konkret anwendbar zu sein, müsste eine Detaillierung über heruntergebrochene Scorecards für Abteilungen oder Mitarbeiter erfolgen. Dies stellt allerdings einen sehr aufwendigen Prozess dar, der die Kapazitäten im jungen Unternehmen sprengen würde. Aber auch hier ist die Balanced Scorecard nicht als isoliertes Controllinginstrument zu betrachten. Durch die Integration der Budgetierung in den Balanced Scorecard-Prozess kann die Konkretisierung der unternehmensbezogenen Aussagen mit relativ geringem Aufwand - da die Budgetierung ohnehin als zielführendes Planungsinstrument in der Wachstumsphase diagnostiziert wurde - durchgeführt werden.[1024]

Junge Unternehmen sind auch in der Wachstumsphase durch hohe Aufbauinvestitionen gekennzeichnet, die zu einem großen Teil in immaterielle Vermögensgegenstände erfolgen. Für das Controlling stellt sich in diesem Zusammenhang die Anforderung, variable Instrumente zum Einsatz zu bringen, die dieser Besonderheit Rechnung tragen. Mit der Balanced Scorecard steht ein Instrument zur Verfügung, welches die geforderte **Variabilität** in besonderer Weise beinhaltet. Während traditionelle Kennzahlensysteme in der Regel aus isolierten Bestandteilen bestehen und einseitig auf die finanzielle Dimension abstellen,[1025] bietet die Balanced Scorecard einen hohen individuellen Freiheitsgrad in der Abbildung verschiedener Zielgrößen.[1026] Sie enthält nicht nur finanzielle Kennzahlen, sondern bildet in den verschie-

1023 Vgl. Schäffer/Weber (Balanced Scorecard 2003), S. 226. Allerdings weisen WEBER/SCHÄFFER auch an anderer Stelle darauf hin, dass der Prozess der Entwicklung und Einführung einer Balanced Scorecard oft mehr Managementkapazitäten binden könne, als zunächst erwartet. Vgl. Weber/Schäffer (Kennzahlenmanagement 1999), S. 8.

1024 Vgl. Oehler (Balanced Scorecard 2002), S. 86. Die Integration der beiden Systeme wird auch von den Begründern der Balanced Scorecard mittlerweile befürwortet. Vgl. Kaplan/Norton (Strategiefokussierte Organisation 2001), S. 243 ff.

1025 Vgl. Hobi et al. (Balanced-Scorecard 1999), S. 58.

1026 Vgl. Nietzer (Controlling 2003), S. 446.

denen Dimensionen auch nichtmonetäre Messgrößen ab. Vorlaufende Indikatoren und damit die eigentlichen Leistungstreiber ergänzen traditionelle Ergebniskennzahlen.[1027] Aus diesem Grund eignet sich die Balanced Scorecard insbesondere zur Abbildung der in jungen Wachstumsunternehmen so bedeutsamen immateriellen Vermögensgegenstände. Die immateriellen Werte des Unternehmens, wie die Innovationsfähigkeit, die Kundenbindungsfähigkeit oder der Qualifizierungsgrad der Mitarbeiter spiegeln sich in den Scorecard-Perspektiven wider. Dadurch kann gewährleistet werden, dass Investitionen in zukunftsorientierte immaterielle Bereiche nicht zugunsten einer kurzfristigen Ergebnisorientierung vernachlässigt werden.[1028]

Junge Unternehmen sehen sich in der Gründungs- wie auch in der Wachstumsphase mit dem Problem negativer Cashflows konfrontiert. Controllinginstrumente sind daher auch in der Wachstumsphase gefordert, einen hohen Grad an **Liquiditätssensibilität** aufzuweisen. Die Balanced Scorecard vermag es, dieser Anforderung gerecht zu werden. Da sie darauf abzielt, ein ganzheitliches Abbild der Unternehmensentwicklung durch eine ausgewogene Darstellung qualitativer und quantitativer sowie strategischer und operativer Kennzahlen zu vermitteln, kann auch die in der Wachstumsphase erfolgskritische Liquiditätssituation fokussiert werden. In der Finanzperspektive wird die Liquiditätssteuerung explizit mittels spezifischer Kennzahlen verankert.

Da junge Unternehmen in der Wachstumsphase in der Regel auf externe Finanzierung angewiesen sind, weist die Controllinganforderung der **Kompatibilität** in dieser Phase einen hohen Ausprägungsgrad auf. Mit dem Instrument Balanced Scorecard wird eine bewusste Abkehr von Beurteilungsweisen herbeigeführt, die einseitig klassische Finanzkennzahlen zum Maßstab nehmen.[1029] Damit beinhaltet die Balanced Scorecard wesentlich weitgehendere Informationen, die für eine Kommunikation mit Investoren im Rahmen des externen Reportings genutzt werden können. Den Anforderungen und Informationsbedürfnissen der Kapitalgeber wird dadurch in besonderer Weise Rechnung getragen.[1030]

Unternehmen in der Wachstumsphase sind einer besonders dynamischen Umwelt ausgesetzt. Für das Controlling bedeutet dies, dass die eingesetzten Instrumente in ihrer Gesamt-

1027 Vgl. Schäffer/Weber (Balanced Scorecard 2003), S. 226.

1028 Vgl. Bernhard (Balanced Scorecard 2001), S. 23.

1029 Vgl. Schwab/Weich (E-Business-Controlling 2001), S. 158.

1030 Vgl. hierzu auch Fischer/Fischer (Controlling 2001), S. 29.

heit nur dann phasengerecht sind, wenn sie so flexibel sind, dass sie die Umweltdynamik erfassen. Die Balanced Scorecard wird dieser speziellen Anforderung gerecht, da sie ein hohes Maß an **Flexibilität** in ihren Ausgestaltungsmöglichkeiten aufweist. Sie fokussiert nicht einseitig isolierte Unternehmensbereiche, sondern zielt auf eine ausgewogene Darstellung verschiedener Zielgrößen ab. Dabei kann insbesondere durch die Kundenperspektive die unternehmensexterne Dynamik abgebildet werden.

Abschließend lässt sich sagen, dass die Balanced Scorecard nicht nur ein vielseitiges Instrument ist, das universell zur Bewältigung der vielschichtigen Controllingaufgaben in der Wachstumsphase einsetzbar ist, sondern dass sie auch eine Ausgestaltung, die den Anforderungen an Controllinginstrumente in der Wachstumsphase entspricht. Der Einsatz der Balanced Scorecard in jungen Unternehmen ist in der Literatur trotzdem umstritten. Insbesondere wird auf den hohen Implementierungsaufwand verwiesen, der mit diesem Instrument verbunden ist.[1031] Dem lässt sich jedoch entgegnen, dass mit der Beschränkung auf wesentliche Kenngrößen zu Beginn des Implementierungsprozesses und durch die Nutzung von Synergieeffekten mit bereits installierten Controllinginstrumenten die Balanced Scorecard den Bedingungen und Restriktionen der Wachstumsphase entsprechend ausgestaltet werden kann.[1032] Darüber hinaus kann eine Unterstützung durch institutionelle Investoren bei der Umsetzung des Balanced Scorecard-Projekts eine zusätzliche Aufwandsminderung bewirken.[1033]

4.3.3 Organisation des Controllings in der Wachstumsphase

Nachdem die Ziele, Aufgaben und Instrumente eines Controllings für Unternehmen in der Wachstumsphase analysiert wurden, soll im Folgenden auf die Organisation des Controllings in der Wachstumsphase als viertes konstituierendes Merkmal der Controllingkonzeption näher eingegangen werden. Dabei ist zunächst aus den situativen Bestimmungsgrößen von Unternehmen in der Wachstumsphase die konkrete phasengerechte Organisationsform des Controllings für Wachstumsunternehmen abzuleiten. Ist die wachstumsphasenoptimale

---

1031 So raten ALBOUNNI/KARAOGLU im Falle von jungen Unternehmen, von einer Implementierung der Balanced Scorecard vorerst abzusehen. Vgl. Albounni/Karaoglu (Balanced Scorecard 2004), S. 119.

1032 NIETZER befürwortet bereits ab der fortgeschrittenen Gründungsphase den Einsatz einer einfachen Balanced Scorecard. Vgl. Nietzer (Controlling 2003), S. 446. Auch SCHÄFFER/WEBER plädieren für eine wachstumsunternehmensspezifisch gestaltete Balanced Scorecard. Vgl. Schäffer/Weber (Balanced Scorecard 2003), S. 235. Ähnlich Bassen/Gröne (Controlling 2003), S. 297 f.

1033 Vgl. Achleitner/Bassen (Investor Relation und Controlling 2003), S. 580.

organisatorische Ausgestaltung bestimmt, sollen die daraus resultierenden Anpassungserfordernisse der Controllingorganisation im Übergang von der Gründungs- zur Wachstumsphase kurz thematisiert werden.

4.3.3.1 Aus den situativen Bestimmungsgrößen abgeleitete Implikationen für die organisatorische Ausgestaltung des Controllings in der Wachstumsphase

Die organisatorische Ausgestaltung des Controllings in der Wachstumsphase unterliegt Implikationen, die sich aus den situativen Bestimmungsgrößen junger Wachstumsunternehmen ableiten lassen. Es besteht daher die Notwendigkeit, bei der Analyse der unterschiedlichen organisatorischen Gestaltungsmöglichkeiten des Controllings in der Wachstumsphase die Merkmale junger Unternehmen sowie die daraus resultierenden Anforderungen an das Controlling zu berücksichtigen.

Zunächst ist gemäß bei dieser Vorgehensweise grundsätzlich zu prüfen, ob die Institutionalisierung einer Controllingstelle oder ein nicht-institutionalisiertes Controlling im Wachstumsunternehmen zu favorisieren ist. Unternehmen in der Wachstumsphase zeichnen sich nach wie vor durch das Merkmal der Unternehmerprägung aus, das jedoch im Vergleich zur Gründungsphase eine abnehmende Ausprägung aufweist. Konsequenterweise ist daher auch das Zentralisierungserfordernis des Controllings zwar noch gegeben, allerdings durch abnehmende Tendenz gekennzeichnet.

Die Controllingfunktion könnte daher in der Wachstumsphase vom Gründer weg einer eigenen - allerdings immer noch zentral angelegten - Stelle übertragen werden. Dies würde für die Institutionalisierung einer eigenen Controllingstelle sprechen. Die personelle Ressourcenknappheit lässt zwar in der Wachstumsphase nach, die Verfügbarkeit von Ressourcen ist jedoch noch nicht mit der Ressourcenausstattung etablierter Unternehmen vergleichbar. Zudem nimmt der Aufgabenumfang des Controllings zwar zu, ist aber aufgrund der überschaubaren Unternehmensgröße und Differenziertheit noch kalkulierbar.[1034] Daher ist es zum einen kaum gerechtfertigt und zum anderen ressourcenbedingt kaum durchführbar, in der Wachstumsphase eine eigene Stelle nur für Controllingtätigkeiten zu schaffen.

Der in der Wachstumsphase weiter steigende externe Finanzierungsbedarf bringt allerdings aufgrund der Erwartungen der Investoren ein Professionalisierungserfordernis im kaufmännischen und insbesondere im Controllingbereich mit sich, so dass es auch nicht mehr ziel-

---

1034 Vgl. Hartl (Kosten- und Erfolgscontrolling 2001), S. 56.

führend ist, die Controllingaufgaben beim ohnehin schon stark überlasteten Gründer zu belassen.[1035] Es erscheint daher sinnvoll, eine Stabsstelle einzurichten, welcher neben generellen Sonderaufgaben zur Entlastung der Geschäftsführung insbesondere auch die Controllingverantwortung übertragen wird. Hierbei bietet sich die Stelle einer Assistenz der Geschäftsleitung an.

Die Vorteile dieser organisatorischen Lösung liegen zum einen darin, dass die Assistenzstelle durch eine kaufmännisch qualifizierte Person mit Controllingbezug besetzt werden kann und dadurch die fachmännische Ausübung der in der Wachstumsphase anspruchsvoller werdenden Controllingaufgaben sichergestellt wird. Andererseits kann durch den Stabsstellencharakter der langsame Übergang zu dezentralen Strukturen gefördert werden. Zwar ist die Controllingfunktion immer noch eng an die Geschäftsführung gegliedert, wird aber von einem spezialisierten Mitarbeiter verantwortet.[1036] Zudem kann der immer noch vorherrschenden Ressourcenknappheit entsprochen werden, indem dieser Stelle neben den Controllingaufgaben auch andere Funktionen zugeordnet werden. Im Übergang zur Etablierungsphase kann die Assistenzstelle darüber hinaus relativ einfach in eine volle institutionalisierte Controllerstelle umgewandelt werden.

Als **Ergebnis** der Analyse der situativen Bestimmungsgrößen eines Wachstumsunternehmens kann somit festgehalten werden, dass in der Wachstumsphase ein (noch) nichtinstitutionalisiertes zentrales Controlling in Form einer Assistenzstelle mit Stabsstellencharakter nahe bei der Geschäftsleitung zielführend ist.[1037] Ergänzend kann in Sonderfällen – insbesondere im Rahmen der Implementierung komplexer Instrumente wie der Balanced

---

1035 KOSMIDER betont, dass die Wahrnehmung der Controllingfunktion durch den Geschäftsführer aufgrund der Doppelbelastung nur eine Übergangslösung sein kann. Vgl. Kosmider (Controlling im Mittelstand 1993), S. 196.

1036 KLETT ET AL. bemerken hierzu, dass durch die Angliederung der Controllingfunktion an die Geschäftsführung die schnelle Informationsversorgung gewährleistet werden kann und damit den Bedürfnissen des Gründers entsprochen wird. Vgl. Klett et al. (Controlling-Praxis 1996), S. 28.

1037 Diese organisatorische Lösung wird in der Literatur weitgehend bestätigt. So bemerkt DINTNER, dass ein wachsendes Kleinunternehmen aufgrund finanzieller Ressourcenknappheit die Alternative eines Direktionsassistenten favorisieren werde. Vgl. Dintner (Controlling 1999), S. 49. WEBER verweist darauf, dass ein vorhandener Assistent des Unternehmers mit den Controllingaufgaben zu betrauen sei. Vgl. Weber (Wachstumsschwellen 1995), S. 12 f. Ähnlich argumentiert STEINLE. Vgl. Steinle (Organsiation 2003), S. 31. WITT/WITT kommen zu dem Schluss, dass das Controlling innerhalb einer Linieninstanz direkt unterhalb der Geschäftsleitung mit der zusätzlichen Überantwortung von Sonderaufgaben im Sinne einer Stabsfunktion einzuordnen sei und spezielle Controllinghierarchien erst bei deutlich ansteigenden Unternehmensgrößen zu empfehlen seien. Vgl. Witt/Witt (Controlling 1996), S. 335. KLETT ET AL. betonen, dass mit zunehmendem Umfang und Komplexitätsgrad der Controllingaufgaben die Einrichtung einer Assistenzstelle der Geschäftsführung denkbar sei. Vgl. Klett et al. (Controlling-Praxis 1996), S. 28.

Scorecard - eine Controllingberatung durch Externe, speziell durch die externen Finanzierungspartner im Rahmen des Beteiligungsprozesses, erfolgen.[1038]

4.3.3.2 Anpassung der organisatorischen Ausgestaltung des Controllings im Übergang von der Gründungs- zur Wachstumsphase

Für die Gründungsphase wurde als zielführende organisatorische Ausgestaltungsform des Controllings das Self-Controlling durch den Gründer mit wesentlicher Unterstützung durch fachmännische externe Berater diagnostiziert. In der Wachstumsphase nimmt der Umfang der wahrzunehmenden Controllingaufgaben wie auch die Komplexität der einzusetzenden Instrumente zu. Der Gründer verfügt in dieser Phase weder über ausreichend kaufmännische Kenntnisse noch zeitliche Ressourcen, um diesen veränderten Bedingungen Rechnung tragen zu können, zumal er in der Wachstumsphase aufgrund der veränderten Führungsaufgaben ohnehin stark gefordert ist.

Die Etablierung einer Assistenzstelle direkt bei der Geschäftsführung eröffnet dem Gründer die Möglichkeit, relativ unproblematisch nach und nach Aufgaben genereller Art, aber auch Controllingaufgaben an einen in kaufmännischer Hinsicht spezialisierten Mitarbeiter zu übertragen. Dieser Übergang der Controllingfunktion kann dabei schrittweise entsprechend dem Aufgabenzuwachs erfolgen. Der Gründer wird dadurch entlastet, behält aber nach wie vor die ihm so wichtige Kontrolle und Übersicht, da die verantwortliche Stelle direkt bei ihm angesiedelt ist und eine absolut zeitnahe Informationsversorgung gewährleistet ist. Mit zunehmendem Unternehmenswachstums und damit einhergehender Ausweitung des Aufgabenumfangs und Instrumentenseinsatzes des Controllings kann die bislang noch nicht institutionalisierte Assistenzstelle in eine institutionalisierte Controllingstelle übergehen, welche zunächst zentral für den kompletten Controllingbereich verantwortlich ist und im Laufe der weiteren Unternehmensentwicklung entsprechend der Unternehmensdifferenzierung aufgegliedert werden kann. Durch diese Vorgehensweise wird ein allmählicher, den Anforderungen des jeweiligen Entwicklungsstadiums des Unternehmens angepasster Übergang der Controllingfunktion gewährleistet.

1038 Achleitner/Bassen (Investor Relation und Controlling 2003), S. 580.

4.3.4 Differenzierungen des Controllings in der Wachstumsphase

Mit den Zielen, Aufgaben, Instrumenten und der organisatorischen Ausgestaltung des Controllings wurde bislang der Kernbereich der Controllingkonzeption für Unternehmen in der Wachstumsphase analysiert und abgeleitet. Im Folgenden soll ein letzter Analyseschritt zur Verfeinerung dieses Kernbereichs unternommen werden, indem die Controllingkonzeption der Wachstumsphase gemäß den Gliederungskriterien der Zielbezogenheit, Objektbezogenheit, Planungsphasenbezogenheit sowie der Funktionsbezogenheit inhaltlich präzisiert wird. Dabei ist zu erwähnen, dass einige der in den folgenden Ausführungen dargestellten Differenzierungsaspekte bereits bei der Analyse zum Kernbereich der Controllingkonzeption implizit oder explizit angesprochen wurden. In diesem Abschnitt sollen sie allerdings noch einmal systematisch zusammengestellt werden.

4.3.4.1 Zielbezogene Differenzierung des Controllings: Liquiditäts- und Rentabilitätsorientierung

Die Controlling- bzw. die übergeordneten Unternehmensziele bilden den Bezugspunkt, aus dem sich das Differenzierungskriterium Zielbezogenheit ableitet. Dabei wird in erster Linie auf finanzielle Größen abgestellt, so dass sich eine Unterscheidung in ein primär rentabilitätsorientiertes und ein primär liquiditätsorientiertes Controlling vornehmen lässt.

In der Wachstumsphase eines Unternehmens steht neben dem Finanzziel der Liquiditätssicherung das Formalziel der Ertragsorientierung im Vordergrund. Das angestrebte Unternehmenswachstum sowie die dafür erforderlichen zukunftsträchtigen Investitionen können nur über die Realisierung eines positiven Ergebnisses finanziell abgesichert werden.[1039] Dementsprechend ist ein überproportionales Ertragswachstum im Vergleich zum Aufwandswachstum anzustreben. Da zudem die in der Wachstumsphase notwendigen Investoren mittelfristig eine Rendite ihres eingesetzten Kapitals erwarten, ist die Fokussierung der Rentabilität als primäre Zielgröße in der Wachstumsphase unbedingt erforderlich. Die Liquiditätsorientierung behält dabei auch in der Wachstumsphase ihre Bedeutung, da hierdurch dem Umstand Rechnung getragen werden kann, dass gerade in stark wachsenden Unternehmen die Gefahr von Liquiditätskrisen besonders hoch ist.[1040]

1039 Vgl. Beyer/Heberer (Erfolgsplanung 2000), S. 438.

1040 Vgl. Dintner (Controlling 1999), S. 48.

Letztlich lässt sich für das Differenzierungskriterium Zielbezogenheit also festhalten, dass die in der Gründungsphase primär fokussierte Liquiditätsorientierung in der Wachstumsphase durch die zusätzliche Zielgröße der Rentabilitätsorientierung ergänzt wird.[1041]

4.3.4.2 Objektbezogene Differenzierung des Controllings: Bereichscontrolling und ergänzendes Projektcontrolling

Der Kernbereich der Controllingkonzeption lässt sich ferner nach dem Kriterium Objektbezogenheit weiter differenzieren. Man unterscheidet hierbei das Bereichscontrolling, in dem ein zeitlich und örtlich abgegrenzter Unternehmensbereich Gegenstand der Controllingaktivitäten ist, und das Projektcontrolling, bei dem konkrete Projekte betrachtet werden, die nicht zwingend an zeitliche oder örtliche Grenzen gebunden sind.

Während das Controlling in der Gründungsphase sehr stark durch seinen Projektcharakter geprägt ist, gewinnt das bislang nur in Ansätzen vorhandene Bereichscontrolling in der Wachstumsphase mehr und mehr an Bedeutung. Das entscheidende Großprojekt der Unternehmensgründung ist mit dem Markteintritt abgeschlossen, so dass nun dem Erfordernis Rechnung getragen werden muss, das Unternehmen auch hinsichtlich des Controllings in zunehmend stabilere Strukturen zu überführen. Mit dem Ausbau des operativen Finanzsteuerungssystems in der Wachstumsphase wird der Fokus auf ein periodisch angelegtes Bereichscontrolling gesetzt, mit dem eine strukturierte Unternehmenssteuerung auf einer regelmäßigen Basis gesichert werden kann.

Perioden stellen allerdings nicht die einzigen objektbezogenen Dimensionen in der Wachstumsphase dar. Vielmehr sind auch in dieser Entwicklungsstufe, nach Abschluss des ersten Projektes der Gründung, projektbezogene Elemente festzustellen, die es erforderlich machen, das Bereichscontrolling durch ein Projektcontrolling zu ergänzen. Zu denken ist dabei an die Entwicklung von Nachfolgeprodukten, die im Rahmen eines Innovationscontrollings projektbezogen begleitet werden kann. Darüber hinaus können gerade in der Wachstumsphase Sonderaufgaben entstehen, die durch ein Projektcontrolling abgebildet werden können. Ist beispielsweise ein Börsengang zur Erschließung weiterer Finanzquellen oder im Zuge des Exits von institutionellen Eigenkapitalinvestoren geplant, sind die möglichen Unterstüt-

1041 SCHERRER beschreibt die Zielfunktion von Unternehmen in der Wachstumsphase als Erfolgs- bzw. Rentabilitätsorientierung unter der Nebenbedingung der Liquiditätssicherung. Vgl. Scherrer (Internes Rechnungswesen 2003), S. 251.

zungsleistungen des Controllings hierbei so umfangreich, dass diese Aufgaben in ein Projektcontrolling verankert werden können bzw. müssen.[1042]

Zusammenfassend lässt sich hinsichtlich der objektbezogenen Differenzierung des Controllings schließen, dass in der Wachstumsphase die Bedeutung des Bereichscontrollings zunimmt, das Projektcontrolling aber als ergänzende Ausprägungsform erhalten bleibt.

4.3.4.3 Planungsphasenbezogene Differenzierung des Controllings: Operatives und strategisches Controlling

Eine weitere Differenzierungsform des Controllings zielt auf dessen zeitlichen Bezug ab. Im Rahmen der planungsphasenbezogenen Differenzierung ist zwischen strategischem und operativem Controlling zu unterscheiden. Das strategische Controlling zielt auf die dauerhafte Existenzsicherung des Unternehmens durch eine primäre Fokussierung auf künftige Erfolgspotenziale ab, während das Ausschöpfen bereits vorhandener Ergebnispotenziale durch periodisierte Ergebnisbetrachtungen sowie Liquiditätssicherung Gegenstand des operativen Controllings ist.

Insbesondere in der frühen Gründungsphase eines Unternehmens, in der Planungsphase, spielt das strategische Controlling eine herausragende Rolle. Das operative Controlling gewinnt in der späteren Gründungsphase, der Aufbauphase, zunehmend an Bedeutung und rückt mit Eintritt in die Wachstumsphase in den Fokus der Betrachtung. Nur so kann den ansteigenden Differenzierungstendenzen des wachsenden Unternehmens Rechnung getragen und auf die wichtige Umsetzung der strategischen Planvorgaben abgezielt werden. Die in der Gründungsphase im Businessplan formulierte Unternehmensstrategie darf zwar auch in der Wachstumsphase nicht als für immer festgeschrieben betrachtet werden und ist im Rahmen des strategischen Controllings einer ständigen kritischen Überprüfung zu unterziehen, allerdings kommt der konkreten Verwirklichung der strategischen Ziele eine entscheidende Rolle zu.[1043] Mit den Instrumenten des operativen Controllings kann diese bedeutsame Aufgabe in der Wachstumsphase zielgerichtet unterstützt werden.

Insgesamt lässt sich also festhalten, dass im Übergang von der Gründungs- zur Wachstumsphase hinsichtlich der planungsphasenbezogenen Differenzierung des Controllings eine Schwerpunktverlagerung zugunsten des operativen Controllings zu vermerken ist, so dass

---

1042 Zu den einzelnen Aufgaben vgl. Bausch/Walter (Controlling 2002), S. 440.

1043 Vgl. Hartl (Kosten- und Erfolgscontrolling 2001), S. 55.

letztlich die Wachstumsphase durch ein stark ausgeprägtes operatives Controlling, ergänzt um das strategische Controlling, gekennzeichnet ist.

4.3.4.4 Funktionsbezogene Differenzierung des Controllings: Funktionsunabhängiges Zentralcontrolling

Mit der funktionsbezogenen Differenzierung des Controllings wird auf institutionale Controllingaspekte abgestellt. Man unterscheidet primär zwischen einem zentralen Controlling und einem dezentral ausgerichteten funktional aufgegliederten Controlling.

In der Wachstumsphase eines Unternehmens wurde die organisatorische Ausgestaltung des Controllings in Form einer nicht-institutionalisierten Stabsstelle nahe der Geschäftsleitung als zielführend diagnostiziert. In dieser Assistenzstelle werden sämtliche Controllingaufgaben und -verantwortlichkeiten gebündelt. Lediglich für die Implementierung von besonders komplexen Controllinginstrumenten wird auf die Unterstützung von externen Kapitalgebern zurückgegriffen, welchen allerdings keine direkte Controllingverantwortung zugewiesen wird. Diese Ausgestaltungsform ist daher durch einen hohen Zentralisierungsgrad gekennzeichnet. Die Controllingaufgaben werden zentral verankert. Eine funktionsbezogene Aufspaltung unterbleibt und wird erst dann zur zielführenden Organisationsform, wenn der Aufgabenumfang des Controllings und die Ressourcensituation es zulassen.

4.3.5 Zusammenfassende Darstellung der Controllingkonzeption für die Wachstumsphase

In diesem Abschnitt werden die bislang herausgearbeiteten Aspekte zum Controlling in der Wachstumsphase in eine Gesamtbetrachtung überführt, die einen abschließenden zusammenfassenden Überblick über das Controlling von Unternehmen in der Wachstumsphase geben soll.

Der Kernbereich der Wachstumscontrolling-Konzeption kann dabei folgendermaßen gekennzeichnet werden:

Für die Bestimmung der **Controllingziele** in der Wachstumsphase sind die übergeordneten Unternehmensziele maßgeblich. Die Ziele des Controllings bestehen dabei darin, Rationalitätsengpässe der Führung bei der Verfolgung der unmittelbaren Unternehmensziele - Erreichen der Gewinnzone als Formalziel und Liquiditätssicherung, Umsatzerhöhung, Produktanpassungen und Nachfolgeprodukte sowie Arbeitsteilung und Organisationsanpassung als Sachziele - auszugleichen. Zu diesem Zwecke hat das Controlling präzisierte Aufgaben zu formulieren und Instrumente bereitzustellen, mit denen die Rationalität im Rahmen der

Zielverfolgung und -realisierung erhöht werden kann, so dass die Operationalisierung der direkten Controllingziele also auch in der Wachstumsphase über die konkrete Formulierung von Controllingaufgaben und -instrumenten erfolgt.

Bezüglich der **Controllingaufgaben** lassen sich im Übergang von der Gründungs- zur Wachstumsphase folgende Schwerpunktverschiebungen feststellen. Mit zunehmendem Unternehmensentwicklungsstand und -differenzierungsgrad gewinnen die operativen Komponenten im Rahmen der Planungs- und Kontrollaufgabe mehr und mehr an Bedeutung. Die Informationsaufgabe erfährt eine Erweiterung dahingehend, dass die Informationsgewinnung und -aufbereitung durch die Informationsverteilung ergänzt wird. Zusätzlich zur Planungs-, Informations- und Kontrollaufgabe tritt in der Wachstumsphase die Koordination als entscheidende Controllingaufgabe in den Fokus der Betrachtung.

Auch die Zusammensetzung der **Controllinginstrumente** unterliegt im Übergang von der Gründungs- zur Wachstumsphase Modifikationen. Im Rahmen der Planungsinstrumente tritt die Budgetierung als den Businessplan ergänzendes operatives Instrument in Erscheinung. Ihr Komplement findet die Budgetierung in der Budgetkontrolle, welche als spezielle Form des Soll-Ist-Vergleichs in der Reihe der Kontrollinstrumente eine wichtige Stellung einnimmt. Mit der Weiterentwicklung des Rechnungswesens und der Implementierung des Reportings werden die Informationsinstrumente an die besonderen Bedingungen von Unternehmen in der Wachstumsphase angepasst. Darüber hinaus steht durch eine phasengerecht ausgestaltete Balanced Scorecard ein universelles Instrument zur Verfügung, das aufgabenübergreifend zu Planungs-, Informations- und Kontrollzwecken eingesetzt werden kann.

Aus der Analyse der situativen Bestimmungsgrößen von Unternehmen in der Wachstumsphase lässt sich ableiten, dass in Bezug auf die **organisatorische Ausgestaltung** ein nicht-institutionalisiertes zentrales Controlling in Form einer Assistenzstelle mit Stabsstellencharakter nahe bei der Geschäftsleitung zielführend ist.

Bezüglich der weitergehenden Differenzierungen des Kernbereichs der Controllingkonzeption für die Wachstumsphase lässt sich Folgendes festhalten:

Die **zielbezogene Analyse** führte zu dem Ergebnis, dass die in der Gründungsphase primär fokussierte Liquiditätsorientierung in der Wachstumsphase durch die zusätzliche Zielgröße der Rentabilitätsorientierung zu ergänzen ist. Bezüglich des Differenzierungskriteriums der **Objektbezogenheit** wurde herausgearbeitet, dass in der Wachstumsphase die Bedeutung des Bereichscontrollings zunimmt, das Projektcontrolling aber als ergänzende Ausprägungsform erhalten bleibt. Aus der **planungsphasenbezogenen Differenzierung** der Controllingkonzeption lässt sich schließen, dass die Wachstumsphase durch ein stark ausgeprägtes operatives Controlling gekennzeichnet ist, welches das strategische Controlling ergänzt. Hinsichtlich des Kriteriums der **Funktionsbezogenheit** ist auch in der Wachstumsphase ein funktionsunabhängiges Zentralcontrolling zielführend.

In Abbildung 4-16 werden die wichtigsten Ergebnisse der Analyse der Controllingkonzeption für Unternehmen in der Wachstumsphase abschließend dargestellt.

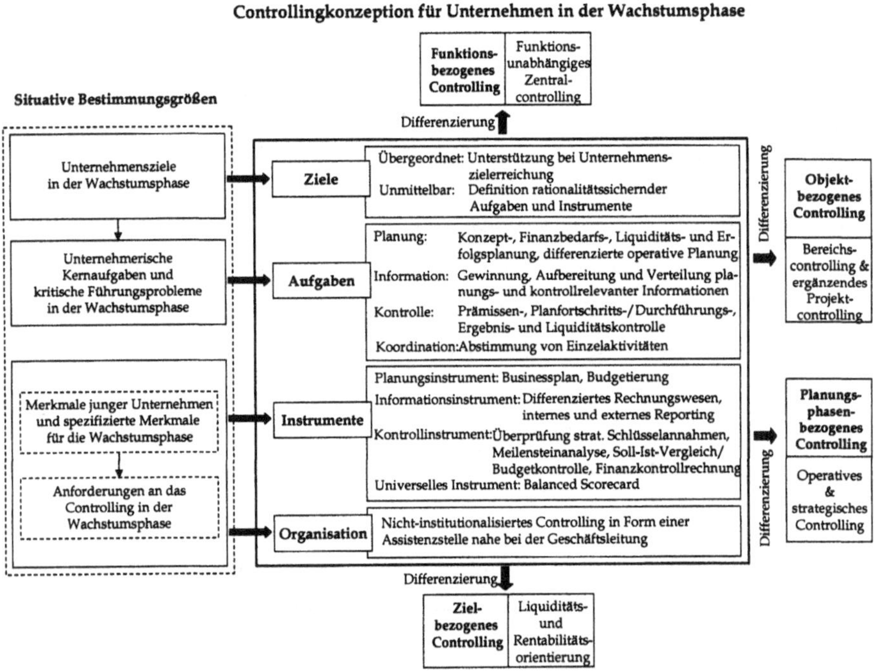

Abbildung 4-16: Zusammenfassende Darstellung der Controllingkonzeption für Unternehmen in der Wachstumsphase

4.4 Modulares Gesamtkonzept eines Controllings für Unternehmen in der Gründungs- und Wachstumsphase

Mit den folgenden Ausführungen sollen die Analyseergebnisse zum Controlling in der Gründungs- und in der Wachstumsphase in eine Gesamtbetrachtung überführt werden. Dabei ist zunächst auf den Übergang vom Controlling in der Gründungsphase zum Controlling in der Wachstumsphase und die damit verbundenen Anpassungserfordernisse einzugehen. Daraufhin werden die phasenspezifischen Controllingkonzeptionen in eine Gesamtkonzeption für junge Unternehmen eingebettet, welche das Controlling-Grundkonzept für die Gründungsphase in Form von Basismodulen sowie die Erweiterungsmodule zur phasengerechten Anpassung an die Erfordernisse der Wachstumsphase abbildet.

4.4.1 Die Controllingevolution - Übergang vom Controlling in der Gründungsphase zum Controlling in der Wachstumsphase

Ähnlich wie die Unternehmensentwicklung kann auch die Controllingentwicklung im Übergang von der Gründungsphase zur Wachstumsphase als ein Evolutionsschritt verstanden werden, der sich auf das Controlling als einen evolutionsfähigen Teil des Unternehmens bezieht.[1044] In der allgemeinen Literatur zur Controllingimplementierung wird vorgeschlagen, die Entwicklung des Controllings im Sinne einer geplanten Evolution zu vollziehen.[1045] Diese Form der Evolution vollzieht sich zunächst in einer Abfolge von überschaubaren Entwicklungsschritten des Controllings. Dabei knüpft jeder einzelne Schritt an den jeweils gegebenen Status quo an, indem Störungen in den bestehenden Systemen oder Änderungen in den Rahmenbedingungen über Anpassungsreaktionen laufend den Status quo der nachfolgenden Schritte prägen und so in der Entwicklung des Controllings Berücksichtigung finden.[1046] Dadurch werden mit jedem Schritt Erfahrungen gewonnen, die in die Weiterentwicklung des Controllings einfließen. Die Idee der geplanten Evolution liefert auch in Bezug auf die Controllingentwicklung im Übergang von der Gründungs- zur Wachstumsphase wertvolle Ansatzpunkte. Das reduzierte, in der Gründungsphase implementierte Basiscontrollingsystem bildet den Ausgangspunkt für eine laufende Adaption des Controllings. Dabei stellt der Wandel der situativen Bestimmungsgrößen den entscheidenden Einflussfaktor dar. Durch die veränderten Rahmenbedingungen im Übergang von der Gründungs- zur Wachstumsphase werden Schwerpunktverlagerungen in den Aufgaben des Controllings und Anpassungsreaktionen bezüglich der instrumentellen Ausgestaltung dieser Aufgaben ausgelöst.

1044 Vgl. Kosmider (Controlling im Mittelstand 1993), S. 178. Organisationen oder Teile eines Unternehmens können dann als evolutionsfähig bezeichnet werden, wenn sie sich auf die Möglichkeit einer offenen Zukunft uneingeschränkt einlassen. Vgl. hierzu Kirsch (Evolutionäre Führungskonzeption 1997), S. 643 ff.

1045 Vgl. Kronast (Controlling 1989), S. 193 ff.; Kirsch et al. (Denkmodell 1989), S. 128 f.

1046 Für ausführlichere Erläuterungen zur Idee der geplanten Evolution sei verwiesen auf Kirsch (Geplante Evolution 1997), S. 41 ff. sowie allgemeiner Kirsch et al. (Management 1979), S. 317 ff.

Die durch das Handeln unter sich ändernden Bedingungen gewonnenen Erfahrungen fließen dabei in die Anpassungsmaßnahmen ein und bewirken somit eine evolutorische Weiterentwicklung des Controllings, die mit dem Erreichen der Wachstumsphase noch nicht abgeschlossen ist. Vielmehr bleibt die Notwendigkeit zur permanenten Anpassung des Controllings an die der Unternehmensentwicklung folgenden Änderungen der Rahmenbedingungen bestehen, so dass auch im Übergang von der Wachstums- zur Reifephase[1047] Evolutionsschritte in der Controllingentwicklung zu verzeichnen sind, deren Grundstein mit dem Basiscontrollingsystem in der Gründungsphase gelegt wurde.

Der Übergang vom Controlling in der Gründungsphase zum Controlling in der Wachstumsphase lässt sich auch anhand des Modells der Bürokratie- und Chaosfalle treffend beschreiben.[1048] Mit der Implementierung eines Basiscontrollingsystems in der Gründungsphase wird ein wesentlicher Beitrag zur Eindämmung der mit einer unbewussten und intuitiven Unternehmensführung verbundenen Gefahren geleistet. Gleichzeitig kann mit der Reduziertheit dieses Basissystems vermieden werden, dass ein zu komplexes und hoch formalisiertes Controllingsystem zur Erstarrung des neu gegründeten Unternehmens und damit zum Auftreten der Bürokratiefalle führt. Mit der schrittweisen Anpassung des Basiscontrollingsystems um zielführende Erweiterungsmodule in der Wachstumsphase wird dem Umstand Rechnung getragen, dass die zunehmende Komplexität und die organisatorischen Veränderungen die Überschaubarkeit der unternehmerischen Abläufe erschweren. Durch ein differenzierteres Controlling und eine zunehmend formalisierte Steuerung in der Wachstumsphase kann der Gefahr, in eine führungslose Chaosfalle zu geraten, entgegengewirkt werden. Der Übergang des Controllings von der Gründungsphase zur Wachstumsphase stellt sich demnach als ein Ausbalancieren der Controllinggestaltung zwischen den Gefahren der Bürokratie- und Wachstumsfalle dar.

4.4.2 Gesamtkonzeption eines Controllings für die Gründungs- und Wachstumsphase

In Abbildung 4-17 werden das Basiscontrollingkonzept der Gründungsphase – dargestellt in Form seiner einzelnen Module – sowie die für die Wachstumsphase herausgearbeiteten Erweiterungsmodule veranschaulicht. Mit dieser zusammenfassenden Darstellung soll noch

---

1047 Zum Übergang von der Wachstums- zur Reifephase und den damit verbundenen Abgrenzungsschwierigkeiten vgl. Fallgatter (Entrepreneurship 2004), S. 27 f.

1048 Zur Bürokratie- und Chaosfalle vgl. Weber et al. (Business Intelligence 1999), S. 10 ff. sowie Schäffer/Weber (Balanced Scorecard 2003), S. 223 ff.

einmal verdeutlicht werden, dass die Controllingkonzeption für die Gründungsphase die Ausgangsbasis für die schrittweise Anpassung des Konzepts an die veränderten situativen Bedingungen der Wachstumsphase bildet. Die Module der Gründungskonzeption werden dabei in der Wachstumsphase nicht ersetzt, sondern vielmehr an die veränderten Bedingungen angepasst bzw. durch phasengerechte Erweiterungsmodule ergänzt.[1049]

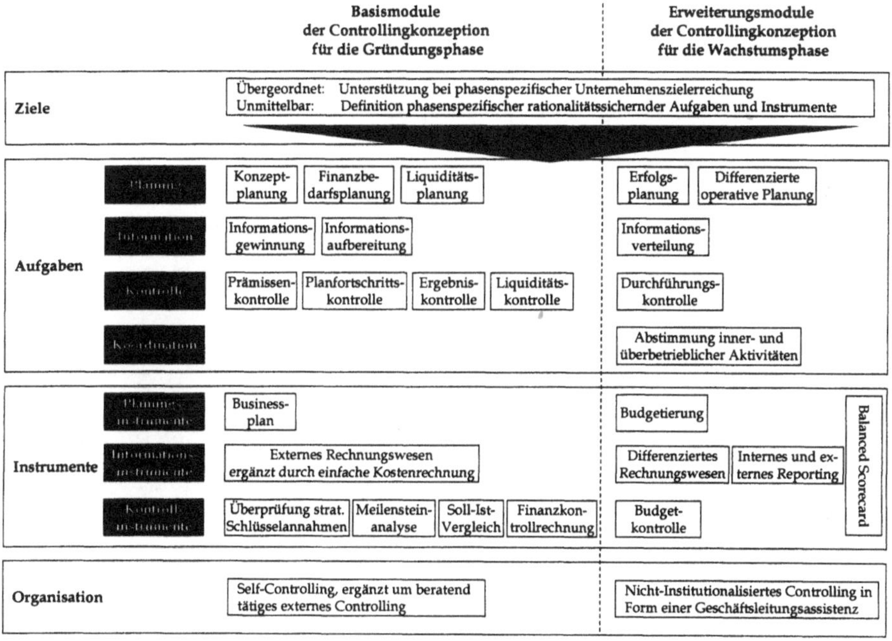

Abbildung 4-17: Modulare Gesamtkonzeption eines Controllings für Unternehmen in der Gründungs- und Wachstumsphase

1049 Hierbei ist anzumerken, dass in der vorliegenden Arbeit von einer expliziten Modellierung des Übergangsprozesses von der Gründungs- zur Wachstumsphase abgesehen wird. Die Betonung dieser prozessualen Sichtweise bleibt weiteren Forschungsarbeiten vorbehalten.

5. Ausgewählte empirische Aspekte zum Controlling und resultierende Implikationen für die Controllingkonzeptionen

In den bisherigen Ausführungen wurde ein konzeptioneller Rahmen zur phasenspezifischen Gestaltung des Controllings in jungen Unternehmen vorgestellt. Auf der Grundlage dieses theoretischen Gerüsts sollen im Folgenden die Ergebnisse einer Befragung zum Controlling in jungen Unternehmen dargestellt werden. Dabei ist zunächst die Zielsetzung dieser Untersuchung näher zu erläutern. Darauf aufsetzend ist das zugrunde gelegte Untersuchungsdesign darzustellen, welches Angaben zur Untersuchungsmethode und zum Untersuchungsobjekt, zur konkreten Vorgehensweise der Untersuchung sowie zum gewählten Auswertungsdesign enthält. Den inhaltlichen Kern dieses Abschnitts bilden die anschließende Darstellung der Untersuchungsergebnisse sowie die Analyse der Implikationen der Ergebnisse für die theoretisch abgeleiteten phasenspezifischen Controllingkonzepte, welche in präzisierte Controllingkonzeptionen mündet.

Letztlich soll mit den folgenden Ausführungen die Beantwortung der konkretisierten Forschungsfrage 3 ermöglicht werden:

Konkretisierte Forschungsfrage 3:
Können wesentliche Aspekte der theoretisch abgeleiteten Controllingkonzeptionen mittels theoriegeleiteter Fragen an die Praxis präzisiert werden?

5.1 Zielsetzung der Untersuchung

In der empirischen Controllingforschung kann in der jüngeren Vergangenheit ein zunehmendes Interesse am Untersuchungsobjekt junges Unternehmen festgestellt werden. Dies drückt sich in einer Reihe von Untersuchungen aus, die den Entwicklungsstand des Controllings in jungen oder kleinen und mittleren Unternehmen thematisieren.[1050] Dabei wird meist auf eine deskriptive Bestandsaufnahme der vorhandenen Controllingsysteme und insbeson-

1050 Zu nennen ist beispielsweise die empirische Untersuchung von KOSMIDER zur Gestaltung und Anwendung des Controllings in mittelständischen Industrieunternehmen. Vgl. Kosmider (Controlling im Mittelstand 1993), S. 88 ff. DINTNER/SCHORCHT führten eine empirische Untersuchung zum Controlling in mittelständischen Unternehmen des Raumes Thüringen durch. Vgl. Dintner/Schorcht (Controlling 1999), S. 67 ff. EXNER'S empirische Erhebung zielt auf eine deskriptive Bestandsaufnahme über die Verbreitung und Ausgestaltung des Controllings in Unternehmen der New Economy ab, wobei diese Unternehmen hinsichtlich ihrer wesentlichen Merkmale den wachstumsstarken Unternehmensgründungen gleichgestellt werden. Vgl. Exner (Controlling 2003), S. 91 sowie 183 ff. Vgl. hierzu auch Bassen/Gröne (Controlling 2003), S. 293 ff. und Bassen/Gröne (Steuerung 2003), S. 227 ff., die diese Problemstellung aus Sicht der Venture Capital Geber bearbeiten.

dere der eingesetzten Controllinginstrumente abgezielt. Die Untersuchungsergebnisse dieser empirischen Analysen belegen meist, dass in der Praxis kaum zufriedenstellende Lösungen vorliegen,[1051] sondern vielmehr ein fehlendes bzw. noch nicht gefestigtes Controllingverständnis vorherrscht und, wenn überhaupt, nur fragmentarische Subsysteme des Controllings zum Einsatz kommen.[1052]

Das (Haupt-)Ziel der folgenden empirischen Untersuchung ist nicht, eine weitere Bestandsaufnahme dieser Form zu generieren. Ihr primärer Ansatzpunkt sind nicht die vorhandenen Controllingsysteme und eingesetzten Controllinginstrumente in jungen Unternehmen, sondern die aus Sicht der befragten Gründer kritischen unternehmerischen Aufgaben in der Gründungs- und in der Wachstumsphase. Aus diesen Angaben sollen dann in einem zweiten Schritt Hinweise zur Gestaltung der phasenspezifischen Controllingkonzeptionen abgeleitet werden.

Diese Vorgehensweise lässt sich wie folgt begründen: Aus bereits vorhandenen - oben genannten - empirischen Untersuchungen ist hinreichend bekannt, dass dem Controlling in jungen Unternehmen bislang wenig Bedeutung beigemessen wurde. Es erscheint daher nicht sinnvoll, die Unternehmer primär nach diesem bekannten Sachverhalt zu befragen, zumal sich daraus keine Hinweise auf die Ausgestaltung eines zielführenden phasenspezifischen Controllings ableiten lassen. Lenkt man die Fragestellung der Untersuchung dagegen auf die von den Gründern als erfolgsbestimmend und in besonderem Maße kritisch erachteten unternehmerischen Aufgaben in den einzelnen Phasen, so lassen sich hieraus direkt Rückschlüsse auf die mögliche Ausgestaltung von Controllingaufgaben und der zugehörigen Instrumente ziehen. Diese Vorgehensweise knüpft an die theoretische Ableitung der phasenspezifischen Controllingkonzeptionen an, da auch dort die Controllingaufgaben im Wesentlichen aus den unternehmerischen Kernaufgaben und den daraus resultierenden kritischen Führungsproblemen abgeleitet wurden. Da das oberste Ziel des Controllings darin besteht, sicherzustellen, dass die gesamte Zielsetzung des Unternehmens durch die Unternehmensführung erreicht werden kann und das Hauptaugenmerk des Controllings daher auf die kritischen Führungsprobleme zu lenken ist, bei deren Bewältigung mit Rationalitätsengpässen gerechnet werden kann, bieten die von Gründern in der Praxis diagnostizierten kritischen Kernaufgaben der einzelnen Phasen ideale Ansatzpunkte für die Ableitung von Hinweisen

1051 Vgl. Bassen/Gröne (Controlling 2003), S. 297.

1052 Vgl. Dintner/Schorcht (Controlling 1999), S. 125 sowie 205.

zur Ausgestaltung der Controllingaufgaben und -instrumente. Der Schwerpunkt der vorliegenden empirischen Untersuchung wird aus diesem Grund auf die Überprüfung der theoretisch abgeleiteten Unternehmens- und Controllingaufgaben gelegt. Durch diese Schwerpunktsetzung ist die Untersuchung dahingehend selektiv, dass sie nicht sämtliche theoretisch analysierten situativen Bestimmungsgrößen thematisiert.

Die folgende Untersuchung beschränkt sich daher darauf, das komplexe Feld des Controllings in jungen Unternehmen hinsichtlich ausgewählter Aspekte zu beleuchten, um zum einen die theoretischen Überlegungen zum Controlling in der Gründungs- und in der Wachstumsphase zu verfeinern und dadurch jungen Unternehmen erste Ansätze für die phasengerechte Ausgestaltung des Controllings zu liefern und zum anderen Anhaltspunkte für weitere Forschungsbemühungen aufzuzeigen.

5.2 Untersuchungsdesign

Im Folgenden soll das für die vorliegende Problemstellung ausgewählte Untersuchungsdesign vorgestellt werden. Dabei sind die Untersuchungsmethode und das Untersuchungsobjekt zu spezifizieren, die konkrete Vorgehensweise der Untersuchung darzulegen sowie das gewählte Auswertungsdesign zu bestimmen. Zunächst sollen jedoch kurz die Hintergründe und generellen Rahmenbedingungen der Untersuchung erläutert werden.

5.2.1 Generelle Rahmenbedingungen der Untersuchung

Die empirische Untersuchung zum Controlling in jungen Unternehmen wurde in einem gemeinsamen Projekt mit der f.u.n. netzwerk | nordbayern gmbh durchgeführt. Die f.u.n. netzwerk | nordbayern gmbh ist ein regionales Unternehmernetzwerk, welches Gründung und Wachstum von innovativen Unternehmen mit verschiedenen Dienstleistungangeboten unterstützt. Eines dieser Angebote ist die regelmäßige Veranstaltung von Businessplan-Wettbewerben in der Region Nordbayern. Die Businessplan-Wettbewerbe richten sich an Gründer und junge Unternehmen und zielen darauf ab, diese mit Expertenwissen bei der Businessplanerstellung sowie durch gezielte Kpaitalvermittlung zu begleiten. Anlässlich des fünfjährigen Bestehens des Businessplan-Wettbewerbs Nordbayern wurden im Rahmen einer großflächigen Teilnehmerbefragung alle bisherigen Wettbewerbsteilnehmer gefragt, wie sich ihre Geschäftsideen und Unternehmen seit der Teilnahme am Businessplan-Wettbewerb weiterentwickelt haben. Diese allgemeinen Fragen zur Unternehmensentwicklung wurden durch einen spezifischen Fragenkomplex zum Controlling ergänzt, in welchem die bereits angesprochene Zielsetzung der Überprüfung ausgewählter Aspekte der phasenspezifischen Controllingkonzeptionen zum Ausdruck kommt.

Die Kooperation mit der f.u.n. netzwerk | nordbayern gmbh im Rahmen der Durchführung der empirischen Untersuchung hatte sowohl Einfluss auf die tatsächlichen Zielsetzungen der Untersuchung als auch auf die konkrete Auswahl des Untersuchungsobjekts. So mussten die eigentlichen, der vorliegenden Problemstellung dienenden Forschungsfragen durch zusätzliche Zielsetzungen bzw. Fragen ergänzt werden, die in keinem direkten Zusammenhang zum hier definierten Untersuchungsziel stehen, aber der Zielsetzung des Kooperationspartners entsprachen. Darüber hinaus wurde durch die Zusammenarbeit mit dem Kooperationspartner und die hierbei zur Verfügung stehende Unternehmensdatenbank das Untersuchungsobjekt in mehrerlei Hinsicht vorab festgelegt, was im Rahmen des folgenden Abschnitts näher erläutert wird.

5.2.2 Untersuchungsmethode und Untersuchungsobjekt

Zur Generierung der für eine empirische Untersuchung benötigten Daten stehen prinzipiell zwei unterschiedliche **Methoden** zur Verfügung. Im Rahmen der Sekundärdatenerhebung werden mittels einer Dokumentenanalyse bereits vorhandene Datensätze für die eigene Problemstellung herangezogen und statistisch ausgewertet, während in der Primärdatenerhebung die Daten zum empirischen Gegenstandsbereich mittels Befragungen direkt und speziell für ein bestimmtes Forschungsvorhaben erhoben werden.[1053] Da für die vorliegende Problemstellung kein zu den Forschungsfragen korrespondierendes bereits erhobenes Datenmaterial zur Verfügung stand und somit die Auswertung von Sekundärdaten nicht möglich war, musste eine Primärdatenerhebung durchgeführt werden.

Als spezifizierte Untersuchungsmethode im Rahmen der Primärdatenerhebung wurde die schriftliche Befragung gewählt. Diese Methodik bietet den entscheidenden Vorteil, dass die Fallzahl insbesondere im Vergleich zur sehr zeitintensiven Methode der mündlichen Befragung in Form von Experteninterviews auf einen interessanten Umfang ausgedehnt werden kann, ohne dabei Wirtschaftlichkeitsgesichtspunkte vernachlässigen zu müssen.[1054] Zudem wird die anonyme Erscheinungsform der schriftlichen Befragung als weiterer Vorteil her-

1053 Vgl. Kromey (Empirische Sozialforschung 2000), S. 510.

1054 Vgl. Geiseler (Finanzierungsverhalten 1999), S. 119; Dintner/Schorcht (Controlling 1999), S. 80. Zu den Vor- und Nachteilen der unterschiedlichen Datenerhebungsmethoden vgl. Kubicek (Messung 1980), Sp. 1785 ff. sowie Witte (Methodik 1980), Sp. 619 f.

ausgestellt, welche dem Befragten ein hohes Maß an Freiheit bei der Beantwortung garantiert und dadurch auch den Rücklauf steigert.[1055] Wenngleich den Vorteilen der schriftlichen Befragung die Nachteile der Gefahr von Mißverständnissen hinsichtlich der verwendeten Begriffe sowie von Ausfällen in der Datenbasis aufgrund lückenhafter Beantwortung gegenüberstehen,[1056] erscheint diese Untersuchungsmethode für die vorliegende Problemstellung trotzdem als geeignet und den alternativen Methoden überlegen.

Im Anschluß an die Festlegung der Datenerhebungsmethode ist die Auswahl der Erhebungseinheiten zu treffen und damit das **Untersuchungsobjekt** zu spezifizieren. Wie bereits erwähnt, wurde die Auswahl aufgrund der gemeinschaftlichen Durchführung der Untersuchung mit der f.u.n. netzwerk | nordbayern gmbh und des hierbei zur Verfügung stehenden Datenmaterials geprägt.

Die angestrebte Grundgesamtheit, d.h. die Menge der Fälle, die für die Untersuchung als potentielle Informanten in Frage kommen,[1057] lässt sich grundsätzlich als diejenige Menge an jungen Unternehmen im Bundesgebiet definieren,[1058] deren Geschäftsgrundlage auf einer innovativen Geschäftsidee basiert. Mit dieser eigentlichen Grundgesamtheit steht ein Erhebungspotenzial zur Verfügung, bei dem davon ausgegangen werden kann, dass es gültige Aussagen für die Fragestellung der Untersuchung liefert. Grundlage für die Auswahl der Stichprobe aus dieser Grundgesamtheit bildete die Unternehmensdatenbank des Kooperationspartners.

Die Ausgangsstichprobe umfasst daher 689 junge Unternehmen der Region Nordbayern, die zwischen 1998 und 2003 am Businessplan-Wettbewerb Nordbayern teilgenommen haben. Die Zusammensetzung der Stichprobe beruht daher nicht auf einer Zufallsauswahl, sondern wurde gezielt - zum einen anhand des regionalen Zugehörigkeitskriteriums und zum anderen anhand des Kriteriums der Teilnahme am Businessplan-Wettbewerb - festgelegt. Eine Generalisierung der Untersuchungsergebnisse in Bezug auf alle jungen Unternehmen in der

1055 Vgl. Friedrichs (Methoden 1990), S. 236 f.

1056 Zu weiteren Nachteilen der schriftlichen Befragung vgl. Dintner/Schorcht (Controlling 1999), S. 80 f.

1057 Diese Menge wird auch als „target population" oder „eigentliche Grundgesamtheit" bezeichnet. Vgl. Kromrey (Empirische Sozialforschung 2000), S. 253.

1058 Wobei unter die Gruppe der jungen Unternehmen alle diejenigen Unternehmen subsumiert werden, die sich in der Gründungs- oder Wachstumsphase befinden. Vgl. hierzu Abschnitt 2.1.2.2.

Bundesrepublik Deutschland ist daher nicht möglich und in diesem Rahmen auch nicht angestrebt.[1059]

Wenngleich das gewählte Auswahlverfahren mit Einschränkungen bezüglich der Repräsentativität der Ergebnisse verbunden ist, kann mit ihm gleichwohl eine Ausgangsstichprobe generiert werden, die in Bezug auf die Merkmale der Untersuchungseinheiten den in den theoretischen Betrachtungen abgegrenzten Unternehmungen entspricht. Da die Zielgruppe des Unterstützungsangebots der f.u.n. netzwerk | nordbayern gmbh innovative junge Unternehmen sind, deren Geschäftsidee bei der Teilnahme am Businessplan-Wettbewerb unter anderem auch auf ihr innovatives Potenzial hin geprüft wird, ist davon auszugehen, dass die auf der Teilnehmerdatenbank beruhende Ausgangsstichprobe tatsächlich aus Unternehmen besteht, die sich in einer frühen Lebenszyklusphase befinden und darüber hinaus auf einer innovativen Geschäftsidee beruhen.[1060] Damit kann die bewußt ausgewählte Ausgangsstichprobe zunächst als grundsätzlich geeignet für die Ableitung erster, wenn auch nicht repräsentativer Hinweise zu ausgewählten empirischen Aspekten des Controllings in jungen Unternehmen angesehen werden.

Eine weitere Besonderheit erfährt die Ausgangsstichprobe dadurch, dass sich sämtliche Untersuchungseinheiten aufgrund ihrer Teilnahme am Businessplan-Wettbewerb dadurch auszeichnen, dass zumindest anlässlich des Wettbewerbs ein Businessplan für die innovative Geschäftsidee erstellt wurde. Damit scheint also auf den ersten Blick in allen Untersuchungseinheiten ein gewisses Mindestinstrumentarium an Controlling vorhanden zu sein, was eine weitere Einschränkung für die Stichprobenauswahl bedeutet. Wenngleich die Existenz eines Businessplans in den untersuchten Einheiten gegeben ist, ist es jedoch fraglich, ob das Controllinginstrument Businessplan in diesen Unternehmungen auch als solches genutzt wird. Durch diese zunächst als Einschränkung erscheinende Besonderheit der Untersu-

1059 Das Auswahlverfahren der bewußten Stichprobenauswahl bietet sich für die vorliegende Problemstellung nicht nur aufgrund der Rahmenbedingungen des Gemeinschaftsprojektes an, sondern auch aufgrund der Tatsache, dass die empirische Untersuchung lediglich erste Hinweise auf die Sicht der Praxis in einem relativ unergründeten Forschungsgebiet liefern soll. KROMREY betont in diesem Zusammenhang, dass sich bewußte Stichprobenauswahlen insbesondere im Falle deskriptiver Forschung für Analysen mit eng eingegrenzten Fragestellungen sowie für Vorklärungen in Problembereichen, in denen noch relativ wenig Basiskenntnisse vorhanden sind, eignen. Vgl. Kromrey (Empirische Sozialforschung 2000), S. 263.

1060 Es kann weiterhin davon ausgegangen werden, dass es sich bei den Untersuchungseinheiten um originäre selbständige Gründungen und somit um Unternehmensgründungen im engeren Sinne handelt, da die jungen Unternehmen als Teilnehmer des Businessplan-Wettbewerbs in der Regel auch darauf abzielen, das Unterstützungsangebot der Kapitalvermittlung des Kooperationspartnersf.u.n. netzwerk | nordbayern gmbh zu nutzen.

chungsauswahl ergibt sich somit ein interessanter instrumenteller Aspekt, den es im Verlauf der Auswertung der Befragungsergebnisse näher zu beleuchten gilt.

Die festgesetzte Ausgangsstichprobe konnte im Laufe der Untersuchung weiter differenziert werden. Von den 689 prinzipiell zur Verfügung stehenden Untersuchungseinheiten konnte lediglich für 497 Unternehmen eine abschließende Aussage über deren Existenz getroffen werden. Für die verbleibenden Untersuchungseinheiten lagen zum Zeitpunkt der Befragung keinerlei Kontaktmöglichkeiten mehr vor. Bezüglich der 497 kontaktierbaren Untersuchungseinheiten konnte festgestellt werden, dass 278 Unternehmen tatsächlich noch am Markt tätig sind. Hinsichtlich der für die vorliegende Problemstellung entscheidenden Fragenkomplexe zum Controlling in jungen Unternehmen waren die Angaben von 205 Untersuchungseinheiten verwertbar. Die tatsächliche Stichprobe und somit die tatsächliche Anzahl an Untersuchungseinheiten, deren Angaben in die Auswertungsverfahren einfließen (Verwertungsgesamtheit), beträgt somit 205 Einheiten.

Tabelle 5-1 fasst die wesentlichen Spezifizierungen des Untersuchungsobjekts überblicksweise zusammen.

Ausgangsstichprobe (prinzipiell zur Verfügung stehende Untersuchungseinheiten)	**689**
Kontaktierbare Untersuchungseinheiten	**497**
davon am Markt tätig	**278**
Tatsächliche Stichprobe (auswertbare Controllingfragebögen)	**205**

Tabelle 5-1: Spezifizierung des Untersuchungsobjekts

5.2.3 Vorgehensweise der Untersuchung

Der Ablauf der empirischen Untersuchung zum Controlling in jungen Unternehmen kann in sieben Phasen gegliedert werden.

1. Phase: Formulierung und Analyse der Problemstellung

Die theoretische Ableitung der Controllingkonzeptionen junger Unternehmen bildet den Ausgangspunkt für die Formulierung und den Analyserahmen der Problemstellung der empirischen Untersuchung. Im Rahmen der theoretischen Ausführungen konnten als maßgebliche Faktoren für die Erstellung der Controllingkonzeptionen verschiedene situative Bestimmungsgrößen von Unternehmen in der Gründungs- und Wachstumsphase festgestellt werden. Mit der vorliegenden empirischen Untersuchung soll in erster Linie an diesen Bestimmungsgrößen angesetzt werden. Insbesondere durch die Befragung der Gründer nach den aus ihrer Erfahrung heraus bedeutsamsten bzw. kritischen unternehmerischen Aufgaben in den einzelnen Frühentwicklungsphasen des Unternehmens soll ein erster Eindruck darüber gewonnen werden, welche Ansatzpunkte das Controlling im Rahmen der Rationalitätssicherung der Führung wahrnehmen kann und ob diese Ansatzpunkte den theoretisch abgeleiteten Aspekten entsprechen.

2. Phase: Erstellung des Fragebogens

Der Fragebogen gliedert sich in zwei - auch optisch - voneinander abgegrenzte Teile.[1061] Im ersten, auf den Umfang einer DIN A4-Seite beschränkten Teil wurden allgemeine Angaben zur Entwicklung der Geschäftsidee und zum Unternehmen sowie zur Nutzung der Angebote des netzwerk|nordbayern platziert. Mit diesem Teil wurde darauf abgezielt, Informationen für den Kooperationspartner und dessen interne Statistik zu generieren. Der zweite - drei DIN A4-Seiten umfassende - Fragebogenteil enthält die für die vorliegende Problemstellung relevanten Fragen. Dabei wurden zunächst einleitende Sachfragen gestellt, die auf den Entwicklungsstand des Unternehmens und die individuelle Einschätzung zur Controllingpräsenz und -bedeutung im Unternehmen abstellen. Der anschließende Fragenkomplex konzentriert sich auf die Schlüsselfragen zu den entscheidenden unternehmerischen Aufgaben in den einzelnen Frühentwicklungsphasen des Unternehmens. Der Fragebogen endet mit einer Abfrage zum Einsatz und Bekanntheitsgrad von Controllinginstrumenten sowie zur konkreten organisatorischen Ausgestaltung des Controllings in den befragten Unternehmen.

1061 Die volle Textversion des Fragebogens ist im Anhang dieser Arbeit abgebildet.

Bei der Gestaltung des Fragebogens kamen ausschließlich geschlossene, standardisierte Fragen sowie vorstrukturierte standardisierte Fragen mit der Möglichkeit, eigene Antworten zu ergänzen, zum Einsatz.[1062]

3. Phase: Pretest des Fragebogens

Vor der Durchführung der Hauptuntersuchung wurde ein Pretest des Fragebogens initiiert, um durch eine Überprüfung der Verständlichkeit, Struktur und Widerspruchsfreiheit der Fragen den Erhalt zuverlässiger und gültiger Antworten zu gewährleisten. Hierfür wurde der Fragebogen von der Geschäftsführung eines jungen Unternehmens sowie von einem Geschäftsführer der f.u.n. netzwerk | nordbayern gmbh ausgefüllt. Das in der anschließenden Diskussion erhaltene Feedback zum Fragebogen wurde in dessen endgültiger Form berücksichtigt.

4. Phase: Auswahl der Untersuchungseinheiten

Im Rahmen der Ausführungen zum Untersuchungsobjekt wurde bereits betont, dass die Auswahl der Untersuchungseinheiten durch die Zusammenarbeit mit dem Kooperationspartner geprägt wurde. Grundlage für die Ausgangsstichprobe bildete dementsprechend die Unternehmensdatenbank des netzwerk | nordbayern.[1063]

5. Phase: Durchführung der Befragung

In den Sommermonaten des Jahres 2003 wurde die Ausgangsstichprobe zunächst auf ihre Kontaktierbarkeit hin analysiert. Es musste festgestellt werden, dass 28% der gewählten Untersuchungseinheiten nicht mehr kontaktiert werden können. Den verbleibenden 497 Einheiten wurde daraufhin in den Monaten August und September 2003 der Fragebogen mit entsprechend formulierten Anschreiben und der Bitte um fristgerechte Beantwortung zugesandt.

6. Phase: Telefonisches Nachfassen

In der darauffolgenden Phase wurden diejenigen Untersuchungseinheiten, die bis zur angegebenen Rücksendefrist nicht geantwortet hatten, telefonisch kontaktiert und auf diesem Wege noch einmal persönlich um die Teilnahme an der Fragebogenaktion gebeten.

1062 Der Vorteil dieser Frageformen liegt insbesondere darin, dass der Komplexitätsgrad der Fragestellung durch kategorisierte Antworthilfen vermindert werden kann und somit eine Konkretisierung des Frageinhalts herbeigeführt wird. Vgl. hierzu Picot et al. (Unternehmensgründungen 1989), S. 69 f.

1063 Zu ausführlicheren Begründungen der Stichprobenauswahl vgl. Abschnitt 5.2.2.

7. Phase: Auswertung der Daten und Darstellung der Ergebnisse sowie der Implikationen für eine Präzisierung der Controllingkonzeptionen

Die letzte Phase der Untersuchung bildet die Auswertung und Analyse der gewonnenen Daten, um hieraus Implikationen für die Präzisierung der theoretisch abgeleiteten Controllingkonzeptionen der einzelnen Phasen ermitteln zu können. Nähere Ausführungen zum Auswertungsdesign werden im folgenden Abschnitt dieser Arbeit vorgenommen, bevor in Abschnitt 5.3 die Untersuchungsergebnisse präsentiert und im Abschnitt 5.4 mit den theoretischen Controllingkonzeptionen in Verbindung gebracht werden.

5.2.4 Auswertungsdesign

Die mit der gewählten Untersuchungsmethode erfassten Daten liegen zunächst in ungeordneter und unübersichtlicher Form vor. Mit Hilfe von statistischen Auswertungsverfahren wird daher darauf abgezielt, diese Daten zu ordnen, in überschaubarer Form darzustellen und zu beschreiben, um sie auf dieser Basis analysieren und interpretieren zu können. In der vorliegenden Problemstellung kommen hierfür ausschließlich Auswertungsverfahren der deskriptiven Statistik zur Anwendung. Der deskriptiven Statistik wird in der Literatur eine Doppelfunktion zugeschrieben. Sie ist nicht nur das direkte Instrumentarium zur Beschreibung von Datenmaterial, sondern fungiert darüber hinaus auch als Vorstufe bzw. unmittelbares Werkzeug zur Analyse von Datenmaterial.[1064] Sie unterscheidet sich von der induktiven Statistik in erster Linie dadurch, dass sie davon absieht, von den Stichprobenwerten ausgehende Schlußfolgerungen für die Grundgesamtheit zu ziehen.[1065] Allein schon aufgrund des Repräsentationsschlusses der induktiven Statistik und der damit verbundenen Voraussetzung, dass den erhobenen Daten eine Zufallsstichprobe zugrunde liegen muss, korrespondieren die Auswertungsmethoden der induktiven Statistik nicht mit dem Datenmaterial der vorliegenden Untersuchung sowie dem allgemeinen frühen Forschungsstand der Problemstellung. Nicht zuletzt deshalb erscheinen weniger komplexe deskriptive Auswertungsmethoden ausreichend und zielführend. Insbesondere die Verfahren zur Erstellung univariater Häufigkeitsverteilungen[1066] bieten den Vorteil eines hohen Bezugs zum vorhan-

---

1064 Während HARTUNG die deskriptive Statistik als „Vorstufe" der Datenanalyse bezeichnet, betont BOURIER, dass einzelne Verfahren der deskriptiven Statistik oft schon der Analyse, und nicht mehr nur der Darstellung der Daten zugerechnet werden. Vgl. Hartung (Statistik 2002), S. 15; Bourier (Statistik 2001), S. 64.

1065 Vgl. Kromrey (Empirische Sozialforschung 2000), S. 393.

1066 Zu den Verfahren der univariaten Häufigkeitsverteilungen vgl. beispielsweise Bomsdorf (Statistik 1999), S. 17 ff. sowie Schlittgen (Statistik 1998), S. 13 ff.

denen Datenmaterial und schaffen durch eine zielgerichtete Komprimierung der gewonnenen Informationen die Möglichkeit, erste Strukturen in den Beobachtungsdaten zu erkennen. Die Darstellung der Verteilung der Häufigkeiten erfolgt dabei in Form von absoluten und relativen Häufigkeitsauswertungen.[1067]

5.3 Darstellung der Untersuchungsergebnisse

Im Folgenden sollen die zentralen Ergebnisse der empirischen Untersuchung vorgestellt werden. Dabei werden zunächst die Struktur der tatsächlichen Stichprobe sowie der Entwicklungsstand des Controllings in den befragten Untersuchungseinheiten näher beleuchtet. Im Anschluß daran werden die Einschätzungen der Befragten zu den kritischen unternehmerischen Aufgaben in der Gründungs- und Wachstumsphase vorgestellt, welche als Grundlage für die Ableitung von ersten Anregungen zur Präzisierung der theoretisch erarbeiteten phasenspezifischen Controllingkonzeptionen dienen.

5.3.1 Struktur der Stichprobe

Die tatsächliche Stichprobe kann hinsichtlich verschiedener Merkmale näher spezifiziert werden. Neben der regionalen Verteilung der Untersuchungseinheiten wird auf die Branchenzugehörigkeit, das Gründungsjahr sowie die Phasenzugehörigkeit der befragten Unternehmen eingegangen.

5.3.1.1 Regionale Verteilung

Abbildung 5-1 gibt einen Überblick zur regionalen Verteilung der Untersuchungseinheiten.

Regionale Verteilung	Anzahl der Untersuchungs-einheiten	Prozentualer Anteil
Unterfranken	40	19,5%
Mittelfranken	92	44,9%
Oberfranken	32	15,6%
Oberpfalz	41	20,0%
Summe	**205**	**100,0%**

Abbildung 5-1: Regionale Verteilung der Untersuchungseinheiten

1067 Zur absoluten und relativen Häufigkeitsverteilung siehe Vogel (Statistik 2000), S. 10 ff.

Da die Ausgangsstichprobe durch das Datenmaterial des in Nordbayern agierenden Kooperationspartners determiniert wurde und damit einer Einschränkung in regionaler Hinsicht unterlag, verteilt sich auch die Verwertungsgesamtheit ausschließlich auf nordbayerische Regierungsbezirke. Mit knapp 45% ist annähernd die Hälfte der befragten Unternehmen in Mittelfranken ansässig, während sich die übrigen Untersuchungseinheiten nahezu gleichmäßig auf die Bezirke Oberpfalz, Unterfranken und Oberfranken verteilen. Die Dominanz der mittelfränkischen Untersuchungseinheiten in der Verwertungsgesamtheit erklärt sich aus der - im Vergleich zu den übrigen genannten Bezirken - hohen Einwohner- und Unternehmensdichte des Regierungsbezirks Mittelfranken.[1068]

5.3.1.2 Branchenzugehörigkeit

Die befragten Unternehmen lassen sich grundsätzlich vier unterschiedlichen Branchen zuordnen, wie in Abbildung 5-2 grafisch veranschaulicht.

Branchenzugehörigkeit	Anzahl der Untersuchungseinheiten	Prozentualer Anteil
IuK	60	29,3%
Life Science	35	17,1%
Technology	41	20,0%
Service	69	33,6%
Summe	**205**	**100,0%**

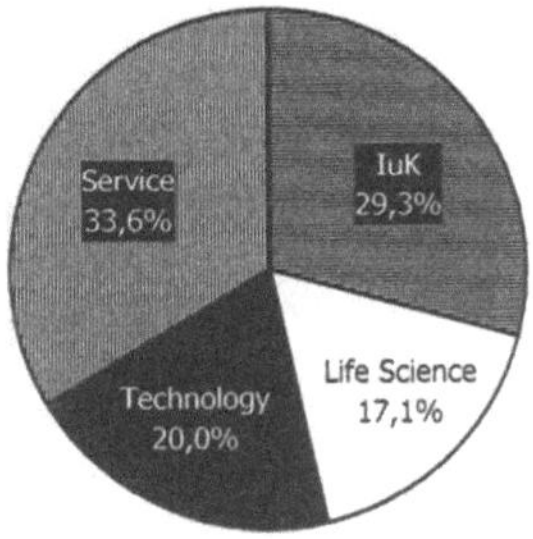

Abbildung 5-2: Branchenzugehörigkeit der Untersuchungseinheiten

Ein Drittel der Verwertungsgesamtheit lässt sich dem Wirtschaftszweig „Service" zuordnen, unter welchen die Unterkategorien Consulting, Dienstleistung, Freizeit, Handel und Medien subsumiert wurden. Gut 29% der Befragten sind in der Branche „Information und Kommunikation" (IuK) tätig, welche die Bereiche Internet, e-Commerce, M-Commerce und Software umfasst.Weitere 20% sind der Branche „Technology" mit den Unterkategorien Bau, Chemie, Werkstoffe, Neue Materialien, Elektrotechnik, Elektronik, Mechatronik, Energietechnik, An-

1068 Die vier genannten nordbayerischen Regierungsbezirke weisen in Summe eine Einwohnerzahl von 5,2 Millionen und eine Unternehmensgesamtzahl von 185 000 Unternehmen auf (im Jahr 2003). Davon entfallen auf Mittelfranken 33% der Einwohner und 35% der Unternehmen. Im Vergleich dazu weisen die übrigen Regierungsbezirke folgende Anteile auf: Oberfranken 21% der Einwohner, 20% der Unternehmen, Unterfranken jeweils 26% der Einwohner und Unternehmen, Oberpfalz 21% der Einwohner und 19% der Unternehmen. Vgl. hierzu die Daten in Bayerisches Landesamt für Statistik und Datenv. (Daten 2004), S. 16 f.

lagen-, Maschinen- und Fahrzeugbau, Mess-, Regel- und Automatisierungstechnik, Telekommunikation sowie Verfahrens- und Fertigungstechnik zugehörig. Die übrigen 17% der tatsächlichen Stichprobe lassen sich der Branche „Life Science" zuordnen, welche Biotechnologie, Health Services und Medizinservice umfasst. Insgesamt ist demnach eine leichte Dominanz an der Service-Branche zugeordneten Unternehmen festzustellen. Betont werden soll gerade in diesem Zusammenhang noch einmal, dass es sich bei den befragten Untersuchungseinheiten um junge Unternehmen handelt, die auf innovativen Geschäftsideen beruhen und imitative Unternehmen nur insoweit berücksichtigt wurden, als sie durch eine innovative Komponente Wachstumspotenziale aufweisen.[1069]

5.3.1.3 Gründungsjahr

Die Altersstruktur der Unternehmen ist in Abbildung 5-3 dargestellt. Dabei wird mit dem Kriterium Gründungsjahr auf die formal-rechtliche Unternehmensgründung abgestellt.

Jahr der Unternehmensgründung	Anzahl der Untersuchungseinheiten	Prozentualer Anteil
bis 2000	70	34,1%
2001	30	14,6%
2002	28	13,7%
2003	31	15,1%
bevorstehend	46	22,5%
Summe	**205**	**100,0%**

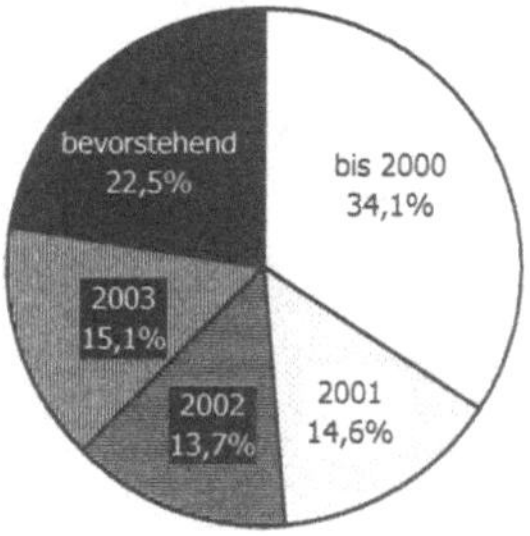

Abbildung 5-3: Altersstruktur der Untersuchungseinheiten

Ein gutes Drittel der Befragten wurde vor dem Jahr 2001 gegründet. Davon entfällt ein großer Anteil (45%) auf Gründungen im Jahr 2000, sowie zwei weitere Anteile mit jeweils 19% auf Gründungen des Jahres 1999 und 1996 bis 1998. Lediglich 17% der untersuchten Unternehmen wurden vor 1996 gegründet. Im Jahr 2001 wurden 15%, 2002 rund 14% und 2003 (bis zum Untersuchungszeitpunkt) 15% der an der Untersuchung teilnehmenden Unternehmen gegründet. Bei rund 23% der Befragten stand die Unternehmensgründung zum Untersu-

1069 Dies erklärt sich aus der Zielgruppe des Kooperationspartnersf.u.n. netzwerk|nordbayern gmbh, die in Form von Teilnehmern am Businessplan-Wettbewerb der Untersuchungsgesamtheit zugrundeliegt. Die eingereichten Businesspläne werden vor dem eigentlichen Wettbewerb auf ihr innovatives Potenzial hin vorselektiert und im Wettbewerb unter anderem auch daraufhin bewertet.

chungszeitpunkt unmittelbar bevor. Diese Gruppe lässt sich demnach der Planungsphase innerhalb der Gründungsphase im Modell der frühen Unternehmensentwicklung zuordnen.

5.3.1.4 Phasenzugehörigkeit

In Abbildung 5-4 ist die auf die Lebenszyklusphase bezogene Struktur der befragten Unternehmen dargestellt.

Phasen-zugehörigkeit	Anzahl der Untersuchungs-einheiten	Prozentualer Anteil
Gründungsphase	95	46,3%
Wachstumsphase	110	53,7%
Summe	**205**	**100,0%**

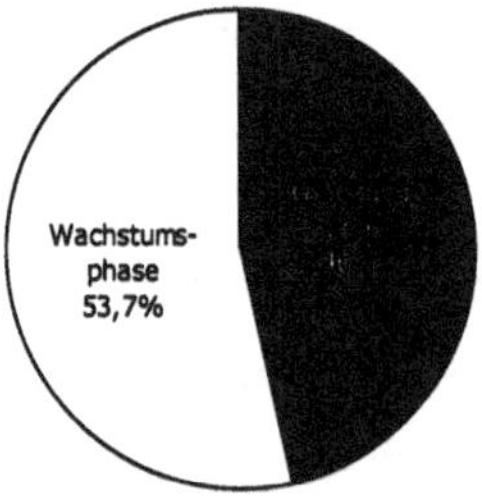

Abbildung 5-4: Phasenzugehörigkeit der Untersuchungseinheiten

Rund 46% der Untersuchungseinheiten befanden sich zum Erhebungszeitpunkt in der Gründungsphase, rund 54% in der Wachstumsphase. Die Phasenabgrenzung wurde hierbei nach dem, in den grundlegenden Ausführungen zum Modell der frühen Unternehmensentwicklung erläuterten Kriterium des Markteintritts vorgenommen.[1070] Der Gründungsphase wurden demnach diejenigen Unternehmen zugeordnet, die, eigenen Angaben zur Folge, bis zum Befragungszeitpunkt noch keine Umsätze erzielt hatten. Gaben die Unternehmen an, bereits Umsätze zu erzielen und folglich den Markteintritt absolviert zu haben, wurden sie der Wachstumsphase zugeordnet. Die derart vorgenommene Unterteilung der befragten jungen Unternehmen in neu gegründete bzw. Gründungsunternehmen und Unternehmen in der Wachstumsphase bildet eine entscheidende Grundlage für die im Laufe der Datenauswertung durchgeführte phasenspezifische Analyse der kritischen controllingrelevanten Aufgaben.

5.3.2 Entwicklungsstand des Controllings

In den folgenden Abschnitten sollen kurz einige aus der Befragung gewonnene Erkenntnisse zum Entwicklungsstand des Controllings in den befragten Untersuchungseinheiten darge-

1070 Vgl. hierzu Abschnitt 2.1.2.2.

stellt werden. Dabei geben die folgenden Aussagen die subjektive Einschätzung der befragten Unternehmer zum tatsächlichen Stand des Controllings in ihrem Unternehmen wieder. Die Unternehmer wurden zunächst nach einer Beurteilung des generellen derzeitigen Controllingeinsatzes im Unternehmen befragt. Darüber hinaus wurden sie um Auskunft darüber gebeten, welche Controllinginstrumente ihnen bekannt sind und tatsächlich von ihnen eingesetzt werden. Schließlich wurden noch Daten zum institutionellen Entwicklungsstand des Controllings in den befragten Unternehmen erhoben. Mit diesen Daten soll ein erster Einblick in den tatsächlichen Ausgestaltungsgrad des Controllings in den befragten Unternehmen gewonnen werden. Die erhobenen Daten dienen dabei lediglich der besseren Einordnung und Einschätzung der Untersuchungseinheiten. Direkte Implikationen für die idealtypischen Controllingkonzeptionen können und sollen hieraus nicht abgeleitet werden. Diese Aufgabe bleibt den nachfolgenden Abschnitten vorbehalten, in welchen auf die in der Praxis diagnostizierten situativen Bestimmungsgrößen des Controllings abgezielt wird. Die gewonnenen Erkenntnisse zum Entwicklungsstand des Controllings fließen dabei in indirekter Form - durch die Verknüpfung mit weiteren Befragungsergebnissen - an späterer Stelle in die endgültige Analyse ein.

5.3.2.1 Genereller Einsatz von Controlling

Abbildung 5-5 gibt die Einschätzung der befragten Untersuchungseinheiten zum tatsächlichen generellen Controllingeinsatz im Unternehmen wieder. Dabei wurden die Unternehmer gefragt, ob es derzeit (zum Untersuchungszeitpunkt) in ihrem Unternehmen ein sie zufriedenstellendes Controlling gibt.[1071]

Von allen Untersuchungseinheiten gaben 29% der Befragten an, kein Controlling in ihrem Unternehmen implementiert zu haben. 32% verfügen aussagegemäß zwar über ein Controlling, sind mit dessen momentanem Entwicklungsstand jedoch nicht zufrieden. Mit 39% der Befragten stellte ein gutes Drittel ein zufriedenstellendes Controlling im Unternehmen fest. Ein interessantes Bild ergibt sich aus der phasenbezogenen Aufschlüsselung der Aussagen. So beträgt für Unternehmen, die sich in der Gründungsphase befinden, der Anteil von Un-

1071 Dabei wurde zunächst ein praxisnahes Begriffsverständnis von Controlling eingeführt, um eine möglichst einheitliche Verständnisbasis im Rahmen der Untersuchung zu schaffen. Controlling wurde hierbei relativ allgemein definiert als ein funktionsübergreifendes Steuerungsinstrumentarium, welches die Unternehmensführung im unternehmerischen Entscheidungsprozess unterstützt.

ternehmen, die angabegemäß über kein Controlling verfügen 44%, während in der Gruppe der Unternehmen, die der Wachstumsphase angehören nur 16% ohne Controlling agieren.

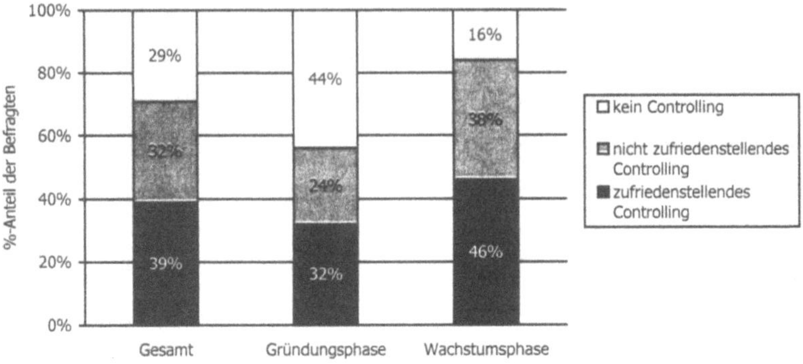

Abbildung 5-5: Genereller Einsatz von Controlling

Die generelle Bedeutung des Controllings scheint demnach im Übergang von der Gründungs- zur Wachstumsphase zu steigen, wobei auf die spezifischen Gründe für diesen Wandel in den nächsten Abschnitten noch einzugehen ist. Wenngleich 84% der Unternehmen in der Wachstumsphase über ein Controlling verfügen, geben allerdings 38% dieser Befragten und damit ein beträchtlicher Anteil an, dass sie mit dessen Ausgestaltung momentan nicht zufrieden sind. Damit bestätigt sich insgesamt die Vermutung, dass bezüglich der Entwicklung von phasenspezifischen und situationsgerechten Controllingkonzeptionen für junge Unternehmen Handlungsbedarf besteht.

Ein weiterer interessanter Aspekt ergibt sich aus der Tatsache, dass immerhin knapp 30% aller Befragten angeben, kein Controlling eingesetzt zu haben, obwohl aufgrund der Stichprobenauswahl feststeht, dass alle Untersuchungseinheiten in jedem Falle ein Controllinginstrument, nämlich den Businessplan, verwendet haben. Dies deutet bereits darauf hin, dass der Businessplan offensichtlich nicht immer in seiner Funktion als Controllinginstrument eingesetzt bzw. erkannt wird, sondern mitunter auch lediglich aus anderen Gründen verfasst wurde. Hierauf wird im Folgenden (Abschnitt 5.3.3.1) zurückgekommen.

5.3.2.2 Gründe für nicht-zufriedenstellendes Controlling

Neben der generellen Frage nach dem Controllingeinsatz wurden von denjenigen Unternehmen, die lediglich über ein nicht-zufriedenstellendes Controlling im Unternehmen verfügen, zusätzlich Einschätzungen zu den Gründen für diesen suboptimalen Entwicklungsstand des Controllings abgefragt.

Abbildung 5-6 zeigt die Angaben zu diesen Gründen im Überblick.

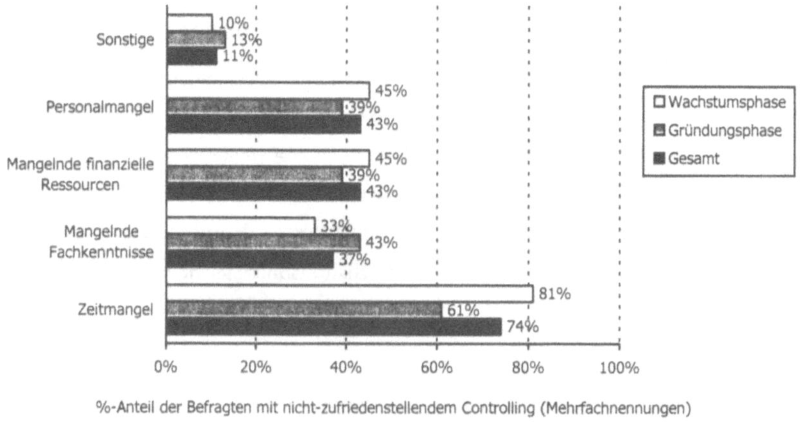

Abbildung 5-6: Gründe für ein nicht-zufriedenstellendes Controlling

Ein Hauptgrund für den nicht-zufriedenstellenden Entwicklungsstand des Controllings liegt offensichtlich in einem Mangel an zeitlichen Ressourcen. 74% aller Befragten mit nicht-zufriedenstellendem Controlling nannten Zeitmangel als einen der Faktoren, die für ein nur suboptimales Controlling verantwortlich sind. Neben knappen zeitlichen werden auch mangelnde finanzielle und personelle Ressourcen als Gründe für ein unzureichendes Controlling angegeben. Jeweils 43% aller befragten jungen Unternehmen mit nicht-zufriedenstellendem Controlling führten diese Gründe an. 37% der Befragten nannten zudem mangelnde Fachkenntnisse in Bezug auf das Controlling als einen weiteren Grund für den nicht-zufriedenstellenden Entwicklungsstand des Controllings in ihrem Unternehmen. Darüber hinaus wurden vereinzelt sonstige Gründe angegeben, die sich jedoch weitgehend mit den übrigen vorgegebenen Kategorien decken.[1072]

Ein aufschlussreiches Bild ergibt sich wiederum aus der Differenzierung der Datengesamtheit in eine phasenbezogene Darstellung. Dabei fällt auf, dass der Mangel an zeitlichen Res-

1072 So wurde beispielsweise die Begründung „andere Prioritäten" genannt, welche sich unter die Kategorien Zeit- oder Personalmangel subsumieren lässt.

sourcen im Zusammenhang mit der Implementierung eines Controllingsystems insbesondere Unternehmen in der Wachstumsphase zu belasten scheint. 81% der befragten Unternehmen mit nicht-zufriedenstellendem Controlling in der Wachstumsphase nannten Zeitmangel als einen wesentlichen Grund, während 61% der Unternehmen in der Gründungsphase dieser Ansicht waren. Auch von der personellen und finanziellen Ressourcenknappheit als Begründung für ein nicht-zufriedenstellendes Controlling scheinen tendenziell Unternehmen in der Wachstumsphase mehr betroffen zu sein als Unternehmen in der Gründungsphase. Umgekehrt verhält es sich mit der Kategorie mangelnder Fachkenntnisse. Während 43% der Unternehmen in der Gründungsphase diese Begründung nennen, geben nur 33% der befragten Unternehmen in der Wachstumsphase unzureichende Fachkenntnisse als Grund für das nicht-zufriedenstellende Controlling an. Der kaufmännische Kenntnisstand scheint sich demnach im Übergang von der Gründungs- zur Wachstumsphase leicht zu verbessern.

5.3.2.3 Gründe für kein Controlling

Auch diejenigen Befragten, die angaben, aktuell über kein Controlling im Unternehmen zu verfügen, wurden gebeten, die Gründe hierfür zu nennen. Abbildung 5-7 gibt eine Übersicht über die Antworten.

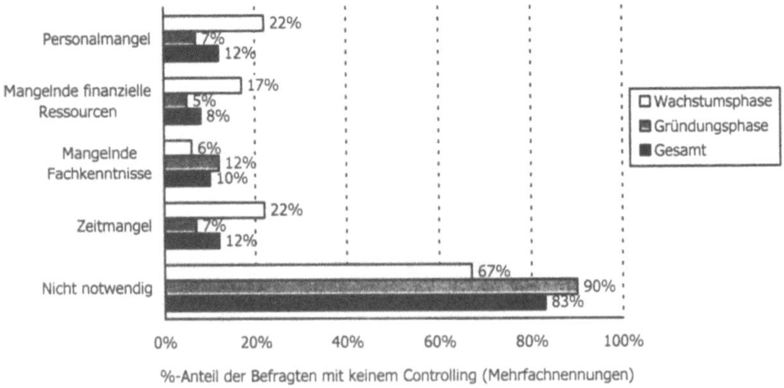

Abbildung 5-7: Gründe für kein Controlling

Die mit Abstand am häufigsten genannte Begründung für die tatsächliche Absenz eines Controllings im Unternehmen ist, dass Controlling nicht als notwendig erachtet wird. 83% aller Befragten mit keinem Controlling gaben diesen Grund an. Mit jeweils lediglich rund

10% waren andere Gründe, wie Personal- und Zeitmangel sowie mangelnde finanzielle Ressourcen oder Fachkenntnisse deutlich unterrepräsentiert.

Die detailliertere Betrachtung der Daten, aufgeschlüsselt nach der jeweiligen Lebenszyklusphase der Befragten, zeigt, dass die Einschätzung der Nicht-Notwendigkeit des Controllings insbesondere von Unternehmen in der Gründungsphase abgegeben wird. 90% der befragten Unternehmen ohne Controlling in der Gründungsphase schätzen das Controlling als nicht notwendig ein. Dem gegenüber sind die Begründungen für das Nicht-Vorhandensein eines Controllings in Unternehmen, die sich in der Wachstumsphase befinden, etwas differenzierter. Zwar geben auch immerhin 67% der Befragten ohne Controlling in der Wachstumsphase an, dass sie die Implementierung eines Controllingsystems als nicht notwendig erachten. Allerdings scheinen mit je 22% auch Zeit- und Personalmangel sowie mit 17% mangelnde finanzielle Ressourcen in der Wachstumsphase eine gewisse Rolle für die Entscheidung gegen das Controlling zu spielen. Die Anführung mangelnder Fachkenntnisse ist auch in diesem Fall für Unternehmen in der Gründungsphase relevanter (12%) als für Unternehmen in der Wachstumsphase (6%).

Auf diese Befunde - insbesondere den interessanten Aspekt, dass von den Unternehmen in der Gründungsphase, die aussagegemäß kein Controlling einsetzen, 90% dieses auch als nicht notwendig erachten - wird an späterer Stelle im Zusammenhang mit weiteren Auswertungsergebnissen noch eingegangen.[1073]

5.3.2.4 Eingesetzte Controllinginstrumente

Der tatsächliche Entwicklungsstand des Controllings wurde zudem konkret hinsichtlich der von den befragten Unternehmen eingesetzten Controllinginstrumente abgefragt. Dabei wurden die Unternehmer gebeten anzugeben, welche der vorgeschlagenen Controllinginstrumente sie kennen und gegenwärtig in ihrem Unternehmen einsetzen. Abbildung 5-8 gibt einen Überblick über die zum Untersuchungszeitpunkt tatsächlich eingesetzten Controllinginstrumente.

Da der Businessplan aufgrund der besonderen Stichprobenauswahl ohnehin in sämtlichen Untersuchungseinheiten vorliegt, wurde er im Rahmen dieser Abfrage nicht berücksichtigt. Vielmehr wurde mit einer separaten Frage darauf abgezielt zu erfahren, ob der per se vor-

---

1073 Siehe Abschnitt 5.4.1.

handene Businessplan tatsächlich in seiner Eigenschaft als Controllinginstrument genutzt wird. Die Ergebnisse hierzu werden an späterer, zentraler Stelle vorgestellt und analysiert.[1074]

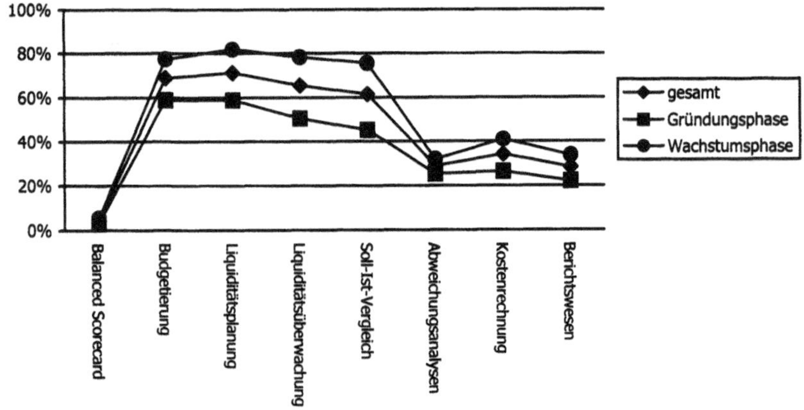

Abbildung 5-8: Eingesetzte Controllinginstrumente

Bei den Ergebnissen der Befragung zu den Controllinginstrumenten ergibt sich für die Planungsinstrumente ein heterogenes Bild. Während insgesamt betrachtet die Budgetierung und Liquiditätsplanung von der Mehrheit der befragten Unternehmen aussagegemäß eingesetzt werden, findet die Balanced Scorecard nahezu keine Berücksichtigung. Lediglich 4% aller Befragten setzen die Balanced Scorecard tatsächlich ein, wobei allerdings immerhin 44% aller Unternehmen angaben, dieses Instrument zu kennen.

Bezüglich des Einsatzes von Kontrollinstrumenten ist das Befragungsergebnis ebenfalls über die einzelnen Instrumente hinweg nicht homogen. Die Kontrollinstrumente Liquiditätsüberwachung und Soll-Ist-Vergleich werden angabegemäß von 65% bzw. 62% aller Befragten angewendet. Das ergänzende und aufschlußreiche Instrument der Abweichungsanalyse hingegen setzen lediglich 29% der Befragten ein.

Die Informationsinstrumente Kostenrechnung sowie Berichtswesen werden ebenfalls nur von einem relativ geringen Prozentsatz der Befragten eingesetzt. Das Instrument der Kostenrechnung verwenden 34%, das Berichtswesen 28% der Untersuchungseinheiten.

1074 Vgl. hierzu Abschnitt 5.3.3.1.

In einer phasenspezifischen Betrachtung der Untersuchungsergebnisse fällt bei nahezu allen abgefragten Instrumenten auf, dass die Controllinginstrumente von Unternehmen in der Gründungsphase deutlich seltener eingesetzt werden als von Unternehmen in der Wachstumsphase. Dieses Ergebnis deckt sich mit den bereits vorgestellten phasenspezifischen Aussagen zum generellen Controllingeinsatz.[1075]

5.3.2.5 Institutionelle Ausgestaltung des Controllings

Die Untersuchungseinheiten wurden auch gebeten, den Entwicklungsstand des Controllings in ihrem Unternehmen in institutioneller Hinsicht zu beschreiben. Abbildung 5-9 stellt dar, wie das Controlling bei denjenigen Befragungseinheiten, die angabegemäß über ein Controlling verfügen, institutionell ausgestaltet ist.

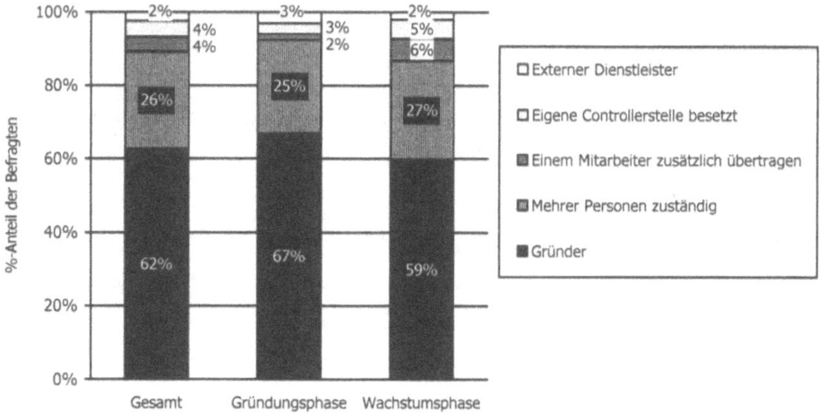

Abbildung 5-9: Institutionelle Ausgestaltung des Controllings

Mit 62% gibt ein hoher Anteil der Befragten an, dass zum Untersuchungszeitpunkt der Gründer selbst die Funktionen des Controllings wahrnimmt. In 26% der befragten Unternehmen wird das Controlling von mehreren Personen ausgeübt. Bei jeweils 4% wurde die

1075 Dabei ergibt sich interessanterweise lediglich eine geringfügige Abweichung insoweit, als nur 56% der Unternehmen in der Gründungsphase angeben, ein Controlling im Unternehmen installiert zu haben, aber 59% dieser Befragten aussagen, das Controllinginstrument Budgetierung einzusetzen. Ein kleiner Prozentsatz der Befragten scheint demnach entweder die Budgetierung nicht unter das Controlling zu subsumieren oder die Beantwortung der Fragen nicht konsistent vorgenommen zu haben. Dies verdeutlicht noch einmal, dass im Rahmen der vorliegenden Untersuchung lediglich erste Tendenzen gewonnen werden können, welche im Zuge von Anschlußanalysen vertieft werden müssen.

Controllingfunktion einem Mitarbeiter als zusätzliche Aufgabe übertragen bzw. eine eigene Controllerstelle zur ausschließlichen Wahrnehmung der Controllingaufgaben besetzt. Lediglich 2% der Befragten gaben an, dass sie die Controllingaufgaben extern vergeben haben.

In einer phasenspezifischen Detailbetrachtung lässt sich die leichte Tendenz einer Verschiebung der institutionellen Ausgestaltungsmöglichkeiten feststellen. Das institutionelle Self-Controlling durch die Gründerperson ist in der Gründungsphase mit 67% relativ hoch ausgeprägt. In der Wachstumsphase nimmt der Anteil an Unternehmen, die das Controlling beim Gründer selbst ansiedeln zugunsten alternativer Institutionalisierungsformen auf 59% ab. Dementsprechend steigt der Prozentsatz von Unternehmen, in denen das Controlling aussagegemäß mehreren Personen zugeordnet ist, von 25% in der Gründungsphase auf 27% in der Wachstumsphase an. Ebenso ordnen in der Wachstumsphase mehr Unternehmen das Controlling einem vorhandenen Mitarbeiter als zusätzliche Aufgabe oder einer eigens geschaffenen Controllerstelle zu, als dies bei den befragten Unternehmen in der Gründungsphase der Fall ist.

5.3.3 Empirische Einschätzungen zu den kritischen unternehmerischen Aufgaben in der Gründungs- und Wachstumsphase

Nachdem die strukturellen Merkmale der Verwertungsgesamtheit vorgestellt wurden und ein kurzer Einblick in den momentanen Entwicklungsstand des Controllings in den befragten Unternehmen gegeben wurde, soll im Folgenden dem Hauptanliegen der vorliegenden empirischen Untersuchung nachgegangen werden, welches darin besteht, Einschätzungen aus der Praxis zu den kritischen unternehmerischen Aufgaben in der Gründungs- und Wachstumsphase zu gewinnen, um hieraus Implikationen für die theoretisch erarbeiteten phasenspezifischen Controllingkonzeptionen ableiten zu können. Dabei ist zunächst auf die Aussagen der Befragten zu den kritischen Aufgaben in der Gründungsphase einzugehen, bevor deren Einschätzungen zu den kritischen Aufgaben in der Wachstumsphase vorgestellt werden.

5.3.3.1 Einschätzungen zu den kritischen Aufgaben in der Gründungsphase

Zur Generierung von Einschätzungen zu den kritischen unternehmerischen Aufgaben in der Gründungsphase wurden die Untersuchungseinheiten nach den entscheidenden Maßnahmen in der Gründungsphase gefragt, die ihrer Ansicht nach den Verlauf eines Gründungsprojekts positiv beeinflussen. Dabei wurden Einschätzungen sowohl von denjenigen Unternehmen eingeholt, die sich gegenwärtig (zum Untersuchungszeitpunkt) in der Gründungsphase befinden, als auch rückblickend von den Unternehmen, die bereits in der Wachstumsphase sind. Den Untersuchungseinheiten wurden sechs Antwortkategorien vorgegeben, die sie anhand einer Skala mit den Ausprägungen „sehr wichtig", „wichtig", „weniger wichtig" und „unwichtig" bewerten sollten. Die vorgegebenen Antwortkategorien beziehen sich dabei auf die theoretisch hergeleiteten kritischen Führungsprobleme in der Gründungsphase. Somit kann letztlich überprüft werden, ob die theoretisch diagnostizierten kritischen Führungsaufgaben, welche wiederum den Ansatzpunkt für die Bestimmung von rationalitätssichernden Controllingaufgaben bilden, in der Praxis bestätigt oder zurückgewiesen werden.

Abbildung 5-10 gibt einen zusammenfassenden Überblick über die Einschätzungen der Befragten zu den kritischen unternehmerischen Aufgaben in der Gründungsphase.

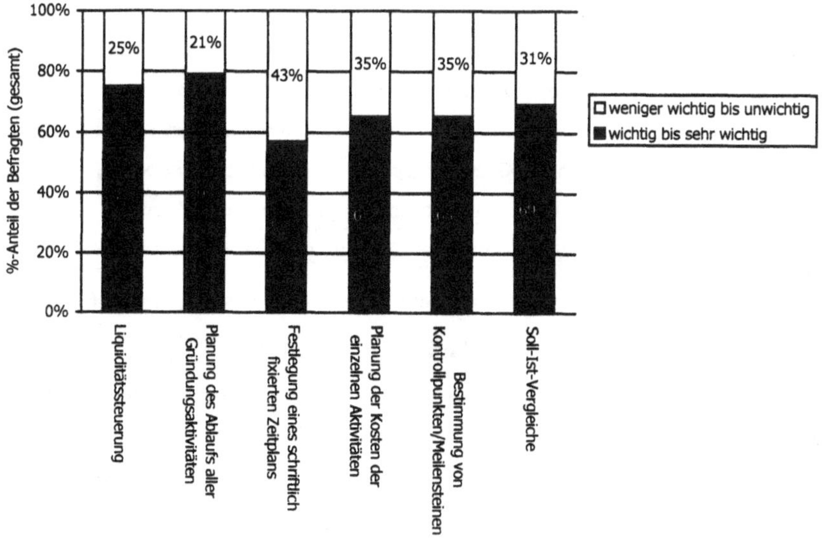

Abbildung 5-10: Einschätzungen aller Befragten zu den kritischen unternehmerischen Aufgaben in der Gründungsphase

Im Rahmen der Erarbeitung der theoretischen Controllingkonzeptionen wurden für die Gründungsphase zwei wesentliche kritische Führungsprobleme - Liquidität sowie Einschätzung von Geschäftsidee und Markt - diagnostiziert.

Mit der ersten, in Abbildung 5-10 ersichtlichen Antwortkategorie wurde darauf abgezielt, eine Einschätzung der befragten Unternehmen zum kritischen Führungsproblem der Liquidität zu erhalten, indem die Befragten gebeten wurden, die Bedeutung der Aufgabe der Liquiditätssteuerung in der Gründungsphase zu bewerten.

Auf das zweite theoretisch diagnostizierte Führungsproblem der Einschätzung von Geschäftsidee und Markt beziehen sich die übrigen in Abbildung 5-10 dargestellten Antwortkategorien. Dabei wurde die Einschätzung der Befragten zu wesentlichen planungs- und kontrollorientierten unternehmerischen Aufgaben in der Gründungsphase abgefragt, um hieraus einen Eindruck darüber zu gewinnen, welche Bedeutung gezielten Planungs- und Kontrollaktivitäten zur Bewältigung des kritischen Führungsproblems der Einschätzung von Geschäftsidee und Markt in der Gründungsphase beigemessen wird. Ergänzt wurden die in Abbildung 5-10 enthaltenen Befragungsergebnisse zum kritischen Führungsproblem der Einschätzung von Geschäftsidee und Markt durch eine weitere Fragestellung (Abbildung 5-13), im Rahmen derer erhoben wurde, zu welchen Zwecken der – in allen Untersuchungseinheiten prinzipiell vorhandene – Businessplan faktisch im Unternehmen genutzt wird. Damit soll auf einem zweiten Weg eruiert werden, welchen Stellenwert die Einschätzung von Geschäftsidee und Markt in der Gründungsphase einnimmt, indem überprüft wird, ob der Businessplan tatsächlich als Planungs- und Kontrollgrundlage und damit als Instrument zur Einschätzung des Gründungsprojekts in der Gründungsphase eingesetzt wird.

Im Folgenden werden die angesprochenen Untersuchungsergebnisse zu den kritischen unternehmerischen Aufgaben in der Gründungsphase im Einzelnen vorgestellt.

Die erste Antwortkategorie in Abbildung 5-10 zeigt, dass dem theoretisch abgeleiteten Führungsproblem der **Liquidität** auch in der Praxis eine kritische Bedeutung beigemessen wird. 75% der Befragten bewerten die Liquiditätssteuerung als eine wichtige bis sehr wichtige Maßnahme in der Gründungsphase. Die detailliertere Aufschlüsselung der Antworten in Abbildung 5-11 zeigt, dass lediglich 9% aller Befragten der Liquiditätssteuerung in der Gründungsphase keine Bedeutung beimessen.

Die Erhaltung der jederzeitigen Zahlungsfähigkeit scheint demnach auch von der Praxis als eine der entscheidenden Aufgaben in der Gründungsphase des Unternehmens wahrgenommen zu werden.

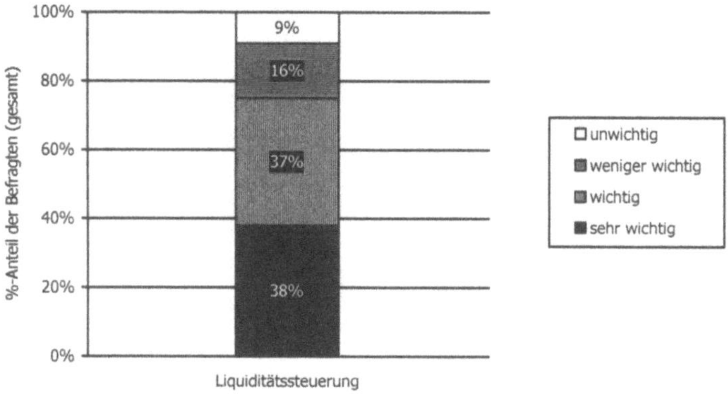

Abbildung 5-11: Detaillierte Einschätzungen zum kritischen Führungsproblem der Liquidität in der Gründungsphase

Das zweite in den theoretischen Überlegungen abgeleitete Führungsproblem der **Einschätzung von Geschäftsidee und Markt** bildet den Bezugspunkt für die übrigen, in Abbildung 5-10 dargestellten Antwortkategorien (Planung des Ablaufs aller Gründungsaktivitäten, Festlegung eines schriftlich fixierten Zeitplans, Planung der Kosten der einzelnen Aktivitäten, Bestimmung von Kontrollpunkten/Meilensteinen, Soll-Ist-Vergleiche).

Der Planung des Gründungsvorhabens scheint in der Praxis ein hoher Stellenwert zuzukommen. 79% der Befragten halten die Planung des Ablaufs aller Gründungsaktivitäten für eine wichtige bis sehr wichtige Maßnahme in der Gründungsphase. Ebenso wird die Zuordnung von zeitlichen Ressourcen und Kostengrößen zu den geplanten Aktivitäten von der Mehrheit der Untersuchungseinheiten als wichtig bis sehr wichtig beurteilt.

Auch an die Planung ansetzende Kontrollaktivitäten werden von einem hohen Prozentsatz der Befragten in der Gründungsphase als bedeutend eingestuft. 65% der Befragten beurteilen die Bestimmung von Kontrollpunkten bzw. Meilensteinen und 69% die Durchführung von Soll-Ist-Vergleichen als wichtige bis sehr wichtige Maßnahmen in der Gründungsphase.

Abbildung 5-12 zeigt, dass die abgefragten Planungs- und Kontrollaktivitäten lediglich von einer deutlichen Minderheit der Befragten für unwichtig gehalten werden.

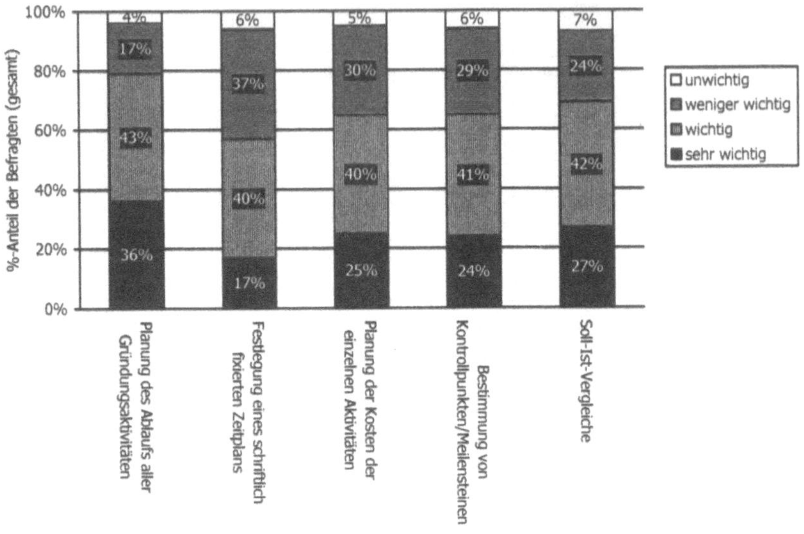

Abbildung 5-12: Detaillierte Einschätzungen zum kritischen Führungsproblem der Beurteilung von Geschäftsidee und Markt in der Gründungsphase

Der Stellenwert, welcher den Planungs- und Kontrollmaßnahmen in der Gründungsphase beigemessen wird, deutet darauf hin, dass die Einschätzung des Gründungsvorhabens in der Startphase der Unternehmenstätigkeit auch in der Praxis eine Aufgabe von kritischer Bedeutung ist. Durch gezielte Planungs- und Kontrollaktivitäten kann das unsichere Gründungsprojekt in differenzierte und strukturierte Formen überführt werden, welche eine Einordung und Einschätzung des gesamten Projektes erleichtern.

Bestätigt werden diese Ergebnisse durch die Angaben der Befragten über die Bedeutung des **Businessplans.** In den theoretischen Betrachtungen wurde die Relevanz des Businessplans als Instrument zur Bewältigung des kritischen Führungsproblems der Einschätzung von Geschäftsidee und Markt in der Gründungsphase hervorgehoben. In der Praxis wurde darauf aufsetzend abgefragt, in welcher Funktion der Businessplan, der bekanntlich in allen Untersuchungseinheiten an sich vorliegend war, faktisch eingesetzt wird. Abbildung 5-13 fasst die hierzu gewonnenen Befragungsergebnisse zusammen, wobei danach differenziert wird, ob sich das befragte Unternehmen in der Gründungs- oder in der Wachstumsphase befindet.

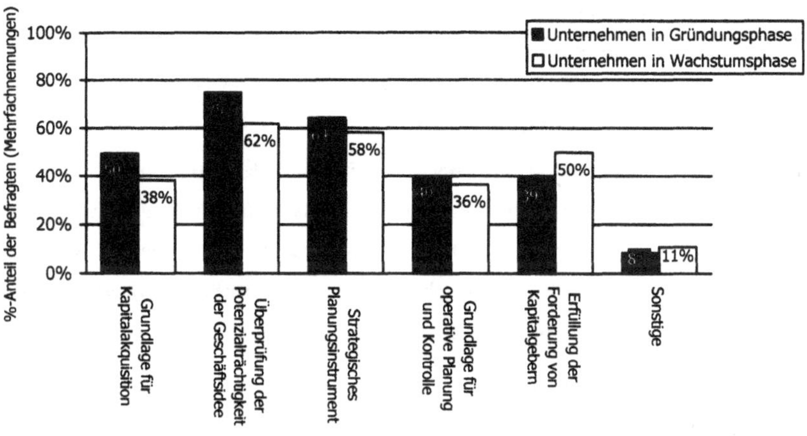

Abbildung 5-13: Angaben zu den Funktionen des Businessplans in den befragten Unternehmen

Die Befragungsergebnisse zeigen, dass ein hoher Prozentsatz der Unternehmen in der Gründungsphase den Businessplan primär für strategische Planungszwecke nutzt. So geben 75% der Befragten in der Gründungsphase an, den Businessplan zur Überprüfung der Potenzialträchtigkeit der Geschäftsidee einzusetzen. Darüber hinaus sagen 64% der Unternehmen in der Gründungsphase aus, dass der Businessplan als strategisches Planungsinstrument dient.

Dieses Ergebnis unterstreicht, dass der strategischen Planung und dem kritischen Führungsproblem der Einschätzung von Geschäftsidee und Markt in der Gründungsphase auch in der Praxis ein hoher Stellenwert eingeräumt wird. Dass lediglich 40% der befragten Unternehmen in der Gründungsphase angeben, den Businessplan als Grundlage für die operative Planung und Kontrolle einzusetzen, steht in leichtem Widerspruch zum oben dargestellten Befragungsergebnis, in welchem die Bedeutung der operativen Ablauf-, Zeit- und Kostenplanung sowie der Bestimmung von Kontrollpunkten und Durchführung von Soll-Ist-Vergleichen in der Gründungsphase hervorgehoben wurde. Dies lässt vermuten, dass die Möglichkeiten, die der Businessplan auch als Grundlage zur Ausübung operativer Planungs- und Kontrollaktivitäten bietet, von den jungen Unternehmen nicht in ihrem vollen Umfang erkannt werden. Dies bestätigt auch das oben bereits vorgestellte Ergebnis, dass 29% der Befragten aussagen, über kein Controlling im Unternehmen zu verfügen, obwohl sämtliche Untersuchungseinheiten das Controllinginstrument Businessplan vorliegen haben und, wie in Abbildung 5-13 ersichtlich ist, mehrheitlich zu strategischen Planungszwecken nutzen.

Interessanterweise scheint sich der Einsatzbereich des Businessplans im Übergang von der Gründungs- zur Wachstumsphase zu verschieben. Während die Bedeutung des Businessplans als strategisches Planungsmittel in der Wachstumsphase im Vergleich zur Gründungsphase zurückgeht, zeigen die in Abbildung 5-13 dargestellten Befragungsergebnisse, dass die Verwendung des Businessplans als Instrument zur Erfüllung der Forderungen von Investoren in der Wachstumsphase steigt. Unternehmen in der Gründungsphase nutzen demnach den Businessplan mehr eigeninitiativ als hilfreiche Grundlage für die Investorensuche, wohingegen Unternehmen in der Wachstumsphase dieses Instrument eher auf Betreiben institutioneller Investoren hin im Kapitalbeteiligungsprozess einzusetzen scheinen.

Ein interessantes Ergebnis liefert auch die **phasenbezogene Aufschlüsselung der Befragungsergebnisse** zu den kritischen unternehmerischen Aufgaben in der Gründungsphase. Abbildung 5-14 zeigt diese aufgeschlüsselten Ergebnisse im Überblick.

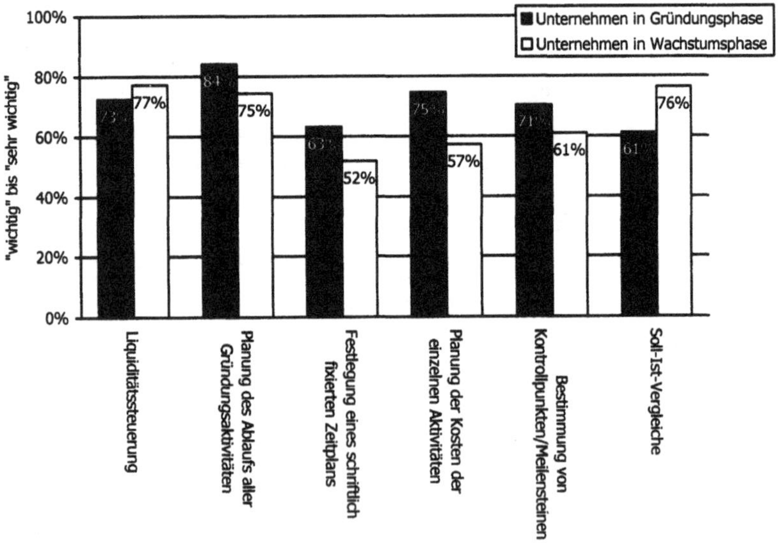

Abbildung 5-14: Einschätzungen zu den kritischen unternehmerischen Aufgaben in der Gründungsphase, aufgeschlüsselt nach Phasenzugehörigkeit der Befragten

Während die planerischen Aktivitäten sowie die Bestimmung von Meilensteinen für Befragte, deren Unternehmen sich noch in der Gründungsphase befinden, einen höheren Stellenwert haben als für Unternehmen, die bereits in der Wachstumsphase sind, messen letztere der Kontrollaufgabe im Sinne von Soll-Ist-Vergleichen sowie der Liquiditätssteuerung in der

Gründungsphase eine größere Bedeutung bei als Unternehmen, die sich noch in der Gründungsphase befinden. Interessanterweise schätzen demnach diejenigen Unternehmer, die die Gründungsphase ihres Unternehmens rückwirkend betrachten und die gesamte Phase mit ihren besonderen Herausforderungen bereits durchlaufen haben, die Kontrollaufgaben in dieser Phase als bedeutsamer ein, als diejenigen Unternehmen, die die Gründungsphase noch nicht abgeschlossen haben. Die Bedeutung der Kontrolle als unerlässliche Ergänzung zur Planung in der Gründungsphase scheint sich in der Sichtweise der jungen Unternehmen mit zunehmendem Entwicklungsstand zu verfestigen.

Aus den empirisch gewonnenen Einschätzungen zu den kritischen Aufgaben in der Gründungsphase lassen sich Implikationen für die theoretisch erarbeitete Controllingkonzeption der Gründungsphase ableiten. Bevor auf diese Implikationen näher eingegangen wird und die theoretischen Ergebnisse mit den empirischen Aspekten im Abschnitt 5.4 in eine gemeinsame Betrachtung überführt werden, sollen jedoch zunächst die empirischen Untersuchungsergebnisse zu den kritischen unternehmerischen Aufgaben in der Wachstumsphase vorgestellt werden.

5.3.3.2 Einschätzungen zu den kritischen Aufgaben in der Wachstumsphase

Um Einschätzungen der Untersuchungseinheiten zu den kritischen unternehmerischen Aufgaben in der Wachstumsphase zu gewinnen, wurden die Unternehmen befragt, was aus ihrer Sicht die entscheidenden Faktoren für die Weiterentwicklung ihres Unternehmens sind. Sie wurden gebeten, vorgegebene Antwortkategorien anhand einer Skala mit den Ausprägungen „sehr entscheidend", „entscheidend", „weniger entscheidend" und „nicht entscheidend" zu bewerten. Die Antwortkategorien beziehen sich dabei auf die theoretisch diagnostizierten kritischen Führungsprobleme in der Wachstumsphase. Letztlich wird hierdurch - analog zum Vorgehen in der Gründungsphase - darauf abgezielt, einen ersten Eindruck darüber zu gewinnen, von welcher Relevanz die theoretisch abgeleiteten kritischen Führungsprobleme der Wachstumsphase in der Praxis sind. Abbildung 5-15 gibt einen zusammenfassenden Überblick über die Einschätzung der Befragten zu den für die Weiterentwicklung des Unternehmens erfolgskritischen unternehmerischen Aufgaben.[1076]

1076 Da die Untersuchungseinheiten nach den für die Weiterentwicklung des Unternehmens bedeutsamen Aufgaben gefragt wurden, wurde für diejenigen Unternehmen, die sich noch in der Gründungsphase befinden, auf die Entwicklung in die Wachstumsphase hinein abgestellt und für diejenigen Unternehmen, deren Markteintritt bereits erfolgt ist, auf die weitere Wachstumsentwicklung. D.h. die Befragten in der Grün-

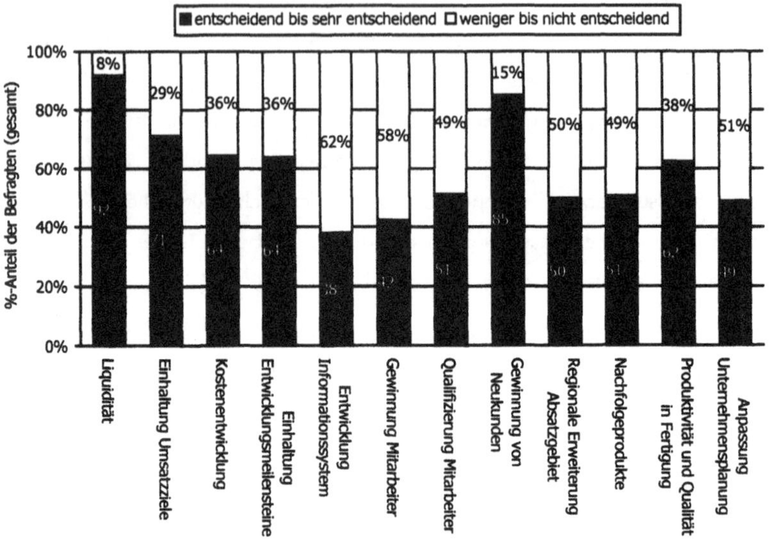

Abbildung 5-15: Einschätzungen aller Befragten zu den kritischen unternehmerischen Aufgaben in der Wachstumsphase

Im Rahmen der Ausarbeitungen zu den theoretischen Controllingkonzeptionen wurden für die Wachstumsphase vier wesentliche kritische Führungsprobleme - Liquidität, Komplexitätsbewältigung, Beschaffung und Bindung personeller Ressourcen sowie Marktetablierung und Kundenbindung - diagnostiziert. Die in Abbildung 5-15 dargestellten Antwortkategorien beziehen sich wie im Folgenden beschrieben auf diese vier kritischen Führungsprobleme.

Mit der ersten Antwortkategorie, Liquidität, soll direkt ermittelt werden, welchen Stellenwert die Befragten dem kritischen Führungsproblem der Liquidität beimessen. Da in den theoretischen Überlegungen darüber hinaus eruiert wurde, dass neben der Liquidität dem Formalziel der Ertragsorientierung in der Wachstumsphase zunehmendes Gewicht beikommt, wurde mit den Antwortkategorien Einhaltung Umsatzziele, Kostenentwicklung sowie Einhaltung Entwicklungsmeilensteine darauf abgezielt, zusätzlich Einschätzungen zur Bedeutung der Ertragsorientierung in der Praxis zu gewinnen.

---

dungsphase beziehen sich mit ihren Antworten eher auf die frühe Wachstumsphase, Befragte in der Wachstumsphase eher auf die weitere Entwicklung in der späten Wachstumsphase. Auf die Unterschiede zwischen den Antworten der beiden Gruppen ist an späterer Stelle noch näher einzugehen.

Die Antwortkategorie Entwicklung Informationssystem bezieht sich auf das zweite kritische Führungsproblem der Komplexitätsbewältigung. Dabei soll ermittelt werden, welcher Stellenwert der Schaffung von Transparenz und Einrichtung von Informationssystemen als Mittel zur Bewältigung der zunehmenden Komplexität in der Praxis beigemessen wird.

Mit den Antwortkategorien „Gewinnung Mitarbeiter“ und „Qualifizierung Mitarbeiter“ soll abgefragt werden, wie die Untersuchungseinheiten die Bedeutung des kritischen Führungsproblems der Beschaffung und Bindung personeller Ressourcen einschätzen.

Das vierte kritische Führungsproblem der Marktetablierung und Kundenbindung wird durch die Antwortkategorien Gewinnung von Neukunden, regionale Erweiterung Absatzgebiet, Nachfolgeprodukte sowie Produktivität und Qualität in Fertigung aufgegriffen. Dabei soll eruiert werden, wie die Befragten die einzelnen marktbezogenen kritischen Aufgaben der Wachstumsphase beurteilen.

Mit der letzten Antwortkategorie, Anpassung Unternehmensplanung, wurde darauf abgezielt, Hinweise darüber zu erhalten, inwieweit die Anpassung der Unternehmensplanung in der Wachstumsphase als kritische Aufgabe betrachtet wird. Damit soll noch einmal dem Umstand Rechnung getragen werden, dass bei allen Untersuchungseinheiten eine schriftlich fixierte Unternehmensplanung in Form eines Businessplans vorliegt. Wie sich dieser Umstand auf die Einschätzung der Befragten bezüglich des Stellenwerts von Planungsaktivitäten in der Wachstumsphase auswirkt, soll anhand dieser letzten Antwortkategorie ermittelt werden.

Im Folgenden werden die Untersuchungsergebnisse zu den jeweiligen kritischen Führungsproblemen im Einzelnen vorgestellt.

Die theoretisch abgeleitete Bedeutung des kritischen Führungsproblems der **Liquidität** wird in der Praxis eindrucksvoll bestätigt. 92% der Befragten halten die Liquidität für einen entscheidenden bis sehr entscheidenden Faktor für die Weiterentwicklung ihres Unternehmens. Die detaillierte Aufschlüsselung der Antworten in Abbildung 5-16 verdeutlicht, dass lediglich 2% aller Befragten die Liquidität für nicht entscheidend in der Wachstumsphase halten, 66% jedoch für sehr entscheidend.

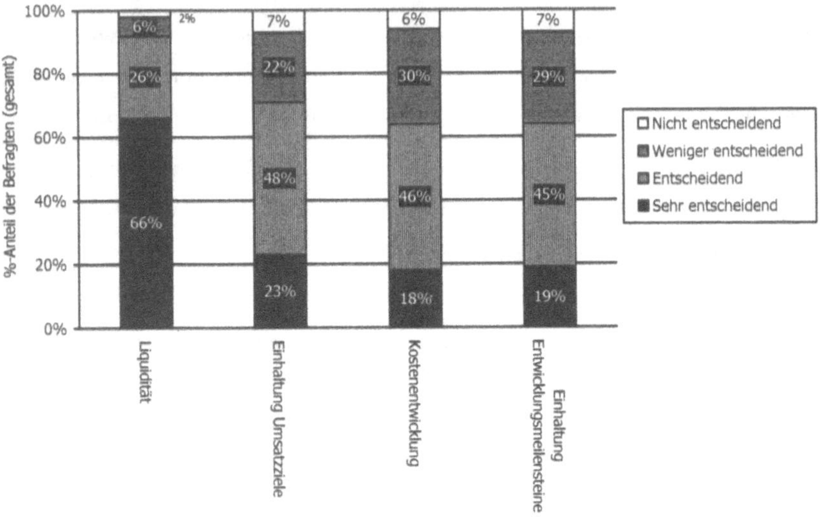

Abbildung 5-16: Detaillierte Einschätzungen zum kritischen Führungsproblem der Liquidität sowie zur Bedeutung der Ertragsorientierung in der Wachstumsphase

Darüber hinaus wird auch der Einhaltung von Umsatzzielen sowie der Beobachtung der Kostenentwicklung und der Einhaltung von Entwicklungsmeilensteinen von der Mehrheit der Befragten ein relativ hohes Gewicht eingeräumt. Abbildung 5-16 zeigt, dass insgesamt 71% der untersuchten Unternehmen die Einhaltung von Umsatzzielen sowie jeweils 64% die Kostenentwicklung und die Einhaltung von Entwicklungsmeilensteinen als bedeutend bis sehr bedeutend einstufen. Dies deutet darauf hin, dass in der Wachstumsphase nicht nur der jederzeitigen Zahlungsfähigkeit eine hohe Bedeutung zukommt, sondern auch Umsatz- und Kostenkomponenten zunehmend Beachtung finden. Die Ertragsorientierung scheint daher in der Wachstumsphase einen zusätzlichen Stellenwert einzunehmen.

Mit der Antwortkategorie Entwicklung Informationssystem wurde das zweite theoretisch abgeleitete kritische Führungsproblem der **Komplexitätsbewältigung** aufgegriffen. Dabei wurden die Untersuchungseinheiten befragt, wie sie die Aufgabe der Schaffung von Transparenz und der Entwicklung eines Informationssystems für die Weiterentwicklung ihres Unternehmens bewerten. Abbildung 5-17 zeigt, dass lediglich 8% der Befragten die Schaffung von Transparenz bzw. die Entwicklung eines Informationssystems in der Wachstumsphase für eine sehr entscheidende Maßnahme halten, 30% für eine entscheidende Maßnahme.

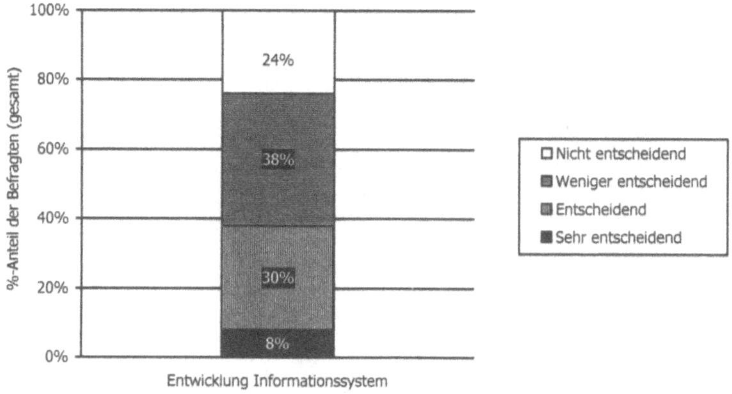

Abbildung 5-17: Detaillierte Einschätzungen zum kritischen Führungsproblem der Komplexitätsbewältigung in der Wachstumsphase

Für 62% der Befragten und damit die Mehrheit scheint die Aufgabe der Transparenzschaffung und der Entwicklung eines Informationssystems in der Wachstumsphase von untergeordneter Bedeutung zu sein. In den theoretischen Betrachtungen zu den kritischen Führungsproblemen und den Controllingaufgaben in der Wachstumsphase wurde abgeleitet, dass dem phasenkritischen Führungsproblem der zunehmenden Differenziertheit und Komplexität des Unternehmens mit der Etablierung eines Informationssystems und der dadurch bewirkten Schaffung von Transparenz begegnet werden kann. In der Praxis allerdings wird nach dem vorliegenden Untersuchungsergebnis der Entwicklung eines Informationssystems in der Wachstumsphase keine entscheidende Bedeutung beigemessen. Das theoretisch abgeleitete kritische Führungsproblem der Komplexitätsbewältigung scheint demnach für die Befragten als solches (noch) nicht bzw. nur untergeordnet zu existieren oder aber die befragten Unternehmen begegnen dem Führungsproblem der Komplexitätsbewältigung auf andere Weise als mit dem Einsatz von Informationssystemen.

Die Antwortkategorien Gewinnung Mitarbeiter und Qualifizierung Mitarbeiter spiegeln das theoretisch diagnostizierte kritische Führungsproblem der **Beschaffung und Bindung personeller Ressourcen** wider. In Abbildung 5-18 sind die detaillierten Befragungsergebnisse zu dieser Thematik zusammengefasst.

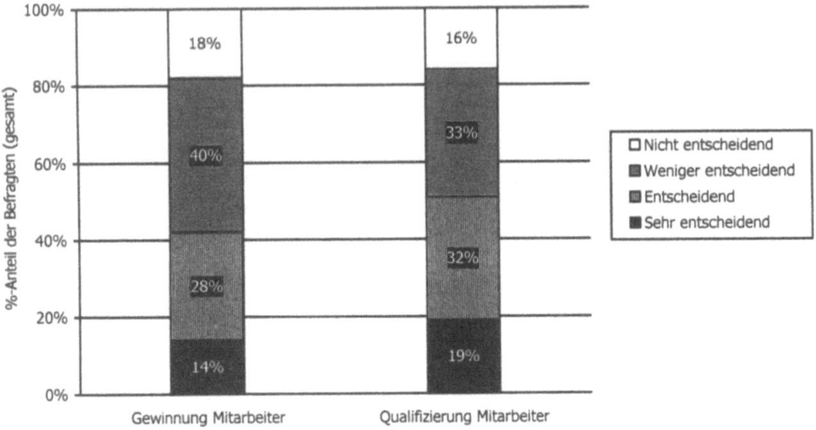

Abbildung 5-18: Detaillierte Einschätzungen zum kritischen Führungsproblem der Beschaffung und Bindung personeller Ressourcen in der Wachstumsphase

Interessanterweise scheint die Beschaffung personeller Ressourcen in der Praxis als kein besonders kritisches Problem eingeschätzt zu werden. Lediglich 14% aller Befragten beurteilen die Gewinnung von Mitarbeitern als eine sehr entscheidende Maßnahme in der Wachstumsphase. Für 58% der befragten Unternehmen ist die Personalbeschaffung in dieser Phase weniger bis nicht entscheidend. Die Qualifizierung von Mitarbeitern wird immerhin von 51% der Befragten als eine entscheidende bis sehr entscheidende Maßnahme in der Wachstumsphase eingestuft. Die Bindung der vorhandenen personellen Ressourcen durch gezielte Weiterbildungsmaßnahmen[1077] scheint demnach in der Wachstumsphase bedeutsamer zu sein als die Gewinnung neuer Mitarbeiter.

Mit den Antwortkategorien Gewinnung von Neukunden, regionale Erweiterung Absatzgebiet, Nachfolgeprodukte sowie Produktivität und Qualität in der Fertigung wurde dem vierten theoretisch abgeleiteten Führungsproblem der **Marktetablierung und Kundenbindung** Rechnung getragen. In Abbildung 5-19 sind die detaillierten Befragungsergebnisse hierzu wiedergegeben.

1077 Mit Hilfe von speziellen Qualifizierungsmaßnahmen kann bei den Mitarbeitern betriebsspezifisches Wissen aufgebaut werden, welches nur für das spezifische Unternehmen nutzbar ist. Dadurch erfolgt eine Bindung der Mitarbeiter an das Unternehmen.

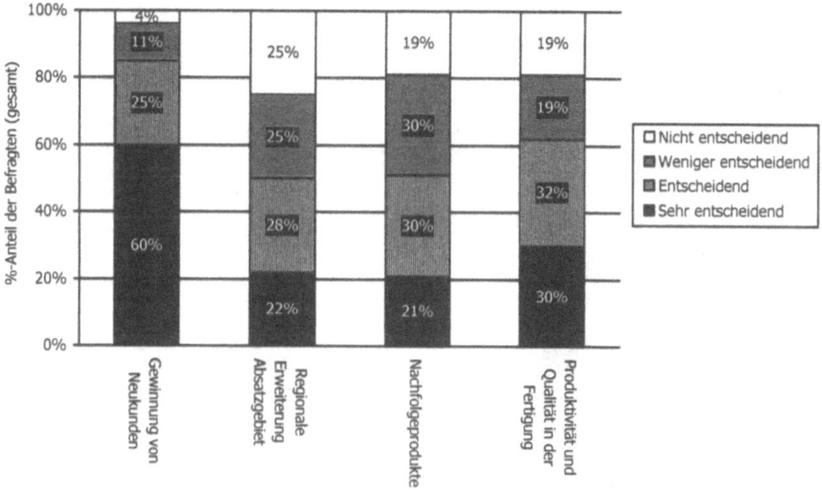

Abbildung 5-19: Detaillierte Einschätzungen zum kritischen Führungsproblem der Marktetablierung und Kundenbindung in der Wachstumsphase

Die Gewinnung von Neukunden in der Wachstumsphase scheint in der Praxis von besonderer Bedeutung zu sein. 60% der Befragten halten die Gewinnung von Neukunden für einen sehr entscheidenden Faktor für die Weiterentwicklung des Unternehmens. Weitere 25% stufen die Kundengewinnung immerhin noch als wichtige Maßnahme ein. Die Marktetablierung wird demnach in der Wachstumsphase von einer großen Mehrheit als eine besonders kritische Aufgabe eingeschätzt. Allerdings scheinen sich die befragten Unternehmen in der Wachstumsphase auf die Ausschöpfung des zunächst ausgewählten Zielmarktes zu konzentrieren. Die regionale Erweiterung des Absatzgebietes wurde nur von der Hälfte der Befragten als entscheidend bis sehr entscheidend eingestuft. Interessanterweise scheint auch die Entwicklung von Nachfolgeprodukten keine herausragende Relevanz in der Wachstumsphase zu besitzen. Diese Antwortkategorie schätzen ebenfalls nur in etwa die Hälfte der befragten Unternehmen als entscheidend bis sehr entscheidend ein. Hingegen scheint die Kundenbindung einen höheren Stellenwert in der Wachstumsphase einzunehmen. Für 62% der Befragten ist die Produktivität und Qualität in der Fertigung ein entscheidender bis sehr entscheidender Faktor in der Wachstumsphase. Dies deutet unter anderem darauf hin, dass der Qualität der erzeugten Problemlösung ein relativ hoher Stellenwert eingeräumt wird, wodurch die bereits gewonnenen Kunden an das Unternehmen gebunden werden können.

Die Befragungsergebnisse zur letzten Antwortkategorie, der **Anpassung Unternehmensplanung**, zeigen schließlich, dass die strategische Planung in der Wachstumsphase - wie in den konzeptionellen Überlegungen bereits vermutet - keinen herausragenden Stellenwert mehr einnimmt.

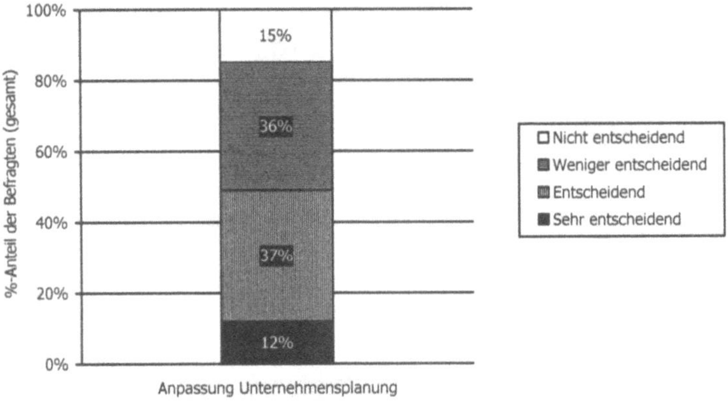

Abbildung 5-20: Detaillierte Einschätzungen zur Bedeutung der Anpassung der Unternehmensplanung in der Wachstumsphase

Abbildung 5-20 zeigt, dass die Anpassung der Unternehmensplanung lediglich von knapp der Hälfte der befragten Unternehmen als eine entscheidende bis sehr entscheidende Maßnahme in der Wachstumsphase eingestuft wird. Bei diesem Ergebnis ist allerdings die Besonderheit zu berücksichtigen, dass sich die untersuchten Einheiten allesamt durch das Vorhandensein eines Businessplans auszeichnen. Die befragten Unternehmen hatten zum Untersuchungszeitpunkt also bereits eine systematische strategische Unternehmensplanung getätigt. Da somit die Grundlagen der Unternehmensplanung in allen Untersuchungseinheiten, lassen sich die Befragungsergebnisse einerseits dahingehend deuten, dass die laufende Anpassung der bereits vorhandenen Planungsgrundlage in der Wachstumsphase den befragten Unternehmen keine besonderen Schwierigkeiten zu bereiten scheint und daher nicht als besonders kritisch eingestuft wird. Dieses Ergebnis könnte durchaus anders geartet sein, wenn dieselbe Untersuchung mit einer repräsentativen Stichprobe durchgeführt worden wäre, bei der nicht in allen Unternehmen ein Businessplan vorliegt (was der Realität entsprechen dürfte).

Aus den Ergebnissen zu dieser Antwortkategorie läßt sich also einerseits schließen, dass - wenn in einer frühen Unternehmensphase die Grundlage einer systematischen strategischen Unternehmensplanung mit Hilfe eines Businessplans gelegt wurde - die Anpassung dieser grundlegenden Ausrichtung nicht mehr als besonders kritisch erachtet wird. Diese Interpretation bestätigt auch die konzeptionellen Überlegungen, denen zufolge der Businessplan mit seinen systematischen strategischen Grundüberlegungen eine solide Ausgangsbasis für ein relativ einfach durchführbares erweiterungsfähiges Controlling bildet.

Andererseits lassen sich die Ergebnisse zur Bedeutung der Anpassung der Unternehmensplanung auch in eine andere Richtung interpretieren. Nachdem mehr als die Hälfte der befragten Unternehmen die Anpassung der Planung in der Wachstumsphase als eine weniger bis nicht entscheidende Aufgabe betrachten, könnte man vermuten, dass eine systematische lebende Unternehmensplanung im Sinne einer laufenden Fortführung strategischer Grundannahmen in diesen Unternehmen nur einen geringen Stellenwert einnimmt. Der Businessplan hätte in diesen Fällen nicht die primäre Funktion eines Strategiepapiers, vielmehr stünden Gründe der Kapitalbeschaffung bei seiner Erstellung im Vordergrund. Auch diese Interpretationsvariante deckt sich mit den Ausgangsannahmen der vorliegenden Arbeit, denen zufolge ein Defizit an praktiziertem Controlling in jungen Unternehmen herrscht.

Interessante Aspekte liefert auch die **phasenbezogene Aufschlüsselung der Befragungsergebnisse** zu den kritischen unternehmerischen Aufgaben in der Wachstumsphase. Abbildung 5-21 fasst diese aufgeschlüsselten Ergebnisse überblicksweise zusammen. Dabei wird differenziert, wie Unternehmen in der Gründungsphase und solche in der Wachstumsphase die entscheidenden Faktoren für die Weiterentwicklung des Unternehmens einschätzen. Die erste Gruppe von Befragten wird demnach eher die Entwicklung in die Wachstumsphase hinein und damit die frühe Wachstumsphase thematisieren, während die Befragungsergebnisse der zweiten Gruppe eher die weitere Entwicklung der Wachstumsphase und damit die späte Wachstumsphase abbilden.

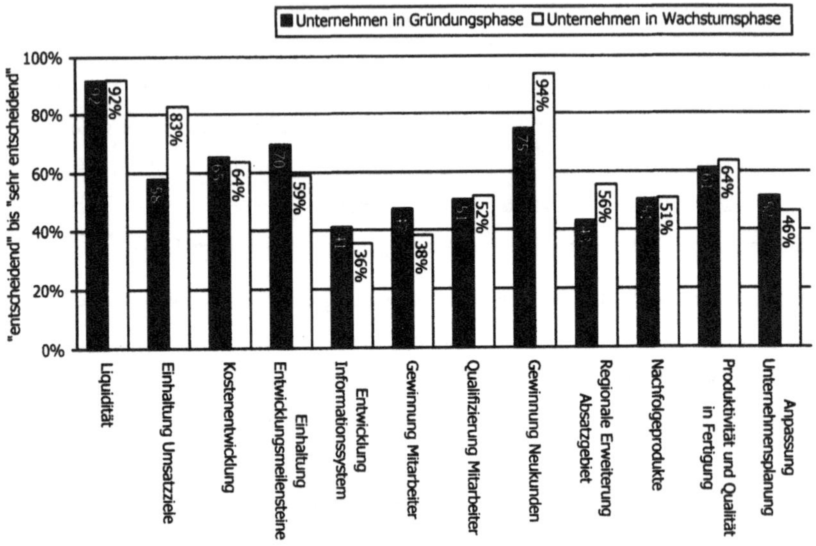

Abbildung 5-21: Einschätzungen zu den kritischen unternehmerischen Aufgaben in der Wachstumsphase, aufgeschlüsselt nach Phasenzugehörigkeit der Befragten

Abbildung 5-21 zeigt, dass die Befragten, aufgeschlüsselt nach ihrer jeweiligen Phasenzugehörigkeit, nicht in allen Antwortkategorien homogene Antworten abgegeben haben. Dabei werden insbesondere die Einhaltung der Umsatzziele sowie die Gewinnung neuer Kunden von denjenigen Unternehmen, die bereits in der Wachstumsphase sind, anders beurteilt als von den befragten Unternehmen in der Gründungsphase.

Die Einhaltung der Umsatzziele wird von 83% der befragten Unternehmen in der Wachstumsphase, aber lediglich von 58% der Befragten in der Gründungsphase für entscheidend bis sehr entscheidend für die weitere Unternehmensentwicklung gehalten. Für die Unternehmen in der Gründungsphase scheint demnach die Fokussierung auf Umsatzzahlen noch nicht dieselbe Bedeutung zu haben wie für Unternehmen, die bereits weiter entwickelt sind. Erklärbar ist dies dadurch, dass bei den jüngeren Unternehmen im Rahmen ihrer Einschätzung der weiteren Unternehmensentwicklung der Übergang von der Gründungs- zur Wachstumsphase und damit der Markteintritt im Mittelpunkt steht. Unternehmen in der Gründungsphase konzentrieren sich daher (noch) stärker auf die Fertigstellung der Problemlösung bzw. des Prototyps und die Gewinnung von Erst- bzw. Referenzkunden für ihr Produkt. Dies wird auch bestätigt durch die Befragungsergebnisse zur Antwortkategorie Einhaltung Entwicklungsmeilensteine. Während 70% der befragten Unternehmen in der Gründungsphase die Einhaltung der Entwicklungsmeilensteine als entscheidend bis sehr entscheidend für die Weiterentwicklung des Unternehmens ansehen, sinkt der Anteil an Unternehmen in der Wachstumsphase diesbezüglich auf 59%. Eine verstärkte Umsatzfokussierung und Konzentration auf die Neukundengewinnung gewinnt dann erst mit erfolgtem Markteintritt des Unternehmens an Bedeutung. Untermauert wird dies auch durch die Befragungsergebnisse bezüglich der Antwortkategorie Gewinnung Neukunden. Die Bedeutung der Neukundengewinnung nimmt mit zunehmendem Entwicklungsstand des Unternehmens zu. Während 75% der Befragten in der Gründungsphase die Gewinnung von Neukunden als entscheidend bis sehr entscheidend für die weitere Entwicklung ansehen, beurteilen 94% der Unternehmen, die bereits in der Wachstumsphase sind, dies für entscheidend bis sehr entscheidend. Ähnlich unterschiedliche Tendenzen in der Beurteilung lassen sich auch für die Antwortkategorie Regionale Erweiterung des Absatzgebiets feststellen. 56% der Unternehmen in der Wachstumsphase halten diese Aufgabe für entscheidend bis sehr entscheidend, aber nur 43% der Unternehmen, die sich noch in der Gründungsphase befinden.

Interessanterweise ergeben sich auch leichte Unterschiede in der Einschätzung der Antwortkategorie Gewinnung Mitarbeiter zwischen den beiden Untersuchungsgruppen. 47% der befragten Unternehmen in der Gründungsphase bewerten die Mitarbeitergewinnung als entscheidende bis sehr entscheidende Maßnahme zur Weiterentwicklung des Unternehmens. Dieser Anteil reduziert sich auf 38% im Falle der befragten Unternehmen, die sich schon in der Wachstumsphase befinden. In der späteren Wachstumsphase scheint sich demnach das Problem der Gewinnung personeller Ressourcen weniger stark zu stellen als im Übergang von der Gründungs- zur Wachstumsphase.

Die bisherigen Ausführungen zu den erhobenen Daten stellen lediglich eine Zusammenstellung der wesentlichen Untersuchungsergebnisse dar. Der Frage, welche Implikationen sich aus diesen Ergebnissen für die theoretisch abgeleiteten Controllingkonzeptionen junger Unternehmen ergeben, soll in den folgenden Abschnitten nachgegangen werden.

Abschließend sei allerdings noch einmal darauf hingewiesen, dass die vorliegende empirische Untersuchung nicht zuletzt aufgrund des fehlenden Repräsentationsanspruchs lediglich erste Hinweise auf die Praxissicht geben kann. Tiefergehende Analysen, insbesondere auch im Rahmen von detaillierten Experteninterviews zur Abrundung der ersten Eindrücke und zum Ausräumen von eventuell bestehenden Mißverständnissen im Zuge der Interpretation der Fragen und Beantwortungen seien weiteren Forschungsanstrengungen anheim gestellt.

5.4 Implikationen der empirischen Untersuchungsergebnisse für die phasenspezifischen Controllingkonzeptionen

Ziel der folgenden Abschnitte ist es, aus den empirischen Untersuchungsergebnissen Implikationen abzuleiten, die zu einer Präzisierung der theoretisch erarbeiteten Controllingkonzeptionen der Gründungs- und Wachstumsphase führen. Letztlich sollen also nun die theoretischen Überlegungen zum Controlling in jungen Unternehmen mit den empirischen Einschätzungen der Untersuchungsstichprobe zusammengeführt werden. Dabei ist insbesonders zu berücksichtigen, dass mit der empirischen Untersuchung auf spezifische situative Bestimmungsgrößen des Controllings in jungen Unternehmen abgestellt wurde. Daher soll im Folgenden zunächst analysiert werden, welche Implikationen sich aus den empirischen Befragungsergebnissen für die theoretisch eruierten unternehmerischen Kernaufgaben bzw. kritischen Führungsprobleme ergeben, um im Anschluss feststellen zu können, wie bzw. wo das Controlling ansetzen muss, um die Rationalität der Führung in der Bewältigung dieser kritischen Probleme zu sichern.

5.4.1 Implikationen der empirischen Ergebnisse für die Controllingkonzeption der Gründungsphase

Die empirischen Untersuchungsergebnisse zu den unternehmerischen Kernaufgaben in der Gründungsphase geben ein relativ eindeutiges und weitgehend geschlossenes Bild von den in der Praxis als kritisch für den Verlauf des Gründungsprojekts erachteten Faktoren. Dabei deckt sich die in der Befragung gewonnene Praxissicht bzw. – um es noch einmal zu betonen – die ersten Einblicke in die Praxissicht größtenteils mit den theoretisch erarbeiteten Überlegungen zu den kritischen Führungsproblemen in der Gründungsphase. So wurde die Sicherung der Liquidität im Sinne einer jederzeitigen Aufrechterhaltung der Zahlungsbereitschaft in der Gründungsphase von einer deutlichen Mehrheit der Befragten als ein zentraler Faktor für den positiven Verlauf des Gründungsprojekts hervorgehoben. Die theoretisch abgeleitete Bedeutung des kritischen Führungsproblems der Liquidität wird also von den Befragten eindrucksvoll bestätigt. Ebenso wird die Relevanz des theoretisch abgeleiteten zweiten kritischen Führungsproblems – der Einschätzung von Geschäftsidee und Markt – in der Gründungsphase durch die empirischen Befragungsergebnisse bekräftigt. Ein hoher Anteil der Befragten hält Planungs- und Kontrollaktivitäten zur gezielten Strukturierung des Gründungsvorhabens für entscheidend bis sehr entscheidend in der Gründungsphase. Die Einschätzung der Geschäftsidee und des Gründungsprojekts in der Startphase der Unternehmenstätigkeit wird demnach auch in der Praxis als erfolgskritischer Faktor eingestuft.

Da die theoretisch erarbeiteten kritischen Führungsprobleme und somit die Ansatzpunkte für das Controlling in der Gründungsphase durch die empirischen Untersuchungsergebnisse weitgehend bestätigt wurden, können auch die aus den kritischen Führungsproblemen abgeleiteten Controllingaufgaben und -instrumente zur Sicherung der Rationalität der Führung bei der Bewältigung dieser kritischen Probleme als begründet angesehen werden. In direkter Weise untermauert wird dies durch die empirischen Ergebnisse bezüglich der Relevanz des Businessplans in der Gründungsphase der jungen Unternehmen. Ein Großteil der Befragten gab an, den Businessplan für strategische Planungszwecke und zur Überprüfung der Potenzialträchtigkeit der Geschäftsidee zu nutzen. Somit bekräftigen die Befragten implizit, mit dem Businessplan ein Controllinginstrument zur Wahrnehmung der in der Gründungsphase sehr bedeutenden Planungsaufgabe einzusetzen. Da der Businessplan auch in den theoretischen Überlegungen als das wesentliche Instrument zur Bewältigung der kritischen Führungsprobleme der Liquidität sowie der Einschätzung von Geschäftsidee und Markt diagnostiziert wurde, bestätigt das empirische Untersuchungsergebnis die theoretischen Erkenntnisse zum Controlling in der Gründungsphase eindrucksvoll.

Die Befragungsergebnisse zeigen allerdings auch, dass in der Praxis - insbesondere bei denjenigen Unternehmen, die sich noch in der Gründungsphase befinden - ein einheitliches Verständnis darüber zu fehlen scheint, was sich hinter dem Konzept des Controllings verbirgt. Mit 44% der befragten Unternehmen in der Gründungsphase gibt ein relativ hoher Anteil an, über kein Controlling im Unternehmen zu verfügen. 90 % dieser Unternehmen benennen als Grund hierfür, dass sie ein Controlling für nicht erforderlich halten. Demgegenüber wird von 75% der Unternehmen in der Gründungsphase ausgesagt, dass sie den Businessplan zur Überprüfung der Potenzialträchtigkeit der Geschäftsidee einsetzen und von 64%, dass der Businessplan zu strategischen Planungszwecken verwendet wird. Obwohl fast die Hälfte der Unternehmen in der Gründungsphase also nach eigenen Angaben kein Controlling installiert haben und mehrheitlich der Meinung sind, dass Controlling nicht erforderlich ist, verfügen sie mit dem Businessplan nicht nur über ein wesentliches Controllinginstrument, sondern nutzen den Businessplan zu einem hohen Anteil auch tatsächlich als solches. Das Bewußtsein darüber, was Controlling beinhaltet und welche Vorteile ein systematisch betriebenes Controlling mit sich bringt, scheint demnach gerade in der Gründungsphase nur in geringem Maße vorhanden zu sein. Die Befragungsergebnisse liefern daher auch einen wichtigen Hinweis darauf, dass durch die Vermittlung eines Controllingverständnisses verborgene Ansätze und Potenziale, die diesbezüglich in vielen jungen Unternehmen vorhanden sind, nutzbar gemacht werden könnten.

Zusammenfassend lässt sich feststellen, dass die empirischen Ergebnisse zu den kritischen Führungsproblemen in der Gründungsphase die konzeptionellen Überlegungen diesbezüglich weitgehend bestätigen. Da die kritischen Führungsprobleme den Ansatzpunkt für die Controllingaufgaben und -instrumente zur Sicherung der Rationalität im Umgang mit diesen kritischen Faktoren bilden, können auch die theoretisch abgeleiteten Überlegungen zum Controlling in der Gründungsphase als begründet bezeichnet werden, so dass für die Gründungsphase kein Anpassungsbedarf der Controllingkonzeption impliziert ist.

5.4.2 Implikationen der empirischen Ergebnisse für die Controllingkonzeption der Wachstumsphase

Für die Wachstumsphase junger Unternehmen konnten durch die empirischen Untersuchungsergebnisse interessante Aspekte ermittelt werden, welche die theoretisch abgeleiteten Überlegungen zum Controlling in der Wachstumsphase nicht generell bestätigen. Während die kritischen Führungsprobleme der Liquidität sowie der Marktetablierung und Kundenbindung- wie in den konzeptionellen Ausarbeitungen vermutet - auch in der Praxis eine hohe Relevanz für die Entwicklung des Unternehmens in der Wachstumsphase aufweisen, lassen sich bezüglich der kritischen Führungsprobleme der Komplexitätsbewältigung sowie der Personalbeschaffung und -bindung teils deutliche Diskrepanzen zwischen theoretisch abgeleiteter und empirisch gewonnener Bedeutsamkeit feststellen. Auf diese Ergebnisse soll im Folgenden im Einzelnen näher eingegangen werden.

Die **Liquidität** wird von den befragten Unternehmen wie schon für die Gründungsphase, so auch für die Wachstumsphase als ein besonders bedeutsamer Faktor für die weitere Entwicklung des Unternehmens herausgestellt. Die theoretisch abgeleitete Controllingaufgabe der Liquiditätssteuerung durch liquiditätsbezogene Planungs- und Kontrollmaßnahmen zur Sicherung der Rationalität im Umgang mit dem kritischen Führungsproblem der Liquidität in der Wachstumsphase kann daher als begründet bezeichnet werden.

Die empirischen Untersuchungergebnisse zeigen, dass ebenso das kritische Führungsproblem der **Marktetablierung und Kundenbindung** in der Wachstumsphase einen sehr hohen Stellenwert für die Weiterentwicklung des Unternehmens einnimmt. Damit kann auch die Relevanz von spezifischen führungsunterstützenden Controllingaufgaben und -instrumenten zur Bewältigung dieses kritischen Führungsproblems als bekräftigt bezeichnet werden.

Die Umsetzung der strategischen Planvorgaben im Rahmen operativer Feinpläne sowie die konkrete Berücksichtigung von Markt- und Kundenkennzahlen im universellen Controllinginstrument Balanced Scorecard wurden in den konzeptionellen Überlegungen als die entscheidenden Controllingschwerpunkte zur Rationalitätssicherung im Umgang mit dem Führungsproblem der Marktetablierung und Kundenbindung festgestellt. Aufgrund der empirisch ermittelten Relevanz dieses kritischen Führungsproblems können die konzeptionell erarbeiteten Controllingansätze hierzu als zielführend bestätigt werden.

Demgegenüber scheint das kritische Führungsproblem der **Komplexitätsbewältigung** in der Praxis nicht von besonderer Bedeutung zu sein. Die Schaffung von Transparenz sowie die Entwicklung von Informationssystemen werden von 62% und damit der Mehrheit der befragten Unternehmen als weniger bis nicht entscheidende Aufgaben in der weiteren Unternehmensentwicklung angesehen. Für das Controlling lassen sich aus diesen Einschätzungen erste Hinweise für eine Präzisierung der theoretisch abgeleiteten Schwerpunkte der Informationsaufgabe sowie der zugehörigen instrumentellen Ausgestaltung des Controllings entnehmen. Im konzeptionellen Teil dieser Arbeit wurde herausgearbeitet, dass dem kritischen Führungsproblem der Komplexitätsbewältigung mit der Schaffung von Transparenz durch den differenzierten Ausbau des Informationssystems begegnet werden kann. Dabei wurde vorgeschlagen, das in der Gründungsphase implementierte einfache Kostenrechnungssystem mit zunehmender Unternehmensentwicklung um differenziertere Zusatzmodule zu erweitern. Da sich die Bedeutung der Komplexitätsbewältigung und der Schaffung von Transparenz durch Informationssysteme jedoch in der Praxis nicht in dem Maße bestätigt wurde, wie in den konzeptionellen Überlegungen angenommen, scheint die vorgeschlagene Erweiterung des Kostenrechnungssystems um Zusatzmodule der Teil- und Plankostenrechnung in der Entwicklungsstufe der Wachstumsphase demnach noch nicht zielführend zu sein. Dies deckt sich auch mit den Untersuchungsergebnissen zum Entwicklungsstand des Controllings in der Wachstumsphase. Da die befragten Unternehmen mehrheitlich über Ressourcenmangel in zeitlicher, finanzieller und personeller Hinsicht klagen, was sie daran hindert, umfassende Controllingsysteme bzw. -instrumente zu implementieren, scheinen die anspruchsvollen differenzierteren Kostenrechnungsmodule tatsächlich erst in der späteren Unternehmensentwicklung realistisch einsetzbar sowie darüber hinaus notwendig und zielführend zu sein.

Das kritische Führungsproblem der **Personalbeschaffung und -bindung** wird ebenfalls in der Praxis nicht als besonders relevant erachtet. Insbesondere der Beschaffung personeller

Ressourcen wird von den befragten Unternehmen keine besondere Bedeutung eingeräumt. Eine mögliche Begründung hierfür wäre dann leicht auszumachen, wenn der Personalbestand im Laufe der Entwicklung von der Gründungs- zur Wachstumsphase keinen signifikanten Veränderungen unterliegen würde und dadurch die Beschaffung von Personal generell irrelevant wäre. Dass davon allerdings in der Realität nicht ausgegangen werden kann, zeigt die durchschnittliche Entwicklung des Personalbestands in den betrachteten Untersuchungseinheiten. So lag der durchschnittliche Mitarbeiterbestand im Untersuchungsjahr 2003 in Unternehmen, die sich in der Gründungsphase befanden, bei 4,1 Mitarbeitern, wohingegen Unternehmen in der Wachstumsphase im Durchschnitt 7,5 Mitarbeiter beschäftigten.[1078] Die personelle Ressourcenausstattung scheint demnach durchaus der Unternehmensentwicklung entsprechend zu steigen, wobei die durch diesen Anstieg bedingte Personalgewinnung jedoch nicht als Führungsproblem besonders kritischer Art angesehen wird. Aus dieser Einschätzung der Befragten lassen sich Rückschlüsse auf die Controllingaufgaben und -instrumente ziehen, die in den konzeptionellen Ausarbeitungen zur Bewältigung des kritischen Führungsproblems der Personalgewinnung und -bindung diagnostiziert wurden. Als das wesentliche Instrument in der Controllingkonzeption der Wachstumsphase, welches zur Unterstützung dieser speziellen Problembewältigung eingesetzt werden kann, wurde die Balanced Scorecard herausgestellt. Die relativ geringe Relevanz des Führungsproblems der Personalgewinnung und -bindung in der Praxis würde nun einen allein hierauf beruhenden Einsatz des sehr aufwendigen Instruments Balanced Scorecard nicht rechtfertigen. Allerdings wird der Personalbereich nur in einer von vier Perspektiven der Balanced Scorecard abgebildet. Da mit den übrigen Perspektiven auch in der Praxis anerkannte bedeutsame Aspekte für die Weiterentwicklung des Unternehmens in der Wachstumsphase aufgegriffen werden können – zu denken ist hier insbesondere an die Finanz- und Kundenperspektive, welche auch in den Befragungsergebnissen als besonders relevant in der Wachstumsphase bestätigt wurde – sollte der Einsatz der Balanced Scorecard in der Wachstumsphase – ganzheitlich betrachtet – nicht in Frage gestellt werden.

Zusammenfassend lässt sich festhalten, dass die empirischen Untersuchungsergebnisse die konzeptionell erarbeiteten Erkenntnisse zu den kritischen Führungsproblemen in der Wachstumsphase nicht generell bestätigen. Während die Liquidität sowie die Marktetablierung und Kundenbindung auch in der Praxis als entscheidende kritische Faktoren für die Weiter-

1078 Dabei ist anzumerken, dass von den 205 Befragten lediglich 163 Unternehmen Angaben zum durchschnittlichen Personalbestand getätigt haben.

entwicklung des Unternehmens angesehen werden, wird die Relevanz der kritischen Führungsprobleme der Komplexitätsbewältigung sowie der Personalgewinnung und -bindung von den befragten Unternehmen nicht derart hoch eingeschätzt, wie in den konzeptionellen Überlegungen vermutet. Für die führungsunterstützenden Controllingaufgaben und -instrumente lässt sich daher schließen, dass die vorgestellte Controllingkonzeption der Wachstumsphase insbesondere im Bereich der Informationsaufgaben und -instrumente einem Präzisierungsbedarf unterliegt. So scheint die Erweiterung des Kostenrechnungssystems um Zusatzmodule der Teil- und Plankostenrechnung zur weiteren Transparenzsteigerung in der Wachstumsphase (noch) nicht erforderlich zu sein. Die Balanced Scorecard wäre allein zur Bewältigung des kritischen Führungsproblems der Personalgewinnung ebenfalls unnötig, sollte jedoch aufgrund der vielfältigen, über die Personalperspektive hinausgehenden Aspekte, die mit diesem Instrument abgedeckt werden können, nicht gänzlich in Frage gestellt werden.

6. Schlussbetrachtung

Im Folgenden sollen die gewonnenen Erkenntnisse der gesamten Untersuchung zusammengefasst werden mit dem Ziel, die eingangs aufgestellten Forschungsfragen zu beantworten. Mit einem inhaltlichen und methodischen Fazit sowie einem Ausblick auf weiteren Forschungsbedarf zum Thema Controlling in jungen Unternehmen soll die vorliegende Arbeit abgeschlossen werden.

6.1 Zusammenfassung der Ergebnisse

Gegenstand dieser Arbeit ist das Controlling in jungen Unternehmen. Dabei wurde das generelle Ziel verfolgt, Controllingkonzepte zu entwickeln, die den spezifischen Rahmenbedingungen von Unternehmen in der Gründungs- und Wachstumsphase gerecht werden. Um dieses Ziel zu erreichen, wurde ein explorativer Forschungsansatz gewählt. Dieser zielt darauf ab, einen bislang wenig untersuchten Objektbereich durch die Konzipierung eines theoretischen Bezugsrahmens vorzustrukturieren, der anschließend mit Erfahrungswissen, das mittels theoriegeleiteter Fragen an die Praxis gewonnen wurde, präzisiert werden kann. Dementsprechend wurde eine Untergliederung der Arbeit in drei Hauptteile vorgenommen, wobei in den ersten beiden konzeptionellen Hauptteilen der theoretische Bezugsrahmen entwickelt und im darauf folgenden empirischen Hauptteil eine Verfeinerung des theoretischen Bezugsrahmens mittels empirisch gewonnenen Datenmaterials vorgenommen wurde. In den ersten beiden Hauptteilen wurde mithin konkret darauf abgezielt, innerhalb konzeptioneller Überlegungen situative Bestimmungsgrößen des Controllings in jungen Unternehmen zu ermitteln, auf deren Basis dann phasenspezifische Controllingkonzeptionen für Unternehmen in der Gründungs- und Wachstumsphase abgeleitet wurden. Im anschließenden empirischen Hauptteil wurden die im Rahmen einer Befragung junger Unternehmen gewonnenen empirischen Einschätzungen zu ausgewählten wesentlichen Aspekten des theoretischen Bezugsrahmens herangezogen, um hieraus Implikationen für die theoretisch abgeleiteten Controllingkonzeptionen zu gewinnen.

Entsprechend des dargestellten Forschungsansatzes und der Struktur der Arbeit leiteten drei Forschungsfragen durch den Gang der Untersuchung, welche jeweils den einzelnen Hauptteilen zugeordnet sind.

Die Beantwortung der ersten Forschungsfrage war Gegenstand des ersten konzeptionellen Hauptteils:

Forschungsfrage 1:

Welches sind die situativen Bestimmungsgrößen, die sich aus den Spezifika junger Unternehmen ergeben und die auf die Konzipierung des Controllings für Unternehmen in der Gründungs- und Wachstumsphase einwirken?

Zur Beantwortung dieser Frage wurden drei Dimensionen dargestellt, anhand derer sich junge Unternehmen beschreiben lassen.

Die erste Dimension wurde aus der Tatsache abgeleitet, dass es Unterscheidungsmerkmale gibt, anhand derer junge von etablierten Unternehmen abgegrenzt werden können. Nach Bestimmung dieser generellen Unterscheidungsmerkmale wurden sie einer Bewertung hinsichtlich ihrer phasenspezifischen Ausprägung unterzogen, so dass sich letztlich spezifizierte Merkmale herauskristallisierten, mit denen ein Unternehmen in der Gründungs- und Wachstumsphase charakterisiert werden kann. Diese spezifizierten Merkmale bildeten die erste Bestimmungsgröße des Controllings, da sie Anforderungen begründen, die den Möglichkeitsraum der organisatorischen und instrumentellen Ausgestaltung des Controllings in der jeweiligen Phase abstecken.

Im nächsten Schritt wurde analysiert, durch welche spezifischen Unternehmensziele sich junge Unternehmen auszeichnen. Diese konkreten Unternehmensziele der Gründungs- und Wachstumsphase wurden als zweite Bestimmungsgröße des Controllings identifiziert, da sie den unmittelbaren Ansatzpunkt für die phasenspezifischen Controllingziele bilden.

Abschließend wurden aus den jeweiligen Unternehmenszielen phasenspezifische unternehmerische Kernaufgaben abgeleitet, die zur Erreichung der Ziele erfüllt werden müssen. Diejenigen Aufgaben, die mit besonderen, für die Zielerreichung sich als kritisch erweisenden Problemfeldern behaftet sind, wurden als kritische Führungsprobleme hervorgehoben und bilden den dritten Anknüpfungspunkt für die Ableitung phasenspezifischer führungsunterstützender und rationalitätssichernder Controllingaufgaben.

Insgesamt betrachtet wurden also im ersten konzeptionellen Hauptteil der Arbeit drei Dimensionen junger Unternehmen vorgestellt, aus denen sich situative Bestimmungsgrößen für das Controlling in der Gründungs- und Wachstumsphase ableiten lassen. Die spezifizierten Merkmale junger Unternehmen wurden als Bestimmungsgrößen für die instrumentelle und organisatorische Ausgestaltung des Controllings identifiziert, die phasenspezifischen Unternehmensziele wurden als Bestimmungsgröße für die jeweiligen Controllingziele ausgemacht und die unternehmerischen Kernaufgaben sowie die daraus resultierenden kritischen Führungsprobleme konnten als Bestimmungsgröße für die Controllingaufgaben vorgestellt werden. Damit wurden im ersten Hauptteil für jede konzeptionsdeterminierende Komponente des Controllings (Controllingziele, -aufgaben, -instrumente und -organisation) Bestimmungsgrößen ermittelt, aus denen die konkreten phasenspezifischen Controllingkonzeptionen abgeleitet werden können. Dies bildete den Ansatzpunkt für den zweiten konzeptionellen Hauptteil.

Im zweiten konzeptionellen Hauptteil wurde darauf abgezielt, die zweite Forschungsfrage zu beantworten:

Forschungsfrage 2:

Welche Ziele, Aufgaben, Instrumente und organisatorischen Ausgestaltungsmöglichkeiten des Controllings und damit welche Controllingkonzeptionen lassen sich aus den situativen Bestimmungsgrößen für Unternehmen in der Gründungs- und Wachstumsphase ableiten?

Aus den übergeordneten Unternehmenszielen konnten sowohl für die Gründungs- als auch für die Wachstumsphase unmittelbare Controllingziele abgeleitet werden, die darin bestehen, Rationalitätsengpässen, die im Rahmen der Unternehmenszielverfolgung auftreten, mit der Definition von rationalitätssichernden Aufgaben und Instrumenten zu begegnen.

Für die Gründungsphase wurde desweiteren festgestellt, dass die Planungs- und Kontrollaufgaben des Controllings eine herausragende Stellung einnehmen, um die Unternehmensführung bei der Bewältigung der diagnostizierten kritischen Führungsprobleme der Liquidität und der Einschätzung von Geschäftsidee und Markt zu unterstützen. Als zielführende Instrumente zur Wahrnehmung dieser Aufgaben wurden der Businessplan als zentrales Planungsinstrument sowie die Kontrollinstrumente Überprüfung strategischer Schlüsselannahmen, Meilensteinanalyse, Soll-Ist-Vergleich und Finanzkontrollrechnung vorgestellt. Die Informationsaufgabe des Controllings wurde in der Gründungsphase in erster Linie als Informationsgewinnungs- und -aufbereitungsaufgabe präzisiert, so dass als Informationsinstrument das externe Rechnungswesen, ergänzt um ein einfaches Basiskostenrechnungssystem als zielführend erachtet wurde. Es wurde gezeigt, dass mit diesen reduzierten Controllingmodulen den spezifischen Anforderungen in der Gründungsphase Rechnung getragen wird.

Aus den spezifischen Merkmalen und den daraus resultierenden Anforderungen an das Controlling konnte ferner für die organisatorische Ausgestaltung des Controllings das Self-

Controlling durch den Gründer, ergänzt um ein beratend tätiges externes Controlling, abgeleitet werden.

Für die Wachstumsphase wurden aus den veränderten situativen Bestimmungsgrößen Erweiterungsmodule des Controllings abgeleitet, die sich auf folgende Bereiche erstrecken: Mit zunehmender Unternehmensentwicklung und -differenzierung gewinnen die operativen Planungs- und Kontrollkomponenten mehr und mehr an Bedeutung. Daher ist eine Ergänzung der Planungs- und Kontrollinstrumente um stark operativ ausgerichtete Module wie Budgetierung sowie Budgetkontrolle in der Wachstumsphase zielführend. Darüber hinaus erfährt die Informationsaufgabe eine Schwerpunktverlagerung dahingehend, dass die Informationsverteilung zusätzlich zur Informationsgewinnung und -aufbereitung an Bedeutung gewinnt. Mit der Weiterentwicklung des bislang als reduziertes Basismodul implementierten Instruments Rechnungswesen und der Implementierung des Reportings können die Informationsinstrumente an die besonderen Bedingungen von Unternehmen in der Wachstumsphase angepasst werden. Ein weiteres Instrument, welches sämtliche veränderten Rahmenbedingungen abbildet, wurde mit der Balanced Scorecard vorgestellt, welche in einer phasengerecht ausgestalteten Form aufgabenübergreifend eingesetzt werden kann. Darüber hinaus konnte gezeigt werden, dass zusätzlich zur Planungs-, Informations- und Kontrollaufgabe in der Wachstumsphase die Koordination als eine weitere entscheidende Controllingaufgabe in den Fokus der Betrachtung tritt.

Bezüglich der organisatorischen Ausgestaltung des Controllings in der Wachstumsphase ließ sich ableiten, dass ein nicht-institutionalisiertes zentrales Controlling in Form einer Assistenzstelle mit Stabsstellencharakter nahe bei der Geschäftsleitung zielführend ist.

Darüber hinaus lässt sich aus der Analyse in den konzeptionellen Hauptteilen festhalten, dass die zielbezogene Liquiditätsorientierung des Controllings in der Gründungsphase eine Ergänzung durch die Zielgröße der Rentabilitätsorientierung in der Wachstumsphase erfährt. Während das Controlling in der Gründungsphase stark durch seinen Projektcontrollingcharakter gekennzeichnet ist, nimmt in der Wachstumsphase die Bedeutung des Bereichscontrollings zu. In der Gründungsphase überwiegt zunächst die strategische Ausrichtung des Controllings, während in der späteren Gründungs- und in der Wachstumsphase dem operativen Controlling als Ergänzung des strategischen Controllings vermehrt Aufmerksamkeit geschenkt wird. In beiden Phasen ist ein funktionsunabhängiges Zentralcontrolling zielführend.

Im empirischen Hauptteil der Arbeit wurde anschließend mittels einer Befragung junger Unternehmen empirisches Datenmaterial erhoben. Aus diesem Datenmaterial sollten Rückschlüsse auf Verfeinerungsmöglichkeiten der theoretisch erarbeiteten Controllingkonzeptionen gezogen werden, um damit die Forschungsfrage 3 beantworten zu können.

Forschungsfrage 3:

Können wesentliche Aspekte der theoretisch abgeleiteten Controllingkonzeptionen mittels theoriegeleiteter Fragen an die Praxis präzisiert werden?

Aus den Untersuchungsergebnissen ließ sich für die Gründungsphase ableiten, dass die konzeptionellen Überlegungen zu den kritischen Führungsproblemen in der Gründungsphase von der Praxis weitgehend bestätigt wurden. Da in den kritischen Führungsproblemen der Ansatzpunkt für die Controllingaufgaben und -instrumente zur Sicherung der Rationalität im Umgang mit diesen kritischen Faktoren liegt, können auch die theoretisch abgeleiteten Überlegungen zum Controlling in der Gründungsphase als begründet bezeichnet werden, so dass für die Gründungsphase kein Anpassungsbedarf der Controllingkonzeption impliziert ist.

Für die Wachstumsphase wurde festgestellt, dass die empirischen Untersuchungsergebnisse die konzeptionell erarbeiteten Erkenntnisse zu den kritischen Führungsproblemen in der Wachstumsphase nicht generell bestätigen. Dies betrifft insbesondere die theoretisch abgeleiteten Führungsprobleme der Komplexitätsbewältigung sowie der Personalgewinnung und -bindung, die von den befragten Unternehmen nicht im selben Maße als relevant erachtet wurden, wie in den konzeptionellen Überlegungen vermutet. Die theoretisch erarbeitete Controllingkonzeption der Wachstumsphase unterliegt daher insbesondere hinsichtlich der zur Komplexitätsbewältigung vorgeschlagenen Informationsaufgaben und -instrumente einem Präzisierungsbedarf. Die Erweiterung des Kostenrechnungssystems um differenziertere Module zur Transparenzsteigerung und Komplexitätsbewältigung in der Wachstumsphase erscheint dementsprechend aus Praxissicht (noch) nicht erforderlich zu sein. Das Instrument der Balanced Scorecard, in welchem das kritische Führungsproblem der Personalgewinnung und -bindung abgebildet werden kann, steht in Folge der Untersuchungsergebnisse ebenfalls zur Diskussion, sollte jedoch aufgrund seiner Vielfältigkeit in einer überschaubar ausgestalteten Form nicht gänzlich in Frage gestellt werden.

6.2 Fazit und Ausblick

Betrachtet man die Ergebnisse der vorliegenden Arbeit in ihrer Gesamtheit, lässt sich sowohl in inhaltlicher als auch in methodischer Hinsicht eine abschließende Bewertung vornehmen sowie eine Einschätzung zukünftigen Forschungsbedarfs aufzeigen.

In **inhaltlicher Hinsicht** wurde gezeigt, dass Controlling bereits in den frühen Lebenszyklusphasen eines Unternehmens von Bedeutung und sinnvoll ist. Zudem wurde festgestellt, dass das Controlling in jungen Unternehmen auf die phasenspezifischen Rahmenbedingungen dieser Unternehmen ausgerichtet sein muss, damit es zum einen seine volle Wirksamkeit als Unterstützungsinstrument zur Bewältigung phasenspezifischer kritischer Führungsprobleme entfalten kann und zum anderen als unbürokratisches, flexibles und einfach handhabbares Konzept von der Praxis angenommen wird. Dafür scheint es jedoch erforderlich, ein verstärktes Controllingbewußtsein bei Gründern und im jungen Unternehmen zu schaffen. Die vorgestellten empirischen Befragungsergebnisse deuten darauf hin, dass in jungen Unternehmen häufig keine fundierte Vorstellung darüber herrscht, was sich hinter dem schillernden, in der Regel mit Assoziationen zu Großunternehmen belegten Begriff des Controllings verbirgt und welche Möglichkeiten eine situationsgerechte Ausgestaltung des Controllings bietet. Daher erscheint es geboten, in der Praxis verstärkt darauf hinzuwirken, dass sich ein besseres Verständnis dafür entwickelt, was Controlling bedeutet und dass sich ein phasenspezifisches Controlling für junge Unternehmen so ausgestalten lässt, dass es die finanziellen, zeitlichen und inhaltlichen Restriktionen junger Unternehmen in der Gründungs- und Wachstumsphase berücksichtigt.

In der vorliegenden Untersuchung konnten nur beschränkt Einblicke in das noch relativ unerforschte Gebiet des Controllings in jungen Unternehmen gewonnen werden. Weiterer Forschungsbedarf besteht daher hinsichtlich mehrerer Aspekte: Zum einen wurden im Rahmen dieser Arbeit nur ausgewählte empirische Aspekte zu einer spezifischen Komponente des Bezugsrahmens, den kritischen Führungsproblemen als Bestimmungsgröße der Controllingaufgaben beleuchtet. Da die Gestaltung der Controllingkonzeptionen jedoch zusätzlich von weiteren Bestimmungsgrößen beeinflußt wird, wäre die Erhebung von Daten zu diesen übrigen Bestimmungsgrößen eine Aufgabe, die interessante Zusatzerkentnisse liefern könnte. Insbesondere ist hier an empirische Untersuchungen zu den phasenspezifischen Merkmalen junger Unternehmen zu denken, welche maßgeblich die instrumentelle und organisatorische Ausgestaltung des Controllings in der Gründungs- und Wachstumsphase bestimmen.

Weitgehend unberücksichtigt bleiben musste in der vorliegenden Arbeit eine genauere Analyse der Schnittstellenproblematik zwischen einem jungen Unternehmen und externen Investoren. Wenngleich in Ansätzen versucht wurde, die Bedeutung einer Kompatibilität zwischen den Controllingsystemen junger Unternehmen und ihrer Kapitalgeber herauszustellen, mussten detaillierte Analysen zum Implementierungsprozess und Abstimmungsprozedere hinsichtlich Systemschnittstellen außen vor bleiben.

Die vorliegende Problemstellung beschränkte sich zudem auf eine Betrachtung der Frühphasen der Unternehmensentwicklung. In diesem Sinne wurde lediglich der Übergang der Controllingausgestaltung von der Gründungs- zur Wachstumsphase untersucht, während die weitere Controllingentwicklung unberücksichtigt blieb. Interessant wäre es daher, auf den vorliegenden Ergebnissen aufbauend, den Übergang vom Controlling in der Wachstumsphase zum Controlling im etablierten Unternehmen zu thematisieren, wobei bereits hinsichtlich der vorgelagerten Frage, wann ein junges Unternehmen als etabliert anzusehen ist, Diskussionsbedarf besteht.[1079]

Reflektiert man die vorliegende Untersuchung in **methodischer Hinsicht**, lässt sich schließen, dass mit dem gewählten forschungsstrategischen Ansatz im Prinzip ein gangbarer Weg zur schrittweisen Erkundung des wenig erforschten Gebiets des Controllings in jungen Unternehmen beschritten wurde. Innerhalb des gewählten Ansatzes sind jedoch durchaus ungenutzte Potenziale erkennbar, denen in weiteren Forschungsarbeiten nachgegangen werden könnte. Zu denken ist hierbei insbesondere an die empirische Untersuchung, die in der vorliegenden Arbeit einigen Restriktionen unterlag. Eine Stichprobe, die den Kriterien der Repräsentativität Rechnung trägt, würde eine Datenbasis liefern, mittels derer man auf interessante neue Erkenntnisse - insbesondere hinsichtlich der dann ermöglichten komplexeren Auswertungsverfahren, aber auch im Vergleich zu der vorliegenden nicht-repräsentativen Stichprobe - hoffen könnte. Darüber hinaus böte sich die Durchführung von Experteninterviews als Ergänzung zur schriftlichen Befragung an, um die gewonnenen Untersuchungsergebnisse weiter präzisieren zu können.

Controlling in jungen Unternehmen ist damit ein Forschungsgebiet, das noch vielfältige zu erkundende Problemfelder bietet. Die vorliegende Arbeit versteht sich als ein Beitrag zur Strukturierung dieses komplexen Forschungsfeldes.

1079 Vgl. hierzu die Beiträge von Chrisman et al. (New Venture Performance 1998), S. 6 f. sowie Hayn (Bewertung 1998), S. 16 f.

Anhang

Fragebogen – Anschreiben allgemeiner Teil

Umfrage 5 Jahre BPWN

Sehr geehrte Teilnehmer,

das fünfte Jahr des Businessplan-Wettbewerbs Nordbayern ist erfolgreich zu Ende gegangen. Dies nehmen wir zum Anlass, bei allen bisherigen Teilnehmern nachzufragen, wie sich ihre Geschäftsidee und ihr Unternehmen weiterentwickelt haben.
In diesem Zusammenhang bitten wir Sie, einige sehr kurze Fragen zu Ihrem Unternehmen zu beantworten. Selbstverständlich werden wir diese vertraulich behandeln und nur aggregiert verwenden.
Wie Sie vielleicht wissen, stehen wir Ihnen als netzwerk|nordbayern auch weiterhin als Unterstützer zur Verfügung. Auch hierzu haben wir einige kurze Fragen, um unser Angebot zu optimieren.

Als eines unserer Projekte führen wir in Zusammenarbeit mit der Universität Erlangen-Nürnberg und dem Dekan der Wirtschafts- und Sozialwissenschaftlichen Fakultät Prof. Dr. Kai-Ingo Voigt ein Forschungsprojekt zum Thema „Controlling in der Gründungs- und Wachstumsphase eines Unternehmens“ durch. Hierzu finden Sie in der Anlage einen weiteren Fragebogen, und wir bitten Sie sehr herzlich, diesen ebenfalls auszufüllen.

Mit herzlichem Dank für Ihre Bemühungen und der Hoffnung, Sie auf einer unserer zahlreichen Veranstaltungen einmal wieder zu sehen verbleiben wir

mit freundlichen Grüssen

Dr. Carsten Rudolph (Geschäftsführer)
Sabina Ansorge-Buza (Marketingleitung)

Fragebogen – allgemeiner Teil

Große Teilnehmerumfrage "Fünf Jahre Businessplan-Wettbewerb Nordbayern"

bitte per Fax zurück (z.Hd. Verena Erhardt)

Fax: (09 11) 5 97 24 - 80 49

Team-ID (siehe Anschreiben) ________ **Teamname** ________ **Ansprechpartner, Tel.Nr., e-mail** ________

A) ALLGEMEINE ANGABEN ZUM UNTERNEHMEN

1. Firmengründung ist :
- ☐ erfolgt, Jahr: ________
- ☐ geplant, Jahr: ________
- ☐ nicht geplant, Idee verworfen
- ☐ Firma liquidiert/Insolvenz angemeldet

2. Umsatz

Ist-Wert 2002	wenn möglich Planwerte für 2003	2004	2005
☐ €	☐ €	☐ €	☐ €

3. Mitarbeiter (mehr als 15 Stunden pro Woche, inklusive Freiberufler, Azubis, Praktikanten)

Ist-Wert 1.8.2003	wenn möglich Planwerte (Durchschnitt) für 2004	2005
☐	☐	☐

4. Art des Eigenkapital-Investments (mehrere möglich)

☐ Venture Capital ☐ Business Angel ☐ Strateg. Investor ☐ Eigenmittel

5. Höhe des Eigenkapital-Investments seit Gründung ☐ €

B) FRAGEN ZUR NUTZUNG DER ANGEBOTE DES netzwerk | nordbayern

1. Das netzwerk | nordbayern bietet auch in den Jahren nach der Teilnahme am Businessplan-Wettbewerb Nordbayern kostenfreie Unterstützung für Unternehmen an. In welchen Bereichen besteht Unterstützungsbedarf in Ihrem Unternehmen?

- ☐ Unternehmensplanung
- ☐ Finanzmittelakquise
- ☐ Schutzrechte
- ☐ Controlling/Finanzplanung
- ☐ Steuern/Rechtsfragen
- ☐ Ausarbeitung Marketingstrategie
- ☐ Krisenmanagement

2. Das netzwerk | nordbayern lebt vom Engagement seiner Mitglieder. Würden Sie sich persönlich im Netzwerk engagieren?

☐ ja, in Form von:
- ☐ Themenvorträgen bei Seminaren, mögliche Inhalte ________
- ☐ Erfahrungsberichte für Medien
- ☐ Mitgliedschaft im Träger des netzwerk|nordbayern, dem F.U.N. e.V.
- ☐ Juror beim Businessplan-Wettbewerb Nordbayern
- ☐ Coach beim Businessplan-Wettbewerb Nordbayern

☐ nein, Gründe: ________

3. Allgemeines Feedback/Anregungen/Wünsche/Kritik

☐

Fragebogen - Anschreiben Controllingteil

Liebe Teilnehmer des Businessplan-Wettbewerbs Nordbayern,

der Lehrstuhl für Industriebetriebslehre, Prof. Dr. Kai-Ingo Voigt, der Friedrich-Alexander-Universität Erlangen-Nürnberg führt gemeinsam mit dem netzwerk|nordbayern ein Forschungsprojekt zum Thema „Controlling in der Gründungs- und Wachstumsphase eines Unternehmens" durch.

Der Hintergrund dieses Projektes liegt in der Tatsache begründet, dass in der betriebswirtschaftlichen Forschung bislang wenig Ansatzpunkte zur Gestaltung des Controllings in den Frühphasen der Unternehmensentwicklung existieren.

Ziel des Projektes ist es, ein Controllingkonzept zu entwickeln, welches auf die spezifischen Erfordernisse von Unternehmen in der Gründungs- und Wachstumsphase Rücksicht nimmt und dem jungen Unternehmer als zielgerichtetes Steuerungsinstrumentarium dient.

In diesem Zusammenhang bitten wir Sie sehr herzlich, die nachstehenden Fragen zu beantworten.

Sollten Sie Erläuterungsbedarf zu einzelnen Fragen haben oder generelle Fragen zum Projekt, wenden Sie sich bitte an Verena Erhardt, Lehrstuhl für Industriebetriebslehre, Tel. ..., e-mail ... .

Die Ergebnisse des Forschungsprojektes, welche im Rahmen einer Dissertation ausgewertet werden, können wir Ihnen selbstverständlich gerne zur Verfügung stellen.

Wir bedanken uns schon einmal ganz herzlich für Ihre Mithilfe und verbleiben

mit freundlichen Grüssen

Prof. Dr. Kai-Ingo Voigt
Dipl.-Vw. Verena Erhardt

Fragebogen - Controllingteil, Seite 1

Große Teilnehmerumfrage "Fünf Jahre Businessplan-Wettbewerb Nordbayern"

bitte per Fax zurück (z.Hd. Verena Erhardt)

Fax: (09 11) 5 97 24 - 80 49

Team-ID (siehe Anschreiben) **Teamname** **Ansprechpartner, Tel.Nr., e-mail**

Interesse an Ergebnissen: ☐ ja ☐ nein

FRAGEN ZUM CONTROLLING

1. Die Gründungsphase eines Unternehmens wird definiert als die Gesamtheit aller Planungs- und Vorbereitungsschritte, die zur Geschäftsaufnahme führen, beginnend mit der Gründungsidee und endend mit dem Markteintritt.
Mit dem erfolgten Markteintritt und den ersten Umsätzen beginnt die zweite Entwicklungsphase des Unternehmens, die Wachstumsphase.
In welcher dieser Phasen befindet sich Ihr Unternehmen?

☐ Gründungsphase (Idee/Planung bis Markteintritt)
☐ Wachstumsphase (Markteintritt erfolgt, Umsätze erzielt)
☐ Konsolidierung, Liquidierung

2. Unter Controlling versteht man ein funktionsübergreifendes Steuerungsinstrumentarium, welches die Unternehmensführung im unternehmerischen Entscheidungsprozess unterstützt.
Gibt es in Ihrem Unternehmen ein Sie zufriedenstellendes Controlling?

☐ Controlling zufriedenstellend

☐ Controlling nicht zufriedenstellend
Gründe:
☐ Zeitmangel
☐ mangelnde Fachkenntnisse
☐ mangelnde finanzielle Ressourcen
☐ Personalmangel
☐ sonstige ______________

☐ kein Controlling eingeführt
Gründe:
☐ (noch) nicht notwendig
☐ Zeitmangel
☐ mangelnde Fachkenntnisse
☐ mangelnde finanzielle Ressourcen
☐ Personalmangel
☐ sonstige ______________

3. In welcher Intensität werden die folgenden Teilaufgaben des Controllings in Ihrem Unternehmen derzeit wahrgenommen?

	sehr intensiv	intensiv	weniger intensiv	gar nicht
Beschaffung, Analyse, Aufbereitung und Bereitstellung aller führungs- und entscheidungsrelevanter Informationen (Management-Informationssystem/Berichtswesen)	☐	☐	☐	☐
Aufstellung der kurzfristigen Jahresziele für die einzelnen Unternehmensbereiche in Form von quantifizierten Größen/Budgets (operative Planung)	☐	☐	☐	☐
Durchführung von Plan-Ist-Vergleichen (Kontrolle) sowie Analyse der Ursachen von Abweichungen	☐	☐	☐	☐
Zielorientierte Reaktion auf Abweichungen durch Einleitung geeigneter steuernder Maßnahmen (Steuerung)	☐	☐	☐	☐
Anpassung der langfristigen Unternehmensziele und -strategien (strategische Planung) auf Basis der Controllingergebnisse	☐	☐	☐	☐

Fragebogen - Controllingteil, Seite 2

4. Wenn Sie die Gründungsphase Ihres Unternehmens betrachten (Idee bis zum Markteintritt), welches sind oder waren für Sie die entscheidenden Maßnahmen, die den Verlauf des Gründungsprojektes positiv beeinflussen?

	sehr wichtig	wichtig	weniger wichtig	unwichtig
Aufstellen eines Ablaufplanes aller Aktivitäten, die während des Gründungsprozesses ausgeführt werden müssen	☐	☐	☐	☐
Ermittlung der Zeitbedarfe der einzelnen Aktivitäten und Festlegung eines schriftlich fixierten Zeitplanes	☐	☐	☐	☐
Bewertung der einzelnen Aktivitäten mit Kosten und Ableitung eines "Gründungsbudgets" bzw. einzelner Budgets für die jeweiligen Unternehmensbereiche	☐	☐	☐	☐
Bestimmung von Kontrollpunkten, in denen der Ist-Zustand des Gründungsprojektes mit dem geplanten Soll-Zustand verglichen wird	☐	☐	☐	☐
Laufende Kostenkontrolle in dem Sinne, dass die festgelegten Budgets monatlich mit der Entwicklung der Ist-Kosten abgeglichen werden	☐	☐	☐	☐
Einrichtung einer Finanzdispositionsrechnung/Liquiditätssteuerung (Laufende Überprüfung der Zahlungsbereitschaft durch Gegenüberstellung des Finanzbedarfs und des zur Verfügung stehenden Kapitals)	☐	☐	☐	☐

5. Was sind aus Ihrer Sicht die entscheidenden Faktoren für die Weiterentwicklung Ihres Unternehmens in diesem und im nächsten Jahr?

	sehr entscheidend	entscheidend	weniger entscheidend	nicht entscheidend
Liquidität des Unternehmens	☐	☐	☐	☐
Einhaltung der Umsatzziele	☐	☐	☐	☐
Gewinnung von Neukunden	☐	☐	☐	☐
Entwicklung der Kosten	☐	☐	☐	☐
Einhaltung der Entwicklungsmeilensteine	☐	☐	☐	☐
Produktivität und Qualität in der Fertigung	☐	☐	☐	☐
Gewinnung von Mitarbeitern	☐	☐	☐	☐
Qualifizierung von Mitarbeitern	☐	☐	☐	☐
Schaffung von Transparenz/ Entwicklung eines Informationssystems	☐	☐	☐	☐
Anpassung/Neuausrichtung der Unternehmensplanung	☐	☐	☐	☐
Regionale Erweiterung des Absatzgebiets	☐	☐	☐	☐
Entwicklung von Nachfolgeprodukten	☐	☐	☐	☐

Fragebogen - Controllingteil, Seite 3

6. Nachfolgend sind einige Controlling-Instrumente aus der betriebswirtschaftlichen Literatur genannt. Welche dieser Techniken kennen Sie und welche setzen Sie in Ihrem Unternehmen ein?

	bekannt	unbekannt	eingesetzt	nicht eingesetzt
Planungsbezogene Controllinginstrumente				
Szenariotechnik	☐	☐	☐	☐
Stärken-Schwächen-Analyse	☐	☐	☐	☐
Portfolioanalyse	☐	☐	☐	☐
Balanced Scorecard	☐	☐	☐	☐
Kostenplanung/Budgetierung	☐	☐	☐	☐
Absatz- und Umsatzplanung	☐	☐	☐	☐
Liquiditätsplanung	☐	☐	☐	☐
Kontrollbezogene Controllinginstrumente				
Potenzialanalyse/SWOT-Analyse	☐	☐	☐	☐
Früherkennungssysteme	☐	☐	☐	☐
Kennzahlenanalyse	☐	☐	☐	☐
Soll-Ist-Vergleiche	☐	☐	☐	☐
Abweichungsanalysen	☐	☐	☐	☐
Liquiditätsüberwachung	☐	☐	☐	☐
Steuerungsbezogene Controllinginstrumente				
Break-Even-Analysen	☐	☐	☐	☐
Deckungsbeitragsrechnung	☐	☐	☐	☐
Informationsbezogene Controllinginstrumente				
Kostenarten, -stellen-, -trägerrechnung	☐	☐	☐	☐
Kennzahlenbildung	☐	☐	☐	☐
Controllingberichte	☐	☐	☐	☐

7. Welchen Nutzen hat der Businessplan in Ihrem Unternehmen?

☐ Grundlage für die Akquise von Beteiligungskapital
☐ Schriftlich dokumentierte Überpüfung der Potenzialträchtigkeit der Geschäftsidee
☐ Strategisches Planungsinstrument
☐ Grundlage für operative Planung und Kontrolle
☐ Erfüllung der Forderung von Kapitalgebern/Bank
☐ Sonstige ______________________

8. Ist das Controlling in Ihrem Unternehmen explizit einer Person zugeordnet?

☐ ja
- ☐ einer der Gründer/Geschäftsführer
- ☐ eigene Controller-Stelle besetzt
- ☐ einem Angestellten als zusätzliche Aufgabe übertragen

☐ nein
- ☐ mehrere Personen zuständig
- ☐ outgesourced
- ☐ kein Controlling vorhanden

9. Welche Software verwenden Sie als Controlling-Tool?

☐ Gekaufte Software-Lösung
☐ Selbst-konstruiertes (Excel-)Tool (oder ähnliches)
☐ andere: ______________________
☐ Kein Tool

VIELEN DANK FÜR IHRE UNTERSTÜTZUNG!

Literaturverzeichnis

Achleitner (Entrepreneurial Finance 2001): Achleitner, Ann-Kristin: Entrepreneurial Finance - eine konzeptionelle Einführung, EF Working Paper Series, Working Paper 01-01, München 2001.

Achleitner (Start-up-Unternehmen 2001): Achleitner, Ann-Kristin: Start-up-Unternehmen: Bewertung mit der Venture-Capital-Methode, in: Betriebs-Berater 56 (18/2001), S. 927-933.

Achleitner et al. (Kapitalmarktkommunikation 2001): Achleitner, Ann-Kristin; Bassen, Alexander; Pietzsch, Luisa: Kapitalmarktkommunikation von Wachstumsunternehmen, Stuttgart 2001.

Achleitner et al. (Kritische Erfolgsfaktoren 2001): Achleitner, Ann-Kristin; Bassen, Alexander; Funke, Florian: Kritische Erfolgsfaktoren bei Börsengängen am Neuen Markt - eine empirische Studie, in: Die Bank (1/2001), S. 34-39.

Achleitner/Bassen (Controllingsysteme 2002): Achleitner, Ann-Kristin; Bassen, Alexander: Controllingsysteme in jungen Wachstumsunternehmen - terra incognita, in: Betriebs-Berater 57 (23/2002), S. 1192-1198.

Achleitner/Bassen (Grundüberlegungen zum Controlling 2003): Achleitner, Ann-Kristin; Bassen, Alexander: Grundüberlegungen zum Controlling von jungen Unternehmen, in: Achleitner, Ann-Kristin; Bassen, Alexander (Hrsg.): Controlling von jungen Unternehmen, Stuttgart 2003, S. 3-23.

Achleitner/Bassen (Investor Relation und Controlling 2003): Achleitner, Ann-Kristin; Bassen, Alexander: Investor Relations und Controlling in der Net Economy, in: Kollmann, Tobias (Hrsg.): E-Venture-Management, Wiesbaden 2003, S. 567-583.

Achleitner/Bassen (Investor Relations am Neuen Markt 2001): Achleitner, Ann-Kristin; Bassen, Alexander: Konzeptionelle Einführung in die Investor Relations am Neuen Markt, in: Achleitner, Ann-Kristin; Bassen, Alexander (Hrsg.): Investor Relations am Neuen Markt, Stuttgart 2001, S. 3-20.

Achleitner/Engel (Entwicklungstendenzen 2001): Achleitner, Ann-Kristin; Engel, Ronald: Situation und Entwicklungstendenzen auf dem Markt für Inkubatoren in Deutschland, in: Finanz Betrieb (1/2001), S. 76-82.

Achleitner/Engel (Inkubatoren 2001): Achleitner, Ann-Kristin; Engel, Ronald: Der Markt für Inkubatoren in Deutschland, Oestrich-Winkel 2001.

Adizes (Corporate Lifecycles 1988): Adizes, Ichak: Corporate Lifecycles: How and Why Corporations Grow and Die and What to Do About it, Englewood Cliffs 1988.

Adizes (Organizational Passages 1979): Adizes, Ichak: Organizational Passages - Diagnosing and Treating Lifecycle Problems of Organizations, in: Organizational Dynamics 8 (1/1979), S. 3-25.

Albach (Wachstumsschwellen 1976): Albach, Horst: Kritische Wachstumsschwellen in der Unternehmensentwicklung, in: Zeitschrift für Betriebswirtschaft 46 (10/1976), S. 683-696.

Albach/Albach (Unternehmen 1989): Albach, Horst; Albach, Renate: Das Unternehmen als Institution, Wiesbaden 1989.

Albert (Theorie 1980): Albert, Hans: Theorie und Prognose in den Sozialwissenschaften, in: Topitsch, Ernst (Hrsg.): Logik der Sozialwissenschaften, Königstein 1980, S. 126-143.

Albert (Wertfreiheit 1980): Albert, Hans: Wertfreiheit als methodisches Prinzip, in: Topitsch, Ernst (Hrsg.): Logik der Sozialwissenschaften, Königstein 1980, S. 196-225.

Albounni/Karaoglu (Balanced Scorecard 2004): Albounni, Tarek Florian; Karaoglu, Numan: Balanced Scorecard, in: Bier, Christian; Brendel, Markus; Zerres, Michael (Hrsg.): Strategisches Entrepreneurship-Management, Hamburg 2004, S. 105-122.

Altenburger (Risiken 2002): Altenburger, Otto A.: Risiken - kein Thema für Gründer?, in: Journal für Betriebswirtschaft (4/2002), S. 128-134.

Amshoff (Controlling 1993): Amshoff, Bernhard: Controlling in deutschen Unternehmungen, Wiesbaden 1993.

Ansoff (Weak Signals 1976): Ansoff, H. Igor: Managing Surprise and Discontinuity - Strategic Response to Weak Signals, in: Schmalenbachs Zeitschrift für betriebswirtschaftliche Forschung 28 (1976), S. 129-152.

Arbaugh/Camp (Growth Transitions 2000): Arbaugh, J. Ben; Camp, S. Michael: Managing Growth Transitions: Theoretical Perspectives and Research Directions, in: Sexton, Donald; Landström, Hans (Hrsg.): The Blackwell Handbook of Entrepreneurship, Oxford 2000, S. 308-328.

Arbeitskreis „Immaterielle Werte im Rechnungswesen" (Immaterielle Werte 2001): Arbeitskreis Immaterielle Werte im Rechnungswesen der Schmalenbach-Gesellschaft für Betriebswirtschaft: Kategorisierung und bilanzielle Erfassung immaterieller Werte, in: Der Betrieb 54 (19/2001), S. 989-995.

Arbeitskreis Externe Unternehmensrechnung (Value Reporting 2002): Arbeitskreis Externe Unternehmensrechnung: Grundsätze für das Value Reporting, in: Der Betrieb 55 (45/2002), S. 2337-2340.

Arnaout/Gleich (Kostenrechnung 2003): Arnaout, Ali; Gleich, Ronald: Kostenrechnung und Kostenmanagement in Wachstumsunternehmen, in: Achleitner, Ann-Kristin; Bassen, Alexander (Hrsg.): Controlling von jungen Unternehmen, Stuttgart 2003, S. 175-197.

Arnold (Buchung 1998): Arnold, Walter Günter: Buchung von bestands- und erfolgsverändernden Geschäftsvorfällen, in: Botta, Volkmar (Hrsg.): Rechnungswesen und Controlling, Herne 1998, S. 87-207.

Arnold (Unternehmensführung 1981): Arnold, Ulli: Strategische Unternehmensführung und das Konzept der „Schwachen Signale", in: WiSt Wirtschaftswissenschaftliches Studium (6/1981), S. 290-293.

Baaken (Bewertung 1989): Baaken, Thomas: Bewertung technologieorientierter Unternehmensgründungen, Berlin 1989.

Baetge (Systemtheorie 1974): Baetge, Jörg: Betriebswirtschaftliche Systemtheorie, Opladen 1974.

Baier/Pleschak (Technologieunternehmen 1996): Baier, Wolfgang; Pleschak, Franz: Marketing und Finanzierung junger Technologieunternehmen, Wiesbaden 1996.

Ballwieser (Externes Rechnungswesen 2003): Ballwieser, Wolfgang: Externes Rechnungswesen in Wachstumsunternehmen, in: Achleitner, Ann-Kristin; Bassen, Alexander (Hrsg.): Controlling von jungen Unternehmen, Stuttgart 2003, S. 159-173.

Balser (Projektmanagement 1998): Balser, Till H.: Projektmanagement, in: Borszcz, Andreas; Piechota, Sven (Hrsg.): Controlling-Praxis erfolgreicher Unternehmen, Wiesbaden 1998, S. 115-135.

Bamberger/Wrona (Ressourcenansatz 1996): Bamberger, Ingolf; Wrona, Thomas: Der Ressourcenansatz und seine Bedeutung für die Strategische Unternehmensführung, in: Schmalenbachs Zeitschrift für betriebswirtschaftliche Forschung 48 (2/1996), S. 130-153.

Bannier (Vertragstheorie 2005): Bannier, Christina E.: Vertragstheorie, Heidelberg 2005.

Barney (Resources 1991): Barney, Jay: Firm Resources and Sustained Competitive Advantage, in: Journal of Management 17 (1/1991), S. 99-120.

Barrow/Brown (Small Business 1997): Barrow, Colin; Brown, Robert: Principles of Small Business, London 1997.

Barth (Controlling 1983): Barth, Hartmund: Controlling auch im Klein- und Mittelbetrieb, in: Taylorix-Berater 75 (1983), S. 8-10.

Bassen (Corporate Governance 2002): Bassen, Alexander: Institutionelle Investoren und Corporate Governance, Wiesbaden 2002.

Bassen (Koordination 1998): Bassen, Alexander: Dezentralisation und Koordination von Entscheidungen in der Holding, Wiesbaden 1998.

Bassen/Gröne (Controlling 2003): Bassen, Alexander; Gröne, Florian: Controlling von Start-up-Unternehmen aus der Perspektive von Venture-Capital-Gesellschaften, in: Controlling (6/2003), S. 293-299.

Bassen/Gröne (Steuerung 2003): Bassen, Alexander; Gröne, Florian: Steuerung von Start-up-Unternehmen durch Venture-Capital-Gesellschaften - Ergebnisse einer empirischen Studie und Entwicklung eines Steuerungskonzepts, in: Ottersbach, Jörg H. (Hrsg.): Praxishandbuch Unternehmensbeteiligung, München 2003, S. 227-240.

Bauer (Controllership 2002): Bauer, Michael: Controllership in Deutschland: zur erfolgreichen Zusammenarbeit von Controllern und Managern, Wiesbaden 2002.

Baumgärtner (Controlling-Systeme 1998): Baumgärtner, Jost M.: Realisierung operativer Controlling-Systeme, München 1998.

Baumol (Entrepreneurship 1986): Baumol, William J.: Entrepreneurship and a Century of Growth, in: Journal of Business Venturing 1 (1/1986), S. 141-145.

Bausch/Walter (Controlling 2002): Bausch, Andreas; Walter, Gunnar: Controlling in jungen High-Tech-Unternehmen, in: Hommel, Ulrich; Knecht, Thomas C. (Hrsg.): Wertorientiertes Start-Up-Management, München 2002, S. 429-457.

Bayerisches Landesamt für Statistik und Datenv. (Daten 2004): Bayerisches Landesamt für Statistik und Datenv.: Bayern Daten 2004, http://www.statistik.bayern.de, entnommen Mai 2004.

Bea (Entscheidungen 1982): Bea, Franz Xaver: Grundlagen betrieblicher Entscheidungen, in: Bea, Franz Xaver; Dichtl, Erwin; Schweitzer, Marcell (Hrsg.): Allgemeine Betriebswirtschaftslehre, Band 1: Grundfragen, Stuttgart 1982, S. 91-114.

Bea (Entscheidungen 2000): Bea, Franz Xaver: Entscheidungen des Unternehmens, in: Bea, Franz Xaver; Dichtl, Erwin; Schweitzer, Marcell (Hrsg.): Allgemeine Betriebswirtschaftslehre, Band 1: Grundfragen, Stuttgart 2000, S. 302-410.

Bea (Rechnungswesen 1993): Bea, Franz Xaver: Rechnungswesen, Grundbegriffe, in: Wittmann, Waldemar; Kern, Werner; Köhler, Richard; Küpper, Hans-Ulrich; Wysocki, Klaus v. (Hrsg.): Handwörterbuch der Betriebswirtschaft, Stuttgart 1993, Sp. 3697-3715.

Bea/Haas (Strategisches Management 2001): Bea, Franz Xaver; Haas, Jürgen: Strategisches Management, Stuttgart 2001.

Becker (Begriff und Funktionen 1999): Becker, Wolfgang: Begriff und Funktionen des Controlling, Bamberger betriebswirtschaftliche Beiträge Nr. 106, Bamberg 1999.

Becker (Controlling 2003): Becker, Albrecht: Controlling als reflexive Steuerung von Organisationen, Stuttgart 2003.

Becker (Funktionsprinzipien 1990): Becker, Wolfgang: Funktionsprinzipien des Controlling, in: Zeitschrift für Betriebswirtschaft 60 (3/1990), S. 2095-318.

Becker/Benz (Effizienz-Verständnis 1997): Becker, Wolfgang; Benz, Karsten: Effizienz-Verständnis und Effizienz-Instrumente des Controlling, in: Die Betriebswirtschaft 57 (5/1997), S. 655-671.

Becker/Dietz (Innovationsengagement 2001): Becker, Wolfgang; Dietz, Jürgen: Innovationsengagement von neugegründeten Unternehmen im Vergleich zu etablierten Unternehmen, in: Klandt, Heinz; Nathusius, Klaus; Mugler, Josef; Heil, Heinrike (Hrsg.): Gründungsforschungsforum 2000, Köln 2001, S. 253-274.

Becker/Dietz (Innovationsverhalten 2004): Becker, Wolfgang; Dietz, Jürgen: Innovationsverhalten von neugegründeten und etablierten Unternehmen, in: Achleitner, Ann-Kristin; Klandt, Heinz; Koch, Lambert T.; Voigt, Kai-Ingo (Hrsg.): Jahrbuch Entrepreneurship 2003/04, Berlin 2004, S. 73-91.

Beckmann/Huch (Controllingverständnis 2002): Beckmann, Daniel; Huch, Burkhard: Controllingverständnis - dogmatisch oder pragmatisch? Zum paradigmatischen Kern des Controlling, in: Weber, Jürgen; Hirsch, Bernhard (Hrsg.): Controlling als akademische Disziplin, Wiesbaden 2002, S. 145-160.

Beer (Kybernetik 1967): Beer, Stafford: Kybernetik und Management, Frankfurt am Main 1967.

Behme/Schimmelpfeng (Unternehmensführung 1993): Behme, Wolfgang; Schimmelpfeng, Katja: Unternehmensführung als kybernetischer Prozeß, in: WISU Das Wirtschaftsstudium (4/1993), S. 289-294.

Bellenberg (Kalkulation 1991): Bellenberg, Klaus: Kalkulation in mittelständischen Betrieben, Offenbach 1991.

Benölken (Controller 1984): Benölken, Heinz: Baukasten für Controller, in: Wirtschaftswoche Nr. 22 vom 25.5.1984, S. 56-62.

Bernhard (Balanced Scorecard 2001): Bernhard, Martin G.: Grundprinzipien der Balanced Scorecard, in: Bernhard, Martin G.; Hoffschröer, Stefan (Hrsg.): Report Balanced Scorecard, Düsseldorf 2001, S. 21-44.

Bernhard (Implementierung 2001): Bernhard, Martin C.: Der Einführungsprozess - Die Kunst liegt in der gelungenen Implementierung, in: Bernhard, Martin G.; Hoffschröer, Stefan (Hrsg.): Report Balanced Scorecard, Düsseldorf 2001, S. 269-291.

Bernhard (Strategieumsetzung 2001): Bernhard, Martin G.: Strategieumsetzung durch Balanced Scorecard: Kennzahlensysteme entwickeln und Managementprozesse steuern, in: Bernhard, Martin G.; Hoffschröer, Stefan (Hrsg.): Report Balanced Scorecard, Düsseldorf 2001, S. 207-267.

Betsch et al. (Gründungsfinanzierung 2000): Betsch, Oskar; Groh, Alexander P.; Schmidt, Kay: Gründungs- und Wachstumsfinanzierung innovativer Unternehmen, München 2000.

Beyer/Heberer (Erfolgsplanung 2000): Beyer, Helmut; Heberer, Dagmar: Erfolgsplanung, in: Dieterle, Willi K.M.; Winckler, Eike M. (Hrsg.): Gründungsplanung und -finanzierung, München 2000, S. 435-449.

Beyes (Kontingenz 2002): Beyes, Timon: Kontingenz und Management, Diss. Universität St. Gallen, St. Gallen 2002, http://www.unisg.ch/www/edis.nsf, entnommen Oktober 2004.

Bhave (Process Model 1994): Bhave, Mahesh P.: A Process Model of Entrepreneurial Venture Creation, in: Journal of Business Venturing 9 (3/1994), S. 223-242.

Bieg/Kußmaul (Externes Rechnungswesen 1996): Bieg, Hartmut; Kußmaul, Heinz: Externes Rechnungswesen, München 1996.

Biel (Informationsmanagement 1993): Biel, Alfred: Controllinggeprägtes Informationsmanagement, in: Controller Magazin (6/1993), S. 340-345.

Bischof (Balanced Scorecard 2002): Bischof, Jürgen: Die Balanced Scorecard als Instrument einer modernen Controlling-Konzeption, Wiesbaden 2002.

Bischoff (Gründungscontrolling 2002): Bischoff, Johannes Georg: Gründungs-Controlling als Erfolgsfaktor, in: Zeitschrift für Betriebswirtschaft Ergänzungsheft (5/2002), S. 127-144.

Bischoff (Gründungsplanung 1995): Bischoff, Johannes Georg: Gründungsplanung, in: Bischoff, Johannes Georg; Breitbach, Josef; Zelter, Ulrich (Hrsg.): Der Schritt in die Selbständigkeit, Bergisch Gladbach 1995, S. 7-16.

Bischoff (Operatives Controlling 1993): Bischoff, Johannes Georg: Operatives Controlling bei jungen Unternehmungen, in: Federmann, Rudolf (Hrsg.): Betriebswirtschaftslehre, Unternehmenspolitik und Unternehmensbesteuerung, Berlin 1993, S. 93-107.

Bissig/Schwander (Business-Plan 1996): Bissig, Franz-Peter; Schwander, Pirmin: Das A und O eines (Neu-, Jung- und Alt-) Unternehmens: Der Business-Plan, in: Der Organisator (6/1996), S. 10-12.

Bleicher (Integriertes Management 1999): Bleicher, Knut: Das Konzept Integriertes Management, Frankfurt am Main 1999.

Bleicher (Management 1983): Bleicher, Knut: Management von Spitzentechnologien, in: Zeitschrift Führung und Organisation 52 (1983), S. 243-251 (Teil 1), S. 340-346 (Teil 2), S. 403-406(Teil 3).

Bleicher (Systemorientiertes Führungsmodell 1970): Bleicher, Knut: Die Entwicklung eines systemorientierten Organisations- und Führungsmodells der Unternehmung, in: Zeitschrift für Organisation 39 (1970), S. 3-8; 59-63; 111-120; 166-176.

Bleicher (Unternehmungsentwicklung 1979): Bleicher, Knut: Unternehmungsentwicklung und organisatorische Gestaltung, Stuttgart 1979.

Bleicher (Verantwortung 1980): Bleicher, Knut: Verantwortung, in: Grochla, Erwin (Hrsg.): Handwörterbuch der Organisation, Stuttgart 1980, Sp. 2283-2292.

Böcker (Strategisches Controlling 1984): Böcker, Franz: Strategisches Controlling im Kleinunternehmen, in: Albach, Horst; Held, Thomas (Hrsg.): Betriebswirtschaftslehre mittelständischer Unternehmen, Stuttgart 1984, S. 665-681.

Bode (Informationsbegriff 1997): Bode, Jürgen: Der Informationsbegriff in der Betriebswirtschaftslehre, in: Schmalenbachs Zeitschrift für betriebswirtschaftliche Forschung 49 (5/1997), S. 449-468.

Bomsdorf (Statistik 1999): Bomsdorf, Eckart: Deskriptive Statistik, Lohmar 1999.

Bossert/Manz (Externe Unternehmensrechnung 1996): Bossert, Rainer; Manz, Ulrich L.: Externe Unternehmenrechnung, Heidelberg 1996.

Boswell (Small Firms 1972): Boswell, Jonathan: The Rise and Decline of Small Firms, London 1972.

Botta (Controlling in der Gründungsphase 1985): Botta, Volkmar: Controlling in der Gründungsphase, Hannover 1985.

Botta (Controllingorientiertes Rechnungswesen 1993): Botta, Volkmar: Aspekte eines controllingorientierten Rechnungswesens, in: Bloech, Jürgen; Götze, Uwe; Sierke, Bernt (Hrsg.): Managementorientiertes Rechnungswesen, Wiesbaden 1993, S. 63-74.

Botta (Ganzheitliche Steuerung 2002): Botta, Volkmar: Ganzheitliche Steuerung mittelständischer Unternehmen als Aufgabe des Controlling, in: krp Kostenrechnungspraxis Sonderheft (1/2002), S. 77-87.

Botta (Rechnungswesen 2002): Botta, Volkmar: Rechnungswesen und Controlling, Berlin 2002.

Bourier (Statistik 2001): Bourier, Günther: Beschreibende Statistik, Wiesbaden 2001.

Brabänder/Hilcher (Balanced Scorecard 2001): Brabänder, Eric; Hilcher, Indra: Balanced Scorecard - Stand der Umsetzung, in: Controller Magazin (3/2001), S. 252-260.

Bracker et al. (Planning 1988): Bracker, Jeffrey S.; Keats, Barbara W.; Pearson, John N.: Planning and Financial Performance among Small Firms in a Growth Industry, in: Strategic Management Journal 9 (1988), S. 591-603.

Bramsemann (Controlling 1990): Bramsemann, Rainer: Handbuch Controlling; Methoden und Techniken, München 1990.

Brandkamp (Unternehmensgründungen 2000): Brandkamp, Michael: Technologien für innovative Unternehmensgründungen - Bewertung aus betriebswirtschaftlicher Sicht, Wiesbaden 2000.

Brettel (Business Pläne 2002): Brettel, Malte: Zur Differenzierung von Businessplänen - Empirische Ergebnisse zum Einfluss der Finanzierungsphase auf Business Pläne, in: Zeitschrift für Planung 13 (2002), S. 133-152.

Brettel et al. (VC-Gesellschaften 2001): Brettel, Malte; Thust, Solveig; Witt, Peter: Die Beziehung zwischen VC-Gesellschaften und Start-Up-Unternehmen, WHU-Forschungspapier 81, Koblenz 2001.

Brettel/Heinemann (Controlling von eBusiness 2001): Brettel, Malte; Heinemann, Florian: Controlling von eBusiness - die praktische Herausforderung am Beispiel der Just Books.de GmbH, in: krp Kostenrechnungspraxis Sonderheft (2/2001), S. 21-26.

Brockhaus/Boer (Informationssysteme 1994): Brockhaus, Rainer; Boer, Edda de: Informationssysteme als Objekt des Controlling, in: Biethahn, Jörg; Huch, Burkhard (Hrsg.): Informationssysteme für das Controlling, Berlin 1994, S. 69-115.

Brockhoff (Entscheidungsforschung 1981): Brockhoff, Klaus: Entscheidungsforschung und Entscheidungstechnologie, in: Witte, Eberhard (Hrsg.): Der praktische Nutzen empirischer Forschung, Tübingen 1981, S. 61-77.

Brockhoff (Forschung 1999): Brockhoff, Klaus: Forschung und Entwicklung - Planung und Kontrolle, München 1999.

Brockhoff/Zanger (Neuheitsgrad 1993): Brockhoff, Klaus; Zanger, Cornelia: Meßprobleme des Neuheitsgrades, in: Schmalenbachs Zeitschrift für betriebswirtschaftliche Forschung 45 (10/1993), S. 835-851.

Bronner et al. (Gründungsmanagement 2001): Bronner, Rolf; Mellewigt, Thomas; Späth, Julia: Gründungsmanagement, in: Die Betriebswirtschaft 61 (5/2001), S. 581-599.

Bruchhäuser (Controlling 1981): Bruchhäuser, Klaus: Controlling, in: Die Betriebswirtschaft 41 (3/1981), S. 483-485.

Brüderl et al. (Erfolg 1996): Brüderl, Josef; Preisendörfer, Peter; Ziegler, Rolf: Der Erfolg neugegründeter Betriebe, Berlin 1996.

Brunner (Integrierter Ansatz 2000): Brunner, Jürgen: Ein integrierter Ansatz zur wertsteigernden Unternehmensführung, in: Der Schweizer Treuhänder (1-2/2000), S. 19-28.

Buchner (Buchführung 1997): Buchner, Robert: Buchführung und Jahresabschluss, München 1997.

Buchner (Controlling 1981): Buchner, Manfred: Controlling - ein Schlagwort?, Frankfurt am Main 1981.

Budde/Kieser (Unternehmenswachstum 1977): Budde, Andreas; Kieser, Alfred: Die Messung des Unternehmenswachstums, in: Pfohl, Hans-Christian; Rürup, Bert (Hrsg.): Wirtschaftliche Meßprobleme, Köln 1977, S. 147-159.

Bühner (Situationsansatz 1977): Bühner, Rolf: Zum Situationsansatz in der Organisationsforschung, in: Zeitschrift für Organisation 46 (1977), S. 67-74.

Busse von Colbe (Betriebsgröße 1974): Busse von Colbe, Walther: Betriebsgröße und Unternehmungsgröße, in: Grochla, Erwin; Wittmann, Waldemar (Hrsg.): Handwörterbuch der Betriebswirtschaft, Stuttgart 1974, Sp. 566-579.

Busse von Colbe (Betriebswirtschaftstheorie 1988): Busse von Colbe, Walther: Betriebswirtschaftstheorie, Berlin 1988.

Busse von Colbe (Budgetierung 1989): Busse von Colbe, Walther: Budgetierung und Planung, in: Szyperski, Norbert (Hrsg.): Handwörterbuch der Planung, Stuttgart 1989, Sp. 176-182.

Busse von Colbe (Planung 1964): Busse von Colbe, Walther: Die Planung der Betriebsgröße, Wiesbaden 1964.

Butler (New Business Ventures 2004): Butler, John Sibley: The Science and Practice of New Business Ventures: Wealth Creation and Prosperity Through Entrepreneurship Growth and Renewal, in: Welsch, Harold P. (Hrsg.): Entrepreneurship, New York 2004, S. 43-54.

Bygrave (Entrepreneurship 1998): Bygrave, William D.: Die einzelnen Stufen des Entrepreneurship, in: Faltin, Günter; Ripsas, Sven; Zimmer, Jürgen (Hrsg.): Entrepreneurship, München 1998, S. 113-139.

Castrogiovanni (Pre-Startup Planning 1996): Castrogiovanni, Gary J.: Pre-Startup Planning and the Survival of New Small Businesses: Theoretical Linkages, in: Journal of Management 22 (6/1996), S. 801-822.

Chmielewicz (Forschungskonzeptionen 1994): Chmielewicz, Klaus: Forschungskonzeptionen der Wirtschaftswissenschaft, Stuttgart 1994.

Chrisman et al. (New Venture Performance 1998): Chrisman, James J.; Bauerschmidt, Alan; Hofer, Charles W.: The Determinants of New Venture Performance - An Extended Model, in: Entrepreneurship Theory and Practice 23 (1/1998), S. 5-29.

Churchill (Budget Choice 1984): Churchill, Neil C.: Budget Choice: Planning vs. Control, in: Harvard Business Review 62 (4/1984), S. 150-164.

Churchill/Lewis (Small Business Growth 1983): Churchill, Neil C.; Lewis, Virginia L.: The five stages of small business growth, in: Harvard Business Review 61 (3/1983), S. 30-50.

Churchill/Mullins (Grow 2001): Churchill, Neil C.; Mullins, John W.: How Fast Can Your Company Afford to Grow, in: Harvard Business Review 79 (5/2001), S. 135-143.

Clifford (Growth Pains 1973): Clifford, Donald K.: Growth Pains of the threshold Company, in: Harvard Business Review 51 (5/1973), S. 143-154.

Coenenberg (Rechnungswesen 1993): Coenenberg, Adolf Gerhard: Rechnungswesen und Unternehmensrechnung, in: Wittmann, Waldemar; Kern, Werner; Köhler, Richard; Küpper, Hans-Ulrich; Wysocki, Klaus v. (Hrsg.): Handwörterbuch der Betriebswirtschaft, Stuttgart 1993, Sp. 3677-3696.

Cooper (New Firm Performance 1993): Cooper, Arnold C.: Challenges in Predicting New Firm Performance, in: Journal of Business Venturing 8 (3/1993), S. 241-253.

Corsten (Gründungsentscheidung 2002): Corsten, Hans: Determinanten der Gründungsentscheidung - Ein empirischer Befund -, in: Corsten, Hans (Hrsg.): Dimensionen der Unternehmungsgründung: Erfolgsaspekte der Selbständigkeit, Berlin 2002, S. 1-41.

Corsten (Kontrolle 1995): Corsten, Hans: Kontrolle, in: Corsten, Hans (Hrsg.): Lexikon der Betriebswirtschaftslehre, München 1995, S. 475-479.

Covin/Slevin (Entrepreneurship 1991): Covin, Jeffrey G.; Slevin, Dennis P.: A Conceptual Model of Entrepreneurship as Firm Behavior, in: Entrepreneurship Theory and Practice 16 (1/1991), S. 7-25.

Czenskowsky et al. (Controlling 2002): Czenskowsky, Torsten; Schünemann, Gerhard; Zdrowomyslaw, Norbert: Grundzüge des Controlling, Gernsbach 2002.

Daum/Lawa (Projekt-Controlling 2003): Daum, Andreas; Lawa, Dieter: Projekt-Controlling: Aufgaben und Instrumente, in: Steinle, Claus; Bruch, Heike (Hrsg.): Controlling, Stuttgart 2003, S. 968-998.

Delfmann (Planungs- und Kontrollprozesse 1993): Delfmann, Werner: Planungs- und Kontrollprozesse, in: Wittmann, Waldemar; Kern, Werner; Köhler, Richard; Küpper, Hans-Ulrich; Wysocki, Klaus v. (Hrsg.): Handwörterbuch der Betriebswirtschaft, Stuttgart 1993, Sp. 3232-3251.

Dellmann (Rechnungswesen 1981): Dellmann, Klaus: Systematik des Rechnungswesens, in: Kosiol, Erich; Chmielewicz, Klaus; Schweitzer, Marcell (Hrsg.): Handwörterbuch des Rechnungswesens, Stuttgart 1981, Sp. 1415-1425.

Dellmann (Systematisierung 1992): Dellmann, Klaus: Eine Systematisierung der Grundlagen des Controlling, in: Spremann, Klaus; Zur, Eberhard (Hrsg.): Controlling, Wiesbaden 1992, S. 113-140.

Denk/Kunesch (Einsatzvoraussetzungen 1996): Denk, Robert; Kunesch, Hermann: Einsatzvoraussetzungen, Gestaltungskontext und kritische Erfolgsfaktoren für die Gestaltung von Controllingsystemen, in: Eschenbach, Rolf (Hrsg.): Controlling, Stuttgart 1996, S. 525-545.

Deutsche Ausgleichsbank (Krisenursachen 2003): Deutsche Ausgleichsbank (DtA): Krisenursachen in Unternehmen im Vergleich, 2003, http://www.dta.de/dtaportal/Presseclub/d030ThemaM/Arch02/Krise/Krise.jsp, entnommen Mai 2003.

Deyhle (Controlling 1991): Deyhle, Albrecht: Entwicklungsperspektiven des Controlling, in: Risak, Johann; Deyhle, Albrecht (Hrsg.): Controlling, Wiesbaden 1991, S. 359-385.

Dieterle et al. (Business-Planung 2000): Dieterle, Willi K.M.; Hendrix, Michael; Meyer, Klaus-Dieter: EDV-gestützte Business-Planung für Unternehmensgründer, in: Dieterle, Willi K.M.; Winckler, Eike M. (Hrsg.): Gründungsplanung und -finanzierung, München 2000, S. 488-498.

Dietz (Gründung 1989): Dietz, Jobst-Walter: Gründung innovativer Unternehmen, Wiesbaden 1989.

Dintner (Controlling 1999): Dintner, Rolf: Differenzierung, Klassifikation und Typisierung des Controlling, in: Dintner, Rolf (Hrsg.): Controlling in kleinen und mittelgroßen Unternehmen, Frankfurt am Main 1999, S. 1-66.

Dintner/Schorcht (Controlling 1999): Dintner, Rolf; Schorcht, Heike: Empirische Untersuchungen zum Controlling in mittelständischen Unternehmen Thüringens, in: Dintner, Rolf (Hrsg.): Controlling in kleinen und mittelgroßen Unternehmen, Frankfurt am Main 1999, S. 67-310.

Dollinger (Entrepreneurship 2003): Dollinger, Marc J.: Entrepreneurship - Strategies and Resources, New Jersey 2003.

Domdey (Seed-Finanzierung 2001): Domdey, Horst: Seed-Finanzierung: Chancenkapital für die neuen Unternehmer, in: Stadler, Wilfried (Hrsg.): Venture Capital und Private Equity, Köln 2001, S. 73-77.

Dowling (Businesspläne 2002): Dowling, Michael: Businesspläne, in: Dowling, Michael; Drumm, Hans Jürgen (Hrsg.): Gründungsmanagement, Berlin 2002, S. 219-225.

Dowling (Erfolgsfaktoren 2002): Dowling, Michael: Erfolgs- und Risikofaktoren bei Neugründungen, in: Dowling, Michael; Drumm, Hans Jürgen (Hrsg.): Gründungsmanagement, Berlin 2002, S. 17-28.

Dowling (Gründung 2002): Dowling, Michael: Grundlagen und Prozess der Gründung, in: Dowling, Michael; Drumm, Hans Jürgen (Hrsg.): Gründungsmanagement, Berlin 2002, S. 9-16.

Dowling/Drumm (Wachstumsstrategien 2003): Dowling, Michael; Drumm, Hans Jürgen: Wachstumsstrategien für Neugründungen und Wachstumsfehler, in: Dowling, Michael; Drumm, Hans Jürgen (Hrsg.): Gründungsmanagement, Berlin 2003, S. 359-375.

Drukarczyk (Finanzierung 1999): Drukarczyk, Jochen: Finanzierung, Stuttgart 1999.

Drukarczyk et al. (Finanzmanagement 2002): Drukarczyk, Jochen; Lobe, Sebastian; Schüler, Andreas: Finanzmanagement, in: Küpper, Hans-Ulrich; Wagenhofer, Alfred (Hrsg.): Handwörterbuch Unternehmensrechnung und Controlling, Stuttgart 2002, Sp.558-568.

Drukarczyk/Schüler (Insolvenztatbestände 2003): Drukarczyk, Jochen; Schüler, Andreas: Insolvenztatbestände, prognostische Elemente und ihre gesetzeskonforme Handhabung, in: Die Wirtschaftsprüfung (3/2003), S. 56-67.

Drumm/Dowling (Grundprobleme 2002): Drumm, Hans Jürgen; Dowling, Michael: Grundprobleme, Ziele und Aufbau des Buches, in: Dowling, Michael; Drumm, Hans Jürgen (Hrsg.): Gründungsmanagement, Berlin 2002, S. 1-7.

Dürr (Controlling 1990): Dürr, Heinz: Controlling als Instrument der Unternehmensführung, in: Küpper, Hans-Ulrich; Mellwig, Winfried; Moxter, Adolf; Ordelheide, Dieter (Hrsg.): Unternehmensführung und Controlling, Wiesbaden 1990, S. 57-66.

Ebers/Gotsch (Institutionenökonomische Theorien 2002): Ebers, Mark; Gotsch, Wilfried: Institutionenökonomische Theorien der Organisation, in: Kieser, Alfred (Hrsg.): Organisationstheorien, Stuttgart 2002, S. 199-251.

Ebert et al. (Controlling 1996): Ebert, Günther; Koinecke, Jürgen; Peemöller, Volker H.; Preißler, Peter R.: Controlling, Landsberg am Lech 1996.

Egeln (Volkswirtschaftliche Bedeutung 2000): Egeln, Jürgen: Die volkswirtschaftliche Bedeutung junger Unternehmen, in: Buttler, Günter; Herrmann, Harald; Scheffler, Wolfram; Voigt, Kai-Ingo (Hrsg.): Existenzgründung - Rahmenbedingungen und Strategien, Heidelberg 2000, S. 3-32.

Egger/Winterheller (Unternehmensplanung 1999): Egger, Anton; Winterheller, Manfred: Kurzfristige Unternehmensplanung, Wien 1999.

Eggers (Strategieorientiertes Controlling 2001): Eggers, Bernd: Strategieorientiertes Controlling von E-Business-Projekten, in: krp Kostenrechnungspraxis Sonderheft (2/2001), S. 87-91.

Eggers/Eickhoff (Instrumente 1996): Eggers, Bernd; Eickhoff, Martin: Instrumente des Strategischen Controlling, Wiesbaden 1996.

Ehrmann (Balanced Scorecard 2003): Ehrmann, Harald: Balanced Scorecard, Ludwigshafen 2003.

Ehrmann/Biedermann (Unternehmensgründung 2002): Ehrmann, Thomas; Biedermann, Rainer: Die Markteintrittsstrategie der Selbstbeschränkung und das Warten auf die Wachstumschance: ein Beitrag zur Betriebswirtschaftslehre der Unternehmensgründung, in: Zeitschrift für Betriebswirtschaft 72 (5/2002), S. 497-512.

Eisele (Gründung 1993): Eisele, Wolfgang: Gründung, in: Wittmann, Waldemar; Kern, Werner; Köhler, Richard; Küpper, Hans-Ulrich; Wysocki, Klaus v. (Hrsg.): Handwörterbuch der Betriebswirtschaft, Stuttgart 1993, Sp. 1550-1562.

Eisele (Rechnungswesen 2002): Eisele, Wolfgang: Technik des betrieblichen Rechnungswesens, München 2002.

Eisenhut/Neukirchen (E-Business 2001): Eisenhut, Martin; Neukirchen, Ralph: Putting E-Business to work, in: Controlling (2/2001), S. 85-94.

Elsenmüller/Grampp (Business Plan 2002): Elsenmüller, Bert; Grampp, Michael: Aufgabe und Struktur des Business Plans, in: Hommel, Ulrich; Knecht, Thomas C. (Hrsg.): Wertorientiertes Start-Up-Management, München 2002, S. 86-103.

Engel (Seed-Finanzierung 2003): Engel, Ronald: Seed-Finanzierung wachstumsorientierter Unternehmensgründungen, Sternenfels 2003.

Engel (Venture Capital 2003): Engel, Dirk: Zur Rolle von Venture Capital für das Wachstum junger Unternehmen, in: Steinle, Claus; Schumann, Katja (Hrsg.): Gründung von Technologieunternehmen, Wiesbaden 2003, S. 305-322.

Erlei et al. (Institutionenökonomik 1999): Erlei, Mathias; Leschke, Martin; Sauerland, Dirk: Neue Institutionenökonomik, Stuttgart 1999.

Ernst (Lebenszyklen 1997): Ernst, Florian Alexander: Die Integration von unternehmens- und personenbezogenen Lebenszyklen - eine Konzeptualisierung unter besonderer Berücksichtigung des Unternehmenslebenszyklus, Bamberg 1997.

Eschenbach (Controlling 1997): Eschenbach, Rolf: Controlling als Führungsfunktion - Tendenzen und Kontext, in: Rieder, Lukas (Hrsg.): Controllers Zukunft: Auftrag, Verantwortung, Rollenbild und Selbstverständnis der Controller, Zürich 1997, S. 15-32.

Eschenbach (Strategisches Controlling 1997): Eschenbach, Rolf: Strategisches Controlling, in: Gleich, Ronald; Seidenschwarz, Werner (Hrsg.): Die Kunst des Controlling, München 1997, S. 93-113.

Eschenbach/Niedermayr (Controlling 1996): Eschenbach, Rolf; Niedermayr, Rita: Controlling in der Literatur, in: Eschenbach, Rolf (Hrsg.): Controlling, Stuttgart 1996, S. 49-64.

Eschenbach/Niedermayr (Konzeption 1996): Eschenbach, Rolf; Niedermayr, Rita: Die Konzeption des Controlling, in: Eschenbach, Rolf (Hrsg.): Controlling, Stuttgart 1996, S. 65-91.

Everling (Controlling 2003): Everling, Oliver: Controlling und Rating, in: Achleitner, Ann-Kristin; Bassen, Alexander (Hrsg.): Controlling von jungen Unternehmen, Stuttgart 2003, S. 329-356.

Ewers/Wein (Technologieunternehmen 1993): Ewers, Hans-Jürgen; Wein, Thomas: Der Begründungszusammenhang zur Förderung der jungen Technologieunternehmen, Berlin 1993.

Ewert (Controlling 1992): Ewert, Ralf: Controlling, Interessenkonflikte und asymmetrische Information, in: Betriebswirtschaftliche Forschung und Praxis 44 (4/1992), S. 277-303.

Exner (Controlling 2003): Exner, Karin: Controlling in der New Economy, Wiesbaden 2003.

Faix (Organisationsentwicklung 2004): Faix, Axel: Antizipative Organisationsentwicklung als Aufgabe des Gründungsmanagements, in: Achleitner, Ann-Kristin; Klandt, Heinz; Koch, Lambert T.; Voigt, Kai-Ingo (Hrsg.): Jahrbuch Entrepreneurship 2003/04, Berlin 2004, S. 121-139.

Fallgatter (Entrepreneurship 2002): Fallgatter, Michael J.: Theorie des Entrepreneurship - Perspektiven zur Erforschung der Entstehung und Entwicklung junger Unternehmen, Wiesbaden 2002.

Fallgatter (Entrepreneurship 2004): Fallgatter, Michael J.: Entrepreneurship: Konturen einer jungen Disziplin, in: Schmalenbachs Zeitschrift für betriebswirtschaftliche Forschung 56 (Februar 2004), S. 23-44.

Fallgatter (Kern des Entrepreneurship 2004): Fallgatter, Michael J.: Das Handeln von Unternehmern: Einige Überlegungen zum Kern des Entrepreneurship, in: Achleitner, Ann-Kristin; Klandt, Heinz; Koch, Lambert T.; Voigt, Kai-Ingo (Hrsg.): Jahrbuch Entrepreneurship 2003/04, Berlin 2004, S. 11-31.

Fama/Jensen (Agency Problems 1983): Fama, Eugene F.; Jensen, Michael C.: Agency Problems and Residual Claims, in: Journal of Law and Economics XXVI (June 1983), S. 327-349.

Fässler et al. (Controlling 1991): Fässler, Klaus; Rehkugler, Heinz; Wegenast, Claudius: Lexikon des Controlling, Landsberg am Lech 1991.

Finke-Schürmann (Gründungsplan 2001): Finke-Schürmann, Tanja H.: Der integrierte Gründungsplan, in: Koch, Lambert T.; Zacharias, Christoph (Hrsg.): Gründungsmanagement, München 2001, S. 107-120.

Fischbach (Kriseninformation 2003): Fischbach, Sven: Kriseninformation als Controlling-Aufgabe, in: Freidank, Carl-Christian; Mayer, Elmar (Hrsg.): Controlling-Konzepte, Wiesbaden 2003, S. 539-561.

Fischer (Controlling-Diskussion 2001): Fischer, Hajo: Die Controlling-Diskussion im Spiegel systemtheoretischer Führungskonzepte, in: Fischer, Hajo (Hrsg.): Unternehmensführung im Spannungsfeld zwischen Finanz- und Kulturtechnik - Handlungsspielräume und Gestaltungszwänge, Hamburg 2001, S. 131-172.

Fischer (Finanzplanung 2002): Fischer, Edwin O.: Finanzplanung, in: Küpper, Hans-Ulrich; Wagenhofer, Alfred (Hrsg.): Handwörterbuch Unternehmensrechnung und Controlling, Stuttgart 2002, Sp. 569-577.

Fischer (Operatives Controlling 2003): Fischer, Arnold: Operatives Controlling in einem Industrieunternehmen (am Beispiel des Continental-Konzerns), in: Steinle, Claus; Bruch, Heike (Hrsg.): Controlling, Stuttgart 2003, S. 401-436.

Fischer et al. (Value Reporting 2001): Fischer, Thomas M.; Wenzel, Julia; Kühn, Christian: Value Reporting - Wertorientierte Berichterstattung in den Nemax 50-Unternehmen, in: Der Betrieb 54 (23/2001), S. 1209-1216.

Fischer/Fischer (Controlling 2001): Fischer, Marc; Fischer, Andreas: Neue Konzepte für das Controlling der Zukunft, in: krp Kostenrechnungspraxis 45 (1/2001), S. 29-35.

Fock (Unternehmenssteuerung 2002): Fock, Uwe: Erfolgsorientierte Unternehmenssteuerung, in: krp Kostenrechnungspraxis Sonderheft (1/2002), S. 69-76.

Frank (Das Gründen von Unternehmen 2003): Frank, Hermann: Das Gründen von Unternehmen - eine systemtheoretische Analyse unter besonderer Berücksichtigung des Vorgründungsprozesses, in: Walterscheid, Klaus (Hrsg.): Entrepreneurship in Forschung und Lehre, Festschrift für Klaus Anderseck, Frankfurt am Main 2003, S. 91-106.

Frank et al. (Konfigurationsanalyse 1999): Frank, Hermann; Korunka, Christian; Lueger, Manfred: Konfigurationsanalyse von Unternehmensgründungen - Hemmende und fördernde Faktoren beim Gründen von Unternehmen, in: Betriebswirtschaftliche Forschung und Praxis 51 (3/1999), S. 256-271.

Frank/Korunka (Unternehmensgründer 1996): Frank, Hermann; Korunka, Christian: Zum Informations- und Entscheidungsverhalten von Unternehmensgründern, in: Zeitschrift für Betriebswirtschaft 66 (8/1996), S. 947-963.

Franke (Projekt-Controlling 1999): Franke, Armin: Projektmanagement und Projekt-Controlling, in: Sabisch, Helmut (Hrsg.): Management technologieorientierter Unternehmensgründungen, Stuttgart 1999, S. 109-133.

Franke/Lüthje (Innovation 2004): Franke, Nikolaus; Lüthje, Christian: Entrepreneurship und Innovation, in: Achleitner, Ann-Kristin; Klandt, Heinz; Koch, Lambert T.; Voigt, Kai-Ingo (Hrsg.): Jahrbuch Entrepreneurship 2003/04, Berlin 2004, S. 33-46.

Franz (Controlling 1989): Franz, Stefan: Controlling und effiziente Unternehmensführung, Wiesbaden 1989.

Fraser/Hope (Beyond Budgeting 2001): Fraser, Robin; Hope, Jeremy: Beyond Budgeting, in: Controlling (8/2001), S. 437-442.

Freier (Etablierungsmanagement 2000): Freier, Peter: Etablierungsmanagement innovativer Unternehmensgründungen, Wiesbaden 2000.

Frese (Kontrolle 1968): Frese, Erich: Kontrolle und Unternehmungsführung, Wiesbaden 1968.

Frese (Unternehmerischer Erfolg 2000): Frese, Michael: Ein psychologisches Modell unternehmerischen Erfolgs und einige empirische Ergebnisse, in: Klandt, Heinz; Nathusius, Klaus; Szyperski, Norbert; Heil, Heinrike (Hrsg.): Gründungsforschungsforum 1999, Lohmar 2000, S. 259-272.

Frese/Rauch (Entrepreneurship 2002): Frese, Michael; Rauch, Andreas: The Psychology of Entrepreneurship, in: Baltes, Paul B.; Smelser, Neil J. (Hrsg.): International Encyclopedia of the Social and Behavioral Sciences, Oxford 2002, S. 4552-4556.

Friedag/Schmidt (Balanced Scorecard 1999): Friedag, Herwig R.; Schmidt, Walter: Balanced Scorecard - mehr als ein Kennzahlensystem, Freiburg 1999.

Friedl (Realoptionen 2003): Friedl, Gunther: Realoptionen als Bewertungs- und Controllinginstrument, in: Achleitner, Ann-Kristin; Bassen, Alexander (Hrsg.): Controlling von jungen Unternehmen, Stuttgart 2003, S. 239-258.

Friedrichs (Methoden 1990): Friedrichs, Jürgen: Methoden empirischer Sozialforschung, Opladen 1990.

Fröhling (Controlling 2000): Fröhling, Oliver: Controlling in der New Economy, in: krp Kostenrechnungspraxis 44 (4/2000), S. 223-231.

Fröhling (Geschäftsmodellcontrolling 2002): Fröhling, Oliver: Geschäftsmodellcontrolling im E-Business, in: Gleich, Ronald; Möller, Klaus; Seidenschwarz, Werner; Stoi, Roman (Hrsg.): Controllingfortschritte, München 2002, S. 27-48.

Fröhling/Oehler (E-Controlling 2002): Fröhling, Oliver; Oehler, Karsten: E-Business braucht E-Controlling, in: Controlling (3/2002), S. 179-188.

Fuchs (Unternehmenswachstum 1969): Fuchs, Konrad: Erklärungsversuche des Unternehmenswachstums, in: Die Unternehmung 23 (1969), S. 253-271.

Gabele/Fischer (Kosten- und Erlösrechnung 1992): Gabele, Eduard; Fischer, Philip: Kosten- und Erlösrechnung, München 1992.

Gaiser/Greiner (Strategische Steuerung 2002): Gaiser, Bernd; Greiner, Oliver: Strategische Steuerung - von der Balanced Scorecard zur strategiefokussierten Organisation, in: Gleich, Ronald; Möller, Klaus; Seidenschwarz, Werner; Stoi, Roman (Hrsg.): Controllingfortschritte, München 2002, S. 193-222.

Gälweiler (Kontrolle 1981): Gälweiler, Alois: Zur Kontrolle strategischer Pläne, in: Steinmann, Horst (Hrsg.): Planung und Kontrolle, München 1981, S. 383-399.

Gaulhofer (Controlling im Mittelbetrieb 1986): Gaulhofer, Manfred: Controlling im Mittelbetrieb, Frankfurt am Main 1986.

Gaulhofer (Strategische Planung 1987): Gaulhofer, Manfred: Strategische Planung beim Controller?, in: Zeitschrift für Betriebswirtschaft 57 (11/1987), S. 1121-1127.

Geiseler (Finanzierungsverhalten 1999): Geiseler, Christoph: Das Finanzierungsverhalten kleiner und mittlerer Unternehmen, Wiesbaden 1999.

Gerke/Bank (Finanzierungsprobleme 1999): Gerke, Wolfgang; Bank, Matthias: Finanzierungsprobleme mittelständischer Unternehmen, in: Finanz Betrieb (5/1999), S. 10-20.

Gerpott (Innovationsmanagement 1999): Gerpott, Torsten J.: Strategisches Technologie- und Innovationsmanagement, Stuttgart 1999.

Gladen (Berichtssysteme 2003): Gladen, Werner: Kennzahlen- und Berichtssysteme, Wiesbaden 2003.

Gleich/Kopp (Planung und Budgetierung 2001): Gleich, Ronald; Kopp, Jens: Ansätze zur Neugestaltung der Planung und Budgetierung, in: Controlling (8/2001), S. 429-436.

Gleißner (Erfolgsfaktoren 2001): Gleißner, Werner: Erfolgsfaktoren, Strategien und Geschäftspläne von Entrepreneuren, in: Blum, Ulrich; Leibbrand, Frank (Hrsg.): Entrepreneurship und Unternehmertum, Wiesbaden 2001, S. 235-320.

Glesti (Wertmanagement 1995): Glesti, Jürg: Wertmanagement in den verschiedenen Lebensphasen der Unternehmung, Bamberg 1995.

Göbel (Institutionenökonomik 2002): Göbel, Elisabeth: Neue Institutionenökonomik, Stuttgart 2002.

Goetzke/Knief (Externes Controlling 1982): Goetzke, Wolfgang; Knief, Peter: Externes Controlling - Ein Ansatz für die Existenzsicherung mittelständischer Betriebe, in: Betriebswirtschaftliche Forschung und Praxis 34 (5/1982), S. 408-426.

Gonschior/Roth (Unternehmensgründungen 1990): Gonschior, Peter; Roth, Paul: Marketing für innovative Unternehmensgründungen, in: Szyperski, Norbert; Roth, Paul (Hrsg.): Entrepreneurship - Innovative Unternehmensgründung als Aufgabe, Stuttgart 1990, S. 59-76.

Goossens (Budgetierung 1999): Goossens, Thomas: Grundsätze der Budgetierung, Nürnberg 1999.

Göpfert (Innovationscontrolling 1996): Göpfert, Ingrid: Innovationscontrolling, in: Kern, Werner (Hrsg.): Handwörterbuch der Produktionswirtschaft, Stuttgart 1996, Sp. 736-744.

Grabherr (Investor's Fit 2001): Grabherr, Renate: Investor's Fit - Wie finden Sie zum richtigen Kapitalgeber?, in: Stadler, Wilfried (Hrsg.): Venture Capital und Private Equity, Köln 2001, S. 225-238.

Grabherr (Risikokapitalinstrumente 2001): Grabherr, Oliver: Risikokapitalinstrumente im unternehmerischen Wachstumszyklus, in: Stadler, Wilfried (Hrsg.): Venture Capital und Private Equity, Köln 2001, S. 29-42.

Greiner (Evolution 1972): Greiner, Larry E.: Evolution and Revolution as Organizations Grow, in: Harvard Business Review 50 (4/1972), S. 37-46.

Greiner (Evolution and Revolution 1998): Greiner, Larry E.: Evolution and Revolution as Organizations Grow, in: Harvard Business Review 76 (3/1998), S. 55-67.

Greischel (Balanced Scorecard 2003): Greischel, Peter: Grundlagen und Einführung der Balanced Scorecard, in: Greischel, Peter (Hrsg.): Balanced Scorecard - Erfolgsfaktoren und Praxisberichte, München 2003, S. 1-35.

Grevelius (Budget 2001): Grevelius, Sven: Thirty successfull years without budget, in: Controlling (8/2001), S. 443-446.

Grochla (Unternehmungsplanung 1971): Grochla, Erwin: Auswirkungen der automatisierten Datenverarbeitung auf die Unternehmungsplanung, in: Schmalenbachs Zeitschrift für betriebswirtschaftliche Forschung 23 (1971), S. 719-732.

Grochla/Lehmann (Systemtheorie 1980): Grochla, Erwin; Lehmann, Helmut: Systemtheorie und Organisation, in: Grochla, Erwin (Hrsg.): Handwörterbuch der Organisation, Stuttgart 1980, Sp. 2204-2216.

Gruber (Controlling im Wandel 1995): Gruber, Horst: Controlling im Wandel: Der dornige Weg des Controllers vom Medizinmann zum Dienstleister, in: Wagenhofer, Alfred; Gutschelhofer, Alfred (Hrsg.): Controlling und Unternehmensführung, Wien 1995, S. 87-116.

Gruber (Marketing in New Ventures 2004): Gruber, Marc: Marketing in New Ventures - Theory and Empirical Evidence, in: Schmalenbachs Business Review 56 (2/2004), S. 164-199.

Gruber et al. (Finanzielle Entwicklung 2003): Gruber, Marc; Harhoff, Dietmar; Tausend, Christian: Finanzielle Entwicklung junger Wachstumsunternehmen, in: Achleitner, Ann-Kristin; Bassen, Alexander (Hrsg.): Controlling von jungen Unternehmen, Stuttgart 2003, S. 27-50.

Gruber/Harhoff (Komparative Wettbewerbsvorteile 2002): Gruber, Marc; Harhoff, Dietmar: Generierung und nachhaltige Sicherung komparativer Wettbewerbsvorteile, in: Hommel, Ulrich; Knecht, Thomas C. (Hrsg.): Wertorientiertes Start-Up-Management, München 2002, S. 320-334.

Grunwald (Start-ups 2003): Grunwald, Stephan: Start-ups - keine Zeit für Controlling?, http://www.4cgroup.com/download/syntrix_startup.pdf, entnommen August 2003.

Gümbel (Ökonomik 1985): Gümbel, Rudolf: Handel, Markt und Ökonomik, Wiesbaden 1985.

Günther (Controlling 1997): Günther, Thomas: Unternehmenswertorientiertes Controlling, München 1997.

Günther (Wertorientiertes Controlling 2001): Günther, Thomas: Trends und Entwicklungsperspektiven im wertorientierten Controlling, in: Coenenberg, Adolf G.; Pohle, Klaus (Hrsg.): Internationale Rechnungslegung, Stuttgart 2001, S. 181-212.

Gushurst (Implementierung 1990): Gushurst, Klaus-Peter: Implementierung von Controllingsystemen, Baden-Baden 1990.

Gutenberg (Betriebswirtschaftslehre 1980): Gutenberg, Erich: Grundlagen der Betriebswirtschaftslehre, Berlin 1980.

Haas (Controlling 1996): Haas, Martin: Finanzielles Controlling von Projekten im industriellen Grossanlagenbau, Zürich 1996.

Haberstroh/Papperitz (Internes Berichtswesen 1992): Haberstroh, Manfred; Papperitz, Wolfgang: Internes Berichtswesen, in: Controlling (1/1992), S. 12-19.

Haefner (Wachstums-Strategien 2001): Haefner, Klaus: Innovations- und Wachstums-Strategien für die Kleinen und mittleren Unternehmen aus Sicht der Wissenschaft, in: Fischer, Hajo (Hrsg.): Unternehmensführung im Spannungsfeld zwischen Finanz- und Kulturtechnik - Handlungsspielräume und Gestaltungszwänge, Hamburg 2001, S. 37-54.

Haenecke (Erfolgsfaktorenforschung 2002): Haenecke, Henrik: Methodenorientierte Systematisierung der Kritik an der Erfolgsfaktorenforschung, in: Zeitschrift für Betriebswirtschaft 72 (2/2002), S. 165-183.

Hahn (Betriebswirtschaftslehre 1990): Hahn, Oswald: Allgemeine Betriebswirtschaftslehre, München 1990.

Hahn (Controlling in Deutschland 1997): Hahn, Dietger: Controlling in Deutschland - State of the Art, in: Gleich, Ronald; Seidenschwarz, Werner (Hrsg.): Die Kunst des Controlling, München 1997, S. 13-46.

Hahn (Planung und Kontrolle 1994): Hahn, Dietger: PuK Planung und Kontrolle; Controllingkonzepte, Wiesbaden 1994.

Hahn (Strategische Führung 1991): Hahn, Dietger: Strategische Führung und Strategisches Controlling, in: Albach, Horst (Hrsg.): Controlling, Zeitschrift für Betriebswirtschaft Ergänzungsheft (3/1991), Wiesbaden 1991, S. 121-146.

Hahn (Unternehmungsziele 1995): Hahn, Dietger: Unternehmungsziele im Wandel - Konsequenzen für das Controlling, in: Controlling (6/1995), S. 328-338.

Hahn (Wachstumspolitik 1970): Hahn, Dietger: Wachstumspolitik industrieller Unternehmungen, in: Betriebswirtschaftliche Forschung und Praxis 22 (11/1970), S. 609-626.

Hahn/Hungenberg (Controllingkonzepte 2001): Hahn, Dietger; Hungenberg, Harald: PuK Wertorientierte Controllingkonzepte, Wiesbaden 2001.

Hahn/Krystek (Frühwarnsysteme 1984): Hahn, Dietger; Krystek, Ulrich: Frühwarnsysteme als Instrument der Krisenerkennung, in: Staehle, Wolfgang H.; Stoll, Edgar (Hrsg.): Betriebswirtschaftslehre und ökonomische Krise, Wiesbaden 1984, S. 3-24.

Hall (Resources 1993): Hall, Richard: A Framework Linking Intangible Resources and Capabilities to Sustainable Competitive Advantage, in: Strategic Management Journal 14 (1993), S. 607-618.

Haps (Risikoübernahme 2001): Haps, Axel: Private Risikoübernahme durch Business Angels, in: Koch, Lambert T.; Zacharias, Christoph (Hrsg.): Gründungsmanagement, München 2001, S. 197-205.

Harbert (Controlling-Begriffe 1982): Harbert, Ludger: Controlling-Begriffe und Controlling-Konzeptionen, Bochum 1982.

Harhoff (Gründungsplanung 2002): Harhoff, Dietmar: Gründungsplanung, in: Küpper, Hans-Ulrich; Wagenhofer, Alfred (Hrsg.): Handwörterbuch Unternehmensrechnung und Controlling, Stuttgart 2002, Sp. 647-656.

Hart (Contracts 1995): Hart, Oliver: Firms, Contracts, and Financial Structure, Oxford 1995.

Hartenstein (Erfolgsdeterminanten 2001): Hartenstein, Martin: Erfolgsdeterminanten von New-Economy-Start-Ups, in: IO-Management (7/2001), S. 77-82.

Hartl (Kosten- und Erfolgscontrolling 2001): Hartl, Martina: Kosten- und Erfolgscontrolling in jungen Unternehmen, Frankfurt am Main 2001.

Hartmann (Komplexitätsreduktion 2004): Hartmann, Matthias H.: Komplexitätsreduktion als Kunst, in: Hartmann, Matthias H. (Hrsg.): Berichtswesen für High-Tech-Unternehmen, Berlin 2004, S. 39-59.

Hartung (Statistik 2002): Hartung, Joachim: Statistik - Lehr- und Handbuch der angewandten Statistik, München 2002.

Hauschildt (Finanzkontrolle 1981): Hauschildt, Jürgen: Finanzkontrolle, in: Hauschildt, Jürgen; Sachs, Gerd; Witte, Eberhard (Hrsg.): Finanzplanung und Finanzkontrolle, München 1981, S. 129-162.

Hauschildt (Finanzorganisation 1981): Hauschildt, Jürgen: Finanzorganisation, in: Hauschildt, Jürgen; Sachs, Gerd; Witte, Eberhard (Hrsg.): Finanzplanung und Finanzkontrolle, München 1981, S. 1-52.

Hauschildt (Innovationsmanagement 1997): Hauschildt, Jürgen: Innovationsmanagement, München 1997.

Hauschildt (Schlüsselereignisse 2004): Hauschildt, Jürgen: Existenzielle Schlüsselereignisse im Lebenszyklus der Unternehmung - Plädoyer für eine ontogenetische Betrachtungsweise in der Betriebswirtschaftslehre, in: Döring, Ulrich; Kußmaul, Heinz (Hrsg.): Spezialisierung und Internationalisierung, München 2004, S. 29-49.

Häußermann (Junge Unternehmen 1997): Häußermann, Kurt: Junge Unternehmen sichern, Eschborn 1997.

Hayek (Theorie 1972): Hayek, Friedrich A. von: Die Theorie komplexer Phänomene, Tübingen 1972.

Hayn (Bewertung 1998): Hayn, Marc: Bewertung junger Unternehmen, Berlin 1998.

Heide (Theoretische Fundierung des Controlling 2001): Heide, Thomas: Informationsökonomische und verhaltenswissenschaftliche Ansätze als Beitrag zu einer theoretischen Fundierung des Controlling - eine vergleichende Analyse anhand ausgewählter Beispiele, Frankfurt am Main 2001.

Heil (Erfolgsfaktoren 1999): Heil, A. Heinrike: Erfolgsfaktoren von Wachstumsführern - DtA-Studie zu den Entwicklungspfaden junger Unternehmen, Bonn 1999.

Heinen (Betriebswirtschaftslehre 1992): Heinen, Edmund: Einführung in die Betriebswirtschaftslehre, Wiesbaden 1992.

Heinen (Entscheidungen 1971): Heinen, Edmund: Grundlagen betriebswirtschaftlicher Entscheidungen: Das Zielsystem der Unternehmung, Wiesbaden 1971.

Heinen (Industriebetriebslehre 1991): Heinen, Edmund: Industriebetriebslehre: Entscheidungen im Industriebetrieb, Wiesbaden 1991.

Heinen (Unternehmungsziele 1988): Heinen, Edmund: Unternehmungsziele, in: Sellien, Reinhold; Gabler, Theodor (Hrsg.): Gabler-Wirtschafts-Lexikon, Wiesbaden 1988, Sp. 2185-2191.

Heitzer (Finanzierung 2000): Heitzer, Bernd: Finanzierung junger innovativer Unternehmen durch Venture Capital-Gesellschaften, Lohmar 2000.

Hempel (Typologische Methoden 1966): Hempel, Carl G.: Typologische Methoden in den Sozialwissenschaften, in: Topitsch, Ernst (Hrsg.): Logik der Sozialwissenschaften, Köln 1966, S. 85-103.

Hendel (Bewertung 2003): Hendel, Holger: Die Bewertung von Start-up Unternehmen im Rahmen von Venture Capital Finanzierungen, Aachen 2003.

Hentze et al. (Unternehmungsplanung 1993): Hentze, Joachim; Brose, Peter; Kammel, Andreas: Unternehmungsplanung: eine Einführung, Bern 1993.

Hermann (Implementierung 1984): Hermann, Ursula: Die Implementierung betrieblicher Rationalisierungshandlungen und der personelle Widerstand, Göttingen 1984.

Hess (Controlling 1985): Hess, Walter: Controlling in besonderen Unternehmungssituationen, in: Probst, Gilbert J.B.; Schmitz-Dräger, Ralph (Hrsg.): Controlling und Unternehmungsführung, Bern 1985, S. 153-167.

Hill et al. (Organisationslehre 1981): Hill, Wilhelm; Fehlbaum, Raymond; Ulrich, Peter: Organisationslehre 2, Bern 1981.

Hill et al. (Organisationslehre 1989): Hill, Wilhelm; Fehlbaum, Raymond; Ulrich, Peter: Organisationslehre 1, Bern 1989.

Hisrich/Peters (Entrepreneurship 1998): Hisrich, Robert D.; Peters, Michael P.: Entrepreneurship, Boston 1998.

Hobi et al. (Balanced-Scorecard 1999): Hobi, Andreas; Hochuli, Thomas; Zellweger, Samuel: Balanced-Scorecard - ein Führungssystem auch für KMU, in: IO-Management (12/1999), S. 58-65.

Hoffmann (Balanced Scorecard-basiertes Controlling 2000): Hoffmann, Olaf: Balanced Scorcard-basiertes Controlling in einem Internet-Start-up, in: krp Kostenrechnungspraxis Sonderheft (2/2000), S. 25-32.

Hoffmann (Controller 1968): Hoffmann, Friedrich: Der Controller im deutschen Industriebetrieb, in: Der Betrieb 21 (50/1968), S. 2181-2185.

Hoffmann (Kritische Erfolgsfaktoren 1986): Hoffmann, Friedrich: Kritische Erfolgsfaktoren - Erfahrungen in großen und mittelständischen Unternehmungen, in: Schmalenbachs Zeitschrift für betriebswirtschaftliche Forschung 38 (10/1986), S. 831-843.

Hoffmann et al. (Führungsergänzung 1996): Hoffmann, Werner; Niedermayr, Rita; Risak, Johann: Führungsergänzung durch Controlling, in: Eschenbach, Rolf (Hrsg.): Controlling, Stuttgart 1996, S. 3-48.

Hofmeister (Business Plan 1999): Hofmeister, Roman: Der Business Plan - Geschäftsidee prüfen, Firmengründung planen, Finanzierung sichern, Wien 1999.

Hofmeister (Innovationsbarrieren 1981): Hofmeister, Ernst: Innovationsbarrieren, in: Hofmeister, Ernst; Ulbricht, Mechthild (Hrsg.): Von der Bereitschaft zum technischen Wandel, Berlin 1981, S. 83-124.

Hofmeister/Stiegler (Controlling 1990): Hofmeister, Roman; Stiegler, Harald: Controlling - Gestaltung und Anwendung für Klein- und Mittelbetriebe, Linz 1990.

Höft (Lebenszykluskonzepte 1992): Höft, Uwe: Lebenszykluskonzepte, Berlin 1992.

Hoitsch/Lingnau (Kosten- und Erlösrechnung 1999): Hoitsch, Hans-Jörg; Lingnau, Volker: Kosten- und Erlösrechnung, Berlin 1999.

Hommel/Knecht (Marktwertorientierte Entwicklung 2002): Hommel, Ulrich; Knecht, Thomas C.: Marktwertorientierte Entwicklung von Start-up-Unternehmen, in: Hommel, Ulrich; Knecht, Thomas C. (Hrsg.): Wertorientiertes Start-Up-Management, München 2002, S. 1-20.

Horak/Rattay (Controllingsysteme 1996): Horak, Christian; Rattay, Günter: Einführung und Aufbau von Controllingsystemen als Projekt, in: Eschenbach, Rolf (Hrsg.): Controlling, Stuttgart 1996, S. 547-577.

Horváth (Aufgaben 1978): Horváth, Péter: Aufgaben und Stellung des Controllers, in: Betriebswirtschaftliche Forschung und Praxis 30 (2/1978), S. 129-141.

Horváth (Budgetierung 2003): Horváth, Péter: Hat die Budgetierung noch Zukunft?, in: Controlling & Management Sonderheft (1/2003), S. 4-8.

Horváth (Controlling 1981): Horváth, Péter: Controlling, in: Kosiol, Erich; Chmielewicz, Klaus; Schweitzer, Marcell (Hrsg.): Handwörterbuch des Rechnungswesens, Stuttgart 1981, Sp. 364-374.

Horváth (Controlling 2001): Horváth, Péter: Controlling, München 2001.

Horváth (Controlling im Klein- und Mittelbetrieb 1981): Horváth, Péter: Controlling im Klein- und Mittelbetrieb, Eschborn 1981.

Horváth (Controlling in Klein- und Mittelbetrieben 1982): Horváth, Péter: Aufgaben und Möglichkeiten des Controlling in Klein- und Mittelbetrieben, in: Krallmann, Hermann (Hrsg.): Unternehmensplanung und -steuerung in den 80er Jahren, Berlin 1982, S. 360-379.

Horváth (Schnittstellenüberwindung 1991): Horváth, Péter: Schnittstellenüberwindung durch das Controlling, in: Horváth, Péter (Hrsg.): Synergien durch Schnittstellen-Controlling, Stuttgart 1991, S. 1-23.

Horváth et al. (E-Controlling 2001): Horváth, Péter; Knust, Patrick; Schindera, Frank: Internet-Geschäfte erfordern ein wirksames E-Controlling, in: Harvard Business Manager (5/2001), S. 45-54.

Horváth et al. (Unternehmensgründungen 1984): Horváth, Péter; Winderlich, Hans-Georg; Zahn, Erich: Unternehmensgründungen in Bereichen der Spitzentechnologie, in: Albach, Horst; Held, Thomas (Hrsg.): Betriebswirtschaftslehre mittelständischer Unternehmen, Stuttgart 1984, S. 133-147.

Horváth/Gentner (Integrative Controllingsysteme 1992): Horváth, Péter; Gentner, Andreas: Integrative Controllingsysteme, in: Hanssen, Rolf A.; Kern, Werner (Hrsg.): Integrationsmanagement für neue Produkte, Frankfurt am Main 1992, S. 169-182.

Horváth/Kaufmann (Balanced Scorecard 1998): Horváth, Péter; Kaufmann, Lutz: Balanced Scorecard - ein Werkzeug zur Umsetzung von Strategien, in: Harvard Business Manager (5/1998), S. 39-48.

Horváth/Weber (Controlling 1997): Horváth, Péter; Weber, Joachim: Controlling, in: Pfohl, Hans-Christian (Hrsg.): Betriebswirtschaftslehre der Mittel- und Kleinbetriebe, Berlin 1997, S. 335-376.

Huch (Controlling 1985): Huch, Burkhard: Instrumente des operativen Controlling, in: Probst, Gilbert J.B.; Schmitz-Dräger, Ralph (Hrsg.): Controlling und Unternehmungsführung, Bern 1985, S. 52-65.

Huch et al. (Controlling 1995): Huch, Burkhard; Behme, Wolfgang; Ohlendorf, Thomas: Rechnungswesenorientiertes Controlling, Heidelberg 1995.

Hummel (Berichtssysteme 1999): Hummel, Thomas R.: Funktionen und Gestaltungsvarianten von Informations- und Berichtssystemen, in: Steinle, Claus; Bruch, Heike (Hrsg.): Controlling, Stuttgart 1999, S. 505-508.

Hummel (Betriebswirtschaftslehre 1995): Hummel, Thomas R.: Betriebswirtschaftslehre: Gründung und Führung kleiner und mittlerer Unternehmungen, München 1995.

Hummel/Männel (Kostenrechnung 1990): Hummel, Siegfried; Männel, Wolfgang: Kostenrechnung, Wiesbaden 1990.

Hundt/Neitz (Businesspläne 2001): Hundt, Irina; Neitz, Bernd: Businesspläne für kleine und mittlere Unternehmen, München 2001.

Hunsdiek (Unternehmensgründung 1987): Hunsdiek, Detlef: Unternehmensgründung als Folgeinnovation, Stuttgart 1987.

Hunsdiek/May-Strobl (Entwicklungslinien 1986): Hunsdiek, Detlef; May-Strobl, Eva: Entwicklungslinien und Entwicklungsrisiken neugegründeter Unternehmen, Stuttgart 1986.

Hutzschenreuter (Wachstumsstrategien 2001): Hutzschenreuter, Thomas: Wachstumsstrategien, Wiesbaden 2001.

Ihring (Controlling 1985): Ihring, Christof: Einführung von Controlling - ein Stufenkonzept für Mittelstandsunternehmen, München 1985.

Ihring (Controlling für Mittelstandsunternehmen 1986): Ihring, Hans Christof: Einführung in das Controlling für Mittelstandsunternehmen, Wien 1986.

Isfan (Gründungsideen 2000): Isfan, Katrin: Entwicklung und Transfer von Gründungsideen, Bonn 2000.

Jäger (Unternehmensentwicklungsmodelle 1998): Jäger, Uwe: Erhebungskonzepte für ausgewählte Unternehmensentwicklungsmodelle, Frankfurt am Main 1998.

James (Corporate Life Cycle 1973): James, Barrie G.: The Theory of the Corporate Life Cycle, in: Long Range Planning (June 1973), S. 68-74.

Jung (Budgetierung 1985): Jung, Hermann: Integration der Budgetierung in die Unternehmensplanung, Darmstadt 1985.

Jungbauer-Gans/Preisendörfer (Planung 1991): Jungbauer-Gans, Monika; Preisendörfer, Peter: Verbessern eine gründliche Vorbereitung und sorgfältige Planung die Erfolgschancen neugegründeter Betriebe?, in: Schmalenbachs Zeitschrift für betriebswirtschaftliche Forschung 43 (11/1991), S. 987-996.

Just (Technologieorientierte Unternehmensgründungen 2000): Just, Carsten: Business Angels und technologieorientierte Unternehmensgründungen, Stuttgart 2000.

Kaiser/Gläser (Entwicklungsphasen 2003): Kaiser, Lars; Gläser, Joachim: Entwicklungsphasen neugegründeter Unternehmen, Trier 2003.

Kaplan/Norton (Balanced Scorecard 1992): Kaplan, Robert S.; Norton, David P.: The Balanced Scorecard - Measures That Drive Performance, in: Harvard Business Review 70 (1/1992), S. 71-79.

Kaplan/Norton (Balanced Scorecard 1996): Kaplan, Robert S.; Norton, David P.: The Balanced Scorecard - Translating Strategy into Action, Boston 1996.

Kaplan/Norton (Balanced Scorecard 1997): Kaplan, Robert S.; Norton David P.: Balanced Scorecard - Strategien erfolgreich umsetzen, Stuttgart 1997.

Kaplan/Norton (Geschäftsstrategie 2001): Kaplan, Robert S.; Norton, David P.: Wie Sie die Geschäftsstrategie den Mitarbeitern verständlich machen, in: Harvard Business Manager (2/2001), S. 60-70.

Kaplan/Norton (Organization 2001): Kaplan, Robert S.; Norton, David P.: Building a Strategy-Focused Organization, in: Horváth, Péter (Hrsg.): Strategien erfolgreich umsetzen, Stuttgart 2001, S. 1-13.

Kaplan/Norton (Putting the Balanced Scorecard 1993): Kaplan, Robert S.; Norton, David P.: Putting the Balanced Scorecard to Work, in: Harvard Business Review 71 (5/1993), S. 134-147.

Kaplan/Norton (Stategieumsetzung 1997): Kaplan, Robert S.; Norton, David P.: Strategieumsetzung mit Hilfe der Balanced Scorecard, in: Gleich, Ronald; Seidenschwarz, Werner (Hrsg.): Die Kunst des Controlling, München 1997, S. 313-342.

Kaplan/Norton (Strategiefokussierte Organisation 2001): Kaplan, Robert S.; Norton, David P.: Die strategiefokussierte Organisation, Stuttgart 2001.

Kaplan/Norton (Using the Balanced Scorecard 1996): Kaplan, Robert S.; Norton, David P.: Using the Balanced Scorecard as a Strategic Management System, in: Harvard Business Review 74 (1/1996), S. 75-85.

Kappler (Balanced Scorecard 2000): Kappler, Arnold: Balanced Scorecard: Werkzeug zur Umsetzung von Strategien - ein Refresher, in: IO-Management (7/2000), S. 34-38.

Kappler (Controlling 2002): Kappler, Ekkehard: Controlling enthält keinen Kern - aber eine Theorie, in: Weber, Jürgen; Hirsch, Bernhard (Hrsg.): Controlling als akademische Disziplin, Wiesbaden 2002, S. 161-189.

Kaufmann (Strategie 2002): Kaufmann, Lutz: Der Feinschliff für die Strategie, in: Harvard Business Manager (6/2002), S. 35-41.

Kayser (Unternehmensführung 1997): Kayser, Gunter: Unternehmensführung, in: Pfohl, Hans-Christian (Hrsg.): Betriebswirtschaftslehre der Mittel- und Kleinbetriebe, Berlin 1997, S. 81-102.

Kazanjian (Stages of Growth 1988): Kazanjian, Robert K.: Relation of Dominant Problems to Stages of Growth in Technology-Based New Ventures, in: Academy of Management Journal 31 (2/1988), S. 257-279.

Keller/Sprich (Budgetierung 1996): Keller, Corina; Sprich, Olaf: Budgetierung - von der Pflichtübung zum Management-Instrument, in: IO-Management (12/1996), S. 37-39.

Kieninger/Mayer (Informationssysteme 2002): Kieninger, Michael; Mayer, Thomas Ludwig: Informationssysteme für das Controlling der Zukunft, in: Gleich, Ronald; Möller, Klaus; Seidenschwarz, Werner; Stoi, Roman (Hrsg.): Controllingfortschritte, München 2002, S. 223-243.

Kieser (Organisationsstruktur 1993): Kieser, Alfred: Organisationsstruktur, in: Hauschildt, Jürgen; Grün, Oskar (Hrsg.): Ergebnisse empirischer betriebswirtschaftlicher Forschung, Stuttgart 1993, S. 55-82.

Kieser (Situativer Ansatz 2002): Kieser, Alfred: Der situative Ansatz, in: Kieser, Alfred (Hrsg.): Organisationstheorien, Stuttgart 2002, S. 169-198.

Kieser/Kubicek (Organisation 1992): Kieser, Alfred; Kubicek, Herbert: Organisation, Berlin 1992.

Kieser/Kubicek (Organisationsstruktur 1974): Kieser, Alfred; Kubicek, Herbert: Organisationsstruktur und individuelles Verhalten als Einflußfaktoren der Gestaltung von Management-Informationssystemen, in: Zeitschrift für Betriebswirtschaft 44 (6/1974), S. 449-474.

Kilger (Grenzplankostenrechnung 1980): Kilger, Wolfgang: Grenzplankosten- und Deckungsbeitragsrechnung im Klein- und Mittelbetrieb, in: Rationalisierung 31 (2/1980), S. 41-43.

Kilger (Plankostenrechnung 1993): Kilger, Wolfgang: Flexible Plankostenrechnung und Deckungsbeitragsrechnung, Wiesbaden 1993.

Kirchgässner (Homo oeconomicus 1991): Kirchgässner, Gebhard: Homo oeconomicus, Tübingen 1991.

Kirsch (Empirische Forschung 1981): Kirsch, Werner: Über den Sinn der empirischen Forschung in der angewandten Betriebswirtschaftslehre, in: Witte, Eberhard (Hrsg.): Der praktische Nutzen empirischer Forschung, Tübingen 1981, S. 189-229.

Kirsch (Evolutionäre Führungskonzeption 1997): Kirsch, Werner: Die Philosophie des strategischen Managements als Ausdruck einer evolutionären Führungskonzeption: Ausblicke und Querverweise, in: Kirsch, Werner (Hrsg.): Strategisches Management: Die geplante Evolution von Unternehmen, Herrsching 1997, S. 635-679.

Kirsch (Geplante Evolution 1997): Kirsch, Werner: Die Idee einer geplanten Evolution im Mittelpunkt einer Philosophie des strategischen Managements, in: Kirsch, Werner (Hrsg.): Strategisches Management: Die geplante Evolution von Unternehmen, Herrsching 1997, S. 39-71.

Kirsch (Planung 1983): Kirsch, Werner: Fingerspitzengefühl und Hemdsärmligkeit bei der Planung im Mittelstand, in: Gabele, Eduard (Hrsg.): Märkte, Mitarbeiter, Management - Erfolgreiche Führung kleiner und mittlerer Unternehmen I, Bamberg 1983, S. 150-176.

Kirsch et al. (Denkmodell 1989): Kirsch, Werner; Geiger, Ulrich; Grebenc, Herbert; Maaßen, Hartmut: Ein Denkmodell der Gesamtarchitektur von Planungs- und Kontrollsystemen, in: Kirsch, Werner; Maaßen, Hartmut (Hrsg.): Managementsysteme, München 1989, S. 127-172.

Kirsch et al. (Management 1979): Kirsch, Werner; Esser, Werner-Michael; Gabele, Eduard: Das Management des geplanten Wandels von Organisationen, Stuttgart 1979.

Kirschbaum (Entstehung 1982): Kirschbaum, Günter: Die Entstehung neuer Unternehmungen im regionalen Kontext, Köln 1982.

Klandt (Aktivität und Erfolg 1984): Klandt, Heinz: Aktivität und Erfolg des Unternehmensgründers, Bergisch Gladbach 1984.

Klandt (Entrepreneurship 1999): Klandt, Heinz: Entrepreneurship: Unternehmerausbildung an deutschen Hochschulen, in: Betriebswirtschaftliche Forschung und Praxis 51 (2/1999), S. 241-255.

Klandt (Frühphasenfinanzierung 2001): Klandt, Heinz: „Business Angels Closing the Gap“: Die Frühphasenfinanzierung von Unternehmen mit informellem Eigenkapital, in: Nathusius, Klaus (Hrsg.): Beiträge zur Unternehmensgründung: gewidmet Prof. Dr. Dr. h.c. Norbert Szyperski anläßlich seines 70. Geburtstages, Lohmar 2001, S. 155-179.

Klandt (Gründungs- und Frühentwicklungsphase 1991): Klandt, Heinz: Zur Existenzberechtigung einer speziellen Betriebswirtschaftslehre für die Gründungs- und Frühentwicklungsphase, in: Müller-Böling, Detlef; Seibt, Dietrich; Winand, Udo (Hrsg.): Innovations- und Technologiemanagement, Stuttgart 1991, S. 479-494.

Klandt (Gründungserfolg 1980): Klandt, Heinz: Die Person des Unternehmensgründers als Determinante des Gründungserfolgs, in: Betriebswirtschaftliche Forschung und Praxis 32 (4/1980), S. 321-335.

Klandt (Gründungsmanagement 1999): Klandt, Heinz: Gründungsmanagement: Der integrierte Unternehmensplan, München 1999.

Klandt (Unternehmenslebensphasen 2003): Klandt, Heinz: Unternehmenslebensphasen und ihre erfolgreiche Gestaltung, in: Steinle, Claus; Schumann, Katja (Hrsg.): Gründung von Technologieunternehmen, Wiesbaden 2003, S. 99-113.

Klandt (Unternehmensplan 1996): Klandt, Heinz: Der integrierte Unternehmensplan - ein Instrument für die Gründungsplanung, Dortmund 1996.

Klandt et al. (Business Angels 2001): Klandt, Heinz; Hakansson, Pär-Ola; Motte, Frank: Vademecum für Unternehmensgründer, Business Angels und Netzwerke, Norderstedt 2001.

Klandt et al. (Entrepreneurship-Professuren 2005): Klandt, Heinz; Koch, Lambert T.; Knaup, Ulrich: FGF-Report: Entrepreneurship-Professuren 2004, Bonn 2005.

Klandt/Münch (Gründungsforschung 1990): Klandt, Heinz; Münch, Gerhard: Gründungsforschung im deutschsprachigen Raum - Ergebnisse einer empirischen Untersuchung, in: Szyperski, Norbert; Roth, Paul (Hrsg.): Entrepreneurship - Innovative Unternehmensgründung als Aufgabe, Stuttgart 1990, S. 171-186.

Klandt/Tröger (Unternehmer 2001): Klandt, Heinz; Tröger, Nils H.: Funktionen und Eigenschaften des Unternehmers in der Praxis, in: Koch, Lambert T.; Zacharias, Christoph (Hrsg.): Gründungsmanagement, München 2001, S. 63-78.

Kleinebeckel (Finanz-Controlling 1993): Kleinebeckel, Herbert: Finanz-Controlling, in: Liessmann, Konrad (Hrsg.): Controlling-Konzepte für den Mittelstand, Freiburg 1993, S. 211-232.

Kleinebeckel (Liquiditätssteuerung 1998): Kleinebeckel, Herbert: Finanz- und Liquiditätssteuerung, München 1998.

Klett et al. (Controlling in KMU 1 1998): Klett, Christian; Pivernetz, Michael; Hauke, Dirk: Controlling in kleinen und mittleren Unternehmen, Band 1, Berlin 1998.

Klett et al. (Controlling in KMU 2 2000): Klett, Christian; Amen, Martin; Klein, Holger; Pivernetz, Michael: Controlling in kleinen und mittleren Unternehmen, Band 2, Berlin 2000.

Klett et al. (Controlling-Praxis 1996): Klett, Christian; Pivernetz, Michael; Hauke, Dirk: Controlling-Praxis für kleine und mittlere Unternehmen, Berlin 1996.

Kloock (Kosten- und Leistungsrechnung 1999): Kloock, Josef: Kosten- und Leistungsrechnung, Düsseldorf 1999.

Knecht (Erfolgsfaktoren 2002): Knecht, Thomas C.: Erfolgsfaktoren, Investitionskriterien und Werttreiber, in: Hommel, Ulrich; Knecht, Thomas C. (Hrsg.): Wertorientiertes Start-Up-Management, München 2002, S. 104-126.

Knight (Innovation Process 1967): Knight, Kenneth E.: A Descriptive Model of the Intra-Firm Innovation Process, in: The Journal of Business 40 (1967), S. 478-496.

Koch (Controlling 1980): Koch, Günter: Controlling; Information und Koordination im Unternehmen, Göttingen 1980.

Koch (Unternehmensgründung 2001): Koch, Lambert T.: Unternehmensgründung als Motor der wirtschaftlichen Entwicklung, in: Koch, Lambert T.; Zacharias, Christoph (Hrsg.): Gründungsmanagement, München 2001, S. 23-35.

Koch (Unternehmensplanung 1982): Koch, Helmut: Integrierte Unternehmensplanung, Wiesbaden 1982.

Kock (Wachstumsmanagement 2002): Kock, Carl Joachim: Wachstumsmanagement, in: Hommel, Ulrich; Knecht, Thomas C. (Hrsg.): Wertorientiertes Start-Up-Management, München 2002, S. 659-683.

Kollmann/Kuckertz (Shareholder-Value-Ansatz 2003): Kollmann, Tobias; Kuckertz, Andreas: Shareholder-Value-Ansatz als Basis für das Controlling bei Start-up-Unternehmen, in: Achleitner, Ann-Kristin; Bassen, Alexander (Hrsg.): Controlling von jungen Unternehmen, Stuttgart 2003, S. 199-220.

Koning (Business Plan 2000): Koning, Alice de: A business plan to entice backers, in: Birley, Sue; Muzyka, Daniel F. (Hrsg.): Mastering Entrepreneurship, London 2000, S. 155-158.

Korallus (Lebenszyklustheorie 1988): Korallus, Livia: Die Lebenszyklustheorie der Unternehmung, Frankfurt am Main 1988.

Koreimann (Kybernetische Grundlagen 1965): Koreimann, Dieter: Kybernetische Grundlagen der Betriebswirtschaft, in: Betriebswirtschaftliche Forschung und Praxis 17 (11/1965), S. 617-637.

Korndörfer (Unternehmensführungslehre 1999): Korndörfer, Wolfgang: Unternehmensführungslehre: Einführung, Entscheidungslogik, soziale Komponenten, Wiesbaden 1999.

Kosiol (Betriebswirtschaftslehre 1968): Kosiol, Erich: Einführung in die Betriebswirtschaftslehre, Wiesbaden 1968.

Kosiol (Modellanalyse 1961): Kosiol, Erich: Modellanalyse als Grundlage unternehmerischer Entscheidungen, in: Zeitschrift für handelswissenschaftliche Forschung 13 (1961), S. 318-334.

Kosiol (Organisation 1962): Kosiol, Erich: Organisation der Unternehmung, Wiesbaden 1962.

Kosiol (Unternehmung 1972): Kosiol, Erich: Die Unternehmung als wirtschaftliches Aktionszentrum, Reinbek 1972.

Kosmider (Controlling im Mittelstand 1993): Kosmider, Andreas: Controlling im Mittelstand, Stuttgart 1993.

Kötzle/Niggemann (Value Reporting 2001): Kötzle, Alfred; Niggemann, Markus: Value Reporting, in: Achleitner, Ann-Kristin; Bassen, Alexander (Hrsg.): Investor Relations am Neuen Markt, Stuttgart 2001, S. 633-651.

Kraemer (Erfolgsfaktoren 2001): Kraemer, Markus: Erfolgsfaktoren von Wachstumsunternehmen, Köln 2001.

Kraus (Operatives Controlling 1990): Kraus, Heinz: Operatives Controlling, in: Mayer, Elmar; Weber, Jürgen (Hrsg.): Handbuch Controlling, Stuttgart 1990, S. 117-172.

Kreikebaum (Unternehmensplanung 1993): Kreikebaum, Hartmut: Strategische Unternehmensplanung, Stuttgart 1993.

Krogh/Cusumano (Unternehmen 2001): Krogh, Georg von; Cusumano, Michael A.: Das Unternehmen soll wachsen - aber nach welchem Plan?, in: Harvard Business Manager (4/2001), S. 88-100.

Kromrey (Empirische Sozialforschung 2000): Kromrey, Helmut: Empirische Sozialforschung, Opladen 2000.

Kronast (Controlling 1989): Kronast, Matthias: Controlling: Notwendigkeit eines unternehmensspezifischen Selbstverständnisses, München 1989.

Krüger (Controlling 1979): Krüger, Wilfried: Controlling: Gegenstandsbereich, Wirkungsweise und Funktionen im Rahmen der Unternehmungspolitik, in: Betriebswirtschaftliche Forschung und Praxis 31 (2/1979), S. 158-169.

Kubicek (Bezugsrahmen 1977): Kubicek, Herbert: Heuristische Bezugsrahmen und heuristisch angelegte Forschungsdesigns als Elemente einer Konstruktionsstrategie empirischer Forschung, in: Köhler, Richard (Hrsg.): Empirische und handlungstheoretische Forschungskonzeptionen in der Betriebswirtschaftslehre, Stuttgart 1977, S. 3-36.

Kubicek (Messung 1980): Kubicek, Herbert: Messung der Organisationsstruktur, in: Grochla, Erwin (Hrsg.): Handwörterbuch der Organisation, Stuttgart 1980, Sp. 1778-1795.

Kubicek/Wollnik (Empirische Grundlagenforschung 1975): Kubicek, Herbert; Wollnik, Michael: Zur Notwendigkeit empirischer Grundlagenforschung in der Organisationstheorie, in: Zeitschrift für Organisation 44 (1975), S. 301-312.

Kuhl (Prüfstand 2004): Kuhl, Bastian: Die strategische Umweltanalyse auf dem Prüfstand - Was SWOT und Porters 5-Forces noch leisten, Marburg 2004.

Kulicke (Entwicklungsmuster 1991): Kulicke, Marianne: Ansätze zur Erklärung von Entwicklungsmustern technologieorientierter Unternehmensgründungen, in: Betriebswirtschaftliche Forschung und Praxis 43 (4/1991), S. 349-362.

Kulicke (Junge Technologieunternehmen 1993): Kulicke, Marianne: Chancen und Risiken junger Technologieunternehmen, Heidelberg 1993.

Kulicke (Technologieorientierte Unternehmen 1987): Kulicke, Marianne: Technologieorientierte Unternehmen in der Bundesrepublik Deutschland; Eine empirische Untersuchung der Strukturbildungs- und Wachstumsphase von Neugründungen, Frankfurt am Main 1987.

Kulicke/Wupperfeld (Beteiligungskapital 1996): Kulicke, Marianne; Wupperfeld, Udo: Beteiligungskapital für junge Technologieunternehmen: Ergebnisse eines Modellversuchs, Heidelberg 1996.

Kunesch (Controlling in Klein- und Mittelbetrieben 1996): Kunesch, Hermann: Besonderheiten des Controlling in Klein- und Mittelbetrieben, in: Eschenbach, Rolf (Hrsg.): Controlling, Stuttgart 1996, S. 630-635.

Küpper (Controlling 1993): Küpper, Hans-Ulrich: Controlling, in: Wittmann, Waldemar; Kern, Werner; Köhler, Richard; Küpper, Hans-Ulrich; Wysocki, Klaus v. (Hrsg.): Handwörterbuch der Betriebswirtschaft, Stuttgart 1993, Sp. 647-661.

Küpper (Controlling 2001): Küpper, Hans-Ulrich: Controlling, Stuttgart 2001.

Küpper (Controlling 2004): Küpper, Hans-Ulrich: Notwendigkeit einer theoretischen Fundierung des Controlling, in: Scherm, Ewald; Pietsch, Gotthard (Hrsg.): Controlling - Theorien und Konzeptionen, München 2004, S. 23-40.

Küpper (Entwicklungstendenzen 1991): Küpper, Hans-Ulrich: Übersicht und Entwicklungstendenzen im Controlling, in: Scheer, August-Wilhelm (Hrsg.): Rechnungswesen und EDV - 12.Saarbrücker Arbeitstagung 1991, Heidelberg 1991, S. 243-270.

Küpper et al. (Controlling 1990): Küpper, Hans-Ulrich; Weber, Jürgen; Zünd, André: Zum Verständnis und Selbstverständnis des Controlling, in: Zeitschrift für Betriebswirtschaft 60 (3/1990), S. 281-293.

Kürpick (Unternehmenswachstum 1981): Kürpick, Heinrich: Das Unternehmenswachstum als betriebswirtschaftliches Problem, Berlin 1981.

Kusterer (E-Controlling 2000): Kusterer, Frank: E-Controlling, in: Controlling (4/2000), S. 217-221.

Labhart/Volkart (Value Reporting 2001): Labhart, Peter A.; Volkart, Rudolf: Value Reporting, in: Coenenberg, Adolf G.; Pohle, Klaus (Hrsg.): Internationale Rechnungslegung, Stuttgart 2001, S. 115-142.

Lachnit (Controllingkonzeption 1994): Lachnit, Laurenz: Controllingkonzeption für Unternehmen mit Projektleistungstätigkeit, München 1994.

Lachnit (Liquiditätsplanung 1988): Lachnit, Laurenz: EDV-gestützte Erfolgs- und Liquiditätsplanung in mittelständischen Betrieben, in: Reichmann, Thomas (Hrsg.): Controlling-Praxis, München 1988, S. 87-101.

Landström (Venture Capital 1990): Landström, Hans: Co-operation between venture capital companies and small firms, in: Entrepreneurship & Regional Development (2/1990), S. 345-362.

Lange/Schaefer (Perspektiven 2003): Lange, Christoph; Schaefer, Sigrid: Perspektiven der Controllingforschung - Weiterentwicklung des informationsorientierten Controllingansatzes, in: Controlling (7/2003), S. 399-404.

Langerfeldt (Neue Institutionenökonomik 2003): Langerfeldt, Michael: Neue Institutionenökonomik, in: WISU Das Wirtschaftsstudium (1/2003), S. 55-58.

Lanz (Controlling 1990): Lanz, Rolf: Controlling in kleinen und mittleren Unternehmen, Stuttgart 1990.

Laub (Innovationsbewertung 1991): Laub, Ulf D.: Innovationsbewertung: Ein Bewertungskonzept für innovative Unternehmensgründungen, in: Laub, Ulf D.; Schneider, Dietram (Hrsg.): Innovation und Unternehmertum, Wiesbaden 1991, S. 23-49.

Laub (Unternehmensgründungen 1989): Laub, Ulf D.: Zur Bewertung innovativer Unternehmensgründungen im institutionellen Zusammenhang - eine empirisch gestützte Analyse, München 1989.

Laux (Entscheidungstheorie 2003): Laux, Helmut: Entscheidungstheorie, Berlin 2003.

Laux (Erfolgssteuerung 1995): Laux, Helmut: Erfolgssteuerung und Organisation 1, Berlin 1995.

Lechner (Rechnungstheorie 1981): Lechner, Karl: Rechnungstheorie der Unternehmung, in: Kosiol, Erich; Chmielewicz, Klaus; Schweitzer, Marcell (Hrsg.): Handwörterbuch des Rechnungswesens, Stuttgart 1981, Sp. 1407-1415.

Legenhausen (Controllinginstrumente 1998): Legenhausen, Claas: Controllinginstrumente für den Mittelstand, Wiesbaden 1998.

Lehmann (Controlling-Paradigma 1992): Lehmann, Frank-Oliver: Zur Entwicklung eines koordinationsorientierten Controlling-Paradigmas, in: Schmalenbachs Zeitschrift für betriebswirtschaftliche Forschung 44 (1/1992), S. 45-61.

Lehmann (Organisationskybernetik 1980): Lehmann, Helmut: Organisationskybernetik, in: Grochla, Erwin (Hrsg.): Handwörterbuch der Organisation, Stuttgart 1980, Sp. 1569-1582.

Lehmann (Unternehmungsplanung 1979): Lehmann, Max: Unternehmungsplanung - auch im Klein- und Mittelbetrieb?, in: IO-Management (11/1979), S. 482-486.

Leibbrand (Gründungsforschung 2001): Leibbrand, Frank: Gründungsforschung, in: Blum, Ulrich; Leibbrand, Frank (Hrsg.): Entrepreneurship und Unternehmertum, Wiesbaden 2001, S. 111-159.

Leibbrand (Unternehmensgründungen 2001): Leibbrand, Frank: Unternehmensgründungen und -insolvenzen, in: Blum, Ulrich; Leibbrand, Frank (Hrsg.): Entrepreneurship und Unternehmertum, Wiesbaden 2001, S. 57-109.

Leining (Unternehmenskonzept 1999): Leining, Michael: Das Unternehmenskonzept (Der Businessplan), in: Sabisch, Helmut (Hrsg.): Management technologieorientierter Unternehmensgründungen, Stuttgart 1999, S. 41-51.

Leitinger et al. (Venture Capital 2000): Leitinger, Roland; Strohbach, Hannes; Schöfer, Peter; Hummel, Markus: Venture Capital und Börsengänge, Wien 2000.

Lessat et al. (Beteiligungskapital 1999): Lessat, Vera; Hemer, Joachim; Eckerle, Tobias H.; Kulicke, Marianne; Licht, Georg; Nerlinger, Eric: Beteiligungskapital und technologieorientierte Unternehmensgründungen, Wiesbaden 1999.

Lev (Intangibles 2001): Lev, Baruch: Intangibles, Washington 2001.

Levitt (Innovative Imitation 1966): Levitt, Theodore: Innovative Imitation, in: Harvard Business Review 44 (5/1966), S. 63-70.

Levitt (Product Life Cycle 1965): Levitt, Theodore: Exploit the Product Life Cycle, in: Harvard Business Review 43 (6/1965), S. 81-94.

Liessmann (Strategisches Controlling 1986): Liessmann, Konrad: Strategisches Controlling, in: Mayer, Elmar (Hrsg.): Controlling-Konzepte, Wiesbaden 1986, S. 85-132.

Lilien/Yoon (Market Entry 1990): Lilien, Gary L.; Yoon, Eunsang: The Timing of Competitive Market Entry: An Exploratory Study of New Industrial Products, in: Management Science 36 (5/1990), S. 568-585.

Link (Controlling 1982): Link, Jörg: Die methodologischen, informationswirtschaftlichen und führungspolitischen Aspekte des Controlling, in: Zeitschrift für Betriebswirtschaft 52 (3/1982), S. 261-280.

Lippitt/Schmidt (Crises 1967): Lippitt, Gordon L.; Schmidt, Warren H.: Crises in a Developing Organization, in: Harvard Business Review 45 (5/1967), S. 102-112.

Lloyd et al. (Business Planning 1997): Lloyd, Richard; Muth, Hanns Peter; Gerlach, Frederick H.: Business Planning, Köln 1997.

Longenecker/Moore (Small Business Management 1991): Longenecker, Justin G.; Moore, Carlos W.: Small Business Management, Cincinnati 1991.

Lück (Rechnungslegung 1998): Lück, Wolfgang: Einführung in die Rechnungslegung, München 1998.

Lück/Henke (Risiko-Controlling 2003): Lück, Wolfgang; Henke, Michael: Risiko-Controlling in Wachstumsunternehmen, in: Achleitner, Ann-Kristin; Bassen, Alexander (Hrsg.): Controlling von jungen Unternehmen, Stuttgart 2003, S. 281-298.

Lück/Jahns (Controlling 1997): Lück, Wolfgang; Jahns, Christopher: Controlling zur Führungsunterstützung mittelständischer Unternehmen, in: Die Wirtschaftsprüfung (4/1997), S. 126-131.

Ludolph/Lichtenberg (Businessplan 2001): Ludolph, Fred; Lichtenberg, Sabine: Der Businessplan, München 2001.

Luhmann (Systemrationalität 1968): Luhmann, Niklas: Zweckbegriff und Systemrationalität, Tübingen 1968.

Lüthje (Geschäftsideen 2002): Lüthje, Christian: Gewinnung von Geschäftsideen, in: Hommel, Ulrich; Knecht, Thomas C. (Hrsg.): Wertorientiertes Start-Up Management, München 2002, S. 39-58.

Macho-Stadler/Pérez-Castrillo (Information 1997): Macho-Stadler, Inés; Pérez-Castrillo, J. David: An Introduction to the Economics of Information, Oxford 1997.

Maisberger (Unternehmensgründung 1998): Maisberger, Paul: Hinterher ist man immer klüger; Erfahrungen und Erlebnisse rund um die Unternehmensgründung, Bielefeld 1998.

Mann (Strategisches Controlling 1990): Mann, Rudolf: Strategisches Controlling, in: Mayer, Elmar; Weber, Jürgen (Hrsg.): Handbuch Controlling, Stuttgart 1990, S. 91-116.

Männel/Warnick (Rechnungswesen 1990): Männel, Wolfgang; Warnick, Bernd: Entscheidungsorientiertes Rechnungswesen, in: Mayer, Elmar; Weber, Jürgen (Hrsg.): Handbuch Controlling, Stuttgart 1990, S. 395-418.

Manstedten (Organisationsstrukturen 1997): Manstedten, Bjorn Christian: Entwicklung von Organisationsstrukturen in der Gründungs- und Frühentwicklungsphase von Unternehmungen, Dortmund 1997.

Marr (Innovationsmanagement 1993): Marr, Rainer: Innovationsmanagement, in: Wittmann, Waldemar; Kern, Werner; Köhler, Richard; Küpper, Hans-Ulrich; Wysocki, Klaus v. (Hrsg.): Handwörterbuch der Betriebswirtschaft, Stuttgart 1993, Sp. 1796-1812.

Martiensen (Institutionenökonomik 2000): Martiensen, Jörn: Institutionenökonomik, München 2000.

Martin (Controlling in der Wachstumsphase 1999): Martin, Thomas A.: Controlling in der Wachstumsphase mittelständischer Unternehmen, in: Internationales Gewerbearchiv (1/1999), S. 31-47.

Matthes (Gründungs- und Entwicklungscontrolling 2003): Matthes, Winfried: Gründungs- und Entwicklungscontrolling als Rationalisierungssystem der Unternehmung, in: Walterscheid, Klaus (Hrsg.): Entrepreneurship in Forschung und Lehre, Festschrift für Klaus Anderseck, Frankfurt am Main 2003, S. 167-184.

Matthes (Gründungscontrolling 2001): Matthes, Winfried: Gründungscontrolling zur Sicherung des Unternehmenserfolgs, in: Koch, Lambert T.; Zacharias, Christoph (Hrsg.): Gründungsmanagement, München 2001, S. 321-339.

Matthes et al. (Unternehmensgründung 1999): Matthes, Winfried; Dederichs, Jürgen; Pütz, Markus: Unternehmensgründung als Aufgabe des Entwicklungscontrolling; Beitrag G-Forum Jahreskonferenz 1999, Wuppertal 1999.

Mayer (Controlling als Führungskonzept 1990): Mayer, Elmar: Controlling als Führungskonzept - vom Reagieren zum Agieren, in: Mayer, Elmar; Weber, Jürgen (Hrsg.): Handbuch Controlling, Stuttgart 1990, S. 33-89.

Mayer (Finanzierung 2003): Mayer, Matija Denise: Finanzierung innovativer Unternehmen, in: WISU Das Wirtschaftsstudium (12/2003), S. 1508-1513.

Mayer (Vernetzung 1992): Mayer, Elmar: Der Werkzeugkasten des Controllers - Vernetzung von strategischem und operativem Controlling, in: Risak, Johann; Deyhle, Albrecht (Hrsg.): Controlling, Wiesbaden 1992, S. 29-45.

Mayr (Externes Controlling 1998): Mayr, Albert: Externes Controlling; Eine Alternative zur Verbesserung der Unternehmensführung in Kleinunternehmen, in: Seicht, Gerhard (Hrsg.): Jahrbuch für Rechnungswesen und Controlling 1998, Wien 1998, S. 405-431.

Meckl (Internationalisierungsstrategien 2002): Meckl, Reinhard: Internationalisierungsstrategien für Neugründungen und junge Unternehmungen, in: Dowling, Michael; Drumm, Hans Jürgen (Hrsg.): Gründungsmanagement, Berlin 2002, S. 295-313.

Meffert (Flexibilität 1985): Meffert, Heribert: Flexibilität und Unternehmensstrategie, in: Wissenschaftliche Gesellschaft für Marketing und Unternehmensführung e.V. (Hrsg.), Arbeitspapier Nr. 22, Münster 1985.

Meffert (Systemtheorie 1971): Meffert, Heribert: Systemtheorie aus betriebswirtschaftlicher Sicht, in: Schenk, Karl-Ernst (Hrsg.): Wirtschaftskybernetik und Systemanalyse, Berlin 1971, S. 174-206.

Mensch (Budgetierung 1993): Mensch, Gerhard: Budgetierung, in: Die Betriebswirtschaft 53 (6/1993), S. 819-827.

Mensch (Finanz-Controlling 2001): Mensch, Gerhard: Finanz-Controlling, München 2001.

Mewes (Gründungsstrategie 2001): Mewes, Wolfgang: Engpasskonzentrierte Gründungsstrategie, in: Koch, Lambert T.; Zacharias, Christoph (Hrsg.): Gründungsmanagement, München 2001, S. 95-106.

Mizoguchi (Budgetkontrolle 1972): Mizoguchi, Kazuo: Probleme der Integration von Standardkostenrechnung und Budgetkontrolle im management accounting, in: Betriebswirtschaftliche Forschung und Praxis 24 (10/1972), S. 551-561.

Möhrle/Müller (Strategische Planung 2002): Möhrle, Martin G.; Müller, Sandra: Strategische Planung für Unternehmensgründer - Anwendung der Szenarioanalyse, in: Corsten, Hans (Hrsg.): Dimensionen der Unternehmungsgründung: Erfolgsaspekte der Selbständigkeit, Berlin 2002, S. 71-101.

Möller (Institutionenökonomik 2002): Möller, Klaus: Gestaltungsbeitrag der Neuen Institutionenökonomik für das Controlling, in: Gleich, Ronald; Möller, Klaus; Seidenschwarz, Werner; Stoi, Roman (Hrsg.): Controllingfortschritte, München 2002, S. 95-120.

Möller/Stoi (Controlling 2002): Möller, Klaus; Stoi, Roman: Quo vadis Controlling? Status Quo und Perspektiven der Controlling-Forschung, in: Controlling (10/2002), S. 561-569.

Morganski (Balanced Scorecard 2001): Morganski, Bernd: Balanced Scorecard: Auf dem Weg zum Klassiker, München 2001.

Mörsdorf (Projektcontrolling 1998): Mörsdorf, Maximilian: Konzeption und Aufgaben des Projektcontrolling, Wiesbaden 1998.

Mosiek (Controlling 2002): Mosiek, Thomas: Interne Kundenorientierung des Controlling, Frankfurt am Main 2002.

Mugler (Betriebswirtschaftslehre 1998): Mugler, Josef: Betriebswirtschaftslehre der Klein- und Mittelbetriebe, Wien 1998.

Mugler (Betriebswirtschaftslehre der Klein- und Mittelbetriebe 1995): Mugler, Josef: Betriebswirtschaftslehre der Klein- und Mittelbetriebe, Wien 1995.

Mugler/Plaschka (Gründungsforschung 1987): Mugler, Josef; Plaschka, Gerhard: Stand und Perspektiven der empirischen Gründungsforschung in Österreich, in: Journal für Betriebswirtschaft (4/1987), S. 164-177.

Mühlen (Controllingsysteme 1998): Mühlen, Mathias: Die Unterstützung der Implementierung von Controllingsystemen in Unternehmen, Lohmar 1998.

Müller (Shareholder Value Reporting 1998): Müller, Michael: Shareholder Value Reporting - ein Konzept wertorientierter Kapitalmarktinformation, in: Müller, Michael; Leven, Franz-Josef (Hrsg.): Shareholder Value Reporting, Wien 1998, S. 123-144.

Müller/Grotheer (Controlling-Konzepte 2002): Müller, Heinrich; Grotheer, Manfred: Controlling-Konzepte im Wandel, in: krp Kostenrechnungspraxis 46 (4/2002), S. 214-221.

Müller-Böling (Gründungsforschung 1984): Müller-Böling, Detlef: Überlegungen zu Strategien der Gründungsforschung, in: Nathusius, Klaus; Klandt, Heinz; Kirschbaum, Günter (Hrsg.): Unternehmungsgründung, Bergisch Gladbach 1984, S. 17-35.

Müller-Böling/Klandt (Gründungsforschung 1990): Müller-Böling, Detlef; Klandt, Heinz: Bezugsrahmen für die Gründungsforschung mit einigen empirischen Ergebnissen, in: Szyperski, Norbert; Roth, Paul (Hrsg.): Entrepreneurship - Innovative Unternehmensgründung als Aufgabe, Stuttgart 1990, S. 143-170.

Müller-Böling/Klandt (Unternehmensgründung 1993): Müller-Böling, Detlef; Klandt, Heinz: Unternehmensgründung, in: Hauschildt, Jürgen; Grün, Oskar (Hrsg.): Ergebnisse empirischer betriebswirtschaftlicher Forschung, Stuttgart 1993, S. 135-178.

Nathusius (Eigenkapitalfinanzierung 2001): Nathusius, Klaus: Eigenkapitalfinanzierung durch Venture Capital, in: Koch, Lambert T.; Zacharias, Christoph (Hrsg.): Gründungsmanagement, München 2001, S. 177-196.

Nathusius (Existenzgründung 1998): Nathusius, Klaus: Existenzgründung als Problem, in: Nathusius, Klaus (Hrsg.): Praxis der Unternehmensgründung, München 1998, S. 13-44.

Nathusius (Finanzierungsinstrumente 2001): Nathusius, Klaus: Finanzierungsinstrumente für unterschiedliche Gründungsmodelle, in: Nathusius, Klaus (Hrsg.): Beiträge zur Unternehmensgründung: gewidmet Prof. Dr. Dr. h.c. Norbert Szyperski anläßlich seines 70. Geburtstages, Lohmar 2001, S. 49-151.

Nathusius (Finanzierungsinstrumente 2003): Nathusius, Klaus: Finanzierungsinstrumente für unterschiedliche Gründungs-Modelle, in: Schmalenbachs Zeitschrift für betriebswirtschaftliche Forschung 55 (März 2003), S. 158-193.

Nathusius (Grundansatz 1979): Nathusius, Klaus: Grundansatz und Formen des Venture Managements, in: Schmalenbachs Zeitschrift für betriebswirtschaftliche Forschung 31 (1979), S. 507-526.

Nathusius (Gründungsfinanzierung 1998): Nathusius, Klaus: Gründungsfinanzierung, in: Nathusius, Klaus (Hrsg.): Praxis der Unternehmensgründung, München 1998, S. 155-186.

Nathusius (Gründungsplanung 1980): Nathusius, Klaus: Gründungsplanung, in: Betriebswirtschaftliche Forschung und Praxis 32 (4/1980), S. 336-342.

Nathusius (Gründungsplanung 1989): Nathusius, Klaus: Gründungsplanung, in: Szyperski, Norbert (Hrsg.): Handwörterbuch der Planung, Stuttgart 1989, Sp. 609-618.

Nathusius (Gründungsplanung 1998): Nathusius, Klaus: Einführung in die Gründungsplanung, in: Nathusius, Klaus (Hrsg.): Praxis der Unternehmensgründung, München 1998, S. 45-64.

Nathusius (Value Adding 2001): Nathusius, Klaus: Value Adding in Venture Capital Investing, in: Nathusius, Klaus (Hrsg.): Beiträge zur Unternehmensgründung: gewidmet Prof. Dr. Dr. h.c. Norbert Szyperski anläßlich seines 70. Geburtstages, Lohmar 2001, S. 227-265.

Nathusius (Venture Capital 1990): Nathusius, Klaus: Venture Capital in der Bundesrepublik Deutschland - Chancen, Voraussetzungen und Forderungen, in: Szyperski, Norbert; Roth, Paul (Hrsg.): Entrepreneurship - Innovative Unternehmensgründung als Aufgabe, Stuttgart 1990, S. 25-38.

Nathusius (Venture Management 1979): Nathusius, Klaus: Venture Management, Berlin 1979.

Nelles/Rocke (Finanzierungsplanung 2001): Nelles, Michael; Rocke, Roman: Finanzierungsplanung, in: Koch, Lambert T.; Zacharias, Christoph (Hrsg.): Gründungsmanagement, München 2001, S. 163-176.

Nesheim (High Tech Start Up 2000): Nesheim, John L.: High Tech Start Up - The Complete Handbook für Creating Successful New High Tech Companies, New York 2000.

Neuhaus/Braun (Bewertungskriterien für Businesspläne 2003): Neuhaus, Gottfried; Braun, Marc-Michael: Bewertungskriterien für Businesspläne in der Net Economy, in: Kollmann, Tobias (Hrsg.): E-Venture-Management, Wiesbaden 2003, S. 213-225.

Niedermayr (Controlling 1994): Niedermayr, Rita: Entwicklungsstand des Controlling: System, Kontext und Effizienz, Wiesbaden 1994.

Nietzer (Controlling 2003): Nietzer, Peter G.: Gestaltung des Controlling in Wachstumsunternehmen und Venture-Capital-Gesellschaften, in: Achleitner, Ann-Kristin; Bassen, Alexander (Hrsg.): Controlling von jungen Unternehmen, Stuttgart 2003, S. 437-452.

Nitsch/Niebel (Cash Management 1997): Nitsch, Rolf; Niebel, Franz: Praxis des Cash Managements, Wiesbaden 1997.

Nobbe/Wittlage (Controlling 1993): Nobbe, Klaus; Wittlage, Helmut: Controlling in kleineren Unternehmen, in: Betrieb und Wirtschaft (5/1993), S. 142-144.

Nölting (Werttreiber 2000): Nölting, Andreas: Werttreiber Mensch, in: Manager Magazin (4/2000), S. 154-165.

o.V. (Etymologie 1997): o.V.: Etymologie, in: Brockhaus (Hrsg.): Die Enzyklopädie, Band 6, Leipzig 1997, S. 639.

Oehler (Balanced Scorecard 2002): Oehler, Karsten: Balanced Scorecard und Budgetierung - (wie) passt das zusammen?, in: Controlling (2/2002), S. 85-92.

Olbrich (Gründungsfinanzierung 2002): Olbrich, Michael: Gründungsfinanzierung und Portfoliocontrolling, in: Zeitschrift für das gesamte Kreditwesen (24/2002), S. 1308-1312.

Opper (Neue Institutionenökonomik 2001): Opper, Sonja: Der Stand der Neuen Institutionenökonomik, in: Wirtschaftsdienst (10/2001), S. 601-608.

Otto (Controlling 2002): Otto, Andreas: Management und Controlling von Supply Chains, Wiesbaden 2002.

Palme (Strategisches und operatives Controlling 2003): Palme, Klaus: Strategisches und operatives Controlling im Rahmen des eBusiness, in: Freidank, Carl-Christian; Mayer, Elmar (Hrsg.): Controlling-Konzepte, Wiesbaden 2003, S. 423-456.

Pankoke (Existenzgründung 2003): Pankoke, Eckart: Existenzgründung als Lebensperspektive, in: Walterscheid, Klaus (Hrsg.): Entrepreneurship in Forschung und Lehre, Festschrift für Klaus Anderseck, Frankfurt am Main 2003, S. 27-37.

Pape/Beyer (Venture Capital 2001): Pape, Ulrich; Beyer, Stephan: Venture Capital als Finanzierungsalternative innovativer Wachstumsunternehmen, in: Finanz Betrieb (11/2001), S. 627-638.

Paul (Finanzcontrolling 1999): Paul, Walter: Voraussetzungen, Durchführung und Bedeutung des Finanzcontrolling in einem Industrieunternehmen, in: Botta, Volkmar (Hrsg.): Controlling in Theorie und Praxis, Aachen 1999, S. 99-155.

Pawlowski (Begriffsbildung 1980): Pawlowski, Tadeusz: Begriffsbildung und Definition, Berlin 1980.

Peemöller (Controlling 2002): Peemöller, Volker H.: Controlling - Grundlagen und Einsatzgebiete, Berlin 2002.

Peemöller (Strategisches Controlling 1999): Peemöller, Volker H.: Strategisches Controlling - Existenzsicherung und Schaffung von Erfolgspotentialen, in: DSWR Datenverarbeitung-Steuer-Wirtschaft-Recht 28 (4/1999), S. 90-95.

Penrose (Growth of the Firm 1995): Penrose, Edith: The Theory of the Growth of the Firm, Oxford 1995.

Petzold (Business Plans 2001): Petzold, Jürgen: Business Plans und ihr erfolgreicher Einsatz zur Steuerung dezentraler Unternehmenseinheiten, in: Controller Magazin (4/2001), S. 394-395.

Pfohl (Abgrenzung 1997): Pfohl, Hans-Christian: Abgrenzung der Klein- und Mittelbetriebe von Großbetrieben, in: Pfohl, Hans-Christian (Hrsg.): Betriebswirtschaftslehre der Mittel- und Kleinbetriebe, Berlin 1997, S. 1-25.

Pfohl/Zettelmeyer (Controller 1987): Pfohl, Hans-Christian; Zettelmeyer, Bernd: Der Controller: Geringer oder anders qualifiziert als der Linienmanager?, in: Zeitschrift für Betriebswirtschaft 57 (11/1987), S. 1128-1135.

Pfohl/Zettelmeyer (Controlling 1987): Pfohl, Hans-Christian; Zettelmeyer, Bernd: Strategisches Controlling?, in: Zeitschrift für Betriebswirtschaft 57 (2/1987), S. 145-175.

Picot (Transaktionskostenansatz 1982): Picot, Arnold: Transaktionskostenansatz in der Organisationstheorie: Stand der Diskussion und Aussagewert, in: Die Betriebswirtschaft 42 (2/1982), S. 267-284.

Picot et al. (Unternehmensgründungen 1989): Picot, Arnold; Laub, Ulf-Dieter; Schneider, Dietram: Innovative Unternehmensgründungen - eine ökonomisch-empirische Analyse, Berlin 1989.

Pietsch (Informationsökonomik 2004): Pietsch, Gotthard: Die Informationsökonomik in der Controllingforschung, in: Scherm, Ewald; Pietsch, Gotthard (Hrsg.): Controlling - Theorien und Konzeptionen, München 2004, S. 143-165.

Pietsch/Scherm (Controlling-Konzeptionen 2001): Pietsch, Gotthard; Scherm, Ewald: Neue Controlling-Konzeptionen, in: WISU Das Wirtschaftsstudium (2/2001), S. 206-213.

Plaut (Grenzplankostenrechnung 1955): Plaut, Hans-Georg: Die Grenzplankostenrechnung, in: Zeitschrift für Betriebswirtschaft 25 (1/1955), S. 25-39.

Pleschak/Werner (Unternehmensgründungen 1998): Pleschak, Franz; Werner, Henning: Technologieorientierte Unternehmensgründungen in den neuen Bundesländern, Heidelberg 1998.

Pörner (Strategisches Management 1989): Pörner, Ronald: Strategisches Management für innovative technologieorientierte Gründerunternehmen, Frankfurt am Main 1989.

Porter (Wettbewerbsstrategie 1999): Porter, Michael E.: Wettbewerbsstrategie; Methoden zur Analyse von Branchen und Konkurrenten, New York 1999.

Prahalad/Hamel (Core Competence 1990): Prahalad, Coimbatore K.; Hamel, Gary: The Core Competence of the Corporation, in: Harvard Business Review 68 (3/1990), S. 79-91.

Preisendörfer (Erfolgsfaktoren 2002): Preisendörfer, Peter: Erfolgsfaktoren von Unternehmungsgründungen - Theorieansätze und empirische Ergebnisse, in: Corsten, Hans (Hrsg.): Dimensionen der Unternehmungsgründung: Erfolgsaspekte der Selbständigkeit, Berlin 2002, S. 43-70.

Preißler (Controlling 1989): Preißler, Peter R.: Controlling - auch im Klein- und Mittelbetrieb, Eschborn 1989.

Preißler (Controlling 1992): Preißler, Peter R.: Controlling - Lehrbuch und Intensivkurs, München 1992.

Preißler (Controlling in mittelständischen Unternehmen 1992): Preißler, Peter: Controlling in mittelständischen Unternehmen, in: Risak, Johann; Deyhle, Albrecht (Hrsg.): Controlling, Wiesbaden 1992, S. 261-294.

Preißner (Budgetierung 1999): Preißner, Andreas: Aufbau und Probleme der Budgetierung im Unternehmen, in: WISU Das Wirtschaftsstudium (11/1999), S. 1467-1472.

Pümpin/Prange (Unternehmensentwicklung 1991): Pümpin, Cuno; Prange, Jürgen: Management der Unternehmensentwicklung; Phasengerechte Führung und der Umgang mit Krisen, Frankfurt 1991.

Purle (Komplexität 2004): Purle, Enrico: Management von Komplexität in jungen Wachstumsunternehmen, Köln 2004.

Quinn/Cameron (Life Cycles 1983): Quinn, Robert E.; Cameron, Kim: Organizational Life Cycles and Shifting Criteria of Effectiveness: Some Preliminary Evidence, in: Management Science 29 (1/1983), S. 33-51.

Radke (Budgetierung 1989): Radke, Magnus: Handbuch der Budgetierung, Landsberg am Lech 1989.

Raffée (Betriebswirtschaftslehre 1974): Raffée, Hans: Grundprobleme der Betriebswirtschaftslehre, Göttingen 1974.

Rathe (Management Controls 1962): Rathe, A.W.: Management Controls in Business, in: Malcolm, D.G.; Rowe, A.J. (Hrsg.): Management Control Systems, London 1962, S. 28-62.

Reddington (Control Methods 1978): Reddington, Donald A.: Control Methods for Small Business, in: Naumes, William (Hrsg.): The Entrepreneurial Manager in the Small Business, Reading, Mass. 1978, S. 146-152.

Reibnitz (Szenario-Technik 1992): Reibnitz, Ute von: Szenario-Technik, Wiesbaden 1992.

Reichmann (Controlling 1990): Reichmann, Thomas: Controlling mit Kennzahlen, München 1990.

Reichmann (Controlling mit Kennzahlen 2001): Reichmann, Thomas: Controlling mit Kennzahlen und Managementberichten, München 2001.

Reichmann (Controlling-Konzeptionen 1991): Reichmann, Thomas: Controlling-Konzeptionen in den 90er Jahren, in: Horváth, Péter; Gassert, Herbert; Solaro, Dietrich (Hrsg.): Controllingkonzeptionen für die Zukunft, Stuttgart 1991, S. 47-70.

Reichmann (Erfolgs-Controlling 1997): Reichmann, Thomas: Stand und Entwicklungslinien im Kosten- und Erfolgs-Controlling, in: Gleich, Ronald; Seidenschwarz, Werner (Hrsg.): Die Kunst des Controlling, München 1997, S. 115-137.

Reichmann (Management und Controlling 1996): Reichmann, Thomas: Management und Controlling, in: Zeitschrift für Betriebswirtschaft 66 (5/1996), S. 559-585.

Reiß (Organisatorische Verankerung 1997): Reiß, Michael: Organisatorische Verankerung des Controlling in den Unternehmensstrukturen des 21. Jahrhunderts, in: Gleich, Ronald; Seidenschwarz, Werner (Hrsg.): Die Kunst des Controlling, München 1997, S. 367-380.

Reißig-Thust (Gründungsunternehmen 2003): Reißig-Thust, Solveig: Venture-Capital-Gesellschaften und Gründungsunternehmen, Wiesbaden 2003.

Rentrop (Gründungsstrategie 1984): Rentrop, Norman: Innovative Imitation als Gründungsstrategie, in: Nathusius, Klaus; Klandt, Heinz; Kirschbaum, Günter (Hrsg.): Unternehmungsgründung, Bergisch Gladbach 1984, S. 187-204.

Rentrop (Innovative Imitation 1990): Rentrop, Norman: Die Strategie der innovativen Imitation, in: Dieterle, Willi K.M.; Winckler, Eike M. (Hrsg.): Unternehmensgründung: Handbuch des Gründungsmanagement, München 1990, S. 119-128.

Rentrop (Strategien 1985): Rentrop, Norman: Ausgewählte Strategien im Gründungsprozeß, Köln 1985.

Reuter (Institutionalismus 1994): Reuter, Norbert: Institutionalismus, Neo-Institutionalismus, Neue Institutionelle Ökonomie und andere „Institutionalismen", in: Zeitschrift für Wirtschafts- und Sozialwissenschaften 114 (1/1994), S. 5-23.

Richter (Controlling 1987): Richter, Hermann J.: Theoretische Grundlagen des Controlling: Strukturkriterien für die Entwicklung von Controlling-Konzeptionen, Frankfurt am Main 1987.

Richter (Institutionen 1994): Richter, Rudolf: Institutionen ökonomisch analysiert, Tübingen 1994.

Richter (Institutionenökonomik 1998): Richter, Rudolf: Neue Institutionenökonomik - Ideen und Möglichkeiten, in: Krause-Junk, Gerold; Richter, Rudolf (Hrsg.): Zeitschrift für Wirtschafts- und Sozialwissenschaften, Beiheft, Jahrestagung des Vereins für Sozialpolitik 1996: Steuersysteme der Zukunft, Berlin 1998, S. 323-355.

Richter (Neue Institutionenökonomik 2004): Richter, Rudolf: Zur Neuen Institutionenökonomik der Unternehmung, in: Döring, Ulrich; Kußmaul, Heinz (Hrsg.): Spezialisierung und Internationalisierung, München 2004, S. 9-28.

Rieder (Systemgestaltung 1997): Rieder, Lukas: Controllers Verantwortung für zukunftsorientierte Systemgestaltung, in: Rieder, Lukas (Hrsg.): Controllers Zukunft: Auftrag, Verantwortung, Rollenbild und Selbstverständnis der Controller, Zürich 1997, S. 45-70.

Rieg (Strategische Steuerung 2004): Rieg, Robert: Strategische Steuerung und Budgetierung - Notwendigkeit oder Widerspruch?, in: Controlling (8/2004), S. 473-479.

Ripsas (Business Plan 1998): Ripsas, Sven: Der Business Plan - Eine Einführung, in: Faltin, Günter; Ripsas, Sven; Zimmer, Jürgen (Hrsg.): Entrepreneurship, München 1998, S. 141-151.

Ripsas (Entrepreneurship 1997): Ripsas, Sven: Entrepreneurship als ökonomischer Prozeß, Wiesbaden 1997.

Risak (Gestaltung 1992): Risak, Johann: Vorüberlegungen zur Gestaltung, in: Risak, Johann; Deyhle, Albrecht (Hrsg.): Controlling, Wiesbaden 1992, S. 3-26.

Robbins (Organisation 2001): Robbins, Stephen P.: Organisation der Unternehmung, München 2001.

Roberts (Entrepreneurs 1991): Roberts, Edward B.: Entrepreneurs in High Technology, New York 1991.

Roemer (Wachstumsschwellen 1988): Roemer, Fritz: Wachstumsschwellen in der Unternehmensentwicklung; Ein System Dynamics Modell zur Erklärung und Gestaltung von Wachstumsprozessen, Mannheim 1988.

Rohrer (Innovation 1998): Rohrer, Heinrich: Innovation, der Wegbereiter des Fortschritts, in: Scheidegger, Alfred; Hofer, Helmut; Scheuenstuhl, Gerhard (Hrsg.): Innovation - Venture Capital - Arbeitsplätze, Bern 1998, S. 13-22.

Roithmayr (Controlling 1988): Roithmayr, Friedrich: Controlling von Informations- und Kommunikationssystemen, München 1988.

Rosenbauer (Erfolgsfaktoren 1994): Rosenbauer, Claudia C.: Strategische Erfolgsfaktoren des Familienunternehmens im Rahmen seines Lebenszyklus, Hallstadt 1994.

Rudolf/Witt (Wachstumsunternehmen 2002): Rudolf, Markus; Witt, Peter: Bewertung von Wachstumsunternehmen, Wiesbaden 2002.

Sabisch (Unternehmensgründung 1999): Sabisch, Helmut: Unternehmensgründung und Innovation - Gesamtüberblick, Aufgaben, Probleme, in: Sabisch, Helmut (Hrsg.): Management technologieorientierter Unternehmensgründungen, Stuttgart 1999, S. 19-39.

Sahlman (Business Plan 1997): Sahlman, William A.: How to Write a Great Business Plan, in: Harvard Business Review 75 (4/1997), S. 98-108.

Saitz/Wolbert (Value Reporting 2002): Saitz, Bernd; Wolbert, Joachim: Value Reporting; Einstieg in eine neue Dimension der kapitalmarktorientierten Unternehmensberichterstattung, in: Controlling (6/2002), S. 321-326.

Sandberg/Hofer (New Venture Performance 1987): Sandberg, William R.; Hofer, Charles W.: Improving New Venture Performance: The Role of Strategy, Industry Structure, and the Entrepreneur, in: Journal of Business Venturing 2 (1/1987), S. 5-28.

Saßmannshausen (Selbstständigkeit 2001): Saßmannshausen, Sean Patrick: Wesen und Wege der Selbstständigkeit, in: Koch, Lambert T.; Zacharias, Christoph (Hrsg.): Gründungsmanagement, München 2001, S. 121-135.

Schaefer/Lange (Controllingkonzeptionen 2004): Schaefer, Sigrid; Lange, Christoph: Informationsorientierte Controllingkonzeptionen - Ein Überblick und Ansatzpunkte der Weiterentwicklung, in: Scherm, Ewald; Pietsch, Gotthard (Hrsg.): Controlling - Theorien und Konzeptionen, München 2004, S. 103-123.

Schäffer (Controlling 2001): Schäffer, Utz: Controlling, Controller und Kontrolle, in: Weber, Jürgen; Schäffer, Utz (Hrsg.): Rationalitätssicherung der Führung: Beiträge zu einer Theorie des Controlling, Wiesbaden 2001, S. 122-130.

Schäffer (Kontrolle 2001): Schäffer, Utz: Kontrolle als Lernprozess, Wiesbaden 2001.

Schäffer (Rationalitätssicherung 2001): Schäffer, Utz: Rationalitätssicherung und Unternehmensführung, in: Weber, Jürgen; Schäffer, Utz (Hrsg.): Rationalitätssicherung der Führung: Beiträge zu einer Theorie des Controlling, Wiesbaden 2001, S. 112-121.

Schäffer (Rationalitätssicherung 2002): Schäffer, Utz: Rationalitätssicherung der Führung und Controlleraufgaben, in: Weber, Jürgen; Hirsch, Bernhard (Hrsg.): Controlling als akademische Disziplin, Wiesbaden 2002, S. 99-111.

Schäffer (Strategische Steuerung 2003): Schäffer, Utz: Strategische Steuerung mit der Balanced Scorecard, in: Freidank, Carl-Christian; Mayer, Elmar (Hrsg.): Controlling-Konzepte, Wiesbaden 2003, S. 485-517.

Schäffer/Weber (Balanced Scorecard 2003): Schäffer, Utz; Weber, Jürgen: Balanced Scorecard in Wachstumsunternehmen, in: Achleitner, Ann-Kristin; Bassen, Alexander (Hrsg.): Controlling von jungen Unternehmen, Stuttgart 2003, S. 221-238.

Schäffer/Weber (Controlling von eBusiness 2001): Schäffer, Utz; Weber, Jürgen: Controlling von eBusiness, in: krp Kostenrechnungspraxis Sonderheft (2/2001), S. 5-11.

Schäffer/Weber (Rationalitätssicherung 2001): Schäffer, Utz; Weber, Jürgen: Controlling als Rationalitätssicherung der Führung - Zum Stand unserer Forschung, in: Weber, Jürgen; Schäffer, Utz (Hrsg.): Rationalitätssicherung der Führung: Beiträge zu einer Theorie des Controlling, Wiesbaden 2001, S. 1-6.

Schäffer/Weber (Thesen 2004): Schäffer, Utz; Weber, Jürgen: Thesen zum Controlling, in: Scherm, Ewald; Pietsch, Gotthard (Hrsg.): Controlling - Theorien und Konzeptionen, München 2004, S. 459-466.

Schäffer/Weber (Thesen zum Controlling 2001): Schäffer, Utz; Weber, Jürgen: Thesen zum Controlling, CCM-Forschungspapier Nr. 5, Dezember 2001, Koblenz 2001.

Schaller (Entrepreneurship 2001): Schaller, Armin: Entrepreneurship oder wie man ein Unternehmen denken muß, in: Blum, Ulrich; Leibbrand, Frank (Hrsg.): Entrepreneurship und Unternehmertum, Wiesbaden 2001, S. 3-56.

Schanz (Methodologie 1988): Schanz, Günther: Methodologie für Betriebswirte, Stuttgart 1988.

Scharioth et al. (Balanced Scorecard 2004): Scharioth, Joachim; Huber, Margit; Jarvis, Ian: The Balanced Scorecard as an Internal Auditing Tool, in: Huber, Margit; Scharioth, Joachim; Pallas, Martina (Hrsg.): Putting Stakeholder Management into Practice, Berlin 2004, S. 135-157.

Schefczyk (Erfolgsdeterminanten 1999): Schefczyk, Michael: Zur empirischen Erforschung der Erfolgsdeterminanten junger, Venture Capital-finanzierter Unternehmen, in: Betriebswirtschaftliche Forschung und Praxis 51 (3/1999), S. 272-292.

Schefczyk (Managementqualifikation 2003): Schefczyk, Michael: Managementqualifikation und Erfolg in jungen Unternehmen, in: Steinle, Claus; Schumann, Katja (Hrsg.): Gründung von Technologieunternehmen, Wiesbaden 2003, S. 67-79.

Schefczyk/Gerpott (Beratungsunterstützung 1998): Schefczyk, Michael; Gerpott, Torsten J.: Beratungsunterstützung von Portfoliounternehmen durch deutsche Venture Capital-Gesellschaften, in: Zeitschrift für Betriebswirtschaft Ergänzungsheft (2/1998), S. 143-166.

Schefczyk/Pankotsch (Betriebswirtschaftslehre 2003): Schefczyk, Michael; Pankotsch, Frank: Betriebswirtschaftslehre junger Unternehmen, Stuttgart 2003.

Schefczyk/Pankotsch (Wachstumsstarke Start-ups 2002): Schefczyk, Michael; Pankotsch, Frank: Theoretische und empirische Implikationen wachstumsstarker Start-ups - Stand der Forschung, in: Hommel, Ulrich; Knecht, Thomas C. (Hrsg.): Wertorientiertes Start-Up-Management, München 2002, S. 21-38.

Scheffler (Strategisches Controlling 1984): Scheffler, Hans Eberhard: Strategisches Controlling, in: Der Betrieb 37 (42/1984), S. 2149-2152.

Scheibeler (Balanced Scorecard 2001): Scheibeler, Alexander A.W.: Balanced Scorecard für KMU, Berlin 2001.

Scheidegger (Venture-Capital-System 2002): Scheidegger, Alfred: Prinzipien eines erfolgreichen Venture-Capital-Systems, in: Siegwart, Hans; Mahari, Julian (Hrsg.): Corporate Governance, Shareholder Value & Finance, München 2002, S. 563-572.

Scheld (Controlling 2002): Scheld, Guido A.: Controlling unter besonderer Berücksichtigung mittelständischer Unternehmen, Büren 2002.

Scheld (Kosten- und Leistungsrechnung 2001): Scheld, Guido A.: Kosten- und Leistungsrechnung für KMU's, in: Controller Magazin (4/2001), S. 348-356.

Scherm/Pietsch (Controllingforschung 2004): Scherm, Ewald; Pietsch, Gotthard: Theorie und Konzeption in der Controllingforschung, in: Scherm, Ewald; Pietsch, Gotthard (Hrsg.): Controlling - Theorien und Konzeptionen, München 2004, S. 3-19.

Scherrer (Internes Rechnungswesen 2003): Scherrer, Gerhard: Internes Rechnungswesen bei jungen Unternehmen, in: Dowling, Michael; Drumm, Hans Jürgen (Hrsg.): Gründungsmanagement, Berlin 2003, S. 247-260.

Schierenbeck (Beteiligungsentscheidungen 1973): Schierenbeck, Henner: Beteiligungsentscheidungen, Berlin 1973.

Schierenbeck (Betriebswirtschaftslehre 2003): Schierenbeck, Henner: Grundzüge der Betriebswirtschaftslehre, München 2003.

Schierenbeck/Lister (Value-Controlling 2001): Schierenbeck, Henner; Lister, Michael: Value-Controlling: Grundlagen wertorientierter Unternehmensführung, München 2001.

Schildbach (Grundproblem des Controlling 1992): Schildbach, Thomas: Begriff und Grundproblem des Controlling aus betriebswirtschaftlicher Sicht, in: Spremann, Klaus; Zur, Eberhard (Hrsg.): Controlling, Wiesbaden 1992, S. 21-36.

Schildwach (Marketingstrategien 2000): Schildwach, Lars: Marketingstrategien für Marktfolger, Wiesbaden 2000.

Schiller (Controlling 2001): Schiller, Ulf: Vom Nutzen (un-)informierter Agenten: Eine informationsökonomische Betrachtung des Controlling, in: Schmalenbachs Zeitschrift für betriebswirtschaftliche Forschung 53 (Februar 2001), S. 3-19.

Schlick (Unternehmensentwicklung 1998): Schlick, Gerhard H.: Unternehmensentwicklung, Stuttgart 1998.

Schlittgen (Statistik 1998): Schlittgen, Rainer: Einführung in die Statistik, München 1998.

Schmeisser/Jahn (Unternehmensgründungen 1999): Schmeisser, Wilhelm; Jahn, Silke: Zur Bonitätsprüfung bei innovativen technologieorientierten Unternehmensgründungen, in: Finanz Betrieb (5/1999), S. 49-57.

Schmidt (Grundfunktionen 1993): Schmidt, Rudolf: Grundfunktionen des Controlling, Frankfurt am Main 1993.

Schmidt (Indikatoren 2002): Schmidt, Axel G.: Indikatoren für Erfolg und Überlebenschancen junger Unternehmen, in: Albach, Horst; Pinkwart, Andreas (Hrsg.): Gründungs- und Überlebenschancen von Familienunternehmen, Zeitschrift für Betriebswirtschaft Ergänzungsheft 5, Wiesbaden 2002, S. 21-53.

Schmidt (Planung 1983): Schmidt, Josef: Planung im Mittelstand als Führungsinstrument, in: Gabele, Eduard (Hrsg.): Märkte, Mitarbeiter, Management - Erfolgreiche Führung kleiner und mittlerer Unternehmen I, Bamberg 1983, S. 177-186.

Schmidt (Volkswirtschaftliche Forschung 1994): Schmidt, Karl-Heinz: Konzepte der volkswirtschaftlichen Forschung im KMU-Bereich, in: Pleitner, Hans Jobst (Hrsg.): Strukturen und Strategien in Klein- und Mittelunternehmen als Wegbereiter des Aufschwungs - Beiträge zu den „Rencontres de St-Gall" 1994, St. Gallen 1994, S. 149-159.

Schneider (Betriebswirtschaftslehre 1987): Schneider, Dieter: Allgemeine Betriebswirtschaftslehre, München 1987.

Schneider (Betriebswirtschaftslehre 1997): Schneider, Dieter: Betriebswirtschaftslehre, Band 2: Rechnungswesen, München 1997.

Schneider (Liquiditätsbeurteilung I 1993): Schneider, Dietram: Liquiditätsbeurteilung bei Mittelstandsunternehmen - Möglichkeiten, Grenzen und Besonderheiten, in: Controller Magazin (2/1993), S. 105-110.

Schneider (Transaktionsbeziehungen 1991): Schneider, Dietram: Die unternehmerische Produktion von Erstmaligkeit und ihre Konsequenzen für die Evolution ökonomischer Transaktionsbeziehungen, in: Laub, Ulf D.; Schneider, Dietram (Hrsg.): Innovation und Unternehmertum, Wiesbaden 1991, S. 341-367.

Schneider (Versagen des Controlling 1991): Schneider, Dieter: Versagen des Controlling durch eine überholte Kostenrechnung, in: Der Betrieb 44 (15/1991), S. 765-772.

Scholich/Wulff (Wachstumsunternehmen 2002): Scholich, Martin; Wulff, Christian: Ansätze und Methoden zur Bewertung von Wachstumsunternehmen, in: Hommel, Ulrich; Knecht, Thomas C. (Hrsg.): Wertorientiertes Start-Up-Management, München 2002, S. 563.

Schoonhoven et al. (First Product Introduction 1990): Schoonhoven, Claudia Bird; Eisenhardt, Kathleen M.; Lyman, Katherine: Speeding Products to Market: Waiting Time to First Product Introduction in New Firms, in: Administrative Science Quarterly 35 (1990), S. 177-207.

Schröder (Controlling 2003): Schröder, Ernst F.: Modernes Unternehmens-Controlling, Ludwigshafen 2003.

Schröder (Innovations-Controlling 1996): Schröder, Hans-Horst: Konzepte und Instrumente eines Innovations-Controllings, in: Die Betriebswirtschaft 56 (4/1996), S. 489-507.

Schröder (Operatives Controlling 1986): Schröder, Ernst F.: Operatives Controlling, in: Mayer, Elmar (Hrsg.): Controlling-Konzepte, Wiesbaden 1986, S. 43-83.

Schröder (Unternehmens-Controlling 1985): Schröder, Ernst F.: Modernes Unternehmens-Controlling, Kiehl 1985.

Schubert/Kämker (Controlling auf dem Wachstumspfad 2001): Schubert, Stephan; Kämker, Dennis: Der Beitrag des Controlling auf dem Wachstumspfad der OnVista AG, in: krp Kostenrechnungspraxis Sonderheft (2/2001), S. 27-31.

Schumpeter (Theorie 1964): Schumpeter, Joseph: Theorie der wirtschaftlichen Entwicklung, Berlin 1964.

Schumpeter (Unternehmer 1928): Schumpeter, Joseph: Unternehmer, in: Elster, Ludwig; Weber, Adolf; Wieser, Friedrich (Hrsg.): Handwörterbuch der Staatswissenschaften, Jena 1928, S. 476-487.

Schuster (Erfolgsorientierte Steuerung 1991): Schuster, Peter: Erfolgsorientierte Steuerung kleiner und mittlerer Unternehmen, Berlin 1991.

Schwab/Weich (E-Business-Controlling 2001): Schwab, Wolfgang; Weich, Martin: E-Business-Controlling und die Methodik der Balanced Scorecard, in: Horváth, Péter (Hrsg.): Strategien erfolgreich umsetzen, Stuttgart 2001, S. 153-169.

Schweitzer/Friedl (Controlling-Konzeption 1992): Schweitzer, Marcell; Friedl, Birgit: Beitrag zu einer umfassenden Controlling-Konzeption, in: Spremann, Klaus; Zur, Eberhard (Hrsg.): Controlling, Wiesbaden 1992, S. 141-167.

Schwengler (Liquiditätsplanung 2000): Schwengler, Harald: Liquiditätsplanung, in: Dieterle, Willi K.M.; Winckler, Eike M. (Hrsg.): Gründungsplanung und -finanzierung, München 2000, S. 450-465.

Seidenschwarz et al. (Kundenorientierung 2003): Seidenschwarz, Werner; Brinkmann, Hanns-Dirk; Linnemann, Silvia; Grandl, Gregor: Kundenorientierung im Controlling junger Wachstumsunternehmen, in: Achleitner, Ann-Kristin; Bassen, Alexander (Hrsg.): Controlling von jungen Unternehmen, Stuttgart 2003, S. 51-68.

Seiffert (Theorie 1992): Seiffert, Helmut: Theorie, in: Seiffert, Helmut; Radnitzky, Gerard (Hrsg.): Handlexikon der Wissenschaftstheorie, München 1992, S. 368-369.

Seitz (Controllingsystem für mittelständische Unternehmen 2002): Seitz, Peter: Gestaltung eines spezifischen Controllingsystems für mittelständische Unternehmen, Rostock 2002.

Shepard/Hougland (Contingency Theory 1978): Shepard, Jon M.; Hougland, James G.: Contingency Theory: „Complex Man" or „Complex Organization"?, in: Academy of Management Review (July 1978), S. 413-427.

Siegwart (Kontrollformen 1993): Siegwart, Hans: Kontrollformen und Kontrollsysteme, in: Wittmann, Waldemar; Kern, Werner; Köhler, Richard; Küpper, Hans-Ulrich; Wysocki, Klaus v. (Hrsg.): Handwörterbuch der Betriebswirtschaft, Stuttgart 1993, Sp. 2255-2260.

Sinn (Web-basierte Unternehmenssteuerung 2003): Sinn, Peter: Web-basierte Unternehmenssteuerung im Mittelstand, in: Freidank, Carl-Christian; Mayer, Elmar (Hrsg.): Controlling-Konzepte, Wiesbaden 2003, S. 363-397.

Söndgerath (Innovationsprojekte 2002): Söndgerath, Björn: Steuerung von Innovationsprojekten unter Einbeziehung von Erfolgsfaktoren, Magdeburg 2002.

Speckbacher/Bischof (Balanced Scorecard 2000): Speckbacher, Gerhard; Bischof, Jürgen: Die Balanced Scorecard als innovatives Managementsystem, in: Die Betriebswirtschaft 60 (6/2000), S. 795-810.

Spremann (Projekt-Denken 1992): Spremann, Klaus: Projekt-Denken versus Perioden-Denken, in: Spremann, Klaus; Zur, Eberhard (Hrsg.): Controlling, Wiesbaden 1992, S. 363-380.

Staehle (Management 1994): Staehle, Wolfgang H.: Management: Eine verhaltenswissenschaftliche Perspektive, München 1994.

Staehle (Situative Ansätze 1979): Staehle, Wolfgang H.: Deutschsprachige situative Ansätze in der Managementlehre, in: WiSt Wirtschaftswissenschaftliches Studium (5/1979), S. 218-222.

Staehle (Situativer Ansatz 1976): Staehle, Wolfgang H.: Der situative Ansatz in der Betriebswirtschaftslehre, in: Ulrich, Hans (Hrsg.): Zum Praxisbezug der Betriebswirtschaftslehre, Bern 1976, S. 33-50.

Stahl (Businesspläne 2003): Stahl, Erwin: Aussagekraft und Signalwirkung von Businessplänen in der Net Economy, in: Kollmann, Tobias (Hrsg.): E-Venture-Management, Wiesbaden 2003, S. 201-212.

Stahl (Controlling 1992): Stahl, Hans-Werner: Controlling – Theorie und Praxis einer effizienten Systemgestaltung, Wiesbaden 1992.

Stahl (Controlling 2003): Stahl, Erwin: Bedeutung des Controlling für Venture-Capital-Gesellschaften, in: Achleitner, Ann-Kristin; Bassen, Alexander (Hrsg.): Controlling von jungen Unternehmen, Stuttgart 2003, S. 423-436.

Stegmüller (Begründung 1969): Stegmüller, Wolfgang: Wissenschaftliche Erklärung und Begründung, Heidelberg 1969.

Steiner (Budgetierung 1975): Steiner, George A.: Die Budgetierung ist ein wichtiges Integrationsinstrument, in: Wild, Jürgen (Hrsg.): Unternehmungsplanung, Reinbek 1975, S. 329-357.

Steiner (Klein- und Mittelbetriebe 1978): Steiner, Joachim: Klein- und Mittelbetriebe: Management-Probleme, in: der Arbeitgeber 30 (13/1978), S. 658-660.

Steiner (Long-Range Planning 1978): Steiner, George A.: Approaches to Long-Range Planning for Small Business, in: Naumes, William (Hrsg.): The Entrepreneurial Manager in the Small Business, Reading, Mass. 1978, S. 97-115.

Steinle (Entwicklung 2003): Steinle, Claus: Entwicklung, Ansätze und Grundverständnis des Controlling, in: Steinle, Claus; Bruch, Heike (Hrsg.): Controlling, Stuttgart 2003, S. 6-20.

Steinle (Organisation 2003): Steinle, Claus: Organisation des Controlling, in: Steinle, Claus; Bruch, Heike (Hrsg.): Controlling, Stuttgart 2003, S. 31-47.

Steinle (Strategisch orientiertes Controlling 1996): Steinle, Claus: Strategisch orientiertes Controlling als Erfolgsgarant, in: Steinle, Claus; Eggers, Bernd; Lawa, Dieter (Hrsg.): Zukunftsgerichtetes Controlling, Wiesbaden 1996, S. 19-37.

Steinle (Systeme 2003): Steinle, Claus: Systeme, Objekte und Bestandteile des Controlling, in: Steinle, Claus; Bruch, Heike (Hrsg.): Controlling, Stuttgart 2003, S. 309-370.

Steinle (Unternehmungsführung 2003): Steinle, Claus: Unternehmungsführung - ein „grundlegender" Überblick, in: Steinle, Claus; Bruch, Heike (Hrsg.): Controlling, Stuttgart 2003, S. 182-231.

Steinle (Ziele 2003): Steinle, Claus: Ziele, Aufgaben und Instrumente des Controlling, in: Steinle, Claus; Bruch, Heike (Hrsg.): Controlling, Stuttgart 2003, S. 20-30.

Steinle et al. (Balanced Scorecard 2001): Steinle, Claus; Thiem, Henning; Lange, Morten: Die Balanced Scorecard als Instrument zur Umsetzung von Strategien, in: Controller Magazin (1/2001), S. 29-37.

Steinle/Schumann (Kooperation 2003): Steinle, Claus; Schumann, Katja: Kooperation, Innovation und Erfolg technologieorientierter Gründungen - Konzept und Ergebnisse einer repräsentativen Studie, in: Steinle, Claus; Schumann, Katja (Hrsg.): Gründung von Technologieunternehmen, Wiesbaden 2003, S. 15-65.

Steinmann (Management-Prozeß 1981): Steinmann, Horst: Der Management-Prozeß und seine Problemschwerpunkte, in: Steinmann, Horst (Hrsg.): Planung und Kontrolle, München 1981, S. 1-19.

Steinmann/Schreyögg (Management 1997): Steinmann, Horst; Schreyögg, Georg: Management: Grundlagen der Unternehmensführung, Wiesbaden 1997.

Stelter et al. (Wertorientierte Steuerung 2000): Stelter, Daniel; Strack, Rainer; Roos, Alexander: Bewertung und wertorientierte Steuerung von E-Business-Unternehmen, in: Controlling (8/2000), S. 409-415.

Sternberg/Bergmann (GEM 2003): Sternberg, Rolf; Bergmann, Heiko: Global Entrepreneurship Monitor - Länderbericht Deutschland 2002, Köln 2003.

Stevenson et al. (New Business Ventures 1999): Stevenson, Howard H.; Roberts, Michael J.; Grousbeck, H. Irving; Bhidé, Amar V.: New Business Ventures and the Entrepreneur, Boston 1999.

Stevenson et al. (Ventures 1985): Stevenson, Howard H.; Roberts, Michael J.; Grousbeck, H. Irving: New Business Ventures and the Entrepreneur, Homewood 1985.

Stevenson/Gumpert (Unternehmerisches Handeln 1998): Stevenson, Howard H.; Gumpert, David E.: Der Kern unternehmerischen Handelns, in: Faltin, Günter; Ripsas, Sven; Zimmer, Jürgen (Hrsg.): Entrepreneurship, München 1998, S. 93-111.

Stoi (Intangibles 2002): Stoi, Roman: Controlling von Intangibles, in: Weber, Jürgen; Hirsch, Bernhard (Hrsg.): Controlling als akademische Disziplin, Wiesbaden 2002, S. 255-266.

Stoi (New Economy 2002): Stoi, Roman: New Economy Controlling, in: Gleich, Ronald; Möller, Klaus; Seidenschwarz, Werner; Stoi, Roman (Hrsg.): Controllingfortschritte, München 2002, S. 149-170.

Strobel (Controlling 1979): Strobel, Wilhelm: Controlling und Unternehmensführung, in: Jacob, Herbert (Hrsg.): Controlling und Finanzplanung, Schriften zur Unternehmensführung, Band 26, Wiesbaden 1979, S. 5-40.

Struck (Geschäftspläne 2001): Struck, Uwe: Geschäftspläne, Stuttgart 2001.

Struck (Gründungsstatistik 1999): Struck, Jochen: Quo vadis Gründungsstatistik?, Bonn 1999.

Sußbauer/Westphal-Westenacher (Überwachungssystem 2003): Sußbauer, Gerhard; Westphal-Westenacher, Ingrid: Implementierung eines risikoorientierten Steuerungs- und Überwachungssystems, in: Achleitner, Ann-Kristin; Bassen, Alexander (Hrsg.): Controlling von jungen Unternehmen, Stuttgart 2003, S. 359-395.

Swayne/Tucker (Entrepreneur 1973): Swayne, Charles B.; Tucker, William R.: The Effective Entrepreneur, Morristown 1973.

Szyperski (Rechnungswesen 1981): Szyperski, Norbert: Rechnungswesen als Informationssystem, in: Kosiol, Erich; Chmielewicz, Klaus; Schweitzer, Marcell (Hrsg.): Handwörterbuch des Rechnungswesens, Stuttgart 1981, Sp. 1425-1439.

Szyperski (Technologietransfer 1990): Szyperski, Norbert: Innovative Gründer forcieren Technologietransfer, in: Szyperski, Norbert; Roth, Paul (Hrsg.): Entrepreneurship - Innovative Unternehmensgründung als Aufgabe, Stuttgart 1990, S. 3-9.

Szyperski (Unternehmer 1998): Szyperski, Norbert: Neue Unternehmer braucht das Land, in: Die Betriebswirtschaft 58 (3/1998), S. 277-281.

Szyperski/Müller-Böling (Empirische Forschung 1981): Szyperski, Norbert; Müller-Böling, Detlef: Zur technologischen Orientierung der empirischen Forschung, in: Witte, Eberhard (Hrsg.): Der praktische Nutzen empirischer Forschung, Tübingen 1981, S. 159-188.

Szyperski/Nathusius (Unternehmensgründung 1999): Szyperski, Norbert; Nathusius, Klaus: Probleme der Unternehmensgründung, Lohmar 1999.

Szyperski/Winand (Unternehmensplanung 1980): Szyperski, Norbert; Winand, Udo: Grundbegriffe der Unternehmensplanung, Stuttgart 1980.

Thomas/Sireno (Training Needs 1980): Thomas, Joe; Sireno, Peter: Training Needs Of Managers Of Small Manufacturing Firms, in: American Journal of Small Business IV (3/1980), S. 38-44.

Thommen/Achleitner (Betriebswirtschaftslehre 2003): Thommen, Jean-Paul; Achleitner, Ann-Kristin: Allgemeine Betriebswirtschaftslehre, Wiesbaden 2003.

Tigges/Schmid (Unternehmensplanung 2004): Tigges, Bernd; Schmid, Maximilian: Unternehmensplanung; Erfolgstreiber oder Bremsklotz?, in: Controlling (12/2004), S. 689-694.

Timmons (Entwicklung 1998): Timmons, Jeffry A.: Entwicklung zur Größe, in: Faltin, Günter; Ripsas, Sven; Zimmer, Jürgen (Hrsg.): Entrepreneurship, München 1998, S. 153-167.

Timmons/Spinelli (New Venture 2004): Timmons, Jeffry A.; Spinelli, Stephen: New Venture Creation; Entrepreneurship for the 21st Century, New York 2004.

Tödt (Existenzgründung 2001): Tödt, Andreas: Wirkung und Gestaltung von Beratung und Weiterbildung im Prozeß der Existenzgründung, München 2001.

Tomczak (Forschungsmethoden 1992): Tomczak, Torsten: Forschungsmethoden in der Marketingwissenschaft, in: Marketing Zeitschrift für Forschung und Praxis (2/1992), S. 77-87.

Töpfer/Duchmann (Markteintritt 2001): Töpfer, Armin; Duchmann, Christian: Markteintritt, in: Diller, Hermann (Hrsg.): Vahlens Großes Marketinglexikon, München 2001, S. 1042-1042.

Treuz/Creutzburg (Controlling in KMU 2002): Treuz, Wolfgang; Creutzburg, Kurt: Controlling in KMU; Bericht zur Phase I des Projektes Co-operatives Controlling (CoC) - Feldstudie, in: Controller Magazin (4/2002), S. 399-405.

Tschamler (Wissenschaftstheorie 1983): Tschamler, Herbert: Wissenschaftstheorie, Bad Heilbrunn 1983.

Ulrich (Controlling 1985): Ulrich, Hans: Controlling als Managementaufgabe, in: Probst, Gilbert J.B.; Schmitz-Dräger, Ralph (Hrsg.): Controlling und Unternehmungsführung, Bern 1985, S. 15-27.

Ulrich (System 1968): Ulrich, Hans: Die Unternehmung als produktives soziales System, Stuttgart 1968.

Ulrich/Fluri (Management 1995): Ulrich, Peter; Fluri, Edgar: Management; Eine konzentrierte Einführung, Bern 1995.

Ulrich/Hill (Wissenschaftstheoretische Aspekte 1979): Ulrich, Peter; Hill, Wilhelm: Wissenschaftstheoretische Aspekte ausgewählter betriebswirtschaftlicher Konzeptionen, in: Raffée, Hans; Abel, Bodo (Hrsg.): Wissenschaftstheoretische Grundfragen der Wirtschaftswissenschaften, München 1979, S. 161-190.

Unterkofler (Erfolgsfaktoren 1989): Unterkofler, Günther: Erfolgsfaktoren innovativer Unternehmensgründungen, Frankfurt am Main 1989.

Vahs (Controlling-Konzeptionen 1990): Vahs, Dietmar: Controlling-Konzeptionen in deutschen Industrieunternehmungen - eine betriebswirtschaftlich-historische Untersuchung, Frankfurt am Main 1990.

Veciana (Entrepreneurship 2000): Veciana, José M.: Entrepreneurship Research: New Trends and Old Problems, in: Brauchlin, Emil; Pichler, J. Hanns (Hrsg.): Unternehmer und Unternehmensperspektiven für Klein- und Mittelunternehmen - Festschrift für Hans Jobst Pleitner, Berlin 2000, S. 713-727.

Vesper (Entrepreneurship 2004): Vesper, Karl H.: Unfinished Business (Entrepreneurship) of the Twentieth Century, in: Welsch, Harold P. (Hrsg.): Entrepreneurship, New York 2004, S. 15-26.

Vockel (Business Plan 2001): Vockel, Joachim: Der Business Plan: Kern des Controlling, Köln 2001.

Vogel (Statistik 2000): Vogel, Friedrich: Statistik, München 2000.

Voigt (Businessplan 2002): Voigt, Kai-Ingo: Der Businessplan als Controllinginstrument - einige Betrachtungen aus der Perspektive des Mittelstandes, in: krp Kostenrechnungspraxis 46 (4/2002), S. 236-238.

Voigt (Früh und ganzheitlich 2001): Voigt, Kai-Ingo: Früh und ganzheitlich ansetzen: Integriertes Innovationscontrolling, in: Wissenschaftsmanagement 7 (5/2001), S. 21-24.

Voigt (Innovationscontrolling 2002): Voigt, Kai-Ingo: Integriertes Innovationscontrolling, in: Keuper, Frank (Hrsg.): Produktion und Controlling, Festschrift für Manfred Layer zum 65. Geburtstag, Wiesbaden 2002, S. 255-268.

Voigt (Institutionenökonomik 2002): Voigt, Stefan: Institutionenökonomik, München 2002.

Voigt (Strategien 1998): Voigt, Kai-Ingo: Strategien im Zeitwettbewerb, Wiesbaden 1998.

Voigt (Strategische Planung 1992): Voigt, Kai-Ingo: Strategische Planung und Unsicherheit, Wiesbaden 1992.

Voigt (Unternehmensplanung 1993): Voigt, Kai-Ingo: Strategische Unternehmensplanung, Wiesbaden 1993.

Voigt et al. (Innovationen 2003): Voigt, Kai-Ingo; Erhardt, Verena; Ingerfeld, Moritz: Innovationen und Innovationscontrolling in jungen Unternehmen, in: Achleitner, Ann-Kristin; Bassen, Alexander (Hrsg.): Controlling von jungen Unternehmen, Stuttgart 2003, S. 91-115.

Volkmann (Führung 2001): Volkmann, Christine K.: Führung in wachsenden Unternehmen, in: Koch, Lambert T.; Zacharias, Christoph (Hrsg.): Gründungsmanagement, München 2001, S. 283-297.

Vollert/Bachmann (Wertorientierte Unternehmensführung 2002): Vollert, Helmut U.; Bachmann, Robert: Strategisches Finanzmanagement und Controlling – Protagonisten einer wertorientierten Unternehmensführung, in: Siegwart, Hans; Mahari, Julian (Hrsg.): Corporate Governance, Shareholder Value & Finance, München 2002, S. 397-420.

Vollmuth (Controlling 1998): Vollmuth, Hilmar J.: Controlling-Instrumente von A-Z: 30 ausgewählte Werkzeuge zur Unternehmenssteuerung, Planegg 1998.

Wagemann (Strategieentwicklung 2004): Wagemann, Bernard: Blick durch das Schicksalsfenster: Sonne oder Sturm? Strategieentwicklung mit der SWOT-Matrix, in: Risknews 2003/2004, S. 24-29.

Waldkirch (Balanced Scorecard 2002): Waldkirch, Rüdiger: Balanced Scorecard als strategisches Managementsystem einer strategiefokussierten Organisation, in: krp Kostenrechnungspraxis 46 (5/2002), S. 319-325.

Wall (Planungs- und Kontrollsysteme 1999): Wall, Friederike: Planungs- und Kontrollsysteme, Wiesbaden 1999.

Walter (Managementphilosophien 2001): Walter, Andreas: Balanced Scorecard - die logische Konsequenz von strategischen Managementphilosophien, in: Bernhard, Martin G.; Hoffschröer, Stefan (Hrsg.): Report Balanced Scorecard, Düsseldorf 2001, S. 45-55.

Warschat/Spindler (Erfolgsfaktoren 1999): Warschat, Joachim; Spindler, Helge: Lassen sich Erfolgsfaktoren für junge Unternehmen messen?, in: IO-Management (9/1999), S. 56-65.

Weber (Balanced Scorecard 2000): Weber, Jürgen: Balanced Scorecard - Management-Innovation oder alter Wein in neuen Schläuchen?, in: krp Kostenrechnungspraxis Sonderheft (2/2000), S. 5-15.

Weber (Betriebswirtschaftslehre 2001): Weber, Wolfgang: Einführung in die Betriebswirtschaftslehre, Wiesbaden 2001.

Weber (Controller 2005): Weber, Jürgen: Was machen Controller wann warum?, in: Weber, Jürgen (Hrsg.): Das Advanced-Controlling-Handbuch, Weinheim 2005, S. 19-47.

Weber (Controlling 1994): Weber, Jürgen: Einführung in das Controlling, Stuttgart 1994.

Weber (Controlling 2002): Weber, Jürgen: Einführung in das Controlling, Stuttgart 2002.

Weber (Entwicklungstendenzen 2001): Weber, Jürgen: Controlling - Entwicklungstendenzen und Zukunftsperspektiven, in: Weber, Jürgen; Schäffer, Utz (Hrsg.): Rationalitätssicherung der Führung: Beiträge zu einer Theorie des Controlling, Wiesbaden 2001, S. 233-251.

Weber (Führung und Controlling 1997): Weber, Jürgen: Zur Abgrenzung von Führung und Controlling, WHU-Forschungspapier 45, Koblenz 1997.

Weber (Koordinationssicht 1992): Weber, Jürgen: Die Koordinationssicht des Controlling, in: Spremann, Klaus; Zur, Eberhard (Hrsg.): Controlling, Wiesbaden 1992, S. 169-183.

Weber (Neue Perspektiven 2000): Weber, Jürgen: Neue Perspektiven des Controlling, WHU-Forschungspapier 77, Koblenz 2000.

Weber (Rationalitätssicherung 2004): Weber, Jürgen: Möglichkeiten und Grenzen der Operationalisierung des Konstrukts „Rationalitätssicherung", in: Scherm, Ewald; Pietsch, Gotthard (Hrsg.): Controlling - Theorien und Konzeptionen, München 2004, S. 467-486.

Weber (Rechnungswesen 1993): Weber, Helmut Kurt: Betriebswirtschaftliches Rechnungswesen, München 1993.

Weber (Ursprünge des Controlling 1990): Weber, Jürgen: Ursprünge, Begriff und Ausprägungen des Controlling, in: Mayer, Elmar; Weber, Jürgen (Hrsg.): Handbuch Controlling, Stuttgart 1990, S. 3-32.

Weber (Wachstumsschwellen 1995): Weber, Jürgen: Wachstumsschwellen als Rahmenbedingungen für ein effizientes Controlling im Klein- und Mittelbetrieb, in: Wagenhofer, Alfred; Gutschelhofer, Alfred (Hrsg.): Controlling und Unternehmensführung, Wien 1995, S. 3-22.

Weber (Wissenschaftslehre 1968): Weber, Max: Gesammelte Aufsätze zur Wissenschaftslehre, Tübingen 1968.

Weber (Zukunft 1997): Weber, Jürgen: Zukunft des strategischen und operativen Controlling, in: Rieder, Lukas (Hrsg.): Controllers Zukunft: Auftrag, Verantwortung, Rollenbild und Selbstverständnis der Controller, Zürich 1997, S. 71-93.

Weber et al. (Business Intelligence 1999): Weber, Jürgen; Grothe, Martin; Schäffer, Utz: Business Intelligence, Vallendar 1999.

Weber et al. (Controlleraufgaben 2001): Weber, Jürgen; Schäffer, Utz; Prenzler, Carsten: Charakteriesierung und Entwicklung von Controlleraufgaben, in: Weber, Jürgen; Schäffer, Utz (Hrsg.): Rationalitätssicherung der Führung: Beiträge zu einer Theorie des Controlling, Wiesbaden 2001, S. 131-151.

Weber et al. (E-Business 2001): Weber, Jürgen; Freise, Hans; Schäffer, Utz: E-Business und Controlling, Vallendar 2001.

Weber et al. (Rationalitätskonzeption 2001): Weber, Jürgen; Schäffer, Utz; Langenbach, Wilm: Gedanken zur Rationalitätskonzeption des Controlling, in: Weber, Jürgen; Schäffer, Utz (Hrsg.): Rationalitätssicherung der Führung: Beiträge zu einer Theorie des Controlling, Wiesbaden 2001, S. 46-76.

Weber et al. (Unternehmenserfolg 1993): Weber, Peter W.; Liessmann, Konrad; Mayer, Elmar: Unternehmenserfolg durch Controlling, Wiesbaden 1993.

Weber/Kosmider (Controlling-Entwicklung 1991): Weber, Jürgen; Kosmider, Andreas: Controlling-Entwicklung in der Bundesrepublik Deutschland im Spiegel von Stellenanzeigen, in: Zeitschrift für Betriebswirtschaft Ergänzungsheft (3/1991), S. 17-35.

Weber/Schäffer (Balanced Scorecard 1999): Weber, Jürgen; Schäffer, Utz: Balanced Scorecard & Controlling, Wiesbaden 1999.

Weber/Schäffer (Controlling 1999): Weber, Jürgen; Schäffer, Utz: Sicherstellung der Rationalität von Führung als Aufgabe des Controlling?, in: Die Betriebswirtschaft 59 (6/1999), S. 731-747.

Weber/Schäffer (Kennzahlenmanagement 1999): Weber, Jürgen; Schäffer, Utz: Auf dem Weg zu einem aktiven Kennzahlenmanagement, WHU-Forschungspapier 66, Koblenz 1999.

Weber/Schäffer (Kennzahlensysteme 1999): Weber, Jürgen; Schäffer, Utz: Entwicklung von Kennzahlensystemen, WHU-Forschungspapier 62, Koblenz 1999.

Weber/Schäffer (Koordinationsfunktion 1999): Weber, Jürgen; Schäffer, Utz: Controlling als Koordinationsfunktion?, WHU-Forschungspapier 71, Koblenz 1999.

Weber/Schäffer (Rationalität 1998): Weber, Jürgen; Schäffer, Utz: Sicherstellung der Rationalität von Führung als Controlleraufgabe?, WHU-Forschungspapier 49, Koblenz 1998.

Weber/Schäffer (Rationalität 2001): Weber, Jürgen; Schäffer, Utz: Sicherstellung der Rationalität von Führung als Funktion des Controlling, in: Weber, Jürgen; Schäffer, Utz (Hrsg.): Rationalitätssicherung der Führung: Beiträge zu einer Theorie des Controlling, Wiesbaden 2001, S. 25-45.

Weber/Schäffer (Reflexion 2001): Weber, Jürgen; Schäffer, Utz: Controlling durch die Nutzung des fruchtbaren Spannungsverhältnisses von Reflexion und Intuition, in: Weber, Jürgen; Schäffer, Utz (Hrsg.): Rationalitätssicherung der Führung: Beiträge zu einer Theorie des Controlling, Wiesbaden 2001, S. 77-94.

Weclawski (Venture-Capital-Finanzierung 2002): Weclawski, Jerzy: Venture-Capital-Finanzierung - Neue Tendenzen, in: Siegwart, Hans; Mahari, Julian (Hrsg.): Corporate Governance, Shareholder Value & Finance, München 2002, S. 539-562.

Welge (Controlling 1988): Welge, Martin K.: Unternehmungsführung, Band 3: Controlling, Stuttgart 1988.

Welge (Management 1980): Welge, Martin K.: Management in deutschen multinationalen Unternehmungen, Stuttgart 1980.

Welge (Organisation 1987): Welge, Martin K.: Unternehmungsführung, Band 2: Organisation, Stuttgart 1987.

Welge (Planung 1985): Welge, Martin K.: Unternehmungsführung, Band 1: Planung, Stuttgart 1985.

Welsch/Maltarich (Entrepreneurship 2004): Welsch, Harold P.; Maltarich, Mark A.: Emerging Patterns of Entrepreneurship: Distinguishing Attributes of an Evolving Discipline, in: Welsch, Harold P. (Hrsg.): Entrepreneurship, New York 2004, S. 55-70.

Welsh/White (small business 1981): Welsh, John A.; White, Jerry F.: A small business is not a little big business, in: Harvard Business Review 59 (4/1981), S. 18-32.

Werner (Balanced Scorecard 2000): Werner, Hartmut: Die Balanced Scorecard, in: WiSt Wirtschaftswissenschaftliches Studium (8/2000), S. 455-457.

Werner (Technologieunternehmen 2000): Werner, Henning: Junge Technologieunternehmen: Entwicklungsverläufe und Erfolgsfaktoren, Wiesbaden 2000.

Wernerfelt (Resource-based View 1984): Wernerfelt, Birger: A Resource-based View of the Firm, in: Strategic Management Journal 5 (1984), S. 171-180.

Wicke (Innovationsprojekte 1995): Wicke, Jan Martin: Controlling von Forschungs- und Innovationsprojekten, Aachen 1995.

Wicki-Breitinger (Balanced Scorecard 2000): Wicki-Breitinger, Jürg: Balanced Scorecard als Planungsinstrument, Zürich 2000.

Wiebe (Controlling 1991): Wiebe, Ralf: Controlling im industriellen Mittelbetrieb unter besonderer Berücksichtigung der Internationalisierung in form der Direktinvestition, Frankfurt am Main 1991.

Wild (Unternehmungsplanung 1982): Wild, Jürgen: Grundlagen der Unternehmungsplanung, Opladen 1982.

Williamson (Institutionen 1990): Williamson, Oliver E.: Die ökonomischen Institutionen des Kapitalismus, Tübingen 1990.

Williamson (Transaktionskostenökonomik 1996): Williamson, Oliver E.: Transaktionskostenökonomik, Hamburg 1996.

Wimmer (Gründungs- und Frühentwicklungsphase 1996): Wimmer, Ronald: Regionale Hemmnisse in der Gründungs- und Frühentwicklungsphase - Ein empirischer Vergleich von Erfolgsfaktoren bei Industrieunternehmen, Dortmund 1996.

Windsperger (Kontingenzansatz 1997): Windsperger, Josef: Beziehung zwischen Kontingenz- und Transaktionskostenansatz der Organisation, in: Journal für Betriebswirtschaft (4/1997), S. 190-202.

Wippler (Unternehmensgründungen 1998): Wippler, Armgard: Innovative Unternehmensgründungen in Deutschland und USA, Wiesbaden 1998.

Witt (Bewertung 2000): Witt, Peter: Zur Bewertung schnell wachsender Gründungsunternehmen, in: Klandt, Heinz; Nathusius, Klaus; Szyperski, Norbert; Heil, Heinrike (Hrsg.): Gründungsforschungsforum 1999, Lohmar 2000, S. 173-191.

Witt (Businessplan 2003): Witt, Peter: Grundlagen der Businessplan-Erstellung in der Net Economy, in: Kollmann, Tobias (Hrsg.): E-Venture-Management, Wiesbaden 2003, S. 189-200.

Witt (Controlling 2000): Witt, Frank-Jürgen: Controlling 1 - Ganzheitliches Controlling, München 2000.

Witt (Controlling in New-Economy-Unternehmen 2001): Witt, Frank-Jürgen: Controlling in New-Economy-Unternehmen, in: Controller Magazin (2/2001), S. 112-125.

Witt/Rosenkranz (Netzwerkbildung 2002): Witt, Peter; Rosenkranz, Stephanie: Netzwerkbildung und Gründungserfolg, in: Albach, Horst; Pinkwart, Andreas (Hrsg.): Gründungs- und Überlebenschancen von Familienunternehmen, Zeitschrift für Betriebswirtschaft Ergänzungsheft 5, Wiesbaden 2002, S. 85-106.

Witt/Witt (Controlling 1996): Witt, Frank-Jürgen; Witt, Kerin: Controlling für Mittel- und Kleinbetriebe: Bausteine und Handwerkszeug für Ihren Controllingleitstand, München 1996.

Witte (Entscheidungsprozesse 1980): Witte, Eberhard: Entscheidungsprozesse, in: Grochla, Erwin (Hrsg.): Handwörterbuch der Organisation, Stuttgart 1980, Sp. 633-641.

Witte (Innovationsentscheidungen 1973): Witte, Eberhard: Organisation für Innovationsentscheidungen, Göttingen 1973.

Witte (Methodik 1980): Witte, Eberhard: Methodik der empirischen Organisationsforschung, in: Grochla, Erwin (Hrsg.): Handwörterbuch der Organisation, Stuttgart 1980, Sp. 614-623.

Wittmann (Unternehmung 1959): Wittmann, Waldemar: Unternehmung und unvollkommene Information, Köln 1959.

Wöhe (Betriebswirtschaftslehre 2000): Wöhe, Günter: Einführung in die allgemeine Betriebswirtschaftslehre, München 2000.

Wöhe (Bilanzierung 1992): Wöhe, Günter: Bilanzierung und Bilanzpolitik, München 1992.

Wöhe (Rechnungswesen 1989): Wöhe, Günter: Betriebliches Rechnungswesen, in: Lück, Wolfgang (Hrsg.): Lexikon der Rechnungslegung und Abschlußprüfung, Marburg 1989, S. 128-129.

Wolf (Business Plan 2001): Wolf, Hubertus: Marktfähigkeit, Business Plan und Scheitern?, in: Controller Magazin (3/2001), S. 262-266.

Wolff (Steuerung 1993): Wolff, Jörg: Die liquiditätsorientierte Steuerung schnell wachsender Unternehmen, Bergisch Gladbach 1993.

Wollnik (Erfahrungswissen 1977): Wollnik, Michael: Die explorative Verwendung systematischen Erfahrungswissens, in: Köhler, Richard (Hrsg.): Empirische und handlungstheoretische Forschungskonzeptionen in der Betriebswirtschaftslehre, Stuttgart 1977, S. 37-64.

Wupperfeld (Seed-Capital Markt 1996): Wupperfeld, Udo: Management und Rahmenbedingungen von Beteiligungsgesellschaften auf dem deutschen Seed-Capital Markt: Empirische Untersuchung, Frankfurt am Main 1996.

Wurl/Mayer (Balanced Scorecards 2000): Wurl, Hans-Jürgen; Mayer, Jörg H.: Gestaltungskonzept für Erfolgsfaktoren-basierte Balanced Scorecards, in: Zeitschrift für Planung 11 (2000), S. 1-22.

Wyndham Wingham (Entrepreneurship 2004): Wyndham Wingham, Dianne: Entrepreneurship through the Ages, in: Welsch, Harold P. (Hrsg.): Entrepreneurship, New York 2004, S. 27-42.

Zacharias (Gründungsmanagement 2001): Zacharias, Christoph: Gründungsmanagement als komplexe unternehmerische Aufgabe, in: Koch, Lambert T.; Zacharias, Christoph (Hrsg.): Gründungsmanagement, München 2001, S. 37-48.

Zahn (Planung und Controlling 1997): Zahn, Erich: Planung und Controlling, in: Gleich, Ronald; Seidenschwarz, Werner (Hrsg.): Die Kunst des Controlling, München 1997, S. 65-91.

Zahn (Strategische Planung 1979): Zahn, Erich: Strategische Planung zur Steuerung der langfristigen Unternehmensentwicklung, Berlin 1979.

Zelewski (Grundlagen 1999): Zelewski, Stephan: Grundlagen, in: Corsten, Hans; Reiß, Michael (Hrsg.): Betriebswirtschaftslehre, München 1999, S. 1-125.

Zenz (Qualitätscontrolling 1999): Zenz, Andreas: Strategisches Qualitätscontrolling, Wiesbaden 1999.

Ziegler (Erfolgschancen 2000): Ziegler, Rolf: Überlebens- und Erfolgschancen neugegründeter Betriebe in den alten und den neuen Bundesländern, in: Buttler, Günter; Herrmann, Harald; Scheffler, Wolfram; Voigt, Kai-Ingo (Hrsg.): Existenzgründung – Rahmenbedingungen und Strategien, Heidelberg 2000, S. 33-47.

Ziener (Controlling 1985): Ziener, Martin: Controlling im multinationalen Unternehmen, Landsberg am Lech 1985.

Zimmermann (Kostenrechnung 2001): Zimmermann, Gebhard: Grundzüge der Kostenrechnung, München 2001.

Zimmermann/Fries (Rechnungswesen 1995): Zimmermann, Werner; Fries, Hans-Peter: Betriebliches Rechnungswesen, München 1995.

Zimmermann/Jöhnk (Balanced Scorecard 2001): Zimmermann, Gebhard; Jöhnk, Thorsten: Die Balanced Scorecard als Performance Measurement System, in: WISU Das Wirtschaftsstudium (4/2001), S. 516-524.

Zur (Projekt-Controlling 1992): Zur, Eberhard: Projekt-Controlling, in: Spremann, Klaus; Zur, Eberhard (Hrsg.): Controlling, Wiesbaden 1992, S. 413-432.

FSC
www.fsc.org
MIX
Papier | Fördert gute Waldnutzung
FSC® C083411

Kolibri 360 GmbH
Ferdinand-Jühlke-Straße 7
99095 Erfurt, Deutschland
produktsicherheit@kolibri360.de